エンターテインメントマップ

THE ENTERTAINMENT MAP

S. Wynn Rd.

Pennwood Ave.

Seven-Eleven Ⓢ

Meade Ave.

W. Dessert Inn Rd.

W. Sirius Ave.

チャイナタウン

リオ・オールスイート・ホテル&カジノ
Rio All-Suite Hotel & Casino Ⓗ
リオ・スイート・トワラート・ルズ P.216
Rio Spa & Salon Ⓢ P.179
VooDoo Steak Ⓡ P.134
ブードゥー・ステーキ P.222
KJ Dim Sum & Seafood Ⓡ
KJ飲茶&海鮮 P.179

Palace Station Hotel & Casino Ⓗ

S. Rancho Dr.

エリア15 P.61
AREA 15 Ⓢ
オメガ・マート P.61
Omega Mart Ⓢ
イルミナリウム P.61
Illuminarium Ⓢ

ディグ・ディス・ラスベガス
Dig This Las Vegas Ⓢ

#95

ビルトン・グランド・バケーションズ・オン・ザ・ラスベガス・ストリップ P.143
Hilton Grand Vacations on the Las Vegas Strip Ⓗ
トラベロッジ・バイ・ウィンダム・ラスベガス P.145
Travelodge by Wyndham Las Vegas Ⓗ

Lucky Dragon Hotel & Casino

SAHARA Las Vegas P.99 Ⓗ
サハラ・ラスベガス

I5

リゾーツ・ワールド・ラスベガス P.70
Resorts World Las Vegas Ⓗ
サーカス・サーカス P.117
Circus Circus Ⓗ
アドベンチャードーム P.117
Adventuredome Ⓢ
ストリップ詳細図図P.31

Travelodge Ⓗ

Turnberry Towers

E. Karen Ave.

Seven-Eleven Ⓢ

E. Vegas Valley Dr.

ラスベガス・カントリー・クラブ
The Las Vegas Country Club

Sammy Davis Jr. Dr.

Spring Mountain Rd.

ミラージュ P.55, 106 Ⓗ
Mirage Ⓗ
フォーラム・ショップス P.55, 197 Ⓢ
The Forum Shops

ABC Stores Ⓢ
ファッション・ショー P.199 Ⓢ
Fashion Show
TI:トレジャー・アイランド P.57, 88 Ⓗ
TI:Treasure Island Ⓗ

ベスト・ウエスタン・プラス・カジノ・ロイヤル P.133
Best Western Plus Casino Royale Ⓗ
ザ・ベネチアン P.57, 88 Ⓗ
The Venetian Ⓗ
ザ・パラッツォ P.88 Ⓗ
The Palazzo Ⓗ
ウィン P.57, 86 Ⓗ
Wynn Ⓗ
アンコール P.86 Ⓗ
Encore Ⓗ

トランプ・インターナショナル・ホテル P.142
Trump International Hotel Ⓗ

W. Resort World Dr.
W. Dessert Inn Rd.

Las Vegas Blvd. S.

Ⓢ Walgreens
Ⓢ CVS
Ⓢ Walgreens

Denny's Ⓡ
デニーズ
Ⓢ Seven-Eleven
Ⓢ Walgreens
Royal Vacation Suites Ⓗ
The Ritz Suites

Royal Ln.

ストリップ詳細図P.30

Convention Center Dr.

Las Vegas Convention Center

ハラーズ P.132
Harrah's Ⓗ
リンク・ホテル&カジノ P.98
The LINQ Hotel & Casino Ⓗ
ザ・リンク P.56
The LINQ Ⓢ

Sands Ave.

Wynn Golf Club

Ⓢ Siegel Suites Select
Las Vegas Convention Ⓗ
Center Dr.
Ⓢ Walgreens

Riviera Blvd.

am pm Ⓢ
Three Turnberry
Place

Paradise Rd.

ラスベガス・コンベンション・アンド・ビジター・オーソリティー
(観光案内所) P.26

ウェストゲート・ラスベガス
Westgate Las Vegas Ⓗ
Resort & Casino P.137

ラスベガス・コンベンションセンター・サウスホール
Las Vegas Convention Center P.183

Extended Stay America Hotel Ⓗ
Las Vegas-Midtown

Denny's Ⓢ

E. Desert Inn Rd.

Paradise Rd.

Ⓗ Fairfield Inn

Ⓗ Mardi Gras Hotel & Casino

Ⓗ Renaissance Las Vegas

Embassy Suites by Ⓗ
Hilton Convention Center

Convention Center Dr.

ラスベガス・コンベンションセンター
Las Vegas Convention Center P.183

Sierra Vista Dr.

Seven-Eleven Ⓢ

CVS Ⓢ

Swenson St.

Las Vegas Metropolitan Police Dept.
ラスベガス・メトロポリタン・ポリス・デパートメント

E. Twain Ave.

Seven-Eleven Ⓢ

Seven-Eleven Ⓢ

E. Desert Inn Rd.

Ⓢ Vons

ヴォンズ

Seven-Eleven Ⓢ
Walgreens Ⓢ

E. Vegas Valley Dr.

サンライズ・ホスピタル・アンド・
メディカルセンター
Sunrise Hospital and
Medical Center

S. Maryland Pkwy.

ホリデイ・イン・クラブ・バケーションズ・アット・デザート・クラブ・リゾート P.144
Holiday Inn Club Vacations at Desert Club Resort Ⓗ

Target Ⓢ
ターゲット P.193

T.J. Maxx Ⓢ

Best Buy Ⓢ
ベストバイ P.193

メリーランド・クロッシング・ショッピング・センター
Maryland Crossing Shopping Center

Ⓡ Ihop
アイホップ

ブルバード・モール
The Boulevard Mall

Ⓢ E. Vegas Valley Dr.

3

4

Harmon ~

シグネチャー・アット・MGMグランド P.142
トップゴルフ P.65

グランド・エラ P.143

MGMグランド P.126
MGMグランド・ガーデン・アリーナ P.186
デビッド・カッパーフィールド P.162
カー P.13, 157
ジャバウォッキーズ P.160

Tropicana Ave.

オヨ・ホテル・
アンド・カジノ
P.145

トロピカーナ・ラスベガス、
ア・ダブルツリー・
バイ・ヒルトン P.130
レジェンズ・イン・コンサート P.161
MJライブ P.165

Reno Ave.

MGM

LAS VEGAS BLVD. (THE STRIP)

新フォーコーナー

ラスベガス・ノム
ラスベガス P.94
チェルシー P.186
★OPM P.163

ヴィダラ
P.141

ショップス・アット・クリスタルズ P.196

アリア・リゾート・
&カジノ P.82

Tドライバー・ライフ P.63, 186

ウォルドリフ・
アストリア
P.92

ニューヨーク・ニューヨーク P.108
マッド・アップル P.158
テリー・ファイア P.165

シティセンター P.58

パークMGM P.128

パーク P.63

Park Ave.

エクスカリバー P.114
★トーナメント・オブ・キングス P.161
★サンダー・フロム・ダウン・アンダー P.164
★オーストラリアン・ビー・ジーズ・ショー P.165

Tモバイル・アリーナ P.63

Tropicana Ave.

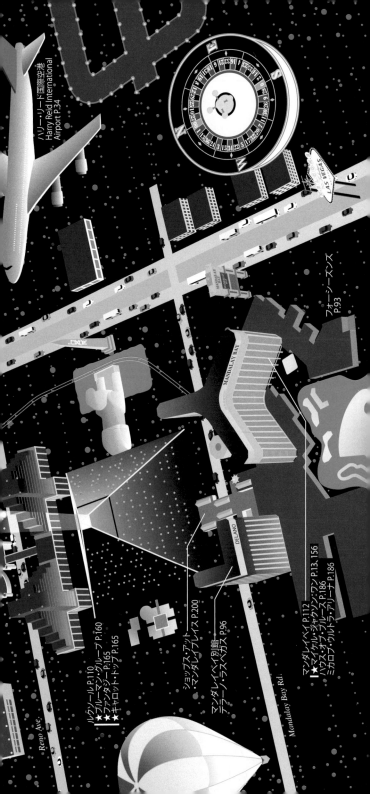

ハリー・リード国際空港
Harry Reid International
Airport P.34

LAS VEGAS

MANDALAY BAY

MANDALAY BAY

DELANO

フォーシーズンズ
P.93

Reno Ave.

Mandalay Bay Rd.

ラスベガス

セドナ＆グランドキャニオンと大西部

LAS VEGAS
SEDONA, GRAND CANYON
& WILD WEST

COVER STORY

コロナ禍をチャンスとばかりにリニューアルを図り、さらに輝きを増したラスベガスの夜景。世界随一の大きさを誇る観覧車から見下ろせば、そのパワフルな美しさに心奪われずにはいられません。えりすぐりのレストランやハイレベルなエンターテインメント、そして、街を包み込むように広がる大自然が、訪れる人々の背中を力強く押してくれます。

地球の歩き方 編集室

出発前に必ずお読みください！ 治安情報、旅の安全対策…23、319

3

■新型コロナウイルス感染症について

2020年3月より新型コロナウイルス（COVID-19）が感染拡大し、2023年2月現在も収束していません。渡航計画前に必ず外務省のウェブサイトにて感染症危険情報をご確認ください。掲載物件の多くは非常時対応となっており、状況は日々刻々と変わっています。各店舗や施設の公式ウェブサイト、SNS、Google Mapなどでご自身にて最新情報をご確認ください。
◎外務省 海外安全ホームページ・アメリカ危険情報
URL www.anzen.mofa.go.jp/info/pcinfectionspothazardinfo_221.html#ad-image-0

歩き方の使い方

ホテル名とカジノフロアの有無を表します

=カジノホテル

=ノンゲーミングホテル（カジノ施設のないホテル）

カテゴリーを表します

ホテルを6つのカテゴリー分類してあります
ラグジュアリー…豪華
コンテンポラリー…モダン
シンボリック…テーマに特化したカジノホテル
ベガス・スタイル…オーソクスなカジノホテル
コンドスタイル…長期滞在型
バジェット…低予算

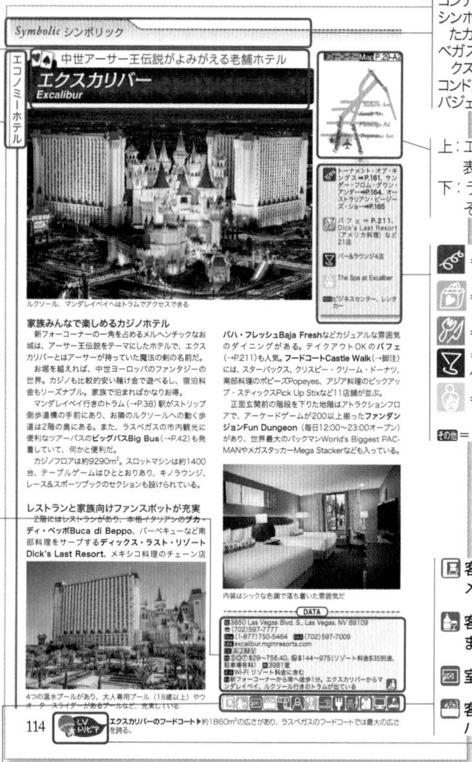
Symbolic シンボリック
エコノミーホテル
中世アーサー王伝説がよみがえる老舗ホテル
エクスカリバー
Excalibur

新フォーコーナー Map P.29-A2

トーナメント・オブ・キングス➡P.161、サンダー・フロム・ダウン・アンダー➡P.164、オーストラリアン・ビージーズ・ショー➡P.165
バフェ➡P.211、Dick's Last Resort（アメリカ料理）など21店
バー&ラウンジ4店
The Spa at Excalber
ビジネスセンター、レンタカー

ルクソール、マンダレイベイへはトラムでアクセスできる

家族みんなで楽しめるカジノホテル

新フォーコーナーの一角を占めるメルヘンチックなお城は、アーサー王伝説をテーマにしたホテルで、エクスカリバーとはアーサーが持っていた魔法の剣の名前だ。

お堀を越えれば、中世ヨーロッパのファンタジーの世界。カジノも比較的安い賭け金で遊べるし、宿泊料金もリーズナブル。家族で泊まればかなりお得。

マンダレイベイ行きのトラム（→P.38）駅がストリップ側歩道橋の手前にあり、お隣のルクソールへの動く歩道は2階の奥にある。また、ラスベガスの市内観光に便利なツアーバスの**ビッグバスBig Bus**（→P.42）も発着していて、何かと便利だ。

カジノフロアは約9290m²。スロットマシンは約1400台、テーブルゲームはひととおりあり、キノラウンジ、レース&スポーツブックのセクションも設けられている。

レストランと家族向けファンスポットが充実

2階にはレストランがあり、本格イタリアンの**ブカ・ディ・ベッポBuca di Beppo**、バーベキューなど南部料理をサーブする**ディックス・ラスト・リゾートDick's Last Resort**、メキシコ料理のチェーン店**バハ・フレッシュBaja Fresh**などカジュアルな雰囲気のダイニングがある。テイクアウトOKの**バフェ**（→P.211）も人気。**フードコートCastle Walk**（→脚注）には、スターバックス、クリスピー・クリーム・ドーナツ、南部料理のポピーズPopeyes、アジア料理のピックアップ・スティックスPick Up Stixなど11店舗が並ぶ。

正面玄関前の階段を下りた地階はアトラクションフロアで、アーケードゲームが200以上揃った**ファンダンジョンFun Dungeon**（毎日12:00〜23:00オープン）があり、世界最大のパックマンWorld's Biggest PAC-MANやメガスタッカーMega Stackerなども入っている。

4つの温水プールがあり、大人専用プール（18歳以上）やウオータースライダーがあるプールなど、充実している

内装はシックな色調で落ち着いた雰囲気だ

DATA
3850 Las Vegas Blvd. S., Las Vegas, NV 89109
☎(702)597-7777
Free (1-877)750-5464　FAX (702)597-7009
URL excalibur.mgmresorts.com
CC AJMV
料 SDT$29〜756.40、Su$144〜975（リゾート料金$35別途。駐車場有料）　数 3981室
ネット Wi-Fi リゾート料金に含む
行 新フォーコーナーから南へ徒歩1分。エクスカリバーからマンダレイベイ、ルクソール行きのトラムが出ている

114　LVトリビア　**エクスカリバーのフードコート**▶約1860m²の広さがあり、ラスベガスのフードコートでは最大の広さを誇る。

上：エリアと地図位置 Map を表します
下：ラスベガスでのおおその位置を表します

= ショー
= ショッピング
= ダイニング
=ナイトクラブ、バー&ラウンジ
= スパ
その他 = その他の施設

位置 立地、ホテル内などでの位置
住 住所

Ave.	Avenue
Blvd.	Boulevard
Dr.	Drive
Hwy.	Highway
Pkwy.	Parkway
Rd.	Road
St.	Street

☎ 電話番号
Free アメリカ国内は料金着信者払いの無料電話で、(1-800)、(1-888)、(1-877)、(1-866)、(1-855)、(1-844)、(1-833) で始まる番号。日本からは有料
無料 日本で無料の電話番号
FAX ファクス番号
URL ウェブサイトアドレス（http:// は省略）
時間 営業時間
料 料金
CC クレジットカード
数 客室数
ネット インターネット接続環境
行 行き方（ホテル内の物件の場合はホテルの入口までの行き方とおおよその時間）
車 車でのアクセス
劇場 劇場名
開 開演時間
休 定休日、休演日
上演 ショーの所要時間
予約 予約の要・不要、予約先

客室内にコーヒーメーカー
客室内にミニバーまたは冷蔵庫
室内金庫
客室バスルームにバスタブ

ヘアドライヤー
コンシェルジュ
日本語を話すスタッフ ※24時間常駐ではない
フィットネスセンター／プール
レストラン
ルームサービス
同日仕上がりのクリーニング
ワイヤレスインターネット
駐車場
車椅子対応の客室

エンターテインメント（ショー、ナイトクラブ）、ショップ、レストランがそれぞれ色分けされています

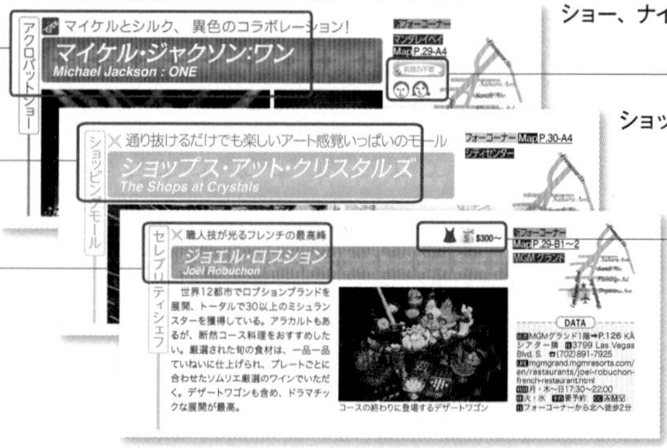
アクロバットショー
マイケルとシルク、異色のコラボレーション！
マイケル・ジャクソン：ワン
Michael Jackson : ONE
新フォーコーナー
マンダレイベイ
Map P.29-A4

ショッピングモール
通り抜けるだけでも楽しいアート感覚いっぱいのモール
ショップス・アット・クリスタルズ
The Shops at Crystals
フォーコーナー Map P.30-A4
シティセンター

セレブリティシェフ
職人技が光るフレンチの最高峰
ジョエル・ロブション
Joël Robuchon
$300〜
新フォーコーナー
Map P.29-B1〜2
MGMグランド

世界12都市でロブションブランドを展開、トータルで30以上のミシュランスターを獲得している。アラカルトもあるが、断然コース料理をおすすめしたい。厳選された旬の食材は、一品一品ていねいに仕上げられ、プレートごとに合わせたソムリエ厳選のワインでいただく。デザートワゴンも含め、ドラマチックな展開が最高。

コースの終わりに登場するデザートワゴン

DATA
位置 MGMグランド1階➡P.126 KÀシアター隣　住 3799 Las Vegas Blvd. S.　☎(702)891-7925
URL mgmgrand.mgmresorts.com/en/restaurants/joel-robuchon-french-restaurant.html
時間 月・木〜日17:30〜22:00
休 火・水　予約 要予約　CC AMV
行 フォーコーナーから北へ徒歩2分

ショー、ナイトクラブ
ショップ
レストラン

地図と凡例

🛣	インターステートハイウエイ
🛣	U.S. ハイウエイ（国道）
🛣	ステートハイウエイ（州道）
Ⓗ	カジノホテル
Ⓗ	ホテル／モーテル
Ⓒ	コンドミニアム
Ⓡ	レストラン
Ⓢ	ショップ／ショッピングモール
Ⓥ	バレーパーキング
Ⓟ	駐車場
Ⓦ	ウエディングチャペル
🏧	ガスステーション
✉	郵便局
🚏	バス停

ホテル見取り図

色	説明
■	カジノ関係施設
■	ショー＆アトラクション
■	ナイトクラブ、ラウンジ、バー
■	レストラン
■	ショップ
■	駐車場

 読者の皆さんからいただいた投稿

 ラスベガスや周辺に関するちょっとした情報

 ラスベガス旅行に役立つ情報

 英語わからなくても大丈夫

👨 大人の男性向け
👩 大人の女性向け
😊 キッズにおすすめ

👗 ＝フォーマル　🧥＝ビジネスカジュアル
👕 ＝カジュアル
💲 ＝ 1 名当たりの予算の目安

クレジットカード

Ⓐ	アメリカン・エキスプレス
Ⓓ	ダイナースクラブ
Ⓙ	JCB
Ⓜ	マスターカード
Ⓥ	ビザ

■掲載情報のご利用にあたって

　編集部では、できるだけ最新で正確な情報を掲載するように努めていますが、現地の規則や手続きなどがしばしば変更されたり、またその解釈に見解の相違が生じることもあります。このような理由に基づく場合、または弊社に重大な過失がない場合は、本書をご利用して生じた損失や不都合などについて、弊社は責任を負いかねますのでご了承ください。また、本書をお使いいただく際は、掲載されている情報やアドバイスがご自身の状況や立場に適しているか、すべてご自身の責任でご判断のうえご利用ください。

■現地取材および調査時期

　本書は 2022 年 10 ～ 11 月の取材調査データを基に編集されています。また、追跡調査を 2023 年 2 月まで行いました。しかしながら時間の経過とともにデータの変更が生じることがあります。特に、ホテル、レストラン、アトラクション、ショーなどの情報は、旅行時点では変更されていることも多くあります。したがって、本書のデータはひとつの目安としてお考えいただき、現地ではできるだけ新しい情報を入手してご旅行ください。

■発行後の情報の更新と訂正について

　本書に掲載している情報で、発行後に変更されたものや、訂正箇所が明らかになったものについては『地球の歩き方』ホームページの「更新・訂正情報」で、可能な限り最新のデータに更新しています（ホテル、レストラン料金の変更などは除く）。

　🔗 www.arukikata.co.jp/travel-support

■ ホテルのデータ表示について

　アメリカでは、基本的にホテル料金は「ひと部屋」の宿泊料が表示されます。本書もそれに従い、特に記述のない場合、ひと部屋当たりの料金を表示しています。また、この料金には、ホテルタックスは含まれていません。お支払いの際には、所定の税金、リゾート料金（一部のホテルを除く）がかかります（→ P.80 ～ 81）。
Ⓢ：シングル（シングルベッドひとつやツインのシングルユース）、
Ⓓ：ダブル（ダブルベッドひとつ）、Ⓣ：ツイン（ベッドふたつ）、
Ⓢ：スイート（リビング＋ベッドルーム）、
をそれぞれ利用した料金です。また、格安の宿泊施設では、バス、トイレが共同になっている場合がありますので、宿泊の際に必ず確認してください。

■投稿記事について

　投稿記事は、多少主観的になっても原文にできるだけ忠実に掲載してありますが、データに関しては編集部で追跡調査を行っています。投稿記事のあとに（東京都　砂漠乾太郎 '23）とあるのは、寄稿者と旅行年を表しています。その後の追跡調査で新しいデータに変更されている場合は、その調査年度を角カッコで追記し（東京都　砂漠乾太郎 '19）['23］としています。

　なお、ご投稿をお送りいただく場合は、P.327 をご覧ください。

アメリカ合衆国の基本情報

▶ラスベガスオリエンテーション
→P.22

国 旗
Stars and Stripes
13 本のストライプは 1776 年建国当時の州の数、50 の星は現在の州の数を表す。

正式国名
アメリカ合衆国
United States of America
アメリカという名前はイタリアの探検家でアメリカ大陸を確認したアメリゴ・ベスプッチのファーストネームから取ったもの。

国 歌
Star Spangled Banner

面 積
約 983 万 3000km^2
日本の約 26 倍（日本約 37 万 8000km^2）。

人 口
約 3 億 3828 万人
※ラスベガス市約 64 万人
（2023 年 1 月現在）

首 都
ワシントン特別行政区 Washington, District of Columbia
全米 50 のどの州にも属さない連邦政府直轄の行政地区。人口は約 69 万人。

元 首
ジョー・バイデン 大統領 Joe Biden

政 体
大統領制　連邦制（50 州）

人種構成
白人 60.7%、ヒスパニック系 18.1%、アフリカ系 13.4%、アジア系 5.8%、アメリカ先住民 1.3% など。

宗 教
キリスト教。宗派はバプテスト、カトリックが主流だが、都市によって分布に偏りがある。少数だがユダヤ教、イスラム教など。

言 語
主として英語だが、法律上の定めはない。スペイン語も広域にわたって使われている。

通貨と為替レート

▶外貨の両替
→P.297

通貨単位はドル（$）とセント（¢）。$1.00 ＝ 136.32 円（2023 年 2 月 28 日現在）。流通している紙幣はおもに 1、5、10、20 ドル。50、100 ドル札は、小さな店で扱わないこともあるので注意。硬貨は 1、5、10、25、50、100 セント（＝ $1）の 6 種類だが、50、100 セント硬貨はあまり流通していない。

$1

$5

$10

$20

$50

$100

1¢

5¢

10¢

25¢

電話のかけ方

▶電話
→ P.314

日本からラスベガスへかける場合　　 ラスベガス(702)123-4567へかける場合　　※ラスベガスの市外局番は702、725

事業者識別番号		国際電話識別番号		アメリカの国番号		市外局番（エリアコード）		相手先の電話番号
0033 (NTTコミュニケーションズ) **0061** (ソフトバンク) （携帯電話の場合は不要）	＋	**010**※	＋	**1**	＋	**702** **725**※	＋	**123-4567**

※携帯電話の場合は010のかわりに「0」を長押しして「+」を表示させると、国番号からかけられる
※NTTドコモ（携帯電話）は事前にWORLD CALLの登録が必要

▶イベント＆フェス
ティバル
→ P.26

祝祭日
（連邦政府の祝日）

※印のある日は州によって祝日となるが、ネバダ州、アリゾナ州、ユタ州ではコロンブス記念日以外は平日扱い。なお、店舗などで「年中無休」をうたっているところでも、元日、感謝祭、クリスマスの 3 日間はほとんど休み（ホテル内の店舗は除く）。また、メモリアルデイからレイバーデイにかけての夏休みの期間中は営業時間などのスケジュールを変更するところが多い。

1月	1/1		元日 New Year's Day
	第 3 月曜		マーチン・ルーサー・キング・ジュニア牧師誕生日 Martin Luther King, Jr.'s Birthday
2月	第 3 月曜		大統領の日 Presidents' Day（ワシントンの誕生日）
3月	3/17	※	セント・パトリック・デイ　St. Patrick's Day
4月	第 3 月曜	※	愛国者の日 Patriots' Day
5月	最終月曜		メモリアルデイ（戦没者追悼の日）Memorial Day
7月	7/4		独立記念日 Independence Day
9月	第 1 月曜		レイバーデイ（労働者の日）Labor Day
10月	第 2 月曜	※	コロンブス記念日 Columbus Day
11月	11/11		ベテランズデイ（退役軍人の日）Veteran's Day
	第 4 木曜		感謝祭 Thanksgiving Day
12月	12/25		クリスマス Christmas Day

ビジネスアワー

　以下は一般的な営業時間の目安。業種、立地条件などによって異なり、ラスベガスは中心部を離れれば 24 時間営業のスーパーも多い。
銀行　月～金 9:00 ～ 17:00
ショッピングモールなど　日～木 10:00 ～ 23:00、金・土～ 24:00。国立公園内のスーパーや売店は 19:00 くらいに閉店する。
レストラン　ラスベガスのカジノホテルにはたいてい 24 時間営業のカフェがある。それ以外のレストランは朝 7:00 から営業し、夜は 23:00、週末は 24:00 くらいに閉店する。国立公園は 20:00 くらいに閉店するところが多い。

電気＆映像方式

電圧とプラグ
　電圧は 120 ボルト。3 つ穴プラグ。100 ボルト、2 つ穴プラグの日本製品も使えるが、電圧数がわずかではあるが違うので注意が必要。特にドライヤーや各種充電器などを長時間使用すると過熱する場合もあるので、時間を区切って使うなどの配慮が必要。

ビデオ・DVD 映像方式
　ビデオは日米ともに NTSC 方式、ブルーレイのリージョンコードは日米ともに「A」なので、両国のソフトはお互いに再生可能。しかし、DVD のリージョンコードはアメリカ「1」、日本「2」なので、両方のコードを含んだソフトか、「ALL」の表示のあるソフトのみ、お互いに再生できる。

アメリカから日本へかける場合　📞 (03) 1234-5678

国際電話識別番号 **011**	＋	日本の国番号 **81**	＋	市外局番と携帯電話の最初の 0 を除いた番号 **3**	＋	相手先の電話番号 **1234-5678**

※公衆電話から、日本にかける場合は上記のとおり。ホテルの部屋からは、外線につながる番号を「011」の前に付ける

▶**アメリカ国内通話**

▶**公衆電話のかけ方**

市内へかける場合は市外局番は不要（ただし、ラスベガスの場合は市内通話でも市外局番から 10 ケタの番号をダイヤルする）。市外へかける場合は最初に 1 をダイヤルし、市外局番からダイヤルする
①受話器を持ち上げる
②都市により異なるが、最低通話料 50¢ を入れ、相手先の電話番号を押す（プリペイドカードの場合はアクセス番号を入力し、ガイダンスに従う）
③「初めの通話は○分○ドルです」とのアナウンスに従って、案内された額以上の金額を投入する

チップ

▶ チップについて
→ P.313

レストラン、タクシー、ホテルの宿泊（ベルボーイやベッドメイキング）など、サービスを受けたときにチップを渡すのが習慣になっている。額は、特別なことを頼んだ場合や満足度によっても異なるが、以下の相場を参考に。
レストラン／合計額の18～25％。サービス料が含まれている場合は、小銭程度をテーブルやトレイに残して席を立つ。
タクシー／運賃の約15～20％（最低でも$2）。
ホテル宿泊／ベルボーイは荷物の大きさや個数によって、ひとつにつき$2～3。荷物が多いときはやや多めに。
ベッドメイキングは枕元などに$2～3。

飲料水

水道の水をそのまま飲むこともできるが、ミネラルウオーターを購入するのが一般的。スーパーやコンビニ、ドラッグストアなどで購入できる。

気候

▶ 気候と服装
→ P.22

ラスベガスの気候は、昼夜の温度差が激しい典型的な砂漠気候。乾燥していて、初秋や冬の一時期を除き雨の心配はないが、強い日差しには要注意。夏の屋外はまさに灼熱。しかし、ホテルやカジノ内では、冷房が効き過ぎていることが多いため、上着は必ず持ち歩きたい。砂漠とはいえ、冬の朝晩はとても冷え込み、厚手のジャケットが必要。室内は暖房が効き快適だ。

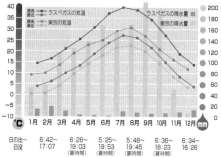

ラスベガスの気候

日の出～日没
6:42～17:07
6:26～19:03（夏時間）
5:25～19:53（夏時間）
5:48～19:45（夏時間）
6:36～18:23（夏時間）
6:34～16:26

日本からのフライト時間

▶ 航空券の手配
→ P.303

日本からラスベガスへの直行便は運航されていない。ロスアンゼルスなど、アメリカ西海岸の都市を経由して行くことになる。

時差とサマータイム

アメリカ本土内には4つの時間帯がある。東部標準時 Eastern Standard Time（ニューヨークなど）は日本時間マイナス14時間、中部標準時 Central Standard Time（シカゴなど）はマイナス15時間、山岳部標準時 Mountain Standard Time（デンバーなど）はマイナス16時間、太平洋標準時 Pacific Standard Time（ロスアンゼルスなど）はマイナス17時間。ラスベガスは太平洋標準時（PST）に属している。

夏はデイライト・セービング・タイム（サマータイム）を採用し、1時間時計の針を進める州がほとんど。その場合、日本との時差は1時間短くなる。ただし、アリゾナ州（MST）、ハワイ州（HAST）でデイライト・セービング・タイムは採用されていない。
サマータイムを取り入れる期間は、3月第2日曜日から、11月第1日曜日まで。移動日にあたる場合、タイムスケジュールに十分注意する必要がある。

日本への航空便は封書、はがきともに $1.45。規定の封筒や箱に入れるだけの荷物を定額で郵送できるタイプもある。
　郵便局は町によって営業時間が多少異なる。一般的な局は平日の 8:30 ～ 16:00 くらい。

郵 便

▶郵便
→ P.316

ビザ
　90 日以内の観光、商用が目的ならばビザは基本的に不要。ただし、頻繁にアメリカ入出国を繰り返していたり、アメリカでの滞在が長い人は入国を拒否されることもある。なお、ビザ免除者は ESTA による電子渡航認証の取得が義務づけられている。

パスポート
　アメリカ入国の際、パスポートの残存有効期間は、90 日以上あることが望ましい。

出入国

▶パスポートの取得
→ P.299
▶ビザ（査証）の取得
→ P.300
▶ ESTA（エスタ）の取得
→ P.301

　物の購入時にかかるセールスタックス Sales Tax とホテル宿泊時にかかるホテルタックス Hotel Tax がある。率（%）は州や市によって異なるが、ラスベガスの場合、セールスタックスが 8.38%、ホテルタックスは 13 ～ 13.38%（ホテルにより

リゾート料金が加算→ P.80）。また、レストランで食事をした場合はセールスタックスと同率かそれ以上、ショーのチケットなどに対してはライブ・エンターテインメント税として 9%の税が課される。

税 金

　日本人の遭いやすい犯罪は、置き引き、ひったくりなど。犯行は複数人で及ぶことが多く、ひとりが気を引いているすきに、グループのひとりが財布を抜いたり、かばんを奪ったりする。日本語で親しげに話しかけられ、言葉巧みに

お金をだまし取られるケースも多い。日本から一歩でも出たら、「ここは日本ではない」という意識を常にもつことが大切。

【警察 救急車 消防署】
☎ **911**

安全とトラブル

▶旅のトラブルと安全対策
→ P.319
▶トラブルに遭ってしまったら
→ P.320

　州によって異なるが、ラスベガスでは飲酒可能な年齢は 21 歳から。場所によっては、お酒を買うときも身分証明書の提示を求められる。ナイトクラブなどお酒のサーブがあるところも身分証明書が必要。

　アメリカでは若年層の交通事故がとても多く、大手レンタカー会社では一部の例外を除き 25 歳以上にしか貸し出さない。21 歳以上 25 歳未満の場合は割増料金が必要なことが多い。

年齢制限

▶マナーについて
→ P.313

▶サイズ比較表
→ P.318

　距離や長さ、面積、容量、速度、重さ、温度など、ほとんどの単位が日本の度量衡とは異なる。

度量衡

時差表

日本時間	0	1	2	3	4	5	6	7	8	9	10	11	12	13	14	15	16	17	18	19	20	21	22	23
東部標準時 (EST)	10	11	12	13	14	15	16	17	18	19	20	21	22	23	0	1	2	3	4	5	6	7	8	9
中部標準時 (CST)	9	10	11	12	13	14	15	16	17	18	19	20	21	22	23	0	1	2	3	4	5	6	7	8
山岳部標準時 (MST)	8	9	10	11	12	13	14	15	16	17	18	19	20	21	22	23	0	1	2	3	4	5	6	7
太平洋標準時 (PST)	7	8	9	10	11	12	13	14	15	16	17	18	19	20	21	22	23	0	1	2	3	4	5	6

※ 3 月第 2 日曜（深夜 2:00）から 11 月第 1 日曜（深夜 2:00）まではデイライト・セービング・タイムを実施している。夏時間は時計の針を 1 時間進める政策。
　なお、赤い部分は日本時間の前日を示している。

ラスベガスの
Culture カルチャー & Nature ネイチャー

世界最高レベルのエンターテインメントと、大自然が織りなす壮大なスペクタクル。

Culture

各分野の最高峰が集まるラスベガスだけに、
ショーや音楽などの文化のレベルはとにかく高い。
彼らのパフォーマンスを間近で観て、その迫力を体感しよう。

Cirque du Soleil

人間の限界に挑むアクロバティックショーは、ラスベガスに
来たならマストで見たいエンターテインメント。種類も豊富で
それぞれ志向も異なるので、いろいろと見比べても楽しい。

水中の華麗な舞い
オー *O* ➡P.156

　水中では華麗なシンクロナイズドスイ
ミングが披露され、水面上の空間では
エアリアル・フープスや高飛び込みな
どの力強い技が繰り広げられる。シン
クロナイズドスイマーの優雅な演技が、
幻想的な世界を表現している。

左／色鮮やかな衣装にも注目！　右／元オリン
ピック選手も多数在籍している

どちらもスケールが ケタ違い！

2つの魅力をCHECK!

ラスベガスが誇るこの2つの魅力は、どちらも想像を絶する大スケールだ。

ダイナミックな舞台
カー *KÁ* ➡P.157

大規模な舞台装置を駆使したダイナミックな演出が観客を魅了する。パフォーマーたちの激しいバトルは、上下、斜め、垂直になる可動式ステージで繰り広げられる。大量の火薬を使用して、激しく炎上するシーンは演目のハイライトだ。

左／壮大な世界観に圧倒される　右／日本人パフォーマーも活躍

マイケルとシルクの世界観が見事に融合
マイケル・ジャクソン：ワン
Michael Jackson:ONE ➡P.156

スクリーンに投影される映像や、スピーカー内蔵のシートで、マイケルの名曲にのせたアクロバティックなダンスを臨場感たっぷりに体感できる。ホログラムで現れるマイケルと、純粋過ぎる彼のメッセージに魂を揺さぶられる。

『バッド Bad』のワンシーン。ダイナミックな演出が見どころ

TRAVEL TIPS
ショーの裏側が見られる VIP エクスペリエンス

シルク・ドゥ・ソレイユのショーのなかには、舞台裏ツアーや出演者との交流や写真撮影などができる VIP エクスペリエンスというプログラムがあるものもある。通常チケットより高額にはなるが、充実の内容なので気になる人はぜひ参加してみよう。

壮大な舞台装置が間近で見られる KÀ の VIP エクスペリエンスは特におすすめ

photo:©CIRQUE DU SOLEIL®

13

Comedy

アメリカンジョークが盛り込まれた、笑いあり驚きありのレベルの高いコメディショーも不動の人気。オーバーな身振り手ぶりで表現してくれるので、英語がわからなくても十分楽しめる。

右／観客を舞台に上げて笑いをとることもある　右／水道管をドラムにしたコミカルな演奏も見どころのひとつ

老若男女問わず楽しめる
ブルーマン・グループ *Blue Man Group* ➡ P.160

ちょっと猫背で顔を突き出して歩くスキンヘッドの奇妙な青い3人組が見せるコミカルなパフォーマンスに終始大盛り上がり。セリフや言葉はなく、音楽とジェスチャーだけで構成されるショーなので、子供から大人まで年齢、国籍問わず楽しめるのが魅力だ。

Magic

世界的に有名なマジシャンたちが、独自のマジックを披露する。壮大なイリュージョンからコミカルなトリックまで趣もさまざまだが、誰もが目を疑わずにはいられないものばかりだ。

驚きに満ちたまったく新しいイリュージョン
クリス・エンジェル・マインドフリーク
Criss Angel Mindfreak ➡ P.162

全米でカリスマ的人気を誇るマジシャン、クリス・エンジェルによるマジックショーは、空中浮遊や瞬間移動など奇抜でダイナミックなマジックの連続。EDMを用いたノリのよい音響や壮大な舞台装置、華やかな衣装など、豪華絢爛な演出にも注目したい。

現実と非現実が交錯するショーはラスベガスの雰囲気にぴったり

TRAVEL TIPS
豪華アーティストが登場するコンサートも見逃せない！

　大規模なコンサート会場が多いラスベガスでは、1年を通してさまざまなアーティストがライブを行っている。日本公演ではプレミアチケットとなる人気アーティストも、ラスベガスでは比較的長めの日程で公演するので、比較的チケットが手に入りやすい。また、数ヵ月〜数年という長期間ラスベガスでコンサートをし続けるレジデンシーコンサートという形式で公演をする大物アーティストも少なくないので、ぜひスケジュールをチェックしてみよう。

左／ブルーノ・マーズは不定期でレジデンシーコンサートを行う　右／2023年3月24日〜8月12日に16公演行うマルーン5

→P.169

Club

ゴージャスかつ最先端の設備が整うベガスのクラブ。有名なDJが専属契約を結んでおり、週末やホリデイイベントはたくさんの人でにぎわっている。

キャパ4400名のメガクラブ
オムニア・ナイトクラブ
Omnia Nightclub ➡P.169

VIPが優遇されるスペシャルなフロア

メインのダンスフロアの天井に吊るされた、3階建てに相当する高さの巨大なシャンデリアが見もの。このシャンデリアと8つの卵型のライトが幻想的なライティングを演出している。

2018年オープンの話題のスポット
アンコール・ビーチ・クラブ
Encore Beach Club ➡P.170

大きなプールを中心に、DJブースやバー、スナックスタンド、カジノなどがあり、周囲にはプライベート用のカバナやバンガローが配置されている。営業頻度はシーズンにより異なるが、春先から秋口まで週末を中心にオープンしている。人気なので夏は予約必須だ。

上／お気に入りの水着で出かけよう　下／ラスベガスの抜けるような青空が気持ちいい　©Wynn Las Vegas

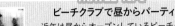

TRAVEL TIPS
ビーチクラブで昼からパーティ
近年は昼からオープンしているビーチクラブが若い世代に人気だ。さんさんと降り注ぐ太陽の下、水着で踊るので開放感は抜群。夜より健全な雰囲気なので女性だけでも安心だ。

人気DJの音楽で昼間からテンションは最高潮！

ベガスのクラブシーンの先駆者
ハッカサン・ラスベガス
Hakkasan Las Vegas ➡P.169

ラスベガスのほとんどのクラブを運営するHakkasanグループが、ラスベガスに初進出を果たした記念すべきクラブ1号店。総工費1億ドルといわれる豪華な内装に圧倒される。

夜が深まるほど盛り上がる

Nature

ラスベガスの周囲には、長い地球の歴史が生んだ息をのむほどの景色が広がっている。
むき出しになった地球からあふれるエネルギーを、全身でたっぷり感じよう。

グランドキャニオン国立公園
Grand Canyon National Park ➡ P.258

途方もない時間をかけて、地球の造山運動とコロラド川が造り上げたグランドキャニオン。あまりにも有名な峡谷は年間450万人以上の来園者を迎え、1年中にぎわっている。

観光客でにぎわう景勝地
サウスリムビレッジ・マーザーポイント
South Rim Village Mather Point

ツアー、個人観光を問わず、必ず立ち寄るサウスリムの中心地。展望台や散策路が整備されており、日中は1年を通して混雑している。美しい朝日が見られることで有名。名前の由来は初代国立公園局長スティーブン・マーザー。

人気の夕日スポット
ウエストリム・ホピポイント
West Rim Hopi Point

　グランドキャニオンに沈む美しい夕日と、一面が真っ赤に照らされた絶景を見られるスポット。眼下にはコロラド川や先住民の交易道だったブライト・エンジェル・トレイルを歩く人々の姿が見られることも。

地球の自転がダイレクトに
感じられる

タワーと砂漠が織りなす風景
イーストリム・デザートビュー
East Rim Desert View

　先住民の遺跡を復元した円形石造りの展望タワーがある、グランドキャニオン東端の展望ポイント。延々と広がるペインテッド砂漠の風景が楽しめ、サンセットポイントとしても人気だ。周囲にはギフトショップやデリがある。

展望タワーからの
眺望がすばらしい

TRAVEL TIPS

1泊すると異なる表情に出合える

　グランドキャニオンの醍醐味はサンセットとサンライズと言っても過言ではない。このふたつの時間に滞在するためにも、公園内で最低1泊はしたいところ。日中混雑するポイントも、ツアー客が少ない朝や夕方はずっと静かだ。また、グランドキャニオンの表情の豊かさは想像を超える。ひとつの地点から観察し、グランドキャニオンを満喫したと思ってはもったいない。さまざまな場所、時間で観察することをおすすめする。

公園内にはロッジや
キャンプ場もある

アンテロープキャニオン
Antelope Canyon ➡ P.264

滑らかな曲線と鮮やかなオレンジ色が印象的な、日本人に人気のスポット。アッパーとロウワーの2ヵ所あり、いずれもナバホ族の居住地にあるため、渓谷内は彼らのガイドによるグループツアーで回る。

上／洞窟のような内部には非現実的な空間が広がっている　左下／ちょっとした冒険気分　右下／自然が造り出した景観の美しさにあらためて驚かされる

TRAVEL TIPS

時間の余裕をもって訪れよう

人ひとりがやっと通れるような狭い隙間もあるため、渋滞が起こることもしばしば。特にアッパーは片道約150mの渓谷内を往復するため、混み具合によってはかなり時間がかかることもある。また、頭上のわずかな隙間から日の光が差し込む「ザ・ビーム」という現象を見るために、太陽が真上にくる12:00前後は特に観光客が増える。

近年人気が上昇し多くの人が訪れるようになった

レイクパウエル
Lake Powell ➡ P.263

コロラド川に造られたグレンキャニオン・ダムによって生まれた、全米で2番目に大きな人工湖。真っ青な湖面と赤い岩壁のコントラストが美しく、映画などのロケ地としても有名だ。

➡ P.263

TRAVEL TIPS
美しいだけでなく
人々の生活も支えている

人工湖でありながらその水量は満水時には琵琶湖に匹敵するほど。この湖とダムは、アリゾナ州のほぼ全土およびユタ州、ネバダ州、カリフォルニア州などに電力や水を供給し、人々の生活に欠かせないものとなっている。

湖に沈むことで複雑な地形がより際立っている

ホースシューベンド
Horseshoe Bend ➡ P.264

ホースシューとは「馬の蹄鉄」という意味で、ここは岩の形が馬の蹄鉄の形に似ていることからこう呼ばれている。コロラド川により長い時間をかけて浸食された地形がユニークだ。

➡ P.264

TRAVEL TIPS
壮大な景観を
間近で感じられる

ホースシューベンドでは安全柵がないため、先端の限界に寝そべったり、下を見下ろしてみたり、スリル満点。ただし、夢中になって写真撮影をしていると足を滑らせてしまうので注意が必要だ。

天候や太陽の傾き加減でまったく違う表情を見せる

数時間程度で歩けるトレイルもたくさんある

ザイオン国立公園
Zion National Park ➡ P.267

　大寺院、宮殿などと名づけられた巨大な岩山と、豊かな緑が美しいコラボレーションを生み出している。動植物も数多く生息する自然環境で、多彩な景観を楽しむことができる。

TRAVEL TIPS
トレッキングも楽しみたい

　ザイオン国立公園には難易度の低いトレイルから本格的な登山まで、トレッキングコースが豊富にある。自分の足で歩けば豊かな自然を間近に感じられるはず。歩きやすい靴や動きやすい服装を用意しよう。

TRAVEL TIPS
ナバホ族の文化に触れる

　モニュメントバレーは、ナバホ族の居留地内にあるため、アメリカ合衆国の国立公園にはなっておらず、「モニュメントバレー・ナバホ・トライバル・パーク」としてナバホ族によって管理・運営されている。彼らが作ったおみやげも売られているのでぜひのぞいてみよう。

モニュメントバレー
Monument Valley ➡ P.265

　赤い大地にさまざまな形のビュート（孤立丘）やメサ（平たい岩山）がにょきにょきとのびる景観が独特。アメリカの原風景ともいわれ、ナバホ族にとっては聖なる土地として大切にされてきた。

セドナ
Sedona　➡ P.273

　周囲を赤い岩山に囲まれた緑多い美しい街セドナ。パワースポットとしても有名で、特に強いエネルギーが渦巻くとされる場所は「ボルテックス」と呼ばれ、多くの人々が癒やしを求めて訪れる。

上／自然のパワーをチャージしよう　中／街と自然の距離が近いのもセドナの魅力　左下／レッドロックに囲まれたホーリークロス教会　右下／星が美しいことでも知られる。流星が見られることもしばしば

ヨガや瞑想に最適な場所

　パワーあふれるセドナの土地は、ヨガや瞑想で自分と向き合うのにも最適な場所。ボルテックスをハイキングしていて気に入った場所があれば、少しの時間でも座って目を閉じてみるといいだろう。心身ともに満たされる感覚があるはずだ。

ハイキングとヨガや瞑想がセットになったツアーもある

21

Discover Las Vegas

アレもしたい コレもできる! ベガスですべき**7**つのこと

おいしいとこ取りの観光地、ラスベガスだからこそ満喫できるお楽しみをざっくりご紹介!

1 キラキラの街並みに感動する

ニューヨークにパリ、古代ローマと水の都ベニス……。世界の美しい街や観光名所が一堂に会する、それがストリップだ。個性あふれるホテルの仕掛けを楽しみながら、とことん歩いてみよう。→ P.50

2 カジノで遊ぶ

堅苦しいドレスコードは一切なし! ルーレットにスロットマシン、ブラックジャックなど、おなじみのゲームが巨大なフロアを埋め尽くす。ルールとマナーを把握して、大人の社交場をのぞいてみよう。→ P.229

3 世界のグルメを制する

ファストフードからセレブリティシェフのダイニングまで、多種多彩な世界のグルメが集結する美食の街。全部食べたい食いしん坊さんはバフェに直行だ!→ P.207

ラスベガスオリエンテーション

ラスベガスってどこ?

アメリカ西海岸のロスアンゼルスからは約270マイル（430km 車5時間、飛行機1時間10分）、サンフランシスコからは約560マイル（900km 車9時間30分、飛行機1時間40分）の距離。ちなみに、東京一大阪間が約550km。時間帯は太平洋標準時PST（→ P.11）に属している。

同縮尺の日本とアメリカ 0 _____ 1000km

ベストシーズンは?

ラスベガスは、夏の酷暑を除きパーフェクトな天候。年間平均晴天日数は300日以上、年間降水量は極端に少ないが、夏（7、8月）はモンスーンで雷雨に見舞われることもある。年間平均気温は摂氏19℃、夏の日中は40℃以上になることもあるが、湿度が低い（年間平均で29%）ので比較的過ごしやすい。冬は13℃程度。砂漠気候のため、年間を通じて昼夜の寒暖の差が激しいのが特徴だ。気候のグラフ→P.10

★服装（フォーマルな場面を除く）
歩くのに適した靴選びがポイント。ホテルやショッピングモールなどの屋内施設、バスなどの交通機関の内部は冷房でガンガンに冷えている。寒さ対策は1年中必要だ。服装は重ね着で対応しよう。
▶4月中旬〜10月中旬…半袖シャツ、短パン、上着（冷房の苦手な人はやや厚手のものを）

▶10月下旬〜4月上旬…長袖シャツ、パンツ、タイツ、厚手のジャケット
★必需品
①暑さ対策にサングラスと帽子は必携!
②乾燥対策に目薬、リップクリーム、ハンドクリームで目や肌の保護を。湿度が低いのでのどの渇きを感じる前に水分補給をしよう。

4 ときめきの豪華ホテルに泊まる

ゴージャスな装飾のロビー、南の島のビーチのようなプール、部屋から見えるストリップの夜景など、非日常なコンテンツが満載。誰もがスター気分になれちゃうフォトジェニックなホテルに、お安く泊まれるのも魅力！→ **P.77**

©The Venetian

5 エンタメの世界にどっぷり浸る

シルク・ドゥ・ソレイユからスターDJまで、最高のエンターテイナーが集まる街、ラスベガス。最先端の技術を駆使した舞台とパフォーマー、オーディエンスが融合する圧巻のステージは毎晩観られる。→ **P.147**

©Tomasz Rossa

6 モールで物欲を満たす

ストリップ沿いに点在する大規模なショッピングモールのほか、アクセスの便利な場所にアウトレットモールがあるのも特徴的。ハイエンドブランドからファストファッションまで、幅広く対応できる買い物天国なのだ。→ **P.187**

7 究極の自然美に迫る

アメリカの大自然の見どころが集中するグランドサークル。そのゲートウェイの都市がラスベガスなのである。レンタカーや旅行会社のオプショナルツアーを利用して、本物の自然に触れてみよう。→ **P.251**

ストリップとは？

ラスベガスの中心を南北に貫くLas Vegas Blvd.。そのなかで、北はザ・ストラット・ホテル、南はマンダレイベイまでの間がストリップと呼ばれている。メガリゾート・ホテルはこのエリアに立ち並ぶ。

街はどんな感じ？ 治安情報

ラスベガスは、莫大なお金が動くだけに「安全」にはほかの都市以上の注意が払われている。ラスベガスの警備員は軍隊や警察の出身者が多く、質が高いことでも知られる。

観光面においては、ホテルを含め、ストリップにある施設内は安全と思っていい。こんな深夜まで人がいるの？と驚くほど、たくさんの人が夜の街を満喫している。ただし警備が厳しいといわれるカジノホテルでも、すべてのホテルが客室入口で宿泊客のチェックをしているわけではない。誰でも自由に客室フロアへ出入りできるホテルもあるので用心しよう。ノックされても不用意にドアを開けないこと。ホテルの駐車場は比較的安全といわれているが、あまりにも広大なので警備員の死角になる場所もある。特に夜間は注意。もちろん、ショッピングモールの駐車場も注意。

注意すべきポイント

▶ゲーミング（ギャンブル）と飲酒は21歳から、と法律で定められている。20歳以下はスロットマシンやテーブルゲームに近づくことが禁止されている。18歳以下の子供は21:00以降、大人の同伴なしでは外出できないのでご注意を。また、喫煙は18歳以上可だが、カジノフロアや食事を出さないバー以外は禁煙。

▶あまりガラのよくない地域といわれているのは、ストリップとダウンタウンの間、安モーテルや質屋Pawn Shopが並ぶあたり（右図）。ここは歩かずにバスかタクシーを使えば問題ない。暗くなってからは、ストリップとダウンタウンのフリーモントストリート以外は歩かないようにしよう。

注意！

Sahara Ave.
Sands Ave.
Flamingo Rd.
Tropicana Ave.
Las Vegas Blvd.

Attraction

最先端技術を駆使した**体験型アートスポット**が話題沸騰！

ストリップのはずれにある複合施設、**エリア15**（→ P.61）内に、2021年、インタラクティブな没入型アートスペース、**オメガ・マート**（→ P.61）がオープン！ アートとエンタメ集団「ミャオウルフ」を筆頭に、地元ラスベガスや国内外の300以上のクリエーターやミュージシャンが参加し、広大なスペースに60以上のインスタレーションが展開されている。アートな感性を刺激する摩訶不思議な空間は、今ぜひ訪れたいホットなスポットだ。

左／巨大な映像作品のBGMはアンビエントの巨匠、ブライアン・イーノ　右／会場制作に3年を費やしたそう

壮大な**プロジェクションマッピング**でサファリや宇宙へタイムトラベル！

新感覚のアトラクション**イルミナリウム**（→ P.61）も、**エリア15**（→ P.61）の敷地内にできた新施設。広大なスペースの壁一面に4K映像を投射し、3Dサウンドとともに臨場感あふれる空間を演出している。プログラムは、アフリカのサファリや宇宙探検などがあり、視覚と聴覚だけでなく、床が振動したりほかに香りが漂ったり、五感で楽しめる仕掛けが満載だ。夜はナイトクラブに様変わり。アジアの夜市やフランスの美しい庭園の中でアルコールが楽しめる。

キリンやライオンが間近に迫る様子は迫力満点だ

世界の**絶景スポット**を**空中散歩**！臨場感たっぷりのアトラクションが人気！

フライオーバー（→ P.66）は、ストリップで今話題のアトラクション。上下左右に動くシート席に座り、風、霧、香りなどの特殊効果を乗り物の動きと組み合わせることで、映像で世界の名所の空中散歩が楽しめる。3つのプログラムがあるが、ストリップの夜景や、フーバーダム、ホースシューベンドなどのアメリカ西部のアイコニックなランドマーク上空を飛行する「Wonders of the American West」がベガスらしくておすすめだ。

子供から大人まで大興奮の感動体験

Entertainment

シルク・ドゥ・ソレイユから新たなショーが誕生！

オー（→ P.156）やカー（→ P.157）などの壮大なアクロバットショーで知られる**シルク・ドゥ・ソレイユ**が、2022年5月からニューヨーク・ニューヨーク（→ P.108）でスタートさせた最新ショー、**マッド・アップル**（→ P.158）。ニューヨークを舞台に、アクロバットはもちろん、ヒップなダンスやマジック、コメディなどが繰り広げられる盛りだくさんの内容で、これまでのシルク・ドゥ・ソレイユとはひと味違うと評判だ。

ニューヨークらしい音楽や衣装にも注目したい

新エンタメ施設、MSGスフィア・ラスベガスが完成間近！

現在絶賛建設中の大型エンターテインメント施設**MSGスフィア・ラスベガス**の工事が佳境を迎えている模様。約5万4000㎡にもなる巨大な球体デザインが斬新で、世界最大かつ高解像度のLEDスクリーンや巨大ディスプレイを備える。ベネチアン＆パラッツォ（→ P.88）から歩道橋で結ばれる構想だ。オープンは2023年後半の予定で、人気アーティストU2がこけら落としの公演をするという報道もあり、注目が集まっている。

左／少しずつ全貌が明らかになってきた　右／1万7500席の座席を設置可能な大型施設

Hotel

新たな超高層カジノホテルが満を持して間もなく誕生!?

建設開始から15年あまり、着工、中断、倒産、そして買収……、さまざまな話題を提供し続けながら今日にいたるホテル、フォンテンブロー Fontainebleau がついに開業する。時期は2023年末頃を予定しており、地上224m、67階と、開業すればラスベガスでいちばん高いカジノホテルとなる。広いショッピングモールとコンベンションスペースも併設。場所は北ストリップ地区で、サーカスサーカス（→ P.118）の斜め向かいだ。

真っ青な高層の建物が周囲でもひときわ目立つ

ラスベガスのイベント & フェスティバル

2月

▶旧正月 Chinese New Year
2024 年 2 月 10 日

旧正月を祝う民族のうち、いちばん人口が多いのが中国人。多くは「賭け事」が大好きで、旧正月の休みはこぞってラスベガスに押し寄せる。どのホテルも旧正月の飾り付けで大変身する。

ラスベガスの旧正月のデコレーションは全米一
© Las Vegas News Bureau

3月

▶ナスカー・スプリントカップ
NASCAR Sprint Cup
2023 年 3 月 3 ～ 5 日、10 月 14 ～ 15 日

ラスベガス・モーター・スピードウエイで開催されるナスカーのレース。ナスカーは日本ではなじみがないが、一般車両を改造したもの。ごついレースがアメリカでは絶大な人気だ。その最高峰がスプリントカップ。

ラスベガスはスピードウエイがあるので、カーレースが盛ん
© Las Vegas News Bureau

▶セント・パトリック・デイ・パレード
St. Patrick's Day Parade
2023 年 3 月 17 日

アイルランド系のお祭りで、ダウンタウンがシンボルカラーの緑に染まる。フリーモントストリート・エクスペリエンスから始まるパレード、ダウンタウン・ラスベガス・イベントセンターでの催しも見もの。

4月

▶シティ・オブ・ライツ・ジャズ・アンド R&B フェスティバル
City of Lights Jazz and R&B Festival
2023 年 4 月 29 ～ 30 日

クラーク郡の野外劇場などでジャズの演奏が楽しめる。地元や LA のラジオ局、観光局などがスポンサーだ。
URL cityoflightsmusicfestival.com

5月

▶エレクトリック・デイジー・カーニバル
Electric Daisy Carnival (→ P.171)
2023 年 5 月 19 ～ 21 日

世界規模の EDM フェス。毎年ラスベガス・モーター・スピードウエイ (→ P.151) で開催。
URL lasvegas.electricdaisycarnival.com

9月

▶ライフ・イズ・ビューティフル
Life Is Beautiful
2023 年 9 月 22 ～ 24 日

ダウンタウンで開催される、音楽、アート、料理が融合した一大フェス。大物アーティストのライブが行われるほか、有名シェフのフードトラックも出店する。 URL lifeisbeautiful.com

11月

▶ロックンロール・ラスベガスマラソン
Rock'n Roll Las Vegas Marathon
2023 年 2 月 25 ～ 26 日

ネオンが光り輝く夜のストリップがマラソンコース。フルマラソン、ハーフマラソン、10km、5kmのコースあり。随所でライブ演奏も楽しめる。
URL runrocknroll.com/las-vegas

▶サンダーバード航空ショー
United States Air Force Thunderbirds
2022 年 11 月 5 ～ 6 日、11 日

ラスベガスの中心部から車で約 45 分の所にあるネリス空軍基地は、アクロバット飛行隊で有名な「サンダーバード」の本拠地。大迫力の航空ショーには多くの見物客が訪れる。
URL afthunderbirds.com/category/air-show-news

12月

▶ロデオ世界チャンピオン決勝戦
National Finals Rodeo
2022 年 12 月 1 ～ 10 日

毎年 12 月に開催。世界チャンピオンが決定するロデオイベント。迫力のロデオ競技のほか、多種多彩なウエスタングッズも販売される。トーマス&マックセンター (→ P.186) にて。
URL www.nfrexperience.com

▶アメリカズパーティ America's Party
2023 年 12 月 31 日

ダウンタウンとストリップの 2 ヵ所で大晦日の夜、多くの人が通りに出て新年を祝う。生演奏などがあるほか、見ものはストリップとダウンタウンの花火。

© Las Vegas News Bureau
大晦日はかなりにぎやか

Check! ラスベガスの観光案内所

観光案内所は、ストリップやダウンタウンには開設されていない。コンベンションセンターの前、Paradise Rd. と Convention Center Dr. の北西角にある。閲覧用のパソコン、地元情報誌、各種アトラクションのパンフレット、地図など、かなり豊富な資料が用意されている。

● Las Vegas Convention and Visitors Authority
MAP 折込裏 C4 住 3150 Paradise Rd., Las Vegas. NV 89109-9096
Free (1-877) 847-4858 休 土・日・祝
営業時間 月～金 8:00 ～ 17:00

● ラスベガス観光局公式ウェブサイト
URL www.visitlasvegas.com (英語)
URL www.visitlasvegas.com/ja (日本語)

地図と交通

Maps & Transportation

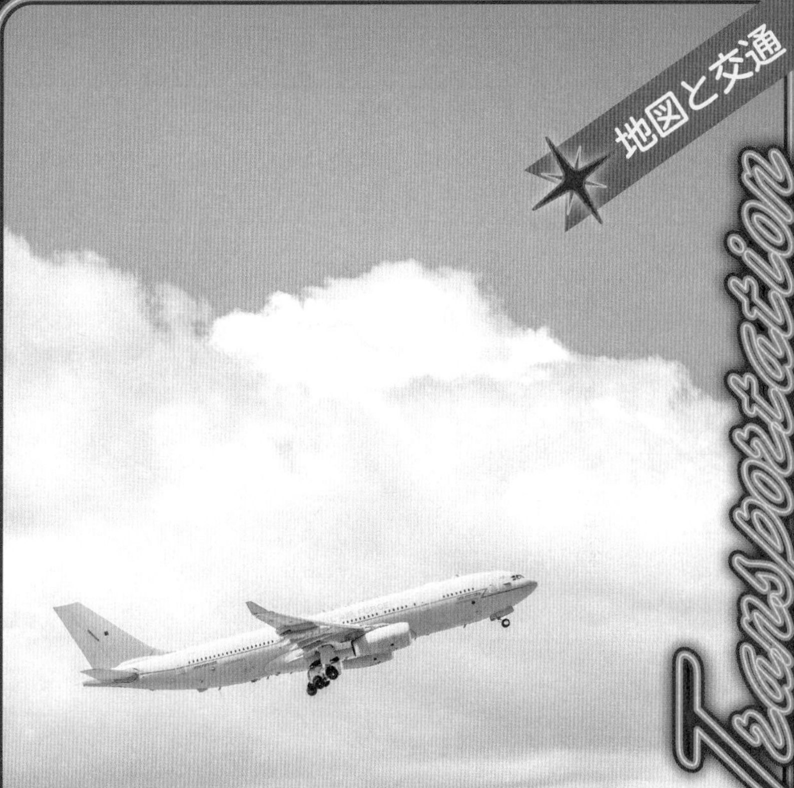

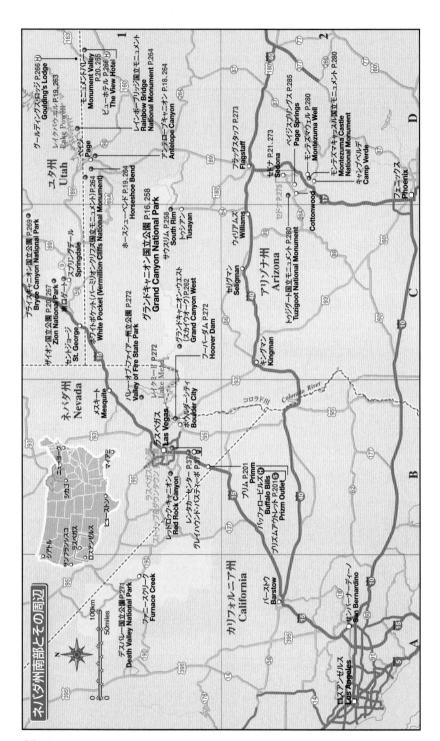

ネバダ州南部とその周辺

N
0 50miles
0 100km

デスバレー国立公園 P271
Death Valley National Park

ファーニスクリーク
Furnace Creek

ネバダ州
Nevada

メスキート
Mesquite

ラスベガス
Las Vegas

ラスベガス・ダウンタウン
レッドロックキャニオン P37
Red Rock Canyon
ストリップ
レンタカーセンター P37
グレイハウンド・バスステーション P37

カリフォルニア州
California

バーストウ
Barstow

ロスアンゼルス
Los Angeles

サンバーナーディーノ
San Bernardino

プリム P201
Primm
バッファロービルズ P201
Buffalo Bills
プリズムアウトレット P201
Prizm Outlet

コロラド川 Colorado River

ブライスキャニオン国立公園 P20,267
Bryce Canyon National Park

ザイオン国立公園 P20,267
Zion National Park

セントジョージ
St. George

スプリングデール
Springdale

ホワイトポケット(バーミリオンクリフス国立モニュメント)P264
White Pocket (Vermillion Cliffs National Monument)

ユタ州
Utah

バレーオブファイアー州立公園 P272
Valley of Fire State Park
レイクミード
Lake Mead
ボルダーシティ
Boulder City
フーバーダム P272
Hoover Dam

グランドキャニオンウエスト
(スカイウオーク)P262
Grand Canyon West

グランドキャニオン国立公園 P16,258
Grand Canyon National Park

サウスリム
South Rim
トゥサヤン P258
Tusayan

サウスリム P258

キングマン
Kingman

セリグマン
Seligman

ウィリアムズ
Williams

アリゾナ州
Arizona

トゥジグート国立モニュメント P280
Tuzigoot National Monument

コットンウッド
Cottonwood

キャンプベルデ
Camp Verde

モンテズマキャッスル国立モニュメント
Montezuma Castle
National Monument

モンテズマウェル P280
Montezuma Well

フェニックス
Phoenix

ページ
Page

レイクパウエル
Lake Powell

グールディングスロッジ P266 (H)
Goulding's Lodge
モニュメントバレー
Monument Valley P20,265
ビューホテル P266 (H)
The View Hotel

レインボーブリッジ国立モニュメント P264
Rainbow Bridge National Monument

アンテロープキャニオン
Antelope Canyon

ホースシューベンド P19,264
Horseshoe Bend P19,264

ブラックスタッグ P273
Black Stagg

フラッグスタッフ
Flagstaff

セドナ P21,273
Sedona

セドナ P275

ページスプリングス P285
Page Springs

28

ストリップ詳細マップ

フォーシーズンズからサーカスサーカスまで、ストリップを3枚の詳しい図にしました。P.29（南）→ P.31（北）と並んでいます。縮尺は正確ではありません。2022年11月の取材に基づいて作成していますが、ビルの建築工事や渋滞緩和のため、車線レーンや信号の増減、バス停の移動が頻繁に行われていることをご承知おきください。また、地図中の距離はおおよそのものです。歩く際にはご注意ください。

正縮尺のストリップ全体マップ→巻頭折り込み地図・裏面

▲ P.30

ネバダ州南部とその周辺／ストリップ詳細マップ

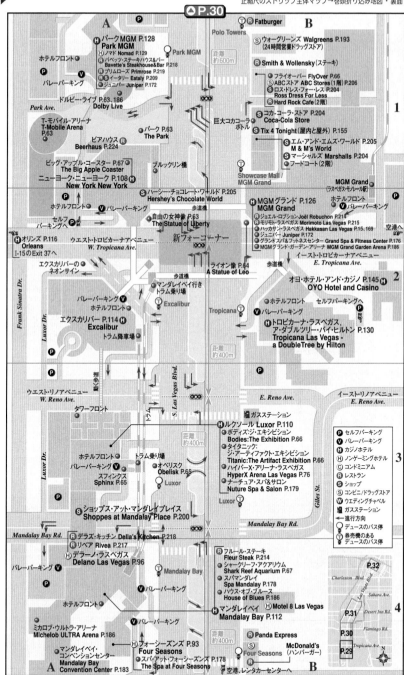

縮尺は正確ではありません。また、地図中の距離はおおよそのものです。歩く際にはご注意ください。

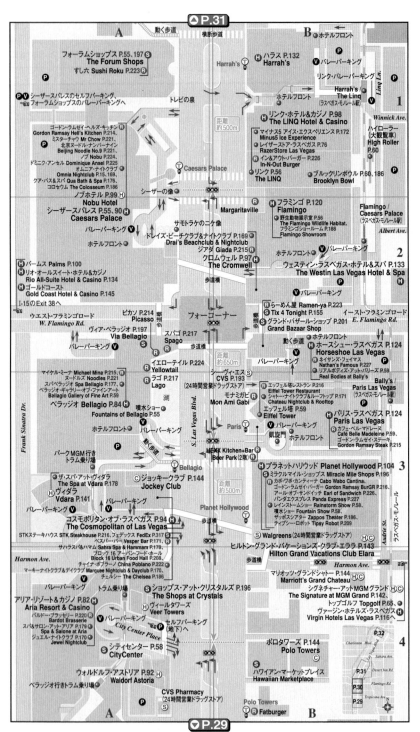

A 動く歩道 横断歩道 **B** ホテルフロント

フォーラムショップス P.55, 197 Ⓢ
The Forum Shops
すし六 Sushi Roku P.223 Ⓡ

Harrah's Ⓣ ハラス P.132
Harrah's
バレーパーキング

シーザースパレスのセルフパーキング、
フォーラムショップスのバレーパーキングへ
トレビの泉

Harrah's /
The Linq
リンク・バレーパーキング
Linq Ln.
Harrah's /
The Linq
(ラスベガス・モノレール駅) 1

Winnick Ave.

ゴードン・ラムゼイ・ヘルズ・キッチン
Gordon Ramsay Hell's Kitchen P.214
ミスター・チャウ Mr Chow P.221
北京ヌードル・ナンバーナイン
Beijing Noodle No.9 P.221
ノブ Nobu P.224
ドミニク・アンセル Dominique Ansel P.225
オムニア・ナイトクラブ
Omnia Nightclub P.15, 169
クア・バス＆スパ Qua Bath & Spa P.176
コロセウム The Colosseum P.186

リンク・ホテル＆カジノ P.98
The LINQ Hotel & Casino
マイナス5 アイス・エクスペリエンス P.172
Minus5 Ice Experience
レイザーストア・ラスベガス P.76
RazerStore Las Vegas
イン＆アウト・バーガー P.226
In-N-Out Burger
リンク P.56
The LINQ

ハイローラー
(大観覧車)
High Roller
P.60

ブルックリンボウル P.60, 186
Brooklyn Bowl

ノブホテル P.99
Nobu Hotel
シーザースパレス P.55, 90
Caesars Palace
バレーパーキング
ホテルフロント
シーザーの像
マルガリータヴィル
Margaritaville

フラミンゴ P.120
Flamingo
野生動物展示室 P.56
The Flamingo Wildlife Habitat,
フラミンゴショールーム P.186
Flamingo Showroom

Flamingo /
Caesars Palace
(ラスベガス・モノレール駅)
Albert Ave.
2

サモトラケのニケ像
ドレイズ・ビーチクラブ＆ナイトクラブ P.169
Drai's Beachclub & Nightclub
ジアダ Giada P.215
クロムウェル P.97
The Cromwell

ホテルフロント
バレーパーキング

ウェスティン・ラスベガス・ホテル＆スパ P.133
The Westin Las Vegas Hotel & Spa

パームス Palms P.100
リオ・オールスイート・ホテル＆カジノ P.134
Rio All-Suite Hotel & Casino
ゴールドコースト
Gold Coast Hotel & Casino P.145
I-15のExit 38へ

ピカソ P.214 Picasso
ヴィア・ベラッジオ P.197
Via Bellagio
バレーパーキング

らーめん屋 Ramen-ya P.223
Tix 4 Tonight P.155
グランド・バザール・ショップ P.201
Grand Bazaar Shop

イースト・フラミンゴロード
E. Flamingo Rd.
ホテルフロント
バレーパーキング

ウェスト・フラミンゴロード
W. Flamingo Rd.
フォーコーナー
スパゴ P.217 Spago
イエローテイル P.224 Yellowtail

ホースシュー・ラスベガス P.124
Horseshoe Las Vegas
ネイサンズ・フェイマス
Nathan's Famous P.227
リアルボディズ・アット・バリーズ P.59
Real Bodies at Bally's

マイケル・ミーナ Michael Mina P.215
ヌードルズ Noodles P.221
スパ・ベラッジオ Spa Bellagio P.177
ベラッジオ・ギャラリー・オブ・ファインアート
Bellagio Gallery of Fine Art P.84
ベラッジオ Bellagio P.84
噴水ショー
Fountains of Bellagio P.55
ホテルフロント
バレーパーキング

ラゴ P.217 Lago
シー・ヴィ・エス P.193 Ⓢ
(24時間営業ドラッグストア)
モナミガビ
Mon Ami Gabi
Paris
HEXX Kitchen+Bar
Beer Park (2階)

エッフェル塔レストラン P.216
Eiffel Tower Restaurant
シャトー・ナイトクラブ＆ルーフトップ P.171
Chateau Nightclub & Rooftop
エッフェル塔 P.59
Eiffel Tower
凱旋門
バレーパーキング
ホテルフロント

Bally's /
Paris Las Vegas
(ラスベガス・モノレール駅)

パリス・ラスベガス P.124
Paris Las Vegas
カフェ・ベル・マドレーヌ P.59
Café Belle Madeleine
ゴードン・ラムゼイ・ステーキ
Gordon Ramsay Steak P.215
3

パークMGM行き
トラム乗り場

プラネットハリウッド P.104
Planet Hollywood
ミラクルマイル・ショップス P.196
Miracle Mile Shops
カボ・ワボ・カンティーナ Cabo Wabo Cantina
ゴードン・ラムゼイ・バーガー Gordon Ramsay BurGR P.216
アール・オブ・サンドイッチ Earl of Sandwich P.226
パンダエクスプレス Panda Express P.227
レインストーム・ショー Rainstorm Show P.58
噴水ショー Fountain Show P.58
ザッポスシアター Zappos Theater P.186
ティプシー・ロボット Tipsy Robot P.209

ザ・スパ・アット・ヴィダラ
The Spa at Vdara P.178
ヴィダラ Vdara P.141
バレーパーキング
コスモポリタン・オブ・ラスベガス P.94
The Cosmopolitan of Las Vegas
STKステーキハウス STK Steakhouse P.216、フェデックス FedEx P.317
ベスパー・バー Vesper Bar P.171
サハラスパ＆ハマム Sahra Spa & Hammam P.176
ブロック16 アーバン・フード・ホール
Block 16 Urban Food Hall P.208
チャイナ・ポブラノ China Poblano P.207

ジョッキークラブ P.144
Jockey Club

Planet Hollywood

Walgreens (24時間営業ドラッグストア)

ヒルトン・グランド・バケーションズ・クラブ・エララ P.143
Hilton Grand Vacations Club Elara

Harmon Ave.
マーキーナイトクラブ＆デイクラブ
Marquee Nightclub & Dayclub P.170
チェルシー The Chelsea P.186
バレーパーキング

Harmon Ave.
マリオッツ・グランドシャトー P.144
Marriott's Grand Chateau
シグネチャー・アット MGM グランド
The Signature at MGM Grand P.142
トップゴルフ Topgolf P.65
ヴァージン・ホテルズ・ラスベガス P.116へ
Virgin Hotels Las Vegas

アリア・リゾート＆カジノ P.82
Aria Resort & Casino
バルドー・ブラッセリー Bardot Brasserie P.220
スパ＆サロン・アット・アリア
Spa & Salone at Aria P.179
ジュエル・ナイトクラブ Jewel Nightclub P.170
バレーパーキング
トラム乗り場

ヴィールタワーズ Veer Towers
セルフパーキング(地下)へ
City Center Place
シティセンター P.58
CityCenter

ショップス・アット・クリスタルズ P.196
The Shops at Crystals

ポロタワーズ P.144
Polo Towers

ウォルドルフ・アストリア P.92
Waldorf Astoria
ベラッジオ行きトラム乗り場

ハワイアン・マーケットプレイス
Hawaiian Marketplace
4

CVS Pharmacy
(24時間営業ドラッグストア)

Polo Towers
Fatburger

地図と交通

ストリップ詳細マップ

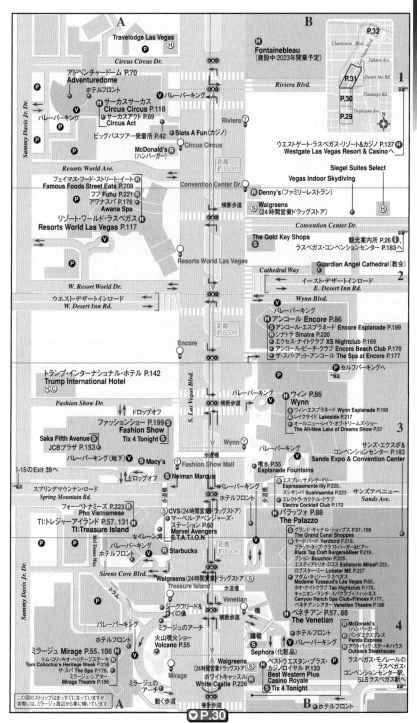

縮尺は正確ではありません。また、地図中の距離はおおよそのものです。歩く際にはご注意ください。

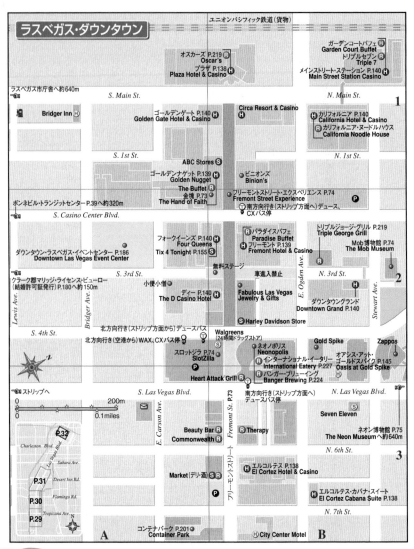

ラスベガス・ダウンタウン

ユニオンパシフィック鉄道（貨物）

ガーデンコートバフェ
Garden Court Buffet
トリプルセブン
Triple 7
メインストリート・ステーション P.140
Main Street Station Casino

オスカーズ P.219
Oscar's
プラザ P.138
Plaza Hotel & Casino

S. Main St.　　　N. Main St.

1

ラスベガス市庁舎へ約640m

Bridger Inn

ゴールデンゲート P.140
Golden Gate Hotel & Casino

Circa Resort & Casino

カリフォルニア P.140
California Hotel & Casino
カリフォルニア・ヌードルハウス
California Noodle House

S. 1st St.　　　N. 1st St.

ABC Stores

ゴールデンナゲット P.139
Golden Nugget
The Buffet
金塊 P.73
The Hand of Faith

ビニオンズ
Binion's

フリーモント・ストリート・エクスペリエンス P.74
Fremont Street Experience
南方向行き（ストリップ方面へ）デュース、
CXバス停

ボンネビル・トランジットセンター P.39へ約320m

S. Casino Center Blvd.

フォークイーンズ P.140
Four Queens
Tix 4 Tonight P.155

パラダイスバフェ
Paradise Buffet
フリーモント P.139
Fremont Hotel & Casino

トリプルジョージ・グリル P.219
Triple George Grill
Mob博物館 P.74
The Mob Museum

ダウンタウン・ラスベガス・イベントセンター P.186
Downtown Las Vegas Event Center

S. 3rd St.

無料ステージ

車進入禁止

N. 3rd St.

2

クラーク郡マリッジ・ライセンス・ビューロー
（結婚許可証発行）P.180へ約150m

小便小僧

ディー P.140
The D Casino Hotel

Fabulous Las Vegas
Jewelry & Gifts

ダウンタウングランド
Downtown Grand P.140

Lewis Ave.
Bridger Ave.
Stewart Ave.

S. 4th St.

北方向行き（ストリップ方面から）デュースバス

Harley Davidson Store

北方向行き（空港から）WAX、CXバス停

Walgreens
（24時間ドラッグストア）

スロットジラ P.74
SlotZilla

Heart Attack Grill

ネオノポリス
Neonopolis
インターナショナル・イータリー
International Eatery P.227
バンガー・ブルーイング
Banger Brewing P.224

Gold Spike

オアシス・アット・
ゴールドスパイク P.145
Oasis at Gold Spike

Zappos

ストリップへ

0　　200m
0　　0.1miles

S. Las Vegas Blvd.

南方向行き（ストリップ方面へ）
デュースバス停

N. Las Vegas Blvd.

Seven Eleven

ネオン博物館 P.75
The Neon Museum へ約640m

3

Charleston Blvd.

P.32

Sahara Ave.

P.31

Desert Inn Rd.

P.30

Flamingo Rd.

P.29

Tropicana Ave.

E. Carson Ave.

Beauty Bar
Commonwealth

Fremont St. P.73

フリーモントストリート

Therapy

Market（デリ・酒）

エルコルテス P.138
El Cortez Hotel & Casino

エルコルテス・カバナ・スイート P.138
El Cortez Cabana Suite P.138

N. 6th St.

N. 7th St.

A

コンテナパーク P.201
Container Park

City Center Motel

B

お役立ち情報

在米日本国総領事館と緊急連絡先

● 在サンフランシスコ日本国総領事館
（ラスベガスを含むネバダ州）
275 Battery St. Stuite San Francisco, CA 94111
(1-415)780-6000、(415)999-3067（予約の問い合わせ）
www.sf.us.emb-japan.go.jp
窓口 月～金 10:00～11:30、13:00～15:00／電話
対応 9:00～12:00、13:00～17:00
土・日、祝日、休館日　※窓口業務は予約制

● 在ロスアンゼルス日本国総領事館
（グランドキャニオン、セドナを含むアリゾナ州）
350 S. Grand Ave., Suite 1700, Los Angeles, CA 90071
(213) 617-6700（緊急の場合は24時間対応）
www.la.us.emb-japan.go.jp
窓口 月～金 9:30～11:30、13:15～16:15／電話

対応 9:30～12:00、13:00～17:00
土・日、祝日、休館日
※窓口業務は予約制で、予約は専用フォームから

● 在デンバー日本国総領事館
（ザイオン、ブライスキャニオンを含むユタ州）
1225 17th St., Suite 3000, Denver, CO 80202
(303) 534-1151（閉館時は JAN 緊急サービスの担
当者につなげる）
www.denver.us.emb-japan.go.jp
月～金 9:00～12:00 ＆午後、休館日、休館日
※窓口業務は予約制で、予約はメール（cgjd-consular@
de.mofa.go.jp）か電話で

● 緊急電話番号　警察／救急　911
● 病院→ P.326

32

ラスベガス・ダウンタウン／ラスベガスの交通機関

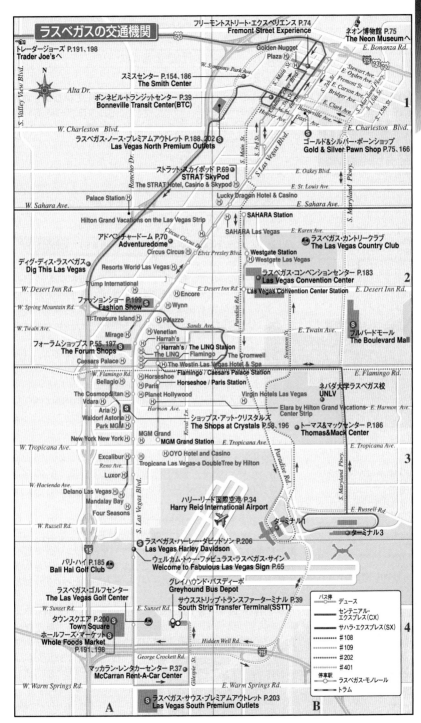

ラスベガスの交通機関

トレーダージョーズ P.191、198
Trader Joe'sへ

フリーモントストリート・エクスペリエンス P.74
Fremont Street Experience

ネオン博物館 P.75
The Neon Museumへ

スミスセンター P.154、186
The Smith Center

ボンネビル・トランジットセンター P.39
Bonneville Transit Center(BTC)

Golden Nugget Plaza

ラスベガス・ノース・プレミアムアウトレット P.188、202
Las Vegas North Premium Outlets

ゴールド＆シルバー・ポーンショップ
Gold & Silver Pawn Shop P.75、166

ストラット・スカイポッド P.69
The STRAT Hotel, Casino & Skypod
STRAT SkyPod

Lucky Dragon Hotel & Casino

Palace Station

Hilton Grand Vacations on the Las Vegas Strip

SAHARA Station

SAHARA Las Vegas

アドベンチャードーム P.70
Adventuredome

Circus Circus

Westgate Station
Westgate Las Vegas

ラスベガス・カントリークラブ
The Las Vegas Country Club

ディグ・ディス・ラスベガス
Dig This Las Vegas

Resorts World Las Vegas

ラスベガス・コンベンションセンター P.183
Las Vegas Convention Center

Trump International

Las Vegas Convention Center Station

ファッションショー P.199
Fashion Show

Encore

Wynn

TI:Treasure Island

Palazzo

Mirage

Sands Ave.

プルバードモール
The Boulevard Mall

フォーラムショップス P.55、197
The Forum Shops

Venetian
Harrah's

Harrah's / The LINQ Station
The LINQ / Flamingo

The Cromwell

Caesars Palace

The Westin Las Vegas Hotel & Spa

Horseshoe

Flamingo / Caesars Palace Station

Bellagio

Paris

Horseshoe / Paris Station

The Cosmopolitan

Planet Hollywood

Virgin Hotels Las Vegas

ネバダ大学ラスベガス校
UNLV

Vdara

Aria

Waldorf Astoria

Harmon Ave.

Elara by Hilton Grand Vacations-Center Strip

Park MGM

ショップス・アット・クリスタルズ
The Shops at Crystals P.58、196

トーマス＆マックセンター P.186
Thomas&Mack Center

New York New York

MGM Grand

MGM Grand Station

Excalibur

OYO Hotel and Casino
Tropicana Las Vegas-a DoubleTree by Hilton

Luxor

Delano Las Vegas

Mandalay Bay

Four Seasons

ハリー・リード国際空港 P.34
Harry Reid International Airport

ターミナル1

ターミナル3

ラスベガス・ハーレー・ダビッドソン P.206
Las Vegas Harley Davidson

バリ・ハイ P.185
Bali Hai Golf Club

ウェルカム・トゥー・ファビュラス・ラスベガス・サイン
Welcome to Fabulous Las Vegas Sign P.65

ラスベガス・ゴルフセンター
The Las Vegas Golf Center

グレイハウンド・バスデーポ
Greyhound Bus Depot

サウスストリップ・トランスファーターミナル P.39
South Strip Transfer Terminal(SSTT)

タウンスクエア P.200
Town Square

ホールフーズ・マーケット
Whole Foods Market
P.191、198

マッカラン・レンタカーセンター P.37
McCarran Rent-A-Car Center

ラスベガス・サウス・プレミアムアウトレット P.203
Las Vegas South Premium Outlets

バス停
デュース
センテニアル・エクスプレス(CX)
サハラ・エクスプレス(SX)
#108
#109
#202
#401
停車駅
ラスベガス・モノレール
トラム

ラスベガスへのアクセス

飛行機で着いたら

日本から

日本からラスベガスへノンストップ便は就航していない。ロスアンゼルスやサンフランシスコ、シアトルなど、西海岸の空港で乗り換えるのが一般的だ。西海岸の都市で乗り継いでのフライトスケジュールは旅の準備（→ P.303）を参照のこと。

成田、羽田、関西発の便があるロスアンゼルスやサンフランシスコ経由が便利

ハリー・リード国際空港
MAP 折込裏 O6
🏢 5757 Wayne Newton Blvd., Las Vegas, NV 89119
☎ (702) 261-5211
URL harryreidairport.com

アメリカ国内から

ラスベガスへはアメリカの多くの都市から、ノンストップ便、航空会社によっては1ストップ便が運航している。全米どこの街からでもアクセスしやすいのが、ラスベガスの特徴。

ハリー・リード国際空港（空港コード＝LAS）
Harry Reid International Airport

海外はもちろん、アメリカ国内からラスベガス行きのほとんどのフライトは、ハリー・リード国際空港（旧マッカラン国際空港）に到着する。24時間営業で、ラスベガスの中心であるストリップの南よりわずか3.5kmととても近い。空港のいたるところにスロットマシンがあるのも、ラスベガスならでは。

年間4300万人の利用がある国際空港ながら、迷うほど広くはなく歩きやすい。Wi-Fiも100％カバーされており、とても使い勝手のよい空港だ。

国内線専用の**ターミナル1**、国際線と国内線が乗り入れる**ターミナル3**のふたつのターミナルで構成されている。

ターミナル間を結ぶトラムの乗り場はエスカレーターで下の階へ

アメリカ系以外の航空会社で到着の場合
　例えば、日本から韓国経由の大韓航空でラスベガスにアクセスした場合、航空機はターミナル3に到着する。入国審査と税関検査もターミナル3で行う。レンタカーセンター行きのシャトルや市内への空港シャトル、ターミナル1へのトラムや連絡バスも運行している。

スロットマシンがお出迎え。さすがラスベガスの玄関口

●ターミナルの構造

ターミナル1（A～CゲートとサテライトのDゲート）とターミナル3（Eゲート）は、アメリカン航空やデルタ航空、ユナイテッド航空、ハワイアン航空などが利用するDゲートを中継して無料のトラムでつながっている。日本から前述4つの航空会社でラスベガス入りする場合、アメリカ西海岸の都市やハワイで入国審査を行い、国内線に乗り継ぐ。航空機はDゲートに到着するが、機内に預けた荷物は異なるターミナルのバゲージクレームで受け取る。**アメリカンとデルタはターミナル1、ユナイテッドとハワイアンはターミナル3のバゲージクレームでのピックアップとなる**のでご注意を。

空港から市内への各交通機関、レンタカーセンターへの無料バスもそれぞれのターミナルから運行している。したがって、航空機がDゲートに到着したら、トラムでターミナル1、または3へ移動し、荷物をピックアップしたターミナルから市内へアクセスしよう。

ターミナル3にはフルサービスのスパが併設されている

ラスベガスへのアクセス

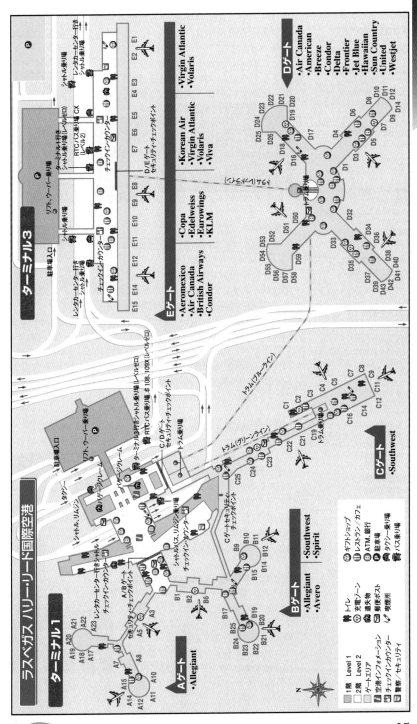

ラスベガス ハリー・リード国際空港

ターミナル1

Aゲート
•Allegiant

Bゲート
•Allegiant　•Southwest
•Avero　•Spirit

Cゲート
•Southwest

ターミナル3

Dゲート
•Air Canada　•Jet Blue
•American　•Hawaiian
•Breeze　•Sun Country
•Condor　•United
•Delta　•Westjet
•Frontier

Eゲート
•Korean Air　•Copa
•Virgin Atlantic　•Edelweiss
•Volaris　•Eurowings
•Viva　•KLM
•Aeromexico　•Virgin Atlantic
•Air Canada　•Volaris
•British Airways
•Condor

1階 Level 1
2階 Level 2
ゲートエリア
空港インフォメーション
チェックインカウンター
警察／セキュリティ

🚻 トイレ
🔌 充電ゾーン
遺失物
📮 郵便ポスト
喫煙所

🎁 ギフトショップ
レストラン／カフェ
🏧 ATM、銀行
Ⓟ 駐車場
リフト、ケーブルカー乗り場
🚌 バス乗り場

ハリー・リード国際空港から市内へ

　空港から市内へは、タクシー、空港シャトル、公共の交通機関であるRTCバスでアクセスできるが、ストリップへはとても近いことから、タクシーやライドシェアリング・サービスを利用する人が多い。ラスベガスを拠点にドライブを計画している人は、空港でレンタカーを借りてしまおう。

案内表示に従えば簡単に移動できる

派手な広告に目を奪われてしまうバゲージクレーム（ターミナル1）

●タクシー　Taxi

　乗り場は、ターミナル1は1階バゲージクレーム東側のドア番号1〜4を出てすぐ。ターミナル3はレベルゼロのすぐ外側。定員は6人までで、空港からの乗車は別途 $2 の空港利用料が加算される。

ターミナルを出ると、タクシー乗り場はすぐに見える

　運賃の目安（チップ別）は、新フォーコーナー周辺のホテルまで$14〜20、フォーコーナー周辺のホテルまで$20〜28、ストリップ北部のホテルまで $20〜25、ダウンタウンのホテルまで$28〜35くらい。所要時間は Las Vegas Blvd. とハイウエイを利用する場合によって異なり、ストリップのホテルなら12〜20分、ダウンタウンへは20〜35分が目安。

●ライドシェア　Ride Share

　近年は、スマートフォンアプリを使った配車サービス、ウーバー Uber やリフト Lyft（→ P.39）を使うのも一般的になっている。乗り場はターミナル1の駐車場にあるがわかりづらいので、「Lyft/Uber」のサインに従って向かおう。迷うこともあるので、配車リクエストは乗り場に到着してからすること。

乗り場が遠いので荷物が多い場合はやや不便

●空港シャトル　Airport Shuttle

　乗り合いのシャトルバンは1〜2名の利用ならタクシーよりも割安。定員になるまで出発しない、いくつかのホテルを回るという点でタクシーよりも時間はかかる。乗り場は、ターミナル1はバゲージクレームの西側、ドア番号7〜13を出てすぐ。ターミナル3はレベルゼロの外側にチケットブースと乗り場がある。

各社少しずつ料金が違うがサービスはほとんど同じ（ターミナル3）

お役立ち情報　**RTC（路線バス）乗り場**▶ターミナル1のバス乗り場は、バゲージクレームの下の階のレベルゼロに位置している。#108と#109が発着する。ターミナル3のバス乗り場は、バゲー ↗

●RTC（路線バス→ P.39）

ラスベガスを含む南ネバダ一帯を包括するバスが RTC。空港からラスベガスブルバード（ストリップ）に直接乗り入れる路線はないが、宿泊先によっては②の路線が便利。

① **CX** 空港からハイウエイを経由してダウンタウンまで行く急行が運行している。Centennial Express（CX）はストリップ北寄りのファッションショー（→ P.199）付近のバス停に停車したあとに、I-15 を通るルート。

② **#108 と #109** ローカルバス #108 と #109 の 2 路線がダウンタウンまで運行している。#108 は Paradise Rd. を通るルート、#109 は Maryland Pkwy. を通るルートでダウンタウンへ。なお、#109 は空港からサウスストリップ・トランスファー・ターミナルへ行き、ここでデュース（→ P.39）に乗り換えれば、ストリップにアクセスできる。

詳しくは地図「ラスベガスの交通機関」（→ P.33）を参照。

●レンタカー Rent-A-Car

ハリー・リード国際空港のレンタカー会社は、すべて空港敷地外の**レンタカーセンター**にある。バゲージクレームから外へ出た所から「**McCarran Rent-A-Car Center**」と表示

空港からはこの無料シャトルに乗っていく

された白と青のバスに乗り込んで 7 分ほどで到着だ（無料）。エイビス、ハーツ、アラモなど 10 のレンタカー会社のカウンターが円形に並んでいて、その周囲が 5000 台も収容できる巨大駐車場になっている。

各社で手続きを終えたら、レンタカー会社ごとに分かれたゲートへ進もう。表示に従ってエスカレーターに乗れば、目的の駐車場に出るようになっている。実に機能的でわかりやすい。

レンタカーを返却するときには、ストリップをひたすら南へ走る。Tropicana Ave. の角に「空港方面は左折」の表示があるが、レンタカーセンターへ行くならここで曲がってはいけない。ストリップを直進してマンダレイベイを過ぎ、I-215 の立体交差を越えた所で「Rental Car Return」の表示に従って George Crockett Rd. を左折する。

各レンタカー会社がデスクを並べている

長距離バスで着いたら

グレイハウンドバス Greyhound Bus

ロスアンゼルス、サンディエゴ、フェニックス、ソルトレイク・シティ、デンバーなどからの便がある。ロスアンゼルスから 1 日 6 便、片道 $20 〜 89、最速で 5 時間。バスディーポ（停車場）は、空港近く、ウェルカム・トゥー・ファビュラス・ラスベガス・サイン（→ P.65）から 3km ほどの場所にある。

RTC バス
☎ (702) 228-7433
URL www.rtcsnv.com
料 $2（デュースは除く）
乗車券はバス停の券売機、または運転手から購入（つり銭なし）。デュースを引き続き利用するのなら券売機でバスを購入するほうがお得。

CX は 1 時間に 1 本、#108 は 30 分に 1 本、#109 は 10 〜 30 分に 1 本の割合で運行

マッカラン・レンタカーセンター
MAP P.28-B1、折込裏 B6 外
住 7135 Gilespie St.
☎ (702) 261-6001
時間 24 時間
行 ターミナル 1 はドア 10 か 11 を出た中州、ターミナル 3 は West ドア 51 〜 54 か East ドア 55 〜 58 を出た所にバス乗り場がある。レンタカーセンターからストリップへは、標識に従って走れば 1 分ほどで Las Vegas Blvd. へ出る。ほどなくマンダレイベイが見えてくるはずだ。

LA からレンタカーでアクセス
ロスアンゼルスからは I-10 を東へ、I-15 に乗り換えて北へ走ればそのままラスベガスへ。途中は延々と続く砂漠の中のドライブだ。バーストウ Barstow あたりで休憩するといい。ネバダ州へ入った所にある町プリム Primm にはファッションアウトレット（→ P.201）もある。約280 マイル（約450km）、所要約 4 〜 5 時間。

グレイハウンド・バスディーポ
MAP P.32-A1、折込裏 C1
住 6675 Gilespie St.
☎ (702) 384-9561
Free (1-800) 231-2222
URL www.greyhound.com
時 24 時間
※ 2023 年 2 月、グレイハウンド社はヨーロッパのフリックスバス Flixbus の傘下に入ったが、グレイハウンドとして営業を続けている。そのため車体が Flixbus であったり発着場所がグレイハウンドのバスディーポでないこともある。予約の際、注意を。

ラスベガスの交通機関

ラスベガスでは、タクシー、モノレール、トラム、路線バスなどが発達して使いやすいが、実は歩く人がほとんど。なぜなら、時間帯によっては交通渋滞がひどく、歩いたほうが早いからだ。また、モノレールも駅からストリップまで遠いことがある。しかし、それも時間と場所によりけり。オプショナルツアーは時間を有効に使えるのでおすすめだ。

おもなタクシー会社
● Checker/Yellow/Star Cab
☎ (702) 873-2000
● Desert Cab
☎ (702) 386-9102
● Western Cab
☎ (702) 736-8000

> タクシーのチップについては
> → P.313

ラスベガス・モノレール
● MGM Grand - Sahara Las Vegas
URL www.lvmonorail.com
運行：月 7:00 〜 24:00、火〜木 7:00 〜翌 2:00、金〜日 7:00 〜翌 3:00（季節による変更あり）。4 〜 8 分ごと
图 $5。24時間券$15。3日券$32（電子チケットの割引あり。券売機で購入。有人の窓口では 2 日券 $26 のほか、各種パスも販売している）

乗り方／降り方
ラスベガス・モノレールは、改札近くの券売機でチケットを購入し、チケットを改札機に通して乗車する。日本の自動改札と同じ。下車時は改札機にチケットを挿入して駅の外へ。

MGM グランドと SLS ラスベガスを結ぶラスベガス・モノレール

トラム
● Bellagio - City Center - Park MGM
運行：月〜木 8:00 〜 21:00（T-Mobile イベント時〜 23:00）、金〜日〜翌 2:00
● Excalibur - Mandalay Bay
運行：日〜水 9:00 〜翌 0:30、木〜土 9:00 〜翌 2:30
● Excalibur - Luxor - Mandalay Bay
運行：毎日 10:00 〜 24:00
● Mirage - Treasure Island
運行：日〜木 12:00 〜 21:00、金・土 12:00 〜 24:00

タクシー
Taxi

　　路上で流しのタクシーを呼び止めることは禁止されているが、ホテルの正面玄関に行けば、タクシー乗り場があり、大きなホテルなら、ドアマンがエスコートしてくれる（チップを$1ほど渡そう）。

　　初乗り料金が $3.50 で、その後 9 分の 1 マイルごとに 35¢ の加算（距離料金）。空港からの乗車は $2、クレジットカード払いの場合には $3 の手数料が別途加算される。初乗りと距離料金、手数料などの総額に 3% の州税が課せられた料金が最終的な支払額だ。

タクシーはホテルから乗車するのがいちばんいい方法

モノレールとトラム
Monorail & Tram

　　一部のホテルとホテルをつないでモノレールとトラムが走っている。ラスベガス・モノレールは有料、トラムは無料だ。路線によってはストリップから駅までが遠い。

● MGM グランド ⇔ サハラ・ラスベガス (有料：ラスベガス・モノレール)
　　新フォーコーナーからフォーコーナー、コンベンションセンターを通ってストラトスフィアタワー手前にあるサハラアベニューまで片道約 15 分。各ホテルの東側に線路があり、ストリップから駅まで行くにはカジノを横切らなければならず、これが遠い。ただし、コンベンションセンターやウエストゲート・ラスベガスに行く人には便利。

● ベラッジオ ⇔ シティセンター（クリスタルズ、アリア）⇔ パーク MGM（無料：トラム）
　　クリスタルズなどのあるシティセンターと両隣のホテル、ベラッジオとパーク MGM を結ぶ。各駅停車と急行があるので乗車時に要注意。

● エクスカリバー ⇔ マンダレイベイ（無料：トラム）
　　新フォーコーナー（エクスカリバー前）に駅があるのが魅力。エクスカリバーとマンダレイベイとの間を直通運行（所要約 3 分）する路線と、エクスカリバーからルクソールとマンダレイベイの各駅に停車（所要約 7 分）する 2 路線が平行して走っている。

● ミラージュ ⇔ TI：トレジャーアイランド（無料：トラム）
　　ミラージュの正面玄関近くに乗り場があり、TI：トレジャーアイランドの 2 階（ストリップとは反対の Mel Torme Way 側）と連絡している。

★読者の声 **横暴なタクシーと便利なツアー**▶ウィンからベラッジオまでタクシーを利用。チップを含め$18支払ったが、もう$2と要求。遠回りされたこともあり、少々腹が立った。タクシーは安心だと聞いていたが、➚

RTC（路線バス）
Regional Transportation Commission of Southern Nevada

　ラスベガスを含んだ南ネバダ一帯の交通機関を運営するRTC。観光客の利用をメインとした2路線と地元住民が利用するローカル路線との違いが明確で、運賃や運行スケジュールなどで差別化している。

　観光客用の路線は、ストリップとダウンタウンを網羅する**デュースDeuce**。共通の乗車券を使用するが、運行時間とルート、停車するバス停の数が異なる。

　なお、ハリー・リード国際空港を起点に運行するWAX、CX、#108、#109の4路線（→P.36〜37）はローカル路線の運賃が適用され、デュースと共通の乗車券も使用できる。

●デュース Deuce

　ストリップを南北に走る2階建てバスのデュースDeuceは、ダウンタウンのFremont St.とストリップの最南端を越えたサウスストリップ・トランスファーターミナルの間を往復する。24時間、10〜20分間隔で運行。ホテル間の移動に便利だが、時間帯によっては渋滞に巻き込まれることが多い。

RTCの乗車券。裏に乗車期限の日付と時間が記載される

運転手から乗車券を購入する方式も採用しているので、発車までの待機時間が長い

ライドシェア（配車サービス）
Ride Share

　近年ラスベガスでの移動手段として急激に需要が高まっているのが、アプリなどで行うライドシェアリング・サービス。これは、スマートフォンの位置情報を使って、目的地の情報と乗車希望場所を入力すると、付近のドライバーが迎えにきてくれるというサービスだ。事前にアプリをダウンロードしておこう。

　金額は状況によって多少変動はするが、事前にアプリ上で確認できるので安心。また、事前に登録したクレジットカードから引き落とされるので、お会計でもたつくこともないし、チップの案内についても降車後にスマートフォン上で操作するので細かい現金を用意する必要がないのもうれしいポイントだ。

　ただし、個人が自家用車で送迎するので、トラブルや事故の対応、補償などに問題がある。また、ラスベガスのホテルは、メインエントランスから離れたわかりづらい場所にライドシェア乗降場所があることが多いので、時間に余裕をもってリクエストしよう。

おもなライドシェアアプリ

● Uber
URL www.uber.com/jp/ja

● Lyft
URL www.lyft.com

RTC
☎ (702) 228-7433
Free (1-800) 228-3911
URL www.rtcsnv.com
❶ デュースには1回限りの乗車券がない。2時間バス$6、24時間バス$8、3日券$20のいずれかを購入する。　ローカル路線は1回限りの乗車券$2、2時間券$3、24時間券$5など。なお、15日以上の乗車券は下記のバスターミナルや指定のコンビニエンスストア、ドラッグストアで販売している。

チケットの購入方法とバスの乗り方はP.40を参照

RTCバスターミナル
　有人の案内所や券売窓口もある。ラスベガスの主要乗り換えポイントは次の2ヵ所。
●ボンネビル・トランジットセンターBonneville Transit Center（BTC）
MAP P.33-B1、折込裏C1
❶ 101 E. Bonneville Ave.
時間毎日7:15〜17:45（券売窓口）
●サウスストリップ・トランスファーターミナル（SSTT）South Strip Transfer Terminal
MAP P.33-A4、折込裏B6外
❶ 6675 Gilespie St.
時間毎日7:00〜18:00（カスタマーサービス）休 感謝祭、12/25

ストリップのバス停には係員が常駐している場合が多い

ストリップのおもなバス停に自動券売機を設置している

ぼったくりされる旅行者も多いようだ。夜はJALPAK URL jalpak.co.jpのナイトツアー（$70）で効率よく観光。日本人の運転手兼ガイドさんもとても親切で、思いがけない発見まで楽しめた。（兵庫県　ルル '16）['23]

39

路線バスに乗ってみよう（乗車券の購入と乗車）

1 バス停を探す

　バス停はおもに2種類。バスは運行方向によってバス停が異なる（南方向に走る場合はSouthbound、北方向Northbound、東方向Eastbound、西方向Westbound）。なお、同じバス停から複数の路線が出ていることもあるので注意しよう。

ストリップで見かけるデュースのバス停

ベンチや屋根があるバス停

2 乗車券は自動券売機で購入する

1.Touch Screen to Start
　画面に触れて言語（英語かスペイン語）を選択。

2.Select Pass
　乗車券（パス）の種類を選択。
- 2時間券 TWO HOUR ALL ACCESS
- 24時間券 24 HOUR ALL ACCESS
- 3日券 3 DAY ALL ACCESS

3.Select Means of Payment
　支払い方法を現金（硬貨、紙幣）、またはクレジットカード（デビットカードを含む）から選択。
・硬貨 COIN（1、5、10、25¢）
・紙幣 BILLS（$1、5、10、20）
※つり銭は出ないので要注意
・クレジットカード（M V）、デビットカードを使う場合は「BANK CARD」の差込口にスライドして磁気を読み込ませる（機械によって読み取りエラーを起こす場合あり）

RTC Transit Passes

※購入した乗車券は下方の受取口から取る。クレジットカードを使用した場合はレシートが発行される

注意！
★デュース Deuce はバス運転手から乗車券を購入することも可能。2時間券と24時間券のみの販売でつり銭は出ない。
★路線番号♯100〜600番台の路線バスを除く急行バスは、乗車の際に運転席脇の運賃箱に$2を入れればOK。

3 バスに乗る

★デュース Deuce
★そのほかの路線バス
（路線番号♯100〜600番台、CXほか、アルファベットの略号がついた急行バス）

　デュースの乗車券は自動券売機、または運転手からの購入も可能（つり銭不可）。乗車券は、運転席脇の運賃箱にあるスライダーに滑らせればいい。そのほかの路線バスは、乗車の際に運転席脇の運賃箱に$2を入れればいい（つり銭不可）。

乗車は前方から　　路線名と運行方向の表示

4 目的地で降車する

　停車のバス停は車内アナウンスがされるほか、モニターでも確認できる。降車したいときは赤い「STOP」ボタンを押す。

左／降車のリクエストが受理されると、ディスプレイに「STOP REQUESTED」と表示される　右／降車ボタン

＼乗車券を拝見！／

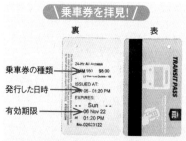

　　　　　裏　　　　　　　　表

乗車券の種類
発行した日時
有効期限

※自動券売機で購入した時刻から有効期限がカウントされる

デュース路線　▲ 自動券売機の設置あり

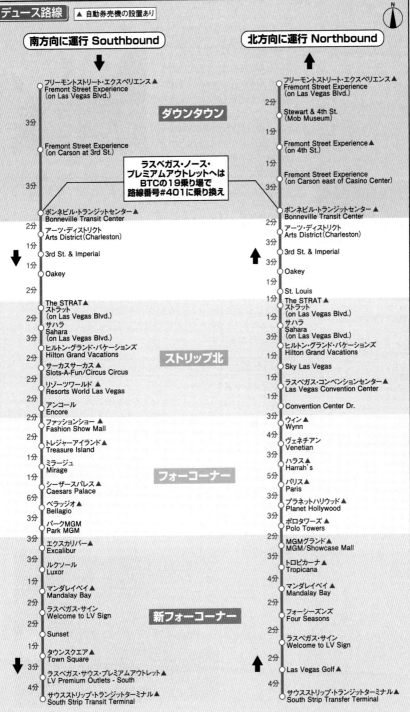

南方向に運行 Southbound

ダウンタウン

フリーモントストリート・エクスペリエンス ▲
Fremont Street Experience
(on Las Vegas Blvd.)

3分

Fremont Street Experience
(on Carson at 3rd St.)

3分

ラスベガス・ノース・プレミアムアウトレットへは
BTCの19乗り場で
路線番号#401に乗り換え

ボンネビル・トランジットセンター ▲
Bonneville Transit Center

2分

アーツ・ディストリクト
Arts District (Charleston)

1分

3rd St. & Imperial

1分

Oakey

2分

The STRAT ▲
ストラット
(on Las Vegas Blvd.)

2分

サハラ
Sahara
(on Las Vegas Blvd.)

3分

ヒルトン・グランド・バケーションズ
Hilton Grand Vacations

2分

ストリップ北

サーカスサーカス ▲
Slots-A-Fun/Circus Circus

2分

リゾーツワールド ▲
Resorts World Las Vegas

2分

アンコール
Encore

2分

ファッションショー ▲
Fashion Show Mall

2分

トレジャーアイランド ▲
Treasure Island

1分

ミラージュ
Mirage

1分

フォーコーナー

シーザースパレス ▲
Caesars Palace

6分

ベラッジオ ▲
Bellagio

3分

パークMGM
Park MGM

3分

エクスカリバー ▲
Excalibur

3分

ルクソール
Luxor

1分

マンダレイベイ ▲
Mandalay Bay

2分

ラスベガス・サイン
Welcome to LV Sign

2分

新フォーコーナー

Sunset

1分

タウンスクエア ▲
Town Square

3分

ラスベガス・サウス・プレミアムアウトレット ▲
LV Premium Outlets - South

4分

サウスストリップ・トランジットターミナル ▲
South Strip Transit Terminal

北方向に運行 Northbound

フリーモントストリート・エクスペリエンス ▲
Fremont Street Experience
(on Las Vegas Blvd.)

2分

Stewart & 4th St.
(Mob Museum)

1分

Fremont Street Experience ▲
(on 4th St.)

1分

Fremont Street Experience
(on Carson east of Casino Center)

3分

ボンネビル・トランジットセンター ▲
Bonneville Transit Center

2分

アーツ・ディストリクト
Arts District (Charleston)

3分

3rd St. & Imperial

3分

Oakey

1分

St. Louis

1分

The STRAT ▲
ストラット
(on Las Vegas Blvd.)

1分

サハラ
Sahara
(on Las Vegas Blvd.)

3分

ヒルトン・グランド・バケーションズ
Hilton Grand Vacations

Sky Las Vegas

1分

ラスベガス・コンベンションセンター ▲
Las Vegas Convention Center

1分

Convention Center Dr.

3分

ウィン ▲
Wynn

4分

ヴェネチアン
Venetian

3分

ハラス ▲
Harrah's

5分

パリス ▲
Paris

3分

プラネットハリウッド ▲
Planet Hollywood

3分

ポロタワーズ ▲
Polo Towers

2分

MGMグランド ▲
MGM/Showcase Mall

3分

トロピカーナ ▲
Tropicana

4分

マンダレイベイ ▲
Mandalay Bay

2分

フォーシーズンズ
Four Seasons

2分

ラスベガス・サイン
Welcome to LV Sign

2分

Las Vegas Golf ▲

4分

サウスストリップ・トランジットターミナル ▲
South Strip Transfer Terminal

グランドキャニオンをはじめとする郊外、大自然へのツアーは P.256 参照

ツアー申込時の注意

申し込みは電話、会社によってはウェブサイトから可能。このとき、クレジットカードの番号をデポジット（供託）として取られることが多い。また、日にちが近づくとキャンセル料金が課せられるので、注意書きなどを細かく読むようにしよう。

ストリップから近い場所に、ヘリの発着場がある

シーニック航空
- ●日本国内
- [無料] 0120-288-747
- [Free] (866) 235-9422
- [URL] www.scenic.co.jp
- ●ラスベガス
- ☎ (702) 638-3300
- [Free] (1-800) 634-6801

JTB
- [URL] www.jtb.co.jp/kaigai_opt/srh/citytop/aAME/bus/cLAS

ネバダ観光サービス
- ☎ (702) 731-5403
- [URL] www.nevakan.com

ビッグバスツアー
- ☎ (702) 685-6578
- [URL] bigbustours.com/en/las-vegas/las-vegas-bus-tours

オプショナルツアー
Optional Tours

観光都市ラスベガスでは、英語、日本語を合わせてさまざまなツアーが催行されている。時間がないので効率的に回りたい、アウトレットだけ行きたいが市バスでは不安、夜景見物のヘリに乗りたいといったときは、オプショナルツアーに参加するのがおすすめ。

ヘリコプターのツアーもポピュラー

シーニック航空 Scenic Airlines Japan（日本語 & 英語ツアー）

▶ ベガス・ストリップ・フライト Vegas Strip Flight

ヘリコプターに乗り、ネオンの洪水を上空から実感。ストリップ沿いを飛ぶので、メジャーなカジノホテルがよく見える。毎日催行、送迎あり $109、送迎なし $94（税別）。所要時間は送迎を含んで約2時間。

JTB ラスベガス （日本語ツアー）

▶ ラスベガス・ナイトウォーキングフォトツアー

SNS に最適な映えスポットを紹介。ラスベガスの歴史やトリビアなど、ラスベガスを知り尽くしたガイドがていねいに案内してくれる。大人 $65。所要約3時間。

ネバダ観光サービス Nevada Kanko Service（日本語ツアー）

▶ カジノレッスンツアー

日本人ガイドによるユニークでわかりやすいカジノのルール解説で評判。10:00 にコスモポリタン（→ P.94）のチェックインカウンターへ各自集合し、1時間30分のカジノ体験。1名 $53、毎日催行、21歳以上、最少催行人数2名。

ビッグバスツアー Big Bus Tour（英語 & 日本語ガイドテープ）

▶ デイツアーとナイトツアー Day Tour & Night Tour

乗り降り自由の観光バスで、レッドルートと呼ばれるデイツアーと、グリーンルートと呼ばれるナイトツアーがある。レッドルートは、10:00 ～ 17:20 の間、MGM グランドを起点に、北はダウンタウン、南はラスベガス・サインまでを運行している。大人 $53。グリーンルートは、観光用車両としてハイローラー／リンク・プロムナードを19:00 出発するツアーを催行。大人 $73。

天気のよい日は2階席が気持ちいい

お役立ち情報

ウオーキングフォトツアー ▶ ストリップのレアな穴場からベタな場所まで、ベガスを熟知するガイドの案内で散策。ネバダ観光サービス（上記）催行。1名 $60。

エリアガイド

Area Guide

ラスベガス4泊6日究極モデルプラン

ラスベガスはコンパクトで歩きやすい街。初心者でも市バスで移動するのは簡単で、寄り道したいショッピングエリアも盛りだくさん！　滞在時間を無駄にしない、究極のモデルプランを紹介しよう。

\Day/ 1

さっそくネオンの海へダイブ！ 名物ショーとカジノでベガスを実感★

基本的な旅行パターンは、日本を出発してアメリカ西海岸の街で乗り継ぎ、ラスベガス入りするのは同日の14：00～15：00、というケースが多い。チェックインを済ませたら、さっそくストリップへ繰り出そう！
※宿泊地はフォーコーナー（→ P.54）を起点にしています

14:00 ハリー・リード国際空港到着→ P.34

タクシー 15分
空港から市内へはタクシーが最速！　乗り合いのシャトルは、フォーコーナー周辺のホテルでも1時間かかる場合がある

15:00 ホテルにチェックイン

徒歩 10分
正式なチェックイン開始の時刻は、ほとんどのホテルで15：00以降としている場合が多い

タクシーは待たずに乗車できるが、シャトルバンは出発までけっこう待たされる

16:00 とりあえず、ドラッグストアへ → P.193

徒歩 10分
空気が乾燥しているベガス観光の必需品は飲料水！　当面必要な日配品を物色する

水はまとめ買いで

17:00 ベラッジオの噴水ショーを見物→ P.55

徒歩 10分
有名過ぎる噴水ショーは、定期的に曲を変えて披露されている

18:00 有名シェフが手がける人気店でディナー

徒歩 10分
シーザーズパレスにあるゴードン・ラムゼイ・ヘルズ・キッチン（→ P.214）では、人気のシェフによる絶品料理が味わえる。初日のディナーは贅沢に

20:00 ホテルのカジノへ行ってみる→ P.229

ラスベガスのホテルの動線は、必ずカジノフロアを通る仕組み。せっかくだから、カジノの雰囲気も味わっちゃおう！

盛りつけも美しい

夜の噴水ショーはいっそう美しい

\Day/ 2

ラスベガス発着の日帰りツアーで 大自然を満喫する！

ラスベガスは、大自然への観光ツアーが盛んだ。小型飛行機やヘリコプター、ツアーバスなどで日帰りの観光も十分楽しめる。おもなツアー紹介と旅行会社のリストは→ P.256～257

05:00 各ホテルから出発

小型飛行機 or ツアーバスで
宿泊先までの送迎あり。ホテルによってピックアップ場所もさまざま。旅程表は要チェック！

17:00 ホテル帰着

18:00 シーザースパレスのバフェでディナー

バッカナルバフェ（→ P.210）は、キッチンの演出と多彩なメニューで大人気

上／世界遺産のグランドキャニオン
右／人気急上昇中のアンテロープキャニオン

Buffet Point!

フォーコーナーなら、ベラッジオ、ウィン＆アンコール・ラスベガス、コスモポリタン・オブ・ラスベガスのバフェもおすすめ！（→ P.210～211）

行列覚悟で！

新名所から定番撮影スポットまで おいしいとこ取りでストリップ縦断!

ストリップに林立するカジノホテル巡りは、ラスベガス観光の定番。ストリップを走るバス（→ P.39～41）を利用して、効率よく回ろう!

09:00
徒歩 15分

写真映えする朝食で エナジーチャージ → P.94

コスモポリタンにあるロスアンゼルス発のレストラン、エッグスラット。ふわふわな卵料理に舌鼓

朝食にちょうどいい軽い食感

10:00
デュース 7分

ニューヨークの街並みを散策 → P.63

自由の女神にブルックリン橋、ハーシー・チョコレート・ワールド（→ P.205）など、NYゆかりの風景が目の前に広がる。話題のスポット、パーク（→ P.63）も大小さまざまなオブジェが点在し散策にぴったりだ

上／NYのランドマークが集結しているニューヨーク・ニューヨーク
左／モダンなオブジェが点在するパーク

11:00
デュース 7分

Welcome to Las Vegas! 名物看板を見にいこう → P.65

"Welcome to Fabulous Las Vegas" の看板は、ベガスNo.1の撮影スポット

帽子などの日よけアイテムを忘れずに!

12:00
デュース 2分
＋
徒歩 10分

イタリアへワープ! @ベネチアン → P.57

ゴンドリエーレ（船頭）の歌声響くグランド・キャナル・ショップス（→ P.198）で、ベネチア観光を楽しもう

左／サンマルコ広場では無料のオペラを見ることができる 上／涼しくて快適なショッピングモールだ

15:00
徒歩 15分

大観覧車が目印の遊歩道、リンクをぶらぶら～ → P.56

個性的なショップやダイニングが軒を連ねるプロムナード。ハイローラー（→ P.60）で空中散歩を楽しむのも Good!

ポップな雰囲気のプロムナードは、ぶらぶら歩きにもってこい!

18:00
徒歩 15～30分

水上の舞台が幻想的な オーを観賞 → P.156

ベラッジオの劇場で公演中のシルク・ドゥ・ソレイユのショー。鑑賞後は、ベラッジオご自慢の植物園（→ P.55）にも行ってみよう

左／大きな水の舞台でショーが展開する
右／四季に応じて変化する植物園

Show Point!

ラスベガスに専用の劇場をもつシルク・ドゥ・ソレイユは、2023年1月現在、6つの演目を興行している。1週間のうち、必ず休演日が設定されているので、観劇を予定しているなら要チェック!

22:00

ストリップのイルミネーション巡り

ストリップ全体が光で彩られるナイトタイム。日中とは違うベガスの顔を堪能しよう

パーク → P.63

火山噴火 @ミラージュ → P.55

エッフェル塔 @パリス → P.59

ハイローラー @リンク → P.60

❶パークにあるオブジェも夜間はライトアップされる ❷炎が迫る大迫力の火山噴火ショー ❸エッフェル塔の入場は有料だが、ベラッジオの噴水ショーの時間帯と重なれば特等席に! ❹世界最大級の観覧車は、乗っても眺めても楽しめる

いつもがんばっている自分を大切にする1日。遠慮なく自分を甘やかし、至福のベガスライフを満喫しよう！

カップルで施術を受けることができるアリアのスパ

プチ贅沢でリラックス♪ 自分へのご褒美 DAY ♥

08:00

ハイエンドなホテルスパで朝からハッピー♪→ P.173

タクシー **10分** or バス ノース：1時間 サウス：30分

ラスベガスのホテルのスパは、モダンな雰囲気と質の高いサービスがウリ。スパ施設を上手に使って、女磨きをエンジョイ！

瞑想ルームがあるベラージオのスパ

SPA Point!

スパではマッサージなどの施術を受けられるほか、サウナやジャクージ、リラクセーションルームの利用、場合によってはフィットネス施設も使える。宿泊ホテルのスパならビジター利用より優遇される点が多いので確認してみよう

12:00

アウトレットモールで自分みやげメインにショッピング三昧♥→ P.202 ~ 203

タクシー ノース：3分 サウス：15分 or バス ノース：5分 サウス：50分

ラスベガス市内の南北2ヵ所にあるアウトレットモールは、ストリップのホテルからいずれも車で10分ほどの距離。ハイエンドブランドがお好みならラスベガス・ノース・プレミアムアウトレット、カジュアル派は空港に近いラスベガス・サウス・プレミアムアウトレットへ。フードコートもあるので、買い物の合間にさくっとランチを

17:00

ダウンタウンのウォールアートを見学→ P.49

徒歩10分

カラフルに描かれた建物が点在するダウンタウンの街並みはアート好きなら必見。フォトジェニックなスポットが満載なのでかっこいい写真が撮れるはず

19:00

フリーモントストリート・エクスペリエンスへ Go! → P.74

歩行者天国のアーケードで、ダウンタウン最大の見どころ。夜は、LEDパネルの天井がアトラクションに様変わり！ ディナーは名店オスカーズ（→ P.219）でステーキに舌鼓

上／ラスベガス・ノース・プレミアムアウトレットは屋外型 下／ダウンタウンのウォールアートを撮影するなら明るいうちに

フリーモント・ホテル＆カジノのバー

ダウンタウンで体験できるジップライン、スロットジラ

LEDの洪水がまぶしい！！

帰国間際！買い忘れ＆賭け逃しはない？ ギリギリまでショッピング＆ギャンブル?!

24:00以降

バラマキみやげはドラッグストアで→ P.193

観光地にありがちな、都市名入り雑貨の宝庫！ ベタでもいい、だってベガスに行ってきたんだもん。開き直ってバラマキ用のおみやげをゲットしよう！

ウォーグリーンズやシー・ヴィ・エス（→ P.193）は24時間営業のドラッグストア。ストリップ沿いに点在する便利な存在だ。また、コンビニを兼ねたギフトショップ ABCストア（→ P.206）も深夜1:00まで営業している。空港に行く直前まで、時間を有効に使うことができちゃう！

搭乗直前

ハリー・リード国際空港でラストベット！

スロットマシンは搭乗ゲート付近にも設置されている。残りのアメリカドルで、最後の運試しはいかが？

あくまでも手元に残った現金で勝負してみよう！

安価なキーホルダーだが、このチープさがベガスだ！

カラフルなコットンキャンディ（綿あめ）

パーティで大活躍のショットグラス

One More Day

あと1日あったら、ラスベガス近郊をドライブしよう！

ラスベガス近郊にはダイナミックな自然や、行ってみたいファンスポットがたくさん。1日だけ車を借りて、アメリカ・ドライブデビューなんていかが？

10:00 車で1時間

ホテルを出発！

サンドイッチやカットフルーツなど、軽食やドリンクを持って出かけよう。24時間営業のカフェ・ベル・マドレーヌ（→ P.225）、ドラッグストアのデリコーナーでどうぞ！

左／カフェ・ベル・マドレーヌのバゲットサンド
右／軽食はドラッグストアでも販売している

11:00 車で1時間30分

バレー・オブ・ファイアー州立公園へ→ P.272

ラスベガスの東側にあるドライブに最適な州立公園。不思議な造形の岩が次々に現れる谷、そこを貫く景観道路を爽快に走ろう。展望ポイントやトレイルがあるので、ちょっとしたピクニックを楽しむこともできる

赤岩が連なる景観が、まさに炎が燃えているように見える

14:30 車で30分

ストラット・スカイポッドで絶叫する→ P.69

ラスベガス一の高さを誇るタワーのてっぺんは、絶叫ライドが集結する恐怖の天空だ。どれに乗っても恐怖は一緒。ベガスの空は、すべてをのみ込むブラックホール。3ライド券を買って、ただただ叫ぼう！

右／高さ約350mのタワーはラスベガスのランドマーク
上／フリーフォールライドのビッグショット
© Las Vegas News Bureau

16:00 車で40分

トレーダージョーズでオーガニック買い！
→ P.191、198

アメリカのオーガニックスーパー。ラスベガス店はストリップから少し離れた場所にあり、バスでも行けるが、車なら荷物の心配がいらない。オーガニック製品をお安くゲットしちゃおう

右／食料品や日用品が充実している　左／オーガニックで深いコクが自慢のトレーダージョーズ・オリジナルのコーヒー豆はマストバイ

17:30 タクシーで

いったんホテルに戻り、車は駐車場へ

20:00

ナイトライフを満喫しちゃお〜★

ラスベガスの夜はお楽しみがたくさん。世界トップクラスのDJがプレイするクラブへ行ったり、ストリップのイルミネーションを上空から楽しんだり、アメリカらしいセクシー系パフォーマンスにキャーキャーしたりと話題は尽きない。思いおもいのベガスナイトを堪能しよう!!!

夜空からイルミネーションを楽しもう

上／ファンタジー（→P.165）は人気のバーレスク　右／女子におすすめ、チッペンデールズ（→P.164）

ハッカサン・ラスベガス（→ P.169）のダンスフロア

人が映り込むと大きさが伝わりやすい

ファンタジーな風景が満載!
Photogenic LV
フォトジェニック・ラスベガス

ベラッジオの噴水ショー → P.55

名物スポットも撮り方次第で見え方は大きく変わる。昼は 30 分おき、夜は 15 分おきに上演され、内容は毎回異なるので、違う回でも撮影してみよう。

非現実的な世界が広がるラスベガスは、どこもかしこもフォトジェニック。なかでも特に写真映えするスポットやアングルを紹介するので、家族や友達に自慢したくなる渾身の 1 枚を撮影しよう。

セブンマジック・マウンテン → P.254 欄外

荒涼とした砂漠に突如としてカラフルな石のオブジェが現れる話題のアートスポット。ラスベガスからは車で行くしかないが、多くの旅行会社からツアーが催行されている。

自然とアートの不思議なコラボを切り取って

© Las Vegas News Bureau

望遠レンズなら遠くの気球も上手に撮れる

作風もさまざまなので
お気に入りを見つけよう

ダウンタウンのウォールアート

壁に大きなアートが描かれた建物が点在するダウンタウン。強い日差しによく映えるインパクト大のものばかり。これらは毎年増えているそうなので、散策しながら探してみて。

夜景モードで
ドラマチックに写そう

ネオン博物館→ P.75

レトロなデザインがかわいいネオンがたくさん。訪れるならおすすめはやはり夜。光の演出もユニークなので動画で撮影しても映えるはず。

ラスベガスサイン→ P.65

ラスベガスのアイコンにもなっているウェルカム・トゥー・ファビュラス・サインは、マストでおさえたいフォトスポット。

撮影するために
行列ができることも！

背景にも
気をつかって

ジャンクな
アメリカンフード

カラフルなデコレーションが施されたドリンクや、ボリューミーなハンバーガーは、アメリカらしさ全開。サイズ感がわかるものを近くに置くと◎。

華やかな
パフォーマーたち

ストリップを歩いているとしばしば出会う美しい女性たち。撮影にはチップが必要だが、旅の記念にぜひ１枚お願いしてみよう。

気軽に
声を掛けてね

セドナの気球ツアー→ P.281

延々と続く岩山の風景を、ひとつ気球が映り込むだけでぐっとストーリー性のある写真になる。あくまでも主役は岩山なので、気球は写真の中央から少し外すと収まりがいい。

ベネチアンの運河→ P.88

美しい装飾が施されたホテルの建物と、運河の青のコントラストが美しい。SNSにアップすればイタリア旅行と勘違いされるかも！?

ゴンドラの位置も
意識しよう

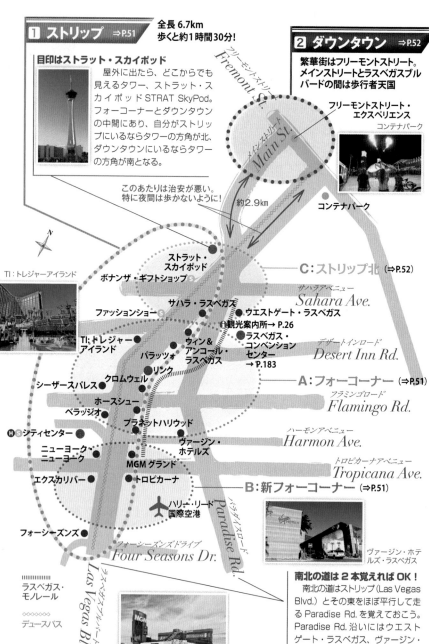

ラスベガスの歩き方

Area Guide

1 ストリップ ⇒P.51

全長 6.7km
歩くと約1時間30分!

目印はストラット・スカイポッド

屋外に出たら、どこからでも見えるタワー、ストラット・スカイポッド STRAT SkyPod。フォーコーナーとダウンタウンの中間にあり、自分がストリップにいるならタワーの方角が北、ダウンタウンにいるならタワーの方角が南となる。

2 ダウンタウン ⇒P.52

繁華街はフリーモントストリート。メインストリートとラスベガスブルバードの間は歩行者天国

フリーモントストリート・エクスペリエンス
コンテナパーク

フリーモントストリート
Fremont St.

メインストリート
Main St.

このあたりは治安が悪い。
特に夜間は歩かないように!

約2.9km

コンテナパーク

TI：トレジャーアイランド

N

ストラット・スカイポッド
ボナンザ・ギフトショップ S

C：ストリップ北 （⇒P.52）

サハラアベニュー
Sahara Ave.

サハラ・ラスベガス
ウエストゲート・ラスベガス

ファッションショー S

TI：トレジャーアイランド
パラッツォ
ウィン＆アンコール・ラスベガス
観光案内所→ P.26
ラスベガス・コンベンションセンター→ P.183

デザートインロード
Desert Inn Rd.

リンク
クロムウェル

A：フォーコーナー （⇒P.51）

シーザースパレス
ホースシュー
ベラッジオ

フラミンゴロード
Flamingo Rd.

プラネットハリウッド

ハーモンアベニュー
Harmon Ave.

H S シティセンター
ニューヨークニューヨーク

ヴァージン・ホテルズ

MGM グランド
トロピカーナ

トロピカーナアベニュー
Tropicana Ave.

エクスカリバー

B：新フォーコーナー （⇒P.51）

ハリー・リード
国際空港

パラダイスロード
Paradise Rd.

ヴァージン・ホテルズ・ラスベガス

フォーシーズンズ

フォーシーズンズドライブ
Four Seasons Dr.

ラスベガスブルバード
Las Vegas Blvd.

ラスベガス・モノレール

デュースバス

南北の道は 2 本覚えれば OK !

南北の道はストリップ（Las Vegas Blvd.）とその東をほぼ平行して走る Paradise Rd. を覚えておこう。Paradise Rd. 沿いにはウエストゲート・ラスベガス、ヴァージン・ホテルズなどがある。南へ行けばハリー・リード国際空港だ。

MGM グランド

50

ラスベガスの全体像をつかむのは意外に簡単で、観光エリアは「ストリップ Strip」と「ダウンタウン Downtown」の2ヵ所。特に巨大なリゾート・ホテルが立ち並ぶ「ストリップ」は、通常の名所や旧跡を巡る街歩きとは異なる点がいくつかある。

まずは以下のエリア区分を参考にして、お出かけポイントを絞り、自分の足で歩いてみよう!

エリア区分

1 ストリップ Strip　▶ P.54〜71

ラスベガスの中心を南北に貫く**ラスベガスブルバード Las Vegas Blvd.**。これに沿った南北に細長いエリアを**ストリップ Strip** という。「strip」には「服を脱ぐ」という意味とともに「(布、板などの) 細長い1片」という意味があって、ここでは後者の意味。ラスベガスブルバードのうち、おおむね北のストラット・スカイポッドから、南のマンダレイベイの間、約4.2マイル (約 6.7km) をストリップと呼ぶ。

ストリップはさらに後述の A〜C の 3 つのエリアに分かれる。

A：フォーコーナー
Four Corners　▶ P.54

ラスベガスブルバードと**フラミンゴロード Flamingo Rd.** の**交差点**が**フォーコーナー**だ。ラスベガス一の繁華街で、ラスベガスで最も人が集まる場所。本書ではラスベガスブルバード沿いに、

北はデザートインロードから南はプラネットハリウッドの南を横切るハーモンアベニューまでを指す。

たくさんの観光客が行き交うシーザースパレス前の歩道

B：新フォーコーナー
New Four Corners　▶ P.62

ラスベガスブルバードと**トロピカーナアベニュー Tropicana Ave.** の**交差点**を、古くからあるフォーコーナーに対し、**新フォーコーナー**と呼ぶ。本書では北はハーモンアベニューから南はフォーシーズンズドライブまでを指す。

ハリー・リード国際空港から車でわずか 10 分ほどの距離にある新フォーコーナー南端のホテル

フリーモントストリート・エクスペリエンス

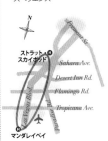

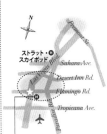

デザートインロードからハーモンアベニューまで全長 2.7km

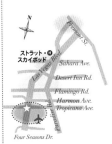

ハーモンアベニューからフォーシーズンズドライブまで全長 2km

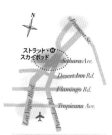

歩くときの目印になるストラット・スカイポッド

C：ストリップ北

North Strip ▶ **P.68**

北はストラットから南はデザートインロードまでを、本書ではストリップ北とする。このあたりは、ホテルの密集度も低いので、移動はタクシーやデュースバスなどを利用したい。

ストラットからデザートインロードまで全長2km

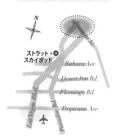

② ダウンタウン *Downtown* ▶ **P.72**

ラスベガスのもうひとつの中心が**ダウンタウン Downtown**。ストリップ北のザ・ストラットからさらに北へ2マイル（約3.2km）行った所にある。**フリーモントストリート Fremont Street** を中心に中規模のカジノが集中しており、ストリップよりギャンブルの匂いを感じさせる。

ダウンタウン最大の見どころ、フリーモントストリート・エクスペリエンス

ラスベガス距離＆移動早わかり表	距　離	徒　歩	バス or ラスベガス・モノレール
フォーコーナーから新フォーコーナー	1.6km	20～25分	バス15分/モノレール4分
フォーコーナーからストリップ北	2.8km	44分	バス20分/モノレール11分
フォーコーナーからダウンタウン	7.3km	1時間30分～2時間	バス40分
新フォーコーナーからストリップ北	5.1km	1時間5分	バス25～30分/モノレール16分
新フォーコーナーからダウンタウン	8.4km	1時間40分～2時間	バス35～45分
ストリップ北からダウンタウン	3.2km	40分～1時間	バス15分

ダウンタウンの移動に便利なレンタル自転車

観光地で定番化しているレンタル自転車が、ダウンタウンにも登場した。クレジットカードさえあればその場で簡単に借りられ、自転車スタンドはダウンタウンにおよそ20基設置。デュースと組み合わせれば車なしでも縦横無尽だ。遠いと感じていたカフェやアトラクションも気軽に行くことができる。自転車スタンドの詳細位置はウェブサイトで確認できる。

RTC Bike Share
Free (1-844) 641-7823
URL bikeshare.rtcsnv.com
图 24時間のうち30分利用で $5。その後30分ごとに $4 加算
CC ＡＭＶ

自転車スタンドにある端末。クレジットカードを入れ暗証番号などを設定する

自転車が収納されているドック

ダウンタウンは自転車レーンが多いので、安心して走ることができる

ダウンタウンの街並み ▶街のいたるところにアートが描かれていて超おしゃれ。どれも一流アーティストのものらしく、レベルが高く見応えがありました。(奈良県　みーちゃん　'19)['23]

ラスベガス歩きのヒント

ラスベガスは歩く街

ストリップにしてもダウンタウンにしても、大通りはひとつだけなので地理はつかみやすい。ラスベガス歩きの難所はずばり巨大ホテルの内部。どのホテルもストリップに面した出入口からカジノフロア

勘に頼らず、案内表示に従って歩こう

を通って、ホテル内の施設にアクセスする設計になっている。天井の案内表示板を見ながら、目的の施設を目指して歩くしかない。

車でも、バレーパーキング（→ P.80）を利用せずに自分で駐車するとしたら、広大な駐車場からホテルの部屋までかなり歩くことになる。ラスベガス観光にはスニーカーなど歩きやすい靴がいちばん。ただし、TPOをわきまえて（→ P.22）。

セルフパーキングに停めた場合、サイト番号は必ずメモに残すこと

ストリップではドラッグストアが便利！

アメリカのコンビニエンスストアは日本とは少し異なる形態で、ガソリンスタンドに併設されている場合が多く、品揃えも日本のコンビニのように万能ではない。ストリップではコンビニエンスストアを見かけないが、**ABCストア ABC Stores**（→ P.206）のようなバラエティショップ、**シー・ヴィ・エス CVS**や**ウォーグリーンズ Walgreens**といったドラッグストア（→ P.193）が多く、ちょっとした買い物に便利。

品揃えは飲料水や酒類、食料品（サンドイッチなどの軽食や菓子類）、生活用品、おみやげなどを中心に販売している。プライベート商品も充実しており、商品の価格は多少の差はあるものの、どの店も同じくらい。ABCストアのまとめ売り商品は、割引価格でお得感がある。

なお、シー・ヴィ・エスとウォーグリーンズの薬局では、調剤（要処方箋）と市販薬を扱い、簡易クリニックを併設している店舗もある。

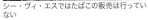

シー・ヴィ・エスではたばこの販売は行っていない

ドラッグストアは24時間営業（薬局と診療部門を除く）の店舗が多い

歩き疲れたら

ほとんどのホテルやショッピングモールにはフードコートがあるので、食事をしながらひと息つける。最悪の場合は、カジノに並んでいるスロットマシンの椅子を拝借しよう。トイレはホテルのロビーやカジノ周辺に配置されている。

ホテル巡りで注意したいこと

❶水を持つ

隣のホテルがすぐ近くに見えるのに、実は想像以上に遠い。真夏の炎天下に歩くとなると、脱水状態になることも。

渇きを覚える前に水分補給を

❷上着を持つ

真夏は気温が40℃、強力な冷房でホテル内は23℃。それがラスベガス。この温度差にダウンしてしまう日本人も多い。上着で調節しよう。

❸交通機関を上手に利用しよう

炎天下の歩きは無駄に体力を消耗する。渋滞などで多少時間がかかっても、デュースやラスベガス・モノレール、トラム、タクシー、ライドシェアなどをうまく利用して回ることをおすすめする。

24時間運行のデュース

ラスベガス・モノレールなら道路の渋滞は関係ない

ストリップの屋外休憩ポイント

リンク（→ P.56）の噴水周辺、グランド・バザール・ショップス（→ P.201）の中央通りに設置されたベンチ、T-モバイル・アリーナのあるパーク（→ P.63）など。

ストリップ中心部
フォーコーナー
Four Corners

Map 折込裏B5

一躍人気スポットと
なったフォーコーナー

エリア紹介　　　Area Guide

　ストリップの中心、ラスベガスで最もにぎやかな所が**フォーコーナー Four Corners** だ。**ラスベガスブルバードとフラミンゴロードの交差点のこと**で、その4つの角地には、シーザースパレス、ベラッジオ、ホースシューといった老舗カジノホテルが君臨している。派手な装飾の個性的なホテルが林立し、夜になるとネオンやLEDサインが競い合うように発光する。まぶし過ぎる光の洪水を目の当たりにしたとき、初めてラスベガスの中心にいることを実感できるはずだ。

　近年は、街歩きを意識したプロムナードや屋外型のショッピング施設の建設が相次いで行われ、**リンク**（→ P.56）や**グランド・バザール・ショップス**（→ P.201）が誕生し、フォーコーナーの風景も激変している。世界一の大観覧車、派手な仕掛けのショー、仮装パフォーマーの出没など、まさに奇想天外なエリアといえる。

手始めにフォーコーナーから歩いてみよう

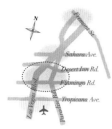

エリア内の移動手段
　徒歩で移動する人がほとんどだが、バスならストリップを縦断するデュースがあるほか、おもなホテルの東側を走るラスベガス・モノレールがある。ストリップは渋滞がひどく、バスに乗るより歩くほうが早いこともある。

北方向への移動手段
●**ストリップ北へ**は、デュースで。渋滞がなければフォーコーナーからサーカスサーカスまで15分ほど。
●**ダウンタウンへ**は、デュースが便利。渋滞がなければフォーコーナーから35～45分ほど。

南方向への移動手段
●**新フォーコーナーへ**は徒歩で移動するほうが、街並みが楽しめておすすめ。バスならデュース、ラスベガス・モノレールならホースシュー駅から南へ1駅でMGMグランドに着く（3分）。また、ベラッジオからシティセンターを経由してパークMGMを往復するトラム（→ P.38）も便利。

ラスベガス・モノレール
● ラスベガス・モノレール駅
トラム
● トラム駅

ストリップ北、ダウンタウンへ

ファッションショー
TI：トレジャーアイランド
ミラージュ
フォーラムショップス
シーザースパレス
ここがフォーコーナー
ベラッジオ
コスモポリタン
シティセンター
（ショップス・アット・
クリスタルズ、アリアなど）

ウィン＆アンコール・
ラスベガス
サンズアベニュー *Sands Ave.*
パラッツォ
ベネチアン
ハラス
リンク・ホテル
リンク
フラミンゴ
フラミンゴロード *Flamingo Rd.*
ホースシュー
パリス
プラネットハリウッド

ハーモンアベニュー
Harmon Ave.

約2km、
徒歩25分

↓ 新フォーコーナーへ

夕方の交通渋滞に注意
　夜のショーやパーティのための移動が、じわじわと始まるのが17:00頃。車、タクシー、バスでの移動は、早めの行動を心がけよう。

読者の声　**ハイローラー（→P.60）の行列** ▶夜遅くなればなるほど列が長くなっていた。購入と入口の列は別なので間違えないように。チケットだけ早めに購入しておくといい。（東京都　Joe　'16）['23]

フォーコーナー周辺の見どころ　　*Sightseeing*

＋ ラスベガスのアイコン的存在　　Map P.30-A2〜3
噴水ショー（ベラッジオ）
Fountains of Bellagio

しなやかな曲線を描く噴水の舞

　ベラッジオは、イタリアのコモ湖をイメージした、優美な大人のリゾート。夕方から始まる**噴水ショー Fountains of Bellagio** は、ラスベガスを代表する無料アトラクションだ。美しいメロディとともに優雅な水のバレエを観賞しよう。

　また、ベラッジオのカジノフロアに点在するアートや植物園も見逃せない。四季に応じて変化する**植物園 Conservatory & Botanical Gardens**、ロビーの天井を覆う色彩豊かなガラス細工の花はデール・チフリー氏の作品だ。シルク・ドゥ・ソレイユの劇場横には、団員たちをモチーフにしたブロンズ像を展示する**ギャラリー Art of Richard MacDonald** もある。

＋ ラスベガス・カジノホテルの大御所　　Map P.30-A1〜2
シーザースパレス&フォーラムショップス
Caesars Palace & The Forum Shops

　古代ローマをテーマにしたホテルで、**神殿のような造りの建物**に圧倒される。**円形広場のようなロビー**に一歩足を踏み入れただけで、ローマ時代にタイムスリップした気分に。右側のカジノフロアを進んでいくと、そのまま**フォーラムショップス The
ニケ像がある広い噴水広場
Forum Shops** のショッピングモールにつながる。人気店が多く、買い物好きは要チェックだ。**無料アトラクション**（→側注）を楽しみたい。

＋ 南の島で生まれた火山島　　Map P.31-A4
火山噴火ショー（ミラージュ）
Volcano at Mirage

　ホテルの正面玄関前に鎮座する火山、ロビーにそびえる亜熱帯植物群、滝が流れるラグーン。まるでジャングル！　日没後から始まる**火山噴火の無料ショー**はミラージュの看板アトラクションだ。躍動感あふれる炎のパフォーマンスは、頬に熱を感じるほどの迫力。ショータイムが限られているのでお見逃しなく！
クライマックスの噴火は半端ない迫力!!

ベラッジオ　→ P.84
※ベラッジオ〜シティセンター〜パーク MGM を結ぶトラム（→ P.38）あり。

噴水ショー
時間 月〜金 15:00 〜 20:00 と土日祝 12:00 〜 20:00 は 30 分おき、毎日 20:00 〜 24:00 は 15 分おき。

植物園
時間 24 時間開放
料 無料

秋はハロウィンムード一色

ギャラリー
オーシアター O Theatre のロビー。入場無料。
時間 毎日 10:00 〜 23:00（月・火〜 18:00）

繊細な表情を見せる銅像

シーザースパレス　→ P.90

フォーラムショップス
　　　　　　　　→ P.197

無料アトラクション
　アトランティス ショー
Atlantis Show は、フォーラムショップス内の西側の広場で開催。
時間 木〜月 12:00 〜 20:00（火・水は休み）

ハイテク技術を駆使した演出

ミラージュ　→ P.106
※ミラージュ〜 TI: トレジャーアイランドを結ぶトラム（→ P.38）あり。

火山噴火ショー
時間 季節によって多少異なるが、毎日 19:00、20:00、21:00、22:00、23:00

ウィン▶ストリップとサンズアベニューの角（Map P.31-B3）に噴水ショーが登場。小規模だが、曲に合わせて水しぶきが踊りだす仕組みは、ベラッジオと同じ。頻繁に行われ、見物客の混雑もない。

フラミンゴ → P.120
※ラスベガス・モノレール駅あり

野生動物展示室
時間7:00 ～ 20:00
ペリカンのお食事タイムは臨時休業中

LED照明が普及している今、フラミンゴのネオンサインはとても貴重

✦ トロピカルな雰囲気を楽しもう Map P.30-B2

野生動物展示室（フラミンゴ）
The Flamingo Wildlife Habitat

ホテル内に 60 万 m² の**野生動物展示室 Wildlife Habitat** があり、草木が生い茂る小道を自由に散策できる。ホテルのマスコットであるピンクのフラミンゴのほか、ペリカン、ハクチョウ、コクチョウ、

サバク・カンムリウズラなどの鳥たちがのんびり暮らしている。園内の中央にオウムと写真撮影（有料）できるブースがあり、フォトセッションを楽しむ家族連れやカップルでにぎわいを見せる。

緑豊かな砂漠の楽園だ

リンク
住3535 Las Vegas Blvd. S.
URLwww.caesars.com/linq
時間店舗により異なる

リンク・ホテル＆カジノ
→ P.98
※ハラスとの間にラスベガス・モノレール駅あり

フライ・リンク
住3545 Las Vegas Blvd. S.
☎(702) 777-2782
URLwww.caesars.com/linq/things-to-do/attractions/fly-linq
時間毎日 14:00 ～ 22:00
料$35
※体重制限 27kg ～ 136kg

✦ フォーコーナーいちホットなエリア Map P.30-B1

リンク
The LINQ

ストリップに誕生したエンターテインメント・プロムナード、リンク。遊歩道には 35 のショップや飲食店が並ぶが、何といっても目玉は世界最大の観覧車、**ハイローラー High Roller**（→ P.60）だ。

ストリップからこのハイローラーを結ぶ約 300m のジップライン、**フ**

ライ・リンク Fly Linq もおすすめ。夜はネオン輝くリンク・プロムナードの上空を爽快に滑走できる注目のアトラクションだ。

リンクはフラミンゴとリンク・ホテル＆カジノの間に位置している

 お役立ち情報 ## リンク・プロムナードのおもなテナント

リンクのプロムナードは約 480m の遊歩道で、カジュアルな雰囲気のダイニングや個性的なショップが立ち並ぶ。特に飲食店は新店舗のラッシュが続いている。メンフィスのプルドポーク BBQ やテキサスのビーフブリスケットなどアメリカ南部の名物 BBQ が味わえる**バージルズ・リアル・バーベキュー Virgil's Real BBQ**、写真映えするキャンディ・マ

個性豊かなレストランやショップが建ち並んでいる

ティーニで知られる**アイ・ラブ・シュガー I Love Sugar** のほか、**ゴードン・ラムゼイ・フィッシュ＆チップス Gordon Ramsay Fish & Chips** では、セレブリィティシェフのストリートフードが味わえる。

ショップは、300 以上のデザインとカラーを展開するビーチサンダル専門店の**ハワイアナス Havaianas**、ブラジルの人気サングラスメーカーの**チリ・ビーンズ Chilli Beans**、カスタムメイド・ハットの老舗であり、モダンで斬新なデザインが人気の**グーリンブラザーズ・ハットショップ Goorin Brothers Hat Shop** など、少数ながらインパクトのあるラインアップ。そのほか、フェイスブック社（現 Meta）が開発したゴーグルで、3 次元仮想世界を体感する**VR アドベンチャー VR Adventures** は最先端のアトラクションとして注目されている。

  お役立ち情報 **ベネチアンの建物をチェック** ▶ベネチアンは、イタリアをテーマにしているだけあり、ベニスの鐘楼やリアルト橋、サンマルコ広場など、実物に忠実に造られたレプリカ建造物がたくさんある。♪

ベニスの街が出現　Map P.31-B4

ベネチアン&グランド・キャナル・ショップス
The Venetian & The Grand Canal Shoppes

ドゥカーレ宮の前には運河もあって、よく見るとゴンドラが……。そう、ベネチアンは**水の都ベニスをテーマにしたカジノホテル**なのだ。英語では「ベニーシアン」と言ったほうが近い。ベネチアンでは1階のカジノで運試しをしたら、ぜひ2階へ。

ゴンドラアトラクションは屋外でも実施している

ベニスの街を再現した高級ショッピングモール、グランド・キャナル・ショップスがある。モール内には人工の運河が造られ、運河を行き交うゴンドラの船頭さんがカンツォーネを歌っている。アメリカとは思えないロマンティックな雰囲気のなかショッピングを楽しもう。また、**ストリートモスフィア Streetmosphere** と呼ばれる歌手、俳優、音楽家の一団が繰り広げるミュージック・パフォーマンスも好評だ。

神秘的な湖のショー　Map P.31-B2～3

オールニューレイク・オブ・ドリームズ・ショー（ウィン&アンコール・ラスベガス）
The All-New Lake of Dreams Show at Wynn and Encore Las Vegas

ウィン&アンコール・ラスベガスの必見アトラクションが**レイク・オブ・ドリームズ・ショー The All-New Lake of Dreams Show**。森に囲まれた湖上にある水のスクリーンにレーザーとホログラムがロマンティックな音楽に合わせて投

レイク・オブ・ドリームズ・ショーの上映は約7分

影される。また、カジノエリアに隣接したインドア・ガーデンもひとめ見ておきたい場所。自然光を取り入れたガラス張りの天井とフラワーボールがあしらわれた木々のアーチ、そして色とりどりの花々が、訪れる人の目を楽しませてくれる。

ショーなき今も海賊船は健在　Map P.31-A3～4

TI:トレジャーアイランド
TI:Treasure Island:

ウィン&アンコール・ラスベガスを手がけたスティーブ・ウィンが、1990年代に建設したテーマホテルの先駆け的存在。名物だった海賊ショーは閉鎖されたが、舞台の海賊船はまだ残されており、絶好の撮影スポットとして人気がある。

海賊船は左右に1隻ずつ配置されている

ホテル北側の**ファッションショー Fashion Show**とは歩道橋でつながっており、レストランが充実しているので休憩するのにちょうどいい。

ベネチアン　→ P.88

グランド・キャナル・ショップス　→ P.198

ゴンドラライド
🕐 室内日～木 10:00～23:00、金土 10:00～24:00（屋外～22:00）
💰 4人乗り1名月～水 $34、木～日 $39、2名貸し切り $116

ストリートモスフィア
📍 St. Mark's Square
🕐 毎日 12:30～16:30の毎30分（金～日は追加17:30～19:30毎30分あり）

生身の人間が彫刻に扮するパフォーマンスも

ウィン&アンコール・ラスベガス　→ P.86

オールニューレイク・オブ・ドリームズ・ショー
📍 フロントデスク付近にある人造湖にて
🕐 毎日 19:00～23:30の30分ごと
💰 無料

TI:トレジャーアイランド　→ P.131

有名バイクビルダーが6ヵ月費やし製作したカスタムバイク。TIのカジノフロアに展示されている

ファッションショー→ P.199

ライブランウェイ・ショー
📍 サックス・フィフス・アベニューとノードストローム近く
🕐 ゲストサービスで要確認

モール内にファッションショー用のステージがあり、無料のランウエイ・ショーを開催している

🚩 フロントロビーから館内に通じる通路の天井には、本場にならったヨーロッパの伝統芸術フレスコ手法の宗教画が再現されているので、細かな部分まで見学してみよう。

無料アトラクション
●レインストームショー
Rainstorm Show
時間 月～木 10:00 ～ 23:00 の
毎正時、金～日は 30 分ごと
●噴水ショー
Fountain Show
時間 毎日 12:00 ～ 23:00 の
毎正時

照明で変化をつける噴水
ショー

※アートマップはアリアのコン
シェルジュデスク、またはクリス
タルズのインフォメーションデス
クで入手できる。

※パーク MGM ～ショップス・
アット・クリスタルズ～ベラッジ
オを結ぶトラムあり（→ P.38）。

移動にはトラムを活用したい

アイスリンク
時間 11 月中旬～ 1 月初旬の毎
日 12:00 ～ 23:00（11 月中
旬～ 12 月中旬の月～金
16:00 ～サンクスギビングや
クリスマスは変更あり）
料 スケートレンタル 1 時間
$15、1 日 $30（入場料はス
ケートレンタル代に含まれる）

✦ 歩くのが楽しいショッピングモール

レインストーム＆噴水ショー（ミラクルマイル・ショップス）
Rainstorm & Fountain Show in Miracle Mile Shops

ポップな装飾が印象的なホテル、**プラネットハリウッド**のカジノフロアを囲むようにあるショッピングモール、**ミラクルマイル・ショップス Miracle Mile Shops** はホテルの見どころのひとつ。小規模ながら**レインストームショーと噴水ショー**を無料で公開している。

プラネットハリウッドのテーマは、ホテル名のとおり「ハリウッド」。ハリウッド映画にゆかりのある俳優たちの記念品がところどころに展示されているのだが、その多くは客室内にあるため、ゲスト以外はテーマを強く感じることができない。

池の周りで繰り広げられるレインストームショー

✦ ラスベガスのトレンディスポット

シティセンター周辺
City Center

シティセンターはカジノホテルの**アリア・リゾート＆カジノ Aria Resort & Casino** を中心に、高級リゾートホテルの**ウォルドルフ・アストリア Waldorf Astoria**、スタイリッシュな都会派ホテルの

どうやって立たせているのかが不思議な氷の円柱アート

ヴィダラ Vdara、コンドミニアムのヴィールタワーズ Veer Towers、ハイエンドなショッピングモールの**ショップス・アット・クリスタルズ The Shops at Crystals** から構成される**巨大コンプレックス**だ。これらの施設すべてに共通するのが「エコ」。立地の選定から建物の設計、建設、運営、解体にいたるまで、**徹底的に自然環境を重視したグリーンビルディング**なのだ。ギャラリーも多く、すべてのホテル、ショッピングモールの敷地内に**彫刻などのアートが点在**している。

シティセンターの北側にある細身でスタイリッシュなホテルが**コスモポリタン・オブ・ラスベガス The Cosmopolitan of Las Vegas**。客室もさることながら、ロビー、レストラン、ショップなどすべてが個性的だ。冬季はブルバードプール（→ P.95）がアイスリンクに変身する。

宮島達男氏の作品"HOTO"。仏塔をイメージした高さ約
5.5mのオブジェに382個のLEDがちりばめてある

  ベラッジオの噴水 ▶音楽が毎回違い、それに合わせて噴水も変わる。ショートバージョン、ロングバージョン、何回見ても飽きない。日中は日の光に反射して美しいが、夜はライトショーとしても楽しめる。♪

フォーコーナー周辺のアトラクション　　*Attractions*

エレガントな気分になれる空間　Map P.30-A2〜3
ベラッジオ・ギャラリー・オブ・ファインアート
Bellagio Gallery of Fine Art

もともとは、スティーブ・ウィン（→ P.136）の個人コレクションを展示するギャラリーだった。現在は、個人コレクションやボストン美術館などの有名美術館と提携し、年1〜2回の企画展を開催する。過去の企画展では、パブロ・ピカソ、クロード・モネ、アンディ・ウォーホルの作品ほか、ロシア皇帝ニコラス2世に愛された宝飾品ファベルジェの最大級コレクションなど、世界各国の作品を紹介している。

夜景観賞の人気スポット　Map P.30-B3
エッフェル塔
Eiffel Tower

パリスホテルのエッフェル塔（英語では「アイフェルタワー」と呼ばれる）は、ストリップの眺めを楽しむのに絶好の場所だ。エレベーターに乗り約1分で、地上140mの展望台に到着する。ひと回りしてラスベガスの鳥瞰図観賞といこう。

昼間は雑多なストリップの巨大カジノと車、遠くに目をやれば住宅地と荒涼とした大地が見渡せる。日が暮れてからは、宝石をちりばめたようにカラフルできらきら輝くストリップの夜景が美しい。ベラッジオの噴水ショー（→ P.55）もここから観賞可能だ。

美しくライトアップされる

本物の人体を展示　Map P.30-B2〜3
リアルボディズ・アット・バリーズ
Real Bodies at Bally's

見事に保存された20以上の人体と、200以上の解剖学見本が展示されている。消化器や循環器、呼吸器などさまざまなテーマのセクションがあり、肺や心臓、筋肉、血管などの細かな標本も見ることができる。

見応えたっぷりの充実の展示

これらすべてが本物というから驚きだ。普段は見ることのできない人体の内側は、想像以上に複雑怪奇。

ベラッジオ・ギャラリー・オブ・ファインアート
位置 ベラッジオ（→P.84）のプール出入口の前
住 3600 Las Vegas Blvd. S.
☎ (702) 693-7870
URL bellagio.mgmresorts.com/en/entertainment/gallery-of-fine-art.html
時間 毎日10:00〜18:00（入館〜17:30）
料 $18
CC A D J M V
行 フォーコーナーから南へ徒歩2分

エッフェル塔
位置 入場券はパリス（→P.102）のカジノフロアにあるエッフェル塔のギフトショップで販売。ショップの横のエスカレーターが塔への入口
住 3655 Las Vegas Blvd. S.
Free (1-888)727-4758
URL www.caesars.com/paris-las-vegas
時間 毎日14:00〜22:00（季節により変更あり）
料 いつでも$24.50、4〜12歳$19.50、シニア$5割引
CC A D M V
行 フォーコーナーから南へ徒歩7分

リアルボディズ・アット・バリーズ
位置 ホースシュー（→P.124）の地下階
住 3645 Las Vegas Blvd. S.
☎ (702) 777-2782
URL www.realbodiesatballys.com
時間 毎日10:00〜20:00（金・土〜21:00）
料 $32.95、3〜12歳$21
CC A M V
行 フォーコーナーから南へ徒歩2分

↘いちばんよかったのは、エッフェル塔の上から。たかが噴水にあれほど感動できるとは思ってもいなかった。（東京都 Joe '16）[23]

サイドバー（左カラム）

ハイローラー
位置 リンク（→P.56）。プロムナードの東端
住 3545 Las Vegas Blvd. S.
☎ (855) 234-7469
URL www.caesars.com/linq/things-to-do/attractions/high-roller
時間 毎日14:00〜24:00
料 $23.50、18:00以降$34.75
CC A J M V
行 ストリップ側の入口から東へ徒歩5分

ブルックリンボウル
位置 リンク（→P.56）。プロムナードの東寄り
住 3545 Las Vegas Blvd. S.
☎ (702) 862-2695
URL www.brooklynbowl.com/las-vegas
時間 毎日17:00〜翌1:00（イベントによりクローズあり）
料 1レーン1時間$100、1レーン8人分までの貸靴込み
CC A M V
行 ストリップ側の入口から東へ徒歩4分

マーベル・アベンジャーズ・ステーション
位置 TI：トレジャーアイランド（→P.131）のCVS2階
住 3300 Las Vegas Blvd. S.
☎ (702) 894-7626
URL www.stationattraction.com
時間 毎日11:00〜17:00
料 大人 $40、4〜11歳 $30
CC A M V
行 フォーコーナーから北へ徒歩18分

マダム・タッソー・ラスベガス
位置 ベネチアン（→P.88）のストリップ沿い。ホテルからリアルト橋を渡った別棟
住 3377 Las Vegas Blvd. S.
Free (702) 862-7800
URL www.madametussauds.com
時間 毎日10:00〜20:00（入場〜19:45。季節によって大幅な変更あり）
休 なし
料 13歳以上$36.99、学生$21.95、3〜12歳$24.95
CC A M V
行 フォーコーナーから北へ徒歩15分

本文（右カラム）

ラスベガスを一望する大観覧車 Map P.30-B1

ハイローラー
High Roller

さまざまな色に変化して夜空を彩る

カジノで高額な掛け金で遊ぶ客を意味する"ハイローラー"と名付けられた、高さ550フィート（約168m）の観覧車は、28基の球体キャビンを搭載した直径520フィート（約158m）のホイールは、30分かけて1周する。いちばん人気がある時間帯は街のイルミネーションが美しいナイトタイムだ。ゴージャスな景色とともに、プラスαで楽しませるプランがあるのも特徴。さまざまな角度で空中散歩が楽しめる、ベガスらしいアトラクションだ。

エンターテインメント性の高いボウリング場 Map P.30-B1

ブルックリンボウル
Brooklyn Bowl

名前のとおり32レーンのボウリング場を完備しながら、フライドチキンが絶品のレストランや、ビッグネームがたびたび訪れるライブ会場もある。アルコールも提供されており、クラフトビールの種類が豊富。ボウリングをしながら、レーン内でディナーを楽しもう。ボウリングはせず、食事だけ取ることも可能だ。※貸靴は必ず靴下を着用しなければならない（靴下販売あり〈$4〉）。

ステーションの一員となり、アベンジャーズを知る Map P.31-A3

マーベル・アベンジャーズ・ステーション
Marvel Avengers S.T.A.T.I.O.N.

映画やコミックでおなじみの『アベンジャーズ』のコスチュームや、インタラクティブな展示が目玉。キャプテンアメリカのユニホームやシールド、ホークアイやブラックウィドウの武器、アントマンのヘルメット、アイアンマンのパワードスーツなどファン垂涎の品々が並ぶ。

ファンにはたまらない空間だ

また、専用のアプリをスマートフォンにダウンロードすれば、インタラクティブな展示をよりいっそう楽しむことができる。

憧れのスターに大接近!! Map P.31-B4

マダム・タッソー・ラスベガス
Madame Tussaud's Las Vegas

ポップスター、ハリウッドスター、スポーツ選手、そして大統領まで、世界中から100人以上のセレブが大集合。とにかく、似ている！細部までリアルに再現した実物大の人形は、肌質や歯まで本人そのまま。いかにもその人らしい表情とポーズも見事だ。生存しているスターの場合、たいてい本人に手、足などパーツの型取りに協力してもらい、さらに写真やビデオから情報を読み取り立体解析もする。半年に及ぶという制作過程を伝えるフィルムや、さまざまな色の瞳などパーツの展示も興味深い。

✦ ラスベガスの歴史と密接な関係がある　　　Map 折込裏C5

核実験博物館
National Atomic Testing Museum

人類史上初めて核爆弾を開発し、2度も使用し、現在も約5700発（使用できるのは3700発ぐらい）以上を保有しているアメリカ。約1000回以上に及ぶ核実験のほとんどはラスベガスの北、数百kmの砂漠で行われてきた。その実験場の財団が運営する博物館がここだ。核兵器を科学的視点からとらえた展示が中心だが、なかには実験の成功がお祭り騒ぎだった頃の様子を伝える写真や、核爆弾をシンボル化したお菓子もある。

また、ネバダ州南部にある**エリア51 Area51**（アメリカ空軍の管理地）をフィーチャーしたコーナーもあり、UFOや宇宙人の存在などにも触れている。真偽の判断を見学者に委ねている視点がユニークだ。

核実験博物館
位置 フォーコーナーから東へ2.2km。Paradise Rd. と Swenson St. の間の Desert Research Institute の茶色のビル内
住所 755 E. Flamingo Rd.
☎ (702) 409-7366
URL www.nationalatomictestingmuseum.org
時間 毎日9:00～17:00
休 水、感謝祭、12/25、1/1
料 $24、7～14歳$18
CC ADJMV　行 ストリップと Flamingo Rd. の交差点から RTC バス #202 で約5分

アートとアトラクションが融合した新たなエンタメスポット

個性的な見どころがそろう異次元空間

2020年9月、ストリップ近郊に新たにオープンしたエンターテインメント施設、**エリア15 AREA15**。野外ギャラリーとして個性的なアート作品が点在する広大な土地に建つのは、倉庫のような巨大な建物。カラフルな光に包まれた薄暗い館内には、最先端技術を駆使したアトラクションや、尖ったデザインの衣類や雑貨を扱うショップ、そしてバーやレストランなどが軒を連ね、独特な空間が広がっている。

広い施設なのでたっぷり時間を取って訪れたい

● DATA
Map 折込裏A4　住所 3215 Rancho Dr.　☎ (702) 846-1900　URL area15.com　時間 月12:00～翌1:00、火～木12:00～24:00、金12:00～翌2:00、土10:00～翌2:00、日10:00～24:00　料 入場無料（各アトラクション・イベントは別途）　CC AMV　行 フォーコーナーからタクシーからライドシェアで約10分

映えスポット満載のユニークなアート空間

30近くあるエリア15のテナントのなかでも特に注目を集めているのが、サンタフェを拠点とするアートとエンターテインメント集団であるミャオウルフ Meow Wolf が手がける没入型アートスペース、**オメガマート Omega Mart** だ。一見普通のスーパーマーケットだが、並んでいるものは皮肉の効いたものばかり。冷蔵庫や壁の隙間などに設けら

れた隠し扉を抜けると、食品工場をテーマにしたアトラクション空間が広がっている。音と光を駆使した異次元空間には、あちこちに遊び心のある仕掛けが隠されており見応え十分。

見て聞いて触って五感で楽しめる

● DATA
☎ (1-866) 636-9969　URL meowwolf.com/visit/las-vegas　時間 毎日12:00～24:00（金～日10:00～）　料 大人$49、4～13歳$45、65歳以上$45　CC AMV

最先端技術を駆使した新感覚の施設

もうひとつエリア15でぜひ訪れたいのが、巨大なプロジェクションマッピングを利用した**イルミナリウム Illuminarium** だ。広さ2300㎡、高さ8mというスペースの全面に、アフリカのサファリや宇宙の4K映像を投影、さらに3D音響や振動、香りなども用いられ、まるでそこにいるかのような臨場感が味わえるユニークな施設だ。土曜の夜はクラブと化し、新感覚のナイトライフが楽しめると話題となっている。

● DATA
☎ (725) 527-3100
URL illuminarium.com/lasvegas
時間 毎日11:00～20:00（アフターダーク日～金20:00～0:00、ウルトララウンジ土21:00～翌2:00）　料 大人$35～、3～12歳$30～、65歳以上$32.50～　CC AMV

エリア51のツアー ▶ ラスベガスの北西約200km、宇宙人やUFO目撃談で一躍有名になった謎の区域がエリア51。ネバダ観光サービス（→P.257）では、エリア51へ行くツアーを催行。所要約8時間。詳細は要問合せ。

Area Guide

ストリップ南部

新フォーコーナー
New Four Corners

Map 折込裏B6

パークにある像、プリスダンス

エリア紹介 ──────── Area Guide

　ストリップの南、**ラスベガスブルバード Las Vegas Blvd. とトロピカーナアベニュー Tropicana Ave.** の交差点が新フォーコーナーだ。フォーコーナー（→ P.54）に対し、新たな繁栄の中心としてこのように呼ばれている。2016 年には、NHL ゴールデンナゲッツのホームスタジアム、T- モバイル・アリーナ（→ P.63）がオープンし、続けざまにパーク（→ P.63）、ドルビー・ライブ（→ P.63）などの施設が整備された。2018 年春には名門ホテル、モンテカルロがパーク MGM と改称し再出発。今後も目が離せないエリアとなっている。

パークにはベンチに腰掛けるカラフルな男性がそこここに！

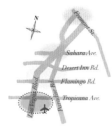

Sahara Ave.
Desert Inn Rd.
Flamingo Rd.
Tropicana Ave.

エリア内の移動手段

　徒歩で移動する人がほとんどだが、バスならデュースが便利。また、新フォーコーナー南東にあるエクスカリバー～マンダレイベイを移動するにはトラム（→ P.38）が使いやすい。渋滞がひどく、バスに乗るより歩くほうが早いこともある。

北方向への移動手段

●**フォーコーナー**へは徒歩で移動するほうが、街並みが楽しめておすすめ。バスならデュースで。ラスベガス・モノレールなら MGM 駅から北へ 1 駅でホースシューに着く（3 分）。また、ベラッジオとパーク MGM を往復するトラム（→ P.38）も便利。
●**ストリップ北**へは、デュースバスが便利。渋滞がなければ新フォーコーナーからサーカスサーカスまで約 30 分。
●**ダウンタウン**へは、デュースで。渋滞がなければ新フォーコーナーから 40 ～ 45 分ほど。

New Four Corners という呼び方

　Four Corners のあとに開発され、"New Four Corners" という呼び方が浸透するまで時間を要したが、このところ地元ではだいぶ定着してきている。

フォーコーナー、
ストリップ北、ダウンタウンへ

シティセンター ●　● プラネットハリウッド
　　　　　　　　　　ハーモンアベニュー
ウォルドルフ・アステリア ●　Harmon Ave.

パーク MGM ●　● ハードロック・カフェ
T- モバイル・アリーナ ●　● コカ・コーラ・ストア
パーク ●　● M&M's ワールド
ニューヨーク・ニューヨーク ●　　　● MGM グランド
ハーシー・チョコレート・ワールド ●
　　　　　　ここが新フォーコーナー　トロピカーナアベニュー
　　　　　　　　　　　　　　　Tropicana Ave.
エクスカリバー ●　● トロピカーナ　フーターズ

ルクソール ●　　約 2.3 km、
　　　　　　　徒歩 30 分

マンダレイベイ ●
フォーシーズンズ ●　フォーシーズンズドライブ
　　　　　　　　　Four Seasons Dr.

▭▭▭ ラスベガス・モノレール
● ラスベガス・モノレール駅
── トラム
● トラム駅

ラスベガスのピラミッド、ルクソール

新フォーコーナー周辺の見どころ ✦ *Sightseeing*

✦ ラスベガスの摩天楼!? `Map P.29-A1～2`

自由の女神像と広場（ニューヨーク・ニューヨーク）
The Statue of Liberty & Plaza at New York New York

　ニューヨークの名所が映画のセットのようにまとまっているホテル、ニューヨーク・ニューヨーク。なかでもいちばん目を引くのが**自由の女神像**のレプリカだ。ほかにも、ブルックリン橋、タイムズスクエアのハーシー・チョコレート・ワー

ニューヨークの街角にいるような雰囲気の広場

ルドなど、凝縮されたニューヨークを見学できる。さらに、その摩天楼のすき間を猛スピードで駆け抜けるジェットコースター、**ビッグ・アップル・コースター The Big Apple Coaster**（→P.67）とこだまする絶叫も、ラスベガスの名物だ。

✦ ベガスのエンターテインメントの中心 `Map P.29-A1`

T-モバイル・アリーナ
T-Mobile Arena

　コンサートやボクシングで2万人、アイスホッケーやバスケットボールで1万8000人前後を収容する大型施設。各階に飲食店を配置し、ラウンジやVIP対応のスイートルームも併設している。また、NHLのベガス・ゴールデンナイツ（→P.150）の本拠地でもある。

✦ ビッグネームのコンサートをたびたび開催 `Map P.29-A1`

ドルビー・ライブ
Dolby Live

　5200席を設けるシアター。巨大なシャンデリアが配されたゴージャスな造りで、ステージまでの距離が近いので、アーティストが間近で見られるのもいい。シアター前のロビーでは、スナックやドリンクを販売している。

✦ 開放的でアーティスティックな遊歩道 `Map P.29-A1`

パーク
The Park

　ニューヨーク・ニューヨークとパークMGMの間、東側のT-モバイル・アリーナまでの一角に、**パーク The Park**と呼ばれるプロムナードが誕生した。石畳の遊歩道にはネバダ州原産の木が植樹され、大小さまざまなオブジェが点在し、誰でも自由に休めるようベンチまで配されている。今までのストリップでは見られなかった憩いの場として、旅行客からも評判だ。ニューヨーク・ニューヨーク側の歩道には気軽に立ち寄れる飲食店も並び、T-モバイル・アリーナでイベントが開催される日は多くの客で混雑するスポットとなっている。

ニューヨーク・
ニューヨーク → P.108

ハーシー・
チョコレート・ワールド
　　　　　　→ P.205

自由の女神の足元まで真近に見られる

T-モバイル・アリーナ
🏠 3780 Las Vegas Blvd. S.
☎ (1-888) 929-7849（イベントチケット）
URL www.t-mobilearena.com（アリーナ）、www.axs.com（イベントチケット）
🚇 新フォーコーナーから北へ徒歩3分、ストリップからPark Ave.を西へ徒歩5分

ドルビー・ライブ
🏠 3770 Las Vegas Blvd. S.
☎ (1-844) 600-7275
URL www.dolby.com/dolby-live-mgm
🚇 新フォーコーナーから北へ徒歩3分、ストリップからPark Ave.を西へ徒歩3分

パーク
URL www.mgmresorts.com/en/things-to-do/the-park-las-vegas.html

思わず座って写真を撮りたくなるベンチ

パークMGM → P.128
※パークMGM～シティセンター～ベラッジオを結ぶトラム（→P.38）あり。

キャラクターショップ
→ P.204 〜 205

夜は素朴なネオンが輝く

MGM グランド → P.126

MGMグランド・ガーデン・アリーナで開催される、レイカーズの試合に合わせて衣替えしたライオンの銅像

フーターズ・レストラン＆サルーン
位置 オヨ・ホテル・アンド・カジノ（→ P.145）内
住 115 E Tropicana Ave.
☎ (702) 739-9000
URL www.oyolasvegas.com/dining
時間 6:00 〜翌 0:30
CC A M V
行 新フォーコーナーからトロピカーナアベニューを東へ徒歩5分

チップは弾んでね♪

✦ ひとめを引くカフェやショップが並ぶ通り **Map P.29-B1〜P.30-B4**

ハーモンアベニューからトロピカーナアベニュー
From Harmon Avenue to Tropicana Avenue

　パーク MGM からラスベガスブルバードを渡った正面、新フォーコーナーの東の歩道沿いは**テーマカフェ、キャラクターショップ、ドラッグストアなどが立ち並ぶ**観光客御用達のスポット。全米で展開

ショッピングバッグ片手にお店を渡り歩く人の姿が目立つ

するアウトレットショップのロス・ドレス・フォーレスやマーシャルズもあり、ファッション、日用品、おみやげまで、何でも揃う便利な場所となっている。

✦ 黄金に輝くライオンがホテルのシンボル **Map P.29-B2**

ライオン像（MGMグランド）
A Statue of Leo at MGM Grand

　新フォーコーナーを見守るような雄々しい姿の巨大なライオン像は、高さ約 14m で重量はなんと 50 t！ 1998 年に建立された 2 代目のシンボルで、以前は大きな口を開いたライオンをモチーフにし

ライオンの像は高さ約7.6mの白い台座に鎮座している

た出入口だった。ホテルのメインロビーにも小さなライオンの銅像 Bronze Lion が設置されており、MGM グランドで行われるイベントに合わせ、ディスプレイが変化する。

✦ 本場アメリカのフーターガールズにメロメロ **Map P.29-B2**

フーターズ・レストラン＆サルーン（オヨ・ホテル）
Hooters Restaurant & Saloon

もともとフーターズ・カジノ・ホテルがあった場所は、新たにオヨ・ホテル・アンド・カジノ（→ P.145）として生まれ変わったが、フーターズ・レストラン & サルーンは健在。活気あふれる店内では、健康的でスタイル抜群の女性たちがドリ

スタッフがキュートな笑顔で迎えてくれる

ンクやフードをサーブしてくれる。大型プロジェクターでは常時スポーツ中継が上映されており熱気はムンムン。スパイシーな味わいがビールにぴったりな名物チキンウイング片手に、ホットな夜を過ごそう。

　読者の声 **イベント後の混雑** T-モバイル・アリーナにベガス・ゴールデンナイツの試合を観にいきましたが、試合後は周辺が多くの人でごったがえし、車は大渋滞。試合観戦で疲れているのに徒歩で移動 ↗

✦ 古代エジプトにタイムスリップ！
スフィンクスとオベリスク（ルクソール）
Sphinx & Obelisk at Luxor
Map P.29-A3

ストリップの南端のエリアに突如現れる**黒いピラミッド**。通り沿いには**巨大スフィンクス**が鎮座し、**オベリスク（石柱）**が守り神のようにそびえる。古代エジプトの設定でホテルが造られているので、外観と館内は絶好の撮影ポイント。中2階ではふたつのユニークな常設展（→ P.66）を開催している。

古代エジプトの神殿に迷い込んだらこんな感じ？

✦ アメリカでいちばん有名な街の看板
ウェルクム・トゥー・ファビュラス・ラスベガス・サイン
Welcome to Fabulous Las Vegas Sign
Map 折込裏B6外

ラスベガス訪問を歓迎するサインは、マンダレイベイの南にあり、1959年の完成。一度は実物を見たい！と思う人が増えたため、ラスベガスブルバードの中央分離帯にあった看板の前には、建設費50万ドルをかけた駐車場も完備。車を停めてゆっくり撮影できることもあり、ここで記念撮影をする人が引きもきらなくなった。

"Fabulous（ファビュラス）"とは"信じられないほどの"や"すばらしい"という意味。2009年には国の史跡にも指定された。ちなみに看板の裏側は"DRIVE CAREFULLY Come Back SOON"（安全運転で。またすぐ来てね）。ラスベガスを去る人々への気遣いも忘れないニクイ演出だ。

行列が絶えない人気撮影スポット

新フォーコーナー周辺のアトラクション　✦　*Attractions*

✦ ゴルフをエンターテインメントに進化させた
トップゴルフ
Topgolf
Map 折込裏B5

ラスベガスらしい4階建てのゴルフ練習場。打ちっぱなしの設備に加え、ふたつのプール（冬季は閉鎖）、5つのラグジュアリーなバーなどが併設され、音楽イベントも催される。

肝心の練習場だが、すべてのボールにチップが内蔵。数種類のゲームが用意されており、打席横にあるパネルでそれらを選択したあと、プレイ開始となる。飛距離なども確認可能だ。また、打席の後ろには数人で使えるテーブルがあり、打たない人はその席で食事やアルコールを楽しめるような造り。インストラクターによるレッスンや、クラブの貸し出しもある。

ボウリング場のように皆でゴルフを楽しむ施設だ

ルクソール　→ P.110
※エクスカリバー〜ルクソール〜マンダレイベイを結ぶトラム（→ P.38）あり。

圧倒的な存在感があるルクソール
©Las Vegas News Bureau

ウェルクム・トゥー・ファビュラス・ラスベガス・サイン
位置 ストリップ沿い。マンダレイベイからラスベガスブルバードを南へ約1.2km。車で3分
住所 5200 Las Vegas Blvd. S.
時間 24時間。時間によっては記念撮影の人で混雑するため、待つ必要がある
料金 無料
交通 デュースでWelcome to LV Sign下車

トップゴルフ
位置 シグネチャー・アットMGMグランド（→P.142）の東に隣接
住所 4627 Koval Ln.
☎ (702) 933-8458
URL topgolf.com
時間 毎日10:00〜翌1:00
料金 1時間$40〜95（曜日や時間により異なる）料金は1打席の時間制。6人までシェアが可能
CC AMV

✎する気にもならず、混雑が収まるまで周辺で時間をつぶすことになったので、近くにホテルを取っているといいと思いました。（静岡県 candy '19）['23]

✦ 臨場感たっぷりの遊覧飛行

フライオーバー
FlyOver

フライオーバー
位置 ストリップ沿い。MGMグランド北隣のショーケースモール内
住 3771 Las Vegas Blvd. S.
☎ (866)498-2023
URL www.flyoverlasvegas.com
時間 9:00 ～ 21:00
料 シングルライド大人 $36、子供 $26、ダブルライド大人 $58、子供 $42
CC A M V
行 新フォーコーナーから北へ徒歩3分

約15分の搭乗時間はあっという間

　新フォーコーナーのランドマーク、ハードロックカフェの隣に2021年にオープンした新型アトラクション。動く座席の付いた乗り物に搭乗し、4Dを駆使したリアルな自然や街の上空を飛び回る、エキサイティングな体験ができる。プログラムは、カナディアンロッキーの大自然を間近に感じる「Windborne:Call of the Canadian Rockies」と、アイスランドの氷河や火山の上を疾走する「Iceland」、グランドキャニオンやストリップの変化に富んだ風景が楽しめる「Wonders of the American West」の3本。1本のみのシングルライドと、2本セットで割引になるダブルライドがある。

✦ 地元の学生も訪問する真面目な常設展

ボディズ：ジ・エキシビション＆タイタニック：ジ・アーティファクト・エキシビション
Bodies:The Exhibition & Titanic: The Artifact Exhibition

ボディズ：ジ・エキシビション & タイタニック：ジ・アーティファクト・エキシビション
位置 ルクソール（→P.110）2階（Artrium Level）
住 3900 Las Vegas Blvd. S.
☎ (702)262-4400
Free (1-800)557-7428
URL luxor.mgmresorts.com/en/entertainment/bodies-the-exhibition.html
時間 毎日11:00～20:00(1/9 ～ 3/12 は～ 18:00)。いずれも入館は閉館1時間前
料 各展示ごとに入場料が必要。$32、65歳以上 $30、4 ～ 12歳 $24、3歳以下無料
CC A J M V
行 新フォーコーナーから南へ徒歩10分

　ボディズ展は、人体（死体）の実物に樹脂加工を施した標本で人間の体の仕組みを紹介するもの。筋肉、脳や内臓、血管などの働きも細部にわたって解説している。
　タイタニック展では豪華客船内部や沈没のきっかけになった氷山を再現。パネルやビデオ、数多くの遺留品を展示し、さまざまな角度から分析したタイタニック号を見せてくれる。
上／本物の人間で作られた人体模型
下／海底から引き揚げられた船体の一部

✦ 夢のスーパーカーでサーキットを疾走！

スピードベガス
Speedvegas

スピードベガス
位置 Las Vegas Blvd. をロスアンゼルス方面へ南下
住 14200 Las Vegas Blvd. S.
☎ (702)213-9068
URL speedvegas.com
時間 毎日9:00 ～ 17:00
料 5周 $199 ～。車種やパッケージにより異なる（ヘルメット料、保険料を含む）
CC A M V
行 新フォーコーナーから車でI-15を北へ20km、約20分。※条件は18歳以上で運転歴6年以上の人のドライバーで、日本の運転免許証と国外運転免許証、パスポートは必ず携行すること。なお、つま先のない靴はNG

本物の走りを体感してみよう

　ポルシェ、フェラーリ、ランボルギーニといった、世界のスーパーカーやマッスルカーに乗り、1周約2kmの専用レーストラックをドライブするアトラクション。ギアやクラッチはコンピューターで自動制御されているので、特別な運転技術は必要ない。

シャークリーフ・アクアリウム
Shark Reef Aquarium
✦ 海の生物たちを見て砂漠の街を涼しく過ごす　Map P.29-A4

ハイライトは海中トンネルの水槽

　熱帯雨林の古代遺跡を模した 14 の展示スペースに約 100 種、2000 以上の海や川にすむ水生動物が暮らしている。特筆すべきは、希少種として知られるコモドオオトカゲ Komodo Dragon やフィリピンに生息する淡水のワニ、ゴールデン・クロコダイル Golden Crocodile（絶滅の危険性が高い種）などを飼育している点。海中をさまようクラゲに癒やされ、タッチプールでは小さな子供たちの歓声が聞こえてくる。展示法も凝っていて、難波船の中にいるような展示室もあるが、一番人気はアクリル製のトンネルの中を歩くもの。サメやアオウミガメのお腹側の姿を眺めながら海中散歩を楽しもう。

ビッグ・アップル・コースター
The Big Apple Coaster
✦ スーパーマンの視点でマンハッタンを駆け抜ける　Map P.29-A1〜2

スピードと角度が絶妙

　ニューヨークの地下鉄駅を模したホームから乗り込む、イエローキャブの車体がデザインになったライド。まずは 61.9m の高さまで上ってから 22.9m 急降下。次の急降下はもっと激しく、55 度という角度で 43.9m 落下。もちろんループもあるし、540 度のスパイラルやハートラインツイスト（ひねりを加えたループ）も待っている。

マーベリックヘリコプターズ
Maverick Helicopters
✦ 不夜城のド派手なイルミネーションを空から堪能　Map 折込裏B6外

　世界でも屈指の夜景を空から見下ろしてみよう。エメラルドグリーンの MGM グランド、パリスのエッフェル塔、ベネチアンの鐘楼を見ながらストリップの東側を北上。ダウンタウンを見て U ターンすると、今度は西側からストリップを眺める。地平線まで延びるオレンジ色のチェッカーボードは、住宅街の街灯だ。

夜のベガスを空から満喫
©Las Vegas News Bureau

　フライトは約 15 分だが、送迎も含めると 2 時間ほどかかる。当日は搭乗者全員のパスポートを忘れずに。受付で体重を量るが、ほかの乗客にはわからないよう配慮されている。

シャークリーフ・アクアリウム
位置 マンダレイベイ（→P.112）。トラムで行く場合、カジノを突っ切りレストラン街を抜け、コンベンションセンター方面へ。シャークリーフはいちばん奥
住 3950 Las Vegas Blvd. S.
☎ (702) 632-4555
URL mandalaybay.mgmresorts.com/en/entertainment/shark-reef-aquarium.html
時間 毎日10:00〜20:00（入場は閉館時間の1時間前）
料 $29〜、5〜12歳$24〜
CC AJMV
行 新フォーコーナーから南へ徒歩15分

インドネシアに分布するコモドオオトカゲ

ビッグ・アップル・コースター
位置 ニューヨーク・ニューヨーク（→P.108）の2階（Second Level）。カジノの奥、センチュリーエレベーター前のエスカレーターを上がる
住 3790 Las Vegas Blvd. S.
☎ (702) 740-6616
URL newyorknewyork.mgmresorts.com/en/entertainment/the-big-apple-coaster-and-arcade.html
時間 月〜木 11:00〜23:00、金〜日 11:00〜24:00
料 11:00〜18:00$19、18:00〜閉店$23（ピーク時料金変動あり）　CC AJMV
条件:身長137cm以上
行 新フォーコーナーから北へ徒歩3分

マーベリックヘリコプターズ
位置 ストリップ沿い。マンダレイベイから南へ1.2km
住 6075 Las Vegas Blvd. S.
☎ (702) 261-0007
Free (1-888) 261-4414
URL www.maverickhelicopter.com
CC AMV
時間 夏季21:00〜、冬季18:00〜　所要約12〜15分
休 なし。天候による運休あり
料 $104〜
予約必要　条件:着丈での体重が136kg以上は2席分の購入が必要な場合がある
行 詳しくは予約時に確認

ストリップ北部
ストリップ北
North Strip

Map 折込裏B4

街歩きの目印はストラット・スカイポッド

エリア紹介　　Area Guide

　ストリップ北は、ラスベガスブルバード北のストラットから南のデザートインロードのあたりまでを指す。デザートインロードの北側は建物も少なく、ちょっとさびしい。2008年のリーマンショックを境に着工していたホテル建設が次々に中断され、現在も無残な姿をさらしている。ストリップではあまり好ましくない雰囲気だが、高級ホテル、サハラ・ラスベガス（→ P.99）が開業し、少しずつエリア活性化の兆しが見えてきた。

　観光ポイントは遊園地や絶叫系ライドを呼びにしている**サーカスサーカス Circus Circus** と**ストラット The STRAT**。また、全米最大といわれる**ラスベガス・コンベンションセンター Las Vegas Convention Center**（→ P.183）がラスベガスブルバードのひとつ東側の通りにある。

入店のレストランやナイトクラブもおしゃれなサハラ・ラスベガス

エリア内の移動手段

　デザートインロードから絶叫マシンが名物のストラットまでは徒歩30～40分。見どころも点在し歩ける距離だが、炎天下はデュースバスを利用しよう。ウエストゲート・ラスベガス、コンベンションセンターへはラスベガス・モノレール（→ P.38）でアクセスできる。

北方向への移動手段

●**ダウンタウン**へは、デュースバスが便利。渋滞がなければサーカスサーカスの前から30分ほど。

南方向への移動手段

●**フォーコーナー**へは、デュースバスが便利。渋滞がなければサーカスサーカスからフォーコーナーまで15～20分。ウエストゲート・ラスベガスからはラスベガス・モノレールでホースシュー駅まで約9分。

●**新フォーコーナー**へは、デュースバスで。渋滞がなければサーカスサーカスから約30分。ウエストゲート・ラスベガスからラスベガス・モノレール（→ P.38）でMGMグランド駅まで約12分。

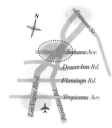

ダウンタウンのフリーモントストリートまで約2.9km

ーーー ラスベガス・モノレール
● ラスベガス・モノレール駅

ストラット

約1.6km、徒歩20分

サハラアベニュー
Sahara Ave.

● **サハラ・ラスベガス**

サーカスサーカス

リビエラアベニュー
Riviera Ave.

● **ウエストゲート・ラスベガス**

● **ラスベガス・コンベンションセンター**

デザートインロード
Desert Inn Rd.

Las Vegas Blvd.
Paradise Rd.

フォーコーナーへはデザートインロードから約2km、徒歩約30分

老舗カジノホテル、サーカスサーカスの派手なネオン

> **ストラットより北のエリアは**
> **歩く時間帯に気をつけて！**
> ストラットからダウンタウンの間は、ウエディングチャペルや質屋が多いエリア。日中は問題ないが、Las Vegas Blvd. を外れると人通りも少なく空地が多い。歩く時間帯に気をつけて行動しよう。

 読者の声

新しいラスベガス・サイン ▶ ストラットからストリップを北に5分ほど歩いた場所にあります。まだ知名度が低いのかそれほど人も多くなく、心置きなく写真撮影ができました。ただし周囲はひと気 ↗

ストリップ北の見どころ → *Sightseeing*

無料のサーカスと遊園地 Map P.31-A1

サーカスアクト(サーカスサーカス)
Circus Act at Circus Circus

左／ストリップの中心からは遠いがリーズナブルなのが魅力。ファミリーに人気が高いホテル
右／アーケードにはノスタルジックなゲームが並んでいる。子供も大人も夢中だ

　サーカスサーカスはレトロな雰囲気を醸し出すピエロのネオンサインが目印。正面玄関を入ってすぐのカジノフロアから 2 階へ上がると、そこには昔ながらのゲームアーケード Midway と**サーカスアクト Circus Act** のステージが設けられている。また、ホテルの敷地内にインドアの遊園地**アドベンチャードーム Adventuredome**（→ P.70）を併設し、暑いラスベガスでも涼しく遊べる。

市街を一望するタワーと想像を絶するライド Map 折込裏C2〜3

ストラット・スカイポッド(ストラット)
STRAT SkyPod

　ストリップとダウンタウンの間に位置する**ストラット・スカイポッド**。109 階（地上約 264m）に屋内の**展望台 Observation Deck** があり、市街を一望できるスポットとして人気がある。展望台のほか、

視界 360 度の回転展望レストランやウエディングチャペルもある。さらに、このタワーは最上階（112 階地上約 280m）にある 4 つの絶叫ライド（→ P.70 〜 71）が有名。

左／展望台の窓は少し斜めに設計されているので、足元までよく見える
下／ラスベガスの夜景は光の洪水

サーカスサーカス → P.118

サーカスアクト
アクロバット、ジャグリング、ローラースケート・パフォーマンスなどバラエティ豊かな演目をステージで披露する。
時間月〜木 13:30 から 1 時間毎（最終ショー 20:30）、金〜日 11:30 から 1 時間毎（最終ショー 23:30）。演目と時間は館内のスケジュール表で確認を
料無料

ショータイムは短いが本格的なパフォーマンスを披露する

ストラット → P.119

展望台
時間毎日 10:00 〜翌 1:00
料月〜木 $24（ホテル宿泊者 $9）、金〜日 $34（ホテル宿泊者$14）
※オンライン割引あり
CCAMV

◆ 酷暑の真夏でも涼しい屋内ドームの遊園地　Map P.31-A1

アドベンチャードーム
Adventuredome

　一番人気は**エル・ロコ El Loco**。27m 上昇し、ヘアピンカーブを曲がった直後に垂直に下降、1.5Gを体感できる。絶叫度で選ぶなら、時速89km で岩山を走り抜けるダブルループ＋ダブルツイストのキャニオンブラスター Canyon Blaster。予測不能なスピンをする円形ライドのディスクオー Disk' O は、最前列の席がいちばんスリリングだ。日本でもおなじみのアトラクション、大型船が前後にスイングするサンド・パイレーツ Sand Pirates もある。

大振りのスイングは手を挙げて楽しもう！
©Las Vegas News Bureau

幼児向けの回転木馬やミニ観覧車などのライドもある
©Las Vegas News Bureau

　子供に人気のスポンジボブが海の生き物を救出する4D 映像、大クラゲ救出！The Great Jelly Rescue! や、垂直にアップダウンするフロッグホッパー Frog Hopper などのジュニアライドも充実している。

◆ ラスベガスいち高いタワーからフリーフォール体験　Map 折込裏C2〜3

スカイジャンプ
Sky Jump

　ストラットのタワーにある絶叫必至、失神寸前のアトラクション、スカイジャンプ。ショッピングモールの Sky Jump Shop で受付を済ませ、安全講習を受けたらジャンプスーツとハーネスを装着して高さ252m の展望台からジャンプ！ 落下速度は時速約64km に達する。バンジージャンプとの違いはワイヤーで制御されたフリーフォールなので、地上直前にスピードが落ち、安全に着地できる。

飛び降りる直前に見る眼下の景色は相当恐ろしい
©Las Vegas News Bureau

アドベンチャードーム
位置 サーカスサーカス（→P.118）の2階（Second Level）。ホテルの西端、フロントデスクそばのエスカレーターを上がる
住 2880 Las Vegas Blvd. S.
☎ (702)794-3939
URL www.circuscircus.com
時間 月〜木 10:00〜19:00、金〜日 10:00〜24:00（季節による変更あり）
料 1日券 $60、身長121cm 以下 $30
CC A M V
条件：絶叫ライドは身長122cm 以上、そのほかはライドにより異なる
行 デュースバス Riviera（北方向行き）、Circus Circus（南方向行き）下車

スカイジャンプ
位置 ストラット（→P.119）のタワー108階（Observation Deck）。カジノ中央にあるエスカレーターでショッピングモールへ。受付後、展望台まではエレベーターで上がる
住 2000 Las Vegas Blvd. S.
Free (1-800)998-6937
URL thestrat.com/attractions/skyjump
時間 月〜水14:00〜22:00、木〜日12:00〜24:00（木〜22:00）
準備に約45分かかる（ジャンプ自体は数秒！）
料 $129.99（ホテル宿泊者は $99.99）
CC A J M V
条件：体重120kg以下、身長132cm以上、14歳以上。18歳未満は保護者の同意とIDが必要
行 デュースバスSTRAT下車

 読者の声　**アドベンチャードームのライド** ▶ エル・ロコは、首がムチウチになりそうな勢いでスタートし、直角に下降するときは体が投げ出されそうになる。キャニオンブラスターのダブルループは、左右の↗

ビッグショット
Big Shot

地上329m！ 恐怖の発射式フリーフォール　　Map 折込裏C2〜3

タワーの高さぶん、恐怖も倍増 ©Las Vegas News Bureau

タワー先端のアンテナのような部分が、なんと究極のフリーフォールになっている。地上280mから打ち上げられ、時速72km、4Gを超える力で49mもアップ。そして次の瞬間、無重力に近い状態で一気に落下。これが3回繰り返される恐怖は半端ではない。特に夜は宇宙空間に飛んでいくような気分だ。なお、体調の悪いときは避け、必ず頭を椅子の背もたれに押しつけて乗ろう。

ビッグショット
位置 ストラット（→P.119）のタワー112階（Tower Ride Level）。カジノ中央にあるエスカレーターでショッピングモールへ上がり、標識に従っていちばん奥まで歩いた所から、エレベーターで上がる
住 2000 Las Vegas Blvd. S.
☎ (702)380-7777
URL thestrat.com/attractions/thrill-rides/big-shot
時間 月〜木14:00〜22:00、金〜日10:00〜24:00
料 ビッグショット、インサニティ、エックススクリーム、いずれか1ライド$29、無制限パス$43.95（展望台入場料込み）
CC A J M V
条件:身長122cm以上、13歳未満は保護者同伴

インサニティ
Insanity

ほとんどうつ伏せでラスベガスの空へ放り出される！　　Map 折込裏C2〜3

角度を見ているだけでも背筋が凍る……
©Las Vegas News Bureau

インサニティとは精神に異常をきたすという意味。鉄骨アームのような回転ブランコに、足載せ台が付いたようなライドだ。回転が速まるにつれて約20mも空中に投げ出され、約264m下の世界が視野に広がる。振り回されるスピードや3Gの圧力と相まって、恐怖感も増す。体は最大70度も傾き、ほとんどうつ伏せ状態。遠心力で椅子から放り出されそうな感じがする。まさに狂気の沙汰だ。

インサニティ
位置 ストラット（→P.119）のタワー112階（Tower Ride Level）
住 2000 Las Vegas Blvd. S.
☎ (702)380-7777
URL thestrat.com/attractions/thrill-rides/insanity/rules
時間 月〜木14:00〜22:00、金〜日10:00〜24:00
料 ビッグショット、インサニティ、エックススクリーム、いずれか1ライド$29、無制限パス$43.95（展望台入場料込み）
CC A J M V
条件:身長132cm以上、13歳未満は保護者同伴

エックススクリーム
X Scream

地上264mの空中で静止するクレイジーな滑り台　　Map 折込裏C2〜3

飛び出す瞬間がスリルどころではないかも
©Las Vegas News Bureau

ローラーコースターのような激しさはないが、視覚的なスリルを感じるライド。シーソーのように上下するアームの上を、台車がスライドする。ゲストはその台車に乗るわけだがアームが30度に傾くと時速約48kmで滑り落ち、タワーの端から9.1m飛び出した地点で急停止！「もし落ちたら」と考えるとゾッとするが、故障のためにその状態のまま戻れなくなったことが実際にある。オーマイガッ！

エックススクリーム
位置 ストラット（→P.119）のタワー112階（Tower Ride Level）
住 2000 Las Vegas Blvd. S.
☎ (702)380-7777
URL thestrat.com/attractions/thrill-rides/x-scream
時間 月〜木14:00〜22:00、金〜日10:00〜24:00
料 ビッグショット、インサニティ、エックススクリーム、いずれか1ライド$29、無制限パス$43.95（展望台入場料込み）
CC A J M V
条件:身長132cm以上、13歳未満は保護者同伴

揺れが激しく、耳がとても痛かった。インバーターは、逆さのまま止まり、さらにその状態で回転するという荒っぽさだ。過激なライドが多く、若い人ならかなり楽しめると思う。(東京都　T.T '16)['23]

ダウンタウン
Downtown

Map 折込裏C〜D1

ロビーの一画に巨大
な金塊を展示している
ゴールデンナゲット

エリア紹介　　Area Guide

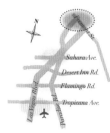

ストリップの華やかさが目につくラスベガスだが、もともと街として
誕生したのはダウンタウン。そのため現在も街の機能、例えば市役所
や長距離バスの駅、路線バスの発着所、週末は24時間営業する
クラーク郡の婚姻許可局な
ど、**行政機関のほとんどが
ダウンタウンにある。**

カジノもかつてはダウンタ
ウンのほうが栄えていたが、
1990年代に入るとストリップ
に客を奪われてしまった。
しかし、1995年に**フリーモ
ントストリート・エクスペリエン**

オールドベガス第1号の老舗ゴールデンゲート

ス Fremont Street Experience が誕生すると観光客も急増。近年
は博物館、バーやダイニングスポットが増え、老朽化したホテルの
改装も盛んに行われている。

エリア内の移動手段
ラスベガスブルバードからメ
インストリートまでのフリーモン
トストリートは歩行者天国。通
行手段は徒歩のみ。

約640m、
徒歩10分

ストリップ北の
サハラアベニューまで約3.3km

**南方向への移動はデュース
が便利**
●**ストリップ北へ**は、渋滞が
なければフリーモントストリート
からサーカスサーカスまで約
25分。
●**フォーコーナーへ**は、渋滞
がなければフリーモントストリー
トからフォーコーナーまで約
35分。
●**新フォーコーナーへ**は、渋
滞がなければフリーモントスト
リートから新フォーコーナーま
で約40分。

チープに遊びたいなら
ダウンタウンがいい

ダウンタウンは治安に注意
ダウンタウンは、ちょっと裏道に入ると治
安のよくない所もある。夜はフリーモントス
トリートなど明るくきれいな道だけを歩くよう
気をつけたい。

ダウンタウン周辺の見どころ　→ *Sightseeing*

✦ 古きよきオールドベガスのムードが漂う　Map P.32-B1～B3

フリーモントストリート
Fremont Street

屋根があるので天候問わず散策できる

　ラスベガスは、1905年に鉄道の開通にともなって街が造られた。ダウンタウンのプラザホテルの西側に鉄道の駅舎ができ、陸の玄関口として栄えていく。1925年にダウンタウンの目抜き通りでラスベガス初の舗装道路、**フリーモントストリート**が誕生した。

　現在、フリーモントストリートの西側が観光の中心地。アーケード型スクリーンに展開されるLEDのショー、**フリーモントストリート・エクスペリエンス**（→ P.74）はダウンタウン最大の無料アトラクション。このアーケード周辺には庶民的なカジノや古いカジノホテルが営業を続けており、1906年創業の**ゴールデンゲート Golden Gate**、1941年創業の**エルコルテス El Cortez**（National Register of Historic Place に登録）などは生ける博物館的存在だ。また、**ゴー**

小便小僧は3rd. St. とCarson Ave.の角にある

ルデンナゲット Golden Nugget の金塊 The Hand of Faith との記念撮影もオールドスタイルな見どころ。新しいところでは都会的な雰囲気に改装したホテル、**ディー The D** の正面玄関にベルギーの小便小僧のレプリカが登場し、ちょっとした撮影スポットになっている。

　フリーモントストリートのラスベガスブルバードより東側のエリアは、フリーモント・イーストディストリクトと呼ばれ、クラブやバーが続々オープンしている。おしゃれなショップやダイニングが集まる**コンテナパーク Container Park** が登場してからは、日中のダウンタウンの過ごし方も少しずつ変わってきている。

ゴールデンゲート → P.140

エルコルテス → P.138

ゴールデンナゲット → P.139
URL www.goldennugget.com

　展示の金塊は世界最大で約27.6kg。1980年にオーストラリアで採掘された。展示フロアにゴールドの自動販売機 Gold to Go ATM が設置されている点もユニーク。

手の形に見える金塊"The Hand of Faith"
©Las Vegas News Bureau

ディー → P.140

コンテナパーク → P.201

左／開業当時の建物を保存しながら営業を続けているエルコルテス
右／コンテナパークには公園やライブステージもあり、週末や日中は子供連れでにぎわう

フリーモントストリート・エクスペリエンス

位置 ダウンタウンのフリーモントストリート沿い
住 Fremont St. bet Main & 4 th Sts.
☎ (702)678-5600
URL vegasexperience.com
時間 18:00〜翌2:00
行 Fremont St.のデュースのバス停(4th St.)から徒歩1分

スロットジラ

URL vegasexperience.com/slotzilla-zip-line
時間 上段ズームライン 毎日12:00〜翌1:00(木〜日〜翌2:00)、下段ジップライン 月〜水16:00〜翌1:00、木〜日12:00〜翌2:00
料 上段ズームライン$74〜、下段ジップライン$54〜
CC AMV
条件／体重制限:上段ズームライン36〜136kg、下段ジップライン23〜136kg(身長203cm以下)
※16歳未満は16歳以上の同伴者が必要

✦ 頭上を走り抜ける光の洪水　　　**Map** P.32-B1〜2

フリーモントストリート・エクスペリエンス
Fremont Street Experience

ぜひ足を運んでほしいダウンタウンの名所

進化を続けるストリップにお客を取られてしまったダウンタウンが、再びお客を呼び戻そうと、必死の策を練った。そして誕生したのがフリーモントストリート・エクスペリエンスだ。ダウンタウンのメインストリートの5ブロックぶんをアーケードで覆い、LED電球のスクリーンを造り上げた。1995年に完成したアーケードは、高さ27m、長さ約420mのアーチ型で、夏は涼しく、冬は暖かい歩行者天国となっている。LEDの数は4930万。映像が瞬時にして駆け抜け、歌い、踊り、はじける。約6〜8分間の光のショーは、夕方から深夜まで行われ、演目はウェブサイトでもチェックできる。

ここの名物は、**スロットジラ SlotZilla**。アーケードの天井付近にケーブルを張り、それにつり下げられたライドにぶら下がる形で滑走する絶叫アトラクションだ。11階建ての高さをスーパーマンのような姿勢で楽しむ上段ズームラインと、7階建ての高さを座った姿勢で滑走する下段ジップラインがある。

Mob 博物館

位置 フリーモントストリート・エクスペリエンスの3rd St.から北東へ2ブロック
住 300 Stewart Ave.
☎ (702)229-2734
URL themobmuseum.org
時間 毎日9:00〜21:00
料 $29.95、11〜17歳(学生はID)$16.95
CC AMV
行 Fremont St.のデュースのバス停(4th St.)から徒歩2分

✦ マフィアがテーマの博物館　　　**Map** P.32-B2

Mob博物館
The Mob Museum

暴徒、群衆、暴力団を意味するMob(モブ)。ここはマフィアやギャングといった犯罪組織がいかに生まれ、勢力を競い、政府や警察に対抗したかを史実に基づいて紹介する博物館だ。3階はアメリカマフィアの歴史、2階はラスベガスとの関わり合い、1階は悪名高き犯罪者やハリウッドのギャング映画などを紹介している。ギフトショップはレアグッズの宝庫で、一風変わったユニークなものが揃っている。

郵便局や連邦裁判所として活躍した建物を博物館に改装

かなり際どい展示物もあるのでご注意を

🌟 **お役立ち情報** **ショーガールと記念撮影** ▶ フリーモントストリートでは、ショーガールのコスプレをした女性たちが記念撮影をすすめてくる。いい思い出にはなるが、チップ額の事前交渉が必須。相場は1人$3〜5程度。

✦ ラスベガスの歴史、ネオンサインが集結した屋外ミュージアム　**Map** 折込裏D1外

ネオン博物館
The Neon Museum

シンボリックであり伝統的なネオン管は、1930年代から1980年代に隆盛を極めた。しかし、液晶パネルやLEDの台頭により、しだいに活躍の場を失っていくこととなる。役目を終えたネオンサイ

古きよきアメリカを思いおこさせる

ンはNeon Boneyard（ネオンの墓場）と呼ばれる場所に野ざらしで置かれていたのだが、1996年、保護団体ネオン博物館の設立により、ダウンタウンの北側に安住の地を得た。古きよきオールドベ

ガスが感じられる貴重な博物館は2012年から一般公開が開始され、45分のガイドツアーで園内を巡ることができる。カメラの持ち込みは禁止（スマートフォンは可）。

ミッドセンチュリーの建物内に受付がある

ネオン博物館
🏠ダウンタウン中心部の東、Las Vegas Blvd.を北へ。高架をくぐり、しばらく歩くと看板が見える。駐車場はMcWilams Ave.を右折した左側。人通りが少ないので、徒歩は昼間のみ、夜間はタクシーで。
🏠770 Las Vegas Blvd. N.
☎(702)387-6366
URL www.neonmuseum.org
時間11〜2月 14:00〜22:00、3・4月15:00〜23:00、5〜8月 16:00〜24:00、9・10月15:00〜23:00。夏季は早朝ツアー開催、ナイトツアーの時間が延長される
休1/1、7/4、感謝祭、12/25
料デイツアー$20、学生・65歳以上(要ID)$15、ナイトツアー$28、7〜17歳$14、学生・65歳以上(要ID)$24、6歳以下は無料。できるだけ予約を(ウェブ可)。雨天中止。大きなバッグ、デイバッグの持ち込みはできない
CC **A** **J** **M** **V**
🚇Fremont St.とLas Vegas Blvd.の交差点から徒歩約15分

🪂 **LV トリビア** **アメリカ一有名な質屋　ゴールド＆シルバー・ポーンショップ**

ラスベガスの街なか、特にストリップ北からダウンタウンにかけての一帯で多く見かける"Pawn Shop"という看板。アメリカでは質屋をポーンショップと呼び、担保を入れて融資を受け、期限内に返済できなければ担保に入れた品は質屋で販売されてしまうシステムだ。ラスベガスでは、ギャンブルの資金を工面するために身の回りの品を質草にする人が多く、ほかの都市より多く存在している。ギャンブルの暗い影がまとわりつく質屋には正直近づきたくない、むしろ観光とは無縁の場所であるべきだが、**ゴールド＆シルバー・ポーンショップ** Gold & Silver Pawn Shop は少し事情が違うようだ。

アメリカのケーブルテレビ局で放送中のリアリティ番組『ポーンスターズ Pawn Stars』(→P.166)の舞台が、ラスベガスに実在する質屋、ゴールド＆シルバー・ポーンショップ。祖父、父、息子の3世代で経営する質屋の日常を追った番組で、客が持ち込む品の鑑定から展開するドラマが見どころだ。欧米では、骨董品や家具をはじめとするアンティーク物が流通する文化が根付いており、彼らのもとにもお宝に値する品物が持ち込まれる。さまざまな鑑定を行うため、毎回その道のスペシャリストが登場してうんちくを語り、特殊なビジネスであるがゆえの苦悩や喜びが見え隠れする人間臭さがウケている。

店の前には長い行列ができているが、そのほとんどは店内の見物にやってくる観光客。質屋に隣接する場所にレストランなどが入店するPawn Plazaもあり、のんびり過ごせる。
● **DATA**
Map 折込裏D2　🏠713 Las Vegas Blvd., S.
☎(702)385-7912　**URL** gspawn.com
時間ショールームは毎日 10:00〜17:30（撮影は秋〜冬のほぼ毎日 9:00〜18:00）　**休**感謝祭、12/25　🚌デュース北・南方向行きともにBonneville Transit Center下車、徒歩約3分

左／コレクターズアイテムなど多数扱う
右／ビッグバス（→P.42）も停まる観光スポットだ

画像提供：ヒストリーチャンネル・ジャパン

スプリングス保護区
Springs Preserve

中心部から車で北西に約15分。砂漠の湧き水を保護しているエリアで、自然科学博物館、ミニ動物園、植物園を併設している。博物館のデザインや屋外のモニュメントも凝っているし、鉄砲水を再現するアトラクションなど、随所に子供でも楽しめるような工夫がちりばめられている。特にラスベガス周辺の水資源に関する展示が充実しており、これに関連してラスベガスの歴史も学ぶことができる。敷地内には

見応えのあるボタニカル・ガーデン
©Las Vegas News Bureau

ネバダ州立博物館もあり、恐竜の化石、鍾乳石、銀鉱山、核実験などの展示で、ネバダ全体を知ることができる。サボテンだらけのハイキングコースもおすすめ。

ユニークな外観の建物も見もの
©Las Vegas News Bureau

お役立ち情報　　　　eスポーツの熱気を肌で感じよう

ラスベガスはゲーマーの聖地

　eスポーツとは「エレクトロニック・スポーツ」の略で、電子機器を用いて行う娯楽、競技、スポーツ全般を指す言葉。近年、コンピューターゲームやビデオゲームを使った対戦はスポーツ競技として捉えられており、世界各地で大規模な大会が開催されている。ルクソール内にある**ハイパーX・アリーナ・ラスベガス HyperX Arena Las Vegas** は、そんなeスポーツのための大規模な施設だ。巨大なスクリーンのある広い施設内には、100台あまりのパソコンがずらり。世界のほとんどのゲームのタイトルが揃っているのだとか。年齢制限なく楽しめるロビーエリアと、13歳以上が入場できるアリーナがあり、入口で年齢確認を求められるので身分証明書を忘れないように。世界各国のゲーマーが白熱する様子はゲームをしない人でも十分楽しい。入場だけなら無料（イベント時は有料）なので気軽にのぞいてみよう。

● DATA
Map P.29-A3　位置 ルクソール（→P.110）内　住 3900 Las Vegas Blvd. S.　☎ (702)723-2355　URL hyperxarenalasvegas.com　時間 12:00〜21:00（金・土〜23:00）　料 入場無料。ゲーム1時間$15、2時間$25、4時間$40、1日（8時間）$50　CC AMV　行 新フォーコーナーから南へ徒歩10分、新フォーコーナーのエクスカリバー→P.114からトラムで約10分（エクスカリバー→マンダレイベイ経由→ルクソール）

最先端の設備でゲームの世界にどっぷり浸る

　リンク・プロムナードには、ゲーム機器メーカー大手レイザー Razer の直営店、**レイザーストア・ラスベガス RazerStore Las Vegas** がオープンし、ゲーマーたちの間で話題に。レイザーは世界各地に店舗を構えるが、床面積約2400平方フィートの広さを誇るラスベガス店は最大規模だ。目玉は16ものHDディスプレイによる「ウォール」。インタラクティブなライブストリームやトーナメントを臨場感あふれるフルサラウンドで楽しめる。

世界大会も開かれるハイパーX・アリーナ・ラスベガス

● DATA
Map P.30-B1　位置 リンク・プロムナード（→P.56）内　住 3545 Las Vegas Blvd. S. L-27　☎ (725)214-7222　URL razer.com/razerstores/las-vegas　時間 11:00〜22:00（金・土〜23:00）　CC AMV　行 フォーコーナーから北へ徒歩10分

ホテル＆カジノ

Hotels & Casinos

ホテル＆カジノ オリエンテーション

ホテルを遊ぶための基礎知識

ラスベガスが、ほかの街と大きく異なる点がひとつある。それは、ホテルが最大の見どころであること。普通、ホテルは宿泊客や内部の店を利用する人以外の出入りを嫌うものだが、ラスベガスでは逆！ ひとりでも多くの人に立ち寄ってもらい、カジノをはじめとする施設でお金を落としてもらうよう、さまざまな努力を続けている。

ラスベガスではホテルもアトラクションのひとつ。フォーコーナーのパリスの車寄せは凱旋門がモチーフになっている

ラスベガスのほとんどのホテルには、1階にカジノがあり、バーやレストラン、劇場などもカジノ周辺に配置されている。ストリップのホテルは外観も内装もゴージャスで、とにかく規模が大きい。逆にダウンタウンは、庶民的なカジノホテルが中心で、宿泊料金もリーズナブルだ。近年の特徴としては、カジノがない、居住性を重視したホテル（ノンゲーミングホテル）が増えている。

また、ラスベガスのホテルは基本的に"駐車料金無料"だったが、MGMリゾーツ・インターナショナル系列の一部のホテルでは、一定の料金を徴収するようになった。リゾート料金も定着しており、その額は年々値上がり傾向にあることも覚えておきたい。

ラスベガスのホテルはこうなっている

まず、ラスベガスのホテルは"巨大"ということを頭にたたき込んでおいてほしい。カジノを横切るだけで何分もかかるし、隣のホテルでも歩くととても遠いことにびっくりする。ホテルの客室から玄関まで、10分かかったなどということもざら。ノンゲーミングのホテルはこれを避けた造りとなっている。

ラスベガスを歩くときは、時間には十分な余裕をもち、歩きやすい靴で出かけよう。一部のショーや高級レストラン、ナイトクラブ以外ならカジュアルな服装でかまわない。

カジノとレセプション

カジノホテルへ入ると、まず出迎えてくれるのはエアカーテンの強烈な冷風と、派手なカジノフロア。外気温との差が大きいので、特に夏はジャケットなどで調節を。

カジノホテルの場合、外から入ると最初にそこにあるのはたいていカジノ。チェックインのためのレセプション（Reception, Front Desk,

Registration）も、客室へ上がるためのエレベーターも、レストランも、トイレでさえ、カジノを通らないと行けないのがラスベガスの常識。

普通、ホテルのロビーにはソファがあるものだが、カジノホテルでは椅子ひとつないことがほとんど。座っている時間があれば、カジノへどうぞと言わんばかりの構造だ。なお、カジノでドリンクを飲みながらゲーミングに興じる人を見かけるが、カジノ内にいるカクテルウエートレスに注文すれば、チップだけで何杯でも飲める仕組みになっている（→P.232）。

21歳未満と子供連れは要注意

1階の大部分はカジノで占められており、宿泊客でなくても自由に出入りできる。ただし21歳未満は、ゲームを見物したり、スロットマシンの前に座るだけでもだめ（→P.230）。ホテルによってはプールも年齢制限があるので確認が必要だ。なお、21歳未満の単独宿泊は認められていない（21歳以上の同伴者が必要）。

ラスベガスの喫煙事情

ラスベガスは、現在カジノを除く公共の場所が禁煙。ホテルのロビーもレストランもすべて禁煙なのでスモーカーは要注意。ホテルによっては、ホテル棟はすべての場所で禁煙だが、カジノやドッグランなどの屋外スペースはOKというところもある。

入口からレセプションが遠いホテルも多い。近年はトロピカーナのように入口から客室まで近いホテルも増えてきた

お役立ち情報 **AAAとフォーブス・トラベルガイドの評価について** ▶ AAA（トリプルエー）は、ロードサービスや旅行関連サービスを展開する全米自動車協会。出版するガイドブックではホテルの格付 ↗

ゲストルームと設備

ホテルタワーがＹ字形などになっている場合、エレベーターは中心部にしかないことが多い。タワー先端に近い部屋は見晴らしがよいが、エレベーターまで遠い。部屋から夜景を楽しみたい人は、チェックインの際に「Room with Strip view, please.」とリクエストしよう。ただし、場所によっては、深夜まで騒々しいかも。コスモポリタン・オブ・ラスベガスやパリスなど一部のホテルを除いて、部屋の位置で宿泊料金が変わることはない。

部屋の鍵はカード式。安全のために部屋番号は印刷されていないので、番号を忘れないように気をつけよう。番号を記したカードホルダーを渡されるが、これを鍵と一緒に携帯しているのでは意味がない。別々に保管しよう。

普通、いいホテルというのは、室内で快適な時間を過ごせるよう工夫してあるものだが、ラスベガスのカジノホテルでは高級ホテルでも、必要最低限の調度品があるだけ。一部のホテルを除いて、ミニバーも冷蔵庫もコーヒーメーカーもない。つまり、宿泊客がなるべく部屋から出るように仕向けられていて、部屋を出れば嫌でもカジノを通ることになるのだ。

上／ホテルはカードキーが基本。キーには部屋番号が書いてないので忘れないように注意しよう。入室のときは、矢印の方向にキーを差し込む、またはタッチすると緑のランプがつく。キーを取り出してランプが消えないうちにドアを開けて入る　下／ゆったりくつろげる客室が増えてきた。「ストリップビュー」などの客室もリクエストすることができる

シャワーのみの客室も

ラスベガスは乾燥していて、汗をかかないせいか、バスルームはシャワーだけという客室も多い。バスタブを希望する人は、必ず予約時に確認を。バスルームのアメニティはランクによって大きく変わるが、タオル、

高級ホテルはバスタブとシャワーが別になっていることが多い

ソープ、保湿用乳液、シャンプーはたいていのホテルに備えられている（歯ブラシはない）。普通、バスタブの上に設置されている洗濯物を干すロープは、ついていない。洗濯物はランドリーサービスを利用しよう。クローゼットの中にある袋に入れ、記入した用紙と一緒にドアノブの室内側に引っ掛けておくとよい。

客室にバルコニーはない

ラスベガスのホテルには、基本的にバルコニーはなく、客室の窓は開かない構造になっている（コスモポリタン・オブ・ラスベガス→P.94は例外）。外が灼熱の砂漠なので、窓を開けっ放しにされるとエアコン代がかさむからだとか、カジノで全財産を失った客が飛び降りるのを防ぐためだとかいったうわさもまことしやかにささやかれているが、本当の理由は明らかになっていない。外の空気を吸いたいと思っても、ラスベガスではホテルの外へ行かなければならないというわけ。

宿泊料金は常に変動する

ラスベガスは、予約状況によって宿泊料金が毎日のように変化する。部屋が売れなければぐんぐん値段を下げ、当日になっても売れ残っていれば、投げ売りのような状態で驚くほど安くなる場合がある。逆に、早くから予約が入って空室が少なくなると、残った部屋をどんどん値上げする。同じ日に同じランクの部屋に泊まっても、予約時期の違いによって2～10倍以上の差があることも珍しくない。この現象はストリップでも、ダウンタウンでも同様。

客室の価格の変動が激しいラスベガスで、少しでもリーズナブルに過ごしたいなら、大型のコンベンション（→P.182）やイベント（→P.26）、ビッグネームのライブやスポーツイベント（→P.150）がある日を避けたほうがよい。それでも、相場が高い時期に訪問が決まっているのであれば、なるべく早い段階で予約するのがベストだ。

通常、スタンダードルームにはダブルルーム（キングサイズのベッド1台）とツインルーム（クイーンサイズのベッド2台）の2種類あり、どちらも料金は同じ。希望があれば、予約の際にどちらか指定しよう。

料金は部屋単位で、ひとりでもふたりでも同額。シングルルームといってもふたり用の部屋をひとりで使うだけのこと。3人以上で泊まるときには、追加料金を払ってエキストラベッドを入れてもらうが、ソファで寝かせられる子供は無料というホテルが多い。デラックスルームになると部屋の面積が広く、調度品も高級になる。

けを行っている。最高評価は5ダイヤモンド。一方、フォーブス・トラベルガイドは世界各国のホテルやレストラン、スパなどの格付けを毎年発表しており、その受賞経歴はホテルにとってたいへん名誉なこと。最高評価は5スター。

リゾート料金 Resort Feeって何？

リゾート料金とは、客室料とは別のチャージの一種で、この金額にWi-Fi接続料金、市内通話やフィットネスセンターの利用料が含まれている。ホテルによりサービス内容が異なるので事前に確認しておきたい。現在、ストリップではほとんどのホテルでこの料金を徴収している。目安は1日当たり$35～45徴収されることが多い。ダウンタウンの相場は$30前後で、一部のホテルではリゾート料金を設定していない。連泊すればけっこうな金額だ。

ラスベガスの駐車事情

ラスベガスでは駐車場無料が当たり前だったが、近年はストリップのほとんどのホテルが有料化を導入している。駐車形態はセルフパーキングとバレーパーキング（→後述）のふたつ。宿泊者として駐車場を利用する場合は、入庫時に発行されるパーキングチケットをチェックイン時に提示しよう。駐車料金は客室にチャージされ、ルームキーがパーキングチケットの代わりになる。滞在中の入出庫はルームキーで行い、系列ホテルの駐車場利用もルームキーでOK。ビジター利用の場合は、駐車場やロビーにある自動精算機で手続きするだけ。

料金体系はセルフとバレーではバレーのほうが高く、さらにプレイヤーズカードやメンバーズカード（→ P.231）所有者は、カードのランクによって優遇されるなど、サービス内容はホテルにより異なる。セルフの相場は最初の1時間は無料、以降24時間まで$10～20（バレーはセルフのおよそ倍額）。また、T-モバイル・アリーナでイベントが開催される日は、通常より高くなるケースが多い。

なお、ストリップのホテルの駐車場は本当に巨大で、空いているスペースを探すのもひと苦労。下手をすると、駐車場に着いてから部屋へ戻るまで30分もかかる！　これを解消する手段として**バレーパーキング**という方法がある。車でホテルの車寄せに入っていくと、「Valet」と「Self」の標識があるので、Valetのほうへ向かい、車寄せ Porte-cochere に停車して、係員からチケットを受け取る。車を出してもらうときは「Valet Pick Up」と書かれたブースでチケットを渡す。このとき、車を出してきてくれたスタッフに$1～2のチップを。

ただし、このバレーパーキングも、チェックインが集中する夕方からショーが終わる深夜にかけて、かなり混雑する。長時間待たされることも念頭においておこう。

困ったときのコンシェルジュ Concierge

宿泊客の困り事を解決してくれるお客さま係のこと。英語読みでは「サ」にアクセントを置いてコンサージュ、あるいはコンシィアージュと発音する。ラスベガスのことなら何でも知っているので、おいしいレストランを教えてもらったり、買い物の相談もOK。ショーやレストランの予約を頼んだときはチップを渡そう。

レセプションの近くに専用ブースがあるが、ホテルの規模により、ベルデスクやツアーデスクがコンシェルジュを兼ねていることが多い。

近年のホテルの傾向

❶カジノがないノンゲーミングホテル Non-gaming Hotel

ラスベガスはカジノ以外の目的で訪問する人々が年々増加。巨大なカジノがないので、フロントですぐにチェックインでき、簡単に客室へ行ける普通のホテル＝ノンゲーミングホテルはラスベガスでは貴重な存在。

本書では🐾マークがあるホテルがノンゲーミングホテル。

❷エクスプレスチェックインとチェックアウト Express Check-In & Check-Out

近年はチェックインとチェックアウトを迅速に行うために、セルフ操作で手続きできる機械の導入が進んでいる。機械の設置がないホテルでも、チェックアウトは簡略化していて、チェックアウト当日に客室に届けられる精算書を確認し、問題なければこの精算書にサインをし、ルームキーと一緒に専用の箱 Drop Box に入れればOK。高級ホテルなら、テレビ画面で手続きすることもできる。ただし、問題があった場合はレセプションに並ぶことになる。

フラミンゴのエクスプレスチェックアウトのドロップボックス。並びたくない人はこれに限る

❸全館禁煙ホテル Smoke Free Hotel

ラスベガスでは館内すべて禁煙となっているホテルが増え、喫煙可能な客室が減少傾向にある。全館禁煙ホテルでの喫煙は、建物の外の喫煙できる場所を探すしかない。どうせ客室のトイレならわからないだろうと油断して喫煙すると、ハウスキーピングが発見して、罰金を科せられる。罰金は$100～1000。

お役立ち情報 **ホテルのプールについて** ▶宿泊客しか利用できない場合と、非宿泊者でも有料で入れる場合がある。タオルはプールサイドに用意してあるので、宿泊客は客室のタオルを持っていかないように。

ホテルの予約

パッケージツアーに参加するのでなければ、インターネットでホテルを探して予約をするのが一般的。インターネットでの予約にはクレジットカードが必要だ。

インターネットでの予約は各ホテルの公式ウェブサイトで予約するものと、予約専用サイトからするものの大きく2とおりある。料金が高いほど客室の設備もよくサービスもよい。安ければ安いぶんだけグレードは落ち、サービスが手薄になることは当たり前。予約ができたら、予約番号 Confirmation Number が発行されるので、これを印刷してチェックインのときに提出する。

なお、ウェブサイトでの予約はほとんどが英語。キャンセル時の規則について細かく記載されていて、これを解読するのは、けっこうな苦労だ。しかし、日本語で予約でき、何かあったときのために日本語サポートを行っているサイトもある。英語の苦手な人は、そのようなサイトの利用がおすすめだ。

マリオットやウェスティン、フォーシーズンズなどチェーン系のホテルは、日本に予約窓口があり、そこで予約する方法もある。

ラスベガスのホテルタックス

ラスベガスでは宿泊料金とリゾート料金（→ P.80）に課せられる。税率はホテルの規模によって異なり、13 〜 13.38%。

ホテルのフィットネスルーム利用料はリゾート料金に含まれている。入るときはルームキーが必要

掲載ホテルのサービス一覧

全客室にあるものは青、ないもの（一部客室のみも含む）はグレーで、DATA の下に表示

🛢 客室内にコーヒーメーカー

🍷 客室内にミニバーまたは冷蔵庫

🔲 室内金庫

🛁 客室バスルームにバスタブ

💇 ヘアドライヤー

🛎 コンシェルジュ

🈁 日本語を話すスタッフ ※24 時間常駐ではない

🏊 フィットネスセンター／プール

🍴 レストラン

🛎 ルームサービス

👔 同日仕上がりのクリーニング
※ホテルの規模により、コインランドリー設備の場合あり

💻 ワイヤレスインターネット

🅿 駐車場

♿ 車椅子対応の客室

おことわり

ラスベガスのホテルでは、経営状態によって室内の設備を予告なく変更することがままあります。客室の設備がカットされたり、各種サービスの変更もあり得ます。ご了承ください。

🎍 お役立ち情報

ホテルの系列について

ラスベガスのホテルは系列に所属していることが多く、同じグループ内のホテルで共通の予約システムやカジノのプレイヤーズカード（→ P.231）があったり、ショーの前売券で便宜を図るなどのサービスを行っている（2023 年 1 月現在）。

シーザースエンターテインメント系

シーザースパレス、ノブホテル、パリス、プラネットハリウッド、ホースシュー、フラミンゴ、リンク・ホテル、クロムウェル、ハラス、リオ

MGM リゾーツ・インターナショナル系

アリア、ヴィダラ、ベラッジオ、マンダレイベイ、デラーノ・ラスベガス、フォーシーズンズ、MGM グランド、シグネチャー・アット MGM グランド、パークMGM、ニューヨーク・ニューヨーク、ルクソール、エクスカリバー、サーカスサーカス

ホテルの経営者が代わると、ゲーム（ギャンブル）のルールの変更や、客室の付帯設備が変わるなど、観光客もさまざまな影響を受けることがある。

客室内のミニバー（ミニ冷蔵庫）に注意▶ミニバーの中のボトルなどを持ち上げただけで課金されることがあるので注意。必ず近くに説明書きがあるので、よく読んでから利用しよう。

一度は泊まってみたい高級ホテルのなかから、優雅な気分にさせてくれるホテルを厳選。ワンランク上のおもてなしを体感しよう。

高級ホテル

♥ ♠ シティセンターを代表するメガリゾート

フォーコーナー **Map** P.30-A4

アリア・リゾート&カジノ
Aria Resort & Casino

🍴 バルドー・ブラッセリー➡P.220、バフェ➡P.211など16店

🍸 ジュエル・ナイトクラブ➡P.170、バー&ラウンジ9店

💆 スパ&サロン・アット・アリア➡P.179

その他 ビジネスセンター、ウエディングチャペル

61階建てのアリア。シティセンターで最も背が高い建物だ

ダイナミックなアートにも注目

　7つのタワーが林立するシティセンターの中心にそびえるのが、このアリアだ。ふたつの波を描く曲線をもつホテルタワーは、1階部分でショッピングモールの**ショップス・アット・クリスタルズ**（→P.196）&**パークMGM**（→P.128）と通路でつながっている。ストリップからかなり奥まっているので、徒歩での移動が大変であるという点だけは心しておきたい。カジノフロアとおもなレストラン、ショップは1階。一部レストランとバフェ、プール、スパは2階（プロムナードレベル）にある。

　約1万4000m²のカジノフロアには145台のテーブルゲーム、1940台のスロットマシンが配置されており、ゆったりとカジノが楽しめるようになっている。

　あまりに人が多くて目につかないかもしれないが、建物内を落ち着いて見渡せば細部まで凝ったインテリアに気づくだろう。特にスタイリッシュなレセプションを飾るのは、ワシントンDCのベトナム戦争戦没者慰霊碑で知られるマヤ・リンの作品。DCの慰霊碑は黒の御影石でできたシンプルな碑だが、アリアのものはコロラド川を表した長さ26mのシルバーアートだ。

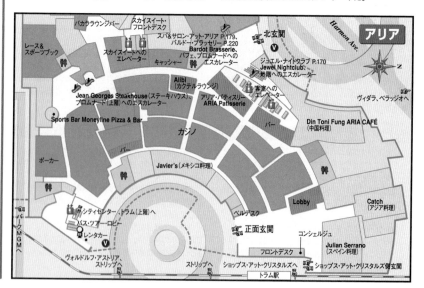

館内案内の色　■ カジノ関係施設　■ ショー&アトラクション　■ ナイトクラブ、ラウンジ、バー

ラグジュアリー アリア・リゾート&カジノ

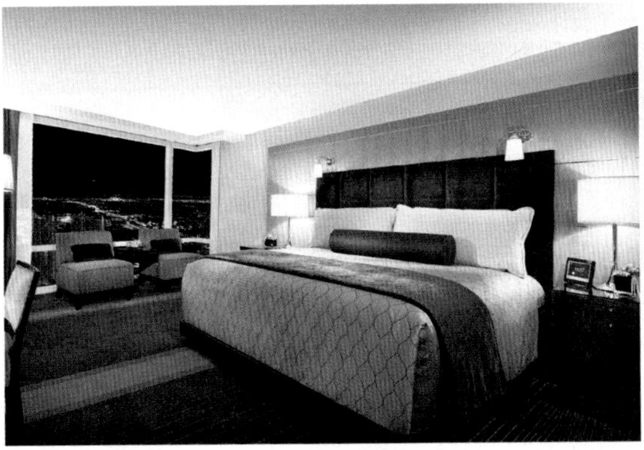

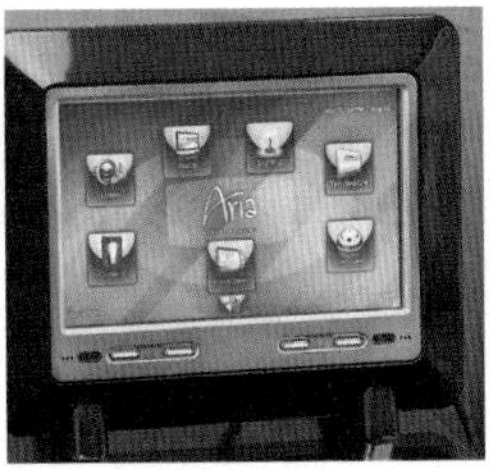

左／シックで都会的なデザインのデラックスルーム。ミニバーの上にはスナックバーが備えられており、トレイにセンサーが付いていて、商品を持ち上げて8秒たつと課金される　上／最先端のコントロールパネル。チェックアウトや飛行機の離発着情報も確認できる

VIP気分が味わえるコントロールパネル

ハイグレードなゲストルームで特筆すべきは、ベッドサイドのタッチスクリーン式コントロールパネル。電動カーテンの開閉から照明、エアコン、音楽、TV、これらの目覚まし&スリープ設定、メイドサービスまで指一本で操作できるという優れもの。例えば朝8:00にお気に入りの音楽で目覚め、遮光カーテンを開き、室温を下げ、5分後にTVからニュース番組が流れ、2時間後には部屋の掃除に来てもらう、という設定もできる。さらにスマートフォンやPCにつなぐプラグがあり、42インチTVに動画などを映すことができる。撮ったばかりの写真を大画面でチェック、などという使い方も楽しい。

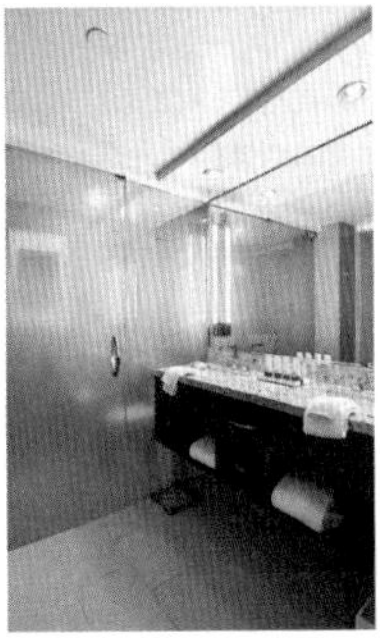

バスルームで珍しいのが、日本の浴室のようにシャワースペースの奥にバスタブがあること。バスアメニティは防腐剤無添加でオーガニックだ。

VIP気分を満喫するなら**スカイスイートSky Suite**を提案したい。リムジンでの空港送迎、専用の玄関とエレベーター、専任のコンシェルジュサービスがあり、24時間オープンのラウンジでは、ソフトドリンクやコーヒーや紅茶、ワインなどがサービスされる。もちろん部屋も豪華なのでとても人気がある。

ディナーも奮発するなら、ニューヨーク・イタリアンの有名シェフ、マリオ・カーボーンが腕を振るう**カーボーンCarbone**がいい。**ジュリアン・セラーノJulian Serrano**も隣にあり、セレブリティシェフが勢揃いだ。

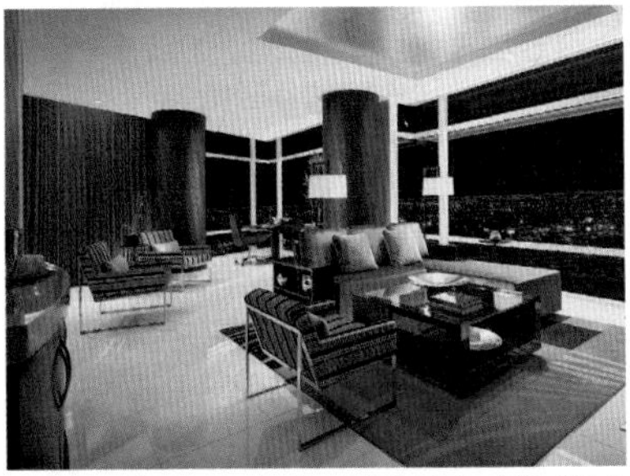

上／スタンダードのバスルーム。洗面台もふたつあり、出かける前の支度もストレスなくできる　下／AAA（→P.78脚注）の5ダイヤモンドとフォーブス・トラベルガイド（→P.78脚注）の5スターを受賞したスカイスイート。写真は1ベッドルーム・ペントハウス

エコフレンドリーへのこだわり

アリアは、LEED（建物の環境効率の評定）でゴールド認定されている。断熱性の高い窓ガラス、ゴミの分別とリサイクル、間伐材や再生品の使用、ケミカルフリーの調度品などホテル中にこだわりが見られる。従業員のユニホームは世界初の再生ポリエステル繊維からできているし、自転車通勤の従業員は専用シャワーが使える。ストレッチリムジンも世界初の天然ガス車だというから画期的。これらの取り組みによって節約した電力は、一般家庭7700軒分に相当するそうだ。

なお、ベラッジオとパークMGMを結ぶトラム（モノレールとトラム→P.38）が、途中クリスタルズに停車する。アリアの利用者にも使いやすい。

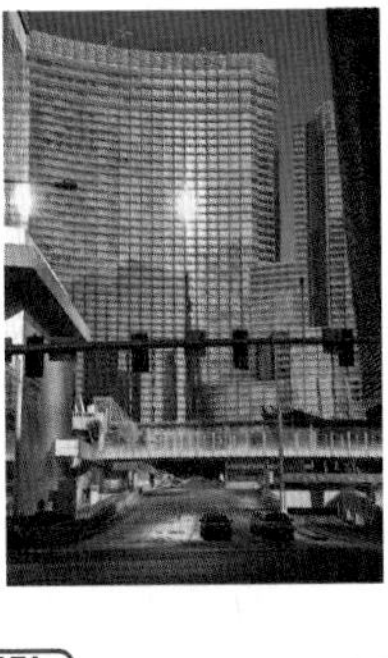

ストリップの角から約250mあるので、夏はクリスタルズの中を通って行くといい

DATA

[住]3730 Las Vegas Blvd. S., Las Vegas, NV 89158
☎(702)590-7111
[Free](1-866)359-7757
[URL]aria.mgmresorts.com
[料]ⓈⒹⓉ$129～960、[Su]$309～2825（リゾート料金$45別途、駐車場有料）
[CC][A][J][M][V]
[数]4002室　[ネット]Wi-Fi リゾート料金に含む
[行]フォーコーナーから南へ徒歩15分 ♿

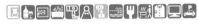

[　]レストラン [　]ショップ [　]駐車場

高級ホテル

♥♠ 優雅な噴水ショーで知られる高級リゾート

ベラッジオ
Bellagio

ヴィア・ベラッジオ→ P.197

オー→ P.12・156

ピカソ→ P.214、スパ ゴ→ P.217、イエロー テイル→ P.224、ヌー ドルズ→ P.221、バフェ →P.210 など18店

バー&ラウンジ3店

スパ ベラッジオ P.177

ビジネスセンター、ウエ ディングチャペル(2)

ラスベガスと聞いてベラッジオの噴水を思い浮かべる人も多いはず

北イタリアの高級保養地ベラッジオをイメージ

　誕生は 1998 年 10 月。ラスベガスを変えた男、ス ティーブ・ウィン（→ P.136）の夢のホテルとして完 成した。コンセプトは「エレガント」。ウィンはこれまで のラスベガスにはない高級化を、このホテルで打ち出 したのだ。従来のラスベガスといえば、客にいかに長 くカジノにとどまってもらうかを最重要視していたため、 客室はシンプルで、設備といえばテレビや電話程度の ものであった。しかし、ベラッジオの客室は、その逆。 落ち着きのある優しい色彩でまとめられ、ゆったりとし た造り。特にバスルームは大理石を使いゴージャス感 もたっぷりだ。バスタブとシャワールームが分かれてい て、アメニティもすべてベラッジオのオリジナルという 凝りよう。まさに革命児であったわけだ。

カジノフロアは約 9290㎡ ！

　カジノフロアはケバケバしさのないエレガントな雰囲 気。15 あるテーブルゲームもテーブルごとに装飾が

スタンダードでもハイエンドな雰囲気。ブルー、グリーン、ブラウン などを基調とし、キングサイズのベッドをひとつ、またはクイーンサイ ズのベッドをふたつ配している

異なり、ディーラーのいでたちもスマートだ。スロット マシンは 2400 台保有している。

　ラスベガスのホテルはどこもプール自慢だが、ベラッ ジオはここでも「高級」にこだわっている。屋外に温 水プールが 5 つあり、1 年中オープンしている。そのプー ルエリアの一角に設けられた**サイプレス・プレミア・ラ ウンジ Cypress Premier Lounge**（利用者は 18 歳以上。冬季閉鎖）は、地中海の高級リゾートをイメー ジしたもの。木々に囲まれたプールの中には芸術品の ような噴水があって、泳ぐというよりは雰囲気を楽しみ たい。専門の係員もいて、いたれり尽くせりだ。週末 は満員で入場できなくなるほどの人気となる。

見どころもたくさん

　ストリップ側の敷地に広がる、コモ湖を模した人 工池での**噴水ショー**（→ P.55）は必見。パーゴラ を思わせる装飾の正面玄関を入ると、目に飛び込 んでくるのが、天井の花壇に色鮮やかに咲き乱れる 大輪の花たち。ご自慢のガラスの花の数は 2000 に も及ぶ。この天井の花壇とロビーの奥にある**植物園 Conservatory & Botanical Gardens** は、必ず 訪れるべき所。手入れの行き届いた花や植物たちが、 天井のガラス越しに注がれる太陽の光を浴びて、まる でショーのように鮮やかに共演する。広さ 1300㎡ の 植物園を支えるのが、裏にあるグリーンハウスの専門 職たち。中国の旧正月と四季に応じて年 5 回の衣替え がある。季節感のあまりないラスベガスだが、ここに 来ればアメリカの四季と行事を満喫できるというわけ。

　温室からさらに奥に進めば、カフェやレストラン、ス パなどがあり、通路沿いにはソファやテーブルが並ぶ。 ここはひと休みにとっておきの場所だ。

大人のリゾート ▶ ベラッジオは「大人のリゾート」をうたっており、18 歳未満は大人の同伴なしでホテルに立ち入るこ とができない。ただし 5 歳以上の未成年は 18 歳以上の大人同伴という条件つきで、次の例外を認めている。ベラッ ↗

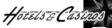

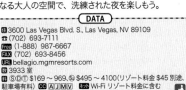

ラスベガスをグルメな街に変えた男たち

ベラッジオが高級化とともにもたらしたのは、ラスベガスのグルメ化。全米から一流のシェフを集めたレストランの競演だ。アカデミー賞公式シェフでもあるウルフギャング・パックの**スパゴ**（→P.217）、香港からは**ジャスミン Jasmine**、ラスベガスでは数少ないミシュランの2つ星に輝いた**ピカソ**（→P.214）、同じく1つ星の**マイケル・ミーナ**（→P.215）、ピカソのシェフであるジュリアン・セラーノのカジュアルダイニング、**ラゴ**（→P.217）などのレストランがある。また、地域の契約農家から直送される季節の野菜をメニューに取り入れた創作料理のダイニング、**ハーベスト Harvest** も好評だ。

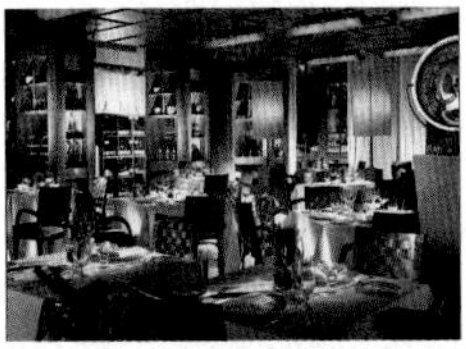

シーフード料理が好評のマイケル・ミーナ

また、ナイトシーンでは、噴水を見下ろす**メイフェア・サパー・クラブ The Mayfair Supper Club**（月～木・日 17:00 ～ 22:00、金・土 17:00 ～翌 0:30）がおすすめ。22:00 以降は 20 歳未満が入場不可となる大人の空間で、洗練された夜を楽しもう。

DATA

[住]3600 Las Vegas Blvd. S., Las Vegas, NV 89109
☎(702) 693-7111
[Free](1-888) 987-6667
[FAX](702) 693-8456
[URL]bellagio.mgmresorts.com
[数]3933 室
[料]ⓈⒹⓉ $169 ～ 969、Ⓢ $495 ～ 4100（リゾート料金 $45 別途、駐車場有料）[CC][A][J][M][V] [ネット]Wi-Fi リゾート料金に含む
[行]新フォーコーナーから南へ徒歩 2 分

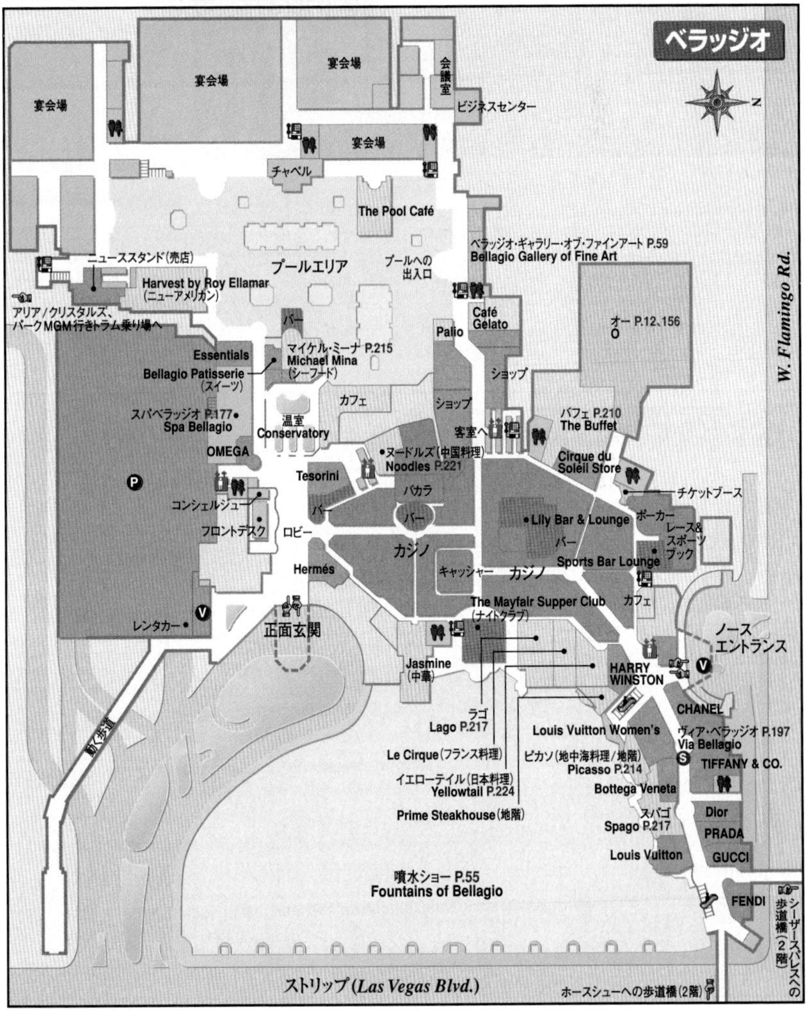

↘ジオの宿泊客（要ルームキー）、ギャラリー見学客、ウエディングの参列者やコンベンション参加者の子供。また、レストランの利用や「オー」の予約客（要予約番号）、ヴィア・ベラッジオの予約客も OK。つまり、予約を受け付けないバフェには入れない（宿泊客を除く）ということ。

最高級ホテル

♥♠♣♦

「夢」をテーマにしたエレガントなホテル

ウィン & アンコール・ラスベガス
Wynn & Encore Las Vegas

楽園のようなプールエリアはウィン、アンコールそれぞれにある ⒸWynn Las Vegas

ショー	アウェイクニング ➡ P.159
ショップ	ウィン・エスプラネード、ウィン・プラザ、アンコール・エスプラネード ➡ P.199
グルメ	レイクサイド ➡ P.217、シナトラ ➡ P.220、バフェ ➡ P.211 など21店
ナイトクラブ	エクセス・ナイトクラブ ➡ P.169、アンコール・ビーチ・クラブ ➡ P.170の3店、バー＆ラウンジは8店
スパ	ウィンスパ、ザ・スパ・アット・アンコール ➡ P.177
その他	ビジネスセンター、ウエディング施設、レンタカー

ホテルのロゴマークはオーナーのサイン

奇抜なデザインでもなく、金ピカの輝きもなく、巨大な広告もない。それなのに道行く人が皆、目を留め、どんなホテルだろうと強く興味を引かれる。そんな洗練されたデザインのホテルが、ウィン & アンコールだ。

よく見るとロゴマークがサインになっている。ラスベガスにテーマホテルブームを巻き起こし、街の景観も、人

と金の流れも一変させたスティーブ・ウィン（→P.136）。彼が、ミラージュやベラッジオを売却してまで創りたかったという夢のリゾートが、自身のサインを最上階に掲げたこのホテルなのだ。AAA（→P.78脚注）の5ダイヤモンドとフォーブス・トラベルガイド（→P.78脚注）の5スターを獲得している、超一流のラグジュアリーリゾートだ。

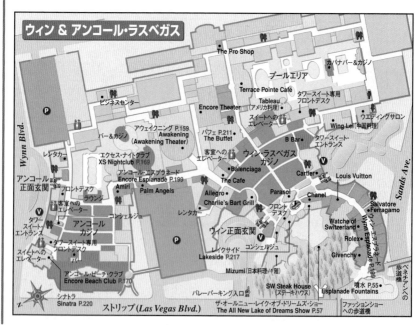

ウィン & アンコール・ラスベガス

The Pro Shop
カバナバー＆カジノ
プールエリア
Terrace Pointe Café
ビジネスセンター
Tableau（アメリカ料理）
Encore Theater
タワースイート専用フロントデスク
Wing Lei（中国料理）
ウエディングサロン
アウェイクニング P.159 Awakening (Awakening Theater)
バフェ P.211 The Buffet
スイートへのエレベーター
バー＆カジノ
B Bar
タワースイート・エントランス
エクセス・ナイトクラブ XS Nightclub P.169
客室へのエレベーター
ウィン・ラスベガスカジノ
Balenciaga
Cartier
Louis Vuitton
アンコール・エスプラネード Encore Esplanade P.199
The Cafe
Amiri
Palm Angels
Parasol
Wynn Blvd.
レンタカー
アンコール正面玄関
フロントデスク
ラウンジ
客室へのエレベーター
Allegro
Charlie's Bart Grill
Chanel
コンシェルジュ
レンタカー
フロントデスク
Salvatore Ferragamo
Watche of Switzerland
Rolex
タワースイートエントランス
アンコールカジノ
タワースイート専用フロントデスク
バー
ウィン正面玄関
コンシェルジュ
Givenchy
スイートへのエレベーター
レイクサイド P.217 Lakeside P.217
Mizumi（日本料理/1階）
SW Steak House（ステーキハウス）
噴水 P.55
Esplanade Fountains
Wynn Esplanade P.199
シナトラ Sinatra P.220
バレーパーキング入口
ベネチアンへの歩道橋
ストリップ (Las Vegas Blvd.)
ザ・オール・ニュー・レイク・オブ・ドリームズ・ショー The All New Lake of Dreams Show P.57
ファッションショーへの歩道橋
Sands Ave.

ラグジュアリー　ウィン & アンコール・ラスベガス

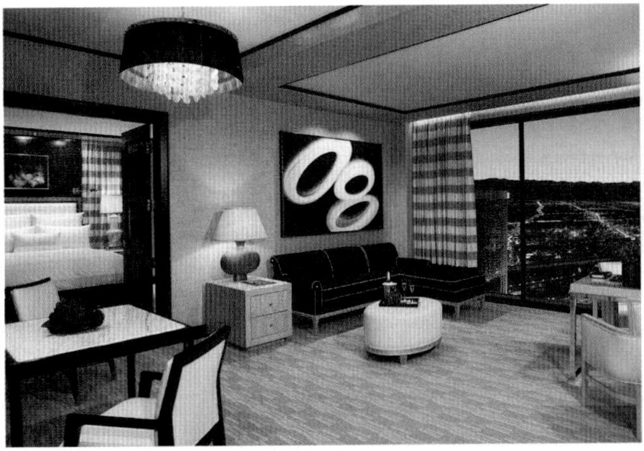

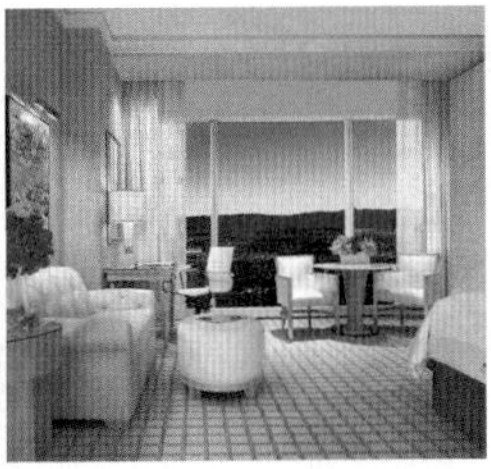

左／アンコールのゲストルームはモダンなデザイン　右／クラシックな雰囲気のウィンの客室。広さは約$59m^2$とベネチアンにわずかに及ばないが、バスルームの広さと設備は、ラスベガスのなかでも指折りの充実度だ ©Wynn Las Vegas

ストリップとサンズアベニューの交差点に面したエントランスには、樹木がうっそうと茂る高さ43mの山と、涼やかな滝が出現。水しぶきで客を呼び込み、緩やかに弧を描くアーケードを進むとカジノにたどり着くという設計は、スティーブの前作であるベラッジオ（→P.84）そのまま。「夢」という抽象的なテーマのせいか、マティスのモチーフを配したカジノの雰囲気もベラッジオそっくりだ。レセプションは本館ウィンと新館アンコールで分かれており、それぞれタワースイート専用のレセプションがある。4ヵ所はまったく離れた場所にあるので気をつけよう。

オールニュー・レイク・オブ・ドリームズ・ショー（→P.57）はウィンの一般用レセプションの奥のテラスからよく見える。普段は滝が流れるスクリーンとレーザー、ホログラムを使ったミステリアスな映像ショーで、毎晩20:30～23:30の30分ごとに行われている（上映は約7分）。

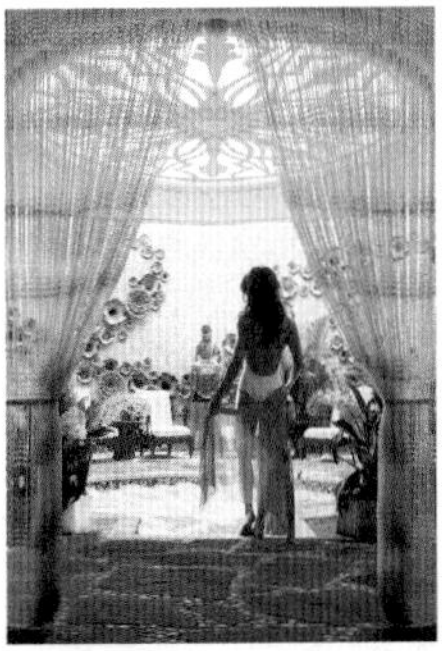

VIP気分になれる演出がニクイ！

ゲストルームのドアを開けると、大型TVから流れるヒーリング映像と音楽がゲストを出迎え、電話のモニター画面にはすでにゲスト名が表示されていて、VIP気分を盛り上げてくれる。電動カーテンを開ければ、壁一面にストリップの大パノラマ（または緑あふれるゴルフコース）が広がる。モダンな調度品は高級感があるばかりでなく、機能的で使いやすい。

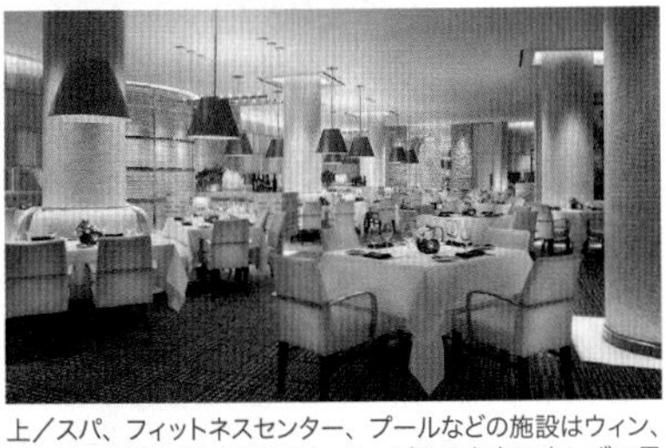

上／スパ、フィットネスセンター、プールなどの施設はウィン、アンコールそれぞれにあるが、サービスの内容は少しずつ異なる　下／優雅なメインダイニングでおいしいステーキを召し上がれ。エス・ダブル・ステーキハウス ©Barbara Kraft

超一流ブランドが軒を並べるアーケード

ショッピングアーケードは**ウィン・エスプラネード**（→P.199）と名づけられている。Cartier、Chanel、Moncler、Prada、Louis Vuitton、Diorといったブランド19軒が入っているが、ぜひ注目したいのが各店舗のエントランスやディスプレイ。見慣れたショップも、ウィンでは特に凝ったデザインで個性を競っている。**アンコール・エスプラネード**（→P.199）にもChristian Louboutin、Amiriなど6軒がある。

ベガス随一のバフェにも注目！

南ネバダ・ホテル・コンシェルジュ協会が選ぶ、ラスベガスのベストバフェ。気品あるデザインのバフェフロアには、16のライブキッチン・ステーションを配置し、ステーキやシーフードなど約90種のメニューを取り揃えている。また、デザートの種類が多いのも特徴で、チョコレートファウンテンをはじめ、毎日専任のパティシエが作る極上のスイーツが味わえる。

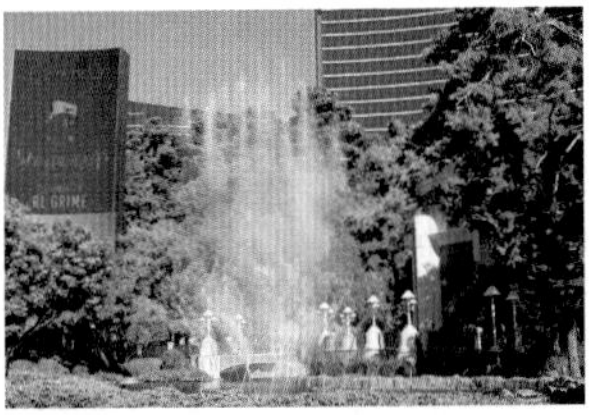

ストリップとサンズアベニューの角に噴水がお目見え。規模は小さいが音楽とともに水しぶきが踊りだす仕組み

DATA

[住]3131 Las Vegas Blvd. S., Las Vegas, NV 89109
☎(702)770-7000
[Free](1-888)320-7123
[URL]www.wynnlasvegas.com
[料]ⓈⒹⓉ$299～1599、[Su]$339～12000（リゾート料金$45別途、駐車場有料）[CC][A][D][J][M][V]
[数]ウィン 2716室、アンコール2034室
[ネット]Wi-Fi リゾート料金に含む
[行]フォーコーナーから北へ徒歩23分

[LV トリビア] **ピカソの絵画に穴!!**▶かつてスティーブ・ウィンが所有していたピカソの絵画「ル・レーヴ（夢）」。時価約150億円といわれていたが、2006年彼はひじをぶつけ、この絵画に穴をあけてしまった!!

高級ホテル

♥ ♠ ♦ ♣ ベニスの旅情を凝縮した究極のテーマホテル

ベネチアン&パラッツォ
The Venetian & The Palazzo

フォーコーナー **Map** P.31-B3~4

🎭	アトミック・サルーン・ショー（コメディショー）など
🛍	グランド・キャナル・ショップス ➡ P.198
🍴	スシサンバ ➡ P.223、ヤードバード ➡ P.218、メルカート・デラ・ペスチェリア ➡ P.220、エスプレッサメンテ・イリー ➡ P.225など41店
🍸	タオ・ナイトクラブ ➡ P.170、バー&ラウンジは7店
💆	キャニオン・ランチ・スパ+フィットネス P.177
その他	ビジネスセンター、ウエディングチャペル(3)

運河の橋を渡るとベネチアンのカジノ、右手のリアルト橋を渡るとグランド・キャナル・ショップスへ出る

メガリゾート全体が巨大な美術館

　世界でも有数の規模と設備を誇る超メガリゾート。ベネチアン本館、ベネチアタワー、別館パラッツォを合わせると客室数はなんと7093室。水の都ベニスをテーマにした建物、贅を尽くしたインテリア、全室スイートの客室、目移りするほどたくさんある館内アトラクションとエンターテインメントと、どれを取っても超豪華で充実度120%！　ベネチアンは2006年、パラッツォは2009年からフォーブス・トラベルガイド（→P.78脚注）の4つ星を毎年受賞している。

　まず、姿が美しい。リアルト橋、ドゥカーレ宮、実物大の鐘楼などベニスを代表する風景がストリップ沿いの正面に集約されていて、それが不思議とバランスが取れ、不自然さがない。ストリップをグランドキャナル（大運河）に見立て、敷地内にも運河を巡らせ、ゴンドラまで浮かべてアドリア海の旅情を演出。建物にも橋にも細部まで凝った彫刻が施され、明るい太陽の下でも観賞に耐えうる上等なレプリカだ。

　ベネチアンを訪れたら、泊まらなくてもまずロビーへ入ろう。優雅な丸天井を飾るフレスコ画は、すべて職人の手描き。カジノへのアプローチには大理石がふんだんに使われ、この先にスロットマシンが並んでいるとは思えない重厚な雰囲気で、一見の価値あり。

　なお、ベネチアンは開業以来ずっとホテルチェーンに属さずにいたが、現在はラスベガスで唯一、インターコンチネンタルグループに入っている。

ベネチアン&パラッツォ

The Palazzo Theater
会議室&宴会場
客室へのエレベーター
Grand Lux Cafe
駐車場へのエレベーター
Sands Ave.
カジノ（パラッツォ）
エレクトラ・カクテル・クラブ Electra Cocktail Club P.172
VIPラウンジ
スシサンバ P.223へ
フロントデスク
ロビー（下階）へ
ウィン・ラスベガスへの歩道橋（2階）
パラッツォ正面玄関
キャニオン・ランチ・スパ+フィットネス P.177、客室へのエレベーター
レストランロウ　バー
キャッシャー　バカラ
エスプレッサメンテ・イリー Espressamente illy P.225
ヤードバード Yardbird P.218
ラウンジ
ブラック・タップ・クラフトバーガー&ビア Black Tap Craft Burgers & Beer P.219へ
ストリップ (Las Vegas Blvd.)
ブション P.220 Bouchon
Venezia Tower
Grand Lux Café
ベネチアンシアター P.186 Venetian Theatre
フロントデスク
ロビー
ベネチアン正面玄関
カジノ（ベネチアン）
フードコート
スロット
マダム・タッソー・ラスベガス Madame Tussaud's Las Vegas P.60
グランド・キャナル・ショップス P.57, 198、タオ・ナイトクラブ P.170、メルカート・デラ・ペスチェリア P.220へ

★読者の声　リゾートホテルのプール▶ベネチアン&パラッツォはプールの数も多い。11あるプールを制覇するのも楽しいが、広くて移動も大変。連日40℃を超える夏は朝から大人気で、特に10階のプー↗

左／自然光が差し込むパラッツォのレセプション。季節ごとに入れ替わるグリーンアレンジメントは、ベラッジオの温室にちょっと似ている。ベネチアンとは1階＆2階でつながっているが、予約やチェックインはベネチアンとは別に行う　右／パラッツォは総床面積では全米最大、世界でも有数の巨大な建物だ

ホテルの2階でゴンドラに乗れる！

　ベネチアンではカジノももちろんヨーロピアンスタイル。フレスコ画が美しい天井だけ見ていると、貴族の館に来たようだ。スロットマシン2000台以上とラスベガス随一の規模を誇るのに、それぞれの間隔を広く取ってあるせいか、騒々しさは感じられない。

　運河が流れるショッピングセンター、**グランド・キャナル・ショップス**（→P.198）は、なんとカジノの頭上にある。中央を流れる運河で、「サンタ・ルチア」の歌声に誘われてゴンドラに乗ってみたい。なお、ストリップ沿いの屋外の運河でも乗ることができる（季節によりオープン。10:00〜22:00）。

　バラエティ豊かなレストランは、セレブリティシェフのダイニングルームからフードコートまで勢揃い。また、ラスベガス随一の設備で人気のスパ、**キャニオン・ランチ・スパ＋フィットネス**（→P.177）には、珍しいオーガニック＆ベジタリアンカフェが併設されている。パラッツォ3階の**キャニオン・ランチ・グリルCanyon Ranch Grill**（金〜火7:00〜15:00）と、ベネチアン4階の**トゥルース＆トニック・ウェルネス・カフェ Thuth & Tonic Wellness Cafe**（7:00〜14:00）の2ヵ所だ。

デラックスな客室は意外にリーズナブル

　ゲストルームは全室スイートで、ベネチアンもパラッツォもレイアウトはほとんど同じ。最も狭いスイートでも60m²あり、パラッツォの67m²の部屋でも安い日なら$120ほどで泊まれる。ストリップに面したメガリゾートだというのに、防音対策がしっかりしているので室内は実に静か。スイートといっても間仕切りはなく、寝室とリビングとの間に段差がある。CD/DVDプレーヤー、ファクス/コピー/印刷機能付き電話あり。部屋のTVでビデオ・チェックアウトすると、料金明細がメールで送られてくる。

　なお、パラッツォの23階は$100ほど高いエグゼクティブフロア。シャンパン＆オードブル、アフタヌーンティー、デザート、朝食のサービスに、スパや専用プールも使えるので、ハネムーンにいかが？　カジノフロアなどは喫煙可能だがホテルタワーは禁煙なので注意。また、常駐の日本人スタッフはいないが通訳会社と契約しているため、通訳が必要な場合は利用することができる。

　エンターテインメントは、アクロバットあり、セクシーショーありのコメディショー、**アトミック・サルーン・ショーAtomic Saloon Show**が公演中。週末は大盛況のタオ・ナイトクラブ（→P.170）もあるので、たっぷり夜遊びしたい人にもおすすめだ。

上／パラッツォの客室。クラシックなベネチアンの客室に比べると、少しだけモダンなインテリアになっている　下／2台のシンクと別にドレッサーがあるバスルーム

ホットタブもあるパラッツォのプール。プールはベネチアン（4階）に4つ、パラッツォ（3階）に7つあり、宿泊客は水着のまま自由に行き来できる

DATA

🏨ベネチアン：3355 Las Vegas Blvd. S., Las Vegas, NV 89109、パラッツォ：3325 Las Vegas Blvd. S., Las Vegas, NV 89109
☎ベネチアン：(702)414-1000、パラッツォ：(702)607-7777
Freeベネチアン：(1-866) 659-9643、パラッツォ：(1-866) 263-3001、日本無料(0120)455-655
URLベネチアンvenetianlasvegas.com、パラッツォ venetianlasvegas.com/towers/the-palazzo.html
💲全室$149〜2999（リゾート料金$45別途、駐車場無料）
CCⒶⒹⒿⓂⓋ　🛏ベネチアン4029室、パラッツォ3064室
ネットWi-Fiリゾート料金に含む
🚶フォーコーナーから北へ徒歩15分

ルはすいており、ハイクラスなムードでおすすめ。宿泊者確認（ルームキー）と荷物チェックがあるので持ち込むものは極力少なめに。（東京都　Joe '16）['23]

高級ホテル

♥♦♣♠ ラスベガスを代表するカジノリゾート

フォーコーナー **Map** P.30-A1〜2

シーザースパレス
Caesars Palace

ホテル

- フォーラムショップス→P.197
- ゴードン・ラムゼイ・ヘルズ・キッチン⇒P.214、北京ヌードル・ナンバーナイン⇒P.221、ミスターチャウ⇒P.221、バッカナルバフェ⇒P.210など18店
- オムニア・ナイトクラブ⇒P.15・169、バー＆ラウンジ10店
- クア・バス＆スパ→P.176
- ビジネスセンター、ウエディングチャペル(5)

古代ローマをテーマにしたシーザースパレス。中庭のプールを囲むように6つのホテル棟がある

進化を続ける、由緒あるカジノホテル

ラスベガスの中心フォーコーナーに、荘厳で風格のある古代ローマ風の神殿が見える。カジノホテル界に君臨するシーザースパレスだ。アメリカ人の間では、今も昔も憧れと畏敬の念をもって語られるホテルである。歴史は長いが、シーザースパレスの誇るべき点は常に時代の流れに対応してきたこと。古代ローマという歴史的なテーマのなかに、必ず新しい何かがあるのも特徴。1992年には古代ローマの街並みを再現したショッピングモールの**フォーラムショップス**（→ P.197）が、2003年には大劇場の**コロセウムColosseum**が生まれてきた。その後も随時改装を行い、2013年にシェフの松久信幸氏が手がける**ノブホテル**（→ P.99）、2016年は創業50周年記念として、**ジュリアスタワーJulius Tower**がオープンした。

格調高いカジノフロア

シーザースの見学には、たっぷり時間を取りたい。敷地面積約33万㎡の中に、カジノフロア、レストランやショップのアーケード、二ケ像のある庭園などがあり、見応えも、歩き応えも十分。

人気のヘッドライナーショーが見られるコロセウム

イタリアンマーブルをふんだんに使った白亜の宮殿の中で、最初に見ておきたいのがカジノフロア。正面玄関側にあるパレスカジノは、黒の御影石の柱が重厚感を醸し出している。シーザースらしい格調の高さを表す所だ。しかし、カジノフロアもフォーラムショップスに近い所はぐっと明るく、華やかな雰囲気だから、堅苦しくなる必要はない。

伝説のショールーム

シーザースパレスでは、フランク・シナトラをはじめとする大物エンターテイナーのショーやボクシングなどの世界級タイトルマッチが行われてきた。シーザースで公演を行うこと自体が、歌手にとってのステータスともいえるのだ。4300人を収容する大劇場、**コロセウム**では、現在、ロッド・スチュワートなどのアーティストが常設公演を行っている（→ P.149）。

バラエティに富むレストランとショッピングモール

シーザースでは、食事も楽しみのひとつ。セレブリティシェフのアップスケールなダイニングからカジュアルまで、国際色豊かな22のレストランが集結。フードコートでは、有名シェフ、ボビー・フレイが手がけるカジュアルなハンバーガー専門店、**ボビーズ・バーガー Bobby's Burgers**や、スパイスやハーブを駆使したファラフェルなどのハラルフードを提供する**ハラル・ガイズ Halal Guys**など、ほかのホテルにはないこだわりのファストフード店がめじろ押し。夜遅くまで営業しているので、夜遊びの帰りに立ち寄れるのもうれしい。

カジノとつながっている**フォーラムショップス**（→ P.197）にも10軒のダイニングが入店している。

LVトリビア **映画に登場したシーザースパレス▶**『ロッキー3』（1982年）、『レインマン』（1988年）、『ハングオーバー』（2009年）、『ハングオーバー3』（2013年）など。

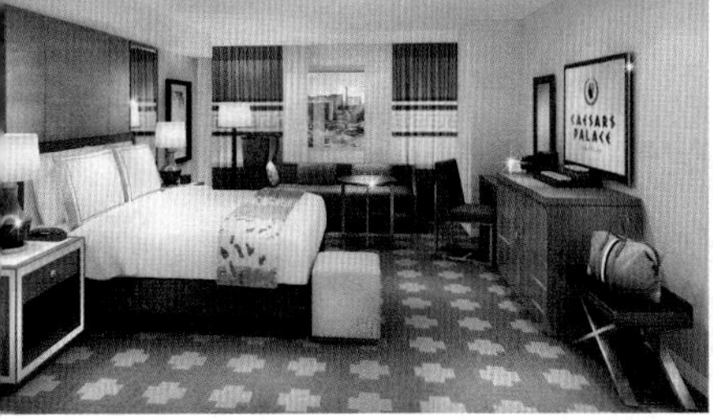
CAESARS PALACE

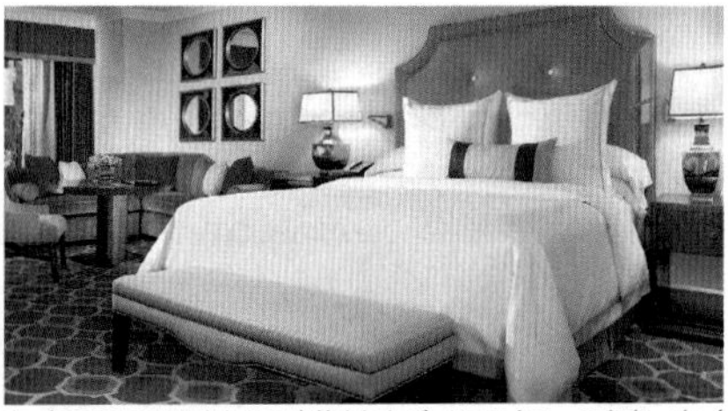

左／7500 万ドルをかけて改装されたジュリアスタワーの客室　右／オクタヴィアスタワーの客室。モダンでゆったりと落ち着いた感じがいい

ホテル自慢のジュリアスタワーとオクタヴィアスタワー

シーザースパレスの中央に位置する、ローマンタワーを全面改装したジュリアスタワー。客室や浴室を中心にラグジュアリー感と快適さを兼ね備えている。スタンダードの場合、キングサイズのベッド 1 台、もしくはダブルベッド 2 台のタイプがある。

また、オクタヴィアスタワーも、スタイリッシュでシックなインテリアでまとめられている。バスルームはスペースたっぷり、ゆったりとした贅沢な空間。大理石を使用しており、大きくて深いバスタブにはジャクージ機能も付いている。フラットスクリーンの小型 TV も設置されていて、バスタブにつかりながら、のんびりとテレビを楽しむといったことも可能。バスアメニティは同ホテルのスパ、**クア・バス&スパ**（→ P.176）の製品を使用しているのもうれしいポイントだ。

オクタヴィアスタワーに滞在するゲストには、プライベートエントランスからのアクセスが許され、個別ロビーでの対応となる。また、ホテル内のプール、**ガーデン・オブ・ザ・ゴッズ Garden of the Gods** へは、タワー棟エレベーターから専用通路を通り、ダイレクトに行くことができる。ちょっとした優越感を味わうなら、オクタヴィアスタワーでの滞在がおすすめだ。

DATA

[住]3570 Las Vegas Blvd. S., Las Vegas, NV 89109
☎(702)731-7110　[Free](1-866)227-5938
[FAX](702)866-1700
[URL]www.caesars.com/caesars-palace
[CC][A][J][M][V]　[料]ⓈⒹⓉ$111 ～ 1724、[Su]$179 ～ 5999（リゾート料金 $45.95 別途、駐車場有料）
[数]4000 室　[ネット]Wi-Fi リゾート料金に含む
[行]フォーコーナーから北へ徒歩 3 分

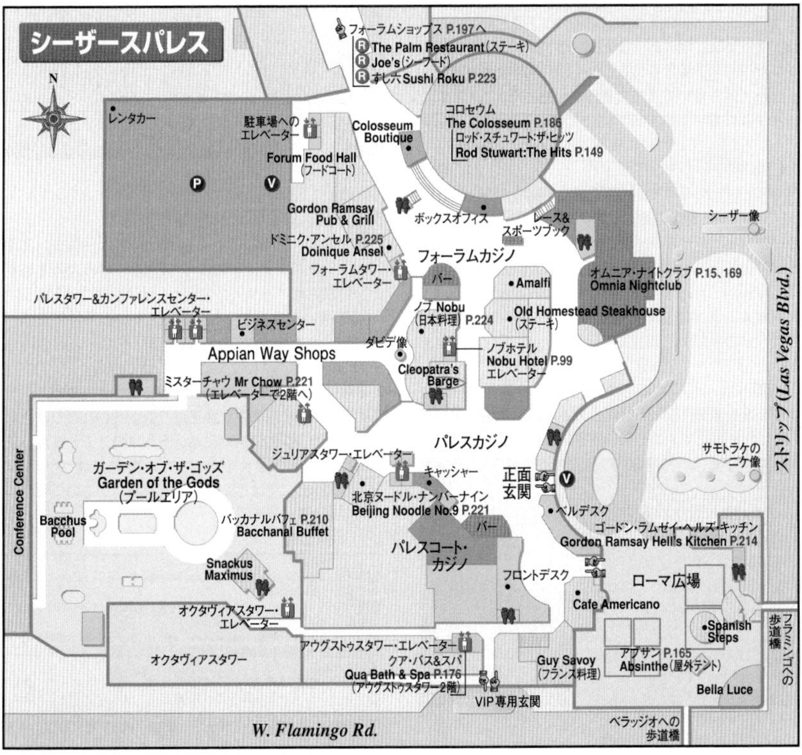
シーザースパレス
N
フォーラムショップス P.197へ
[R] The Palm Restaurant(ステーキ)
[R] Joe's(シーフード)
[R] すし六 Sushi Roku P.223
レンタカー
駐車場への
エレベーター
Colosseum
Boutique
コロセウム
The Colosseum P.186
ロッド・スチュワート:ザ・ヒッツ
Rod Stuwart:The Hits P.149
Forum Food Hall
(フードコート)
Gordon Ramsay
Pub & Grill
ボックスオフィス
レース&
スポーツブック
シーザー像
ドミニク・アンセル P.225
Doinique Ansel
フォーラムカジノ
フォーラムタワー・
エレベーター
バー
Amalfi
オムニア・ナイトクラブ P.15、169
Omnia Nightclub
パレスタワー&カンファレンスセンター・
エレベーター
ノブ Nobu
(日本料理) P.224
Old Homestead Steakhouse
(ステーキ)
ビジネスセンター
ダビデ像
ノブホテル
Nobu Hotel P.99
エレベーター
Appian Way Shops
Cleopatra's
Barge
ミスターチャウ Mr Chow P.221
(エレベーターで2階へ)
ストリップ(Las Vegas Blvd.)
パレスカジノ
サモトラケの
ニケ像
ジュリアスタワー・エレベーター
Conference Center
ガーデン・オブ・ザ・ゴッズ
Garden of the Gods
(プールエリア)
キャッシャー
正面
玄関
北京ヌードル・ナンバーナイン
Beijing Noodle No.9 P.221
ベルデスク
Bacchus
Pool
バッカナルバフェ P.210
Bacchanal Buffet
バー
ゴードン・ラムゼイ・ヘルズ・キッチン
Gordon Ramsay Hell's Kitchen P.214
パレスコート・
カジノ
Snackus
Maximus
フロントデスク
ローマ広場
Cafe Americano
オクタヴィアスタワー・
エレベーター
Spanish
Steps
フラミンゴへの
歩道橋
アウグストゥスタワー・エレベーター
オクタヴィアスタワー
クア・バス&スパ
Qua Bath & Spa P.176
(アウグストゥスタワー2階)
Guy Savoy
(フランス料理)
アブサン P.165
Absinthe(屋外テント)
Bella Luce
VIP専用玄関
W. Flamingo Rd.
ベラッジオへの
歩道橋

読者の声　**チェックインがスムーズ**▶シーザースパレスのフロントにセルフ手続きできる機械が登場。パスポートやクレジットカードで本人確認後、ガイダンスに従って操作するだけ。ストレスフリーだった。（東京都　まる　'16）['23]

最高級ホテル

ラウンジやバーからの景色が最高

ウォルドルフ・アストリア
Waldorf Astoria

フォーコーナー Map P.30-A4

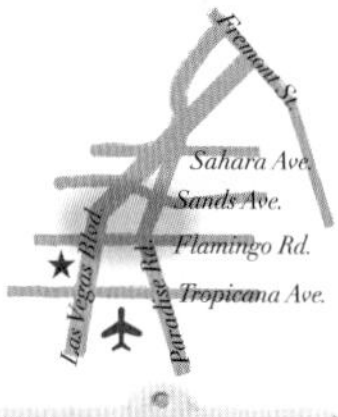

🍴 Zen Kitchen（アジア料理）。バフェはなし

🍸 バー&ラウンジ2店

💆 Waldorf Astoria Spa

[その他] ビジネスセンター、ヨガスタジオ、美容室

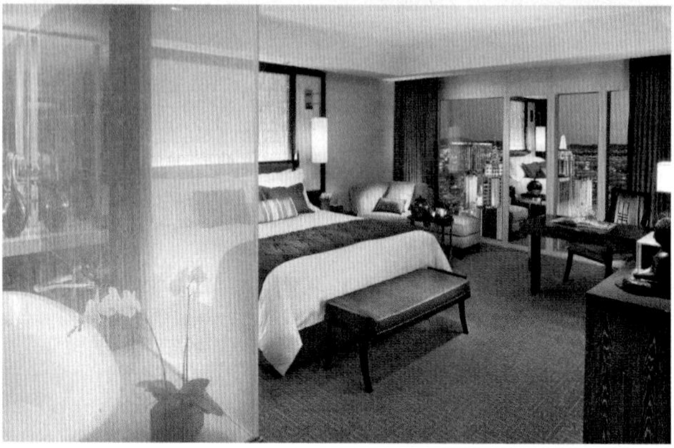

上質な寝具でぐっすり眠れる ©Waldorf Astoria Las Vegas

外の喧騒を逃れて静かに過ごせる

かつてのマンダリンオリエンタルをヒルトンが受け継いだ、エキゾチックなリゾート。黒とゴールドを基調としたシックなインテリアは、洗練された大人にぴったりでラグジュアリーな雰囲気。ストリップのど真ん中というにぎやかな立地にありながら、わずか392室ときめ細かなサービスを受けられるうえ、カジノがないので喧騒を逃れて落ち着いて滞在できるのが魅力だ。

ホテルに着いたら、まずは23階にあるレセプションでチェックイン。ていねいに接客するスタッフの背後には、ストリップのパノラマが広がっている。レセプションの隣にあるティーラウンジでは、この絶景とともに、紅茶とスコーン、マカロンが自慢の英国式アフタヌーンティーが楽しめる。夜なら、ジャズライブが心地よい**スカイバーSky Bar**で、宝石のような夜景を見下ろしながらオリジナルカクテルをいただく特別な時間を過ごすのもいいだろう。

ダイニングはアジア料理を提供する禅キッチンZen Kitchenのみだが、朝食（毎日6:30～11:00）、ランチ（毎日11:30～14:30）、ディナー（日～木17:30～22:00、金・土17:00～22:00）のほか、土・日曜にはブランチ営業（6:30～14:30）もあり、軽食からきちんとした食事までメニューも豊富で使い勝手がよい。

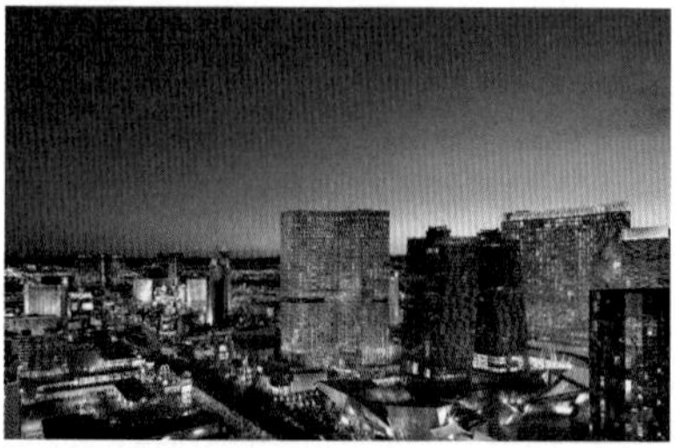

観光や買い物に便利なロケーション
©Waldorf Astoria Las Vegas

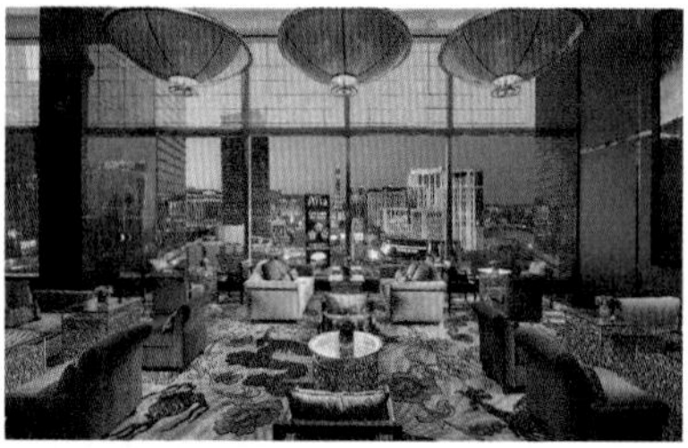

ゴージャスビューが眼下に広がるティーラウンジ
©Waldorf Astoria Las Vegas

充実の施設でゲストをおもてなし

落ち着いた色調でまとめられた客室は一見シンプルだが、光沢のある上質なシーツや寝心地のよい寝具などが用意されており、ゲストが心地よく過ごせるよう細かな気遣いが感じられる。また、床から天井まで壁一面に取られた大きな窓からは、ラスベガスの町並みやその周辺の砂漠や山々を望むことができる。

8階にあるプールデッキも見晴らしがいいので、プールカフェでドリンクや軽食を取りながらのんびりするのもおすすめ。また、スパには、トルコのスチーム浴ハマムやじっくり発汗させるラコニウム（乾熱処理サウナ）など、ラスベガスでは珍しい設備が揃っているのでぜひ利用してみよう。

DATA

[住]3752 Las Vegas Blvd. S., Las Vegas, NV 89158
☎(702)590-8888
[URL]hilton.com/en/hotels/laswdwa-waldorf-astoria-las-vegas
[料]ⓈⒹⓉ$300～725、[Su]$400～4675（リゾート料金$45別途、駐車はバレーパーキングのみ。有料）
[CC][A][J][M][V]
[数]392室　[ネット]Wi-Fi リゾート料金に含む
[行]フォーコーナーから南へ徒歩18分

各ホテルの注目ポイント：🎭=ショー　🛍=ショップ　🍴=グルメ　🍸=ナイトクラブ　💆=スパ

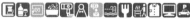

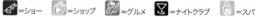

最高級ホテル

エレガントなホテルの代名詞

フォーシーズンズ
Four Seasons

新フォーコーナー [Map] P.29-A4

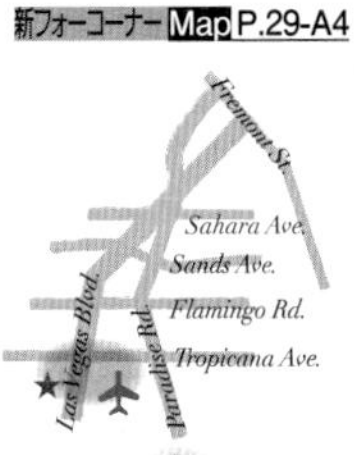

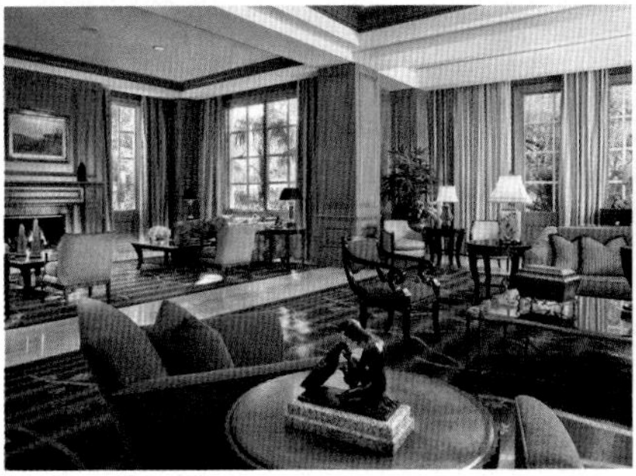

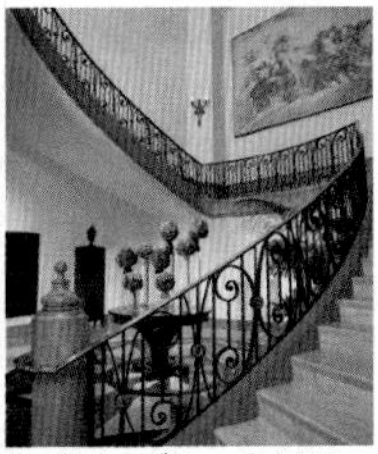

左／まるでブティックホテルのようなレセプション前のロビー
右／マンダレイベイのにぎやかなカジノとは別世界だ

🍴 Veranda（イタリア料理）

🍸 バー&ラウンジ3店

スパ・アット・フォーシーズンズ P.178

[その他] ビジネスセンター（24時間フルサービス）、ウエディング施設あり。受賞歴のあるゴルフ場との提携あり（Bali Hai Golf Club、Royal Links Golf Club）

静寂に包まれた天空のオアシス

サービスの質の高さで知られるフォーシーズンズは、マンダレイベイ（→P.112）の頭上、35〜39階にある。両ホテルは建物を共有しているものの、まったく別のホテルとして運営されており、フォーシーズンズ専用の玄関はストリップ沿いの南端にある。壁ひとつ隔てただけのカジノとは別世界の静かな空間だ。

ここはホテルライフそのものを満喫するための場所。ロビーには毎朝、香り高いコーヒーが用意されており、専用の高速エレベーターで上がった客室にも、ミニバーとコーヒーメーカー（紅茶あり）がある。大型のプラズマTV、DVDプレーヤー、iPodドック完備。大理石のバスルームではバスローブや高級ブランドのアメニティがうれしい。こんなエレガントなホテルに滞在するなら、一度はルームサービスも頼んでみたい。和朝食からベジタリアン、キッズメニューまで揃っている。毎朝、客室まで新聞も届けてくれる。424のゲストルームのうち81がスイートルーム。自分のベッドが最高の展望台になるストリップ側はもちろん、西側の部屋から望む山の端に落ちる夕日も捨てがたい。

フォーシーズンズは付帯施設も充実。フォーブス・トラベルガイド（→P.78脚注）の5スターを受賞したスパやフィットネスルームも完備しているので、旅先でも軽く汗を流したい人にはうれしい。広々としたホテルのプールも快適なうえ、フォーシーズンズのゲストはマンダレイベイにある波のプールや流れるプールで人気の**マンダレイベイ・プール**と大人の雰囲気が楽しめる**モーレア・ビーチ・クラブ**を使用することができる（その逆は不可）。この機会に両方のプールを楽しんでみよう。

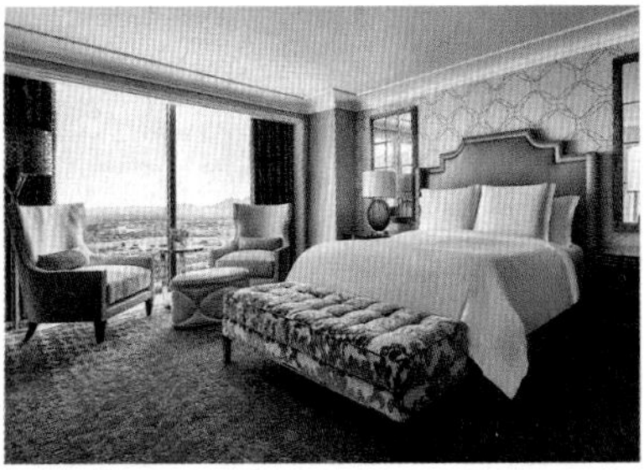

ストリップビューのスイートルーム

ビジネスマンにも家族連れにもおすすめ

ビジネス客に人気のホテルだが、子供向けサービスも充実しているのでファミリーもぜひ滞在してみてほしい。チェックイン時にクッキーとミルク（ティーンにはポップコーンとソーダ）のサービス、子供用シャンプーセットなどがプレゼントされ、キッズプログラムやボードゲームの貸し出し、DVDライブラリーもある。ベビーシッターの手配は2時間前までOKだ。よりゆったりと滞在したい人には、客室かベランダレストランでの朝食が付く宿泊プランもおすすめだ。

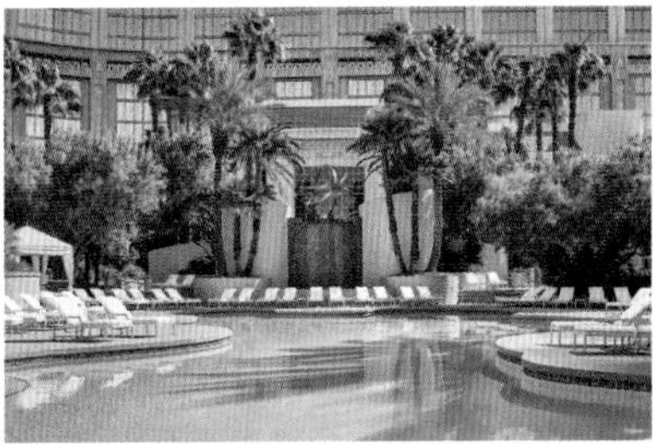

プールではフルーツやウオータースプレーなどのサービスあり

DATA

[住] 3960 Las Vegas Blvd. S., Las Vegas, NV 89119
☎ (702)632-5000
[Free] (1-877)632-5000、日本[無料](0120)024-754
[FAX] (702)632-5195　[URL] www.fourseasons.com/lasvegas
[料] ⓈⒹⓉ$374〜1156、[Su]$986〜6225（リゾート料金$45別途。駐車場はバレーパーキング（有料）、またはマンダレイベイのセルフ駐車場（有料）を利用できる）
[CC] [A][D][J][M][V]
[数] 424室　[ネット] Wi-Fi リゾート料金に含む
[行] 新フォーコーナーのエクスカリバーからトラムで1駅。マンダレイベイ入口の南側がフォーシーズンズの入口

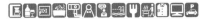

個性的なコンセプトをもち、モダンに設計されたホテルをピックアップ。観光はもとより、部屋での滞在がいっそう楽しくなるはず。

高級ホテル

♥♠ クリエイティブなデザイナーズホテル

コスモポリタン・オブ・ラスベガス
The Cosmopolitan of Las Vegas

フォーコーナー Map P.30-A3

左／ストリップの一画にそびえるタワーホテルは、高さ184m　右／テラス・ワンベッドルームの客室
©Courtesy of The Cosmopolitan of Las Vegas

OPM➡P.163

Skins 6\2 Cosmetics など12店

チャイナ・ポブラーノ➡P.222、エスティアトリオ・ミロス➡P.222、ウィキッドスプーン➡P.210 など26店

マーキーナイトクラブ➡P.170、ベスパー・バー➡P.171 など、バー＆ラウンジ7店

サハラスパ＆ハマム P.178

立地抜群のブティックホテル

ベラッジオの北隣のデザイナーズホテルで、若いカップルやアート感覚あふれる人に特におすすめしたい。南はシティセンターに隣接しているが、シティセンターの一部ではない。マリオットのAutograph Collectionというおしゃれなホテルブランドに名を連ねている。マリオットインターナショナルのカテゴリーで高級ホテルの位置づけだ。

コスモポリタンのカジノは道路に非常に近いのが特徴のひとつで、ストリップの歩道に面したドアを開けたら、そこがカジノ。ゲームをしながら窓ガラスの向こうに道行く人が見え、自然光が差し込んでくるというのは実に珍しい。テーブルゲームはブラックジャックほか10種のゲームが楽しめ、約1300台のスロットマシンを保有している。

カジノに入ってまず目を引くのが、2階まで吹き抜けのバーにあるまばゆいシャンデリア。200万個のガラスビーズと映像を使ったアートだ。見回せば、館内はどこもシャンデリアだらけ！　豪華なだけでなく、いずれも斬新なデザインで近未来的なムードを醸し出している。

一方、プラネットハリウッドやショップ・アット・クリスタルズから歩道橋を渡ってコスモポリタンに入った所は、ブティックとレストランが集まる2階。ブティックは11店と数こそ少ないが、世界中の肌に優しい化粧品を集めた**スキンズ・シックス・トゥーSkins 6\2 Cosmetics**、ホテルのロゴ入りグッズも売っている**モノグラムMonogram**など、個性的な専門店ばかり。バフェで人気の**ウィキッドスプーン**（→P.210）は通路を進んだいちばん奥。ブルバードタワー3階にも8軒のレストランがある。**タオ・ナイトクラブ**（→P.170）がプロデュースするNY発のダイニング、**ビューティ＆エセックスBeauty & Essex**や、LA発の卵料理専門店、**エッグスラットEggslut**、モダンジャパニーズの**ズマZUMA**など人気店も揃う。

チェルシー・タワー The Chelsea Tower
チェルシー The Chelsea（3階）

マーキーナイトクラブ＆デイクラブ Marquee Nightclub & Dayclub P.170
ショップス・アット・クリスタルズ Shops at Crystals P.196
ブロック16アーバン・フード・ホール Block 16 Urban Food Hall P.208
ウィキッドスプーン Wicked Spoon（バフェ）P.210
STKステーキハウス STK Steakhouse P.216
チャイナ・ポブラーノ Chine Poblano P.222
へのエスカレーター

OPM P.163、
ブルバード・タワー Boulevard Tower

オートグラフ・ラウンジ

フロントデスク

コンシェルジュ

駐車場への
エレベーター

レンタカー

The Henry
（アメリカ料理／24時間営業）

ロビー

ベスパー・バー Vesper Bar P.171

Va Bene Cafe（カフェ）

ハイリミット・テーブルゲーム

キャッシャー

The Barbershop
Cuts & Cocktails

ベルデスク

駐車場への
エレベーター

The Chandelier

Clique Bar & Lounge

カジノ

レース＆スポーツブック

サハラスパ＆ハマム P.178
Sahra Spa & Hammam（14階）
へのエレベーター

ハイリミット・
スロットラウンジ

Identity Membership

Starbuks（カフェ）

ストリップ通り（Las Vegas Blvd.）

コスモポリタン・オブ・ラスベガス

Harmon Ave.

コンテンポラリー　コスモポリタン・オブ・ラスベガス

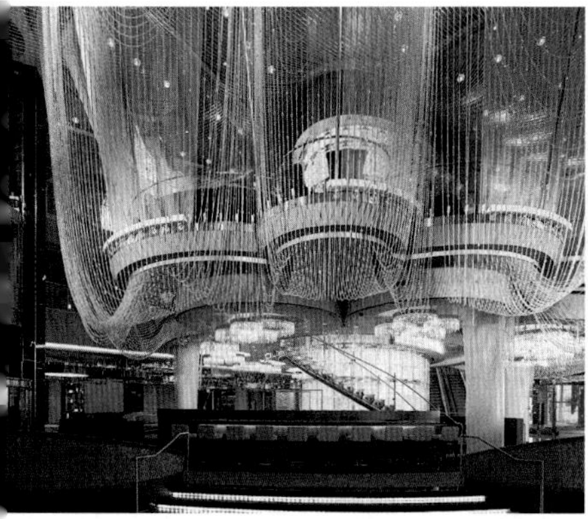

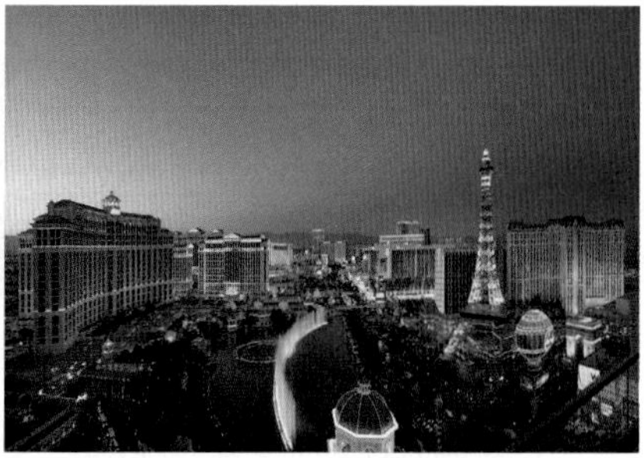

左／カジノフロアを華やかに演出する巨大シャンデリア
右／ベラッジオの噴水ショーをひとり占めできる客室もある
©Courtesy of The Cosmopolitan of Las Vegas

ストリップでいちばんクールなゲストルーム

ストリップとは反対側の西端にあるレセプションでは、デジタルアートの柱が印象的。ここもまた近未来的な空間だ。客室へ上がるエレベーターはすぐ目の前にある（カジノを通らずに部屋へ入れるホテルは、ラスベガスでは数少ない）。

ゲストルームはブルバードタワーとチェルシータワーに分かれていて、インテリアはとにかく都会的でクール。クローゼットやトイレの壁紙まで個性的なデザインで、グラスなどの備品にいたるまで平凡なものはほとんどない。設計段階ではコンドミニアムだったこともあり、全室にキチネット、電子レンジ付き。ミニバーには酒類もストックしてあるし、スナックバーも充実している。

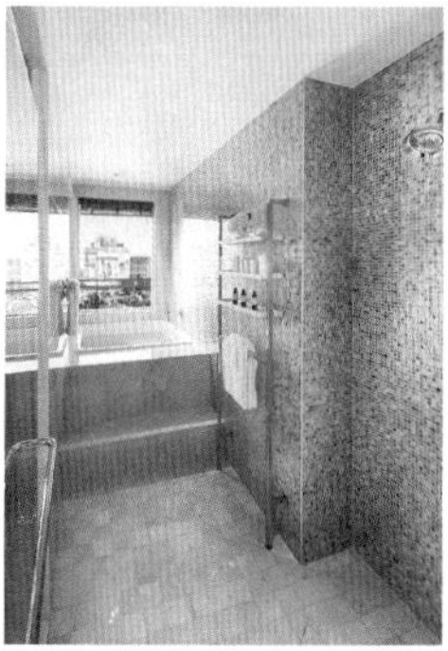

バスルームには大きな窓があり、アメリカでは貴重な“眺めのいい風呂”体験ができる。バスタブ(Terrace One Bedroom以上）はとても深く、浴槽内に腰かけられるようになっているので、露天風呂気分でストリップを見下ろしてみたい。

ベラッジオの噴水ショーを堪能したいならFountain Viewの客室を予約しよう。ゆったりとしたテラスでソファに腰かけて、音楽と一緒に光のショーを楽しめる。これはベラッジオの客室ではできないことだ。ただし、低いフロアだと看板がじゃまになるのでチェックインの際に確認しよう（テラスのない部屋も一部ある）。

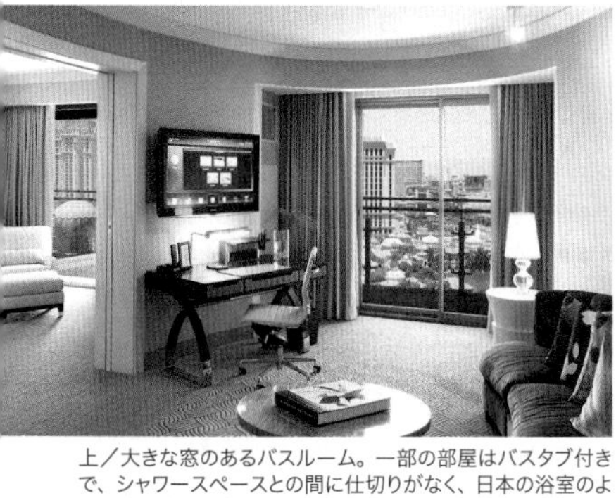

上／大きな窓のあるバスルーム。一部の部屋はバスタブ付きで、シャワースペースとの間に仕切りがなく、日本の浴室のような感じだ　下／バスローブ、スリッパ、体重計も備えられているコーナーの部屋には、リビングとベッドルームをつなぐ広いテラスがある。眺望もさることながら長居したくなる心地よさだ

ストリップに最も近いプール

コスモポリタンに泊まったら一度は利用してみたいのが4階のプール、**ブルバードプールBoulevard Pool**。なんとストリップ沿いにあるのだ。これまでもプールがストリップ側に位置するホテルはあったが、歩道の頭上といえるほどの近さは初めて。ちょっぴり優越感に浸って、日光浴やライブステージを堪能できる。また、このプールは11月下旬から1月初旬までアイスリンクに変身する（月〜木15:00〜24:00、金〜日12:00〜24:00。使用料は1日$20、貸靴は90分$10)。

ホテル内のプールはさらに2ヵ所ある。イーストサイド17階にはナイトクラブ、**マーキーナイトクラブ&デイクラブ**（→P.170）に併設された**マーキー・デイクラブ・プール**、チェルシータワー14階には静かに過ごせる**チェルシープールThe Chelsea Pool**がある。

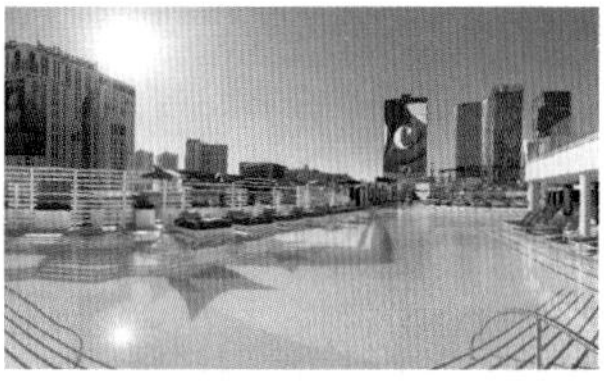

騒がしいストリップとは別世界のBoulevard Pool

DATA

[住]3708 Las Vegas Blvd. S., Las Vegas, NV 89109
☎(702)698-7000　[Free](1-877)551-7778
[FAX](702)314-3980　[URL]www.cosmopolitanlasvegas.com
[料]ⓈⒹⓉ$140〜1090、[Su]$180〜250（リゾート料金$45別途、駐車場リゾート料金に含む）　[CC][A][D][J][M][V]　[数]3027室
[ネット]Wi-Fi リゾート料金に含む
[行]フォーコーナーから南へ徒歩8分

高級ホテル

スタイリッシュなラスベガス滞在を満喫できる

新フォーコーナー **Map** P.29-A4

デラーノ・ラスベガス
Delano Las Vegas

Fremont St.
Sahara Ave.
Sands Ave.
Flamingo Rd.
Tropicana Ave.

リペア⇒**P.217**、デラーズ・キッチン⇒**P.218**、3940 Coffee & Tea（カフェ）など3店

ラウンジあり

Bathhouse

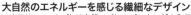
独創的なインテリアのホテルだ

アップスケールな大人のリゾート

　マンダレイベイの敷地内に立つゴールドのタワーホテルで、マイアミの高級リゾートホテル、デラーノ・マイアミを運営する会社が母体となって大改装。2014年にデラーノ・ラスベガスとしてオープンした。

　ストリップからアクセスする場合、マンダレイベイのカジノフロアを通過してホテルに向かうのだが、デラーノの敷地に入ったとたん異空間へと変化するのがわかる。モダンな芸術品をさりげなく配置し、スタイリッシュでファッショナブルな雰囲気。眠らない街ラスベガスの騒がしさとはまったく無縁の世界だ。

大自然のエネルギーを感じる繊細なデザイン

　ホテルのコンセプトは自然。バレーパーキングの入口に鎮座する大きな自然岩のアートがゲストを出迎える。ここからフロントへの動線は、錯覚を利用したアートが絨毯に施されており、そのさまはまるで国立公園のトレイルを歩いているようだ。

　客室は全室スイートタイプ。アイボリーやアースカ

客室は約68m²。部屋からの眺めもいい

ラーを基調とし、照明も視覚にやすらぎを与える設計になっている。清潔感あふれるラグジュアリーな客室だ。リビングとベッドルームはそれぞれ独立しており、リビングにはソファとテーブル、ミニバー、そして広めのデスクがある。ベッドルームには46インチの薄型テレビと室内金庫が収納されたクローゼットもある。バスルームは広くて深いバスタブがあるのがうれしい。シャワーヘッドやトイレもふたつ設置されている。

　ホテル最上階にあるアラン・デュカスのフレンチ・イタリアン、リペア（→P.217）では極上の料理と景色が堪能できる。バー、レストラン、スパやフィットネスセンター、屋上プールなどは同ホテル内にもあるが、プールやナイトクラブ、カジノなどはマンダレイベイホテルと共有しているのもポイントが高い。

ゆっくりくつろげるバスルームで、アメニティも充実している。
備え付けのバスローブは肌触り抜群

DATA

🏠 3940 Las Vegas Blvd. S., Las Vegas, NV 89119
☎ (702) 632-7888 Free (1-877) 632-5400
URL delanolasvegas.mgmresorts.com
💰 全室●$89〜1741（リゾート料金$39別途、駐車場有料）1室最高10名まで宿泊が可能 CC A J M V 🛏 1117室
ネット Wi-Fi リゾート料金に含む
🚇 新フォーコーナーのエクスカリバーからトラムで1駅

　各ホテルの注目ポイント： =ショー 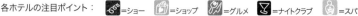=ショップ =グルメ =ナイトクラブ =スパ

高級ホテル

フォーコーナーの一等地にあるブティックホテル

クロムウェル
The Cromwell

フォーコーナー Map P.30-B2

Curios（雑貨・ギフト）
ジアダ➡P.215など
ドレイズ・ビーチクラブ＆ナイトクラブ➡P.169、バー＆ラウンジ3店

小粋なインテリアに囲まれた客室

パリのエッセンスを随所に感じる

ラスベガスブルバードとフラミンゴロードの交差点、いわゆる"フォーコーナー"にあるカジノホテル。2013年までビルズ・ギャンブリングホールが立っていた場所をシーザースエンターテインメント社の主導で大改修した。メガリゾートが多いラスベガスでは珍しく、総客室数は188室とやや少なめ。パリスタイルのおしゃれな外観で内装もそれを裏切らないファッショナブルな造りとなっている。

カジノフロアはフォーコーナーに面した角の入口からすぐ。広さは3716m^2と小規模だが、66のテーブルゲーム、440台のスロットマシンを有し、ハイリミットルームとリザーブドルームも設けている。ホテルのフロントがある正玄関はフラミンゴロードの東側にあり、セルフパーキングのガレージも近くにあって便利だ。

モダン過ぎる客室に衝撃！

ホテルは11階建てで、各階のエレベーターホールの前にお茶のサーバーがセットされており、さりげないおもてなしの精神を感じる。客室は紫を基調とし、木のぬくもりを感じるフローリングと革張りのソファ、クローゼット調のミニバーなど、かなり凝った調度品を配置している。ベッドはゆったりとしたクイーンサイズベッド2台、またはキングサイズベッド1台、55インチ液晶モニターのテレビがある。白と黒のタイルが印象的なバスルームはコンパクトにまとめられ、シンク兼ドレッサーとシャワー室がある。シャワーでさっぱりしたら、バスローブに着替え、ソファでゆったりくつろぎたい。

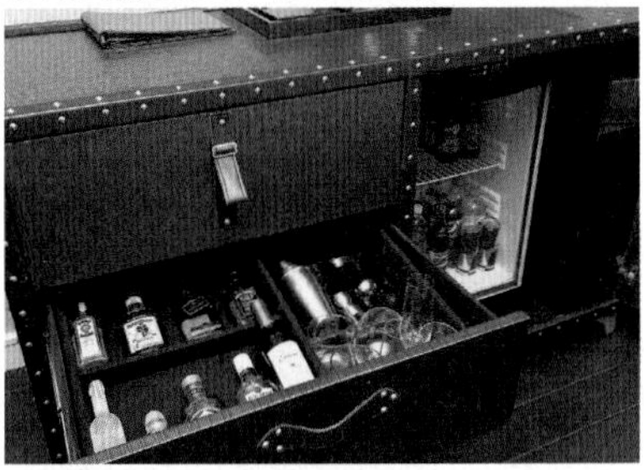
トランク風のクローゼットに仕組まれたミニバー

スイートには広々としたリビングがある

特筆すべき点は、ホテルの付帯施設にある。ストリップでは初めての屋上プール。ここはナイトクラブ（→P.169）も兼ねて営業しており、昼はリゾート感あふれるプールサイド、夜になるとナイトライフの舞台に早変わりする。また、アメリカで人気の女性料理家、ジアダ・デ・ラウンティスのイタリア料理レストラン、**ジアダ**（→P.215）があり、注目を集めている。

DATA

[住]3595 Las Vegas Blvd. S., Las Vegas, NV 89109
☎(702)777-3777　[URL]www.caesars.com/cromwell
[料]ⓈⒹⓉ$99～1093、[Su]$239～1599（リゾート料金＄45.95別途、駐車場有料）　[CC][A][J][M][V]　[数]188室　[ネット]Wi-Fi　リゾート料金に含む　[行]フォーコーナーの北東角（ラスベガスブルバードとフラミンゴロードの交差点）

中級ホテル

フォーコーナーの新名所、リンクとともに進化する

リンク・ホテル&カジノ
The LINQ Hotel & Casino

フォーコーナー [Map] P.30-B1

🎭 マット・フランコ：マジック・リインベンティド・ナイトリー➡P.163

🍴 ホテル内にChayo Mexican Kitchen + Tequila Bar（メキシコ料理）など4店、リンクプロムナードと合わせると22店

🍸 バー&ラウンジ4店、リンクプロムナードと合わせると6店

💆 Spa at the LINQ

すっきりとコンパクトにまとまった客室

堂々のリニューアルオープン

ストリップの中心部、フラミンゴホテルとハラスの間にあり、エンターテインメント・プロムナードの**リンク**（→P.56）の北隣に位置する。インペリアルパレス、クアッドホテルとして営業を続けてきたが、客室の改装工事を経て、モダンなカジノホテルになった。

リンク・ホテル&カジノは、複合施設リンクThe LINQのホテル部門を担い、224室のスイートルームを含む全2236室を有する。ストリップ側のリンクの遊歩道に沿って建てられた長方形の建物にフロントデスク、ツアーデスク、カジノ、レストラン、ショップなどがあり、宿泊棟やプールは東側に位置している。プール、ミーティング施設、スパとフィットネスセンターもある。

カジノフロアにはブラックジャック、クラップス、パイゴー・ポーカー、ルーレットなどのテーブルゲームが揃っており、ポーカールームの55のテーブルでは毎日トーナメントが行われる。また、スロットやビデオポーカーなどのマシンが約830台以上、最新のレース&スポーツブックのスクリーンも設置されている。さらに、リンクの遊歩道に隣接するカジノ、**オーシーズO' Sheas**とも直結、以前より若者が集まるカジノフロアになった。

スタンダードルーム。客室によりストリップ、または大観覧車が見える

左／清潔感あふれるバスルームの洗面台　右／使い勝手のよいクローゼット

ストリップや大観覧車が見える客室がメイン

スタンダードの客室は約28〜32.5m^2。ダブル〜キングサイズのベッドが1〜2台、47インチの薄型テレビ、充電ステーション、ノートパソコンが収納できるサイズの室内金庫が備わっている。バスルームはシャワー、またはバスタブがある客室もあり、デザイナーのバスアメニティ、バスローブも準備されている。

レストランも充実し、有名シェフのガイ・フィエリがプロデュースする**ベガスキッチン&バーVegas Kitchen & Bar**やモダンなアメリカ料理を提供する**ハッシュ・ハウス・ア・ゴーゴーHash House A GoGo**などもある。

また、ペットフレンドリーのホテルで、1泊当たり$75の追加料金と$100のデポジットを支払うことで、体重が50ポンドまでの犬を最大2匹まで同伴可能だ。

DATA

[住]3535 Las Vegas Blvd. S., Las Vegas, NV 89109
☎(702)794-3366　[Free](1-800)634-6441
[URL]www.caesars.com/linq
[料]ⓈⒹⓉ$44〜1049、[Su]$65〜1199（リゾート料金$39.95別途、駐車場有料）　[CC][A][J][M][V]　[数]2236室　[ネット]Wi-Fi リゾート料金に含む　[行]フォーコーナーから北へ徒歩10分

各ホテルの注目ポイント：🎭=ショー　🛍=ショップ　🍴=グルメ　🍸=ナイトクラブ　💆=スパ

高級ホテル

シェフである松久信幸氏が手がけた世界初のホテル

フォーコーナー [Map] P.30-A1〜2

ノブホテル
Nobu Hotel

左／ペントハウスは決して安くはないが、ファミリーや大所帯のグループ利用なら手に届く範囲　右／スタンダードルームはいたってシンプル

🍴 ノブ➡P.224

[その他] 専用のフィットネス施設、ビジネスラウンジ（コーヒー＆紅茶・無料6:00〜11:00、フルーツや水のサービス・無料）あり。クア・バス＆スパ➡P.176で、ノブオリジナルのトリートメントメニューあり

ホスピタリティ精神があふれている

ノブホテルは、シーザースパレスの正面玄関に隣接するセンチュリオン・タワーを全面改装して誕生した。チェックインは専任スタッフがiPadで行い、すぐにルームキーを発行してくれる。客室はキングサイズのベッドがひとつあるタイプの部屋が主流だ。また、アメニティ面が充実しており、55インチの大型テレビ、ミニバーには松久氏が選んだ日本酒やお茶がセットされている。客室と浴室にバスローブが各2組、バスアメニティはセレブに人気のナチュラビセNature Bisseだ。宿泊者は**ノブ**（→P.224）の優先予約が可能なほか、シーザースパレス（→P.90）のプール、スパ&フィットネス施設なども無料で利用できる。

DATA

[住]3570 Las Vegas Blvd. S., Las Vegas, NV 89109
[Free](1-800) 727-4923　[URL]www.caesars.com/nobu-caesars-palace　[料]ⓈⒹⓉ$149〜2124、[Su]$1519〜8149（リゾート料金$45.95別途、駐車場有料）　[CC][A][J][M][V]
[数]181室　[ネット]Wi-Fi リゾート料金に含む
[行]フォーコーナーから北へ徒歩3分

おしゃれなカジノホテル

ストリップ北 [Map] 折込裏 C3

サハラ・ラスベガス
SAHARA Las Vegas

左／スタンダードタイプの客室。基本的にキングサイズのベッドを配置している。広さは約40m²
右／スタイリッシュで若者に人気のホテル

ETC（ミニマート）、Her's（アパレル）の2店

🍴 Uno Más Street Tacos + Spirits（メキシコ料理）など8店

🍸 バー&ラウンジ3店

Amina Spa

ロケーションをカバーする付帯施設が充実

ラスベガスのゲートウェイ地域にあったSLSラスベガスが、2019年にサハラ・ラスベガスとして生まれ変わった。伝統的な5つ星ホテルのサービスと贅沢さを備えながらも、**バザール・ミーBazaar Meat**や、**ウノ・マス・ストリート・タコス+スピリッツUno Más Street Tacos + Spirits**といったグルメレストランなど、流行を捉えたスタイリッシュなテナントをおさえている。ストリップから離れた所に位置しているが、モダンなコンセプトはストリップのどのホテルにも引けを取らない。

客室は、アレキサンドリアタワーとブランカタワー、マーラタワーの3つの建物に分かれており、それぞれインテリアの雰囲気やグレードが異なる。

DATA

[住]2535 Las Vegas Blvd. S., Las Vegas, NV89109
☎(702) 761-7000　[FAX](702) 761-7758
[URL]saharalasvegas.com　[料]ⓈⒹⓉ$39〜279、[Su]$189〜729（リゾート料金$42.50別途、駐車場はリゾート料金に含む）
[CC][A][J][M][V]　[数]1613室　[ネット]Wi-Fi リゾート料金に含む
[行]ラスベガス・モノレールSAHARA Las Vegas下車

各ホテルの注目ポイント：=ショー　=ショップ　🍴=グルメ　🍸=ナイトクラブ　=スパ

中級ホテル

ひっそりたたずむ大人リゾート
エム・リゾート
M Resort

郊外 Map 折込裏 B6 外

左／ハイエンドな雰囲気のゲストルーム　右／広いプールが自慢

Anthony's Prime Steak & Seafood(アメリカ料理)、Marinelli's Pasta Bar (イタリア料理)など5店

バー＆ラウンジ4店

Spa Mio

田舎と都会のハイブリッドライフ

　ラスベガス市内から車で約20分、ストリップの喧騒から離れたい人におすすめのホテル。周囲は砂漠に囲まれ、まぶしいネオンも、けたたましい音も聞こえない。昼間はラスベガスを存分に楽しみ、夜は静かな空間でぐっすり眠る。そんなスタイルが好きなら、エム・リゾートで決まりだ。レストランやバー、カジノ、プールなど、設備も充実しており、夜はバーでカントリーミュージックのライブなども行われている。空港とストリップ（トロピカーナ）まではシャトルバス（無料）を運行。空港へは毎日7:00〜19:00の1〜2時間間隔、ストリップへは毎日12:00〜23:00の2〜4時間間隔。

------ (DATA) ------
🏨12300 Las Vegas Blvd. S., Henderson, NV 89044
☎(702)797-1000　Free(1-877)673-7678
URLwww.themresort.com　ⓈⒹⓉ$79〜789（リゾート料金$29.99別途、駐車場はリゾート料金に含む）CCⒶⒹⒿⓂⓋ
390室　ネットWi-Fi リゾート料金に含む
🚗I-15を南へ。Exit 27で下りUS-146を東へ。約20分

高級ホテル

セレブ遭遇率はラスベガスNo.1
パームス
Palms

フォーコーナー西 Map 折込裏 A5

左／ラグジュアリーな雰囲気のアイボリータワーの客室　右／ホテル棟は3つ。左からパームスプレイス、ファンタジータワー、アイボリータワー

Shark（シーフード）、Vetri Cucina（イタリア料理）など9店

アンノウン→P.172などバー＆ラウンジ4店

The Spa At Palms

劇場やナイトクラブが充実

　パームスには、映画館や格闘技のタイトルマッチも行われるアリーナ、高級からファストフードまでさまざまなレストランがあり、特にクラブ＆ラウンジはポイントが高い。特にゴーストバーGhostbarは、カラフルなネオンきらめく店内のほか、ラスベガスの夜景を一望するバルコニー席もあり、おしゃれな若者でにぎわっている。
　客室にはセンスのいい家具が置かれ、ここのベッドはぐっすり眠れると評判だ。クリアな画面のプラズマTV、ミニバー、ビジネス向けの広い机、頼めば客室にマッサージを呼ぶこともできる。ゲストの大半が若いグループやカップルで、特に週末はナイトクラブで踊り明かしている。

------ (DATA) ------
🏨4321 W. Flamingo Rd., Las Vegas, NV 89103
Free(1-866)752-2236　URLwww.palms.com
ⓈⒹⓉ$79〜729、Ⓢ$179〜749（リゾート料金$32別途、駐車場無料）CCⒶⓂⓋ　766室
ネットWi-Fi リゾート料金に含む　🚌FlamingoとLas Vegas Blvd. Sの交差点からRTCバス#202の西行きArvill St.下車8分

パームス〜フォーラムショップス間の無料シャトル ▶パームス・メインエントランス発11:00〜20:00（30分ごと）、フォーラムショップス発11:30〜19:30（30分ごと）。

高級ホテル

♠♠ 赤い岩山を望むデザイナーズホテル

レッドロック・カジノリゾート&スパ
Red Rock Casino Resort & Spa

左／ホテルの中央に配された円形のプール。ボウリング場や映画館も併設している 右／42インチプラズマTVが完備されたゲストルーム

郊外 Map 折込裏 A2外

Blue Ribbon Sushi Bar & Grill(寿司)など13店

バー&ラウンジ9店

The Spa

スタイリッシュな郊外型カジノホテル

ストリップから車で北西へ20分ほど走ると、サマリンSummerlinと呼ばれるコミュニティがある。瀟洒な家々とゴルフ場が混在し、まだ開発中の土地も多い新しい町だ。すぐ近くにレッドロック・キャニオンがあり、西側の部屋なら窓の外に赤い奇岩が迫っている。ラスベガスのカジノホテルで自然の風景を楽しめるのは、おそらくここだけだろう。ホテルの周囲には9ヵ所のゴルフコースがあり、そのうち3ヵ所はPGAコースと、夢のような環境なのだ。

アクセスは車でダウンタウンの手前にあるCharleston Blvd.を西へ走って約30分。あるいは空港の南からI-215を西へ走り、Exit 26で下りれば20分ほどで着く。

━━━━━━ DATA ━━━━━━

🏠11011 W. Charleston Blvd., Las Vegas, NV 89135
☎(702)797-7777 URLwww.redrockresort.com
🛏Ⓢ①Ⓣ$129～559、Ⓢ$379～7999(リゾート料金$45別途、駐車場無料) CCAMV 🔑811室
ネットWi-Fi リゾート料金に含む 🚗Charleston Blvd.を西に車で30分

♥♠ 郊外の高級住宅地に立つゴルフリゾート

ジェイ・ダブル・マリオット・ラスベガス・リゾート&スパ
JW Marriott Las Vegas Resort & Spa

左／ヨーロッパ風のロビー
右／スタンダードルームでもこの広さがうれしい

郊外 Map 折込裏 A1外

Spiedini Ristorante(イタリア料理)、Market Place Buffet(バフェ)など8店

Spa Aquae

コンビニエンスストアあり

水と緑に囲まれてリラックス

レッドロック・カジノリゾートと同様にサマリンにある。東京ドームの4.7倍という広大な敷地には緑がいっぱい! 滝の落ちるプールを見下ろすのは、地中海沿岸の村をイメージした6階建てホテル棟。隣接するTPC Las Vegasはタイガー・ウッズがプロ初勝利を収めたコースだ。スパとフィットネスセンターは、パーソナルTVの付いたエクササイズマシンなど最新設備が整っており、ヨガ、ピラティスなどの有料レッスンに参加するのもいい。

ストリップからの行き方は、I-15 NORTHからUS-95 NORTHへ移り、Exit 81Aで下りたらRampart Blvd.を左折して約20分。タクシーは片道$50前後。

━━━━━━ DATA ━━━━━━

🏠221 N Rampart Blvd., Las Vegas, NV 89145
☎(702)869-7777 日本無料(0120)142-890
FAX(702)869-7339 URLmarriott.com/en-us/hotels/lasjw-jw-marriott-las-vegas-resort-and-spa/overview 🛏Ⓢ①Ⓣ$189～399、Ⓢ$249～494(リゾート料金$39、駐車場リゾート料金に含む) CCADJMV 🔑548室 ネットWi-Fi リゾート料金に含む 🚗ストリップより車で約20分

お役立ち情報 **サマリンにあるショッピングモール** ▶レッドロック・カジノリゾート&スパから徒歩5分ほどの場所にあるダウンタウン・サマリン(Map折込裏 A2外)には、デパートやスーパー、人気ブランド店などが揃っている。

高級ホテル

♥♠♣◆ パリの魅力を満載したカジノリゾート

フォーコーナー Map P.30-B3

パリス・ラスベガス
Paris Las Vegas

左／夜景の美しさで際立つカジノホテルだ　右／エッフェル塔を見上げるカジノ側入口。エッフェル塔には展望台もある

Le Boulevard

ゴードン・ラムゼイ・ステーキ➡P.215、エッフェル塔レストラン➡P.216、カフェ・ベル・マドレーヌ➡P.225など14店

シャトー・ナイトクラブ＆ルーフトップ➡P.171などバー＆ラウンジ8店

ウエディング施設

パリの街をここまで再現

世界一の観光都市といわれる、パリ。そのパリの名所旧跡が凝縮されて砂漠の街に出現した。最初に目に飛び込んでくるのが、**エッフェル塔**（→P.59）。本家の高さが324mに対しこちらは165m。上には展望台、下層部には**レストラン**（→P.216）が入っていて、どちらも

ストリップの夜景を堪能できる絶景スポットとして人気だ。エッフェル塔の奥に見えるホテルタワーはパリの市庁舎をまねたもの。青い屋根と上層階の装飾に本家と同じネオルネッサンス様式が見て取れる。市庁舎

パリ

N

空港シャトル、ツアーバス乗り場
Le Bar du Sport
レース＆スポーツブック
ツアーロビー
モナミガビ
Mon Ami Gabi

エッフェル塔売店＆チケット売場
Anthony Cools Experience

Burger Brasserie
（アメリカ料理）
Viva Vegas
HR High Tech

Paris Line
Perola
Le Necessities
ビジネスセンター

Shoooz
Wyndham
（駐車場へ）

Napoleon's
（ピアノラウンジ）

ゴードン・ラムゼイ・ステーキ P.215
Gordon Ramsay Steak

JJ's Boulangerie
（コーヒーショップ）

Eiffel Tower
Wine & Spirits

エッフェル塔エレベーター
バカラ
カジノ
エッフェル塔 P.59
Eiffel Tower
エッフェル塔レストラン P.216
Eiffel Tower Restaurant

キャッシャー

スロット
Le Café Île St. Louis

La Creperie
（クレープリー）
コンベンションセンター

売店

カフェ・ベル・マドレーヌ P.225
Café Belle Madeleine
WiFi
客室へのエレベーター

宴会場

HEXX Kitchen & Bar（1階）
Beer Park（アメリカ料理/2階）
シャトー・ナイトクラブ＆ルーフトップ P.171
Chateau Nightclub & Rooftop（ナイトクラブ/2階）

ラウンジ
Vanderpump à Paris
Perfume de Paris
Les Elements
バー

Le Cabaret

正面玄関

ロビー
フロントデスク

チケットブース

宴会場

コンシェルジュ
レンタカー

凱旋門

Paris Theatre

ストリップ（Las Vegas Blvd.）

ホースシューへ

読者の声　**ホテルのサービスクーポンを賢く利用しよう**▶ラスベガスのホテルでは、お得なクーポン券を配布している場合が多い。チェックイン時に渡されるか、客室に置いてあるので確認してみよう。

左／カジノフロアもパリの小道のよう
右／モナビガビのテラス席はパリのカフェのようなさわやかな趣

の右側に見える凱旋門は、実は駐車場への出入口。オープン当初は従業員のあいさつもフランス語だったが、わかりにくいということで英語になってしまったという。

ラスベガスのパリは気球が目印

今やパリスの象徴となっているのが、正面右側のモンゴルフィエ兄弟の青い気球。これは1783年パリの街を飛行し、世界初の有人飛行に成功した熱気球。特に夜はエッフェル塔とともに美しい姿を現す。

外観だけでも十分パリ気分を盛り上げてくれるが、内部も期待を裏切らない。天井を突き破ってエッフェル塔の脚が見えるカジノフロアは、ベルサイユ宮殿の装飾があしらわれ、パリのエスプリにあふれている。カジノの奥から続くショッピングアーケードが**ル・ブルバールLe Boulevard**。ガス灯の明かりがやわらかい石畳風の通路沿いには、パリスのロゴショップやクレープを焼いてくれる店、チーズとワインのおいしいレストランやサルーン風の居酒屋などが並ぶ。アーケードを進めば隣のホースシューにつながり、ホースシューの奥にはラスベガス・モノレールの駅もある。

上／ラグジュアリーな深紅のファブリックを施したレッドルーム
下／パリス・プロムナードにあるラウンジNapoleon's Loungeでは、ピアノの生演奏が楽しめる

どこも評判がいいレストラン

パリスのレストランはどこもおいしいのが自慢。**ノブNobu**や**ヴァンダーポンプVanderpump**などの不動の人気を誇る高級レストランがあるほか、クラシカルなフレンチビストロの**モナビガビMon Ami Gabi**はストリップに初めてテーブル席を出した店で、噴水ショーを眺める最高の場所のひとつだ。**ゴードン・ラムゼイ・ステーキ**（→P.215）は、ヨーロッパで人気のスコットランド人シェフ、ゴードン・ラムゼイの店。パリスにありながら、内装はいたって英国風で、予算はひとり平均で$100と、決して安くはないが、ミシュランで評価される彼の料理をぜひ堪能してみたい。要予約。

ゆったり感のある客室で噴水を見てくつろぐ

パリスは、ラスベガスでは珍しく入口からレセプションまでが近い。さらに客室へのエレベーターホールも近いこともあって、ビジネスマンの評判もよい。客室はシンプルだが、広めの机、室内金庫、冷蔵庫などがあって機能的。日本人にとってうれしいのは、バスタブとシャワーが分かれていてバスタブが深めなこと。ツインの部屋は全体の60%だという。できればストリップ側の部屋を予約しよう。ベラッジオの噴水ショーが部屋から見えるのだ。こんな贅沢はない。

さらに、プールとジャクージも評判がいい。エッフェル塔を眺めながらの日光浴もいいし、カバナを借りればエアコン、テレビ付きで、灼熱の街もとても快適。

エッフェル塔を眺めながら泳ぐ楽しみも。利用は宿泊者のみで無料

DATA

[住]3655 Las Vegas Blvd. S., Las Vegas, NV 89109
☎(702)946-7000
[Free](1-877)796-2096
[URL]www.caesars.com/paris-las-vegas
[料][S][D][T]$61～655、[Su]$124～4429（リゾート料金別途$45.95、駐車場有料）
[CC][A][J][M][V]　[数]2916室
[ネット]Wi-Fi リゾート料金に含む
[行]フォーコーナーから南へ徒歩5分

↘パリスに宿泊したときは、エッフェル塔（→P.59）の入場が1名分の料金で2名入場できるなど、たくさんの特典があっておおいに活用させてもらった。（東京都　Joe　'16）['23]

フォーコーナー Map P.30-B3

高級ホテル

♥♣♠♦ 映画の都ハリウッドの華やかさを再現する

プラネットハリウッド
Planet Hollywood

ベガス！ザ・ショー➡P.161、クリス・エンジェル・マインドフリーク➡P.162

ミラクルマイル・ショップス➡P.196

ゴードン・ラムゼイ・バーガー➡P.216、アール・オブ・サンドイッチ➡P.226など10店

バー＆ラウンジ4店

デジタルサイネージで覆われた建物は、派手な電子広告でひと晩中にぎやかだ

どこに行くにもアクセスしやすいロケーション

　フォーコーナーと新フォーコーナーの中間にあり、観光拠点として立地は抜群。そして向かいには巨大複合施設のシティセンターが位置し、ホテルの1階には大型ショッピングモールが入っていて、便利このうえない。

　ストリップ側の出入口から建物に入ると、そこの全フロ

アはミラクルマイル・ショップス、エスカレーターでひとつ下った階にプラネットハリウッドのカジノがある。このホテルの特徴は、有名歌手の常設公演が行われる**ザッポスシアター**（→P.186）をはじめ、大小さまざまな劇場があること。壮大なイリュージョンに驚かされる**クリス・エンジェル・マインドフリーク**（→P.162）は特に人気だ。

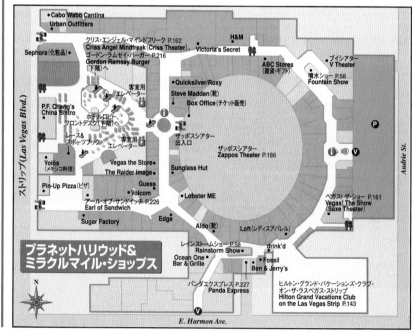

プラネットハリウッド&ミラクルマイル・ショップス

- Cabo Wabo Cantina
- Urban Outfitters
- Sephora（化粧品）
- クリス・エンジェル・マインドフリーク P.162 Criss Angel Mindfreak（Criss Theater）
- ゴードン・ラムゼイ・バーガー P.216 Gordon Ramsay Burger（下階）へ
- H&M
- Victoria's Secret
- ブイシアター V Theater
- ABC Stores（雑貨・ギフト）
- 噴水ショー P.58 Fountain Show
- P.F. Chang's China Bistro
- 客室用エレベーター
- ホテルロビー・フロントデスク（下階）へ
- 客室用エレベーター
- レース&スポーツブック
- Quicksilver/Roxy
- Steve Madden（靴）
- Box Office（チケット販売）
- ザッポスシアター出入口
- ザッポスシアター Zappos Theater P.186
- P
- Yolos（メキシコ料理）
- Pin-Up Pizza（ピザ）
- The Raider Image
- Vegas the Store
- Guess
- Volcom
- Sunglass Hut
- Lobster ME
- ベガス！ザ・ショー P.161 Vegas! The Show（Saxe Theater）
- アール・オブ・サンドイッチ P.226 Earl of Sandwich
- Sugar Factory
- Edge
- Aldo（靴）
- Loft（レディスアパレル）
- レインストームショー P.58 Rainstorm Show
- Ocean One Bar & Grille
- drink'd
- Fossil
- Ben & Jerry's
- パンダエクスプレス P.227 Panda Express
- ヒルトン・グランド・バケーションズ・クラブ・オン・ザ・ラスベガス・ストリップ Hilton Grand Vacations Club on the Las Vegas Strip P.143
- ストリップ（Las Vegas Blvd.）
- Audrie St.
- E. Harmon Ave.
- N

お役立ち情報 **クレイジーガールの銅像** ▶2015年まで、リビエラホテル（現在閉業）にて公演していたバーレスクショー。かなり際どいポーズのセクシーな銅像も、プラネットハリウッドのカジノフロアに移動済みだ。

左／迷路のようなカジノフロア
右／開放的な雰囲気のミラクルマイル・ショップス

週末はカジノフロアがすごい

映画をテーマにしたホテルは客層も若い。深紅やブラウン、落ち着いたオレンジ色を基調としたカジノフロアでは、週末ともなるとスポットライトに照らされてショーガールたちがお立ち台で踊り始める。しかし、カジノの客はセクシーな彼女たちには見向きもせず、ゲーミングに夢中になっているのがおもしろい。また、ホットな話題としてルクソールで人気を誇っていたマジックショー、クリス・エンジェル・マインドフリーク（→P.162）が、2018年12月からプラネットハリウッドに場所を移してスタートした。

便利なミラクルマイル・ショップス

1階のカジノフロアを取り巻くように位置するのが、**ミラクルマイル・ショップス**（→P.196）。テナント数は100以上で、比較的カジュアルな店が多いのが特徴。なかでも日本人がお世話になるのが**ABCストア**（→P.206）だろう。コンビニ感覚で使うことができ、みやげによいものも見つかる。ストリップ側に大きなテラス席がある**カボ・ワボ・カンティーナ Cabo Wabo Cantina**、中華のファストフードである**パンダエクスプレス**（→P.227）、カジュアルにメキシコ料理が味わえる**チポトレChipotle**など、気軽に立ち寄れるレストランが充実しているのも魅力だ。

上／ロビーは映画の都ハリウッドならではの華やかさがある
下／客室もバスルームも広く清潔で使いやすい

映画好きがエキサイトする客室

ホテルとしての機能はストリップとは逆側に位置する。ロビーはカジノから地下に下りた所にあり、車寄せも、レセプションも、こちら側。タクシーや大型バスで訪れた際もこちらを使うことになるので混雑がないのが利点。そして、ホテルの売りのひとつが、映画に関するメモラビリア（ゆかりの品）が飾られる客室だ。例えば、『ランボー』でスタローンが使ったナイフがテーブルのガラスケースの中にあったり、『スティング』でポール・ニューマンがまとったスーツがクローゼット式のディスプレイにつるされるなど、映画ファンならそれらを探すのも楽しみのひとつ。すべて本物で、ファンなら垂涎の的だろう。内装もポップな若々しさがあり、バスルームもシャワーとバスタブが分かれている。

ちょっとのんびりしたいのなら、プールへどうぞ。6階のプールサイドからはストリップを見ることができ、日光浴をすれば隣のエッフェル塔もよく見える。なお、ここのプールでは人工波でボディボードが楽しめる**フロウライダーFlowrider**を実施している（1人30分$30。プールの利用は3～10月の日～木10:00～17:00、金・土10:00～18:00）。

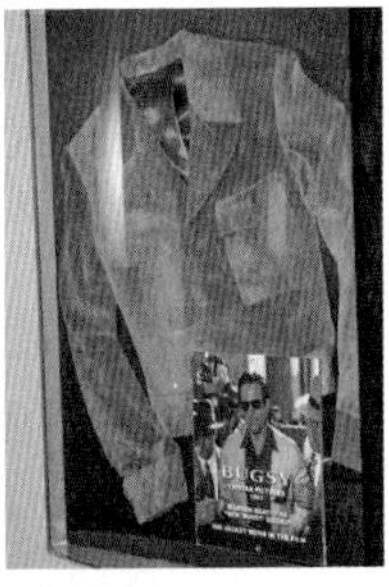

客室にはメモラビリアが。これは『バグジー』でウォーレン・ビーティが着たジャケット

DATA

[住]3667 Las Vegas Blvd. S., Las Vegas, NV 89109
[Free](1-866)919-7472
[URL]www.caesars.com/planet-hollywood
[料]ⓈⒹⓉ$55～874、[Su]$432～2299（リゾート料金別途$45.95、駐車場有料）
[CC][A][J][M][V]　[数]2567室
[ネット]Wi-Fi リゾート料金に含む
[行]フォーコーナーから南へ徒歩8分

LV トリビア **カフェとホテルの経営は別▶**プラネットハリウッド・ホテルはフォーラムショップスにあるプラネットハリウッド・カフェの系列企業ではあるが、直営というわけではなく、経営は別。ロゴなどもまったく異なる。

フォーコーナー Map P.31-A4

高級ホテル

♥♠ 緑豊かなポリネシアの大地へと誘う

ミラージュ
The Mirage

ビートルズラブ ➡ P.158

トム・コリッキオ・ヘリテージ ステーキ ➡ P.218 など14店

バー&ラウンジ5店

ザ・スパ P.179

ビジネスセンター、ウエディング施設

火山の噴火という奇想天外なアイデアが、ミラージュをはじめラスベガスのメガリゾートを発展させた

動植物が暮らす砂漠のジャングル

1989年、シーザースパレスの隣に現れたメガリゾートは、新生ラスベガスの幕開けを告げるできごとだった。火山が火を噴き、熱帯植物であふれ、カラフルな熱帯魚が泳ぐ。スティーブ・ウィン（→P.136）の夢の結実は、まさに砂漠の蜃気楼＝Mirageだった。1990年代にラスベガスの観光客が爆発的に増えたのは、ミラージュのおかげといっても過言ではない。

2022年12月にはMGMリゾーツ・インターナショナルからハードロック・インターナショナルが買収し、新たな一歩を踏み出した。敷地の正面にギターの形状のホテル棟を建設する計画もあるといい、今後のリニューアルに期待がかかる。

必見は**火山噴火ショー**（→P.55）。真っ赤な炎が高く噴き上がり、溶岩流となってラグーンが火の海に！噴火は最高30mまで上がる。

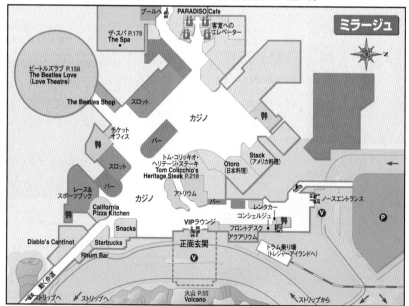

ミラージュ

プールへ　PARADISO Cafe
客室へのエレベーター

ザ・スパ P.179
The Spa

ビートルズラブ P.158
The Beatles Love
(Love Theatre)

The Beatles Shop　スロット

チケットオフィス

カジノ

バー

スロット

トム・コリッキオ・ヘリテージ・ステーキ
Tom Colicchio's
Heritage Steak P.218

Stack
（アメリカ料理）

Otoro
（日本料理）

レース&スポーツブック

California
Pizza Kitchen

カジノ

アトリウム

バー

レンタカー

コンシェルジュ

ノースエントランス

Snacks

VIPラウンジ

フロントデスク
アクアリウム

P

Diablo's Cantinot

Starbucks

正面玄関

トラム乗り場
（トレジャーアイランドへ）

Rhum Bar

V

動く歩道

ストリップへ　ストリップへ

火山 P.55
Volcano

ストリップから

館内案内の色　カジノ関係施設　ショー&アトラクション　ナイトクラブ、ラウンジ、バー

左／スタンダードの客室は約34.5m²。2台のクイーンサイズのベッド、または1台のキングサイズのベッドの部屋もある　右／プールに面した気持ちのよいテラス席のあるレストランもある

ホテルの正面玄関脇に、TI:トレジャーアイランドとを結ぶ無料トラムの乗り場がある。ホテル内部は、ヤシの木とランの花が咲き誇り、滝の音が響くジャングルだ。フロントデスクの後ろに、色とりどりの熱帯魚が泳ぐ水槽が配置されており、ゲストたちの心を和ませてくれる。

クラシカルで上品な客室

老舗カジノリゾートだけあり、カジノフロアの広さは約9290m²。レース＆スポーツブックの大画面モニターが有名で、ポーカールームほか、スロットマシンやビデオポーカーなども充実している。また、テーブルゲームはブラックジャック、クラップス、ミニバカラ、ルーレット、ヨーロピアン・ルーレットなど全14種。

客室は老朽化も指摘されているが、近年改装されたスイートルームが好評。広さは約75m²以上でエレガントなインテリアや天井までの大きな窓など、高級感あふれる空間になっている。また、静かでプライベート感のあるプールも魅力的。滝が流れるトロピカルな雰囲気のプールほか、ヨーロピアンスタイルの大人限定（21歳以上）のプールもある。

エンターテインメント＆ダイニングも充実

ミラージュの看板ショーは、シルク・ドゥ・ソレイユのビートルズラブ（→P.158）。そのほか常設公演で見逃せないのが、アメリカの人気オーディション番組「アメリカズ・ゴット・タレント」で一躍有名になったシン・リムShin Limの革新的なマジックショー、リミットレスLimitless。また、コメディ王国アメリカを代表するコ

メディアン、ジェイ・レノらが出演するエースズ・オブ・コメディ・シリーズAces of Comedy Seriesも評判がいい。

ダイニングはステーキハウスが充実している。特におすすめしたいのが、セレブリティシェフ、トム・コリッキオのヘリテージステーキ（→P.218）。大きな炭火焼グリルでていねいに焼き上げるステーキはこの上なくジューシー。もう少し気軽にステーキを味わうなら、カジュアルなアメリカン・ステーキハウスのスタックStackがおすすめ。カクテルも多く取り揃えていて、エンタメを楽しむ前の腹ごしらえにぴったりだ。

上／静かでエレガントなプールエリア　下／敷地内にはさまざまな草花が植えられ南国のような雰囲気

音楽に合わせたアクロバティックなパフォーマンスが圧巻なビートルズラブ ©Cirque du Soleil

DATA

🏠 3400 Las Vegas Blvd. S., Las Vegas, NV 89109
☎ (702)791-7111　Free (1-800)374-9000
FAX (702)791-7414
URL hardrockhotelcasinolasvegas.com
🛏 ⑤①① $69～682、⑤ $399～4500（リゾート料金$39別途、駐車場有料）　🛏 3044室
CC AJMV　ネット Wi-Fi リゾート料金に含む
🚶 フォーコーナーから北へ徒歩13分

▨ レストラン　▨ ショップ　▨ 駐車場

中級ホテル

♥♣♠ ニューヨーク・シティの名所がぎゅっと詰まっている 新フォーコーナー **Map** P.29-A1〜2

ニューヨーク・ニューヨーク
New York New York

 マッド・アップル➡ P.158

ハーシー・チョコレート・ワールド➡ P.205

Gallagher's Steak house（ステーキ）など 16店

バー＆ラウンジ 8店

ビジネスセンター

マンハッタンの摩天楼にコニーアイランドの遊園地など、NYのアイコンが勢揃いだ

どこかノスタルジーを感じさせる
半世紀前のマンハッタンをテーマにしているホテル。

実物の約2分の1サイズの**自由の女神像**（→P.63）の後ろには、移民博物館やグランドセントラル駅、証券

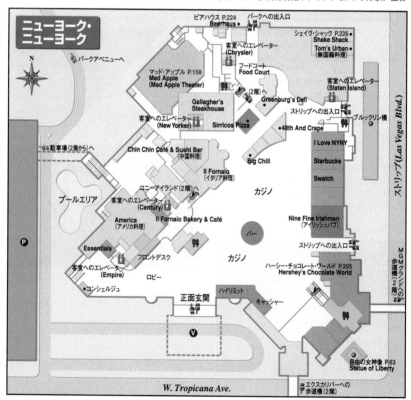

ニューヨーク・ニューヨーク

N

パークアベニューへ

ビアハウス P.224
Beerhaus •

パークへの出入口

マッド・アップル P.158
Mad Apple
(Mad Apple Theater)

客室へのエレベーター
(Chrysler)

フードコート
Food Court

(2階)へ

シェイク・シャック P.226
Shake Shack
Tom's Urban •
(無国籍料理)

Gallagher's
Steakhouse

客室へのエレベーター
(Staten Island)

客室へのエレベーター
(New Yorker)

Sirricos Pizza

Greenburg's Deli

ストリップへの出入口

ブルックリン橋

•48th And Crape

駐車場(2階から)へ

Chin Chin Café & Sushi Bar
(中国料理)

Big Chill

I Love NYNY

Starbucks

Swatch

Il Fornaio
(イタリア料理)

コニーアイランド(2階)へ

プールエリア

客室へのエレベーター
(Century)

カジノ

America
(アメリカ料理)

Il Fornaio Bakery & Café

Nine Fine Irishmen
(アイリッシュパブ)

バー

ストリップへの出入口

P

Essentials

客室へのエレベーター
(Empire)

フロントデスク

ロビー

カジノ

ハーシー・チョコレート・ワールド P.205
Hershey's Chocolate World

コンシェルジュ

正面玄関

ハイリミット

キャッシャー

V

自由の女神像 P.63
Statue of Liberty

W. Tropicana Ave.

エクスカリバーへの
歩道橋(2階)

ストリップ(*Las Vegas Blvd.*)

MGMグランドへの歩道橋(2階)

LV トリビア **9.11のメモリアル** ▶ニューヨーク・ニューヨークの自由の女神と消防船の前には2011年の同時多発テロで犠牲になったニューヨークの消防士のメモリアルがある。

左／カジノフロアにもニューヨークのさまざまなものがデコレーションとして発見できる　右／ニューヨークにちなんだショップが続々とオープン

取引所、税関などマンハッタンにある歴史的な建物が並ぶ。車寄せのある正面玄関は、映画『スパイダーマン』などに登場するニューヨーク市立図書館がモデルだ。屋根の上には時速108kmで走り抜ける恐怖のジェットコースター、**ビッグ・アップル・コースター**（→P.67）がループを描く。これら低層の建物の背後にそびえるスカイラインは、ホテルの客室タワー。エンパイア・ステート・ビル、クライスラ・ービル、センチュリー・ビルなど、NYに実在するビルが林立する摩天楼だ。

1920年代のマンハッタンにタイムスリップ！

ニューヨーク・ニューヨークはホテル内のデザインも楽しい。車寄せから入ると、大理石にブロンズをはめ込んだアールデコ調のフロントデスクが目に留まる。壁には暮れなずむ摩天楼のスカイラインが描かれ、灼熱のラスベガスを一気に忘れさせてくれる。

カジノフロアは約7800m²で、ほかのホテルに比べ天井が高く開放感がある造り。ブラックジャックやポーカーなどのテーブルゲーム、900台以上のスロットマシンを備えている。フードコートの近くにあるレース&スポーツブックでは、45台のテレビと24のビッグスクリーンでプロ、カレッジスポーツの試合を観ることができ、ワールドシリーズ、NBAチャンピオンシップ、スーパーボウルなどの年間予想も可能だ。中央には木々に囲まれたセントラルパークがあって、ストロベリーフィールズの記念碑まである。

スタンダードルームは約32.5m²で1台のキングサイズベッド、または2台のクイーンサイズのベッドが配置されている

ショップやレストランもニューヨーク！

カジノフロアからストリップ側のエスカレーターで上った所はパークアベニュー。ギフトショップやブティックが集まるショッピングエリアで、MGMグランドとエクスカリバーへの歩道橋に接続している。

ストリップ側の歩道は、北隣にある**パークMGM**（→P.128）と同様に改装され、石畳のおしゃれなたたずまいに変身！　ブルックリン橋の南側には**アイラブNYNY　I Love NYNY**、**スウォッチSwatch**などのファッション雑貨やユニーク雑貨を扱うショップが続く。そして、ひときわ目立つ存在が**ハーシー・チョコレート・ワールド**（→P.205）。カラフルなチョコレートハウスの中は甘い香りが漂い、ハーシーのオリジナル商品がたくさん並んでいる。

ラスベガスらしくない風景を楽しもう

ブルックリン橋の北側にはNY発祥のグルメハンバーガー、**シェイク・シャック**があり、ここから東に真っすぐ延びる一帯は、**パーク**（→P.63）と呼ばれるパブリックエリアになっている。木陰をつくる樹木やひと休みできるベンチが設置され、ウオーターウオール、おしゃれなオブジェが続き、ラスベガスであることを忘れてしまうほど穏やかな雰囲気だ。

DATA

[住]3790 Las Vegas Blvd. S., Las Vegas, NV 89109
☎(702)740-6969
[Free](1-800)689-1797
[FAX](702)740-6700
[URL]newyorknewyork.mgmresorts.com
[CC][A][J][M][V]
[料][S][D][T]$47～572、[Su]$164～799（リゾート料金$37別途、駐車場有料）　[数]2024室　[ネット]Wi-Fi リゾート料金に含む
[行]新フォーコーナーから北へ徒歩3分

LV トリビア　**本物そっくり**▶ニューヨーク・ニューヨークにあるブルックリン橋は長さ91m、高さ15mで、ニューヨークにある本物の20分の1のサイズ。

新フォーコーナー **Map** P.29-A3

中級ホテル

♥♠♣♦ モハーベ砂漠に鎮座する漆黒のピラミッド

ルクソール
Luxor

ギザの大スフィンクスより美しい顔立ち

Sahara Ave.
Sands Ave.
Flamingo Rd.
Tropicana Ave.

ブルーマン・グループ
→P.160、タイタニック
→P.66、ボディズ→
P.66

Tender Steak &
Seafood (ステーキと
シーフード)、Public
House (スポーツバー)、
バフェ→P.211など13店

Aurora、Flightなどバー
&ラウンジ3店

ナーチュラ・スパ&サロ
ン P.179

ビジネスセンター

古代エジプトをテーマにした巨大ホテル

巨大なスフィンクスが鎮座する黒光りしたこのピラ
ミッドがホテルだなんて、砂漠の蜃気楼を見ているよ
う。ルクソールを見ずしてラスベガスへ行ったとはいえ
ないので、宿泊の予定がなくてもぜひ訪れてみよう。
エクスカリバーとマンダレイベイを結ぶトラムの駅
(→P.38)がスフィンクス前にある。またエクスカリバー
の2階奥からは動く歩道があり、マンダレイベイとの間
は**ショップス・アット・マンダレイプレイス**(→P.200)
のモールでつながっている。新フォーコーナーのエクス
カリバーから外へ出ずにルクソールとマンダレイベイま
でアクセスできる。

世界第4のピラミッド

ホテル本館のピラミッドは30階建てで高さ107m。クフ
王のピラミッドの8割ほどの大きさだ。本館とは別に2棟のタ
ワーの新館がある。カジノフロアは約1万1150㎡。スロッ
トマシンは1100台以上、ビデオポーカーやキノスロットな
どのマシンも揃う。ブラックジャック、クラップス、ルーレット、
ミニ・バカラ、スリーカード・ポーカーやレット・イット・ライ
ドなどのテーブルゲームがあり、ポーカールームやレース
&スポーツブックのセクションも設けられている。カジノと同
じフロアには、eスポーツ専用施設**ハイパーX・アリーナ・
ラスベガス**(→P.76)もあり、世界中のゲーマーたちの間
で話題になっている。

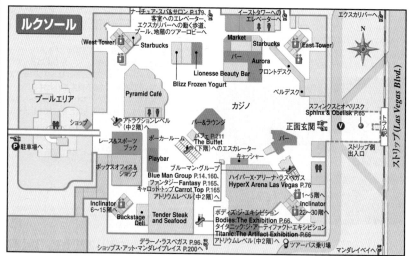

ルクソール

ナーチュラ・スパ&サロン P.179、
客室へのエレベーター、
エクスカリバーへの動く歩道、
プール、地階のツアーロビーへ

イーストタワーへの
エレベーターへ

エクスカリバーへ

N

(West Tower) Starbucks

Market

Starbucks (East Tower)

バー

Aurora

フロントデスク

Lionesse Beauty Bar

ベルデスク

プールエリア

Pyramid Café

Blizz Frozen Yogurt

カジノ

ショップ

ショップ

アトラクションレベル
(中2階)へ

バー&ラウンジ

スフィンクスとオベリスク
Sphinx & Obelisk P.65

正面玄関

V

駐車場へ

レース&スポーツ
ブック

ポーカールーム

バフェ P.211
The Buffet
(下階)へのエスカレーター

バー

キャッシャー

ストリップ側
出入口

ス
ト
リ
ッ
プ
(Las Vegas Blvd.)

トラム駅

Playbar

ボックスオフィス&
ショップ

ブルーマン・グループ
Blue Man Group P.14,160、
ファンタジー Fantasy P.165、
キャロット・トップ Carrot Top P.165
アトリウムレベル(中2階)へ

ハイパーX・アリーナ・ラスベガス
HyperX Arena Las Vegas P.76

1~5階へ

Inclinator
6~15階へ

Backstage
Deli

Tender Steak
and Seafood

ボディズ:ジ・エキシビション
Bodies:The Exhibition P.66、
タイタニック:ジ・アーティファクト・エキシビション
Titanic:The Artifact Exhibition P.66

Inclinator
22~30階へ

デラーノ・ラスベガス P.96、
ショップス・アット・マンダレイプレイス P.200へ

アトリウムレベル(中2階)へ

ツアーバス乗り場

マンダレイベイへ

館内案内の色 ■カジノ関係施設 ■ショー&アトラクション ■ナイトクラブ、ラウンジ、バー

シンボリック　ルクソール

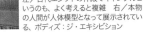

左／古代エジプトの神殿でギャンブルというのも、よく考えると複雑　右／本物の人間が人体模型となって展示されている、ボディズ：ジ・エキシビション

古代遺跡の宝庫？

ピラミッドの床面積は3万3057m²以上。とにかく広いのでホテルマップを見て歩こう。

ストリップから入ると荘厳な神殿がギャンブラーを出迎える。この神殿も、ファラオや神々の像も、すべてカルナック神殿などエジプトの遺跡から発掘された出土品の精巧なレプリカだ。

神殿の門をくぐれば、そこはギャンブラーの聖域。ゴールドをふんだんに使ったゴージャスなカジノだ。賭け金の高いハイリミットエリアはピラミッドのちょうど中心にある。ピラミッドパワーを手に入れることができれば億万長者も夢ではない！

カジノからエスカレーターを上がった所はアトラクションレベル。タイタニック号がテーマの**タイタニック：ジ・アーティファクト・エキシビション**（→P.66）や人体の仕組みを紹介した**ボディズ：ジ・エキシビション**（→P.66）など見応え十分の展示が揃っている。

“斜め”を体験してみよう！

ピラミッドの四隅に設けられたエレベーターは**インクリネーター Inclinator**と呼ばれ、外壁に沿って39度の勾配を昇る。残念ながら実際にエレベーターに乗っても、周りが壁なので、その勾配は実感できないかもしれない。

ピラミッド本館の6階以上の客室は、壁も窓も斜め。スタンダードはシャワーのみでバスタブはない。調度品にはクレオパトラの印や象形文字が刻まれていて、カーペットもエジプトのシンボルをモチーフにしている。22・23階が眺めのよさでおすすめだが、16階以上はインクリネーターが1ヵ所にしかないため、部屋によってはピラミッド半周分も廊下を歩くことになる。下層階ほどの距離ではないが、それでもけっこう疲れる！

上／2万200m²あるプールエリアには4つのプールが配置されている　下／エレガントな雰囲気のゲストルーム。写真はタワーデラックス

ディナーもファラオに囲まれて

ルクソールのレストランはいずれもユニークで、テーマに沿ったインテリアが楽しい。カジュアルダイニングが主流で、スポーツバーの**パブリックハウスPublic House**、タコスとテキーラがウリの**ディアブロズ・カンティーナDiablo's Cantina**、年中無休の**ピラミッドカフェPyramid Café**、ニューヨーク風の**バックステージデリBackstage Deli**などがある。バフェの**バフェ**（→P.211）は、カジノからエスカレーターで下りた地階にある。広々としたバフェで、ここも古代エジプトの雰囲気が漂う。ヘルシーな料理が充実していて、料金が安いわりに味もよいと好評だ。

ステーキハウス、テンダー・ステーキ & シーフードでボリュームのある食事を楽しもう

DATA

[住]3900 Las Vegas Blvd. S., Las Vegas, NV 89119
☎(702)262-4000
[Free](1-877)386-4658
[FAX](702)262-4405
[URL]luxor.mgmresorts.com
[CC][A][J][M][V]
[料][S][D][T]$35～700、[Su]$70～741（リゾート料金$35別途、駐車場有料）
[数]4400室　[ネット]Wi-Fi リゾート料金に含む
[行]新フォーコーナーから南へ徒歩10分、新フォーコーナーのエクスカリバー➡**P.114**からトラムで約10分（エクスカリバー→マンダレイベイ経由→ルクソール）

レストラン　ショップ　駐車場

高級ホテル

♠♥♣ 砂漠に現れた南太平洋のビーチリゾート

マンダレイベイ
Mandalay Bay

新フォーコーナー Map P.29-A4

マイケル・ジャクソン：ワン→P.156、シャークリーフ・アクアリウム→P.67

ショップス・アット・マンダレイプレイス P.200

フルール・ステーキ→P.214など19店

バー＆ラウンジ7店

スパマンダレイ P.178

その他 ビジネスセンター、ウエディングチャペル

南国の植物がゴールドの建物によく映える

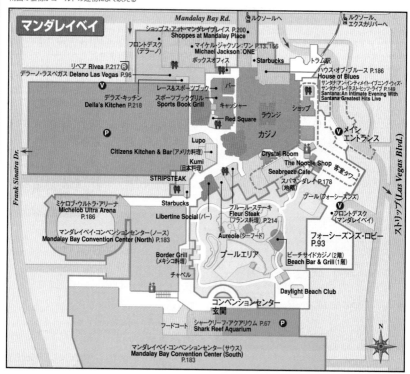

マンダレイベイ

Mandalay Bay Rd.

ルクソールへ

ルクソール、エクスカリバーへ

ショップス・アット・マンダレイプレイス P.200
Shoppes at Mandalay Place

フロントデスク（デラーノ）

マイケル・ジャクソン：ワン P.13、156
Michael Jackson : ONE

ボックスオフィス

Starbucks

トラム駅

リベア Rivea P.217

ハウス・オブ・ブルース P.186
House of Blues

デラーノ・ラスベガス Delano Las Vegas P.96

サンタナ・アン・インティメイト・イブニング・ウィズ・サンタナ・グレイテスト・ヒッツ・ライブ P.149
Santana:An Intimate Evening With
Santana Greatest Hits Live

デラズ・キッチン
Della's Kitchen P.218

レース＆スポーツブック

バー

スポーツブックグリル
Sports Book Grill

キャッシャー

ショップ

Red Square

ラウンジ

カジノ

メインエントランス

Lupo

Citizens Kitchen & Bar（アメリカ料理）

Crystal Room

Kumi（日本料理）

The Noodle Shop

STRIPSTEAK

Seabreeze Cafe

スパマンダレイ P.178（地階）

客室タワー

Starbucks

プール（フォーシーズンズ）

フロントデスク（マンダレイベイ）

ミケロブ・ウルトラ・アリーナ
Michelob Ultra Arena
P.186

Libertine Social（バー）

フルール・ステーキ
Fleur Steak P.214

フォーシーズンズ・ロビー
P.93

マンダレイベイ・コンベンションセンター（ノース）
Mandalay Bay Convention Center (North) P.183

Aureole（シーフード）

Border Grill（メキシコ料理）

ビーチサイドカジノ（2階）
Beach Bar & Grill（1階）

チャペル

プールエリア

Daylight Beach Club

コンベンションセンター玄関

ストリップ（Las Vegas Blvd.）

Frank Sinatra Dr.

フードコート

シャークリーフ・アクアリウム P.67

マンダレイベイ・コンベンションセンター（サウス）
Mandalay Bay Convention Center (South)
P.183

N

各ホテルの注目ポイント：  =ショー ＝ショップ ＝グルメ ＝ナイトクラブ ＝スパ

シンボリック マンダレイベイ

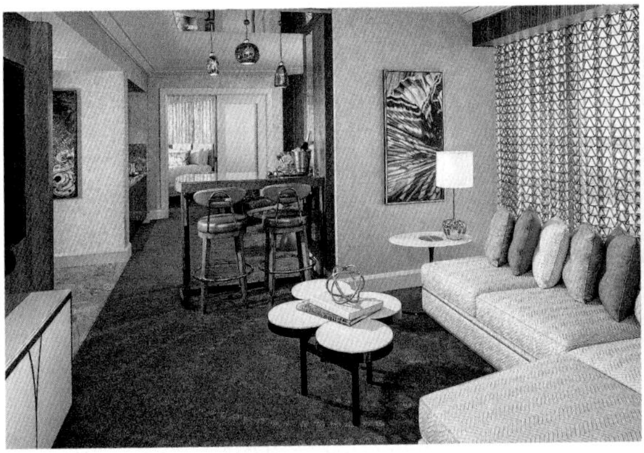

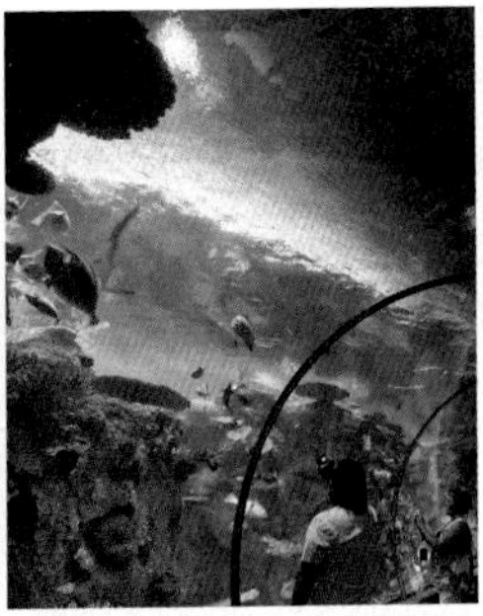

左／客室はカジノのイメージとは異なり、明るく清潔感がある。写真はスイートルーム　右／水族館のシャークリーフは水のトンネルが圧巻

テーマは南太平洋

飛行機がラスベガスへの着陸態勢に入ると、ゴールドとオフホワイトがまぶしい建物が、真っ先に目に飛び込んでくる。ストリップの南に立つ、マンダレイベイだ。ヤシの木に囲まれ、さわやかな印象のホテルのテーマは、南太平洋。南国のリゾートをイメージして、熱帯の植物があちこちで訪れる人々を歓迎している。開放感のあるロビーには、涼しげに泳ぐ熱帯魚たちの楽園も見える。ホテルの特徴は、メガリゾートにありがちな喧騒がほとんどないこと。カジノを通らずに客室やレストラン街へ行けるのも、ラスベガスとしては親切な造りだ。

館内には、ホテルの設備としては全米で最大級の大きさを誇る**コンベンションセンター**（→P.183）があり、大きなトレードショーやコンベンションも頻繁に行われる。近年拡張工事を終えて、さらに大きなコンベンションセンターになった。

時差ボケ解消＋αのプール

ホテルの自慢のひとつが、プールの充実度だ。いちばん大きな波のプール、**マンダレイベイ・ビーチMandalay Beach**は広さ4万4520m²。プールサイドの代わりに2700トンの砂を使用して砂浜を再現している。波の高さは最大1m80cmに達し、サーフィンに興じる人もいるほどだ。波のプールを囲むように4つのスイミングプールと流れるプール、ジョギングトラックまで設けられている。

夏の間に**デイライト・ビーチクラブDaylight Beach Club**(金・土11:00～18:00、日12:00～18:00[料]女性$20～、男性$30～）を開催している。また、ヨーロピアンビーチをイメージした**モーレア・ビーチクラブMoorea Beach Club**は大人の社交場として人気があるビーチだ。1年中オープン。

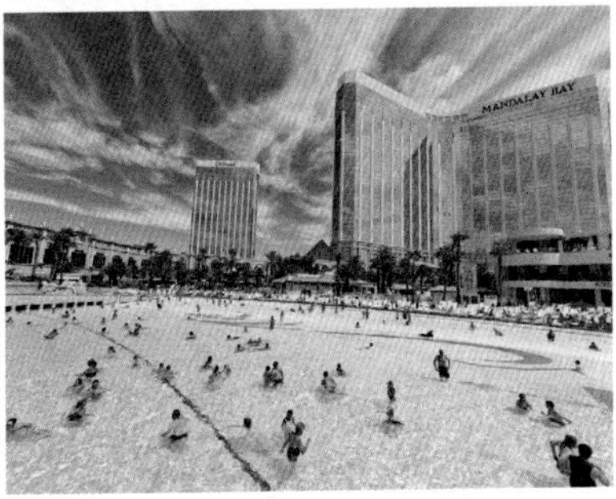

マンダレイベイのご自慢が、6つあるプール。デラーノ、フォーシーズンズのゲストも使える

食事とエンタメの時間も欲しい

マンダレイベイは、クオリティの高いレストランの多さでも知られる。高級フランス料理**フルール・ステーキ**(→P.214)をはじめとして、チャーリー・パーマーのフレンチアメリカ料理、**オレオールAureole**、ウルフギャング・パックのイタリア料理店**ルポLupo**、サンタモニカ市民に長年愛されているメキシコ料理**ボーダーグリルBorder Grill**、観劇前に軽く食べたいガストロパブの**リバティーン・ソーシャル**(→P.209)など、どのレストランも甲乙つけがたいくらいすばらしい。

また、北隣のルクソールとの間がショッピングモール**ショップス・アット・マンダレイプレイス**（→P.200）になっていて、外に出ることなくウインドーショッピングを楽しみながら移動できる。

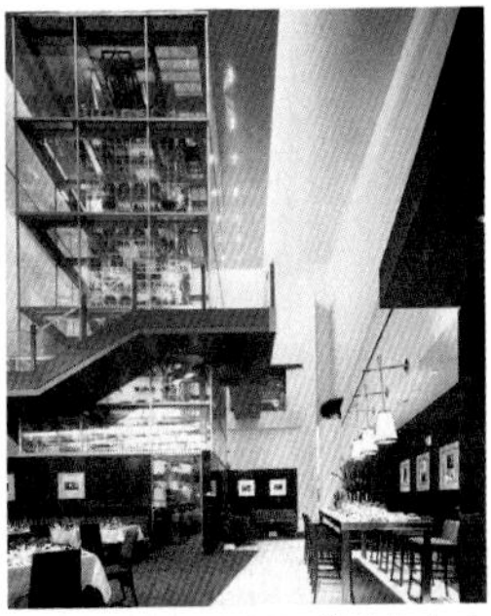

店の中央に巨大なワインセラーがあるオレオール

エンターテインメントでは、**マイケル・ジャクソン：ワン**(→P.156)だけでなく、**ミケロブ・ウルトラ・アリーナMichelob Ultra Arena**や**ハウス・オブ・ブルースHouse of Blues**などのコンサートホール(→P.186）もあり、大物スターの公演が頻繁に行われている。

DATA

[住]3950 Las Vegas Blvd. S., Las Vegas, NV 89119
☎(702)632-7777 [Free](1-877)632-7700 [FAX](702)632-7812 [URL]mandalaybay.mgmresorts.com [料]ⓈⒹⓉ$59～1698、[Su]$89～3400（リゾート料金$39別途、駐車場有料）
[CC][A][J][M][V] [数]3209室 [ネット]Wi-Fi リゾート料金に含む
[行]新フォーコーナーのエクスカリバーからトラムで1駅

♠=カジノホテル　=ノンゲーミングホテル（カジノ施設のないホテル）

中世アーサー王伝説がよみがえる老舗ホテル

エクスカリバー
Excalibur

新フォーコーナー Map P.29-A2

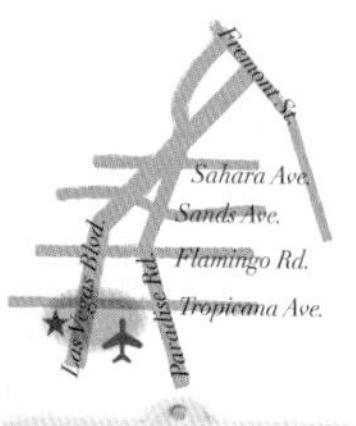

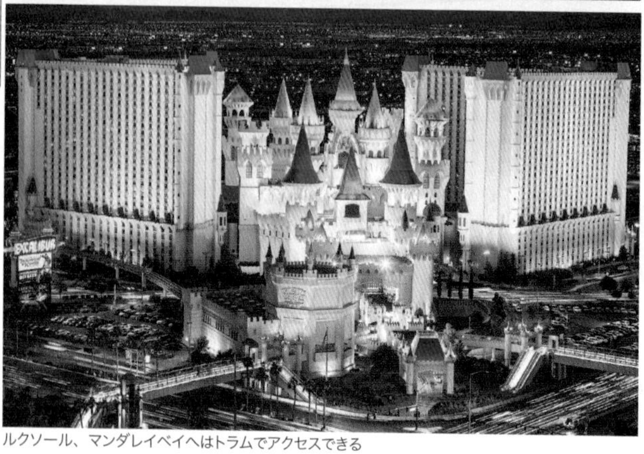

ルクソール、マンダレイベイへはトラムでアクセスできる

🎭 トーナメント・オブ・キングス➡P.161、サンダー・フロム・ダウン・アンダー➡P.164、オーストラリアン・ビージーズ・ショー➡P.165

🍴 バフェ➡P.211、Dick's Last Resort（アメリカ料理）など21店

🍸 バー&ラウンジ4店

💆 The Spa at Excaliber

[その他] ビジネスセンター、レンタカー

家族みんなで楽しめるカジノホテル

新フォーコーナーの一角を占めるメルヘンチックなお城は、アーサー王伝説をテーマにしたホテルで、エクスカリバーとはアーサーが持っていた魔法の剣の名前だ。

お堀を越えれば、中世ヨーロッパのファンタジーの世界。カジノも比較的安い賭け金で遊べるし、宿泊料金もリーズナブル。家族で泊まればかなりお得。

マンダレイベイ行きのトラム（→P.38）駅がストリップ側歩道橋の手前にあり、お隣のルクソールへの動く歩道は2階の奥にある。また、ラスベガスの市内観光に便利なツアーバスの**ビッグバスBig Bus**（→P.42）も発着していて、何かと便利だ。

カジノフロアは約9290m^2。スロットマシンは約1400台、テーブルゲームはひととおりあり、キノラウンジ、レース&スポーツブックのセクションも設けられている。

レストランと家族向けファンスポットが充実

2階にはレストランがあり、本格イタリアンの**ブカ・ディ・ベッポBuca di Beppo**、バーベキューなど南部料理をサーブする**ディックス・ラスト・リゾートDick's Last Resort**、メキシコ料理のチェーン店**バハ・フレッシュBaja Fresh**などカジュアルな雰囲気のダイニングがある。テイクアウトOKの**バフェ**（→P.211）も人気。**フードコートCastle Walk**（→脚注）には、スターバックス、クリスピー・クリーム・ドーナツ、南部料理のポピーズPopeyes、アジア料理のピックアップ・スティックスPick Up Stixなど11店舗が並ぶ。

正面玄関前の階段を下りた地階はアトラクションフロアで、アーケードゲームが200以上揃った**ファンダンジョンFun Dungeon**（毎日12:00〜23:00オープン）があり、世界最大のパックマンWorld's Biggest PAC-MANやメガスタッカーMega Stackerなども入っている。

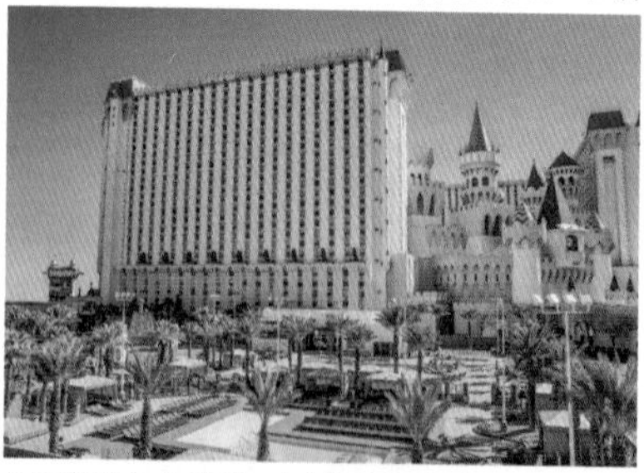
4つの温水プールがあり、大人専用プール（18歳以上）やウオータースライダーがあるプールなど、充実している

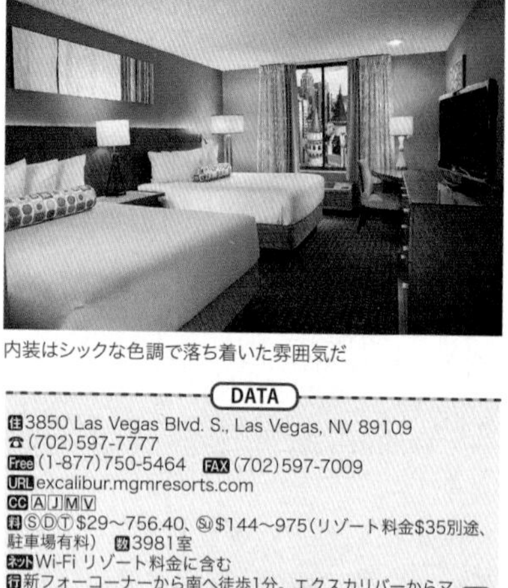
内装はシックな色調で落ち着いた雰囲気だ

DATA

[住]3850 Las Vegas Blvd. S., Las Vegas, NV 89109
☎(702)597-7777
[Free](1-877)750-5464 [FAX](702)597-7009
[URL]excalibur.mgmresorts.com
[CC][A][J][M][V]
[料]ⓈⒹⓉ$29〜756.40、[Su]$144〜975（リゾート料金$35別途、駐車場有料） [数]3981室
[ネット]Wi-Fi リゾート料金に含む
[行]新フォーコーナーから南へ徒歩1分。エクスカリバーからマンダレイベイ、ルクソール行きのトラムが出ている ♿

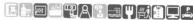

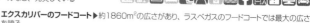

LV トリビア **エクスカリバーのフードコート**▶約1860m^{2}の広さがあり、ラスベガスのフードコートでは最大の広さを誇る。

ハワード・ヒューズ

ラスベガスに鉄道駅ができた1905年、街の将来を大きく変えることになる男がふたり生まれた。バグジー・シーゲル（→P.122）とハワード・ヒューズ Howard Hughesだ。

ヒューズは、航空、映画産業を中心とする多角経営で、のちに"ヒューズ帝国"と呼ばれる一大企業グループを築き上げた実業家。『地獄の天使』、『暗黒街の顔役』といった映画を制作したプロデューサーの顔ももち、ジェーン・ラッセル、エバ・ガードナーら多くのハリウッド女優と浮名を流した。また、飛行家としても有名で、29歳のときに時速567kmで飛行し世界最速記録を樹立。33歳で世界一周飛行に挑戦、それまでの記録を一気に半分に縮める91時間14分で達成した。

42歳のときにはジャンボ機より大きな木製飛行艇スプルース・グースを造ったが、初飛行はわずか20秒で墜落。この失敗を機にすっかり人嫌いになり、極端な隠遁生活に入る。写真を撮られることはもちろん、人と顔を会わせるのも避けるほどになった。

サンズホテルの跡地に建てられたベネチアン

1966年11月、ラスベガス駅の数キロ手前に列車が臨時停車し、救急車が横付けされた。男を乗せた救急車は、病院ではなくデザートイン（現在のウィン・ラスベガス→P.86）の裏口に到着。目隠しをした担架はエレベーターでスイートルームへ。……そう、乗っていたのは、この前年にTWA航空を5億ドルで売却して人々を驚かせたハワード・ヒューズその人だった。別に急病だったわけではない。人に顔を見られるのが嫌だった。

なんと彼は、この日以後3年以上にわたり、カーテンを閉めきった部屋から一歩も出なかった。潔癖症だったとみえて、トラック1杯分のティッシュペーパーを持ち込み、空気清浄機は24時間つけっ放し。ホテルスタッフも部屋へ寄せつけず、「ヒューズの顔を見た人間はいない」とすらいわれている。また、彼は薬漬けでほとんど寝たきりになり、廃人同様の生活を送っていたとの説もある。

デザートインの最上階に住み、電話1本で仕事

ヒューズはデザートインの最上階に住んでいたが、ギャンブルをしない客にハイローラー用スイートを独占されるのは、ホテルにとってありがたくない。そこで「部屋を移ってほしい」と申し入れたところ、ヒューズは即座に1320万ドルをマフィアに渡し、思う存分わがままが言える環境を整えてしまった。ホテルごと買収したのだ。

さらにTWA航空の売却利益にかかる税金対策としてサンズ（現ベネチアン）などのカジノ＆ホテル、航空会社、空港、テレビ局、近郊の鉱山まで買いあさり、まるでラスベガス全体を買い占めるような勢いであった。慌てた州政府が独占禁止法を施行するまで買収は続き、ついにフォーチュン誌の世界の企業長者番付でトップになった。

空港や土地を買い占めた目的は、超音速旅客機に対応できる空港を建設すること。地元TV局の買収は、大好きな映画を深夜まで観るためだった。ちなみに、彼は買収した物件を実際に見たことはない。何しろ、すべては部屋から出ずに電話一本で行われていたからだ。

1970年、ヒューズは別居中だったジーン・ピータースと離婚。事業上の裁判にも敗れ、来たときと同じように目隠しをした担架でデザートインをあとにした。

ラスベガスではヒューズの買収劇をきっかけに、ほかのホテル経営者たちも次々にマフィアと手を切り、クリーンになったことによって投機ブームが起こり新たなホテルが次々に誕生。町は活気を取り戻した。

乱暴者（マフィア）と正面から勝負し、町の人々に戦う勇気を与えて、ひとり静かに町を去っていく……。まるで西部劇のヒーローみたいだが、本当は、政府のマフィア撲滅運動で金儲けがしにくくなったラスベガスを、マフィア自ら放棄したのが実情だともいわれている。

ラスベガスを去ったあと、ヒューズはバハマで孤独な隠遁生活を送っていたが、1976年、ヒューストンへ向かう自家用機内で70年の数奇な生涯を閉じた。死因は心臓病ともいわれるが、はっきりしていない。

なお、ハワード・ヒューズについては、レオナルド・ディカプリオ主演の映画『アビエイター』（2004年）で詳しく紹介されている。

天井のフレスコ画が印象的なベネチアンのロビー。まやかしの豪華さに惑わされそうになる

Symbolic シンボリック

ユーザーフレンドリーなサービスがうれしい

フォーコーナー東 **Map** 折込裏 C5

ヴァージン・ホテルズ・ラスベガス
Virgin Hotels Las Vegas

エコノミーホテル

左／金色の大きな屋根の付いたエントランスが目印
右／3つのプールがあり、夏季にはDJが盛り上げるビーチイベントも催される

Nobu（日本料理）、Kassi Beach House（アメリカ料理）など12店

バー＆ラウンジ4店

The Spa

若いスタッフたちが働く活気あるホテル

　世界でリゾートホテルを手がけるヴァージングループが、旧ハードロック・ホテル＆カジノ・ラスベガスを買収し、2021年に新たなホテルを誕生させた。ストリップ沿いのメガリゾートに比べて客室数は少ないが、プールを囲むように3つのホテルタワーが建てられており、周囲の喧騒を忘れる落ち着いた雰囲気だ。ヒルトンの高級ブランドであるキュリオ・コレクションCurio Collectionと提携したていねいでアットホームな接客も魅力。

　レストランやバーも若者向けのカジュアルなものが多い。プールに面したテラス席が気持ちいい**カッシ・ビーチ・ハウスKassi Beach House**は、毎日ブランチ営業をしているので利用しやすい。

DATA

4455 Paradise Rd., Las Vegas, NV 89169
(702)693-5000 Free (1-800)693-7625
URL virginhotelslv.com S D T $80～770、Su $480～790
（リゾート料金$45別途、駐車場無料）CC A D J M V
1504室 ネット Wi-Fi リゾート料金に含む RTDバス #108（南行き）でParadise Rd.とHarmon Ave.の角で下車

中級ホテル

エキゾチックな音楽の都ニューオリンズがテーマ

新 フォーコーナー **Map** 折込裏 A6 外

オリンズ
The Orleans Hotel & Casino

左／古きよきアメリカ風情たっぷりな居心地のよい空間
右／近年改装された客室は広くて清潔

Alder＆Birchなど13店

バー＆ラウンジ2店

Spa Orleans

ビジネスセンター、オリンズアリーナ➡P.186、ボウリング場、映画館

ストリップから離れているぶんリーズナブル

　ニューヨーク・ニューヨークの角から西へ車で走ると、右側に見えてくる外観は、まさにニューオリンズのフレンチクオーター。スペイン風のバルコニーが美しい。
　ホテル内に映画館とボウリング場を併設したことで、地元客を呼び込むことにも成功している。52レーンを有するボウリングは、1ゲーム平日$4.25～、週末$5.25～。靴の貸出もあるので気軽に利用してみよう。
　メインダイニングとなるのは、ステーキやシーフードなどクラシカルなアメリカ料理を提供する**アルダー＆**

バーチAlder & Birch。このほかにも、夜遅くまでやっているカジュアルレストランやファストフード店もひと通りそろうので、食事で困ることはなさそうだ。

DATA

4500 W. Tropicana Ave., Las Vegas, NV 89103
(702)365-7111 Free (1-800)675-3267 FAX (702)365-7500
URL www.orleanscasino.com S D T $42～270、Su $240～435（リゾート料金$34.99別途、駐車場無料）CC A D M V
1886室 ネット Wi-Fi リゾート料金に含む MGMから Tropicana Ave.を西へ3マイル、車で10分

116　各ホテルの注目ポイント： =ショー =ショップ =グルメ =ナイトクラブ =スパ

満を持して誕生したアジア系リゾート

リゾート・ワールド・ラスベガス
Resorts World Las Vegas

ストリップ北 [Map] P.31-A2

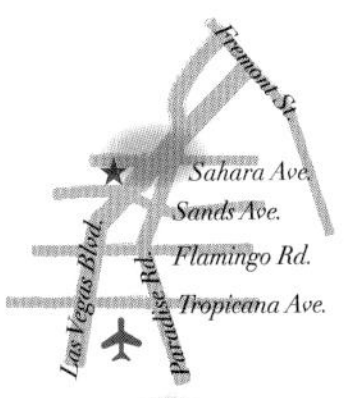

🍴 フフ → P.221、Crockfords（中国料理）、Carversteak（アメリカ料理）など33店

🍸 エイト・ラウンジ → P.171などバー&ラウンジ15店

アワナスパ → P.176

[その他] ウエディングチャペル

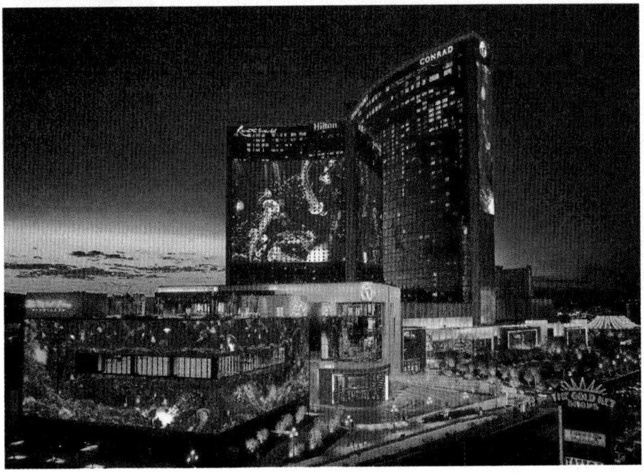

遠くからでもよく目立つ真っ赤な建物

ベガスで建物からホテルが誕生するのは12年ぶり

2021年6月、北ストリップ地区、サーカスサーカス（→P.118）の南隣に誕生した話題のホテル。ホテル建設が発表されたのは2013年だが、その後しばらく放置され、2015年建設を開始したものの何度も開業時期を延期し、満を持してのオープンとなった。ストリップ地区において建物から建設したホテルが開業するのは、2010年12月にオープンしたコスモポリタン（→P.94）以来、実に12年ぶりだ。

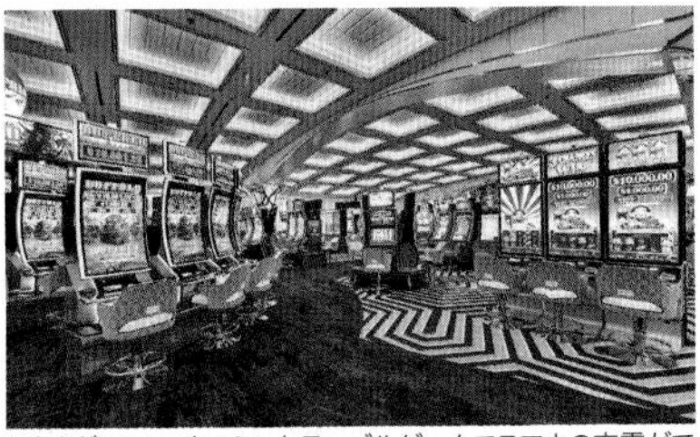
ほとんどのスロットマシンとテーブルゲームでスマホの充電ができるようになっている

アジアンテイストな雰囲気が新鮮

敷地面積88エーカーという広大な敷地内に建つ建物は、真っ赤な本を開いたような形と、一面に造られた巨大なLEDスクリーンが目を引く外観が印象的。ショッピングモールにある直径15mの球体も全面スクリーンとなっており、終始さまざまな動画が流れている。運営がマレーシアの華僑ということもあり、全体的に東洋風な演出が多くエキゾチックな雰囲気に仕上がっている。

客室は、**ヒルトンHilton**、**コンラッドConrad**、**クロックフォーズCrockfords**の3ブランドにより運営されており、それぞれコンセプトやサービス内容、宿泊料金が異なるばかりか、フロントロビーも別々だ。

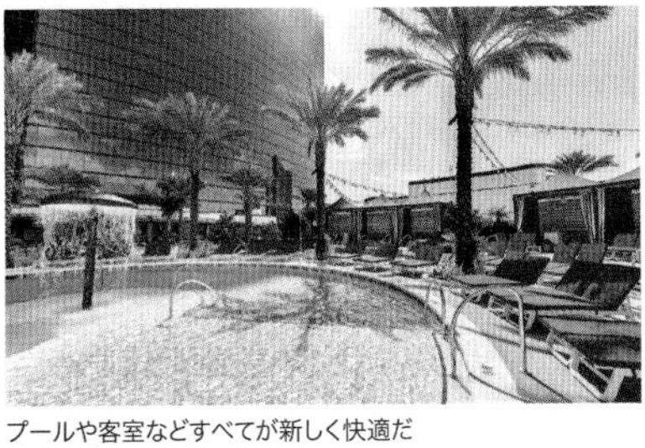
プールや客室などすべてが新しく快適だ

最新カジノはテクノロジーを駆使した新たなシステムが話題。アプリに登録すれば、スロットマシンやテーブルゲームにログインしたり、デジタルウォレットに入金した資金でゲームを楽しめるのが新鮮だ。もちろん現金や会員カードでも遊べるのでご安心を。

レストランは、タイや日本、中国料理を提供する**フフ**（→p.221）や、本格的な高級中国料理が評判の**ゲンティン・パレスGenting Palace**など、レベルの高いアジア料理レストランがそろう。アジア屋台のような趣のフードコートもおすすめだ。

DATA

[住]3000 Las Vegas Blvd. S., Las Vegas, NV 89109
[Free](1-833)720-0585　[URL]rwlasvegas.com
[料]ヒルトンⓈⒹⓉ$111～504、コンラッドⓈⒹⓉ$165～461、[Su]$231～1191、クロックフォーズⓈⒹⓉ$230～483、[Su]$831～8819（リゾート料金$45別途、駐車場有料）
[CC][A][D][J][M][V]　[数]ヒルトン1600室、コンラッド1496室、クロックフォーズ230室
[ネット]Wi-Fi リゾート料金に含む
[行]フォーコーナーからデュースで20分

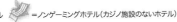

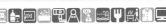

本格的なサーカスが呼び物だった元祖テーマホテル

ストリップ北 [Map] P.31-A1

サーカスサーカス
Circus Circus

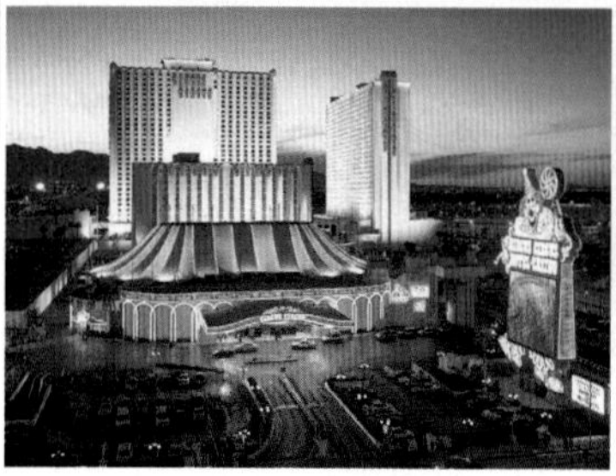

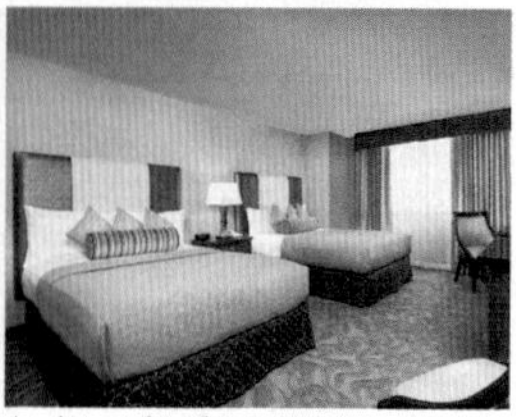

左／リーズナブルな滞在ならこのホテル！　右／カジノタワーの客室

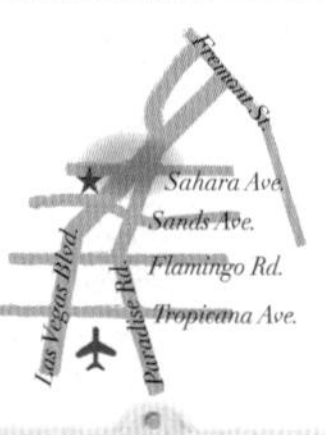

🍴 The Steak House（アメリカ料理）、サーカスバフェ➡P.210など12店

🍸 バー&ラウンジ3店

Salon Circus Circus

[その他] ウエディングチャペル、AVISレンタカー

ロリポップを持ったピエロが目印

　ビッグなピエロの看板と、サーカスのテントを思わせるようなピンクの屋根とエントランス。これらがすべてキラキラと輝き、近年のカジノホテルには見られないようなノスタルジックな雰囲気にあふれている。カジノ=大人のお遊びと思われていた時代に、ファミリーをターゲットに斬新なアイデアで売り出していた。規模こそ縮小したものの、今も昔も**無料のサーカス**（→P.69）が人気だ。ミッドウェイ2階で月～木13:30から、金～日11:30から開催。空中ブランコやロープを使った曲芸、マジックなど10分程度だが、大人が見ても楽しめる。屋内型遊園地の**アドベンチャードーム**（→P.70）もファミリーに人気だ。本業のカジノもかなり庶民的。"ローローラー・ヘブン"と呼ばれ、ゲーミングの賭け金が安い。

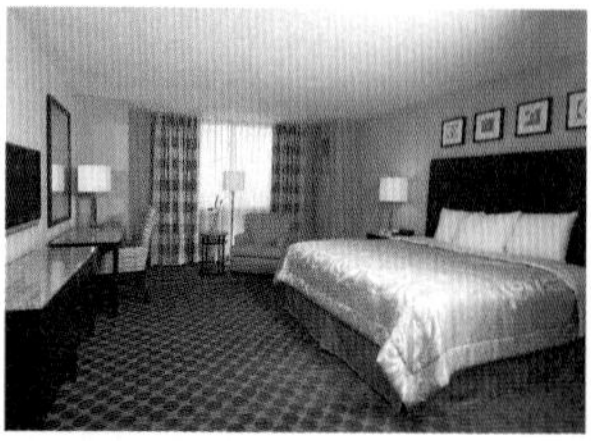

ウエストタワーの客室

　客室の数も多く、近年改装したカジノタワー、ウエストタワー、スカイライズタワーがあり、モーテル風のロッジやRVパークもある。ストリップの中心からは離れているが、デュースのバス停も目の前にあり便利だ。

バフェもリーズナブル

　ストリップで最も安いバフェを提供しているのもここ。ほかにも、レストランでは**ステーキハウスThe Steak House**がおすすめ。30年以上にわたり、ラスベガスのベストステーキに選ばれ、ザガット・サーベイにも高評価を受ける人気店。

DATA

[住] 2880 Las Vegas Blvd. S., Las Vegas, NV 89109
☎ (702) 734-0410　[Free] (1-800) 634-3450　[FAX] (702) 734-2268　[URL] www.circuscircus.com　[CC] [A][M][V]　[料] Ⓢ Ⓓ Ⓣ $22.45～440.05（リゾート料金$37.42別途、セルフパーキング無料、バレーパーキング有料）　[数] 3767室　[ネット] Wi-Fi リゾート料金に含む　[行] フォーコーナーからデュースで20分

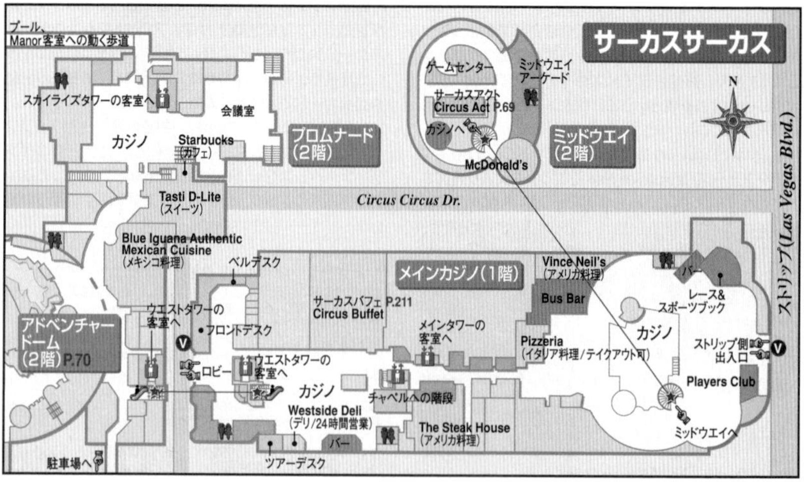

読者の声　**サーカスサーカスのステーキハウス**▶ステーキが有名だが、サーモンなどのシーフードが充実していておいしかった。ドレスコードもカジュアルでOK。（東京都　T.T　'16）['23]

中級ホテル

ラスベガスの成層圏を支配するタワーが目印

ストリップ北 [Map] 折込裏 C2〜3

ストラット・ホテル，カジノ&スカイポッド
The STRAT Hotel, Casino & Skypod

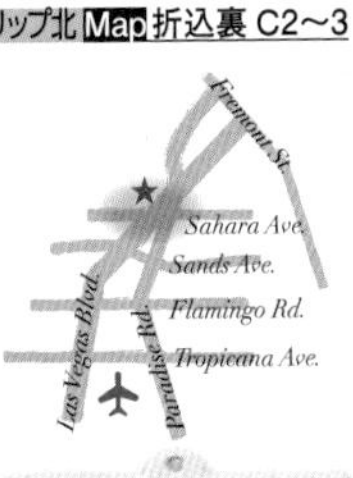
Fremont St.
Sahara Ave.
Sands Ave.
Flamingo Rd.
Tropicana Ave.
Las Vegas Blvd.
Paradise Rd.

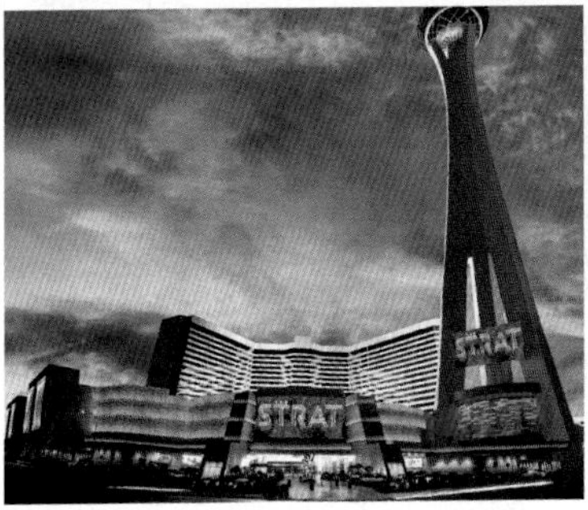
STRAT
STRAT

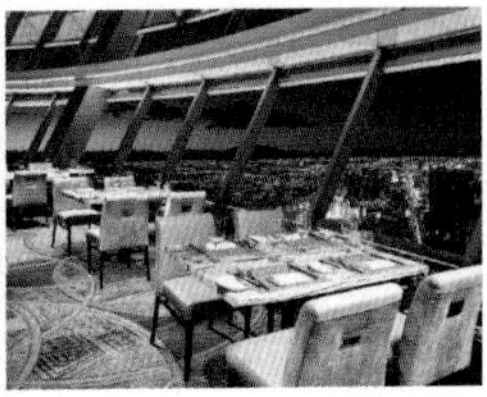

左／ストリップ北のちょっと外れた所にあるカジノホテル　右／タワー上部からラスベガスを見下ろす絶景レストランもある

iLuminate（ダンスショー）など

Top of the World（アメリカ料理）、CHĪ Asian Kitchen（アジア料理）、McCall's Heartland Grill（シーフード&ステーキ）など11店

バー&ラウンジ5店

[その他] ウエディングチャペル（Chapel in the Clouds：108、109、112階でのウエディングが可能）

光の洪水を上から眺める

土地が余るほどあるラスベガスには、巨大なホテルや展示場はあっても背の高い建物はまったくなかった。そこへ1996年、高さ350mのタワーが登場し、市のスカイラインが一変した。開業当時、ストラトスフィア＝成層圏と名づけられたタワーは、アメリカ西部（ミシシッピ川より西）で最も高い建築物。ほかに高いビルがないので、ラスベガスを取り巻く広大な土地のどこからでも見ることができ、方角を知る目印にもなっている。

ラスベガスに来たからには、このタワーからぜひ街の夜景を見ておきたい。特に夕暮れ時がおすすめで、ストリップがやがてホテルのネオンサインで埋まっていくさまは、まさに絶景！　昼間なら高いぶんだけ遠くまで見渡せ、広大なラスベガスバレー全体と周囲を囲む山々の姿がすばらしい。

恐怖のアトラクション

ストラットの目玉は、人々の度肝を抜くスリルライド（→P.70〜71）。地上260mにあるタワー頂上部からバンジージャンプができる**スカイジャンプ**や回転ブランコのような**インサニティ**、シーソーのように動く**エックススクリーム**、フリーフォールの**ビッグショット**と4種類の怖いライドを楽しむことができる。14:00〜22:00（日によって変更あり）営業。これらのアトラクションがある下の階が**展望台**（→P.69）になっている。

初心者でも楽しめるブラックジャック

中心から離れているためか、客寄せのためカジノの配当は高く設定されているという。また、ストリップでは珍しく、シングルデック、ダブルデッカーのブラックジャック（→P.238）を行っているから、記憶力のいい人ならけっこう勝てるかもしれない。

ショッピングモールは2階

スリルライドに乗る人はエスカレーターでまず2階へ。正面玄関からカジノへ入り、エスカレーターを上ると、そこには30以上のショップとレストランが待ち構えている。コイントリックやカードトリックなど、あらゆる種類のマジック用品を扱う**ラスベガス・マジックショップLas Vegas Magic Shop**やマグネットの専門店**マグネットマックスMagnet Max**などのほか、ユニークなギフトを売るキオスクもたくさんある。毎日10:00〜23:00（金・土〜24:00）営業。

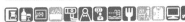

DATA

[住] 2000 Las Vegas Blvd. S., Las Vegas, NV 89104
☎ (702)380-7777
[URL] thestrat.com
[CC] [A][D][J][M][V]　[料] ⓈⒹⓉ$21.60〜409、[Su]$66.60〜529（リゾート料金$39.95別途、駐車場無料）[数] 2427室
[ネット] Wi-Fi リゾート料金に含む
[行] フォーコーナーからデュースで30分

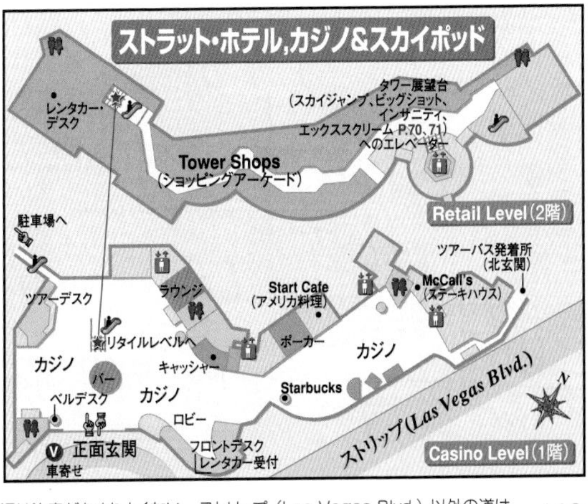
ストラット・ホテル,カジノ&スカイポッド
レンタカー・デスク
タワー展望台
(スカイジャンプ、ビッグショット、
インサニティ、
エックススクリーム P.70、71)
へのエレベーター
Tower Shops
(ショッピングアーケード)
Retail Level(2階)
駐車場へ
ツアーバス発着所
(北玄関)
ツアーデスク
ラウンジ
Start Cafe
(アメリカ料理)
McCall's
(ステーキハウス)
リタイルレベルへ
ポーカー
カジノ
カジノ
バー
キャッシャー
ベルデスク
カジノ
Starbucks
ロビー
正面玄関
車寄せ
フロントデスク
レンタカー受付
ストリップ(Las Vegas Blvd.)
Casino Level(1階)

お役立ち情報　**治安に注意**▶ストラット周辺は治安があまりよくない。ストリップ（Las Vegas Blvd.）以外の道は歩かないように。

Vegas Style ベガス・スタイル

カジノを中心に、レストランなどの付帯施設がそつなく整っている、ラスベガスらしいオーソドックスなカジノホテルをラインアップ。

中級ホテル

♥♦♠ セクシーに生まれ変わった歴史的ホテル

フラミンゴ
Flamingo

フォーコーナー **Map** P.30-B2

エックス・バーレスク→ P.164、ビッフ・ザ・マジック・ドラゴン→ P.163

Bugsy & Meyer's Steakhouse（アメリカ料理）など10店

バー＆ラウンジ7店

The Spa at the Flamingo

その他 ビジネスセンター、UPSストア（郵便）、ウエディングチャペル、レンタカー

ヤシの木が生えるプールエリアはまるで南の島にきたかのよう

トロピカルなカジノも加わってにぎやか

1946年、まだ何もなかった砂漠の真ん中にオープンし、ストリップ開発の先駆けとなった歴史的なホテル。フォーコーナーに位置していてどこへ行くにも便利。というより、フラミンゴを中心にしてストリップが発展し、フォーコーナーも生まれたわけだ。

正面にあるシーザースパレスの敷地があまりにも広大なので、フラミンゴが小さく見えてしまうが、実は約3500室もあるメガリゾート。ホテル内の設備はラスベガスでも屈指の充実ぶりで、生みの親であるバグジー・

シーゲル（→P.122）が掲げた理想どおり、ホテルの中だけで用が足りる。

ホテルのテーマはカリブ海のリゾート。カジノ内もトロピカルカラーにあふれており、大きなガラス窓から陽光が差し込んでとても明るい。ストリップに面したテーマカフェ、**マルガリータビルMargaritaville**内に**マルガリータビル・カジノMargaritaville Casino**が併設。ヤシの葉で葺いた天井にオウムがいたり、スロットマシンの上でサングラスのサメが泳いでいたりと楽しい。カクテルウエートレスの衣装もタヒチっぽくてかわ

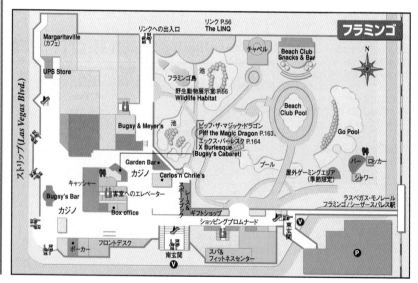

各ホテルの注目ポイント： ＝ショー ＝ショップ ＝グルメ ＝ナイトクラブ ＝スパ

左／GO Roomの客室はスタンダードルームのFAB Roomより$10〜50ほど高い　右／ホテルのテーマカラーであるピンク色がポイントになったGO Roomのバスルーム。歯磨き中もTVを観られる

いい。アロハシャツに短パン姿が似合う、パラダイスなカジノをのぞいてみよう。

ジャングルのような中庭とプールエリア

リンク側の入口から中庭へ出ると**野生動物展示室**（→P.56）があり、本物のフラミンゴたちがせっせと羽を整えている。ホテルにとっては欠かせないマスコットだ。カリブの島をイメージした中庭には3000本のパームツリーが植えられ、気持ちのよい木陰をつくってくれる。くねくねと延びる小道を進めば、滝の水音が響くプールへ出る。南の島のラグーンを再現した、とても評判のいいプールだ。すぐそばの緑の茂みの奥には、ローズガーデンに囲まれたロマンティックなウエディングチャペルもある。

おすすめはGO Room

フラミンゴは古いホテルだが、1993年に全面的に建て直され、その後も数回にわたってリニューアルが行われている。人気の**GO Room**は、真っ白でポップなデザインのヘッドボードやチェアに、セクシーなフラミンゴピンクのアクセントが鮮やか。42インチフラットTV、スマートフォン用ドック、CD/DVDプレーヤーも完備している。バスルームもポップで、ミラーには流行のビルトインTVがある。バスアメニティは日本の女性客にも好評のイギリスのGilchrist and Soames製。中庭とプールエリアの見える部屋も落ち着くが、ストリップ側の部屋から眺めるシーザースパレスのイルミネーションも捨てがたい。

ラスベガスにいることを忘れてしまいそうな緑豊かな中庭とプール

エンターテインメントは充実のラインアップ

ショールームやラウンジでのライブイベントも充実している。なかでも、米ドラァグ・クイーン界の大御所であるル・ポールRuPaulが主催する人気テレビ番組『ル・ポールのドラァグ・レースRuPaul's Drag Race』の世界を間近で体感できる**ル・ポールズ・ドラァグ・レース・ライブ!RuPaul's Drag Race LIVE!**は、ドラァグ・クイーンたちの華やかなメイクと衣装に圧倒される。シアターのそばにはオリジナルグッズやメイク道具が揃うショップ、**ル・ポールズ・ウィーク・ルームRuPaul's Weak Room**もあるので、ショーの前後にぜひ立ち寄ってみよう。また、セクシーな衣装の女性たちのきらびやかなダンスが楽しめる**エックス・バーレスク**（→P.164）は、女性ファンも多い人気のプログラム。このほか、マジックとコメディが融合した**ピッフ・ザ・マジック・ドラゴン**（→P.163）など、ユニークなステージがめじろ押しだ。

フラミンゴの羽毛で花びらをかたどったネオンサインは、写真撮影ポイントのひとつだ

DATA

[住]3555 Las Vegas Blvd. S., Las Vegas, NV 89109
☎(702)733-3111
[URL]www.caesars.com/flamingo-las-vegas
[料]ⓈⒹⓉ$44〜711、[Su]$85〜1319（リゾート料金$39.95別途、駐車場有料）
[CC][A][J][M][V]　[数]3446室
[ネット]Wi-Fi リゾート料金に含む
[行]フォーコーナーから北へ徒歩3分

バグジー・シーゲル

ひとりのマフィアが造り上げたカジノホテル
～フラミンゴホテルはこうして生まれた～

フラミンゴ（→ P.120）の、そしてストリップの生みの親、バグジー・シーゲルはギャングの一味。マフィアの手先として殺人も犯し、600万ドルのためにマフィアに殺された。バグジー Bugsy ＝虫けら。皆、彼のことを陰でこう呼んだが、彼自身はバグジーと呼ばれることを非常に嫌っており、もし耳に入ろうものなら、誰彼かまわず殴り倒した。乱暴、冷酷、キザ、そしてアイデアマン。ラスベガスの大恩人は、そんな男だ。

ラスベガス誕生の最大の
功労者がバグジーだ

開業当初のフラミンゴホテル。バグジーが夢見たホテルだ

砂漠にリゾートを造った夢見る悪党

本名ベンジャミン・シーゲル Benjamin Siegel。ラスベガスに鉄道が敷かれた 1905 年にニューヨークで生まれた。10 代のときに犯した罪は恐喝、傷害、強盗、強姦、そして殺人。32 歳のときに組織（ニューヨークマフィア）の命令でロスアンゼルスに移り、西海岸のマフィアを統括し、麻薬の密輸、競馬場経営、恐喝など、手荒な商売によって巨大な富と権力を手中に収めた。

甘いマスクを鼻にかけたキザな男だったが、ハリウッドスターに顔が広く、ケーリー・グラントやクラーク・ゲーブルとも親しかったという。そして、ハリウッド女優のバージニア・ヒル Virginia Hill と出会い、ビバリーヒルズでともに暮らすようになる。

あるときバグジーは、経営を任されていたさびれたカジノの様子を見るためラスベガスを訪れた。当時のラスベガスは、鉄道駅の周囲に小さなダウンタウンがあるだけ。その帰り道、ダウンタウンから 10km 近くも離れた砂漠の真ん中で、バグジーは突然「ここにホテルを建てよう！」と思いつく（実際には、すでに『エル・ランチョ』というホテルがあったのだが、"伝説"では砂漠のど真ん中ということになっている）。モナコのモンテカルロのような豪華なカジノと、ちょうどリゾートブームに沸いていたマイアミのホテルのような設備をもつリゾートだ。彼の提案は組織にも受け入れられ、さっそく工事が始まった。

ところが、バグジーが自分のイメージどおりのホテルにするために妥協を許さなかったので、完成は大幅に遅れ、当初 100 万ドルの予定だった建築資金もどんどん膨らみ、結局 600 万ドルに。このうちかなりの部分を組織から調達していたため、バグジーは「無駄遣い」、「妄想に取り憑かれている」、「わがまま」などと批判された。そのことは本人もよく承知していたが、「ホテルがオープンして客がどっと押し寄せれば許される」と信じていた。

運命の日、砂漠に冷たい雨が降った……

1946 年 12 月 26 日、フラミンゴのネオンサイン（現在のデザインよりずっと地味！）が砂漠の闇に浮かび上がり、ホテルはオープンした。「フラミンゴ」とは、脚線美を誇るバージニア・ヒルのニックネームであり、バグジーが憧れていたマイアミの象徴でもある。105

最後まで残った開業時の建物。1984 年に壊された

BENJAMIN SIEGEL

1980年代のフラミンゴホテル

の客室はプールを取り囲むように円形に並び、きらびやかなカジノではディーラーもガードマンもタキシードを着用。銀食器の並ぶ本格的なレストラン、ルイ・アームストロングらビッグアーティストがステージを飾るショールーム、9軒のギフトショップ、フィットネスクラブ、乗馬クラブ、ゴルフ場、射撃場まで備えた総合リゾートだ。ところが、この日はなんと砂漠では珍しいひどい雨。ハリウッドスターを乗せてくるはずだったロスアンゼルスからのチャーター便も欠航となり、実にさびしいオープニングとなってしまった。これが祟ったのか、客足は遠のき、赤字は膨らむばかり。わずか2週間で一時休業に追い込まれた。ホテルを再開できたのは3ヵ月後。さらに2ヵ月たってようやく客が入り始めたが、時すでに遅く、組織の「決定」は覆らなかった。

上／ネオンに映し出されるフラミンゴのマーク　下／現在のフラミンゴ。歴史的なものは残っていないが、ホテル内ではバグジーの名前が随所に使われている

バグジーを許さなかった非情の掟

　　──600万ドルもの損害を出した男を許すわけにはいかない──。バグジーの運命は、ホテルのオープニングに失敗したときすでに「決定」されていた。さらに、客が入ってからも赤字経営が続いたため、バグジーが売上金を着服しているとのうわさも流れた。あとは実行の時を待つだけだ。

　バグジーは身の危険を感じていた。分厚い壁と防弾ガラスで防護した自分用の特別室を最上階に造らせ、1ヵ所だけの入口を厳重に見張らせた。いざというときの逃げ道は5とおりあり、例えばクローゼットの裏に秘密の階段があって、ここから地下トンネルへ出ればいつでも運転手が待機していた。

　しかし、ホテル開業の失敗から半年後の1947年6月21日、決定は実行された。彼が9発の銃弾を浴びたのは、何の防護策も講じていなかったビバリーヒルズの邸宅。41歳だった。バージニアはその後オーストリアで自殺した。

暗殺の意外な波紋

　バグジー亡きあとフラミンゴホテルを引き継いだのは、マフィア仲間のガス・グリーンバウム Gus Greenbaum。彼が暗殺犯だという説が根強い。皮肉なことにホテルは、バグジーの死によって一気に有名になった。事件がセンセーショナルに伝えられ、彼が命を賭けてまで建設した砂漠のリゾートをひと目見ようと人々がどっと押し寄せたからだ。バグジーは殺され、ホテルは生き延びた。

　その後フラミンゴは、さまざまな人の手に渡り、一時は日本の企業が買い取ったこともあった。1971年にヒルトンの一員に加わって大改装。オープン以来のマフィアとの関係をようやく断ち切り、次々に客室タワーを増設していった。1990年にはバグジー自らが植えたローズガーデンまで壊し、1994年には開業当初の建物をすべて壊して新築した。現在フラミンゴは、シーザーズエンターテインメントの傘下に入ったものの、今でもバグジーらしさがあちこちに残っている。本人があれほど嫌っていたニックネームが、バグジーキャバレー、バグジーデリ、バグジーバーとして使われているのだ。ダーティな歴史を堂々と宣伝できるのは、現在のホテル経営が健全だという自信の表れなのだろうか？

123

♠♣♥♦ ロケーションよし、コストパフォーマンスよし

高級ホテル

ホースシュー・ラスベガス
Horseshoe Las Vegas

フォーコーナー Map P.30-B2〜3

🎩 Paranomal（マジック）、リアルボディズ➡**P.59**

🛍 グランド・バザール・ショップス➡**P.201**

🍴 ネイサンズ・フェイマス➡**P.227**など8店

🍸 バー＆ラウンジ6店

その他 ビジネスセンター

フォーコーナーに隣接する便利な場所に位置する

穴場的存在のカジノホテル

　フォーコーナー周辺で、リピーターの人気が断然高いホテル。その理由はいくつかある。ラスベガスの中心であるフォーコーナーに面していること、迷いがちなラスベガスのホテルにあって造りが単純であること、従業員がフレンドリーであること、そして宿泊料金がリーズナブルであること。つまり、居心地がよくコストパフォーマンスが高いホテルなのだ。

　誕生は1973年。MGM映画会社の元オーナー、カーク・カーコリアンが建てた3つの世界最大ホテルの2軒目。グレタ・ガルボの名画『グランド・ホテル』からMGMグランドと名づけられ、完成からしばらくの間はラスベガス最大のホテルであったバリーズ・ラスベガスとして長年愛されてきたが、2022年に名称をホースシュー・ラスベガスに変更し、建物の外回りとカジノフロアを改装。レストランやショップ、エンターテインメントもリニューアルした。

　かつては、ラスベガスを代表するスター、フランク・シナトラやサミー・デイビスJr.もこのホテルでコンサートを行い、多くのファンが毎年のように集まったという。ラスベガスのエンターテインメント界をリードしてきたホテルで、ロングラン公演を続けていたレビューショー、ジュビリーJubileeは2016年2月に34年の歴史に幕を引いた。しかし、現在もクオリティの高いショーを5つ公演している。

庶民的なカジノフロア

　古きよき時代の雰囲気が漂うカジノフロアは、約

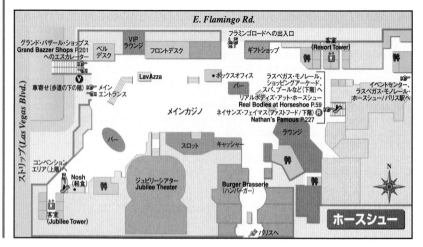

124

左／品のよいインテリアでまとめられたジュビリータワーのスイート。広さは約$59m^2$あり、優雅さが感じられる
右／老若男女に人気の高いプール。皆とても楽しそうで、ここにいると和んでしまう

$6224m^2$と中規模。歩きにくいカジノが多いベガスでは珍しく、シンプルな造りなので迷うことはない。ブラックジャック、クラップス、ルーレットなどのテーブルゲームが42台、メガバックスなどのスロットマシンやビデオポーカーは700台以上配置されている。

「ワンランク上」の伝統そのままに

庶民的なカジノフロアとは対照的に、客室はかつての栄華をそのまま引き継いでいる。客室は北と南側にタワー棟があり、スタンダードルームといえども広く、ラスベガスのホテルとしては開放感がある。リゾートタワーの客室は、近年全面改装を行ったので家具やファブリックが新品。ジュビリータワーは、スタンダードでも$42m^2$と広々。ブラウンとレッドを基調としたシックな仕上がりが心地いい。フォーコーナーのベストロケーションにありながら、リーズナブルに宿泊できるコストパフォーマンスの高いホテルだ。

庶民的なショッピング＆レストランアーケード

カジノフロアから階段を下りてプールやモノレール駅へ行く通路は、懐かしい雰囲気のするアーケードになっている。ギフトショップ、宝飾店、ウオーターマッサージなどに交じって、ホットドッグの**ネイサンズ・フェイマス**(→P.227)やアイスクリーム、ピザショップが入ったフードコートがある。また、メインダイニングとなるステーキハウス、**ジャック・ビニオンズ・ステーキJack Binion's Steak**(木～月17:00～22:00)も評判がいい。

上／ステーキの種類が豊富なJack Binion's Steak
下／リゾートタワーのスタンダードルーム。ジュビリータワーと同様に$42m^2$の広さ

テナント数は約80の屋外モール

ストリップとフラミンゴ・ロードの角地に当たるバリーズの敷地内に$8000m^2$のモール、**グランド・バザール・ショップス**（→P.201）がある。モロッコの市場（スーク）をイメージして造られており、小さな間口の専門店が軒を連ねている。フロリダ発のサングラスショップ、**サングラスハットSuglass Hut**や、NFLレイダースのグッズを揃える**レイダー・イメージThe Raider Image**など、世界中のショップをテナントに選んでいる。サンフランシスコの人気ラーメン店、刀屋の姉妹店の**らーめん屋**（→P.223）、**ウォルバーガーWahlburgers**、**サブウェイSubway**などの飲食店も豊富なので、ストリップ散策がますます楽しくなる。また、本物の人体を展示する**リアルボディズ**(→P.59)も必見だ。

ほかのモールにはない個性的なテナントが多いグランド・バザール・ショップス

DATA

[住]3645 Las Vegas Blvd. S., Las Vegas, NV 89109
[Free](1-877)603-4390
[URL]www.caesars.com/horseshoe-las-vegas
[料]ⓈⒹⓉ$44～574、[Su]$55～1349（リゾート料金$39.95別途、駐車場有料）
[CC][A][J][M][V]　[数]2812室　[ネット]Wi-Fi リゾート料金に含む
[行]フォーコーナーから南へ徒歩2分

中級ホテル

♥♣♦♠ ファミリーに大人気の巨大リゾート

MGMグランド
MGM Grand

新フォーコーナー Map P.29-B1〜2

🎭 カー→P.157、デビッド・カッパーフィールド→P.162、ジャバウォッキーズ→P.160

🍴 ジョエル・ロブション→P.214、モリモト・ラスベガス→P.215、MGMグランドバフェ→P.211など28店

🍸 ハッカサン→P.169、バー・ラウンジ8店

💆 グランドスパ&フィットネスセンター→P.176

ラスベガス最大級のメガリゾート。ラスベガス・モノレールの駅があるので便利

巨大リゾートは一見の価値あり

　世界最大のホテル&カジノとしてセンセーションを巻き起こしたメガリゾート。かつてはホテルの総面積、カジノの規模において世界一に君臨していた。

　MGMには2013年のオープン以来、独特のコンセプトで成功しているハッカサングループのレストランがある。その名も**ハッカサン**（→P.169）だ。ロンドン、ニューヨーク、マイアミなどに展開するモダンチャイニーズだが、ラスベガスで特筆すべき点は、モンスター級のナイトクラブ（→P.169）が併設されていること。入場を待つ人の行列は24:00でもまだ途切れない。だからこそ、ダンスフロアに足を踏み入れたとき、気分は最高潮に達している。

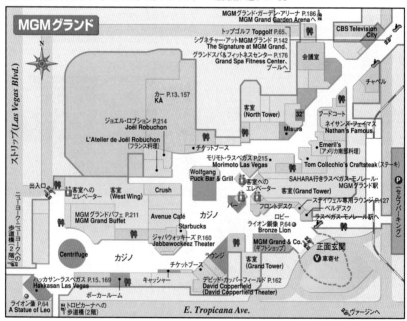

MGMグランド

MGMグランド・ガーデン・アリーナへ
MGM Grand Garden Arena へ

トップゴルフ Topgolf P.65
シグネチャー・アットMGMグランド P.142
The Signature at MGM Grand、
グランドスパ&フィットネスセンター→P.176
Grand Spa Fitness Center、
プールへ

CBS Television City

会議室

チャペル

カー P.13、157
KA

客室
(North Tower)

32°

フードコート

ジョエル・ロブション P.214
Joël Robuchon

Misura

ネイサンズ・フェイマス
Nathan's Famous

L'Atelier de Joël Robuchon
（フランス料理）

チケットブース

Emeril's
（アメリカ南部料理）

モリモト・ラスベガス P.215
Morimoto Las Vegas

Tom Colicchio's Craftsteak（ステーキ）

Wolfgang
Puck Bar & Grill

客室への
エレベーター

SAHARA行きラスベガス・モノレール・
MGMグランド駅

客室(Grand Tower)

P（セルフパーキング）

バー

フロントデスク

出入口

客室への
エレベーター

客室
(West Wing)

Crush

カジノ

ステイウェル専用ラウンジ→P.127
ベルデスク
ラスベガス・モノレール駅へ

MGMグランドバフェ P.211
MGM Grand Buffet

Avenue Café

Starbucks

ロビー
ライオン像→P.64
Bronze Lion

ジャバウォッキーズ P.160
Jabbawockeez Theater

ラウンジ

MGM Grand & Co.
（ギフトショップ）

正面玄関

Centrifuge

カジノ

チケットブース

客室
(Grand Tower)

🅥 車寄せ

ハッカサン・ラスベガス P.15、169
Hakkasan Las Vegas

ポーカールーム

キャッシャー

デビッド・カッパーフィールド P.162
David Copperfield
(David Copperfield Theater)

ライオン像→P.64
A Statue of Leo

トロピカーナへの
歩道橋(2階)

ヴァージンへ

E. Tropicana Ave.

ストリップ(Las Vegas Blvd.)

ニューヨーク・ニューヨークの歩道橋2階への歩道橋

各ホテルの注目ポイント： =ショー 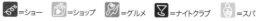=ショップ 🍴=グルメ =ナイトクラブ 💆=スパ

左／グランドキングの客室はシックな雰囲気の内装　右／リッチな滞在が期待できるスカイロフトは、空港送迎から始まり、専任バトラーやコンシェルジュがアテンド

全米の有名シェフが続々と店を構えるレストラン街

フレンチの巨匠ジョエル・ロブションJoel Robuchonのダイニング、**ジョエル・ロブション**（→P.214）、「アメリカ料理を変えた料理人」とも称されるシェフ、ウルフギャング・パックが手がける**ウルフギャング・パック・バー&グリルWolfgang Puck Bar & Grill**、世界中にファンをもつ人気シェフ、トム・コリッキオによる高級ステーキハウス、**トム・コリッキオズ・クラフトステーキTom Colicchio's Craftsteak**、和食ダイニングの**モリモト・ラスベガス**（→P.215）などバラエティに富んだレストランが揃う。また、フードコートにはアジア料理のファストフード、**パン・アジアン・エクスプレスPan Asian Express**など7軒のテナントが入店している。

シアターもアトラクションもMGMの本領発揮！

ラスベガス必見のショーとして人気の**カー**（→P.157）は、このMGMに専用劇場がある。ダイナミックな舞台装置とプロ中のプロであるシルクの団員たちがもつスキルに圧倒されるすばらしいショーだ。また、壮大なマジックショーが楽しめる**デビッド・カッパーフィールド**（→P.162）や、ノリのよいダンスステージが繰り広げられる**ジャバウォッキーズ**（→P.160）なども見逃せない。さらに、カジノの一角にあるラウンジで昼間から行われるライブなど、それらの充実ぶりはさすがMGM。カジノフロアに飾られた往年の映画スターたちのスチール写真も必見だ。

また、MGMが誇る施設として紹介しておきたいのが、**MGMグランド・ガーデン・アリーナ**（→P.186）。有名ミュージシャンを招いてのコンサートやボクシングの世界タイトルマッチ（→P.150）が頻繁に開催される。お目当てのアーティストが偶然来ていればラッキー。ただ、人気のアーティストほど当日券の入手は難しいので、MGMグランドの公式ウェブサイトでチェックしておきたい。

格闘技の聖地ラスベガスにふさわしい巨大なアリーナ。収容人数（座席数）は1万6800人

巨大なカジノフロアは見もの

カジノフロアは約1万5800m²。スロットマシンは約1100台、13種のテーブルゲーム、150席あるレース&スポーツブックのセクションには大勢のゲストがスポーツモニターに釘づけだ。

ゲストルームは落ち着きのあるデザインと色調で統一されている。日頃の疲れと旅の緊張で生活リズムが乱れがちになるが、どうしても時差で調子が悪くなる、という人におすすめしたいのが、**ステイウェルStay Well**。ワンフロアのみの展開だが、客室に快適な睡眠へ導くベッド、空気のコンディションを整えるシステムを取り入れている。ゲストは専用ラウンジでのチェックイン、チェックアウトで手続きもスムーズ。ラウンジ内には、ミネラルウオーターやフルーツなどが準備されている。

ステイウェルの客室は、シャワーの水温や照明の明るさまで計算されている

DATA

[住]3799 Las Vegas Blvd. S., Las Vegas, NV 89109
☎(702)891-1111
[Free](1-877)880-0880
[FAX](702)891-3146
[URL]mgmgrand.mgmresorts.com
[CC][A][J][M][V]　[料]ⓈⒹⓉ$59～1150、[Su]$129～3000（リゾート料金39別途、駐車場有料）
[数]5044室　[ネット]Wi-Fi リゾート料金に含む
[行]新フォーコーナーから北へ徒歩2分

LV トリビア　**世界的なイリュージョニストの出演**▶MGMグランドでは、定期的に世界的なイリュージョニスト、デビッド・カッパーフィールドのショーがある（→P.162）。自由の女神を消したデビッド。次は何を消すのかな？

♠♥ 話題のイベントが満載の大型シアターを併設

パークMGM
Park MGM

新フォーコーナー Map P.29-A1

Fremont St.
Sahara Ave.
Sands Ave.
Flamingo Rd.
Tropicana Ave.
Las Vegas Blvd.

ブルーノ・マーズ➡P.148

バベッツ・ステーキハウス＆バー➡P.218、プリムローズ➡P.219

ジュニパー➡P.172

その他 ウエディングチャペル、AVISレンタカー、5200席のドルビー・ライブ Dolby Live➡P.63

植物が多用され明るい雰囲気のフロント　©MGM Resorts International®

ラスベガスでは珍しい
明るくさわやかな雰囲気のホテル

旧モンテカルロが、2018年にパークMGMとしてニューオープン。深緑をキーカラーに品よくまとめられた施設内にはたくさんの植物が配されており、きらびやかなラスベガスのイメージとは一線を画すヘルシーな雰囲気。家族連れや若者グループに特に評判がよい。

広いロビーにはセルフチェックインの機械が置かれており、混み合う時間帯でも待つことなく簡単にチェックインを済ませることができる。2700室のゲストルームはヨーロッパのような洗練されたセンスを取り入れながらも、家に帰ってきたようなどこかほっとする落ち着くインテリア。新しいホテルだけに、家具やファブリックも新品だ。

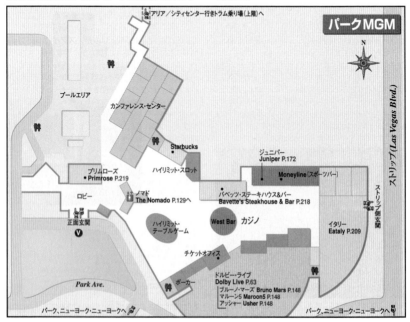

アリア／シティセンター行きトラム乗り場（上階）へ

パークMGM

プールエリア

カンファレンス・センター

Starbucks

プリムローズ Primrose P.219

ハイリミット・スロット

ロビー

ノマド The Nomado P.129へ

正面玄関

ハイリミット・テーブルゲーム

ジュニパー Juniper P.172

Moneyline（スポーツバー）

バベッツ・ステーキハウス＆バー Bavette's Steakhouse & Bar P.218

West Bar　カジノ

イタリー Eataly P.209

ストリップ側玄関

ストリップ（Las Vegas Blvd.）

チケットオフィス

ポーカー

ドルビー・ライブ Dolby Live P.63
ブルーノ・マーズ Bruno Mars P.148
マルーン5 Maroon5 P.148
アッシャー Usher P.148

Park Ave.

パーク、ニューヨーク・ニューヨークへ

館内案内の色　カジノ関係施設　ショー＆アトラクション　ナイトクラブ、ラウンジ、バー

住むように滞在できる落ち着いたインテリア　©MGM Resorts International®

コンパクトだが使い勝手のよいバスルーム
©MGM Resorts International®

グルメやエンタメなど
カジノ以外の魅力がたくさん

バラエティに富んだレストランも魅力のひとつ。なかでも最もエレガントなのが、シカゴの有名店**バベッツ・ステーキハウス&バー**（→P.218）。重厚感のあるインテリアの店内で、アメリカの高級肉プライムを味わうことができる。また、南フランスをイメージした**プリムローズ**（→P.219）は、さわやかな風が吹き抜けるテラス席が気持ちよく、朝食やブランチにぴったりだ。2018年12月には、パスタやピザなどのイタリア料理を提供するレストランや高品質な食材を扱う市場が並ぶ**イータリー**（→P.209）もオープンし、舌の肥えた人たちをうならせるグルメスポットが満載だ。

3つのプールとホットタブ、ふたつのバーがあるプールエリアは広々とした造りで開放感抜群。ラウンジチェアやデイベッド、カバナなどを使用することもできるので（別料金）、プライベートな時間を大切にしたい人はぜひ利用しよう。また、規模はさほど大きくないが、落ち着いた雰囲気のスパがホテルの2階にあり、本格的なマッサージやトリートメントが受けられるほか、スパを予約しなくても宿泊者ならジャクージやスチームサウナなどの施設が$50で利用できるのもうれしい。

5200席を誇るラスベガス最大級の劇場**ドルビー・ライブ**（→P.63）では、ブルーノ・マーズなど大物アーティストのコンサートが開催されているので音楽好きの人は要チェック。また、アイスホッケーやバスケットボール、ボクシングなどのゲームが行われる**T-モバイル・アリーナ**（→P.63）も隣接しているので、混み合うイベント後に徒歩で帰れるというのも大きな利点だ。

スムーズに手続きできるセルフチェックインマシン

イベント開催時となると周囲は多くの人でにぎわう
©MGM Resorts International®

パークMGMとは志向の異なる
ノマドホテルのラグジュアリー空間

また、タワーの最上部4フロアは、ニューヨークのセレブ御用達ホテルである**ノマドThe NoMad**が入っている。全293室というラスベガスでは小さめの規模ながら、内装の豪華さやきめ細かなサービスはラスベガス随一。客室には、特注のレザーを使った家具や豪華なマホガニーのテーブル、猫脚のバスタブなどが配され、贅を尽くした空間が広がっている。ニューヨークやロスアンゼルスのノマド同様、ミシュランシェフであるダニエル・ハムが手がけるレストランもおすすめ。ゴージャスかつロマンティックな空間なので、ワンランク上の滞在をしたい人に最適だ。

プールサイドで思いおもいの時間を過ごそう
©MGM Resorts International®

DATA

[住]3770 Las Vegas Blvd. S., Las Vegas, NV 89109
☎(702)730-7777
[Free](1-888)529-4828
[URL]parkmgm.mgmresorts.com
[CC][A][J][M][V]　[料]ⓈⒹⓉ$59～1640、[Su]$139～2263.20（リゾート料金$39別途、駐車場有料）[数]2700室
[ネット]Wi-Fi リゾート料金に含む
[行]新フォーコーナーから北へ徒歩8分

新フォーコーナーに立つ老舗リゾート

新フォーコーナー Map P.29-B2

トロピカーナ・ラスベガス, ア・ダブルツリー・バイ・ヒルトン
Tropicana Las Vegas, a DoubleTree by Hilton

左／パラダイスタワーのスタンダードルーム
右／木々に囲まれた静かなプールエリアでのんびり過ごそう

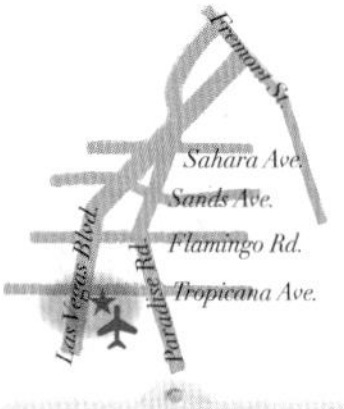
Fremont St.
Sahara Ave.
Sands Ave.
Flamingo Rd.
Tropicana Ave.
Las Vegas Blvd.
Paradise Rd.

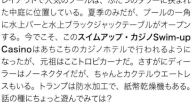

♪ MJライブ➡P.165

🍴 Oakville（ステーキハウス）、Savor, Brunch Buffetなど5店

🍸 バー&ラウンジ2店

💆 Glow Spa & Salon

[その他] ビジネスセンター、ウエディングチャペル

最大のウリは抜群のロケーション

フォーコーナーの生みの親がフラミンゴ（→P.120）なら、新フォーコーナーの生みの親はトロピカーナ。周囲にほとんど建物がなかった1957年に誕生した古いホテルだ。過去に何度も改築を繰り返し、白を基調としたモダンなスタイルにイメージチェンジした。カジノも白をベースにしたインテリアで大きく変化。名物だった天井の巨大なステンドグラスが赤く塗られてしまったのは残念な気がするが、ホテル全体がとても明るい印象になった。なお、2013年に戦略的なフランチャイズ契約を結び、トロピカーナ・ラスベガス, ア・ダブルツリー・バイ・ヒルトンとして展開している（ホテルのロゴはトロピカーナのまま）ので、ヒルトンHオーナーズ会員の特典も利用できる。

3つのメガリゾートと歩道橋で結ばれているというのも大きな魅力だ。MGMグランドにはラスベガス・モノレール（→P.38）の駅があるし、エクスカリバーからはマンダレイベイ行きのトラムに乗れる。ニューヨーク・ニューヨークを通って隣のパークMGMへ行けば、シティセンター経由ベラッジオまでのトラムも出ている。新フォーコーナーの一角を占めているというのは実に便利だ。

元祖カジノリゾートが誇る南国風プール

亜熱帯のジャングル風なレイアウトで人気のプールは、ふたつのタワーに挟まれた中庭に位置している。夏季のみだが、プールの一角に水上バーと水上ブラックジャックテーブルがオープンする。今でこそ、この**スイムアップ・カジノSwim-up Casino**はあちこちのカジノホテルで行われるようになったが、元祖はここトロピカーナだ。さすがにディーラーはノーネクタイだが、ちゃんとカクテルウエートレスもいる。トランプは防水加工で、紙幣乾燥機もある。話の種にちょっと遊んでみては？

DATA

[住] 3801 Las Vegas Blvd. S., Las Vegas, NV 89108-1911
☎ (702)739-2222
[Free] (1-888)381-8767
[URL] casinos.ballys.com/tropicana-las-vegas
[料] ⓈⒹⓉ$49～779、[Su]$129～999（リゾート料金$37別途、駐車場無料） [CC] [A][D][J][M][V]
[数] 1467室
[ネット] Wi-Fi リゾート料金に含む
[行] 新フォーコーナーの南東、徒歩2分

特徴あるゲストルーム

ゲストルームはふたつのタワーにある。ストリップ側の旧館**パラダイスタワーParadise Tower**は、建物自体の老朽化は否めないが、客室の真新しいインテリアとストリップの夜景が魅力。一方、新館**クラブタワーClub Tower**は静かに滞在したい人におすすめで、ドライサウナとミストサウナが備えられたクラブ・スパ・スイートClub Spa Suiteは女性に人気。ペントハウス・ロフトPenthouse Loftはさらにゴージャスで、ジャクージバスからストリップの眺めを楽しむことができる。

トロピカーナ・ラスベガス，
ア・ダブルツリー・バイ・ヒルトン
N
E. Toropicana Ave.
北玄関
プールエリア
Robert Irvine Public House
Food Court
スパ、コメディクラブ、チャペル、飲食店など（上階）へ
Starbucks
カジノ
キャッシャー
レンタカー
コンシェルジュ
フロントデスク
ベルデスク
MGMグランドへの歩道橋（2階）
パラダイスタワー行きエレベーター
ストリップ側玄関
ラウンジ
Tropicana Theater
ストリップ（Las Vegas Blvd.）

お役立ち情報 **ストリップまですぐ！** ▶トロピカーナ（上記）のパラダイスタワーのエレベーターは正面玄関に近いため、あっという間に客室からストリップへ出られる。

高級ホテル

AAA（トリプルエー）の4つ星を獲得したメガリゾート

TI:トレジャーアイランド
TI : Treasure Island

フォーコーナー [Map] P.31-A3～4

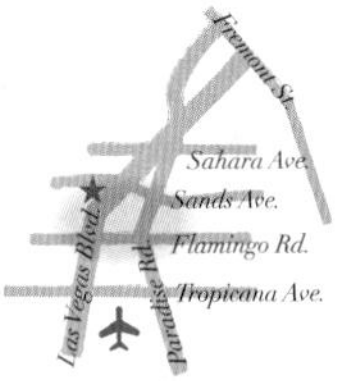

入口にある海賊船の無料ショーは終了したが、船だけはシンボルとして残されている

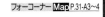

ミステア ➡ P.157、マーベル・アベンジャーズ・ステーション ➡ P.60

🍴 フォー・ベトナミーズ ➡ P.223、Phil's（イタリアンステーキハウス）、Señor Frog's（メキシコ料理）など11店

🍸 バー&ラウンジ6店

Oleksandra Spa & Salon

[その他] ビジネスセンター、ウエディングチャペル、レンタカー、ミラージュ正面玄関までトラムを運行

トリプルAの4つ星ホテル

カリブの海賊をテーマにしたファミリー路線のホテルとして開業。ホテル名もスティーブンソンの小説『宝島』からきている。2003年、大人向け路線への転向でホテル名もTIとしたが、なじみがない呼称のためトレジャーアイランドの名も併記された。

テーマを取り払ったぶん、コンセプトがぼけて特徴のないホテルになってしまった感はあるが、それでもホテル内設備の充実度はさすが。目の前がベネチアン&パラッツォ、隣がファッションショー（→P.199、アクセスにはスポーツブック前エスカレーターが便利）なので、ショッピングを満喫したい人にもおすすめできる。ストリップを挟んだ向かいには、ベネチアン2階のグランド・キャナル・ショップス（→P.198）、ミラージュを越えて南へ行けばフォーラムショップス（→P.197）もある。

落ち着きある客室とのんびり過ごしたいプール

カジノフロアは約8826m²。ブラックジャック、ポーカー、バカラなどのテーブルゲームほか、スロットやビデオポーカーのマシンは2100台以上ある。スポーツブックは152席あり、23のTVと10のビッグスクリーンを配置している。

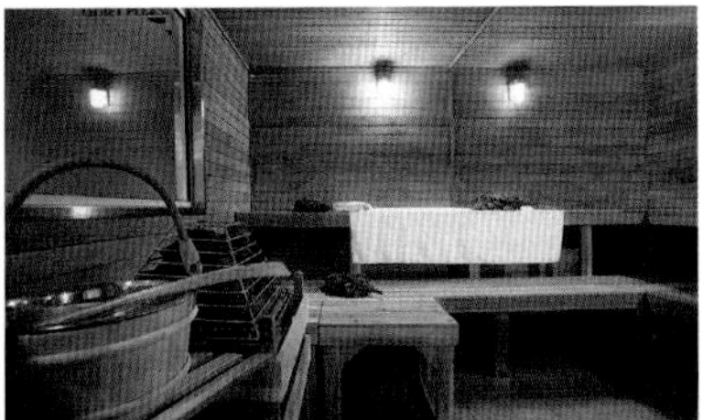
アーユルヴェーダ、ホットストーン、死海の泥パックなどが人気のスパのサウナ

メガリゾートでは珍しく、全室ミニ冷蔵庫付き。スマートフォン用ドック、ラップトップが入る室内金庫もある

客室は近年改装が行われ、シックな雰囲気で落ち着きがある。快適な睡眠にこだわり、マットレスや枕は高級寝具を使用。スタンダードの客室は約37m²、ほとんどの部屋にはビジネスデスクが配置され、バスルームにはシャワーと深めの浴槽がある。

プール（11月下旬～2月下旬は閉鎖）には25人収容のホットタブがあり、プライベート感覚を高めるカバナ（1日レンタル$180～310、半日$110～180。フルーツプレートやドリンク付き。8名まで収容可能）、プールサイドのベッド（$40～100）を貸し出している。

DATA

[住] 3300 Las Vegas Blvd. S., Las Vegas, NV 89109
☎ (702)894-7111　[Free] (1-800)288-2706
[URL] treasureisland.com　[料] ⓈⒹⓉ $41.96～482.96、[Su] $97.96～552.96（リゾート料金$39別途、駐車場無料）
[CC] [A][D][J][M][V]　[数] 2884室　[ネット] Wi-Fi リゾート料金に含む
[行] フォーコーナーから北へ徒歩18分

＝カジノホテル　＝ノンゲーミングホテル

中級ホテル

ショーステージが充実したにぎやかなホテル

ハラス
Harrah's

フォーコーナー [Map] P.30-B1

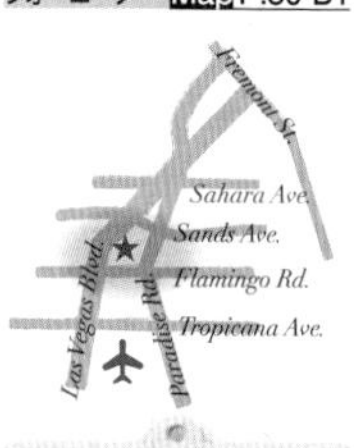

X Country（アダルトショー）、Tape Face（コメディショー）

Ruth's Chiris Steak House（ステーキ）など8店

ナイトクラブ1店、バー&ラウンジ3店

Harrah's Spa

[その他] ビジネスセンター

プールは50m×25mのオリンピックサイズ。プールサイドバーもある

ロケーションは言うことなし！

ハラスといえば全米で50を超えるカジノを運営するゲーミングカンパニー（現在はシーザースエンターテインメント）。以前はニューオリンズのマルディグラ（カーニバル）をテーマにしていたので、インテリアデザインなどにその名残が見られる。

場所はフォーラムショップス入口&ミラージュの動く歩道の真正面で、北隣はベネチアン、南側にあるリンク（→P.56）へも徒歩圏内だ。ホテルの裏にはラスベガス・モノレール駅があってMGMグランドやコンベンションセンター、ザ・ストラット・ホテルへの移動も楽だ。さらに、ベネチアン隣のサンズ・コンベンションセンターにも近いのでビジネスマンにも人気。宿泊料金が安いこともあって、予約が取りにくい日もある。

カジノはいつもにぎやかで、キノパーラーがあるのも庶民的。ほとんどのレストランはカジノの周囲に配されているが、眺めのよいステーキハウス、**ルース・クリス・ステーキハウスRuth's Chris Steak House**は2階、バフェはベネチアン側入口から入ってすぐの所にある。

カジノフロアも改装され、ポーカールームも新設した

一部の客室はきれいに改装されている

思い立ったらショールームへ

ゲストルームはマルディグラタワーとバレータワーに分かれているが、できれば近年改装したバレータワーがおすすめ。客室はシンプルだが必要なものは揃っており快適。スタンダードルームでもバスルームにTVがあり、バスアメニティはイギリスの人気コスメGilchrist and Soamesというのもうれしいポイントだ。

コメディアンのサム・ウィリスが、ガムテープで口を覆ってパフォーマンスをする**テープ・フェイスTape Face**をはじめ、ハラスではショーが充実している。**メノポーズ・ザ・ミュージカルMenopause The Musical**は更年期世代の女性を題材にしたコミカルな舞台で、英語がわからなくても思わず笑ってしまう構成で人気だ。

DATA

[住] 3475 Las Vegas Blvd. S., Las Vegas, NV 89109
[Free] (1-800)214-9110
[URL] caesars.com/harrahs-las-vegas
[料] ⓈⒹⓉ$43～624、[Su]$444～1689（リゾート料金$39.95別途、駐車場有料） [CC] [A][J][M][V] [数] 2542室 [ネット] Wi-Fi リゾート料金に含む [行] フォーコーナーから北へ徒歩12分

中級ホテル

ストリップに面し、リゾート料金もなし！

ベストウエスタン・プラス・カジノロイヤル
Best Western Plus Casino Royale

フォーコーナー [Map] P.31-B4

左／客室はキングサイズベッド1台、またはダブルベッド2台の仕様
右／ビジネスセンターは24時間対応だ

🍴 Outback Steakhouse（アメリカ料理）やWhite Castleホワイトキャッスル（ファストフード）➡P.226など3店のほか、フードコートもあり
[その他] ビジネスセンター、プール

財布に優しく、観光に最適

Las Vegas Blvd.に面しており、道を挟んだ向かい側にはミラージュ（→P.106）が。火山噴火ショー（→P.55）はホテルを一歩出るだけで観ることができる。立地抜群のうえ、料金も手頃なので、コンベンションなどで訪れるビジネス客からの人気が高い。館内には、フードコートや薬局ウォーグリーンも入っており、ビジネスセンターやジム、プールなどの設備も充実。カジノはブラックジャック、クラップス、ルーレット、ポーカーのテーブルゲームのほか、スロットマシンも最新機種を取り揃えている。室内は清潔に保たれており、きらびやかさは、ほかのストリップにあるホテルと比べると見劣りしてしまうが、何不自由なく、ラスベガスを満喫することができるホテルだ。

DATA

[住] 3411 Las Vegas Blvd. S., Las Vegas, NV 89109
☎ (702)737-3500　[Free] (1-800)854-7666
[URL] www.casinoroyalehotel.com　[料] ⓈⒹⓉ$99.99～119.99、[Su]$319.99～（リゾート料金なし、駐車場無料）　[CC] [A][D][J][M][V] ♿
[数] 152室　[ネット] Wi-Fi 無料　[行] フォーコーナーから北へ徒歩13分

高級ホテル

カジュアルで家庭的なサービスが自慢

ウェスティン・ラスベガス・ホテル&スパ
The Westin Las Vegas Hotel & Spa

フォーコーナー [Map] P.30-B2

左／17階建てでシンプルな造り ⓒLas Vegas News Bureau
右／モダンなゲストルーム。上層階に泊まったらストリップの夜景をお楽しみに

🍴 The Good Plate（アメリカ料理）、Star-bucks（カフェ。）
🍸 バー&ラウンジ1店
💆 The Hibiscus Spa

シンプルだが快適なゲストルーム

場所はフォーコーナーの交差点からフラミンゴロードを東へ1ブロック。シンプルな構造の中規模ホテルなので、メガリゾートの巨大なカジノで人混みのなかを右往左往するより、むしろ便利に移動できるかもしれない。ラスベガス・モノレールのフラミンゴ駅も徒歩4分だ。

ゲストルームはゴージャスではないが使いやすくできている。スタンダードなタイプは33m²で、キングベッド1台、またはダブルベッド2台を配置している。さすがウェスティンだと感じられるのがWestin Heavenly Bedと名づけられた安眠プログラム。すべてのゲストルームに羽毛布団、羽毛枕などオリジナルの寝具やリネンを備えており、上質な深い眠りを約束してくれる。肌触りのいいバスローブもウェスティンの自慢だ。

DATA

[住] 160 E. Flamingo Rd., Las Vegas, NV 89109　☎ (702) 836-5900、日本[無料] (0120)92-5956　[URL] www.marriott.co.jp/hotels/travel/lasvw-the-westin-las-vegas-hotel-and-spa
[料] ⓈⒹⓉ$169～1039、[Su]$433～1375（ディスティネーションアメニティー料金$32別途、駐車場有料）　[CC] [A][D][J][M][V]
[数] 826室　[ネット] 無料　[行] フォーコーナーからフラミンゴロードを東へ徒歩7分 ♿

♥♠ =カジノホテル　=ノンゲーミングホテル（カジノ施設のないホテル）

フォーコーナー西 **Map** 折込裏 A5

♥♣♠ ラテンの匂いに満ちたハッピーなリゾート

リオ・オールスイート・ホテル＆カジノ
Rio All-Suite Hotel & Casino

中級ホテル

ゲストルームは51階建てのマスカレードタワー（左）と、新館イパネマタワー（右）に分かれている

🎭	ペン＆テラー ➡ P.162、チッペンデールズ➡P.164、Comedy Cellar（コメディ）
🍴	ブードゥー・ステーキ➡ P.216など13店
🍸	バー＆ラウンジ3店
💆	リオ・スパ＆サロン➡ P.179
その他	ビジネスセンター、レンタカー

テーマはリオのカーニバル

ストリップから離れているにもかかわらず、いつ訪れてもにぎやかなホテル。リオのカーニバルをテーマにしていて華やかというだけでなく、館内のさまざまな施設やアトラクション、ショー、バフェなどが充実していて、ホテル内だけでも楽しみがいっぱい。泊まるのも、遊びにいくのもおすすめのホテルだ。

建物が大きいので近くに見えるが、実際にはフォーコーナーから西へ約1.4km離れている。ハイウエイをまたぐ歩道橋ができたので、歩いて行けないこともないが、タクシーや配車サービスを使うと便利だ。

カジノは華やかさナンバーワン！

カーニバルをテーマにしたリオでは、カジノにも仮面舞踏会のモチーフが配されていて華やか。カクテルウエートレスのレオタードはキラキラしているし、頭上に大きなフルーツをどっさりと載せた女性は、観光客と記念撮影中。**マスカレードビレッジ Masquerade Village**はカジノを取り巻くようにレイアウトされた、2フロア仕様のショッピングエリアだ。アクセサリー、コスメ、香水、バッグ、雑貨などの店が並んでいる。

また、このマスカレードビレッジの中央にあるバーでは、週末の夜に無料のライブ・ミュージック・ステージ

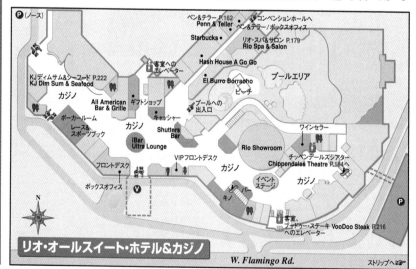

リオ・オールスイート・ホテル＆カジノ

館内案内の色 ■カジノ関係施設 ■ショー＆アトラクション ■ナイトクラブ、ラウンジ、バー

左／モダンな客室はゆっくりくつろげる　右／毒舌の大男のペンは身長約2m、テラーは寡黙にマジックを展開する

が開催されることもあるので、気になる人は公式サイトやSNSをチェックしてみよう。

カジノやプールも充実！

カジノフロアは約11148m²。スロットマシンは1000台、ビデオポーカーの新機種も約350台導入。ブラックジャック、クラップス、ルーレットなど12種のテーブルゲームがあり、ポーカールームやレース&スポーツブック、キノのセクションも設けられている。

特徴的なのが**ブードゥー・ビーチVooDoo Beach**と名づけられたプール（3～10月の毎日7:00～18:00、入場料はリゾート料金に含まれる。宿泊者以外は有料。料金は日により異なる）。プールサイドには砂が敷かれ、滝が流れ落ちる大人なムード。入場料$50～の子供も利用できるエリアと、$70～となる21歳以上のアダルトオンリーエリアに分かれているので、アクティブに遊びたい家族連れや、プールサイドでゆったりと過ごしたいカップルや夫婦まで、スタイルに合わせてさまざまな過ごし方ができるのがうれしい。アダルトオンリーエリアにはラウンジもあり、不定期でDJがセンスのよい音楽を流し場を盛り上げている。

笑いの絶えないエンタメショー

エンターテインメントの看板ショーは、男性アダルトショーの**チッペンデールズ**（→P.164）。マッチョ系男子が歌って踊りながら、ワイルドに服を脱ぎ捨てるという演出に、テーブル席の女性は大絶叫！　スーベニアショップも併設しているので、ユニークなおみやげ探し

もできる。また、デコボコ・コンビが展開するマジックとブラックジョークのオンパレード、**ペン&テラー**（→P.162）もロングラン公演を続けている。また、アメリカのロックグループのキッスをテーマにしたミニゴルフ、**キッス・バイ・モンスター・ミニゴルフKISS by Monster Mini Golf**（月～木12:00～22:00、金～日12:00～23:00、18ホール$11.95）も人気のアトラクションだ。

アジア料理を食べるならここ

メインダイニングとなる**ブードゥー・ステーキ**（→P.216）や、ハンバーガーが自慢の**オール・アメリカン・バー&グリルAll American Bar & Grille**などのアメリカ料理だけでなく、本格的な韓国料理がいただける**カンズ・キッチンKang's Kitchen**や、野菜がたっぷり食べられるベトナム料理の**フォー・ダナンPho Da Nang**、中国料理の**KJディムサム&シーフード**（→P.222）などバラエティ豊かなアジア料理のレストランが充実しているのがうれしい。

屋内ゴルフコースでは爆音でノリのよい音楽が流れる

リオご自慢の大人のプールVooDoo Beach。このメインプールのほかに、子供も使えるプールもあり、こちらは終始にぎやかな雰囲気だ

DATA

3700 W. Flamingo Rd., Las Vegas, NV 89103
☎ (702)777-7777
Free (1-866)746-7671
FAX (702)777-6565
URL www.caesars.com/rio-las-vegas
$36～1349（リゾート料金$39.95別途、駐車場無料）
CC AJMV　2522室
Wi-Fi リゾート料金に含む
フォーコーナーから西へ徒歩20分

レストラン　ショップ　駐車場

スティーブ・ウィン

ビンゴホールからゴールデンナゲットへ

1989年、砂漠の街で火山が噴火した。火山からは溶岩が流れ、頬を伝う熱さに、ストリップを行き交う人々は驚きの声をあげた。それは新生ラスベガスの号砲ともなったミラージュMirage（→P.106）のオープンだった。以後、ストリップ沿いには強烈な個性をもったメガリゾートが次々と開業し、現在のようなテーマパーク化したカジノホテルが集う、エンターテインメントシティへと成長したのだ。

その火付け役となった人物がスティーブ・ウィン。ラスベガスを変えた男のひとりである。

ウィンは1942年、アメリカ東部のコネチカット州生まれ。大学卒業後、父の死去にともなって父が経営していたビンゴホールを受け継ぎ、傾きかけていた事業の立て直しを図った。その後ラスベガスに移り住み、小さなカジノホテルの株で儲けるなど、しだいに土台を固め、1971年にはダウンタウンのゴールデンナゲット（→P.139）の買収に成功した。そしてウィンは、このゴールデンナゲットに大なたを振るう。それまでのカジノ＝賭博場というイメージを払拭した、美しいリゾートホテルに大改装したのであった。

砂漠の蜃気楼

ウィンの夢は、ゴールデンナゲットで現実化させたものをさらにグレードアップさせ、カジノにギャンブル以外の何かでお客を呼ぶことであった。

それまでカジノホテルといえば、いかにお客にカジノでお金を落とさせるかだけのものであった。ウィンの発想はその逆といえるもので、簡素な客室を高級化させ、レストランの質を上げ、グレードの高いショーで客を呼ぶ。結果、誕生したのが、1989年のミラージュ（＝砂漠の蜃気楼）であった。ストリップ沿いには火山を噴火させ、ホテルの中にはジャングルを造った。そして、世界最高峰のイリュージョニスト、ジークフロイド&ロイのマジックショーを定番化させ、大人の街であったラスベガスにファミリーを呼ぶことに成功した。これをきっかけに、トレジャーアイランドTreasure Island（→P.131）の建設に着手。ホテルの前では本格的な海賊のバトルをさせ、世界的にも定評のあるカナダのサーカス団シルク・ドゥ・ソレイユを招き、ショーを始めた。こちらも新たな話題となり、大勢の集客に再び成功した。

ラスベガスを変えた男の夢のホテルがウィン・ラスベガスだ

ベラッジオの負債

次なるウィンの施策は、カジノホテルのさらなる高級化であった。心身ともにリラックスできる快適な客室、エレガントなカジノ、世界の超一流ブランドが並ぶショッピングモール、カリスマシェフたちを招いた味の競演、装置に巨額を投じそのショーのためだけに造られた大劇場……。この結実が、1998年ベラッジオBellagio（→P.84）の誕生である。エレガントな噴水のダンスには誰もが足を止め、皆がロマンティックな空間に浸る。訪れる人の誰もがベラッジオを絶賛し、ウィンの名は世界的なものとなっていった。

しかし、巨額過ぎる投資は赤字を生んだ。そして、2000年、ラスベガスではスティーブ・ウィン率いるミラージュグループが丸ごとMGMグランド社に買収されるという大事件が起きた。しかし、ウィンは諦めなかった。次なる彼の目標は、これまでの倍の巨額を投じての高級リゾートの建設だった。

新しいホテルは、ベラッジオを踏襲しながら、さらに高級化を狙った。ストリップからのお客を、高級ショッピングアーケードという異空間を経てからカジノへと導いたのだ。宿泊客専用のゴルフコースを設け、アトラクションはストリップ沿いから内側にもってきて、シークレットな、特別なものとした。誕生したホテルの名はウィン・ラスベガスWynn Las Vegas（→P.86）。彼は自分の名を自身の夢のホテルにつけたのだった。

アジア進出

カジノが儲かる事業であることを確信したウィンは、アジアに進出。特にギャンブル好きの多い中国、その特別行政区であるマカオに2006年、ウィン・マカオを造った。2010年にはラスベガス同様、ウィン・アンコール・マカオも完成、2011年1月にはマカオの市民権を授与されるまでにいたった。

私生活では2度の結婚をした糟糠の妻エレインと2009年に離婚。2011年4月イギリス人女性アンドレア・ヒッソムと自身のホテル、ウィン・ラスベガスで挙式した。

御年81歳、まだまだ精力的なスティーブ・ウィン。次の野望は何か。期待の高まるところだ。

ウィン・ラスベガスの裏にはゴルフ場がある。これはハワード・ヒューズ（→P.115）が、自分がプレイするために造ったものだといわれている

♥♠ コンベンションセンターに隣接、ビジネス客に便利

ストリップ北 Map 折込裏 C3

ウエストゲート・ラスベガス・リゾート&カジノ
Westgate Las Vegas Resort & Casino

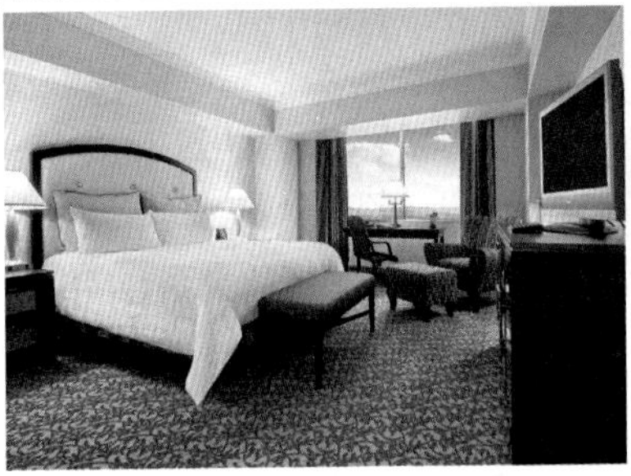

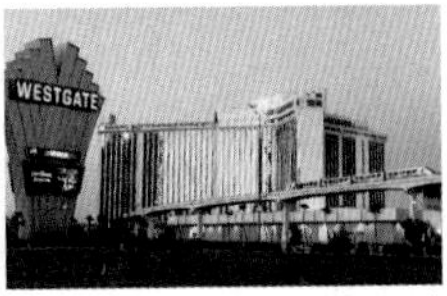

左／キングベッド１台、またはダブルベッド２台のスーペリアルーム　右／建物はイーストタワーとウエストタワーの２棟
©Las Vegas News Bureau

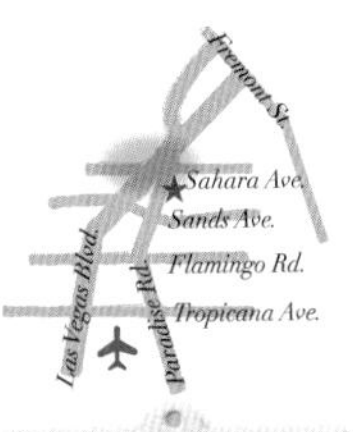

🍴 Fresh Buffet（ビュフェ）、Benihana（鉄板焼き）、Edge Steak house（ステーキハウス）など11店

🍸 バー&ラウンジ4店

💆 Serenity Spa by Westgate

ストリップから離れているが便利なホテル

ラスベガス・コンベンションセンター（→P.183）に隣接し、ビジネス客を意識してエレベーターが多く、客室までそれほど遠くない。ホテルの目の前にラスベガス・モノレールの駅があり、これを使えばストリップのどのホテルにも15分以内に到着できる。近年リニューアルした客室は適度な広さで使い勝手も良好だ。

ホテルの施設はレストラン、プール、スパ、フィットネスセンター、テニスコート（ハードコートが6面、ナイター完備）などのアクティビティ面が充実、正統派のウエディングチャペルも完備している。店舗数は少ないがアパレル、ギフトショップがあり、ウエストゲートシアターではエンターテインメントも楽しめる。

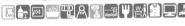

DATA

[住]3000 Paradise Rd., Las Vegas, NV 89109 ☎(702)732-5111 [URL]westgateresorts.com/hotels/nevada/las-vegas/westgate-las-vegas-resort-casino [料]ⓈⒹⓉ$52.99～630、[Su]$179～2300（リゾート料金$39.99別途、駐車場無料 [CC][A][D][J][M][V] [数]2956室 [ネット]Wi-Fi リゾート料金に含む [行]ラスベガス・モノレールWestgate Station下車 ♿

♥♠ 地元民に交じってステイ

フォーコーナー東 Map 折込裏 D5 外

サムズタウン・ホテル&ギャンブリングホール
Sam's Town Hotel & Gambling Hall

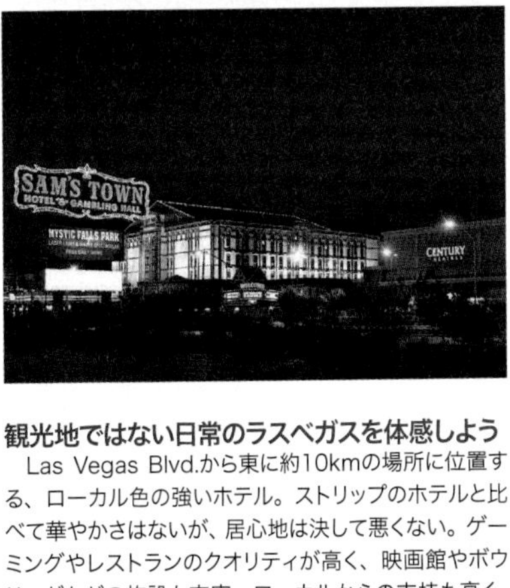

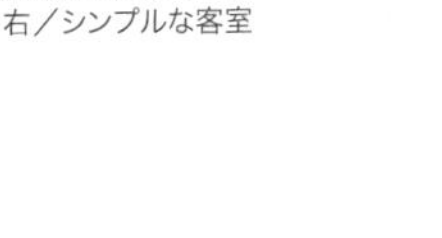

左／昔ながらのカジノホテルだが、施設は充実している
右／シンプルな客室

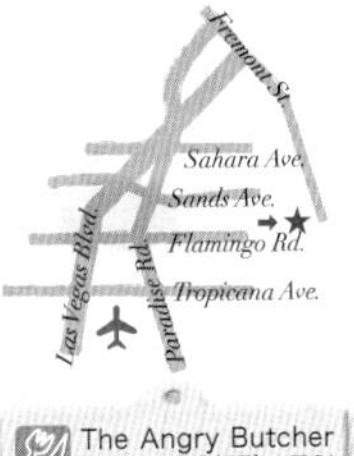

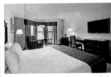

🍴 The Angry Butcher（アメリカ料理）、TGI Fridays（アメリカ料理）のほか、バフェ、ファストフードなどもあり

[その他]映画館やプール、ライブハウスなど

観光地ではない日常のラスベガスを体感しよう

Las Vegas Blvd.から東に約10kmの場所に位置する、ローカル色の強いホテル。ストリップのホテルと比べて華やかさはないが、居心地は決して悪くない。ゲーミングやレストランのクオリティが高く、映画館やボウリングなどの施設も充実。ローカルからの支持も高く、近所からやってきたであろう人たちが、ギャンブルに興ずる姿も多く見かける。滝が流れる小さな中庭Mystic Falls Parkの噴水ショー（毎日18:00、20:00、22:00、金～日は16:00もあり）も時間があれば観賞したい。**マクドナルドMcDonald'sやパンダ・エクスプレスPanda Express、サブウェイSubway、ダンキン・ドーナツDunkin' Donuts**などの定番ファストフード店が揃うので、食事を安く済ませたい人には重宝する。

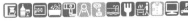

DATA

[住]5111 Boulder Hwy., Las Vegas, NV 89122 ☎(702) 456-7777 [Free](1-800)897-8696 [URL]www.samstownlv.com [料]ⓈⒹⓉ$59～200、[Su]$165～（リゾート料金$28.24別途、駐車場無料） [CC][A][D][M][V] [数]645室 [ネット]Wi-Fi リゾート料金に含む [行]US-592（Flamingo Rd.）を東へ車で20分 ♿

中級ホテル

眺望のよいタワーホテル

ダウンタウン [Map] P.32-A～B1

プラザ
Plaza Hotel & Casino

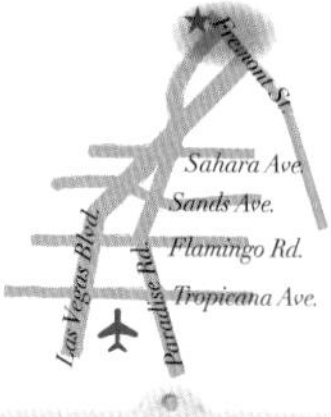

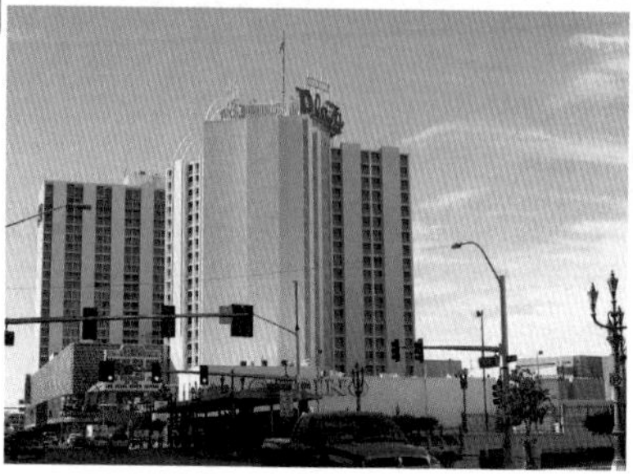

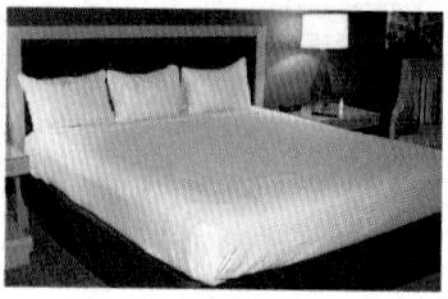

左／ダウンタウンのど真ん中にあるホテル
右／客室はシンプルでモダン

🍴 オスカーズ➡P.219など9店

🍸 バー&ラウンジ4店

[その他]ウエディングチャペル

にぎやかなダウンタウンを満喫できる

メインストリート沿いの一等地、フリーモントストリート・エクスペリエンスの正面に鎮座するプラザホテル。周辺には視界を妨げる高層の建物がないため、客室からの眺めが最高。「客室が狭い」という声の多いダウンタウンのホテルだが、ベッド以外にソファやデスク、大きめのクローゼットがあり、広々とした間取りだ。浴室は少し狭さを感じるがバスタブも付いている。

車寄せのある正面玄関から入って目の前がフロント、左側がカジノフロアのあるサウスタワー、右側がノースタワーで1階にはフードコートがある。カジノは、いたって庶民的な雰囲気。空港からの無料シャトルが運行されているが、定員があるので3日前までに予約をすると確実だ。

DATA

[住]1 Main St., Las Vegas, NV 89101 ☎(702)386-2110
[Free](1-800)634-6575 [URL]www.plazahotelcasino.com
[料]ⓈⒹⓉ$42.50～325、[Su]$92.50～555（リゾート料金$30別途、駐車場無料） [CC][A][M][V] [数]1000室
[ネット]Wi-Fi 無料
[行]デュースのバス停（[Map]P.32-A2）から北西へ徒歩9分

老舗ホテルでレトロな滞在を

ダウンタウン [Map] P.32-B3

エルコルテス
El Cortez Hotel & Casino

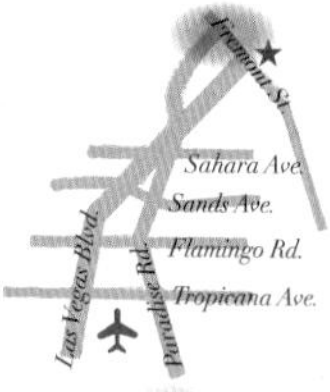

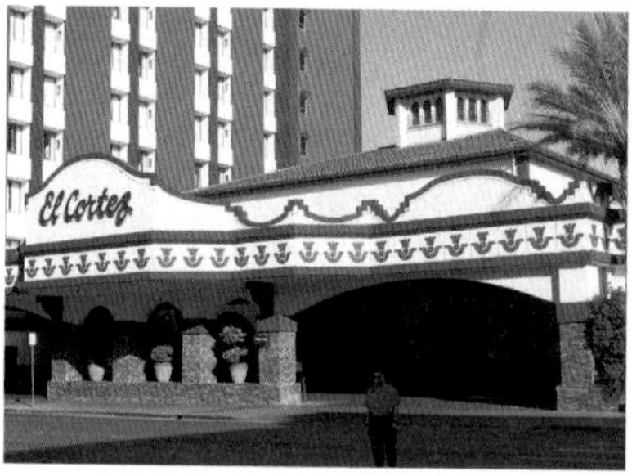

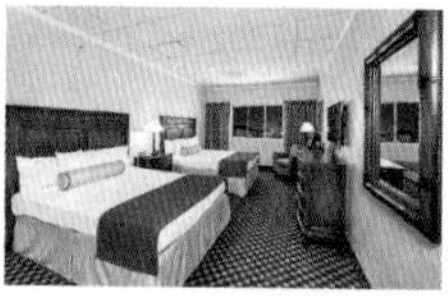

左／車寄せのある正面玄関
右／カジノフロアのすぐ上にあるビンテージルーム

🍴 Eureka!（アメリカ料理）、Siegel's 1941（金・土のみ24時間営業）など4店

🍸 バー&ラウンジ2店

[その他]チェックイン時にウエルカムドリンクのサービスあり。空港への無料シャトルあり（→脚注）

浮いた宿泊費でカジノへGO!!

1941年創業のホテルで、2013年には国の歴史的建物に登録された。カジノフロアのあるパビリオンを中心に、タワー（1980年増築）と、ブティックホテルの別館のエルコルテス・カバナ・スイートEl Cortez Cabana Suiteで形成されている。バレーパーキングのある6th St.側の正面玄関から入って左手すぐの所にフロントとベルデスクがあり、フロントを中央に1階すべてがカジノフロアだ。

エルコルテスは、ラスベガスの数あるカジノのなかで良心的なルールのカジノとして有名。地元の日刊紙で「ベスト・ローカルカジノ」、「ベスト・ダウンタウンホテル」などの受賞歴もある。

DATA

[住]600 E.Fremont St., Las Vegas, NV 89101
☎(702)385-5200 [Free](1-800)634-6703
[URL]elcortezhotelcasino.com
[料]ⓈⒹⓉ$39～431、[Su]$54～599（リゾート料金$23.95別途、駐車場無料） [CC][A][M][V]
[数]364室 [ネット]Wi-Fi リゾート料金に含む
[行]デュースのバス停（[Map]P.32-A2）から東へ3ブロック

お役立ち情報 **エルコルテスのシャトルサービス**▶ハリー・リード国際空港への無料シャトルサービスあり（毎日7:00～14:00）。事前予約が必要。フロントにて要確認。※空港からホテルまでの運行はなし

中級ホテル

ダウンタウン随一の設備を誇る

ゴールデンナゲット
Golden Nugget

ダウンタウン [Map] P.32-A1～B2

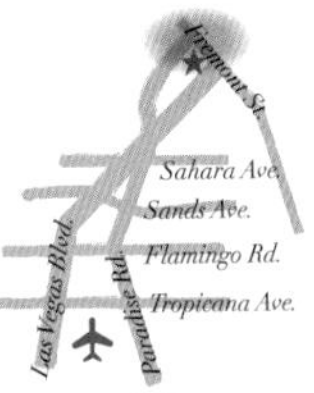

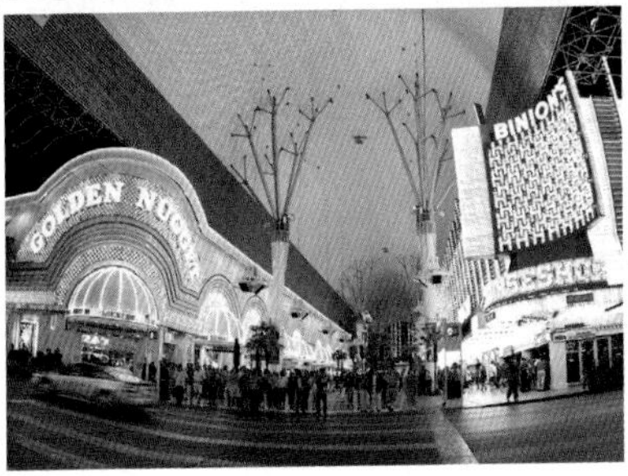

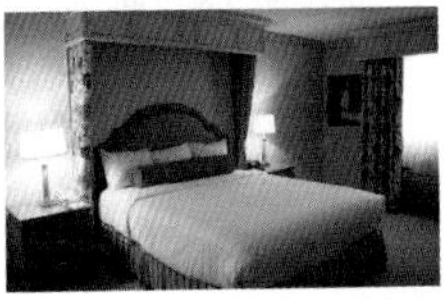

左／フリーモントストリートのなかでも特に目立つ外観だ
右／客室は落ち着いた色使い

🍴 Chart House（シーフード）など10店

🍸 バー&ラウンジ7店

Spa And Salon

[その他]ビジネスセンター

ダウンタウンにあるお手頃リゾート

ストリップ沿いにある高級カジノホテルほどではないが、ホテルタワーが複数あり、魚が泳ぐ水槽を取り囲むように屋外プールがあるなど、ダウンタウンにあるホテルのなかでは最も設備が充実している。1946年の誕生時、幅33mの派手なネオンサインはラスベガスで最大であった。歴史はあるものの、モダンなラッシュタワーRush Towerを開館させたり、プールの真ん中にサメが泳ぐ水槽があったりと、大胆な改装をしている。

レストランのほかにナイトクラブや、また600席を有するシアターも併設しているので、ダウンタウンの夜を楽しみたい人にもいい。ロビー付近に展示されている**約28kgの金塊**（→P.73）も見もの。

DATA

[住]129 E. Fremont St., Las Vegas, NV 89101
☎(702)385-7111 [Free](1-844)468-4438
[URL]www.goldennugget.com [料]ⓈⒹⓉ$69～229、[Su]$179～699（リゾート料金$38別途、駐車場無料） [CC][A][D][M][V]
[数]2419室 [ネット]Wi-Fi リゾート料金に含む
[行]デュースのバス停（[Map]P.32-A2）から北西へ徒歩4分

エコノミーホテル

ダウンタウンの中心に位置する

フリーモント
Fremont Hotel & Casino

ダウンタウン [Map] P.32-B2

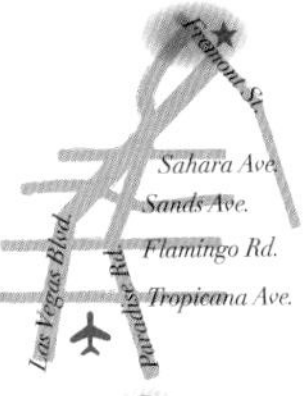

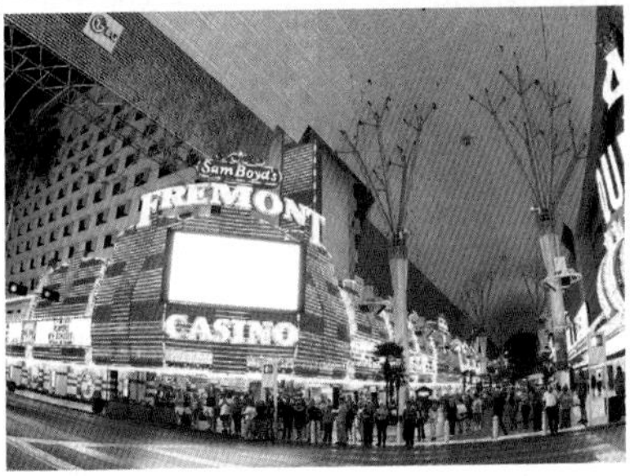

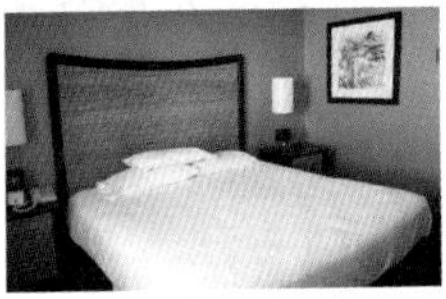

左／有名な交差点に立つホテルに宿泊してみては!？　右／シンプルでコンパクトにまとめられた客室

🍴 Tony Roma's（アメリカ料理）など4店

🍸 バー&ラウンジあり

ダウンタウンのフォトジェニックホテル

ダウンタウンきっての撮影スポットに位置するこのホテルは、夜中まで多くの人でにぎわっている。1956年に開業したときには、ダウンタウン初の高層ホテルとして注目を浴びた。古きよきダウンタウンの伝統を引き継いでおり、ストリップのカジノとはひと味違う雰囲気を味わうことができる。部屋の位置により騒々しいが、コストパフォーマンスを重視する人にはいいだろう。

ホテルはサウス・カジノセンター・ブルバードにも面していて、SDXのバス停も近い。ラスベガス・ノース・プレミアムアウトレット（→P.188・202）でお得なショッピングを楽しみたい人や、ストリップ方面へ遊びにいきたい人にも便利。

DATA

[住]200 Fremont St., Las Vegas, NV 89101
☎(702)385-3232 [Free](1-800)634-6460 [FAX](702)385-6270 [URL]www.fremontcasino.com [料]ⓈⒹⓉ$53～650（リゾート 料金$29.99別途、駐車場リゾート料金に含む）
[CC][A][D][M][V] [数]447室 [ネット]Wi-Fiリゾート料金に含む
[行]デュースのバス停（[Map]P.32-A2）から北西へ徒歩4分

♥♠=カジノホテル　=ノンゲーミングホテル（カジノ施設のないホテル）

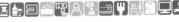

ビールが人気のレストランが入店

メインストリート・ステーション
Main Street Station Casino

ダウンタウン
[Map]P.32-B1

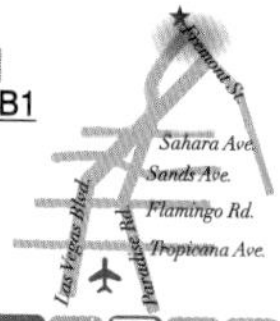

インテリアにアンティークが使われ、雰囲気がいいと評判。たたずまいもアンティークだ。人気のレストラン、トリプルセブンでは、ビールを醸造している。ガーデンコートバフェも好評だ。Wi-Fi使用料はリゾート料金に含まれる。

DATA

[住]200 N. Main St., Las Vegas, NV 89101 ☎(702)387-1896 [Free](1-800)713-8933 [URL]www.mainstreetcasino.com [料]ⓈⒹⓉ$50～600(リゾート料金$28.24別途) [CC][A][D][M][V] [数]406室 [行]フリーモントストリートを北西へ徒歩9分、Main St.を北へ徒歩2分

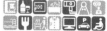

騒音もなく、快適なホテル

カリフォルニア
California Hotel & Casino

ダウンタウン
[Map]P.32-B1

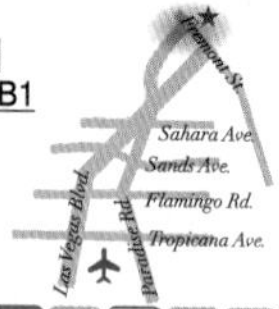

フリーモントストリート・エクスペリエンスの1本東にあるので、食事やショッピングに便利なのに騒音も少なく過ごしやすい。部屋はやや狭いが設備は過不足なく清潔。Wi-Fi使用料はリゾート料金に含まれる。

DATA

[住]12 E. Ogden Ave., Las Vegas, NV 89101 ☎(702)385-1222 [Free](1-800)634-6505 [URL]www.thecal.com [料]ⓈⒹⓉ$55～700、[Su]$130～775(リゾート料金$28.24別途) [CC][A][D][M][V] [数]781室 [行]フリーモントストリートを北西へ徒歩9分

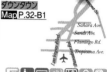

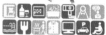

1906年創設のラスベガス初のカジノホテル

ゴールデンゲート
Golden Gate Hotel & Casino

ダウンタウン
[Map]P.32-A～B1

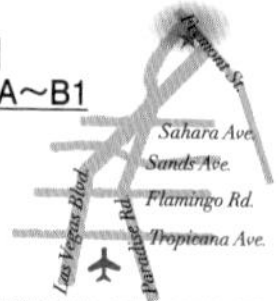

改装は行っているがロビーやエレベーターなど、随所に当時のラスベガスの雰囲気を感じる。フリーモントストリート・エクスペリエンスの西の端にある。Wi-Fi使用料はリゾート料金に含まれる。

DATA

[住]1 Fremont St., Las Vegas, NV 89101 ☎(702)385-1906 [Free](1-800)426-1906 [URL]www.goldengatecasino.com [料]ⓈⒹⓉ$17～304、[Su]$84～(リゾート料金$29.95別途) [CC][A][M][V] [数]122室 [行]フリーモントストリートを北西へ徒歩9分

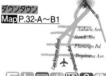

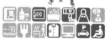

立地条件抜群!

フォークイーンズ
Four Queens Hotel & Casino

ダウンタウン
[Map]P.32-A～B2

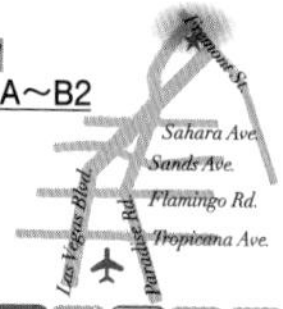

フリーモントとともにダウンタウンで最も有名な交差点に位置するホテル。古きよきダウンタウンの雰囲気が残る。ラスベガスでは珍しく、リゾート料金が不要なのがうれしい。バスタブ付きの部屋もある。Wi-Fi使用料は無料。

DATA

[住]202 Fremont St., Las Vegas, NV 89101 ☎(702)385-4011 [Free](1-800)634-6045 [URL]www.fourqueens.com [料]ⓈⒹⓉ$49～729、[Su]$149～979(リゾート料金なし) [CC][A][M][V] [数]694室 [行]フリーモントストリートを北西へ徒歩3分

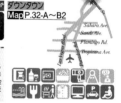

都会的なホテルに変身

ディー
The D Casino Hotel

ダウンタウン
[Map]P.32-B2

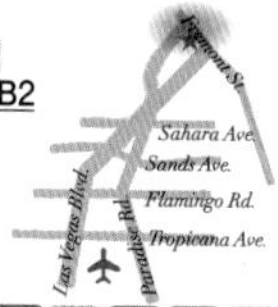

高層タワーからは景色も楽しめるコスパのよいホテル。夜になるとフリーモントストリート・エクスペリエンスに面した場所に、美女バーテンダーがいるバーThe D Barが出店。Wi-Fi使用料はリゾート料金に含まれる。

DATA

[住]301 Fremont St., Las Vegas, NV 89101 ☎(702)388-2400 [Free](1-800)274-5825 [URL]www.thed.com [料]ⓈⒹⓉ$20～539、[Su]$195～799(リゾート料金$29.95別途) [CC][A][M][V] [数]629室 [行]フリーモントストリートを北西へ徒歩2分

口コミサイトの評価が抜群

ダウンタウングランド
Downtown Grand

ダウンタウン
[Map]P.32-B2

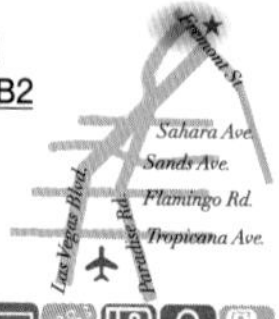

ダウンタウンにありながら、エレガントな時間を過ごすことができるホテル。宿泊費やホテル内の設備など、全体のバランスがとてもよく、ストリップのホテルのように大き過ぎないのも◎。Wi-Fi使用料はリゾート料金に含まれる。

DATA

[住]206 N. 3rd St., Las Vegas, NV 89101 ☎(702)719-5100 [URL]www.downtowngrand.com [料]ⓈⒹⓉ$42～569、[Su]$145～674(リゾート料金$35別途) [CC][A][J][M][V] [数]1124室 [行]上記のディーから1ブロック北へ徒歩3分

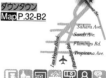

お役立ち情報 **P.140掲載のホテル、DATA欄の**[行]=行き方について ▶[Map]P.32-A2にあるデュースのバス停を起点に、徒歩での時間を算出しています。

C+コンドスタイル
Condo Style

高級ホテル運営のコンドミニアムの一室をレンタルするタイムシェア物件ほか、キチネットなどの設備が充実した長期滞在向けホテルを紹介。

高級ホテル

都会らしさと居住性を追求したホテル
ヴィダラ
Vdara

フォーコーナー **Map** P.30-A3

🍴 Market Café Vdara（カフェ&デリ）など2店。バフェはなし

🍸 バー&ラウンジ1店

🛁 ザ・スパ・アット・ヴィダラ P.178

その他 ビジネスセンター、ドッグフレンドリーパッケージあり

ほとんどの部屋からすばらしい眺めが望める ©MGM Resorts International®

地球に優しいスタイリッシュなホテル
　57階建ての外観はアリア（→P.82）によく似ているが、カジノが入っていないだけに造りはもっとシンプル。レセプションは意外なほどこぢんまりとしているので、ときとして混雑してしまうが、それでも穏やかな空気はラスベガスでは新鮮。宿泊客を楽しませてくれる観葉植物は、すべてネバダ州内から取り寄せているという。

　客室もグリーンとブラウンを基調に、落ち着ける雰囲気がいい。全室スイートで、キッチンはフル装備。広々としたキッチンスペースには、IHクッキングヒーターや電子レンジのほか、ミニバーとは別にゲストが自由に利用できる冷蔵庫も完備されている。ダイニングテーブルもあるので、自炊やルームサービスで食事をしたい人にも最適だ。また、バスルームはシャワースペースと深いバスタブが分かれており、ゆっくり湯船につかることができるなど、快適に過ごす設備が整っているため、特に女性に人気が高い。さ

らに特筆すべきは眺望のよさ。どの部屋も壁一面に大きな窓がとられており開放感は抜群。また、1495室のうち250室が角部屋で、ここからのラスベガスと周辺の山並みは特に美しい。

スタイリッシュな外観が目を引く ©MGM Resorts International®

コンパクトでプライベート感のあるプール ©MGM Resorts International®

ロボットバトラーによるルームサービス
　このホテルに来たらぜひ試してほしいのが、マーケット・カフェMarket Caféのルームサービス。2018年の夏からロボットバトラーのフェッチとゲットが稼働しており、部屋にあるタブレットで商品を注文すると、このロボットバトラーが部屋まで届けにきてくれる。朝食時などホテル内を歩いていると、忙しそうに働くロボットバトラーたちに出会えるはずだ。

　落ち着いた雰囲気のPool & Lounge Vdaraには、デイベッドやラウンジチェアのほかに、フルーツプレートやココナッツウオーター付きでセミプライベートプールも使用できるカバナ（料金別途）もあるので、街の喧騒を逃れてのんびりしたい人にはおすすめだ。

------ **DATA** ------
🏠 2600 W. Harmon Ave., Las Vegas, NV 89158
☎ (702)590-2111 Free (1-866)745-7111
URL vdara.mgmresorts.com 🛏 1495室
💰 全室🈂️ $109〜1575（リゾート料金$45別途、駐車場有料）
CC A J M V
ネット Wi-Fi リゾート料金に含む
🚶 フォーコーナーから南へ徒歩18分

高級ホテル

トラベル情報誌やガイドブックで数々の賞を受賞

シグネチャー・アットMGMグランド
The Signature at MGM Grand

新フォーコーナー [Map] 折込裏 B5

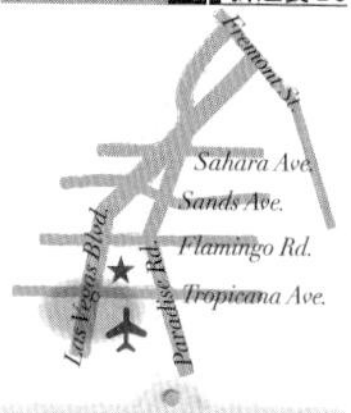

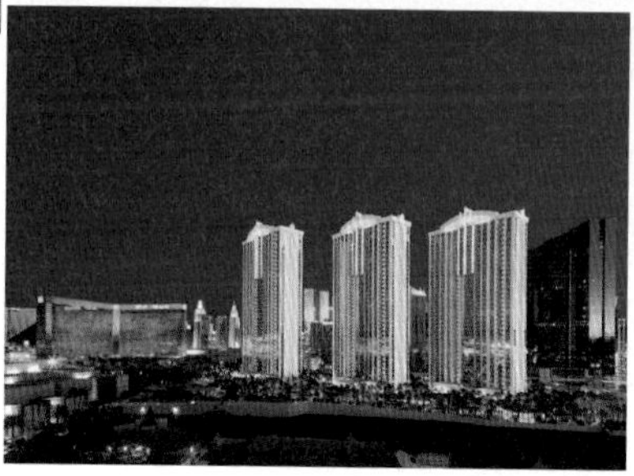

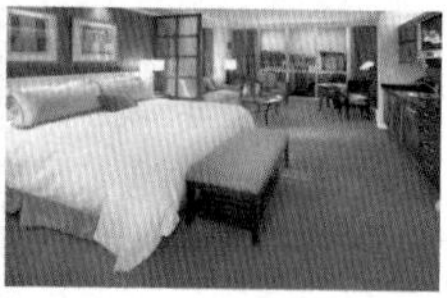

左／周りを遮る建物がないため、上層階からの眺めは最高
右／スタンダードスイートでも51m²の広さ。キチネットもあり、長期滞在にはありがたい

🍴 Delights（デリカテッセン、タワー2）、Starbucks（カフェ、タワー1）

🍸 The Lounge（タワー1）

[その他] ビジネスセンター、ゴルフアトラクションのトップゴルフ（→P.65）は、ホテル棟東側に隣接しており、徒歩でのアクセスも可

長期滞在やグループでも快適に滞在できる

MGMグランド（→P.126）のコンドミニアム棟で、同じ敷地内だが北側のハーモンアベニューに面しているので静かな環境だ。MGMグランドの本館とはかなり離れているが、連絡通路で自由に行き来でき、プールやスパ、フィットネスなどの施設も共有で利用できる。ただし、ロビーは共有していないのでシグネチャー棟のフロントでチェックインすること。シグネチャー宿泊者の証になるルームキーのチェックがあるポイントもあるので、必ずキーを持ち歩くようにしたい。

3棟のタワーは全室スイートルームで、3タイプの客室で構成されている。ラスベガスでは珍しく、小さなバルコニー付きの客室もある。

DATA

[住] 145 E. Harmon Ave., Las Vegas, NV 89109
[Free] (1-877) 727-0007　[URL] signaturemgmgrand.mgmresorts.com　[料] 全室[Su]$99～1500（リゾート料金$39別途、駐車場無料）　[CC] [A][J][M][V]　[数] 576室　[ネット] Wi-Fi リゾート料金に含む
[行] 新フォーコーナーからLas Vegas Blvd.を北へ進み、Harmon Ave.を右折。ホテルのゲートまで徒歩20分

前アメリカ大統領の名を冠する滞在型ホテル

トランプ・インターナショナル・ホテル
Trump International Hotel

フォーコーナー [Map] P.31-A3

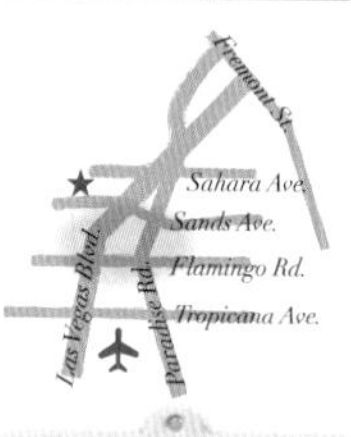

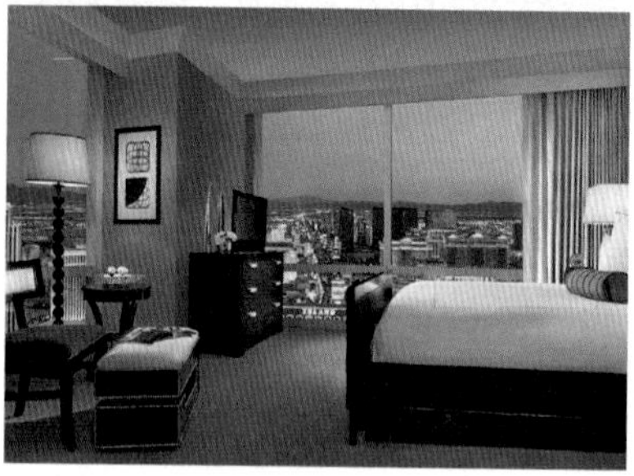

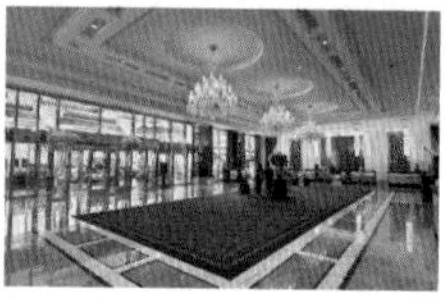

左／客室からメガリゾートがはるか足元に見える
右／ロビーも金ピカ！　ショップにはトランプ氏の著書やロゴグッズもある

🍴 DJT（アメリカ料理）、H2（EAU）（カフェ＆バー）

The Spa at Trump

[その他] ビジネスセンター

金ピカの超高層タワーホテル

このホテルはオーナーが使っていないときに部屋を貸し出すスタイルのコンドミニアム。ホテルマンの質が高く、セキュリティも万全なので、子供連れにもおすすめだ。客室はスタジオタイプ、1～3ベッドルームのスタイル。シンプルだが高級感があり、コンドミニアムだけあってキッチン付き（電子レンジ、冷蔵庫あり）。大理石のバスルームにはジャクージ付きバスタブや鏡に埋め込まれたTV、バスローブも備えられている。なお、駐車場はバレーパーキングのみ。ダイニングはトランプ氏のイニシャルを冠した**DJT**と、**エイチ・ツー・オーH2 (EAU)** の2店しかないが、ファッションショー（→P.199）がすぐ隣で便利だ。

DATA

[住] 2000 Fashion Show Dr., Las Vegas, NV 89109
☎ (702)982-0000　日本☎ (03)5695-1770 （株）ジェイバ
[URL] www.trumphotels.com/las-vegas　[料] ⓈⒹⓉ$149～1624、[Su]$219～11449（リゾート料金$39.68別途、駐車場無料）
[CC] [A][D][J][M][V]　[数] 1282室　[ネット] Wi-Fi リゾート料金に含む
[行] フォーコーナーから北へ徒歩20分、Fashion Show Dr.を左折し徒歩5分

コンドスタイルホテルのキッチン ▶ コンドスタイルのホテルにはほとんどの部屋にキチネットが付いているが、調理器具が不十分なことが多いので、チェックインしたら何があるか始めに確認しておこう。

コンドスタイル　シグネチャー・アットMGMグランド／トランプ・インターナショナル・ホテルほか

高級ホテル

騒々しいストリップから隔離された空間

ヒルトン・グランド・バケーションズ・クラブ・エララ
Hilton Grand Vacations Club Elara

フォーコーナー Map P.30-B3

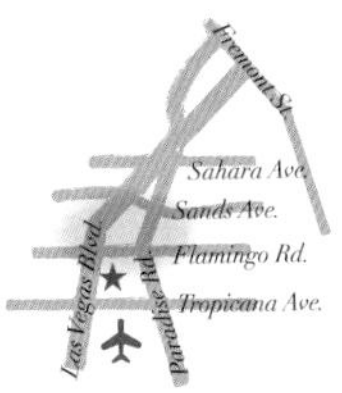

左／キチネット付きのゆったりとしたレイアウト。洗濯機が備わっている客室もある　右／密接した建物がなく、外からの光が差し込んでとても健康的
©Hilton Grand Vacations Club Elara

Poolside Bar & Grill（アメリカ料理）、Starbucks（カフェ）

Lobby Bar & Lounge（バー＆ラウンジ）

生活できるほどの設備が整った客室

　コンドミニアムの部屋を共同購入し、1週間単位で利用できるオーナーシステムを採用しているが、空きがあればビジターの利用も1泊から可能だ。部屋のタイプは、スタジオタイプ、1〜3つのベッドルームを備えたスイートタイプがあり、キチネット付きで広いのも特徴。スイートタイプのゆったりした部屋はファミリーの利用が多いという。キチネットには冷蔵庫、電子レンジ、コーヒーメーカー、トースター、食器洗浄機が付き、自分で料理が楽しめる。

　バスルームでは、バスタブが深いのもうれしい。ゆったりとした客室といい、別空間のロビーといい、まさにリラックスするためのホテルなのだ。

--- DATA ---

80 E. Harmon Ave., Las Vegas, NV 89109 ☎(702)669-6700
Free (1-877) 651-4482 URL hilton.com/en/hotels/lascsgv-hilton-grand-vacations-club-elara-center-strip-las-vegas
料 ⑤⑩①$156〜445、⑤$186〜4668（リゾート料金$25別途、駐車場有料）CC ⒶⒹⒿⓂⓋ 室数1201室
ネット Wi-Fi 無料 行 フォーコーナーから南へ徒歩13分

ラスベガスに別荘をもった気分で過ごせる

ヒルトン・グランド・バケーションズ・クラブ・オン・ザ・ラスベガス・ストリップ
Hilton Grand Vacations Club on the Las Vegas Strip

ストリップ北 Map 折込裏 C3

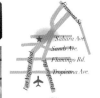

左／リビングや浴室も広く、高級ホテルのスイートルームに近いグレードの高さだ
右／深くて大きなバスタブがうれしい

Waves Pool Bar & Grill（アメリカ料理。3〜11月のみ）、The Marketplace Deli（軽食）

Waves Pool Bar & Grill（3〜11月のみ）

Eforea：Spa at Hilton

その他 ビジネスセンター、コインランドリー

室内の広さと設備は完璧

　ヒルトンホテルが管理・サービスする、タイムシェア方式のコンドミニアム。ホテルの客室よりやや広いスタジオタイプの客室ほか、1〜3ベッドルームのスイートで構成され、館内を含む全室が禁煙となっている。

　ホテルと同様に、ビジネスセンターや371㎡の広さを誇るスパ（有料）も併設されており、ビジネスでの滞在にも便利だ。景色を楽しみたいのなら、タワー棟の22階以上がおすすめ。ホテルに入店しているマーケットプレイス・デリでは、水や軽食、スナック、アルコールなど、最低限の日用品を購入することができる。

--- DATA ---

2650 Las Vegas Blvd. S., Las Vegas, NV 89109
☎(702)765-8300 Free (1-800)774-1500、日本 無料 (0120)489852（23区外）、東京 (03) 6864-1633 FAX (702) 765-8312 URL www.hilton.com/en/hotels/lasvgv-hilton-grand-vacation-club-on-the-las-vegas-strip 料 ⑤⑩$133〜499、⑤$183〜1980（リゾート料金$25別途、駐車場有料）
CC ⒶⒹⒿⓂⓋ 室数1228室 ネット Wi-Fi リゾート料金に含む
行 フォーコーナーからデュースで北へ25分

 ＝カジノホテル　　＝ノンゲーミングホテル（カジノ施設のないホテル）

ショッピングや夜遊びにぴったり
ポロタワーズ
Polo Towers

ハワイアンマーケットプレイスの後ろに立つコンドミニアム。キッチン付き。ロケーションもよく、周辺にはドラッグストアやファストフード店があり便利。Wi-Fi使用料はリゾート料金に含まれる。

DATA
🏠3745 Las Vegas Blvd. S., Las Vegas, NV 89109 ☎(702)261-1000 Free(1-800)438-2929 URLwww.hotelpolotowers.com 料スイートヴィラ$69〜794.12（リゾート料金$32.95別途）CCADJMV 室829室 行フォーコーナーから南へ徒歩15分

ラスベガスで暮らすように滞在するなら
ジョッキークラブ
Jockey Club

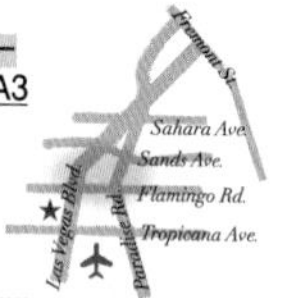

ベラッジオとシティセンターの間にある。もとは分譲されていたので、生活に必要なものはすべて揃っている。客室は1ベッド、もしくは2ベッドルームのスイートタイプ。Wi-Fi使用料は無料。セルフパーキング無料。

DATA
🏠3700 Las Vegas Blvd. S., Las Vegas, NV 89109 ☎(1-800)634-6649 URLwww.jockeyclubvegas.com 料$135〜399（リゾート料金$33.46別途）CCADJMV 室270室 行フォーコーナーから南へ徒歩8分

ストリップから1ブロック離れた快適ホテル
プラチナホテル
The Platinum Hotel

ストリップから1ブロック東にある、キッチンやリビングスペースのある全室スイート仕様のホテル。スパや、カジュアルダイニングも併設し、ラスベガスの喧騒に疲れた人にはおすすめ。Wi-Fi使用料はリゾート料金に含まれる。

DATA
🏠211 E. Flamingo Rd., Las Vegas, NV 89169 ☎(702)365-5000 Free(1-877)211-9211 URLwww.theplatinumhotel.com 料$169〜559（リゾート料金$28別途、駐車場無料）CCAJMV 室255室 行フォーコーナーから東へ徒歩20分

全室禁煙のコンドミニアム・リゾート
ホリデイ・イン・クラブ・バケーション・アット・デザート・クラブ・リゾート
Holiday Inn Club Vacations at Desert Club Resort

3階建てという背の低さと素朴な外観が、何とも好印象。近年の改装で客室にキチネットなどの設備を付け、長期滞在やファミリー向けタイプの客室になった。リンク（→P.56）の裏手という好立地で、夜遊びに困ることもない。Wi-Fi無料。

DATA
🏠3950 Koval Ln., Las Vegas, NV 89109 ☎(702)731-6100 URLwww.ihg.com 料$169〜429（リゾート料金$29別途、駐車場無料）CCADJMV 室658室 行フォーコーナーから東へ徒歩15分

暑い日はプールで泳いでからストリップへ
クラブ・ウィンダム・グランド・デザート
Club Wyndham Grand Desert

地中海スタイルのリゾートホテル。木々が生い茂る中庭にあるプールや、ロビーや客室に配された家具など、ラスベガスにいることを忘れてしまう。全室1〜2ベッドルームで、キッチンや洗濯機などの設備あり。Wi-Fi無料。

DATA
🏠265 E. Harmon Ave., Las Vegas, NV 89169 ☎(702)691-2600 Free(1-800)731-4820 URLwww.wyndhamgranddesert.com 料$169〜599（リゾート料金なし、駐車場無料）CCAJMV 室787室 行新フォーコーナーから東へ徒歩20分

屋上にプールとバーを完備
マリオッツ・グランドシャトー
Marriott's Grand Chateau

フランスの香り漂うラグジュアリーホテル。1〜3ベッドルーム仕様で広々としており、キッチン付き。ビジネスマン、家族連れともに人気が高い。屋上にあるSkyBar 38では、プールサイドでお酒を楽しむことができる。Wi-Fi無料。

DATA
🏠75 E. Harmon Ave., Las Vegas, NV 89109 ☎(702)862-5600 Free(1-800)845-5279 FAX(702)862-5610 URLwww.marriott.com 料$327〜905、⑤$361〜1983（リゾート料金なし、駐車場無料）CCADJMV 室901室 行新フォーコーナーから徒歩10分

お役立ち情報 **安いホテルはこのあたりに** ▶コンベンションセンター周辺（Map折込裏C3〜4）と、ハリー・リード国際空港の北のあたり（Map折込裏C5〜6）にある。夜の移動は車かタクシーで。

B✦バジェット Budget

カジノホテルではないエコノミーなチェーンホテルや、中心地から離れた場所に点在するローカル好みのカジノホテルを紹介。

中級ホテル

乗馬センターや映画館もある

サウスポイント・ホテル South Point Hotel

ストリップ南
Map 折込裏 B6 外

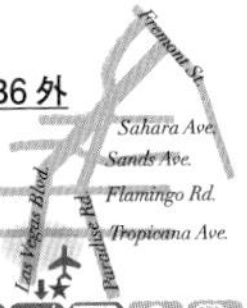

客室は高級リゾート並みにきれいなのに格安。マンダレイベイからストリップを南へ5.3マイル(約8.5km、I-15のExit 31)。空港無料送迎あり（要予約）。Wi-Fi使用料はリゾート料金に含まれる。

DATA
[住]9777 Las Vegas Blvd. S., Las Vegas, NV 89183 ☎(702) 796-7111 [Free](1-866) 791-7626 [URL]southpointcasino.com
[料]ⓈⒹⓉ$69～699、[Su]$104.97～700（リゾート料金$27、駐車場無料）
[CC][A][D][J][M][V] [数]2163室 [行]本文参照

ストリップへはシャトルバスが運行

ゴールドコースト Gold Coast Hotel & Casino

フォーコーナー西
Map 折込裏 A5

オリンズ（→P.116）とは姉妹ホテル。客室はやや古いが改装が行われており清潔。オリンズ、ストリップまでシャトルバスが運行。Wi-Fi使用料はリゾート料金に含まれる。客室の冷蔵庫はリクエストベース（有料）。

DATA
[住]4000 W. Flamingo Rd., Las Vegas 89103 ☎(702)367-7111 [Free](1-888)402-6278 [URL]www.goldcoastcasino.com [料]ⓈⒹⓉ$49～250、[Su]$189～390（リゾート料金$30.99、駐車場無料） [CC][A][D][M][V] [数]711室 [行]フォーコーナーの交差点からRTCバス#202で西へ3分

エコノミーホテル

リーズナブルにリゾート気分を満喫

オヨ・ホテル・アンド・カジノ OYO Hotel and Casino

新フォーコーナー東
Map P.29-B2

インド発のホテルチェーンOYOが、旧フーターズの建物を買い取りエコノミーホテルにリニューアル。低層のモーテルスタイルながら、カジノやプールなどの設備を備えラスベガスらしさも楽しめる。Wi-Fi使用料はリゾート料金に含まれる。

DATA
[住]115 E. Tropicana Ave. Las Vegas, NV 89109 [Free](1-866) 584-6687 [URL]oyolasvegas.com [料]ⓈⒹⓉ$42～270、[Su]$240～435（リゾート料金$39.95別途、駐車場無料） [CC][A][D][M][V] [数]657室 [行]新フォーコーナーからトロピカーナアベニューを東へ徒歩5分

ストリップ沿いのチェーンホテル

トラベロッジ・バイ・ウィンダム・ラスベガス Travelodge by Wyndham Las Vegas

ストリップ北
Map 折込裏 C3

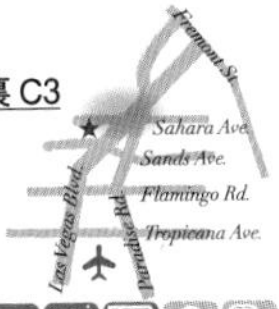

ストリップ沿いの便利な場所にありながら格安で滞在できると、学生やバックパッカーの利用が多い。客室はシンプルだが掃除が行き届いていて居心地がよく、スタッフもフレンドリーで親切だ。コインランドリーあり。Wi-Fi使用料は無料。

DATA
[住]2830 Las Vegas Blvd. S., Las Vegas, NV 89109 ☎(702)735-4222 [URL]wyndhamhotels.com/travelodge/las-vegas-nevada/travelodge-las-vegas/overview [料]ⓈⒹⓉ$85～235、[Su]$105～269（リゾート料金なし、駐車場無料） [CC][A][D][J][M][V] [数]99室 [行]フォーコーナーからデュースで20分

泊まるだけなら、ここもあり

モーテル6ラスベガス I-15・スタジアム Motel 6 Las Vegas I-15 Stadium

新フォーコーナー
Map 折込裏 A6

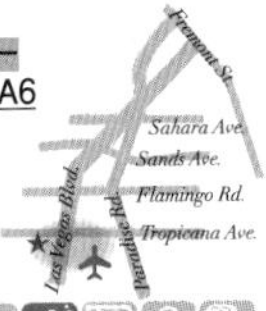

I-15沿いという、レンタカー利用者には便利なロケーション。エクスカリバーの西隣のブロックに位置するが、歩くにはちょっと遠い。客室はシンプルで、人によって評価が分かれる。ペットと宿泊可能。

DATA
[住]5085 S. Dean Martin Dr., Las Vegas, NV 89118 ☎(702) 739-6747 [URL]www.motel6.com [料]ⓈⒹ$44～238、Ⓣ$49～248（リゾート料金なし、駐車場無料） [CC][A][M][V] [数]137室 [行]新フォーコーナーから#201のバスで3分。Tropicana @ Dean Martinから徒歩7分

ダウンタウンにあるヒップなホテル

オアシス・アット・ゴールドスパイク Oasis at Gold Spike

ダウンタウン
Map P.32-B3

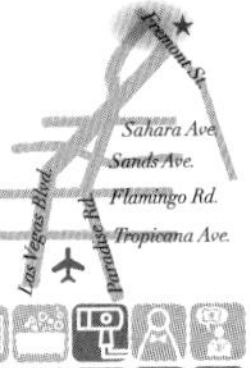

ダウンタウン随一のおしゃれ度を誇るブティックホテル。アナログレコード・コレクションがあり、週末にはホテル内でDJイベントが行われることも。フリーモントストリート・エクスペリエンスまで1ブロック。Wi-Fi使用料は無料。

DATA
[住]217 Las Vegas Blvd. N., Las Vegas, NV 89101 ☎(702)768-9823 [URL]oasisatgoldspike.com [料]ⓈⒹⓉ$35～589、[Su]$950～4000（アメニティ料金$20別途、駐車場無料） [CC][A][D][M][V] [数]130室 [行]フリーモントストリートを西へ徒歩10分

各ホテルの注目ポイント： =ショー =ショップ =グルメ =ナイトクラブ =スパ

エンターテインメント

Entertainments

147

ラスベガスで会える **Star**名鑑

グラミー賞最優秀新人賞など数々の賞を受賞
Maroon 5 マルーン5
代表曲 「シュガー」（2015年）
パークMGM／ドルビー・ライブ ➡P.63
開催日の20:00 上演1時間30分 料$90〜
予約☎(844)600-7275（ドルビー・ライブ一般情報）

R&B界のリビングレジェンド
Usher アッシャー
代表曲 「Yeah!」（2004年）
My Way
パークMGM／ドルビー・ライブ ➡P.63
開催日の21:00、23:00 上演1時間30分 料$123〜
予約☎(844)600-7275（ドルビー・ラ
イブ一般情報）

次世代を担うメロディメイカー
Bruno Mars
ブルーノ・マーズ
代表曲
「ジャスト・ザ・ウェイ・ユー・アー」
（2010年）
パークMGM／ドルビー・ライブ ➡P.63
開催日の21:00 上演1時間30分
料$200〜 予約Free(1-844)600-7275
（ドルビー・ライブ一般情報）

DJブースの プリンスたち
from DJ Booths

ラスベガスのナイトクラブでは、世界で活躍する有名DJがレジデンスとしてプレイする。名前だけでも知っておきたいカリスマDJをご紹介！

Ⓐ オムニア・ナイトクラブ　→P.169
Ⓑ ジュエル・ナイトクラブ　→P.170
Ⓒ ハッカサン・ラスベガス　→P.169

Calvin Harris
カルヴィン・ハリス

© Al Powers of Powers Imagery

フォーブス誌発表の世界で最も稼いだDJに、2013年から6年連続1位にランクイン。2017年は日本で行われたロックフェスティバス、サマーソニックにヘッドライナーとして登場し大きな話題となった。EDM色が薄れてきた感は否めないが、まだまだ勢いは止まらない。
どこで会える? Ⓐ Ⓒ

Steve Aoki
スティーヴ・アオキ

© Al Powers of Powers Imagery

日本人の父と母を親にもつ日系アメリカ人。名物パフォーマンスとなっている、DJプレイ中の「ケーキ投げ」はラスベガスでも健在だ。最前列でケーキを体で受け止めよう！ フォーブス誌の2018年世界で最も稼いだDJの4位に輝いた。
どこで会える? Ⓐ Ⓑ Ⓒ

ラスベガスに行けばいつでも会える、ショールームのビッグネームたち。2023年もレジデンス（常駐）ショーの契約ラッシュで、ニューフェイスが大活躍！　大型クラブを沸かす有名DJも要チェック。T-モバイル・アリーナ（→ P.63）やドルビー・ライブ（→ P.63）との相乗効果で、世界中のセレブリティがラスベガスに大集合しちゃうぞ!!!

力強い歌声に圧倒されるカントリーシンガー
Carrie Underwood キャリー・アンダーウッド
代表曲「エバー・エバー・アフター」（2007年）

Reflection
リゾート・ワールド／リゾート・ワールド・シアター
🕐20:00　上演1時間30分　💲$55〜
予約 (702)676-7000（リゾート・ワールド）

ラスベガスで会える　Star名鑑

© Denise Truscello

ハスキーボイスで悩殺！
Rod Stewart
ロッド・スチュワート
代表曲「アイム・セクシー」（1978年）

The Hits
シーザーズパレス／コロセウム　➡P.186
🕐開催期間中の火・金・土19:30
上演1時間30分　💲$49〜
予約 Free (1-888)929-7849

ギタリスト、サンタナ率いるラテン・ロックバンド
Santana サンタナ
代表曲「スムース」（1999年）

An Intimate Evening With Santana Greatest Hits Live
マンダレイベイ／ハウス・オブ・ブルース　➡P.186
🕐20:00（開場19:00〜）　上演1時間30分
💲$99〜 ※1ドリンク付き、18歳以上
予約 (702)632-7600

Tiesto
ティエスト

© AI Powers of Powers Imagery

フォーブス誌発表の2018年世界で最も稼いだDJに3位にランクイン。グラミー賞ノミネート歴、2004年アテネオリンピックのオープニング・セレモニーで演奏するなど、DJのパイオニアとして数々の栄光を手にしてきた。EDMだけでなく、プログレッシブ・ハウスやエレクトロニック・ミュージックもリリース。**どこで会える？** Ⓒ

Lil Jon
リル・ジョン

プロデューサー、ラッパーと、さまざまな顔をもつリル・ジョン。グラミー賞受賞歴もある、れっきとしたトップアーティストだ。近年はDJにも力を入れており、世界各国のパーティで、ダンスフロアを盛り上げている。**どこで会える？** Ⓑ Ⓒ

NIGHTMRE
ナイトメア

期待の新星ナイトメア。ヒップホップとエレクトロをミックスしたような「トラップ」というジャンルを扱うことで知られ、ウルトラ・ミュージック・フェスティバルの出演を機に知名度が急上昇、一躍人気DJたちの仲間入りを果たした。**どこで会える？** Ⓐ

149

アドレナリン大放出！
スポーツ観戦で盛り上がろう！

ラスベガスでは、アイスホッケーや野球、格闘技など多種多様なスポーツイベントが盛んに行われる。これらを目的に、熱狂的なファンが集結するのもラスベガスの特性だ。
イベントスケジュールは、URL www.lasvegas.com/shows をチェック！

迫力満点の氷上の格闘技
ICE HOCKEY
アイスホッケー

アメリカの4大プロスポーツである野球、バスケットボール、アメリカンフットボール、アイスホッケー。今までどのリーグの、どのチームもラスベガスに本拠地はなかったのだが、2016年からついにアイスホッケーチームが創設された。その名もベガス・ゴールデンナイツ。T-モバイル・アリーナを本拠地としている。

Vegas Golden Knights
アリーナ：T-モバイル・アリーナT-Mobile Arena（→P.63）
Map P.29-A1
住 3780 Las Vegas Blvd. S. ☎ (702)645-4529
URL www.nhl.com/goldenknights
交 新フォーコーナーから北へ徒歩3分、Park Ave.を西に徒歩5分

激しくぶつかり合う様子は迫力満点
©Sam Morris/Las Vegas News Bureau

ニューヨーク・ニューヨークの自由の女神もゴールデンナイツ仕様
©Glenn Pinkerton/Las Vegas News Bureau

世界中の猛者が集まる伝説の地
BOXING
ボクシング

ラスベガスはボクシングの本場として世界的に名高い街で、その会場となるのが、MGMグランド、マンダレイベイなどカジノホテルのアリーナや、トーマス＆マックセンター、T-モバイル・アリーナなど。2015年5月のメイウェザーとパッキャオとの世紀の一戦や、同9月のメイウェザーの49戦全勝無敗を遂げての引退試合は、いずれもMGMグランド・ガーデン・アリーナ（→P.186）で行われた。
URL www.boxinginlasvegas.com

上／観客の応援ぶりも日本と違っておもしろい
左／史上最強と称されたメイウェザー
©Esther Lin_Showtime

ラスベガスらしさ満載の
マラソン大会

応援だけでも十分楽しめる

毎年冬季に開催されるロックンロールマラソンは、ネオンきらめくストリップを往復するコースで、周辺ではライブ演奏が行われるなどお祭り騒ぎ。ラスベガスが満喫できる大会なので、体力に自信がある人は参加してみよう。
開 2023年は2月25〜26日に開催
URL www.runrocknroll.com/en/events/las-vegas

T-モバイル・アリーナの近くに建つアレジアント・スタジアム
©Las Vegas News Bureau

Coming Soon !

アメリカで最も人気のスポーツ

AMERICAN FOOTBALL
アメリカンフットボール

かつてはメジャースポーツにあまり縁のなかったラスベガスだが、NHL（アイスホッケー）に続き、2020年からはNFL（アメリカンフットボール）もラスベガスに参入。やってくるのはもともとオークランドに拠点のあった「レイダース Raiders」。スタジアムも新たに誕生！

Las Vegas Raiders
スタジアム：アレジアント・スタジアムAllegiant Stadium
3301 S. Al　Blvd. & 3333 Al Davis Way　URL www.raiders.com
新ジャ—ジ—ニ—... ラスカリバーからトラムで1駅のマンダレイベイから
Franc Sinatra Dr. に出てすぐ

ピカピカの
新スタジアム

現地のファンとの交流も楽しい

BASEBALL
野球

マイナーリーグチーム「ラスベガス・アビエイターズ　Las Vegas Aviators」が、2019年シーズンよりラスベガス・ボールパークに拠点を移す。2023年1月現在、大リーグ球団オークランド・アスレチックス傘下、トリプルAのチーム。2005年には中村紀洋選手も在籍し、101試合に出場した。シーズンは4〜9月初め。

Las Vegas Aviators
球場：ラスベガス・ボールパークLas Vegas Ballpark
Map P.184　1650 S. Pavilion Center Dr.
(702)943-7200（チケット）　URL www.milb.com/las-vegas　ダウンタウンから車で15分

想像を絶するスピードに大興奮

AUTO RACING
カーレース

©Las Vegas News Bureau

ダウンタウンから車で20分くらいの所には本格的なカーレース場、ラスベガス・モーター・スピードウエイLas Vegas Motor Speedwayがある。全長4kmのグランプリコース、2.4kmのスピードウエイ、ダートコースなどの施設が整っている。毎年3月上旬に行われるNASCAR Sprint Cupをはじめとして、頻繁にレースが催されている。

Las Vegas Motor Speedway
Map P.184
7000 Las Vegas Blvd. N.
Free (1-800)644-4444　URL www.lvms.com
タクシー、または車で。車の場合、I-15を北へ走り、Speedway Blvd. で下りてすぐ。約20分

OTHERS そのほか

アメリカ最大のプロレス団体WWEや総合格闘技団体UFCなどがたびたび興業を行っている。開催場所はそのときどきで違うので、ウェブサイトでスケジュールを確認しておくといい。

また、ラスベガスは各種スポーツの世界大会決勝戦の地として選ばれることが多く、ロデオ世界チャンピオン決勝戦はトーマス＆マックセンター（→ P.186）で開催される。

2019年春に完成したスタジアム
©The Howard Hughes Corporation

Orientation of Shows
ショー オリエンテーション

ラスベガスは
エンターテインメント
キャピタル!

©Tomasz Rossa

初めてのシルク・ドゥ・ソレイユなら、断然 "O" がおすすめ。パフォーマンスも舞台演出も驚きの連続だ

　ラスベガスはエンターテインメントの都だ。ショーの数の多さ、舞台装置や出演者の衣装の豪華さ、バラエティに富んだショーの種類、レベルの高さ……。そのどれを取っても、間違いなくラスベガスは世界一といえる。今、ラスベガスへ来てショーを観ないのは、ゲーミング(ギャンブル)をしないよりも、あり得ないこと!!

　ぜひ、ラスベガスではショーを観賞していってほしい。そのためにちょっと予習をしておくと、よりいっそうショーが楽しめる。

ショーにはふたつの種類がある

❶プロダクションショー
Production Shows

　プロダクションが運営するブロードウエイ形式のショーのこと。専用の劇場をもち、長期間、あるいは何年にもわたって上演される。マジック、アクロバット、レビュー、ミュージカル、コメディなど各種あるが、現在ラスベガスを代表するショーといえば、**カナダ生まれの芸術集団シルク・ドゥ・ソレイユ Cirque du Soleil**。たいていはひと晩に2回の公演があり、1週間に1、2回休演日がある。数ヵ月おきに長期休演することもあるので気をつけよう。

　ラスベガスといえばマジックの聖地でもある。一時期は小劇場でも見かけなくなるほどの衰退ぶりだったが、若手マジシャンの登場やベテランの踏ん張りもあり、盛り返しの兆しをみせている。そのほか、美しい肢体とゴージャスな衣装で華やかなステージを披露するレビューやバーレスク、鍛え上げた肉体を武器にする男性ダンサーのアダルトショーも、ラスベガスらしいショーのひとつだ。

　上記のショーはおもにストリップで行われるが、ダウンタウンにも**スミスセンター**(→ P.154)という本格的な劇場があり、有名ミュージシャンのコンサートや、ブロードウエイミュージカルの招聘、ラスベガス・フィルハーモニックやネバダ・バレエシアターの定期公演が行われている。

❷ ヘッドライナーショー
Headliner Shows

　ビッグネーム(英語ではセレブリティ Celebrity)のライブコンサートのこと。エルビス・プレスリー、フランク・シナトラなどの伝説的なスターが活躍したラスベガスは、歌手なら誰もがステージに立ちたいと憧れる街。カジノホテルが巨大なアリーナを有するようになってからは、ロック、カントリー、ジャズ、ヒップホップなど、ありとあらゆるジャンルのコンサートを開催するようになった(コンサート会場については→ P.186)。

情報の集め方

　最新のスケジュールやチケットの販売状況は、ショーの公式ウェブサイトや劇場があるホテルのウェブサイトで確認できるので、事前に見ておけば予定が組みやすい。定期的な休演日や長期休演のほかに、公演劇場の変更や公演そのものが打ち切りになる場合があるため、こまめにチェックすることをおすすめする。このほかに、ラスベガス観光局の公式ウェブサイトも参考になる。
URL www.visitlasvegas.com/shows-events (英語)

　現地ラスベガスでは、劇場のチケットオフィス(英語では Box Office)で直接確認するといい。基本的にシーザースエンターテインメント系列と MGM リゾーツ・インターナショナル系列のホテル(→ P.81)なら、系列内の劇場の情報は一括管理している。1ヵ所のボックスオフィスで、複数の系列劇場の状況を確認することも可能だ。また、ホテルの客室やショッピングモール、観光案内所などに置かれている無料情報誌の活用もおすすめしたい。どの情報誌もショーやアトラクション、ショッピング、ダイニング、ナイトライフなどのお楽しみ情報が満載。特集記事などでラスベガスの旬を発信している。また、各情報誌のウェブサイトで最新号をダウンロードできるので、事前閲覧も可能だ。代表的な情報誌は次のとおり。

◆ **Las Vegas Magazine** 　エンターテインメント情報が中心の週刊誌。約100ページのA4判オールカラーで割引券が付いている。
URL lasvegasmagazine.com

152　LV トリビア　**Dark って何?** ▶ショーのスケジュールをチェックしていると出てくる言葉が「Dark」。ラスベガスではショーの休演日のことをいう。

Entertainment

◆ **Where**　観光全般を網羅する月刊情報誌。ショーはホテルごとにスケジュールを紹介しているので読みやすい。

URL www.wheretraveler.com/las-vegas

◆ **Las Vegas Weekly**　観光情報のほかにローカルな話題が盛り込まれている。

URL lasvegasweekly.com

チケットの買い方

英語がわかるならオンラインで買う

ショーやホテルの公式ウェブサイト（URLはショー、またはホテルの項を参照）にアクセスする。公演名を確認し、希望の日付と公演時間を選択すると空席照会後の座席表（英語ではシートチャート Seat Chart）が表示されるので、位置や価格を確認したら座席指定を行う。希望枚数も忘れずに。

オンライン購入の決済はクレジットカードのみ。チケット1枚の価格に対し、販売手数料や取扱手数料などの名目で手数料（10〜20%程度）とライブ・エンターテインメント・タックス（9%）が加算される。なお、決済には一定の時間が設けられており、個人情報入力などに手間取ると時間切れになってしまうので注意が必要だ。

チケットは観劇当日ボックスオフィスで受け取る方法と、ショーによってはウェブサイトでの予約時に受け取る方法（eチケット）もある。予約が取れたら、指示に従って自宅のプリンターで印刷する。それがチケットだ。

当日受け取る場合は、チケット売り場の**"Will Call"**と表示された窓口、何も表示がなかったらどの窓口でも受け取ることができる。このとき、ID（パスポートなどの写真付きの身分証明証）と購入時のクレジットカードが必要。指定された時間までに行かないとキャンセルされてしまうので、ラスベガスに着いたらすぐに取りにいきたい。

ほかにも、現地の会場で入場の際にスマートフォンの画面にeチケットを出し、会場備え付けの機械で読み込ませる方法も増えてきた。自宅でバーコードを印刷してもNGとなることがあるので注意。また、入場の際データ通信の環境が整っているかを確認したい。

各劇場のボックスオフィスで買う

オーやマイケル・ジャクソン：ワンなど、人気の高いショーであっても公演当日に完売することは少ない。ラスベガス入りしたら、ショーを行っている劇場のボックスオフィスで直接購入することも可能だ。英語が苦手な

ら、公演名と希望日時を書いたメモを見せて"ドゥ・ユー・ハヴ・ア・チケット？ Do you have a ticket?"などと聞いてみよう（チケット購入時の英会話→ P.324 参照）。空きがあれば座席表で案内してくれるので、最悪でも指さしで注文できるはずだ。

チケット代行手配を利用する

旅行会社を通じてチケットを購入することができる。旅行会社は日本のパッケージツアーや航空券を購入したところ、または、現地の日系の旅行会社（→ P.42）がおすすめだ。

ライブコンサートやスポーツ興行の入手困難なプレミアムチケットは、チケット業者を利用する手もある。チケット業者＝チケットブローカーと思うかもしれないが、日本の「ダフ屋」とは違って合法的なもの。お金さえ払えばほとんどの場合入手できる。

どちらも代行手配手数料が必要で、チケット入手の難易度によって、この金額は上下する。事前に見積もりを依頼しておくと安心だ。

日本語 OK のチケットブローカー
● **All American Tickets, Inc.**
🏠 340 E. 2nd St., Little Tokyo Plaza, ＃305, Los Angeles, CA 90012　☎ (213)217-5130
Free (1-888) 507-3287　**FAX** (213) 217-5135
URL www.allamerican-tkt.com

全米中のショーやコンサート、スポーツのチケットも扱う。営業所はカリフォルニア州ロスアンゼルスにあるが、どこへでも届けてくれる。もちろん、滞在先のホテルへも OK。

ショーチケットの予約代行
● **JCB プラザ・ラスベガス**
Map P.31-A3　🏠 3200 Las Vegas Blvd. S. ファッションショー（→ P.199）内、サックス・フィフス・アベニュー1階　☎ (702)382-5906
URL www.jcb.jp/ws/plaza/plaza_lasvegas.html

手数料無料で予約代行してくれる。日本語対応。日本出発10日前までなら JCB プラザコールセンター（日本 **無料** 0120-788-010）で相談するとよい。**JCB カードでの支払いが条件。**

ディスカウントチケットも要チェック

ティックス・フォー・トゥナイト Tix 4 Tonight がラスベガスでショーなどの格安チケットを扱う。ベガス全般で興行中のショーやアトラクション、オプショナルツアーなどを扱い、オンラインと店頭販売を行っている。詳細は→ P.155 で確認を。

ショールームに入る前に

　ショーを観にいくときには特におしゃれをする必要はない。アメリカ人観光客などはジーンズやショートパンツの人もいるくらいだ。ただし、有名アーティストのリサイタルや大晦日ライブコンサートなどの特別な日にはゴージャスに着飾るのもあり。ポップやロックのコンサートなどはラフな格好でかまわない。

　ショーを観にいくときは、最悪でも開演30分前には席に着きたい。ラスベガスのリゾートホテルはどこも巨大で構造的に歩きにくい。焦っていると迷って、あっという間に時間がたってしまう。また、ショーの途中に休憩はないことが多いので、トイレを済ませておくこと。ショールーム内にトイレがない場合もあるが、そのときはチケットを持ってカジノのトイレを使えばいい。なお、劇場内は冷房が効き過ぎてとても寒い。真夏でも必ず長袖を用意していこう。

座席とドリンクについて

　かつては、ラスベガスのほとんどのショーが自由席だった。劇場の入口まで行って、**メイトルディ maitre d'** と呼ばれる案内係に席まで案内してもらう、というシステムが一般的だった。このとき渡すチップの額によって席のよい悪いが決まっていたのだが、近年は指定席がほとんど。自由席の場合、チップの相場は、ふたりで＄5〜10、ちょっといい席が欲しいときは＄20くらいが目安。

　普通に席を案内してもらった場合は、カップルなら男性が案内係に＄5くらい渡すのがスマートだ。ひとりで行った場合、＄2くらい渡すのがよいが、渡さない人もけっこういる。

　ショーの形態として、ドリンクが付くカクテルショーや食事が付くディナーショーといったものがあるが、現在のラスベガスでこれに該当するのは「トーナメント・オブ・キングス」（→ P.161）くらい。着席すると、ショーが始まる前にドリンクの注文を取りにきてくれる（ソフトドリンクは無料、アルコールは有料）。ほとんどのショーの場合、ドリンクは劇場内の売店で販売しており、座席まで持ち込むことができる。売店がない場合は、カクテルウエートレスが劇場内を回っているので、彼らにオーダーする。飲み物と引き換えに代金とチップを手渡そう。

アダルトショーについて

　ストリップのメガリゾートで開演中のアダルトショーは、男性向けのトップレスショーでも、女性が観て不快に感じることはほとんどない。18歳未満はお断りで、開演時間も遅めだ。女性向けのショーもポピュラーで、アメリカ人女性なら、成人女性のたしなみとして誰でも体験するもの。男性の姿もちらほら見られるが、日本人男性は気後れするかも。

ダンスも歌唱力も評価が高い「ファンタジー」

ラスベガスの文化施設　The Smith Center

　ラスベガス市の文化施設である**スミスセンター**は、有名建築家のデビッド M. シュワルツ氏による設計で、2012年にオープンした劇場。ラスベガス・フィルハーモニックやネバダ・バレエシアターのホームで、ブロードウエイミュージカルや有名アーティストのコンサートも開催される。

　外観の美しさもさることながら、アールデコ調のインテリアが施されたロビー、フルオーケストラピット、中2階のあるレイノルズホール（2050席）の設計がすばらしく、音響も世界クラスと評価が高い。また、ジャズのために設計された258席のホール、キャバレージャズでは都会的な大人の雰囲気でライブ演奏が楽しめる。

　公演スケジュールやチケットは、スミスセンターのホームページで確認を。

●**DATA**
Map 折込裏 C1
住 361 Symphony Park Ave.
☎ (702) 749-2000（チケット）
URL www.thesmithcenter.com
行 デュースで Fremont Street Experience 下車、徒歩15分

夜間のライトアップも美しい
ⒸLas Vegas News Bureau

　読者の声　Tix 4 Tonight のショーチケットとレストラン割引券　▶ショーは正規の割引価格と同じ場合があるので、インターネットで価格を比較するといい。また、係員にすすめられてレストランの↗

お得にエンタメ！ ディスカウントチケットを買ってみよう！

エンターテインメントをお得に楽しみたいなら、ディスカウントチケットを活用しよう。下記で紹介するティックス・フォー・トゥナイトは興行主公認のチケット販売店で、興行前日、または当日券を割引価格で販売している。人気のシルク・ドゥ・ソレイユの各ショーをはじめ、さまざまなショーチケットを中心に、アトラクションやレストランクーポン、グランドキャニオンなど郊外へのツアーチケットも扱う。内容や価格はシーズンや日により異なるので、詳細はチケット窓口もしくはウェブサイトで確認を。

ティックス・フォー・トゥナイト
Tix 4 Tonight
Map P.29-B1、P.30-B2、P.32-B2 ほか
Free (1-877) 849-4868
URL tix4tonight.com
圏 グランド・キャナル・ショップス（10:00 〜 21:00）、グランド・バザール・ショップス（11:00 〜 19:00）の2店舗。※チケット1枚につき別途販売手数料が加算される

ディスカウントチケットの買い方

1. モニターチェック

まずは店頭モニターで本日のチケット状況を品定めする。店舗の開店は 10:00 〜 11:00 だが、モニターは 9:30 から稼働する。これらの情報はウェブサイト URL tix4tonight.com の "Today's Deals" でも確認できる。希望の公演を見つけたら、メモを取り行列に並ぼう。

2. 並んで注文

チケット販売は先着順なので開店直後は行列覚悟で。時間に余裕がない人、せっかちな人にはおすすめできない。また、屋根のない所で並ぶため、暑さ寒さ対策も万全に。

例外：通常の列とは別に、"VIP Line" という案内を見かけるはず。これはリピーターへのサービスで、前回のチケット購入日から2日（場合によっては3日。要確認）以内の再来店者に適用される。前回購入のチケットレシートが必要。

3. 決済する

支払いは現金、クレジットカード AMV（要写真付き ID）で。座席指定のチケットは各ショーの劇場にあるボックスオフィスでの引き換えになるため、ここではバウチャーのみ渡される。

マイケルとシルク、異色のコラボレーション！

マイケル・ジャクソン:ワン
Michael Jackson : ONE

左／スムーズ・クリミナルで魅せる45度傾くダンスパフォーマンス「ゼロ・グラヴィティ」 右／『バッド』の曲に合わせて、スラックラインの見せ場がある
© Isaac Brekken/Getty Images

マイケルのピュアな世界観をテンポよく展開する

シルク・ドゥ・ソレイユが、マイケル・ジャクソンの遺産管理団体Michael Jackson Estateとの共同プロジェクトで制作し、2013年に開幕。前身の『Michael Jackson The Immortal』とは、演出も出演者もまったく異なる。脚本およびディレクターは、ポップ・ミュージック界で振り付けと演出を手がけるジェイミー・キング氏。彼自身、1992年のマイケルのツアー"デンジャラス・ワールドツアー"にダンサーとして参加した。

ステージは、マイケルの生涯を語るような伝記仕立てのストーリーではなく、あくまでもマイケル・ジャクソンの音楽とシルク・ドゥ・ソレイユ流のアクロバットの融合で創造されたもの。キーパーソンは、4人のはみ出し者。マイケルの音楽に奮起させられた4人が、生まれ変わりの冒険へ出る設定だ。ステージの場面展開、ヒットソングの数々、そしてホログラフィでよみがえるマイケル・ジャクソンに、きっと感動するはず。
※5歳以上（18歳未満は大人の同伴要）

--- **DATA** ---
劇場Michael Jackson ONE Theatre（1805席） 位置マンダレイベイ➡P.112 トラム駅からデラーノ・ラスベガスへ向かう手前に劇場がある 時木～月19:00 & 21:30 休火・水 所要1時間30分 料$69～302.80（税別） 予約☎(702)632-7580 Free(1-877)632-7400 URLwww.cirquedusoleil.com/michael-jackson-one

不動の人気を誇るロングランショー

オー
₀

左／水の舞台はラスベガスの劇場でしか観られない © Veronique Vial
右／頭で倒立するワシントンブランコ © Tomasz Rossa

変幻自在の特設プールは、まるでマジック

シルク・ドゥ・ソレイユCirque du Soleil（太陽のサーカス団）のショーのなかでも完成度の高さで定評がある、1998年開幕のショー。

テーマは、生命の源であり輪廻転生を象徴する「水」（フランス語でオーeau）。舞台には30×45mのO形のプールがあり、水上と空中を使ってスケールの大きなアクロバットが次々に登場する。頭上で揺れる船上でカモメの群れのように飛び回る空中ブランコ、18.3mの高さからの飛び込み、15名ほどのチームで躍動するミステリアスなシンクロナイズドスイミング。いずれの技も極めて難度が高く、オリンピックメダリストが数多く出演しているのもうなずける。人や物が水の底から現れ、水の上を歩いたかと思うと、次の瞬間には水中へ潜ってしまう。やがてプールそのものが音もなく消え失せる。舞台の繊細な美しさと、民族楽器の素朴な音色も印象的だ。
※5歳以上（18歳未満は大人の同伴要）

--- **DATA** ---
劇場O Theatre（1800席） 位置ベラージオ➡P.84 正面玄関から右側のカジノを中ほどまで進み左側奥 時水～日19:00&21:30 休月・火 所要1時間30分 料$79～440.41（税別） 予約☎(702)693-8866 Free(1-888)488-7111 URLwww.cirquedusoleil.com/o

各ショーの特徴： 英語力不要 英語わからなくても大丈夫 大人の男性向け 大人の女性向け キッズにおすすめ

エンターテインメント　アクロバットショー

何年たっても色あせない前衛的なパフォーマンス

ミステア
Mystère

フォーコーナー
TI：トレジャーアイランド
Map P.31-A3〜4

英語力不要

左／和太鼓の登場はドラマチックな演出だ © Matt Beard　右／豪華なコスチュームに映えるメイクも見事 © Richard Termine

神業的なアクロバットに息をのむ

　1993年初演、シルク・ドゥ・ソレイユがもつ全世界の常設ステージのなかで、最も歴史がある。洗練された舞台美術、前衛的なコスチューム、種も仕掛けもない肉体の奇跡が高く評価され、エミー賞、国際アクロバットフェスティバルなど数々の賞を獲得した。フランス語で「ミステリー」を意味するミステアのテーマは「進化」。飛び方を忘れた鳥、希望を破壊するカマキリ、天を駆ける火の鳥、表裏ふたつの顔をもつ堕落した人間、春の雨から生まれたカタツムリなどが登場し、人類の恐れと希望を象徴的に描く。プロローグとエピ

ローグを飾るのは和太鼓だ。メインステージの手前にある可動ステージは、一般の劇場の3倍以上の速度で21mの舞台床下を昇降する。空中ブランコ、チャイニーズポール（鉄棒）、コリアンプランク（シーソー）、ハイバー（空中バレエ）、トランポリン、マット、玉乗りなど約75名の出演者は世界中から集められた精鋭揃いで、超人的な技に驚嘆するはず。
※1歳以上（18歳未満は大人の同伴要）

DATA

劇場 TI Theatre（1600席）　位置 TI：トレジャーアイランド➡P.131 正面玄関からカジノの中央を突っ切り奥　開 金〜火19:00＆21:30 休 水・木　上演 1時間30分　料 $69.76〜136.25（税込）、手数料などは別、12歳以下は35〜50%オフ　予約 Free（1-800）392-1999 URL www.cirquedusoleil.com/mystere

想像を超える舞台装置とダイナミックさに圧倒される

カー
KÀ

新フォーコーナー
MGMグランド
Map P.29-B1〜2

英語力不要

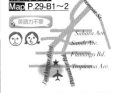

左／劇場全体を巻き込んだ大がかりな舞台装置 © Tomas Muscionico 右／バラエティ豊かなキャラクターが登場する © Eric Jamison

危険と隣り合わせの、手に汗握るステージ

　スケールの大きさで他を圧倒するステージで、全体を通して恐ろしいほどの熱情と破壊のパワーがみなぎる。創造の源である火と、すべてを焼き尽くす破壊の炎をテーマにした、壮大な抒情詩に酔いしれよう。双子の兄弟が、嵐の海に投げ出されたり弓矢の雨に襲われたりしながら、平和な世界にたどり着くまでを描く。日本語の「火」を思わせるショータイトルは、魂を来世に導いてくれる古代エジプトの精霊の名だという。最大の見どころは機械仕掛けの舞台装置。荒れ狂う海に翻弄される巨大な船、どこからともなく現れる海中世界。

いつの間にか舞台が砂で満たされたかと思うと、今度は垂直の氷壁になり、戦場になり、ジャングルになり、奈落の底へ人々が落ちていく。まさに驚きの連続だ。特別チケット「ロイヤルVIPエクスペリエンス」ならバックステージツアーや出演者との写真撮影などもできる。
※3歳以上（18歳未満は大人の同伴要）

DATA

劇場 KÀ Theatre（1950席）　位置 MGMグランド➡P.126 ストリップからウエストウイングの入口を進みウルフ・ギャング・パックを左に曲がった正面　開 土〜水19:00＆21:30　休 木・金 上演 1時間30分　料 $56〜303.72（税別）　予約 ☎（702）531-3826　Free（1-800）929-1111 URL www.cirquedusoleil.com/ka

27に及ぶビートルズの名曲にのせて

ビートルズラブ
The Beatles Love

左／1969年リリースの『ゲットバック』のワンシーン ©Matt Beard
右／『イエスタデイ』は失恋の悲しみを歌っている ©Matt Beard

テーマはLove and Peace

「Yesterday」「Hey Jude」などおなじみの名曲をバックに、約60名のパフォーマーによるアクロバットが繰り広げられる。誰もが優しい気持ちになれるファミリアなステージで、英語のセリフはないが、歌詞の意味を知っていればさらに楽しめる。座席備え付けのサラウンドスピーカーから流れてくる音源は、なんとアビイロード・スタジオで録音されたマスターテープから、ビートルズのプロデューサーとして知られるサー・ジョージ・マーティンが編集したもの。シルク・ドゥ・ソレイユの創設者ギー・ラリベルテがジョージ・ハリス

ンと親しかったことから実現した、夢のようなコラボなのだ。劇場デザインのコンセプトは「泡の中のビートルズ」。天上から垂れ下がる4枚のスクリーンが効果的に使われており、雲の上にいるような不思議な空間だ。客席の中央がステージなのでどこの座席でも楽しめるが、高さでいえば中央付近がベストだろう。奇抜な演出が多いシルクとしては異色の、ほっこりとしたムードを満喫しよう。
※5歳以上(18歳未満は大人の同伴要)

DATA

劇場Love Theatre(2013席) 位置ミラージュ➡P.106 正面玄関から左側のカジノを突っ切り左側奥
休日・月 上演1時間30分 料$52～303.72(税別)
予約Free(1-800)963-9634
URL www.cirquedusoleil.com/beatles-love

ニューヨークがテーマの盛りだくさんなショー

マッド・アップル
Mad Apple

左／コンパクトな劇場なのでパフォーマーたちとの距離も近い
右／時事ネタも絡めたスタンドアップコメディ

開演前から楽しい話題の新作

2022年5月からスタートした、ニューヨークを舞台としたシルク・ドゥ・ソレイユのショー。これまでのシルク・ドゥ・ソレイユのショーとは異なり、コメディアンのブラッド・ウィリアムズ氏が主演を務めるもので、アクロバットに音楽、ダンス、コメディ、マジックなどの要素を盛り込んだ作品となっている。ニューヨークをテーマにアクロバティックなバスケットショーなどもあり、ストリートな雰囲気が新鮮だ。また、ステージにはニューヨークのナイトクラブをイメージしたバーがあり、観客はショーが始まる前にステージに上がってドリンクを手

に、出演者によるマジックを間近に見られるというのがユニーク。開演前も楽しいので、早めに会場入りするようにしよう。コメディの要素が強いのでまったく英語がわからない人はつらいかもしれないが、視覚的にも楽しめるよう工夫されているので多少の英語力があれば問題ないはずだ。※16歳以上(18歳未満は大人の同伴要)

DATA

劇場Mad Apple Theatre(1150席) 位置ニューヨーク・ニューヨーク➡P.108 ストリップに面したI Love NYNY側の入口からフードコートを突っ切った奥
休水・木 上演1時間30分 料$49～199(税込)
予約☎(702)740-6815 Free(1-866)606-7111
URL www.cirquedusoleil.com/mad-apple

神話と幻想の世界に五感で浸る

アウェイクニング
Awakening

フォーコーナー
ウィン・ラスベガス
Map P.31-B3

英語力不要

左／観客との一体感が高まる360度シアター
右／力強いパフォーマンスに圧倒される

先端技術を駆使した360度シアター

アンコール・シアターの伝説的パフォーマーや、人気コメディアン、有名DJなどそうそうたる豪華なメンバーが各パートを手がけることで、2022年11月にスタートするなり話題となったショー。愛と美を世界に取り戻そうとする美しいヒロインとふたりの仲間の旅をテーマとしており、ストーリー性の高い内容はミュージカルが好きな人にもおすすめだ。万華鏡のような美しいつくりをした特設の360度シアターは、最新技術や最先端のサウンドシステムを駆使し、立体的でダイナミックな演出を可能にしている。オリジナル音楽の臨場

感たっぷりなライブや、観客の頭上で繰り広げられるアクロバティックパフォーマンス、ミステリアスな振り付けや華やかな衣装で、神話と幻想の世界を見事に表現しており、壮大な世界観を五感で体感できる。映画「羊たちの沈黙」などの出演で知られる、アカデミー賞を2度受賞した大御所俳優のアンソニー・ホプキンスが担当するナレーションにも注目したい。
※5歳以上（18歳未満は大人の同伴要）

DATA
劇場 Awakening Theatre（1500席）位置 ウィン・ラスベガス➡P.86 正面玄関を入ってすぐのZoozacrackersを左に曲がり、進んだいちばん奥 開館金〜火 19:00 & 21:30 休水・木 上演 1時間15分 料 $115〜175（税別）予約 ☎ (702)770-7000
URL www.wynnlasvegas.com/Entertainment/awakening

誰もが聴きほれる、美しいハーモニー

ヒューマン・ネイチャー
Human Nature

ストリップ南
サウスポイント・ホテル
Map 折込裏 B6 外

左／2000年のシドニーオリンピックでは、開会式の国歌斉唱を務めた　右／歌あり、踊りありで盛り上がるステージ

軽快なメロディに踊りだす人も！

オーストラリア・シドニー出身の実力派男性ボーカルグループ。シンガーとしてのキャリアは約30年、ラスベガスのエンターテインメントシーンにおいては15年近くステージに立ち続けている。

彼らの音楽性は、1960年代アメリカのデトロイトが発祥のモータウン・サウンドに強い影響を受けており、美しいハーモニーとポップなステージが売り。モータウンの大御所であるスティービー・ワンダー、フォー・トップスやテンプテーションズなど、誰もが1度は聴いたことのある1960〜70年代音楽をモダンにアレンジ

し、万人が楽しめる選曲であることも人気の鍵だ。ちょっとした振付を観客と一緒になって歌うコーナーでは、のりのりの大合唱が始まり、ダンスタイムに大変身。すべての観客のハートをわしづかみにするステージは、リピーターも多く、とてもアットホームな雰囲気だ。また、アカペラのナンバーもかなりの仕上がりで、エンターテイナーに徹する姿勢を貫いている。マルチ・プラチナ・アルバム「ジュークボックス」からの選曲を中心に展開する。
※5歳以上

DATA
劇場 Showroom（400席）位置 サウスポイント・ホテル➡P.145内開 不定期開催 上演 1時間30分 料 $45 予約 ☎ (702)796-7111
URL southpointcasino.com/entertainment/showroom/human-nature-back-to-the-sound-of-motown

各ショーの特徴：　英語力不要 英語わからなくても大丈夫　大人の男性向け　大人の女性向け　キッズにおすすめ

ミュージックパフォーマンス

抱腹絶倒！　青い男たちの人気ステージ

ブルーマン・グループ
Blue Man Group

新フォーコーナー
ルクソール
Map P.29-A3
英語力不要

左／ドラムのリズムに合わせて、ブルーマンが何をするか？ © Lindsey Best
右／無表情なパフォーマンスが客席を笑いの渦に巻き込む © Lindsey Best

ラスベガスでもロングラン中

　1991年のニューヨークでの初演から28年、その型破りな演出で超ロングランを続ける演劇集団がブルーマン・グループだ。本拠地はもともと北米、ヨーロッパなど世界的な規模でファンを拡大し、東京でも2007年から2012年まで長期公演を行った。

　彼らの舞台の細かい説明は避けるが、真っ青に塗られた3人の、スキンヘッドの男たちが展開するパフォーマンスは、言葉の壁を超えて観る者を抱腹絶倒させる。どんなことがあろうとも、瞬きせず、常に無表情を貫く姿が笑いを誘うのだ。2016年にステージの内容を一新、

シニカルでシュールな世界観がいっそう際立つ。これまでブルーマンを観たことがある人も、新しいパフォーマンスに注目してほしい。音響効果をうまく出すバンドの配置、舞台の照明など、すべてがビッグなのだ。また、座席指定券を購入したゲストは、追加料金でアップグレード特典が付く。Behind the Blue（$55）は75分間のバックステージツアーで、17:00に劇場集合。※3歳以上推奨、3歳以上は席が必要（16歳未満は18歳以上の同伴者要）

――― **DATA** ―――
劇場 Blue Man Theater（850席）位置 ルクソール➡P.110 正面玄関からエスカレーターで2階へ 開 毎日17:00&20:00 上演 1時間45分 料$48～105.55（税別）予約☎(702)262-4400
URL www.blueman.com

ダンスパフォーマンス

世界的に人気のヒップホップダンス・グループ

ジャバウォッキーズ
Jabbawockeez

新フォーコーナー
MGMグランド
Map P.29-B1～2
英語力不要

左／見事なチームワークで独自の世界を生み出すパフォーマーたち
右／みな同じ顔だが、個性あふれるキャラクターが揃っている
©MGM Resorts International

クール！　という言葉は彼らのためにある

　MTVのAmerica's Best Dance Crewというストリートダンスバトルで、初代優勝を手にしたジャバウォッキーズ。2010年5月にMGMグランドのハリウッドシアターで、ライブステージショーのデビューを果たした。

　白いマスクに白い手袋、一度見たら忘れられないインパクトのあるいでたちでステージに登場する集団。ミュージックが流れると、その無機質感漂う姿からは想像できない、キレとスピード感のあるエネルギッシュなダンスが次々に展開されていく。しかし、1時間15分、ただダンスを披露するだけでは、観るほうも飽きるので

は？　その点はちゃんと計算されており、観客参加スタイルのコーナーや映像とジェスチャーのコラボで笑いを取るコーナーが盛り込まれている。締めくくりは文句なしのダンスパフォーマンスで観客を魅了、若者の黄色い歓声が飛び交い、スタンディングオベーションが沸き起こる。※年齢制限なし、3歳以上は席が必要（2歳以下は保護者のひざの上なら入場無料）

――― **DATA** ―――
劇場 Jabbawockeez Theater（350席）位置 MGMグランド➡P.126 ストリップ側の出入口から直進、キャッシャーの向かい 開 月・水～日19:00&21:30（日によって16:00の公演あり）休 火 上演 1時間15分 料$49.99～110（税別）予約☎(702)531-3826 URL www.jbwkz.com

バラエティショー

ラスベガスのエンターテインメント史を描く

ベガス！ ザ・ショー
Vegas! The Show

ラスベガスのレジェンドたちが続々登場

1960年代に遡り、エンターテインメント都市ラスベガスの発展の礎といわれる"サンズ・コパルーム"を再現。フランク・シナトラ、サミー・デイビス・ジュニアなどを輩出した伝説のショールームだ。ラスベガスの女王と呼ばれたリナ・ホーン、人気マジシャン・コンビのジークフリート＆ロイ、ソウルの女帝グラディス・ナイト、エルビス・プレスリーにエルトン・ジョンまで、ベガスのエンターテイナーのナンバーがよみがえるトリビュートショーだ。※年齢制限なし

歌やダンスのほかに、パントマイムやアクロバットなどの演目も披露される

フォーコーナー
プラネットハリウッド
Map P.30-B3

DATA
劇場 Saxe Theater（425席）
位置 プラネットハリウッド➡P.104 ミラクルマイル・ショップス内の劇場
営業 月〜土19:00 休日（祝日の場合は公演あり）
上演 1時間15分
料金 $99.98〜156.98（税別）
予約 Free (1-866)932-1818
URL vegastheshow.com

洋楽好きにはたまらない！

レジェンズ・イン・コンサート
Legends in Concert

本人を超える勢いのパフォーマンス

ラスベガスで30年以上も続く伝説的なロングラン。最新の3D照明や音響システムを導入し、これこそラスベガス！と感じる華やかな音楽ショー。各時代のアイコン的なミュージシャンのそっくりさんが登場し、会場を盛り上げる。ショーの出だしは現在活躍中のミュージシャン。その後近代音楽界の殿堂、エルビス・プレスリー、マイケル・ジャクソン、ホイットニー・ヒューストンなどが登場する。一切クチパクではなく、それぞれの出演者の歌声と容姿は本物。そこに本人がいるかと思うほどだ。出演者は毎ステージ異なるのでお目当てのミュージシャンがいるなら要確認。※12歳以上

伝説のあの人に会いに行こう！

新フォーコーナー
トロピカーナ
Map P.29-B2

DATA
劇場 Legends in Concert Theater
（356席）
位置 トロピカーナ➡P.130内
休館 火 上演 水〜月19:30
上演 1時間15分
料金 $59.99〜104.99（税別）
予約 Free (1-800)829-9034
URL legendsinconcert.com/
locations/las-vegas-nv

ディナーショー

中世の騎士の決闘と本物の馬に子供たちも大喜び

トーナメント・オブ・キングス
Tournament of Kings

英語力不要

乳幼児連れで楽しめるディナーショー

中世の衣装を身にまとった騎士たちが観客の目の前で馬を走らせ、すれ違いざまに相手を槍で突く。長髪をなびかせた騎士の決闘は、馬のスピードと相まってたいへんな迫力だ。フランス、スペインなどの国別対抗戦になっており、観客は自分の座席の国の騎士を応援する。ディナーの"中世メニュー"は、グリルチキンまるごと1羽（グルテンフリーやビーガンのメニューもある）。※3歳以下無料（4歳以上は大人と同様のサービス。なお、土ぼこりが立つので喘息や馬にアレルギーがある人は要考慮）

芝居とは思えないほど、馬上の突き合いはかなりの迫力がある

新フォーコーナー
エクスカリバー
Map P.29-A2

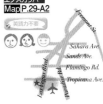

DATA
劇場 Tournament of Kings Arena（900席）
位置 エクスカリバー Theater in the round➡P.114 正面玄関左側のフロントデスク前のエスカレーターで地下へ 営業 月・金18:00、水・木・土・日18:00＆20:30 休館 火 上演 1時間30分
料金 $41.87〜77.29（税別）。食事なしの券は20:30の回のみボックスオフィスで販売、$44.87（税別） 電話 (702) 597-7600
URL excalibur.mgmresorts.com/en/
entertainment/tournament-of-kings.html

アメージングなイリュージョンを展開する
クリス・エンジェル・マインドフリーク
Criss Angel Mindfreak

フォーコーナー
プラネットハリウッド
Map P.30-B3

英語力不要

最先端技術を駆使した壮大なステージが圧巻

　2016年からルクソールで話題となっていた人気の公演が、2018年12月からプラネットハリウッドに移動してリニューアル。テレビやウェブを通して世界中にファンをもつクリス・エンジェルが手がけるステージは、20あまりの新作を含む75種類以上のイリュージョンで構成された見応えのある内容だ。映像や照明など、最先端技術を駆使した幻想的な空間づくりも見事で、劇場に一歩踏み入れた瞬間から異世界へトリップできる。
※5歳以上は入場可能だが10歳以上推奨（18歳未満は大人の同伴要）

エンターテインメント性の高いマジックを楽しもう

━DATA━
劇場 Criss Angel Theater (1500席)
位置 プラネットハリウッド➡P.104　ロビー玄関左側
開 水～日19:00
休 月・火
上演 1時間30分
料 $69～256(税別)
Free (1-855)234-7469
URL crissangel.com/planet-hollywood-mindfreak

世界最強のイリュージョンを目の前で
デビッド・カッパーフィールド
David Copperfield

新フォーコーナー
MGMグランド
Map P.29-B1～2

英語力不要

現実離れした大技を得意とするマジシャン

　自由の女神を消し、万里の長城の壁面を通り抜け、観客を抱えて宙を飛ぶなど、誰もが驚くイリュージョンを次々に披露し、「世界で最も偉大なイリュージョニスト」の名を欲しいままにしているのが、カッパーフィールドだ。世界に絶賛された彼のダイナミックかつ繊細なマジック＆イリュージョンが、ラスベガスで堪能できる。一瞬で美女に変身する瞬間芸、華麗な手さばきのトランプ、観客を巻き込んでの大がかりなイリュージョンなど、目の前で展開されるアンビリーバブルな世界は見逃せない！
※5歳以上（18歳未満は大人の同伴要）

マジック界のスーパースター

━DATA━
劇場 David Copperfield Theater (740席) 位置 MGMグランド➡P.126　ストリップ側の出入口から直進、キャッシャーの奥　開 シーズンによって変更があるが、毎日19:00&21:30、土16:00のマチネ
休 不定期　上演 1時間10分
料 $71.37～220(税別)
予約 Free (1-866)740-7711
URL www.davidcopperfield.com

エッジの効いたマジックショー
ペン＆テラー
Penn & Teller

フォーコーナー西
リオ・オールスイート
Map 折込裏 A5

トリックの種明かしも堂々披露

　コンビを組んで40年以上のベテランマジシャン。小柄で寡黙なテラーはアクションを中心に、大男のペンはユーモアあふれるトークで、テラーのアクションを解説しながらステージを進行していく。基本的にマジックを披露したあとに種明かしされるパターン。観客からボランティアを募ってステージに登場させるなど、欧米スタイルのエンターテインメントでマジックを楽しませてくれる。よく知られているマジックの仕掛けは、こうだったのかと感心させられる。
※5歳以上

驚きと笑いが共存するアメリカ流マジックの決定版だ

━DATA━
劇場 Penn & Teller Theater(1475席)
位置 リオ・オールスイート 1階➡P.134　コンベンションホール手前
開 木～日21:00
休 月～水
上演 1時間30分
料 $76～240(税別)
予約 (702)777-2782
URL pennandteller.com

 読者の声　ドレスコード▶ほとんどのショーはドレスコードが設けられていないが、特に女性は皆ドレスアップしてくる。シアター内、ロビーもゴージャスな雰囲気。それなりの装いがマナーなのかもしれない。(東京都 Joe '16) ['23]

マジック

注目度の高い若手マジシャンの誕生

マット・フランコ：マジック・リインベンティド・ナイトリー
Mat Franco : Magic Reinvented Nightly

カード・トリックを得意とするマジシャン

　2014年、テレビ局NBCの番組『アメリカズ・ゴット・タレント』の9代目チャンピオンに輝いた34歳。翌2015年から自身の名前がタイトルのマジックショーを開始した。4歳の頃にテレビで見たマジックに心奪われて以来、マジックに対する探究心を深め、研究に研究を重ねて得た技術を披露する。実は15歳のときにその才能は認められており、ラスベガスで開催されたアメリカン魔術師協会主催のショーに出演依頼されていたという。

※5歳以上（子供は大人の同伴要）

軽快なトークとアメージングな
カード・トリックを堪能しよう

© Denise Truscello

フォーコーナー
リンク・ホテル&カジノ
Map P.30-B1

英語力不要

━━ **DATA** ━━

劇場 Mat Franco Theater (575席)
位置 リンク・ホテル1階➡P.98
開演 19:00
（日によって21:30のステージあり）
休 不定期
上演 1時間20分
料 $49.99～153（税別）
予約 ☎ (702)777-2782
URL matfranco.com

マジックとコメディの融合

ピッフ・ザ・マジック・ドラゴン
Piff the Magic Dragon

相棒はペットのチワワ

　出身地イギリスからアメリカに拠点を移し、上記のマット・フランコを輩出した『アメリカズ・ゴット・タレント』の出場をきっかけに、ラスベガスへ進出するチャンスをつかんだ。チワワとお揃いのドラゴンの着ぐるみで登場し、淡々とした顔つきでジョークを飛ばしながらマジックを披露する。トランプなどのシンプルなテーブルマジックが中心で、観客との絡みも見どころのひとつ。お笑いを楽しむ程度の英語力はあるといいが、雰囲気だけでも笑える場面が多い。※8歳以上

おとぼけキャラが冴える

フォーコーナー
フラミンゴ
Map P.30-B2

━━ **DATA** ━━

劇場 Flamingo Showroom (700席)
位置 フラミンゴ➡P.120 カジノフロア
開演 月・木～日19:00
休 火・水
上演 1時間15分
料 $52.95～78（税別）
予約 ☎ (702)777-2782
URL piffthemagicdragon.com

アダルトショー

観客を巻き込んで大盛り上がり

OPM
OPM

コメディと音楽、パフォーマンスが一緒に楽しめる

　アダルトコメディやバーレスクなどのショーで知られるシュピーゲルワールドが2018年にスタートさせた大人専用のショー。舞台は銀河をさまよう宇宙船。個性あふれる乗組員たちが繰り広げるコミカルでちょっぴりセクシーな演出は、80年代のB級映画のような卑俗な内容だが、頭を空っぽにして楽しみたい人には満足できることだろう。生バンドによるライブに合わせて披露される迫力ある歌声や、超人的な身体能力を生かした驚きのパフォーマンスは見応えがある。※18歳以上

アメリカらしい笑いが満載の
愉快なショー　©OPIUM

フォーコーナー
コスモポリタン
Map P.30-A3

━━ **DATA** ━━

劇場 OPM Theatre
位置 コスモポリタン➡P.94 チェルシータワー2階
開演 水～日19:00&21:00
休 月・火
上演 1時間15分
料 $99～169（税別）
予約 ☎ (702)534-3419
Free (1-888)966-0404
URL spiegelworld.com/opium

読者の声　**観劇の感想** いちばん楽しかったのは、マット・フランコのマジック（→上記）。オー（→P.156）も悪くはなかったが、見応えがあったのはマイケル・ジャクソン：ワン（→P.156）。（東京都　T.T　'16）['23]

観客との距離が近い小劇場で熱演‼

エックス・バーレスク
X Burlesque

迫力のポールダンスにうっとり

　2023年で結成20周年を迎えるバーレスクダンサー団。小さなステージでは、容姿端麗なダンサーたちがラテン、カントリー、ロックなどのミュージックに合わせ、次々とコスチュームを脱ぎ捨てていく。メインステージ以外にポールステージがあり、ここでは妖艶で見事なポールダンスを披露。座席はカテゴリー内自由席なので早い者勝ちだ。ショーが終わると、劇場の前でXガールズ（ダンサー）との記念撮影が有料で行われる。※トップレス・レビューなので18歳以上

毎年トレンドに合わせたダンスとコスチュームでステージに臨む

フォーコーナー
フラミンゴ
Map P.30-B2
英語力不要

―― DATA ――
劇場 Bugsy's Cabaret(160席)
位置 フラミンゴ➡P.120 カジノフロア
開 月・木〜日19:00＆22:00
休 火・水
上演 1時間15分
料 $56〜88(税別)
予約 ☎ (702)777-2782
URL www.stabileproductions.com/xburlesque

女同士で盛り上がるならこのステージ！

チッペンデールズ
Chippendales

日本では観られないショー体験をぜひ

　筋肉隆々の男性ダンサーによるアダルトショー。それだけに観客の99％は女性だ。アメリカでは、結婚直前の女性が独身最後の記念にハメを外すための必見のショーとしても知られている。ダンサーたちは、カウボーイや工事現場の作業員などになりきって、観客をもてなす。舞台設定や照明も凝っているので注目しよう。男性版ストリップではあるが、あくまでエンターテインメントとしてのセクシーだ。周りの女性の盛り上がりに負けず、女同士でわいわい観れば、楽しさも倍増！
※18歳以上

健康的なセクシーさが会場を沸かせる

フォーコーナー西
リオ・オールスイート
Map 折込裏 A5
英語力不要

―― DATA ――
劇場 Chippendales Theater (400席)
位置 リオ➡P.134 前のシャトルのバス停からカジノを突っ切りいちばん奥の2階
開 水〜日20:00、金・土は22:30もあり 休 月・火 上演 1時間15分
料 $49.95〜149.95(税別)
予約 ☎ (702)777-7776
URL www.chippendales.com

セクシーな男性が造り上げる熱狂の空間

サンダー・フロム・ダウン・アンダー
Thunder From Down Under

イケメン揃いで、つい夢中に

　アメリカ人女性なら誰もが体験するのが、女性向けアダルトショー。初演から10年以上続く人気のショーは、オーストラリア出身のイケメンが主役だ。劇場狭しと歌い踊り、そしてセクシーボディをここぞとばかりに披露する。それに観客も熱狂する。彼らはサービス精神もおう盛で、お客をこまめにピックアップし、そのやりとりも実に際どく、それを観るだけで赤面してしまうかも。慣れていない日本人は後ろの席を取るのがコツ。最後は記念撮影にも応じてくれる。
※18歳以上

鍛え抜かれた肉体！

新フォーコーナー
エクスカリバー
Map P.29-A2
英語力不要

―― DATA ――
劇場 Thunderland Show room (400席)
位置 エクスカリバー➡P.114 2階(Castle Walk Level) バフェの隣
開 月・水〜日21:00(金・土は19:00、23:00あり) 休 火
上演 1時間10分
料 $49.95〜90.95(税別)
予約 ☎ (702)597-7600
URL www.thunderfromdownunder.com

各ショーの特徴：　英語力不要　英語わからなくても大丈夫　大人の男性向け　大人の女性向け　キッズにおすすめ

アダルトショー

エロスあり、笑いあり、涙なし！

フォーコーナー　シーザースパレス　Map P.30-A1〜2

アフサン　　*Absinthe*

お酒好きなら一度は耳にしたことがあるであろう魅惑のリキュール、アブサン。のどが焼けそうになるほどの高アルコールリキュールの名を冠したサーカスショーは、その名のとおり刺激的。お色気満載で、英語が苦手な人でも笑える要素がちりばめられている。元シルク・ドゥ・ソレイユのキャストによるアクロバットも必見だ。※18歳以上

英語力不要

劇場The Roman Plaza（580席）　位置シーザースパレス➡P.90 ストリップ側屋外テント　開日〜木20:00＆22:00、金・土19:00、21:00、23:00　上演1時間15分　料$129〜199（税別）　予約☎ (702)534-3419　URLspiegelworld.com/absinthe

ラスベガス中の男性たちを骨抜きに！

新フォーコーナー　ルクソール　Map P.29-A3

ファンタジー　　*Fantasy*

23年続くセクシー度100％のトップレスショー。総勢13人の美女が、さまざまなコスチュームでなまめかしいダンスを披露する。ダンサーたちの歌唱力も評価されるべき点で、口パクではなく生歌で勝負している。ホームページではキャストたちのプロフィールも紹介されているので、人となりをチェックしてから、観賞するのもよし。※18歳以上

英語力不要

劇場Atrium Showroom（350席）　位置ルクソール➡P.110 2階（Atrium Level）　開毎日22:30（日のみ20:00あり）　上演1時間15分　料$39〜59（税別）　予約☎ (702)262-4400　URLfantasyluxor.com

トリビュートショー

毎日がサタデイ・ナイト・フィーバー

新フォーコーナー　エクスカリバー　Map P.29-A2

オーストラリアン・ビージーズ・ショー　　*The Australian Bee Gees Show*

シニア層から絶大な支持を受けるビージーズのトリビュートショー。映画「サタデイ・ナイト・フィーバー」でおなじみの「Stayin' Alive」や「You Should Be Dancing」、「How Deep Is Your Love（邦題：愛はきらめきの中に）」など、つい踊りだしたくなる曲がめじろ押しだ。独特な歌唱法も見事に再現されている。※5歳以上

英語力不要

劇場Thunderland Showroom（400席）　位置エクスカリバー➡P.114 2階（Castle Walk Level）　開月・水・木・日19:00、金・土17:00　休火　上演1時間10分　料$39.95〜70.95（税別）　予約☎ (702)597-7600　URLabgshow.com

キング・オブ・ポップのステージがよみがえる

新フォーコーナー　トロピカーナ　Map 29-B2

MJライブ　　*MJ Live*

マイケル・ジャクソン：ワン（→P.156）にはない、マイケル・ジャクソンのステージパフォーマンスを純粋に観賞できるトリビュートショー。サーカス要素などは一切なく、マイケル・ジャクソンのそっくりさんが「Billie Jean」や「Thriller」などの名曲を、限りなくホンモノに近い仕上がりで披露する。※5歳以上（18歳未満は大人の同伴要）

英語力不要

劇場Legends in Concert Theater　位置トロピカーナ➡P.130内　開水〜土17:30　上演1時間10分　料$53.70〜109.33（税別）　予約☎ (1-800)829-9034　URLmjliveshow.com

コメディ

ちょっと下世話な、おもしろおじさん

新フォーコーナー　ルクソール　Map P.29-A3

キャロット・トップ　　*Carrot Top*

きつめのスパイラルパーマの赤毛がトレードマーク。アメリカでは知らない人がいないほどの人気を誇るスタンダップ・コメディアン、キャロット・トップのショー。大きなトランクから物を取り出しては、簡単な英単語で笑いを奪っていく。英語が得意ではなくてもある程度理解でき、コミカルな動きや口調で笑えるはずだ。※16歳以上（18歳未満は大人の同伴要）

劇場Atrium Showroom（350席）　位置ルクソール➡P.110 2階（Atrium Level）　開月〜土20:00　休日　上演1時間30分　料$40〜75（税別）　予約Free (1-800)557-7428　URLcarrottop.com

歌う腹話術師をご覧あれ

新フォーコーナー　ニューヨーク・ニューヨーク　Map P.29-A1〜2

テリー・フェイター　　*Terry Fator*

人気オーディション番組『アメリカズ・ゴット・タレント』のシーズン2優勝者でもあるテリー・フェイター。ストリップにいるパフォーマーのなかでも屈指の人気を誇る。日本人にもなじみのあるアーティストたちのパペットを使い、腹話術とは思えない歌唱力で楽しませてくれる。多少の英語力が必要。※5歳以上（18歳未満は大人の同伴要）

劇場Liberty Loft Theater（1265席）　位置ニューヨーク・ニューヨーク➡P.108内　開日〜木19:30（時期により異なる）　休金・土　上演1時間10分　料$34.99〜54.99（税別）　予約Free (1-866)606-7111　URLterryfator.com

Movie & TV Show

ラスベガスが舞台の
映画＆テレビ番組

アメリカ＆日本にて
絶賛放送中！

今も昔も最高のフィルム・ロケーションとして愛される街、ラスベガス。映像の風景やドラマに垣間見る文化など、世界各地どの街とも類似しない独特な雰囲気をもっている。ここでは、数ある作品から話題のテレビ番組と印象深い映画をピックアップ！　旅行前の予習としてはもちろん、旅行後の感動が深まる傑作を紹介しよう。

全米一ホットな質屋をのぞいてみよう

2009年から継続放送中
リアリティ番組

アメリカお宝鑑定団ポーンスターズ Pawn Stars

【番組案内】
日本では、歴史＆エンターテインメント専門チャンネル「ヒストリーチャンネル™ 日本・世界の歴史＆エンタメ」にて、順次放送予定
URL jp.history.com
■アメリカでの放送状況
本国での人気も衰えることなく、チャンネル「HISTORY」にて最新エピソードを絶賛放送中。
© 2018 A&E Television Networks, LLC. All Rights Reserved.

あらすじ サンディエゴで不動産業を営んでいたリチャード。金利引き上げの影響により業績が悪化し事実上破産に追い込まれた一家は、1988年、当時急成長していたラスベガスに移住する。そこで開業したのが、番組の舞台であるゴールド＆シルバー・ポーンショップ（→ P.75）。客が持ち込むお宝を査定する鋭い目利きと、さまざまに展開する人間ドラマが見どころ。

ゴールド＆シルバー・ポーンショップ
Gold & Silver Pawn Shop

⇒ P.75

実店舗での撮影はほぼ毎日行われ、世界各国から見物にやってくる観光客は3000～5000人だとか。Tシャツやマグネットなど、ポーンスターズのグッズも販売している。

登場人物

リック・ハリソン
頼れるボス。13歳の頃から腕を磨き続けてきた買取ビジネスの才能を発揮し、開業時（当時23歳）から父リチャードの片腕として活躍する。

コーリー・ハリソン
時計とバイクの鑑定を得意とするハリソン家の3代目。9歳から店に出入りし始め、19歳で正式入社した若旦那だ。

リチャード・ハリソン
ゴールド＆シルバー・ポーンショップの創設者。昔かたぎの頑固おやじだが、店では必ずスーツを着用する粋なところも。

チャムリー
おとぼけキャラ。11歳の頃、コーリーに出会ったチャムリーはハリソン家に居つくようになり、自然と店に顔を出すようになる。2004年入社のムードメーカーだ。

ブラックジャックをめぐる頭脳サスペンス

ラスベガスをぶっつぶせ
21

2008年／ドラマ
監督：ロバート・ルケティック／
出演：ジム・スタージェス、ケイト・ボスワース、ケヴィン・スペイシー

あらすじ マサチューセッツ工科大学の学生たちが、その天才的数学力を教授に見込まれ、ブラックジャックの必勝法を編み出した研究チームに引き入れられる。やがてラスベガスに乗り込んだ一行は、明晰な頭脳とチームワークを発揮してゲームを攻略、大儲けに成功。しかし、仲間割れや裏切りによりチームに暗雲が立ち込め始める……。実際に起きた事件をもとに製作された作品で、原題の「21」はブラックジャックの別名だ。

プラネットハリウッド
Planet Hollywood

⇒ P.104

勝負の舞台としてチームが主戦場に選んだカジノのひとつが、活気あふれるプラネットハリウッド。きらびやかな内装が華やかな映画の世界観にぴったり。

ラスベガスをぶっつぶせ
デジタル配信中
ブルーレイ 2619円（税込）
DVD 1551円（税込）
発売・販売元：ソニー・ピクチャーズ エンタテインメント
© 2008 COLUMBIA PICTURES INDUSTRIES,INC.ALL RIGHTS RESERVED.

ベガスでの豪快な遊び方を学ぶ2作品

ハングオーバー
The Hangover

1〜3作：2009 / 2011 / 2013年／コメディ

監督：トッド・フィリップス／出演：ブラッドリー・クーパー、エド・ヘルムズ、ザック・ガリフィアナキス

あらすじ 「ハングオーバー」シリーズの第1、3作の舞台がラスベガス。独身最後の夜を同性の友人と過ごす"バチェラー・パーティ"から始まるドタバタ劇。シーザーズパレス、ストリップでのカーアクションなど、ラスベガスの雰囲気を存分に感じることができる。

ハングオーバー！消えた花ムコと史上最悪の二日酔いブルーレイ 2381円＋税
DVD 1429円＋税
ワーナー・ブラザース ホームエンターテイメント

マダム・タッソー・ラスベガス ⇒ P.61
Madame Tussaud's Las Vegas

フィルことブラッドリー・クーパーとアラン役のザック・ガリフィアナキスのろう人形が登場。等身大の彼らに会いにいこう！

オヤジたちの盛大なパーティ

ラストベガス Last Vegas

2013年／ドラマ

監督：ジョン・タートルトーブ／出演：マイケル・ダグラス、ロバート・デ・ニーロ、モーガン・フリーマン、ケヴィン・クライン

あらすじ 幼なじみの結婚式で、昔の仲間がベガスに集結。そのうちのひとりが、カジノでの大博打で大儲けすると、部屋のアップグレードにナイトクラビングと大はしゃぎ！ ベガスで大金を手にしたら、やってみたい楽しみ方の参考にどうぞ。

アリア・リゾート ＆ カジノ ⇒ P.82
Aria Resort & Casino

ロケ地のアリアは、カジノフロアやナイトクラブ、厳選されたダイニングなど、最先端のホテルライフが体験できるカジノリゾート。

ラストベガス
発売中 3800円＋税
発売元・販売元
株式会社KADOKAWA

©2013 CBS Films Inc. ALL RIGHTS RESERVED.

きらびやかなネオンに負けない、スター俳優が集結！！

オーシャンズ 11
Ocean's Eleven

2001年／サスペンス

監督：スティーブン・ソダーバーグ／出演：ジョージ・クルーニー、ブラッド・ピット、マット・デイモン、ジュリア・ロバーツ

あらすじ ラスベガスの3大カジノ（ベラッジオ、ミラージュ、MGMグランド）の現金が集まる地下金庫から、巨額のカジノマネーを強奪する計画を企てるオーシャン。各分野の犯罪スペシャリストで強盗団を結成し、厳重なセキュリティの突破を試みる。

ベラッジオ ⇒ P.84
Bellagio

オーシャンズ11の舞台は、スティーブ・ウィンが造ったカジノホテル、ベラッジオ。最後のシーンに登場する噴水は、ストリップ側の湖で開催される無料アトラクションだ。

© 2001 Warner Bros. All Rights Reserved.

オーシャンズ11
ブルーレイ 2381円＋税
DVD特別版 1429円＋税
ワーナー・ブラザース ホームエンターテイメント

ベガスフリークにはたまらない作品はコレ！

カジノ
Casino

1995年／ドラマ

監督：マーティン・スコセッシ／出演：ロバート・デ・ニーロ、シャロン・ストーン、ジョー・ペシ、ジェームズ・ウッズ、ドン・リックルズ

あらすじ マフィアの支配下にあった1970〜80年代のラスベガス。ロバート・デ・ニーロ演じるエースは、フランク・ローゼンタールという希代のギャンブラーで、幼なじみのニッキー、妻となるジンジャーとともに実在の人物がモデルになっている。

カジノ
ブルーレイ 1886円＋税
DVD1429円＋税
発売元：NBCユニバーサル・エンターテイメント

© 1995 UNIVERSAL STUDIOS AND SYALIS DROITS AUDIOVISUALS. ALL RIGHTS RESERVED.

Mob博物館 ⇒ P.74
The Mob Museum

ロケはカジノホテル、リビエラ（2014年閉鎖）を中心にダウンタウンがメイン。マフィアに焦点を絞ったMob博物館で、ラスベガスのアンタッチャブルな時代をのぞいてみよう。

Orientation of Nightclub

ナイトクラブ オリエンテーション

不夜城はダンスクラブ＆ラウンジのメッカ

ラスベガスの夜のお楽しみはナイトクラブ。ユニークかつゴージャスなインテリアが自慢のクラブが次々とオープンし、地元の若者と観光客で大変な盛り上がりを見せている。大物セレブがお忍びで訪れることも珍しくないおしゃれな空間で、ロコたちと一緒に盛り上がってみては？

アリア・リゾート＆カジノにあるジュエル・ナイトクラブ（→ P.170）
© InvisionStudios

ナイトクラブの遊び方

ナイトクラブに行くのに予約は不要だが、人気の店には長蛇の列ができているので長時間待たされる覚悟を。また、ドレスコードがあるのでおしゃれをして行こう。**21歳未満は入店できないので注意が必要。入口でパスポートなどの身分証明書の提示を求められる。**店に入ったら入場料を支払うが、料金は曜日などによって変動する。

ドリンクの料金はどの店も大差なく、ビール$8～10、マティーニ$13～20といったところ。1ドリンクにつき$1～2のチップもお忘れなく。なお、店内にあるソファはボトルを買った人専用で、テーブル予約をしていないとずっと立ちっぱなし、ということになる。

セレブな一夜を楽しむための賢いクラブ攻略法

人気クラブの前には必ずといっていいほど長い行列ができており、なかには3時間待ちというところもある。また、入店前にはIDと服装を厳しくチェックされるので注意。スムーズにクラビングを楽しむためには、知識武装と事前準備が欠かせない。ここでは、スマートにラスベガスの夜を楽しむためのクラビング術をお教えしよう。

テーブルを予約してVIP気分を満喫！

座席はすべて有料
行列回避はテーブル予約で

クラブ前にできる長い行列。通常、店側は「招待客」「テーブル予約者」「女性のみのグループ」「その他の一般客」の4種類の列に分けて並ばせ、この優先順位で入店させる。

「招待客」というのはハイローラーなどのVIP客、

「テーブル予約者」とは、あらかじめテーブルを予約した客のことだ。日本だと一般的ではないこの「テーブル予約」というシステムが、ほとんどのナイトクラブで採用されている。クラブ内にはソファが多数用意されているが、これに座ることができるのはテーブルを購入（予約）した客のみなのだ。

気になるテーブル料金は、入れるボトル（お酒）によって異なるが、$1000～が目安。1本のボトルで何席確保できるかはクラブごとに異なるので、予約時に確認しよう。精算時にはチップ約20%も忘れずに。

テーブル予約はウェブサイトか電話で行う。なお、大型コンベンション時期などで混雑している期間は、ボトルの値段が半端なく上がるのでご注意を。

ベネチアンにあるタオ・ナイトクラブ（→ P.170）は夜がふけるにつれ熱気が高まる

ギャング風ファッションは×
パスポートは忘れずに

ラスベガスのクラブは21歳以上でないと入店できない決まりになっており、年齢確認のため、入店前には写真付きIDの確認が入念に行われる。

ドレスコードも定められていて、基準に合わない場合は入店を拒否される。どの店でもほぼ間違いなく入店拒否の対象となるのは、ギャングの典型的ファッションである太いボトム、スニーカー、キャップ、スポーツウエア（ジャージ）の4種類。ラスベガスのクラブは「安全」がモットー。トラブルを避けるため、ギャング風の客は徹底的に排除しているのだ。だめな服装にはこのほかに、男性の短パン、Tシャツ、サングラス、サンダル、テニスシューズなどが挙げられる。

女性の場合は男性のように個別のアイテムを細かくチェックされることは少ないが、ボディコン、チュートップなどのファッションとハイヒールは基本。人気クラブになればなるほど客もハイセンス。気後れしてしまわないよう、思いきりおしゃれして行こう。

クラブ

旬なパーティナイトを体験しよう

オムニア・ナイトクラブ
Omnia Nightclub

ラスベガスのクラブシーンを牽引するハッカサン・ラスベガス（→下記）を手がけたタオグループの最新ナイトクラブ。天井の巨大シャンデリアと派手なライティングが特徴のメインルームとストリップを一望するテラスを含む約7000m²のスペースは、改装前のピュア・ナイトクラブの倍の広さだ。

DJブースやVIPテーブルには、スペインやイタリアから輸入した高品質の花崗岩を施すなど、細部にわたって高級感を追求している。ジャンルはEDMがメイン。　　　　　　行列必至の人気クラブのひとつ

©Al Powers of Powers Imagery

フォーコーナー
Map P.30-A1〜2
シーザーズパレス

---- DATA ----
位置シーザーズパレス1階→P.90。正面玄関からコロセウムに向かう途中 住3570 Las Vegas Blvd. S. ☎(702)785-6200 URLtaogroup.com/venues/omnia-nightclub-las-vegas 時間火・木〜日22:30〜翌4:00 料女性$20〜、男性$30〜（日によって異なる） CC A M V 交フォーコーナーから北へ徒歩5分

きらびやかな夜を過ごそう

エクセス・ナイトクラブ
XS Nightclub

屋内のスペースは小さめだが、中央に屋外プールがあることでとても開放的な雰囲気になっている。また、3メートルの巨大回転式シャンデリアが施されたダンスフロアや1万ドルの高級カクテル（エクセスのオリジナルアクセサリーなどのギフト付き）を扱うなど、話題にも事欠かない。ゲストは20代の若者が中心だが、ゴージャスな雰囲気にそぐわない服装はNG。思いっきりおしゃれして出かけたい。ジャンルはEDM、ハウスが中心。

ゴールドを基調とした内装

フォーコーナー
Map P.31-B2
ウィン＆アンコール・ラスベガス

---- DATA ----
位置アンコール1階→P.86。ウィン・ラスベガスのル・レーヴ劇場に隣接 住3131 Las Vegas Blvd. S. ☎(702)770-0097 URLwww.wynnlasvegas.com/nightlife/xs-nightclub 時間金〜日22:30〜翌4:00 料女性$30〜、男性$50〜（イベントにより異なる） CC A D J M V 交フォーコーナーから北へ徒歩25〜30分

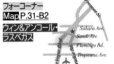

総工費1億ドル。ラスベガスのメガクラブ

ハッカサン・ラスベガス
Hakkasan Las Vegas

MGMグランドホテルの一画にあるハッカサンは、レストランやナイトクラブが集結した複合施設。3〜5階にラウンジとナイトクラブがあり、4階のメインダンスフロアにはDJブースの背後にLEDスクリーンとパフォーマーのためのステージを備えている。エレクトロニック・アーティストのライブのほか、ティエスト、カルヴィン・ハリス、スティーヴ・アオキなどのトップDJとの契約も話題だ。EDM、オープンフォーマットが主流。

ダンスフロアを囲むようにVIPボックス席が配置されている

新フォーコーナー
Map P.29-B1〜2
MGMグランド

---- DATA ----
位置MGMグランド3〜5階（入場は1階から）→P.126。ストリップ側の入口すぐ、南角 住3799 Las Vegas Blvd. S. ☎(702)891-3838 URLtaogroup.com/venues/hakkasan-nightclub-las-vegas 時間木〜日22:30〜翌4:00 料女性$20〜、男性$30〜 CC A M V 交新フォーコーナーから北へ徒歩2分

ラスベガスで唯一のルーフトップクラブ

ドレイズ・ビーチクラブ＆ナイトクラブ
Drai's Beachclub & Nightclub

ヴィクター・ドレイによるプロデュース。ブティックホテル、クロムウェルの屋上がビーチパーティの舞台だ。昼間はビーチクラブ（季節により閉鎖あり）、夜はハイエンドなナイトクラブとして注目を集めている。中央の屋外プールを囲むようにメゾネットタイプのカバナやバンガローがあり、270度の特大LEDパネルが設置されたDJブースから最新のダンスミュージックがアレンジされる。ラウンジも併設されている。スタイリッシュなクラブなので、服装にも気を配りたい。　　　　　　　　毎週末はイベントあり

フォーコーナー
Map P.30-B2
クロムウェル

---- DATA ----
位置クロムウェル屋上→P.97 住3595 Las Vegas Blvd. S. ☎(702)777-3800 URLdraisgroup.com/las-vegas 時間ビーチクラブ金〜日11:00〜18:00（季節により閉鎖。適宜のプール営業は月〜木の同時間帯）、ナイトクラブ木〜日22:30〜翌6:00、アフターアワーズ木〜日0:00〜7:00 料ビーチクラブ女性$20（クロムウェル宿泊者無料）、ナイトクラブ女性$20〜、男性$30〜（イベントにより異なる）、アフターアワーズ女性$40、男性$60 CC A J M V 交フォーコーナーの北東角

169

プールサイドで昼間から大盛り上がり

アンコール・ビーチ・クラブ
Encore Beach Club

2018年のラスベガス・デイクラブ・オブ・ザ・イヤーに選ばれた話題のビーチクラブ。広々としたプールの周りには一般ゲストのためのベンチやテーブルが置かれているほか、冷蔵庫やテレビを完備したカバナや専用プール付きのバンガローもある。いずれも別料金となるがカバナは最大12名まで、バンガローは最大15名で利用できるので、グループで訪れるなら利用してみるといいだろう。デビッド・ゲッタやメジャー・レイザーなど人気DJも登場するのでスケジュールを要チェック。夏季は特に人気なので事前予約がベターだ

©Wynn Las Vegas

フォーコーナー
Map P.31-B2
ウィン＆アンコール・ラスベガス

---- **DATA** ----
位置アンコール➡P.86、カジノエリアの西側　住3121 Las Vegas Blvd. S.
☎ (702) 770-7300　URL www.wynnlasvegas.com/nightlife/encore-beach-pool　時間デイクラブ金〜日11:00〜18:00、ナイトクラブ水〜土22:30〜3:00(開催日は時期により異なる)　休夏季　料女性$20〜、男性$30〜(イベントにより異なる)　CC A M V
交フォーコーナーから北へ徒歩25分

2005年のオープン以来、人気クラブであり続ける

タオ・ナイトクラブ
Tao Nightclub

アジアンフュージョンレストランの2階にあるクラブ。レストランと合わせ、内装に2000万ドルを投じただけあり、ゴージャスさはラスベガス随一。小さな仏像が300体並ぶ「モンクバー」など、店内のあちこちに千手観音や大仏などがあしらわれているのがユニークだ。3〜11月にオープンするビーチクラブも好評(木〜日11:00〜18:00)。ダンスフロアはふたつに分かれていて、ヒップホップ、ロック系の音楽が中心。

バーエリア。仏像に囲まれて神妙な気分になる

フォーコーナー
Map P.31-B4
ベネチアン

---- **DATA** ----
位置ベネチアン2階➡P.88。ストリップ側の入口を2階に上がってすぐ
住3377 Las Vegas Blvd. S.
☎ (702) 388-8588　URL taogroup.com/venues/tao-nightclub-las-vegas　時間木〜土22:30〜翌4:00　料女性$20〜、男性$30〜(イベントにより異なる)　CC A M V
交フォーコーナーから北へ徒歩15分

アリアに完成したど真ん中ナイトクラブ

ジュエル・ナイトクラブ
Jewel Nightclub

2016年5月オープン。近代的でモダンなアリアの雰囲気にマッチした、ラグジュアリー感満載のナイトクラブだ。広さは約2230m²、5つのVIPルームがある中2階、メインフロアには音楽に合わせて発光するリボンLEDが施されている。ラッパー、プロデューサーとしても活躍するリル・ジョンや、パーティ番長のスティーブ・アオキらがレジデンスDJとして名を連ねている。ジャンルはEDMが中心。

ラグジュアリーな空間が広がる

フォーコーナー
Map P.30-A4
アリア・リゾート＆カジノ

---- **DATA** ----
位置アリア・リゾート＆カジノ➡P.82。北側のエントランス近くにあるエスカレーターを下りてすぐ　住3730 Las Vegas Blvd. S.
☎ (702) 590-8000　URL taogroup.com/venues/jewel-nightclub　時間月・金・土22:30〜翌4:00　料女性$20〜、男性$30〜　CC A M V
交フォーコーナーから南へ徒歩15分

昼と夜、ふたとおりのクラブを楽しむ

マーキーナイトクラブ＆デイクラブ
Marquee Nightclub & Dayclub

5800m²と、ストリップ最大級の広さを誇るメガクラブ。コロシアムスタイルの座席が、メインフロアにあるステージを囲むようにレイアウト、人気アーティストによるライブも頻繁に行われる。3〜11月には、昼間にデイクラブ(木〜日11:00〜18:00)として営業する点もユニーク。ふたつのプールにカジノ、豪華なカバナを備え、日光浴しながらクラビングを楽しめる。EDM、ヒップホップ、ハウス、オープンフォーマットが主流。

上品な装いで出かけよう

フォーコーナー
Map P.30-A3
コスモポリタン

---- **DATA** ----
位置コスモポリタン➡P.94、イーストタワー12階
住3708 Las Vegas Blvd. S.
☎ (702) 333-9000　URL taogroup.com/venues/marquee-las-vegas　時間ナイトクラブ金〜日22:30〜翌3:00　料女性$20、男性$30(イベントにより異なる)　CC A D J M V
交フォーコーナーから南へ徒歩8分

エンターテインメント　ナイトクラブ

クラブ

🔖 エッフェル塔の真下にあるホットなクラブ

シャトー・ナイトクラブ＆ルーフトップ
Chateau Nightclub & Rooftop

フォーコーナー
Map P.30-B3
パリス

モダンフレンチなダンスフロア、テラス、ルーフトップ・ガーデンの3部構成のナイトクラブ。ゴージャスな内装もさることながら、ベラッジオの噴水を独占できるテラスからの眺めは最高だ（昼間はビールやカクテルをサーブするテラスを営業中）。ルーフトップ・ガーデンには屋上のダンスフロアと4つのバーがあり、遊び上手な大人たちが集う。ヒップホップ、オープンフォーマット、トップ40が主流。

アメージングな夜を過ごそう

---- **DATA** ----
📍 パリス2階➡P.102。Las Vegas Blvd.に面している
🏠 3655 Las Vegas Blvd. S.
☎ (702)776-7777
URL www.chateaunights.com
⏰ 時間 金・土22:00〜翌2:00
💰 テーブルチャージ男女共1人＄75、プラスワンドリンク CC AMV
🚶 フォーコーナーから南へ徒歩5分

ラウンジ＆バー

🔖 豪華絢爛な空間で大人の時間を

ベスパー・バー
Vesper Bar

フォーコーナー
Map P.30-A3
コスモポリタン

ラグジュアリーという言葉がふさわしいラウンジバー。きらびやかなミラータイルの装飾とライティングが、ラスベガスの夜をさらに盛り上げてくれるはず。オリジナルのカクテルや、ワイン、ビールも豊富に取り揃えており、なかでもフレッシュなフルーツを使ったカクテルがおすすめ。飲みやすいが強アルコールなので、飲み過ぎには注意しよう。ビジネスカジュアルな服装で訪れるのが◎。

スタイリッシュな空間だ

---- **DATA** ----
📍 コスモポリタン➡P.94、ウエストエンド1階
🏠 3708 Las Vegas Blvd. S.
Free (1-877)893-2003
URL www.cosmopolitanlasvegas.com/lounges-bars/vesper-bar
⏰ 時間 24時間
CC AMV
🚶 フォーコーナーから南へ徒歩8分

🔖 セレブ御用達の大人の社交場

エイト・ラウンジ
Eight Lounge

ストリップ北
Map P.31-A2
リゾート・ワールド

ラスベガスで最大規模のシガーバー。併設のシガーショップには、最適な環境で保管された150種類以上の葉巻がずらりと並び、1本＄13程度のものから高価なものまでさまざま。スタッフがおすすめの銘柄や吸い方などをていねいに教えてくれるので初心者でも安心だ。重厚な家具を配したシックな店内は、セレブもしばしば訪れるというラグジュアリーな空間。オリジナルカクテルで葉巻とのペアリングを楽しんで。

ドリンクだけの利用ももちろんOKだ

---- **DATA** ----
📍 リゾート・ワールド➡P.1171階。メイン玄関を直進し突き当たり
🏠 3000 S Las Vegas Blvd. S.
☎ (702)676-7405
URL eightloungelv.com
⏰ 時間 毎日11:00〜翌2:00
CC AMV
🚶 フォーコーナーからデュースで約20分

LV トリビア

世界最大級の EDM フェスティバル

2017年から日本でも開催されている**エレクトリック・デイジー・カーニバル Electric Daisy Carnival**、通称 EDC。カリフォルニア州ロスアンゼルスで行われていた同フェスティバルは、2010年にラスベガスへ拠点を移した。

3日間の会期中には、世界各国から約

有名なDJたちが会場を盛り上げる

40万人の EDM ファンたちが詰めかけ、会場内には特別遊園地が設置される。さらに毎夜花火が打ち上がり、会場はサイケデリックな空間と化す。この時期はホテルの予約が困難になるので、予定が決まり次第ホテルはおさえておきたい（日本の音楽フェスのようにキャンプサイトもあり）。会場はラスベガス・モーター・スピードウエイ（→ P.186）。2023年は5月19〜21日に開催される。

● DATA
URL lasvegas.electricdaisycarnival.com

ジュニパー
Juniper

写真映えするおしゃれなカクテルがたくさん

新フォーコーナー
Map P.29-A1
パークMGM

約150種類のジンを揃えるジン専門のバー。キュウリとバラの意外な組み合わせに驚かされるキューカンバー・クーラーCucumber Cooler$18や、パイナップルとライム、ミントがさわやかなノージャッジングNo Judging$18など、ここでしか味わえないオリジナルカクテルも多く、わざわざ足を運ぶ価値がある。店名の由来はジンの原料となるジュニパーベリー（ネズの実）から。

ユニークなグラスや器にも
注目したい

DATA
位図 パークMGM➡P.128ローマ広場のストリップ側
住 3770 S Las Vegas Blvd. S.
☎ (702) 730-6773 URL parkmgm.mgmresorts.com/en/nightlife/juniper-cocktail-lounge.html
時間 毎日18:00～翌1:00（金・土17:00～） CC AMV 行 新フォーコーナーから北へ徒歩8分

アンノウン
Unknown

ひとり客も気軽に立ち寄れるオープンな雰囲気

フォーコーナー西
Map 折込裏 A5
パームス

現代アーティスト、ダミアン・ハーストによるホルマリン漬けの巨大なサメの作品が中央に鎮座するインパクトのあるバー。明るく開放的な店内で、カウンター席ではバーテンダーたちが会話の相手をしてくれるので、ひとり客でも楽しめるのがうれしい。美しい女性バーテンダーたちが手際よく作るカクテルは見た目も華やか。おすすめは、チンザノとジンベースの店名を冠したカクテル、アンノウンUnknown$16。

若者でにぎわう活気あるバーだ

DATA
位図 パームス➡P.100カジノフロアのバレー玄関を入って右側 住 4321 W Flamingo Rd. Free (1-866)752-2236
URL www.palms.com/dining/unknown 時間 月～木12:00～翌2:00、金12:00～翌3:00、土11:00～翌3:00、日11:00～翌2:00 CC AMV 行 Flamingo とLas Vegas Blvd. S.の交差点からRTCバス#202の西行きでArvill St.下車8分

エレクトラ・カクテル・クラブ
Electra Cocktail Club

極上のお酒と音、光が五感を刺激

フォーコーナー
Map P.31-B3
パラッツォ

スタイリッシュな空間でディープな夜が過ごせるバー。壁全体に華やかなデジタルアートが映し出され、専属のDJによるノリのよい音楽が大音量で流れる店内は、週末ともなるとクラブのような活気に満たされる。ゆったりくつろげるソファ席や気軽に利用できるテーブル席、カウンターもあり、人数問わず利用できるのもうれしいポイント。絶品カクテルでリラックスしながら、ハイセンスな光と音に酔いしれよう。

ユニークなオリジナルカクテルも豊富

DATA
位図 パラッツォ➡P.88正面玄関を入ってカジノフロアを直進
住 3325 S Las Vegas Blvd. S.
☎ (702) 607-1950
URL venetianlasvegas.com/restaurants/electra-cocktail-club
時間 毎日11:00～21:00
CC AMV 行 フォーコーナーから北へ徒歩15分

マイナス5 アイス・エクスペリエンス
Minus5 Ice Experience

なにもかもが氷でできたクールなバー

フォーコーナー
Map P.30-B1
リンクプロムナード

店内の壁やテーブル、椅子、さらにはドリンクのグラスまですべて氷でできたユニークなバー。入口で貸し出されるコートと手袋を装着したら、いざ氷点下の世界へ。氷の彫刻や華やかな電飾が施された店内は、どこもかしこもフォトジェニックだ。カラフルなオリジナルカクテルは、アルコール強めなのがちょうどいい。マンダレイベイ（→P.112）とベネチアン（→P.88）内にも支店がある。

装備があるので長時間いても寒くない

DATA
位図 リンクプロムナード➡P.56をハイローラーへ向かって歩いた右側 住 3545 S Las Vegas Blvd. Unit L23
☎ (702) 740-3545
URL minus5experience.com
時間 毎日11:00～24:00（金・土～翌2:00） 料 入場のみ$24、2ドリンク付き$49 CC AMV
行 フォーコーナーから北へ徒歩10分

スパ オリエンテーション

砂漠の街で美しくなるための基礎知識

スパと聞いて、「温泉施設」をイメージする人も多いはず。アメリカではジャクージやハーブ浴槽など水を利用してリラクセーションを図る設備や、健康を維持するためのフィットネスルームがあり、エステやヘアサロン、ネイルサロンなど美を維持・促進するための施設も備わっている。ラスベガスはホテル併設型のスパが主流で、宿泊者ならスパ施設は無料、あるいはリゾート料金に含まれている場合がほとんど。宿泊者以外でも施設利用料を支払えばOK。またボディ・トリートメント（エステ、有料）のレベルも高いので、自分へのご褒美に、極上のマッサージを体感しよう！

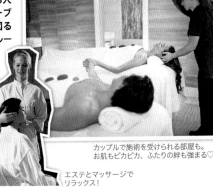

カップルで施術を受けられる部屋も。お肌もピカピカ、ふたりの絆も強まる♡

エステとマッサージでリラックス！

多種多様なメニューで、リフレッシュ＆リラックス

ラスベガスのホテルスパは、外部からの有名なスパがテナントとして開業するスタイルと、コンセプトや独自のテーマをもったホテルオリジナルのスパのどちらか。スパのグレードは、スパが入っているホテルとほぼ比例しており、施設利用料は1日$30〜50が目安（施設により3〜5日通し利用パスを発行）。マッサージやトリートメントコースなどの施術を受けると、スパの利用料は不要になるシステムだから、半日から1日ゆっくり過ごすつもりで利用したい。

また、スパにはヘアメイク、ネイルなどを施すビューティサロンが併設されている。男性にはシェービングサービスを行っているサロンもあるので、ぜひ利用してみよう。

シーザーズのサロンではシェービングサービスを行っている

いざ、スパへ!!

スパへ行く前にしておきたいのが予約（→ P.174）。その際、希望するテラピスト（男性・女性テラピストの指定）を伝えておくと、当日戸惑うことが少なくなる。

スパを利用する場合、用意するものは水着（スパによって着用義務あり。なしでも利用可のところもある）、フィットネスルームを使う場合は動きやすい服装とスポーツシューズがあればよい。タオル、化粧水などのアメニティは揃っているので、精算するのに必要なクレジットカードとパスポートだけ持参しよう（宿泊ホテルのフィットネスルームを利用する場合はルームキーを持っていくこと）。

マッサージやトリートメントなどのコースを利用する場合、当日は予約時間の30分前入店が基本（→ P.175）。ただ、先に述べたとおり、施術を行う場合はスパの利用料も含まれている。施術を行う前にチェックインし、スパのジャクージやサウナでリラックスするのもありなのだ。施術予約時間の10分前を目安に指定のラウンジで待機していれば、担当者が呼びにくるので、それまでは施設内の設備を自由に使ってくつろごう。

フィットネスルームではトレーナーの指導を受けることも可能

フィットネスルームでは、最新鋭のトレーニングマシンが整えられ、プロのアドバイザーやインストラクターの指導が受けられるプログラムを用意している。個人的なワークアウトの指導を受けたい場合、1時間$50程度が目安。各種プログラムはウェブサイトなどで確認できる。

その他の注意事項

肌のコンディションを保つため、ボディトリートメントやソルトスクラブ、メンズフェイシャルを受ける前のシェービングは控えるように。剃る場合でも施術の4時間前までに行うことをすすめる。

高血圧、糖尿病、アレルギー、妊娠など、気になる症状がある場合は必ずスタッフに相談すること。ただし英語力が必要とされるので、旅行前に主治医と相談のうえ、利用するか否かの判断をつけておくほうが安心だ。また、アルコールを摂取してのスパの利用は避けたい。ラスベガスは1日中飲酒が可能なロケーションであるがゆえに注意してほしい。

基本的な利用の流れ

1 予約をする

トリートメントやフェイシャルなどの施術を受けるなら、予約が必要。ジャクージやフィットネスルームなどスパの施設の利用だけなら基本的に予約はいらない。予約の際、英語が苦手ならそのスパに直接行き、受けたいトリートメントやコース、希望の時間を告げる。予約に必要なクレジットカードとパスポートは忘れずに。また、スパによっては宿泊客のみの利用と限定されているところもあるから注意したい。

ベラッジオのスパ＆サロン

2 水着はあったほうがベター

スパの基本料金（施術は別料金）にはフィットネスルームなどの使用料が含まれていて、1日中何度使っても OK。裸でもかまわないが、ほとんどの人が水着を着用している。もちろん、男女別。男性は気にしない人も多いが、やはり気になる人は持っていったほうがいい。

ヴィダラのワールプール

3 基本的に 18 歳未満は入室不可

ほとんどのスパでは、静かな環境を保つために入室可能な年齢を定めている。

スパの構造

"Check in, please." と言って、予約表や名前を伝える。クレジットカードとパスポートはセットで手渡そう。案内の人に従い、施設内へ。

アワナスパ／リゾート・ワールド

玄関

受付

ソファ
テーブル
ソファ

飲み物や果物のサービス

商品などの陳列棚

ソファ

テーブル

ソファ

テレビ

マガジンラック

通路

ロッカールーム

パウダールーム

シャワールーム

通路

ジャクージ

浴槽

ザ・スパ／ミラージュ

サウナ　ミストサウナ

施術室

フィットネスルーム

フィットネスルーム／シーザースパレス

ラウンジは、施術の順番待ちや施設利用後にくつろぐスペース。ドリンクやフルーツ（飲み食べ放題）をいただきながら自由に過ごせる。

指定のロッカーにバスローブが入っている。マッサージなどの施術を受ける人は、予約時間までフィットネスやサウナ利用 OK。バスローブの下は全裸、または水着着用で。

フェイシャルを受ける人はここで化粧落としを。ドライヤー、化粧水などのアメニティ、かみそりなども置いてある。帰りの身支度を整えるのに利用してもよい。

施術を受ける前、ジャクージに入る前、フィットネスのあとでシャワーを浴びよう。

フィットネスルームはスパ施設とドアひとつでつながっている場合が多い。

ジャクージは全裸、または水着着用で。サウナ室を利用するときは体にバスタオルを巻く（全裸の場合）。座るときに敷くバスタオルを1枚持って入るように。

マッサージやフェイシャルなどの施術を受ける部屋。ラウンジで待機、予約時間に担当者が名前を呼び、誘導してくれる。
クア・バス＆スパ／シーザースパレス

クア・バス＆スパ／シーザースパレス

当日の手順

1 予約時間の30～60分前までには入室

予約時に、何分前までに来てくださいと言われる。遅れると待たされたり、自動的にキャンセルとなるから注意。キャンセルは少なくとも、予約時間の4時間前までに伝えること（スパにより異なる）。フェイシャルを受ける人は、コンタクトを外し、メイクを落としておくこと。男性はひげそりを控えるように。

着替えたあとはラウンジでリラックス

2 受付、着替えを済ませて待つ

受付を済ませると、ロッカーのキー（または暗証番号を入力するシステム）、バスローブとサンダルが渡される。ロッカールームの場所や、どの部屋で待つか指示される。貴重品をロッカーに預けてバスローブに着替える。原則禁煙で、携帯電話もロッカーに預けておく。

3 施術室へ

指示された部屋で待っていると、担当の人が呼びに来る。そのまま担当者に連れられて施術室へ。トリートメントの種類によって、施術室で裸、あるいは上半身裸になるよう指示される。

4 施術

トリートメントなどの施術を受ける。途中、体の向きを変えてくれるなどの指示がある。英語だが、わからないときは身ぶりで示してくれるので伝わるはず。

5 終了→精算

コースの時間ぴったりに施術は終了。このとき、担当者は精算のレシートとボールペンを持ってくるので、レシートに記載のサービス内容と料金を確認。チップはサービス料として施術料の20％が計上されている場合が多いので、レシートにサインだけすればOK。もし、サービス料の計上がなければレストランでの会計と同じように（→ P.313）Tipまたは Gratuity の欄に施術料の20％を計上し、合計金額を記入してサインをすること。

今回の施術がとてもよくて、次回もその担当者にお願いしたいときは名刺をもらっておくと便利だ。"Business card, please. ビジネスカード、プリーズ"と伝えれば名刺がもらえるはず。もちろん "Thank you" の言葉も忘れずに。

スパのオリジナルのコスメもゲット！

サロンを利用してみよう

トータルで美しさを提案するスパには、ヘアサロン、ネイルサロンも完備している。予約の状況により、空きがあれば当日受付も可能だ。男性にはシェービングサービスのほか、マニキュアのサービスを行うサロンもある。

ネイルアート

ネイルアートはアメリカでもとてもポピュラー。ショッピングモールの中にクイックサービス・スタンドもあるくらいだ。普段、爪に無頓着な人もネイリストにお任せすればきれいに仕上げてくれる。爪の表面に色を塗るだけのマニキュアやペディキュアは $45~75、ネイルチップやスカルプチュアで理想的な爪（長さや形）に仕上げ、装飾を施すスタイルは $95 前後が目安（施術料は各サロン、装飾の素材により変動する）。

施術前

ネイルチップを装着

好きな指にネイルアートをリクエストするのも OK

プチ・アドバイス

ネイルアートを施すときは、やすりで爪の表面を整え、甘皮の処理などを行う。自分の爪にネイルチップを装着する場合、強力な接着剤を用いるため簡単に取れないぶん、外したいときが大変。帰国後も手入れが必要になることを考慮しておこう。

男性も美しく

メンズネイルやシェービングの施術で、男前度を上げよう

旅先でも美しくありたいのは男性も同じ。シェービングは比較的どのサロンでも扱っている。ベラッジオのサロンではメンズネイルもメニューに加わっている。

モダンなローマ帝国でまどろみのひとときを

クア・バス＆スパ
Qua Bath & Spa

心身ともに生まれ変われるボディケアが充実

　水温も大きさも異なる3つのバスは、シーザースらしく古代ローマ風。ボディスクラブ、ラップ、ホットストーンなどのメニューもひとどおり揃う。ボディラップ、頭皮マッサージなどが含まれたアーユルヴェーダジャーニーAyurvedic Journeyは80分$250。ティーラウンジでは、お茶のソムリエが利用客ごとにブレンドしたオーガニック茶を楽しめる。鎮静効果のあるCBDウェルネスリチュアルマッサージCBD Wellness Ritual Massage50分$275も人気。

テーマは水。アクアブルーをアクセントにしたインテリアに癒やされる

フォーコーナー
シーザーズパレス
Map P.30-A1〜2

DATA
位置 シーザーズパレスのアウグゥストゥスタワー2階 ➡ P.90　住所 3570 Las Vegas Blvd. S.　Free (1-866) 782-0655　URL www.caesars.com/caesars-palace/things-to-do/qua　時間 毎日6:00〜18:00　CC ADJMV　行 フォーコーナーから北へ徒歩2分
※スパパス（3時間）は宿泊者（月〜木$65、金〜日$85）、ビジター（月〜木$90、金〜日$110)

エキゾチックなオリジナルメニューが充実

アワナスパ
Awana Spa

開放感抜群のスパで体の芯までリラックス

　広々としたジャクージエリアは曲線を生かした有機的なインテリアが印象的。壁一面に壮大なグランドキャニオンの映像が映し出され、開放感は抜群だ。光と音を駆使したラスベガスらしいドライサウナや、オリエンタルな雰囲気のミストサウナも評判。スパメニューには、東京やバンコク、マチュピチュなどの地名がついており、西洋や東洋の伝統的な儀式からインスパイアされたオリジナルのトリートメントがそろう。深い眠りを促す東京エスケープTokyo Escapeは90分で$360〜。

リラックスシートも多く居心地がよい

ストリップ北
リゾート・ワールド
Map P.31-A2

DATA
位置 リゾート・ワールド1階 ➡ P.117　住所 3000 S Las Vegas Blvd. S.　☎ (702)676-7000　URL rwlasvegas.com/spa　時間 毎日9:00〜19:00　CC AMV　行 フォーコーナーからデュースで約20分
※スパパス（3時間）火・水$120、木〜月$140、60分以上の施術を受ければ無料でスパ利用可

アジアンテイストで和みのあるスパ

グランドスパ＆フィットネスセンター
Grand Spa & Fitness Center

お得なキャンペーン情報も要チェック

　約2700m²の館内には30の施術室のほか、ジム、ジャクージ、サウナ、シャワールームと広いリラクセーションラウンジが備わっている。アンチエイジングのフェイシャルメニューも充実しており、エイジ・ディファイングAge Defyingが50分$180〜。腕のよいテラピストによる全身マッサージが50分$150〜と、価格も比較的抑えめなので気軽に利用しやすい。※料金に20%のサービス料加算。

ヘア＆ネイルサロンも併設している

新フォーコーナー
MGM グランド
Map P.29-B1〜2

DATA
位置 MGMグランドのプールエリア ➡ P.126　住所 3799 Las Vegas Blvd. S.　☎ (702)891-3077　URL www.mgmgrand.com/en/amenities/grand-spa-fitness-center.html　時間 9:00〜18:00　CC AMV　行 新フォーコーナーから北へ徒歩2分
※デパス提供は休止、施術を受ければ無料でスパ利用可

お役立ち情報　**男性もWelcome** ▶ 日本ではまだ少ないが、アメリカでは男性がスパでトリートメントやネイルをしてもらうこともよくあるし、テラピストたちもそれが当たり前と思っている。一度体験しては？

スパ

宮殿のようなゴージャススパ

ザ・スパ・アット・アンコール
The Spa at Encore

フォーブストラベルガイドで5つ星を獲得
　東洋の技術を取り入れた洗練された施術が受けられる。全身をほぐすストレッチと筋肉の深部に圧力をかけるタイオイル・フュージョンマッサージThai Oil Fusion Massageは1時間20分$305（金〜日・祝$320）。シーソルトをカスタムブレンドしたアロマオイルで、スクラブマッサージを施すアロマテラピー・ボディリストレーションAromatherapy Body Restorationは50分$225（金〜日・祝$240）。この施設の利用者は、ウィンのスパ施設（毎日8:00〜19:00）も利用可能。※料金に20%のサービス料加算。

ため息が出そうな豪華なスパ

© Wynn Las Vegas

フォーコーナー
ウィン&アンコール・ラスベガス
Map P.31-B2

DATA
位置アンコールタワー3階➡P.86
3131 Las Vegas Blvd. S.
☎(702)770-3900
URL www.wynnlasvegas.com/experiences/spas/wynn-spa
時間毎日8:00〜19:00
CC AMV
行フォーコーナーから北へ徒歩30分
※デイパスは宿泊者$100、ビジター$125

全身をトータルでリフレッシュ

キャニオン・ランチ・スパクラブ+フィットネス
Canyon Ranch Spa + Fitness

体の内側からきれいになれるカフェメニューも人気
　トリートメントルームは全80室と全米でも最大級の規模を誇る。スパのほか、エクササイズ施設、ビューティサロン、カフェも併設。メニューの種類は120を超え、多彩なコースと質の高いサービスで男女を問わず人気がある。マッサージ$189〜389（50分〜1時間40分）、ボディラップ$189〜389（50分〜1時間40分）、指圧$199〜299（50分〜1時間20分）、フェイシャル$179〜375など。宿泊者の場合、施設利用料はリゾート料金に含まれている。

併設のカフェも人気だ

フォーコーナー
ベネチアン
Map P.31-B4

DATA
位置ベネチアン4階➡P.88
3355 Las Vegas Blvd. S.
☎(702)414-3600
URL www.canyonranch.com/lasvegas
時間毎日6:00〜20:00
CC AMV
行フォーコーナーから北へ徒歩15分
※デイパスは宿泊者火〜木$75、金〜日$100、ビジター毎日$125

充実した設備で満足度が高い

スパベラッジオ
Spa Bellagio

世界各国の技術を取り入れたメニューが豊富
　広いジャクージのエリアは、いるだけでリラックスできると評判。足圧マッサージ50分〜1時間40分$195〜390（金〜日$210〜405）、アロマテラピーは$35、ホットストーンは$35追加で受けられる。併設されているサロンは、サービス、質ともに好評価を得ている。ネイルやヘアケア、メイクアップなどのサービスも行なっているので、ドレスアップの際に利用するのもおすすめだ。

ゴージャスな
ジャクージのエリア

フォーコーナー
ベラッジオ
Map P.30-A2〜3

DATA
位置ベラッジオ新館。スパタワー➡P.84
3600 Las Vegas Blvd. S.
☎(702)693-7472
URL www.bellagio.com/en/amenities/spa-fitness.html
時間毎日9:00〜18:00 CC AMV
行フォーコーナーから南へ徒歩2分
※スパファシリティデイパス$100
※宿泊者のみ

カップルもWelcome ▶アメリカではトリートメントなどをカップルで受けるのも普通。カップル向けの部屋もあり、新婚さんにもおすすめ。

規模は小さいがチャーミングなスパ

ザ・スパ・アット・ヴィダラ
The spa at Vdara

環境保護に配慮したラスベガス初のグリーンスパ。使用されるトリートメントもハーブ、花、フルーツ、野菜から抽出されたエッセンスで作られている。シグネチャーマッサージは$195〜395（50分〜1時間40分）、ボディトリートメントは$325〜350（1時間40分）。ラウンジでは軽食や飲み物をお好きなだけどうぞ。スパ利用者は施設利用料無料。※メニュー料金に20％のサービス料が加算される。

環境にも優しいスパ。男性の利用客も多い

フォーコーナー
Map P.30-A3
ヴィダラ

----- **DATA** -----
位置 ヴィダラ2階→P.141 住 2600 W. Harmon Ave. ☎ (702) 590-2474 Free (1-866) 745-5654 URL vdara.mgmresorts.com/en/amenities/the-spa-at-vdara.html 時間 毎日8:00〜17:00 CC A D J M V 行き方 フォーコーナーより南へ徒歩18分※デイパスは月〜木$75、金〜日$100、施術を受ければ無料

熱帯のオアシスがテーマ

スパマンダレイ
Spa Mandalay

リラクセーションラウンジをはじめ、レッドウッドサウナ、ユーカリスチームルーム、ジャクージ、シャワールームはゆったりとした設計で好評。果物やフルーツジュース、ミネラルウオーターなどのリフレッシュメントも充実。カスタムマッサージ50分〜1時間20分 $150〜235（金〜日$160〜250）、ホットストーンは$25追加で受けられる。※メニュー料金に20％のサービス料が加算される。

エキゾチックな雰囲気

新フォーコーナー
Map P.29-A4
マンダレイベイ

----- **DATA** -----
位置 マンダレイベイ1階(Beach Level)→P.112 住 3950 Las Vegas Blvd. S. ☎ (702)632-7300 URL mgmresorts.com/en/things-to-do/mandalay-bay/spa-and-salon.html 時間 毎日7:00〜17:00 CC A M V 行き方 新フォーコーナーのエクスカリバーからトラムで1駅 ※デイパスは水止、$60以上の施術で無料でスパ利用できる

リラクセーションの極みを体験

スパ・アット・フォーシーズンズ
The Spa at Four Seasons

水分補給やアンチエイジングなどのスキンケアに重点をおき、独自にトリートメントを考案している。抜群の保湿でアンチエイジング効果の高いピュア・リザルツ Pure Resultsは$190〜290（50分〜1時間20分）。カスタムマッサージは$120〜360（50分〜1時間40分）。※金〜日は$10〜追加。リラクセーションルームとユーカリスチームサウナで体をほぐし、静寂な空間の禅ラウンジでリラックスタイムを。

超一流の施術を体感できるフォーシーズンズのスパ

新フォーコーナー
Map P.29-A4
フォーシーズンズ

----- **DATA** -----
位置 フォーシーズンズ1階→P.93 住 3960 Las Vegas Blvd. S. ☎ (702) 632-5000 URL www.fourseasons.com/lasvegas/spa 時間 毎日8:00〜19:00 CC A D J M V 行き方 新フォーコーナーのエクスカリバーから無料トラムで1駅。マンダレイベイ入口の南側がフォーシーズンズの入口

ストリップの喧騒とは無縁の隠れ家的なスパ

サハラスパ＆ハマム
Sahra Spa & Hammam

本物の砂岩で造られた廊下から静寂なラウンジを通り、ハーブのスチームルーム、サウナ、ミストルーム、ジャクージへと続く。絶妙な指の圧力で全身の凝りをほぐすサハラ・シグネチャー・マッサージSahra Signature Massage$200〜390（50分〜1時間40分）、デトックス作用がある11の花のオイルと果物のエッセンスを用いたトルコのスチーム浴Red Flower Hammam Experience1時間20分$350（金〜日$375）も人気。

ハマムのトリートメントルーム

© Courtesy of The Cosmopolitan of Las Vegas

フォーコーナー
Map P.30-A3
コスモポリタン

----- **DATA** -----
位置 コスモポリタン、チェルシータワー14階→P.94 住 3708 Las Vegas Blvd. S. ☎ (702) 698-7171 Free (1-855) 724-7258 URL www.cosmopolitanlasvegas.com/spa 時間 毎日8:00〜19:00 CC A D J M V 行き方 フォーコーナーから南へ徒歩分 ※デイパスは宿泊者が$60、金〜日$85ビジター月〜木$100宿泊者以外の金〜日は$100以上のトリートメント要

地球の歩き方

本書の発行後も
現地最新情報を
Webで更新します！

「地球の歩き方」編集室では、
ガイドブック発行後も最新情報を追跡中。

出入国のルール変更や主要店舗の閉店など、
個人旅行者向けの重要事項を中心に
以下の特設サイトで公開しています。
書籍とあわせてご活用ください。

★海外再出発！ガイドブック更新＆最新情報サイト
URL https://www.arukikata.co.jp/travel-support/

Gakken

スパ

モダンなスパで優雅なひとときを
スパ＆サロン・アット・アリア
The Spa & Salon at Aria

香川県産の花崗岩で作られた岩盤浴をはじめ、"Shio Salt Room"と名づけられたリラクセーションルームには、塩の成分が放出されるれんがが施され、静かな音楽とともに肉体と精神を癒やしてくれる。バルコニーに設置されたプールのようなジャクージは、男女兼用で楽しめ、カップルにも好評。カスタムマッサージ50分$170（金～日$185）、アツアツマッサージ80分$295（金～日$315）。

究極の癒やし空間"Shio Salt Room"

フォーコーナー
Map P.30-A4
アリア・リゾート＆カジノ

DATA
位置 アリアプロムナードレベル➡P.82
住 3730 Las Vegas Blvd. S.
☎ (702)590-9600
URL aria.mgmresorts.com/en/amenities/spa-and-salon.html
時間 毎日8:00～18:00　CC A M V
行 フォーコーナーから南へ徒歩15分
※デイリースパバス日～木$75、金・土$100※宿泊者以外も可

老舗ホテルのゴージャススパ
ザ・スパ
The Spa

コンパクトな設計のスパだが、ふかふかのバスローブ、飲み物やフルーツが置かれた静かなラウンジ、ジャクージ、サウナなどアメニティは申し分ない。スタッフやトレーナーの対応も好印象。シグネチャーマッサージ50分～1時間40分$180～350、カスタムマッサージ50分$165、クラシックフェイシャル50分$150。

温度が異なる3つのジャクージ

フォーコーナー
Map P.31-A4
ミラージュ

DATA
位置 ミラージュ1階➡P.106
住 3400 Las Vegas Blvd. S.
☎ (702)791-7146
URL mirage.mgmresorts.com/en/amenities/the-spa.html
時間 毎日8:30～18:00
CC A D J M V　行 フォーコーナーから北へ徒歩13分※施設利用料は$50（スパメニュー利用者は無料）

静寂な空間でくつろぐ
リオ・スパ＆サロン
Rio Spa & Salon

スパのトリートメニューはいたってシンプル。スウェディッシュマッサージ50分$140、タイフュージョンマッサージ50分$160。カップルの施術も可。コンベンションの施設がホテルにあるため、サロンのメニューが豊富なのも特徴。なかでもネイルケアは、熟練のネイリストが対応してくれるので、初心者も安心して施術が受けられる。

カップルにも対応できる

フォーコーナー西
Map 折込裏 A4～5
リオ・オールスイート

DATA
位置 リオ1階➡P.134
住 3700 W. Flamingo Rd.
☎ (702)816-0888
URL www.caesars.com/rio-las-vegas/things-to-do/rio-las-vegas-spa
時間 10:00～18:00（施術は8:00～）
CC A D J M V
行 フォーコーナーから西へ徒歩20分

カジュアルで気軽な雰囲気のスパ
ナーチュア・スパ＆サロン
Nurture Spa & Salon

ユーカリスチームサウナ、打たせ湯のような水圧の高い水が流れ落ちる広いジェットバスなどの設備があり、マッサージやトリートメントメニューの料金も比較的リーズナブル。カスタムマッサージ50分～1時間40分$125～240、アロマテラピースパは$15追加で受けられる。エイジディファイングフェイシャルは50分$145。

ホットストーンは追加$25で受けられる

新フォーコーナー
Map P.29-A3
ルクソール

DATA
位置 ルクソール1階➡P.110
住 3900 Las Vegas Blvd. S.
Free (702)730-5723
URL luxor.mgmresorts.com/en/amenities/nurture-spa.html
時間 毎日8:00～17:00（施術は9:00～17:00）　CC A M V
行 新フォーコーナーから南へ徒歩10分　※デイバスは宿泊者$30、ビジター$50(月～土、日は不可)

ディープティッシュ ▶ アメリカのマッサージはソフトなものが一般的。強いマッサージを希望するならディープティッシュを頼むとよい。肩や腰など部分的に力を入れてくれる。

マラソンウエディングも毎年開催！

ウエディングの聖地ラスベガス
Wedding Capital of the Las Vegas

ウエディングのメッカといわれるラスベガスは、ハリウッドスターがこぞって結婚式を挙げた"セレブ婚の地"として、広く一般の人にも知られている。挙式の地として選ばれる最たる理由は、婚姻手続きが簡単だということ。気軽に安く、その場のノリで！などなど、型にはまらないウエディングを望む人々にとって、ラスベガスはまさにうってつけなのだ。

郡庁舎があるダウンタウン周辺には、ユニークな演出を行うチャペルが点在している。写真は Vegas Weddings（→ P.181 脚注）

結婚しやすい街といわれるゆえん

アメリカでは日本のような戸籍は存在せず、州によって婚姻の手続きが異なる。正式な夫婦となるべく結婚許可証を役場で取得するには、待機期間や血液検査など面倒な手続きを行わなければならない州がほとんどだが、ラスベガスがあるネバダ州では、その結婚許可証が容易に取得できる。

結婚許可証は、結婚式でチャペル名と牧師のサインが記入されると、結婚証明書となる。この結婚証明書が、アメリカ人同士（U.S.Citizen）の結婚が正式に認められるための必要書類だ。

セレモニーだけでよいか
フォーマルな式を挙げたいか

ラスベガスのチャペルで結婚式を挙げる場合、形式的なセレモニーとしての式と、役所に届け出をする必要がある（結婚した事実のデータをアメリカに残す）フォーマルな式とに分かれる。形式的なセレモニーだけでよいなら、結婚許可証は必要ない。チャペルが独自に「結婚証明書」を発行してくれるが、公式なものではない。

一方、フォーマルな式（リーガルウエディング）では、いろいろ手続きや注意点がある。日本人同士の結婚（居住国は日本）でリーガルウエディングを望む場合、日本で未入籍であることが大前提。ラスベガスの役場で結婚許可証を取得した後、挙式で牧師にサインをしてもらった結婚証明書（後述）、またはクラーク郡オフィスのオンラインで結婚証明書を申請し、直接入手することも可能（$20）。その日本語訳を婚姻届と一緒に日本の役場に提出（取得より3ヵ月以内）することで、保証人（通常、両親・親戚）の署名捺印が免除される。そして、戸籍には「○月○日アメリカネバダ州の方式により婚姻。○月○日届提出」と記載される。

ラスベガスで
リーガルウエディングをするには

コロナ流行前は、日本のウエディングプロデュース会社が数社ラスベガスにあったが、現在はない。個人で手続きを行う場合は下記のとおり。

ラスベガスのダウンタウンにある役場で、所定の用紙に記入し、パスポートと一緒に交付手数料 $102（2022年12月現在）をクレジットカードで支払う。ここで、窓口の係からお互いに結婚する意志があるかどうかを英語で聞かれる。その後この係の人が立会人として結婚許可証にサインをし、その場でチャペル名も牧師のサインもない書類がもらえる（この書類は「許可証」であり、取得するだけでは「証明書」にならない）。取得した「許可証」を持って、牧師がいるチャペルで挙式をし、チャペル名と牧師のサインがなされたところで、この結婚許可証は「結婚証明書」となる。

ウエディングシーズンについては、ラスベガスで最も挙式の多い日が2月14日。また、ジューンブライドの6月も比較的混雑しており、平日よりも週末が混む。大晦日は、カウントダウンの花火でストリップが通行止めになり、交通渋滞でウエディングどころではない。なお、大安、仏滅は関係ない。

お役立ち情報　## 結婚関連情報

クラーク郡マリッジ・ライセンス・ビューロー
Map 折込裏 C1（クラーク郡　庁舎内）
🏢 201 E. Clark Ave., Las Vegas
☎ (702) 671-0600
URL www.clarkcountynv.gov/government/elected_officials/county_clerk/marriage_license_requirements.php
時間 毎日 8:00 ～ 24:00

お役立ち情報　**結婚許可証の申請に必要な条件** ▶ 男女ともに年齢は18歳に達しており、シングル（独身）であること。なお、お互いがはとこ、またはいとこの場合は認められない。名前と年齢を証明する書類を提出。

ウエディングチャペル

✕ 良心的な価格設定の老舗チャペル

ストリップ北 **Map**折込裏 C3

チャペル・オブ・ザ・ベルズ *Chapel of the Bells*

ストラトスフィアタワーのすぐ近く。ストリップ沿いで60年以上経営している老舗チャペルのひとつだ。チャペル自体は決して大きくないが、少人数でリーズナブルに式を挙げたいなら、ここのチャペルのお得なパッケージは一考に値する。

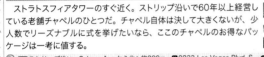

映画によく登場する

DATA 位置 ストリップ沿い。Sahara Ave.から北へ約200m 住 2233 Las Vegas Blvd. S. ☎ (702)735-6803 Free (1-800)233-2391 URL www.chapelofthebellslasvegas.com 料 パッケージの内容により$175〜575 CC A M V

✕ きめ細かなサービスに定評のある人気チャペル

ストリップ北 **Map**折込裏 C2

チャペル・オブ・ザ・フラワーズ *Chapel of the Flowers*

地元誌でベスト・ウエディングチャペルにランキングされたこともある人気のチャペルだ。ホテル付属ではないチャペルの多くが挙式のみに特化するなかで、このチャペルは挙式後のパーティも敷地内で行うことができて、珍しい。あたたかい雰囲気で、スタッフも親切と評判が高い。

専門スタッフが多い

DATA 位置 ストリップ沿い。Sahara Ave.から北へ約900m 住 1717 Las Vegas Blvd. S. ☎ (702)735-4331 Free (1-800)843-2410 URL www.littlechapel.com 料 パッケージの内容により$299〜9199 CC A M V

✕ 有名人がよく挙式をする

ストリップ北 **Map**折込裏 C2

リトルホワイト・ウエディングチャペル *A Little White Wedding Chapel*

60年以上の歴史をもつ老舗チャペル。車に乗ったままチャペル横のウインドーに乗りつけ、$50〜支払って結婚の誓いをするという、ドライブスルー・ウエディングが有名。車だけでなくヘリコプターに乗ってのウエディングも行っている。

© Las Vegas News Bureau

不動の人気を誇る

DATA 位置 ストリップ沿い。Sahara Ave.から北へ約1.5km 住 1301 Las Vegas Blvd. S. Free (1-800)545-8111 URL www.alittlewhitechapel.com 料 パッケージの内容により$50〜1255 CC A M V

✕ 赤いハートの看板が目印

ダウンタウン南 **Map**折込裏 C1

キューピッド・ウエディングチャペル *Cupid's Wedding Chapel*

ダウンタウンの南に位置し、婚姻許可局まで1.5ブロックという、挙式には好立地のチャペル。トラディショナルでロマンティックなパッケージを得意としているが、ミスターラスベガスのプレスリーのそっくりさんが歌ってくれるプランもある。

ダウンタウンに近い

DATA 位置 ストリップから3ブロック西。Fremont St.から南へ約1km 住 616 S. 3rd St. ☎ (702)598-4444 Free (1-800)543-2933 URL www.cupidswedding.com 料 パッケージの内容により$99〜1399 CC A M V

✕ ここのエルビスはひと味違う!?

ダウンタウン南 **Map**折込裏 D1〜2

グレースランド・ウエディングチャペル *Graceland Wedding Chapel*

エルビスのそっくりさんが登場して、「Love Me Tender」などを歌ってくれるサービスは、今やラスベガスでは珍しくないが、もとはこのチャペルから始まったもの。創業80年以上の老舗で、根強い人気がある。ロック歌手のボン・ジョヴィもここのチャペルで式を挙げた。

エルビスウエディング$249〜

DATA 位置 ストリップ沿い。Fremont St.から南へ約800m 住 619 Las Vegas Blvd. S. ☎ (702)382-0091 Free (1-800)824-5732 URL www.gracelandchapel.com 料 エルビスのパッケージは内容により$249〜799 CC A M V

✕ 伝統的な挙式からリクエストに応じた挙式まで

ダウンタウン南 **Map**折込裏 C2

スペシャルメモリー・ウエディングチャペル *A Special Memory Wedding Chapel*

ドライブスルー・ウエディングやヘリコプターで夜景を見ながらの挙式もすてきだが、バレー・オブ・ファイアー州立公園やレッドロック・キャニオン、グランドキャニオンといった自然のなかで式を挙げるラスベガスならではのプランも要望によってアレンジしてくれる。

© Las Vegas News Bureau

要望に応えてくれる

DATA 位置 S. 4th St.とGass Ave.の交差点 住 800 S. 4th St. ☎ (702)384-2211 Free (1-800)962-7798 URL www.aspecialmemory.com 料 パッケージの内容により$199〜3399 CC A D J M V

 お役立ち情報 **ベガス・ウエディングス** ▶ ドライブスルーセレモニー$89〜、エルビスのパフォーミングを付けると+$200〜350など。**Map**折込裏C1 住 555 S. 3rd St. ☎ (702)789-7803 URL www.702wedding.com

ラスベガスはビジネスシティだ!

大小さまざまなコンベンションや
トレードショーが行われている

ラスベガスのコンベンションガイド
Conventions in Las Vegas

ラスベガスは、アメリカで3本の指に入るコンベンションシティだ。全米最大といわれる敷地面積の展示場を有し、毎年2万1000ものコンベンションが開催され、約650万人がラスベガスを訪れた。ラスベガスの訪問客数が毎年約4221万人ということを考えると、1割以上がビジネス目的にこの街を訪れていることになる。実際、数万人規模のコンベンションやトレードショーが頻繁に開催され、それらに参加するために日本からやってくる人も多い。

ラスベガスがコンベンションシティである理由

❶交通の便がよい

　全米のどこからでもアクセスしやすいのがラスベガスの利点。日本からであれば、西海岸のロスアンゼルスやサンフランシスコに到着後、それらの都市から1時間30分前後のフライトでラスベガスに着く。最短約14時間でラスベガスの街へ到着できるというわけ。

　ラスベガスのハリー・リード国際空港は24時間営業。国内の時差が大きいアメリカでも到着時間を気にせずアクセスできる。しかも空港から中心部までの近さは、この規模の都市では全米No.1だ。

❷設備の整った大型コンベンション会場がある

　ラスベガス・コンベンションセンター(→P.183)は、ストリップからもとても近いという至極便利なロケーション。空港からも車で15分ほどと、会場へのアクセスもよい。また、展示用のスペースを合計すると20万m²にも及び、収容人数も最大10万人。市が所有するこのコンベンションセンターのほかにも、巨大カジノホテルが有するコンベンション会場のスペースを総計するとラスベガス全体では105万m²にも達する。

❸客室数の多さ

　ストリップ沿いに林立するカジノホテルのほとんどは1000室以上の客室を有するメガリゾート。周辺の客室を含めると約15万室にもなる。どんなに大きなコンベンションが行われても、十分収容できる宿泊施設があるのだ。

❹アフターコンベンションの充実

　ビジネスマンのアフターコンベンションを満足させるさまざまな要素が揃っている。例えば、シルク・ドゥ・ソレイユをはじめとする世界トップクラスのショー、徹

底的に踊り明かすことのできるナイトクラブ、セレブリティシェフたちの有名レストラン、雨天中止がほとんどないゴルフコース、少し足を延ばせば大自然を満喫できるグランドキャニオン、そして、もちろんゲーミング(カジノ)。ゲストを接待するにしても、どんな要望にも応えてくれるのがラスベガスなのだ。

　そのほかにも、雨が降らない、極寒にならないといった天候などが、ラスベガスが選ばれている理由だ。

ビジネス in

Q▶コンベンションの開催スケジュールを知りたい

A▶ラスベガス・コンベンション&ビジターズ・オーソリティのサイトを参照。

URL www.vegasmeansbusiness.com/destination-calendar

　ラスベガスでは大小さまざまなコンベンションが1年中開催される。特に参加者数が5万人を超える規模になるとホテルの予約も取りにくくなり、客室料もぐっと上がる。一般旅行者はこの点を注意したい。

Q▶コンベンションセンターへ行く方法はタクシーや路線バスだけ?

A▶タクシーや路線バスのほかに、ある程度の大きさのコンベンションであれば、主催者が宿泊先のホテルとコンベンションセンターを往復する専用バスを運行させている。運行の時間帯が決まっているので、主催者の案内所などで確認を。

ラスベガスの3大コンベンション会場案内

ラスベガス・コンベンションセンター
Las Vegas Convention Center [LVCC]

総面積 20 万 m²、世界最大といわれているコンベンションセンター。館内は大きく、南 South、中央 Central、北 North の 3 つに分かれている。タクシーで来るときは、なるべく会場の近くに停めてもらうよう頼むといい。なお北館はウエストゲート・ラスベガス（→ P.137）に隣接している。ホテルへは直通の通路もあるので、コンベンション開催時はいちばん便利なホテルといえる。南館はルネッサンスラスベガス Renaissance Las Vegas が歩いて 1 分ほどの所にある。

ストリップ北にあり、どこからも近くてとても便利

行き方▶
- **タクシー**　新フォーコーナーから約 $20、フォーコーナーから約 $17、ダウンタウンから約 $19。
- **モノレール**　ストリップのホテルからはラスベガス・モノレール（→ P.38）も便利。モノレール駅の Las Vegas Convention Center 駅で下車すれば、目の前。
- **バス**　ダウンタウンとラスベガス・サウス・プレミ

ラスベガス Q & A

Q▶コンベンション会場は禁煙？
A▶コンベンション会場は公共の建物なので、禁煙だ。といってもそれは館内のことで、愛煙家は建物の外へ出て吸っている。灰皿のある所で喫煙しよう。なお、近年、カジノホテルのホテルタワーはほとんどが禁煙となっている。そんなところでは、やはり外か、またはカジノで吸うように。禁煙客室での喫煙は、罰金が科せられる。

Q▶通訳を頼みたいのだけれど
A▶次の日系の旅行会社が行っているほか、日本の旅行会社を通じて頼むこともできる。内容が専門的になるほど、料金は高くなる。
- ●ネバダ観光サービス→ P.42

Q▶空いた時間を有効に使いたい
A▶ラスベガス市内のオプショナルツアーは P.42、郊外のオプショナルツアーは P.256、市内モデルコースは P.44 ～ 47 を参照。

アムアウトレットを結ぶデュース（→ P.39）が途中コンベンションセンターの前で停車する。バスの路線については「ラスベガスの交通機関」（→ P.33）の地図と「デュース路線」（→ P.41）を参照。
Map 折込裏C4　**住** 3150 Paradise Rd., Las Vegas, NV 89109　**☎** (702)892-0711　**URL** www.vegasmeansbusiness.com

マンダレイベイ・コンベンションセンター
Mandalay Bay Convention Center

ストリップの南、カジノホテルのマンダレイベイ（→ P.112）の中にある。2015 年に南側のエリアの改装を行い、トータルで約 18.7 万 m² のスペースを所有する。ホテル内のコンベンションホールとしては最大級。マンダレイベイのほかに、デラーノ・ラスベガス、フォーシーズンズが同じ敷地内にあり、ルクソールとエクスカリバーへはトラムで行ける。
行き方▶タクシーのほかに便利なのが、デュース（→ P.39）。どちらも Mandalay Bay 下車。

拡張した南コンベンションセンターの会議室

Map P.29-A4
住 3950 Las Vegas Blvd. S., Las Vegas, NV 89119
Free (1-877)632-7900 **URL** www.mandalaybay.com/en/meetings-groups/meeting-convention-facilities.html

サンズ・エクスポ＆コンベンションセンター
Sands Expo & Convention Center

ベネチアン、パラッツオ（→ P.88）のカジノホテルに隣接し、見本市や展示会のほか、報奨旅行の集いなどにも使われる。総面積は約 11 万 m²、ベネチアンの会議場などと合わせて 16 万 m² のスペースを有する。
行き方▶タクシーのほかに便利なのが、デュース（→ P.39）。北行きは Venetian 下車、南行きは Fashion Show Mall で下車するのがわかりやすい。

ベネチアンとパラッツオに隣接するサンズのコンベンションセンター。この会場も頻繁に使われる

©Las Vegas News Bureau

Map P.31-B3 ～ 4、折込裏 B4
住 201 Sands Ave., Las Vegas, NV 89169
☎ (702) 733-5556　**URL** www.venetian.com/meetings

ラスベガスは ゴルファー天国

The Finest Courses in the World!

有名設計家が手がけたコースも多い
© Las Vegas News Bureau

1年中ゴルフが楽しめる街

年間晴天日数が300日を超えるラスベガスは、ゴルフ場が充実している。50以上のコースをはじめとして、毎年のようにLPGAのトーナメントが開催されることから、トップクラスのコースも数多くある。真夏の7～8月の日中は気温が40℃近くまで上がるので、この時間帯のプレイは避けたほうがいいが、朝、夕、あるいはほかの季節なら、空模様の心配をあまりせず快適にプレイできる。なお、9月は芝のメンテナンスのため、1ヵ月ほど休業するゴルフ場が多いのでご注意を。

予約の仕方

多くのコースが誰でもプレイ可能。事前に電話をし、人数を告げてスタート時間を設定する。電話での予約が心配なら、現地の日系の旅行会社（→ P.42）やホテルのコンシェルジュに頼んでみるといい。また、ウェブサイトでの予約なら割引料金を設定しているコースもあるので、こちらのチェックも忘れずに。ラスベガスのコースは、ストリップのホテルからタクシーに乗っても$30～70程度で行けるところが多いので、レンタカーを利用していない人も、アクセスの心配はあまりしなくていいだろう。料金は、アメリカのなかでは非常に高いといわれるが、それでも$45～300程度。冬の週末が高く、夏の平日が安い。

ゴルフの基本 in アメリカ

ラスベガスに限らず、アメリカの多くのゴルフ場ではキャディはおらず、各自が自動カートを利用する。自動カートはゴルフ場でレンタルできる（たいてい、レンタル料はグリーンフィーに含まれている）。服装は、あまりラフ過ぎないものが好ましい。Tシャツなどではなく、襟付きのシャツを用意しておこう。適当な服がなければ、ゴルフショップにすべて揃っているので、ここでの調達をすすめる。

コースに出るときは、十分な量の水を持って出よう。たいへん乾燥しているので、特に暑いときは脱水症状に陥ることがある。

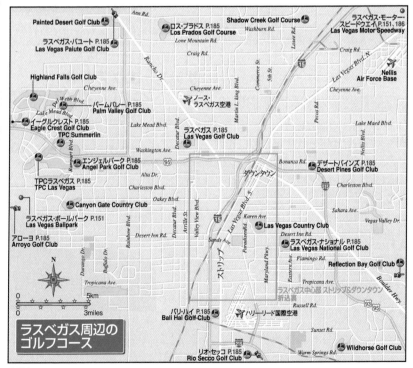

ラスベガス周辺のゴルフコース

Painted Desert Golf Club
ロス・プラドス Los Prados Golf Course
Shadow Creek Golf Course
ラスベガス・モーター・スピードウエイ P.151, 186 Las Vegas Motor Speedway
ラスベガス・パイユート P.185 Las Vegas Paiute Golf Club
Highland Falls Golf Club
Nellis Air Force Base
パームバレー P.185 Palm Valley Golf Club
ノース・ラスベガス空港
イーグルクレスト P.185 Eagle Crest Golf Club
TPC Summerlin
ラスベガス P.185 Las Vegas Golf Club
エンジェルパーク P.185 Angel Park Golf Club
デザートパインズ P.185 Desert Pines Golf Club
TPCラスベガス TPC Las Vegas
ダウンタウン
Canyon Gate Country Club
ラスベガス・ボールパーク P.151 Las Vegas Ballpark
Las Vegas Country Club
アローヨ P.185 Arroyo Golf Club
ラスベガス・ナショナル P.185 Las Vegas National Golf Club
Reflection Bay Golf Club
ストリップ
ラスベガス中心部 ストリップ&ダウンタウン 折込裏
バリ・ハイ P.185 Bali Hai Golf Club
ハリー・リード国際空港
Wildhorse Golf Club
リオ・セッコ P.185 Rio Secco Golf Club

0 5km
0 3miles

N

ゴルフ場紹介 ※各ゴルフ場の場所については左ページ地図参照

Angel Park Golf Club

🏠 100 S. Rampart Blvd., Las Vegas, NV 89145
Free (1-888) 446-5358
URL www.angelpark.com
ホール数：Mountain Course 18、Palm Course 18
トータルヤード：Mountain Course 6722 ヤード、
Palm Course 6500 ヤード
パー：Mountain Course 71、Palm Course 70
料平日 $45 〜 228、週末$53 〜 245
車 US-95 を西へ、Exit 41A で Summerlin Pkwy. で
下りて西に 4 マイル（6.5km）

アーノルド・パーマー設計のコース

Arroyo Golf Club

🏠 2250 C Red Springs Dr., Las Vegas, NV
89135
☎ (702) 258-2300　Free (1-866) 934-4653
URL www.thearroyogolfclub.com
ホール数：18　トータルヤード：6883 パー：72
料毎日 $95 〜 204
車 Sahara Ave. を西へ進み、I-215 Beltway を越えた
Red Rock Ranch Rd. を約 1 マイル（1.6km）

Bali Hai Golf Club

🏠 5160 S. Las Vegas Blvd., Las Vegas, NV 89119
Free (1-888) 427-6678
URL balihaigolfclub.com
ホール数：18 トータルヤード：7002 ヤード パー：71
料平日 $149 〜 249、$149 〜 449
車 ストリップの南端、ハリー・リード国際空港のすぐ西

Desert Pines Golf Club

🏠 3415 E. Bonanza Rd., Las Vegas, NV 89101
☎ (702) 388-4400
URL www.desertpinesgolfclub.com
ホール数：18 トータルヤード：6222 ヤード パー：71
料月〜木 $89 〜 129、金〜日 $109 〜 169
車 ダウンタウンから I-515 を東に 3 マイル（4.8km）

Eagle Crest Golf Club

🏠 2203 Thomas Ryan Blvd., Las Vegas, NV 89134
☎ (702) 240-1320　Free (1-800) 803-0758
URL golfsummerlin.com/eagle_crest/
ホール数：18 トータルヤード：4067 パー：60
料毎日 $65 〜 99（3 ヵ月前以前の予約は割引あり）
車 US-95 を西へ、Exit 81A で Summerlin Pkwy. で
下りて西に 12 マイル（19km）

Las Vegas Golf Club

🏠 4300 W. Washington Ave., Las Vegas, NV 89107
☎ (702) 646-3003　URL www.lasvegasgc.com
ホール数：18 トータルヤード：6319 パー：72
料月〜木 $85 〜 135、金〜日 $85 〜 145
車 US-95 を西へ、Exit 78 で下りて北へ 1 マイル（1.6km）

Las Vegas National Golf Club

🏠 1911 E. Desert Inn Rd., Las Vegas, NV 89169
☎ (702) 889-1000
URL www.lasvegasnational.com
ホール数：18 トータルヤード：6721 ヤード パー：71
料毎日 $49 〜 149
車 ウィン・ラスベガス（→ P.86）から東へ2マイル（3.2km）

Las Vegas Paiute Golf Resort

🏠 10325 Nu-Wav Kaiv Blvd., Las Vegas, NV
89124
Free (1-800) 711-2833　URL lvpaiutegolf.com
ホール数：18　トータルヤード 7604 ヤード パー：72
料平日 $89 〜 209、金〜日 $99 〜 259
車 I-15 を北へ、Exit 42A/Reno で US-95 を北へ進む。
Exit 99 出て右折。Snow Mountain Rd./Nu-Wav
Kaiv Blvd を約 2 マイル（1.6km）

Los Prados Golf Course

🏠 5150 Los Prados Cir., Las Vegas, NV 89130
☎ (702) 645-5696
URL www.losprados-golf.com
ホール数：18 トータルヤード：5450 ヤード パー：70
料毎日 $40 〜 65
車 US-95 を北へ、Exit 90A で下り、東へ 2 マイル
（3.2km）

Palm Valley Golf Club

🏠 9201 Del Webb Blvd., Las Vegas, NV 89134
☎ (702) 363-4373　Free (1-800) 803-0758
URL golfsummerlin.com/palm_valley
ホール数：18 トータルヤード：6824 ヤード パー：72
料平日$109 〜 159、週末$109 〜 169
車 US-95 を北へ、Exit 82B で Lake Mead Blvd. に
入り、西に 4 マイル（6.5km）

TPC Las Vegas

🏠 9851 Canyon Run Dr., Las Vegas, NV 89144
☎ (702) 256-2000
URL www.tpc.com/lasvegas
ホール数：18 トータルヤード：7106 ヤード パー：71
料月〜木 $175 〜 250、金〜日 $225 〜 425
車 US-95 を西へ、Exit 81A で Summerlin Pkwy. に
乗り、Town Center Dr. で下りて 1.3 マイル（2km）

Rio Secco Golf Club

🏠 2851 Grand Hills Dr., Henderson, NV 89052
☎ (702) 777-2400　URL golfriosecco.com
ホール数：18 トータルヤード：7400 ヤード パー：72
料月〜木 $155 〜 198、金・土 $169 〜 287
車 I-15 を南へ、分岐点で I-215 を東へ進む。NV-
146 号で下りて約 4.5 マイル（7.2km）

VIP キャディメイトと呼ばれるキャディはひとり $225 から 4 人
$600 までコースについてくれる。要予約（英語のみ、チップ別）
ⓒ Martin Photo Group

コンサート&イベント会場ガイド

Arena, Concert Hall, Showroom and Stadium Guide

ひと昔前のラスベガスといえば、かつて一世を風靡した「超」の付くビッグスターが、第一線を退く形でラスベガスでのショーを行っていた。現在はロック、ポップス、R&B、ジャズ、カントリー、ヒップホップなどあらゆるジャンルのアーティストが、ここラスベガスでコンサートを行うのがステータス。そしてスポーツイベントも盛んだ。

コンサートやイベント情報の入手法

まず、インターネットで、好きなアーティストのオフィシャルウェブサイトを検索してみる。所属するレコード会社の情報も、アーティストによっては情報が早い。ラスベガス滞在中のコンサートやイベント情報は、ラスベガス観光局公式サイトをチェックしよう。
URL www.lasvegas.com/shows

チケットの値段と購入方法

料金は出演者によって$50 ～ 1400。やはり、ネームバリューに比例して料金が高くなる。クリスマスや年末年始には特に豪華な顔ぶれが揃うが、たいていは特別料金が設定され、予約を取るのも難しい。チケットの購入方法は、ショーのチケットの買い方と同じ（→ P.153）。

コンサート&イベント会場リスト

会場名	データ
ザッポスシアター Zappos Theater	Map P.30-B3　園プラネットハリウッド➡P.104 Free (1-855) 234-7469　URL www.caesars.com/planet-hollywood/shows/zappos-theater　※バックストリート・ボーイズ、スコーピオンズほか
ブルックリンボウル Brooklyn Bowl	Map P.30-B1　園リンク内ブルックリンボウル➡P.60　☎ (702)862-2695 URL www.brooklynbowl.com/las-vegas　※ロック系アーティスト
ラスベガス・ボールパーク Las Vegas Ballpark	Map P.184　園1650 S. Pavilion Center Dr.　☎ (702)943-7200 URL www.thelvballpark.com　※ラスベガス・アビエイターズ➡P.151
チェルシー The Chelsea	Map P.30-A3　園コスモポリタン・オブ・ラスベガス➡P.94　☎ (702)698-7000 URL www.cosmopolitanlasvegas.com/entertainment/the-chelsea　※エピック・ハイほかコンサートやボクシングの試合
コロセウム The Colosseum	Map P.30-A1～2　園シーザースパレス➡P.90　Free (1-855) 234-7469　URL www.thecolosseum.com　※アデル、ロッド・スチュアートほか➡P.149
フラミンゴショールーム Flamingo Showroom	Map P.30-B2　園フラミンゴ➡P.120　Free (1-855)234-7469 URL www.caesars.com/flamingo-las-vegas/shows　※ドラァグクイーンやマジックショーほか
ダウンタウン・ラスベガス・イベントセンター Downtown Las Vegas Event Center	Map P.32-A2　園200 S. 3rd St.　☎ (702)388-2101　URL dlvec.com ※音楽イベントほか
ハウス・オブ・ブルース House of Blues	Map P.29-A4　園マンダレイベイ➡P.112　☎ (702)632-7600 URL www.houseofblues.com/lasvegas　※サンタナ➡P.149。DJの出演も多い
シアター The Theater	Map 折込裏C5　園ヴァージン・ホテルズ・ラスベガス➡P.116　☎ (702)693-5222 URL virginhotelslv.com/venue/the-theater　※コメディほかコンサート
ラスベガス・モーター・スピードウェイ Las Vegas Motor Speedway	Map P.184　園7000 Las Vegas Blvd. N.　Free (1-800)644-4444　URL www.lvms.com ※EDMフェス➡P.171、モータースポーツ➡P.151
ミカロブ・ウルトラ・アリーナ Michelob ULTRA Arena	Map P.29-A4　園マンダレイベイ➡P.112　☎ (702)632-7777　Free (1-877)632-7400 URL mandalaybay.mgmresorts.com/en/entertainment/michelob-ultra-arena.html ※プロのラクロスチームLas Vegas Desert Dogsの本拠地。スポーツイベントなど
MGMグランド・ガーデン・アリーナ MGM Grand Garden Arena	Map P.29-B1～2　園MGMグランド➡P.126　☎ (702)531-3826 URL mgmgrand.mgmresorts.com/en/entertainment/grand-garden-arena.html　※コンサートほか、ボクシングの聖地として有名
オリンズアリーナ Orleans Arena	Map 折込裏A6外　園オリンズ➡P.116　☎ (702)365-7469 URL www.orleansarena.com ※コンサート、格闘技、大学スポーツイベントなど
パールシアター Pearl Theater	Map 折込裏A5　園パームス➡P.100　☎ (702)944-3200　URL www.palms.com/entertainment/pearl-theater　※マイケル・ボルトンほかコンサート
ドルビー・ライブ Dolby Live	Map P.29-A1　園パークMGM➡P.128　Free (1-844)600-7275 URL dolby.com/dolby-live-mgm ※ブルーノ・マーズ、アッシャーほか➡P.14、148
スミスセンター The Smith Center	Map 折込裏C1　園361 Symphony Park Ave.　☎ (702)749-2000 URL thesmithcenter.com ※ラスベガス・フィルハーモニック、ネバダ・バレエ・シアターなど➡P.154
ミラージュ・シアター The Mirage Theater	Map P.31-A4　園ミラージュ➡P.106　☎ (702)792-7111 URL hardrockhotelcasinolasvegas.com/entertainment ※マジック、コメディほか
トーマス&マックセンター Thomas & Mack Center	Map 折込裏D5　園4505 S. Maryland Pkwy.　☎ (702)895-3761 URL www.thomasandmack.com ※ロデオ世界チャンピオン決勝戦➡P.26、格闘技、大学スポーツイベントなど
ベネチアンシアター Venetian Theatre	Map P.31-B3～4　園ベネチアン&パラッツォ➡P.88　☎ (702)414-9000 Free (1-866)641-7469　URL www.venetianlasvegas.com/entertainment.html ※シカゴ、トニー・ベネットほかコンサート

ショッピング

Shopping

ラスベガス・ノース・プレミアム アウトレットの気になるブランドをチェック!!

@Las Vegas North Premium Outlets

ラスベガスにあるプレミアムアウトレット（→ P.202）は、とにかく交通の便がいい。そのうえ有名ブランドの出店が多く、期待を裏切らない品揃えもうれしい！ 今回はメンズとレディスのホットなブランドをチェック!!

スマートな着こなしも注目

種類豊富で迷っちゃう

 FROM UNITED STATES

服に合わせやすい普段使いの腕時計
フォッシル Fossil

オーセンティックヴィンテージとクラシックデザインがコンセプトのライフスタイルブランド。腕時計をはじめ、バッグやアクセサリーなどデザイン性の高いアイテムがそろう。高性能な腕時計は、1つ$59〜とかなり手頃なうえ、2つ購入すると$98〜とさらにお得。

店番：**1565** ☎ (702)366-9366
時間 10:00〜20:00(日11:00〜19:00) CC A M V

飽きのこないデザイン

Wow!
30 〜 60% off

FROM UNITED STATES

オフィスもカジュアルもOKなファション
バナナ・リパブリック
Banana Republic

シンプルな色と形で飽きのこないデザインが人気。日本にも進出しているが、アメリカ発のブランドだけに、定価でも日本で買うより安く、アウトレットだとさらに値引きされるので、ファストファッション感覚で買い物できるのがうれしい。メンズもある。

店番：**1280**
☎ (702) 383-6117
時間 月〜土9:00〜21:00、日9:00〜20:00 CC A M V

落ち着いた色合いが◎

Wow!
30 〜 80% off

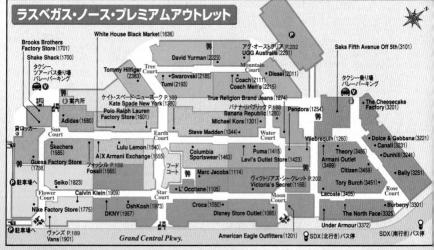

ラスベガス・ノース・プレミアムアウトレット

White House Black Market (1636)
Brooks Brothers Factory Store (1701)
Shake Shack (1700)
タクシー・ツアーバス乗り場 バレーパーキング
David Yurman (2223)
アグ・オーストラリア P.202 UGG Australia (2201)
Saks Fifth Avenue Off 5th (3101)
タクシー乗り場 バレーパーキング
Tommy Hilfiger (2383)
Tree Court
Swarovski (2185)
Diesel (2011)
Mountain Court
案内所
Tumi (2193)
Coach (2111) Coach Men's (2215)
The Cheesecake Factory (3201)
ケイト・スペード・ニューヨーク P.189 Kate Spade New York (1380)
True Religion Brand Jeans (1274)
Polo Ralph Lauren Factory Store (1601)
バナナ・リパブリック P.188 Banana Republic (1280)
Pandora (1254)
Adidas (1680)
Michael Kors (1301)
Dolce & Gabbana (3221)
貸ロッカー
Sun Court
Earth Court
Steve Madden (1344)
Water Court
Vilebrequin (1260)
Canali (3231)
Skechers (1585)
Lulu Lemon (1540)
Columbia Sportswear (1463)
Puma (1415)
Theory (3485)
Dunhill (3241)
Guess Factory Store (1738)
A|X Armani Exchange (1555)
Levi's Outlet Store (1423)
Armani Outlet (3499)
フォッシル P.188 Fossil (1565)
フードコート
Marc Jacobs (1114)
Citizen (3459)
Bally (3251)
Seiko (1823)
L' Occitane (1105)
ヴィクトリアズ・シークレット P.202 Victoria's Secret (1168)
Tory Burch (3451)
Rose Court
Flower Court
Calvin Klein (1909)
Star Court
Moon Court
Lacoste (3405)
Nike Factory Store (1775)
OshKosh (1973)
Crocs (1050)
Burberry (3301)
駐車場へ
DKNY (1957)
Disney Store Outlet (1085)
The North Face (3325)
駐車場へ
ヴァンズ P.189 Vans (1901)
Grand Central Pkwy.
American Eagle Outfitters (1201)
Under Armour (3372)
SDX (北行き)バス停
SDX (南行き)バス停

振り出しものを
見つけよう

定番アイテムが
並ぶことも

 FROM UNITED STATES

乙女心をくすぐるアイテムがたくさん
ケイト・スペード・
ニューヨーク
Kate Spade New York

「前向きな女性らしさ」を演出するバッグやレザーアイテム、フットウエア、アクセサリーなどを展開する人気ブランド。ハートや花をモチーフとしたキュートな財布や、キラキラのビーズがあしらわれたバッグなどの人気アイテムが、80%オフで手に入ることも。

店番：1380
☎(702) 255-8777
時間10:00～20:00(日11:00～19:00)
CC AMV

Wow!
30～70% off

珍しい
デザインも！

とにかく
種類が豊富！

FROM UNITED STATES

スニーカー好きには
たまらない空間
ヴァンズ VANS

日本でもおなじみのシューズブランドだが、実はアメリカと規格が違うため、日本では見ないデザインがたくさんある。店内の棚には色や柄がさまざまなスニーカーがぎっしり。メンズやディスのほか、キッズサイズも充実している。

店番：1901 ☎(702) 382-4652
時間月～土9:00～21:00、日9:00～20:00 CC AMV

カラーバリエーションも豊富

履き心地抜群の
スニーカー

Wow!
2足買えば1足無料

おもなテナント一覧（左フロアマップに対応）

店番	ショップ名称
1680	アディダス Adidas
1555	アルマーニ・エクスチェンジ AIX Armani Exchange
3499	アルマーニ・アウトレット Armani Outlet
1201	アメリカンイーグル・アウトフィッターズ American Eagle Outfitters
3251	バリー Bally
1280	バナナリパブリック Banana Republic
1701	ブルックスブラザーズ・ファクトリーストア Brooks Brothers Factory Store
3301	バーバリー Burberry
1909	カルバンクライン Calvin Klein
2111	コーチ Coach
2111	コーチ・メンズ Coach Men's
1463	コロンビア・スポーツウエア Columbia Sportswear
1050	クロックス Crocs
2223	デビッド・ユーマン David Yurman
2011	ディーゼル Diesel

店番	ショップ名称
1085	ディズニーストア・アウトレット Disney Store Outlet
1957	ディー・ケー・エヌ・ワイ DKNY
3221	ドルチェ&ガッバーナ Dolce & Gabbana
2211	エトロ Etro
1565	フォッシル Fossil
1738	ゲス・ファクトリーストア Guess Factory Store
1380	ケイト・スペード・ニューヨーク Kate Spade New York
3405	ラコステ Lacoste
1423	リーバイス・アウトレットストア Levi's Outlet Store
1105	ロクシタン L'Occitane
1114	マーク・ジェイコブス Marc Jacobs
1301	マイケル・コース Michael Kors
1775	ナイキ・ファクトリーストア Nike Factory Store
1605	オリバーピープルズ Oliver Peoples
1254	パンドラ Pandora

店番	ショップ名称
1601	ポロ・ラルフローレン・ファクトリーストア Polo Ralph Lauren Factory Store
1415	プーマ Puma
3101	サックス・フィフス・アベニュー・オフ・フィフス Saks Fifth Avenue Off 5th
1344	スティーブ・マデン Steve Madden
2185	スワロフスキー Swarovski
3201	チーズケーキ・ファクトリー The Cheesecake Factory
3325	ノースフェイス The North Face
3485	セオリー Theory
2383	トミーヒルフィガー Tommy Hilfiger
3451	トリー・バーチ Tory Burch
1274	トゥルーレリジョン・ブランドジーンズ True Religion Brand Jeans
2193	トゥミ Tumi
2201	アグ・オーストラリア UGG Australia
3372	アンダーアーマー Under Armour
1168	ヴィクトリアズ・シークレット Victoria's Secret
1260	ビルブレクイン Vilebrequin

オーガニックスーパーで
おみやげ探し♪

地元の人たち御用達のスーパーマーケットは、
並ぶ商品も陳列もアメリカらしさ全開。
健康志向のオーガニックスーパーで、
高品質でお得なアイテムをゲットしよう。

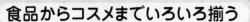

\$2.29

\$2.99

おみやげ
人気No.1

調味料 &
インスタント食品

**インスタント
マカロニ & チーズ** W
お湯を入れるだけなのでホテ
ルで食べてもいい

\$1.99　**\$1.99**　**\$1.99**

\$6.39　**\$4.29**　**\$4.99**

\$1.39

オイル各種 W
体に優しいセサミ
オイルやアーモン
ドオイル、ピーナッ
ツオイル

ポップコーン W
芯が付いたままのポップ
コーンができる

\$1.99

シーズニングソルト T
ハーブやスパイスが入っている
のでひと振りで味が決まる

オーガニック T
マカロニ & チーズ
パスタをゆでてチーズパウ
ダーをまぶせば完成

\$5.99

\$2.49

各\$8.79

**パンケーキ
ミックス** W
全粒粉入りのヘル
シーパンケーキが
作れる

パプリカパウダー T
さまざまな料理にスモー
キーなうま味と彩りをプラス

グラノーラ W
ナッツやドライフルーツがたっぷり
入って栄養満点

パッケージ
もおしゃれ

ドリンク

6本\$9.99

\$9.99

\$3.99

ココア T
とろりと濃厚な甘みは
アメリカならでは

ビール W
ラスベガス限定ラベル
のクラフトビール

コーヒー豆 T
トレジョ人気の
コーヒー豆は大容
量がうれしい

190

健康志向の
ナチュラルテイスト

お菓子 & ドライフルーツ

$3.99

ビスケット
オートミール入
りで食べ応えが
ある

$8.75

CHEESE CRISPS

チーズチップス
チーズを焦がしたパリパ
リの絶品チップス

ポップコーン T
ピーナッツバター × キャラメル
で罪深いおいしさ

$5.99

ケールのスナック
栄養豊富なケールを気軽
につまめる

alive & Radiant

KALE KRUNCH
PERFECTLY PLAIN
vegan

$3.49

Peanut Butter Caramel coated Popcorn

$2.99

ORGANIC TURKISH Dried Figs

$8.39

MUSHROOM JERKY
SALT & PEPPER

$1.49

HOT COCOA

ドライイチジク T
日本で割高なイチジクも
284g 入ってこの値段

マッシュルーム W
ジャーキー
ヴィーガンの多いアメリカなら
ではのお菓子

ホットチョコレート T
スプーン
ホットミルクやお湯に
そのまま入れてかき混ぜて

$2.29

体の中と
外から美し

FIZZING BATH BOMB
Rose Petal

FIZZING EPSOM BOMB
Muscle Soak

入浴剤 W
バラやラベンダーなど
さまざまな香りがある

ビューティ用品

$9.99

TRADER JOE'S®
MOLECULARLY DISTILLED
OMEGA-3 FATTY ACIDS
DIETARY SUPPLEMENT
1200 MG FISH OIL
600 MG TOTAL EPA & DHA
90 SOFTGELS

オメガ 3 の T
サプリメント
各種サプリは種類も豊
富で値段も手頃だ

$6.99

VITA-MYR
HERBAL TOOTHPASTE

歯磨き粉 W
オーガニックの歯磨き粉は
誰にでも喜ばれそう

ULTRA HAND CREAM

$4.99

ハンドクリーム
持ち歩きたくなるお
しゃれなパッケージ

\ ここで GET! /

こだわりの食材やアイテムが大集合
W **ホールフーズ・マーケット**
Whole Foods Market

生鮮食料品から日用品、お菓子にコスメなど
多彩な品揃え。特にデリ
（総菜）が充実しており、
店内でのイートインはもち
ろん、お持ち帰りもスムー
ズ。店舗が大きいのも特
徴的だ。

オーガニックなのにお手頃価格
T **トレーダージョーズ**
Trader Joe's

ターゲットを絞ったプライベートブランドを展
開することで低価格を実
現。レトロなパッケージも
人気のひとつ。デリなどの
クイックグルメは扱ってい
ないが、アルコールなどの
ドリンク類は安くて豊富だ。

■ホールフーズ・マーケット & トレーダージョーズのストア情報は→ P.198

全米一ショッピングモールが集中する街

デパートが6軒入ったモール、ファッションショー

カジノのイメージが強過ぎるためか、意外に知られていないのがラスベガス・ショッピングの利便性。巨大カジノが競って個性的なショッピングモールを併設し、「超」が付くほど高級なブランドばかりを揃えたモールが多いのも、ラスベガスならでは。アウトレットモールも好立地にあるので、ショッピングを存分に楽しもう。

ラスベガス・ショッピングがおすすめなわけ

❶ショッピングモールが密集している

ハイエンドブランドしか入っていない超高級ショッピングモールから、比較的カジュアルなモール、店舗数の多いモールまで、ラスベガスにはストリップを中心としたエリアに10以上のショッピングモールがある。これだけショッピングモールが密集する街はほかにない。それぞれに特色があるのも、ラスベガスらしい点だ。

❷営業時間の長さ

不夜城ラスベガスでは、ショッピングモールも深夜近くまで営業している。これはアメリカでは非常に珍しいこと。特に高級店は、普通のショップに比べて早く閉店してしまうのがアメリカの常。旅行中に時間を気にせずショッピングできるのは、本当にありがたい。

❸アウトレットが中心部からゲキ近

アウトレット店舗は、一般的に街から離れた所にあり、交通の便が悪い。しかし、ラスベガスには2軒のアウトレットモールがあり、どちらも中心部から非常に近い。北のモール（→ P.202）はダウンタウンから車で5分。南のモール（→ P.203）はストリップ南端のマンダレイベイから車で7分と、まずまずの立地。お買い得感のあるショッピングが楽しめるはずだ。

買いショッピングのために

"Hi！"のひと言を忘れずに

アメリカでは、人と人が会ったとき、他人でも必ず "Hi！" とあいさつをする。それはコンビニのレジでも、飛行機に乗るときでも同じ。店に入って、店員さんに声をかけられたら、必ず "Hi！" とあいさつをしよう。"May I help you?（何かお探しですか）" と聞かれて、まずは商品を見たいのなら「レット・ミー・ハブ・ア・ルック・ファースト Let me have a look first.」というように答えればいい。

支払い方法

アメリカでは、ちょっとした金額の買い物でもクレジットカードで支払うのが一般的。買い物をするとき、"How would you like to pay?" や "Cash or charge?" と尋ねられることがある。「キャッシュ」とは現金払いのことで、「チャージ」とはクレジットカード払いのことを意味する。なお、場所にもよるが、クレジットカードを使用するときに身分証明書（外国人ならパスポート）の提示を求められることもあるので、すぐに出せるようにしておきたい。

アメリカのバーゲン時期

アメリカではよくバーゲンをやっている。際立って安くなるのが感謝祭（11月第4木曜）の翌日からクリスマスにかけて。感謝祭当日のことをブラックフライデイ Black Friday というが、日付が変わると同時にオープンする店も多く、目当ての品をゲットしようとする人たちで、店によっては長蛇の列ができる。アウトレットは異様なまでに混雑するので、値段はともかく、旅行者は避けたほうが賢明だろう。

なお、アメリカのアパレルショップでは、昨シーズンの品などをセール品として、店の奥のほうで販売している。日本人向けのサイズがよく余っているので、要チェックだ。

ラスベガスのセールスタックス

日本の消費税に相当するものとして、**8.38%** がプラスされる。

グランド・キャナル・ショップス

ショーのチケットの税率は9% ▶ラスベガスらしい税金のひとつに Live Entertainment Tax 9% があり、ショーのチケットなどはこの税率が加算される。セールスタックスと異なるので注意。

ショッピング

オリエンテーション／スーパーマーケット、ドラッグストア、量販店リスト

スーパーマーケット、ドラッグストア、量販店リスト

　ラスベガスでは、ストリップに住んで生活している人が少ない。そのためか、スーパーマーケットや日用品を販売する店も、ストリップから離れたエリアにある。それでもウォーグリーンズやシー・ヴィ・エスなどのドラッグストアは、近年ストリップ沿いに多数の店舗があり、しかも24時間営業なので使い勝手がいい。ここでは、ストリップ周辺の店を中心にリストアップ。ストリップ沿い以外の店へは、車かタクシーで行くのがベスト。

| 薬→薬局　食→食料品　コ→飲み物、スナック程度の食料品　雑→雑貨　総→デリ　ギ→ギフトアイテム　酒→酒類 |

ストリップのスーパーマーケットとドラッグストア

チープなみやげ物が充実
ウォーグリーンズ
Walgreens （薬・コ・雑・総・ギ・酒・コスメ）
Map P.29-B1　3765 Las Vegas Blvd. S.
☎ (702) 739-9645　24時間
MGMグランドの北、パークMGMの正面。新フォーコーナーから北へ徒歩8分

　全国展開するドラッグストア。日用品、コスメ、スナック、飲み物、雑誌、文房具などが揃う。サンドイッチやカットフルーツは販売しているが、生鮮食料品は扱っていない。Tシャツ、キーホルダー、絵はがきなどチープなみやげ物（Made in Chinaがほとんど）も販売。ストリップの店舗では酒類も扱っている。

フォーコーナーのCVSは品揃えがいい

ホテルに戻る前に立ち寄るといい

ウォーグリーンズより高級志向
シー・ヴィ・エス
CVS （薬・コ・雑・総・ギ・酒・コスメ）
Map P.30-B2〜3　3645 Las Vegas Blvd. S.
☎ (702) 474-4089　24時間。薬局は月〜金 9:00〜20:00、土・日 10:00〜17:00（13:30〜14:00休）。パリスの北隣。フォーコーナーから南へ徒歩約3分

　ウォーグリーンズとほとんど似た品揃えだが、わずかだけ整理整頓された印象。ビタミン類などの医薬部外品は独自の製品も多く、安い。たばこは扱っていない。飲料なども豊富で、飲み物をまとめ買いするのもいい。ストリップの店舗では酒類も扱っている。

> オーガニックスーパー→ P.198

アルバートソンズ　Albertsons　（食・総・ギ・酒・ATM）
Map折込裏 D5　ベラッジオから Flamingo Rd. を東へ2.5マイル、車で10分。Maryland角
1300 E. Flamingo Rd.　☎ (702)733-2947　毎日 6:00〜22:00

スミスズ　Smith's　（薬・食・総・酒・ATM）
Map折込裏 D3　ストリップから Sahara Ave. を東へ2マイル、車で9分。コスメ、オーガニック食品あり
2540 S. Maryland Pkwy.　☎ (702)735-8928　毎日 6:00〜23:00。薬局は月〜金 9:00〜20:00、土 9:00〜18:00

ターゲット　Target　（コ・雑・ギ）
Map折込裏 D5　ホースシューから Flaming Rd. を東へ2.5マイル、車で10分
4001 S. Maryland Pkwy.　☎ (702)732-2218　毎日 8:00〜22:00

ヴォンズ　Vons　（薬・食・総・酒）
Map折込裏 D4　ウィン・ラスベガスから Twain Ave. を東へ2.5マイル、車で10分。ブルバードモールの斜め前。ガスステーションあり　1155 E. Twain Ave.　☎ (702)696-0906　6:00〜22:00。薬局は月〜金 9:00〜20:00（13:30〜14:00休）、土 10:00〜17:00

ウォルマート・スーパーセンター　Walmart Supercenter　（薬・食・コ・雑・ギ・酒）
Map折込裏 D6外　ウィン・ラスベガスから Convention Center Dr. を0.5マイル、Pradise Rd. を右折し、2.1マイル。Tropicana Ave. を左折し2.3マイル行った右側にある。車で20分　3075 E. Tropicana Ave.　☎ (702)433-4267　6:00〜23:00。薬局は月〜金 9:00〜21:00、土 9:00〜19:00、日 10:00〜18:00

バーンズ＆ノーブル　Barnes & Noble　（大型書店）
Map折込裏 A2外　ラスベガス・ノース・プレミアム・アウトレットから Charleston Blvd. を西へ8マイル、車で20分。Crossroads Commons内　8915 W. Charleston Blvd.　☎ (702)242-1987　月〜土 9:00〜21:00、日 9:00〜20:00

ベストバイ　Best Buy　（家電・PC・ソフト）
Map折込裏 D4　ウィン・ラスベガスから Twain Ave. を東へ2.5マイル、車で10分。ブルバードモールの南側
3820 S. Maryland Pkwy.　☎ (702)732-8283　日〜金 10:00〜21:00、土 9:00〜21:00

ホームディーポ　The Home Depot　（ホームセンター）
Map折込裏 A6外　MGMから Tropicana Ave. を西へ3マイル、車で10分。オリンズの先、Decatur を右折してすぐ
4750 S. Decatur Blvd.　☎ (702)871-5035　月〜土 6:00〜22:00、日 7:00〜20:00

ペットスマート　Pet Smart　（ペット用品）
Map折込裏 A2外　ラスベガス・ノース・プレミアムアウトレットから Charleston Blvd. を東へ3.3マイル、車で10分
1261 S. Decatur Blvd.　☎ (702)870-8200　月〜土 9:00〜21:00、日 10:00〜19:00

ラスベガスの最高気温▶ラスベガスの観測史上最高気温は47.2℃。数回観測されているが、直近では2017年6月。炎天下の移動はなるべくタクシーで。
193

おもなブランド一覧表
（2022年12月現在）

ブランド	ヴィア・ベラッジオ → P.197	クリスタルズ → P.196	タウンスクエア → P.200	プリズムアウトレット → P.201	ファッションショー → P.199	フォーラムショップス → P.197	ミラクルマイル・ショップス → P.196	ラスベガス・サウス・プレミアムアウトレット → P.203	ラスベガス・ノイス・プレミアムアウトレット → P.202
ABC Stores（エー・ビー・シー・ストア）					●		●		
Abercrombie & Fitch（アバクロンビー＆フィッチ）			●		●				
Adidas（アディダス）								●	●
Aeropostale（エアロポステール）								●	●
Aldo（アルド）					●		●		●
American Eagle Outfitters（アメリカン・イーグル・アウトフィッターズ）					●				●
Anthropologie（アンソロポロジー）					●				
Apple Store（アップルストア）					●	●			
AIX Armani Exchange（アルマーニ・エクスチェンジ）						●			
Balenciaga（バレンシアガ）		●							
Bally（バリー）									●
Banana Republic（バナナ・リパブリック）					●			●	●
Bath & Body Works（バス＆ボディ・ワークス）			●	●		●			
Bottega Veneta（ボッテガ・ヴェネタ）	●					●			
Brooks Brothers（ブルックス・ブラザーズ）						●		●	●
Burberry（バーバリー）		●				●			●
BVLGARI（ブルガリ）	●	●							
Calvin Klein（カルバン・クライン）								●	●
Cartier（カルティエ）	●	●							
Chanel（シャネル）	●								
Charlotte Russe（シャーロット・ルッセ）								●	●
Chloé（クロエ）	Diorのみ					●			
Christian Dior（クリスチャン・ディオール）	●	●							
Coach（コーチ）					●	●		●	●
Columbia Sportswear（コロンビア・スポーツウエア）								●	●
Crocs（クロックス）					●				●
Diesel（ディーゼル）					●				
DKNY（ディー・ケー・エヌ・ワイ）									●
Dolce & Gabbana（ドルチェ＆ガッバーナ）		●							●
Express（エクスプレス）			●		●				
Fendi（フェンディ）	●	●				●			
Forever 21（フォーエバー・トゥエンティワン）					●				●
Furla（フルラ）									●
Gap（ギャップ）					●			●	●
Giorgio Armani（ジョルジオ・アルマーニ）		●				●			● Kidsあり
Gucci（グッチ）	●	●				●			
Guess（ゲス）				● G by Guess	●		●		●
H & M（エイチ＆エム）			●			●	●		
Harry Winston（ハリー・ウィンストン）	●	●							

おもなブランド一覧表
（2022年12月現在）

ブランド	ヴィア・ベラッジオ →P.197	クリスタルズ →P.196	タウンスクエア →P.200	プリズムアウトレット →P.201	ファッションショー →P.199	フォーラムショップス →P.197	ミラクルマイル・ショップス →P.196	ラスベガス・サウス・プレミアムアウトレット →P.203	ラスベガス・ノース・プレミアムアウトレット →P.202
Hermès（エルメス）	●	●							
Hollister Co.（ホリスター）			●		●				
Hublot（ウブロ）		●				●			
Jimmy Choo（ジミー・チュー）						●			●
Kate Spade（ケイト・スペード）					●	●			●
Lacoste（ラコステ）						●		●	●
Levi's（リーバイス）						●		●	●
L'Occitane（ロクシタン）									
Loft（ロフト）							●	●	
Louis Vuitton（ルイ・ヴィトン）	●	●			●	●			
LuLu Lemon（ルル・レモン）						●		●	●
Marc Jacobs（マーク・ジェイコブス）					●	●			
Micheal Kors（マイケル・コース）					●	●		●	●
Nautica（ノーティカ）								●	●
Nike（ナイキ）						●	●	●	●
Pandora（パンドラ）						●	●	●	●
Polo Ralph Lauren（ポロ・ラルフ・ローレン）				●Kidsあり		●		●Kidsあり	●
Prada（プラダ）	●	●				●			●
Puma（プーマ）						●			●
Quicksilver（クイックシルバー）						●			
Rimowa（リモワ）		●				●			
Salvatore Ferragamo（サルヴァトーレ・フェラガモ）						●			
Sephora（セフォラ）			●		●	●			
Steve Madden（スティーブ・マッデン）						●		●	
Swarovski（スワロフスキー）					●	●		●	●
Tag Heuer（タグ・ホイヤー）		●							
Ted Baker（テッド・ベイカー）						●			●
Tiffany & Co.（ティファニー）	●					●			
Tommy Bahama（トミー・バハマ）			●		●	●			
Tommy Hilfiger（トミー・ヒルフィガー）				●				●	●
Tory Burch（トリー・バーチ）		●		●Kidsあり		●		●Kidsあり	●
True Religion（トゥルー・レリジョン）									●
Tumi（トゥミ）					●	●			●
UGG Australia（アグ・オーストラリア）					●				
Under Armour（アンダーアーマー）					●				
Victoria's Secret（ヴィクトリアズ・シークレット）			●		●	●	●		
Vilebrequin（ヴィルブレクイン）						●			
Volcom（ボルコム）							●	●	●

✕ 通り抜けるだけでも楽しいアート感覚いっぱいのモール

ショップス・アット・クリスタルズ
The Shops at Crystals

左／マホガニーでできた
ツリーハウスの中はシーフードレストランだ
右／水晶を表した建物が
目を引く。東はプラネットハリウッド前の歩道橋、西はトラム駅を経てアリアに接続している

シティセンターを代表する華やかな玄関口

ストリップのど真ん中という好ロケーションにある最高級ショッピングモール。ラスベガスの"今"にふさわしい本物のアートを随所にちりばめたモールで、そのデザインは未来的でありながら、自然のなかにいるようなぬくもりを感じられる。高い天井から差し込む自然光が樹木のオブジェや花壇を照らし、竹の階段の前ではチューブの中で渦巻く水のマジックが子供たちを夢中にさせる。それらを囲むように配されたブティックはサンローランSaint Laurent、バレンシアガBalenciaga、トム・フォードTom Fordなどのアパレル、カルティエ

Cartier、ヴァンクリーフ & アーペルVam Cleef & Arpelsといったハイエンド・ジュエリーほか、世界のブランドが集結する。ブランドに興味がなくても、うそをつくと手を食われるという"真実の口"とトレビの泉があるフェンディFendiはのぞいてみたい。また1、2階ぶち抜きで店を構えるルイ・ヴィトンLouis Vuittonは、北米最大級の広さで、フルラインの品揃え。

DATA

位置 シティセンター入口➡P.58 🏢 3720 Las Vegas Blvd. S.
☎ (702)590-9299
URL www.simon.com/mall/the-shops-at-crystals
時間 日～木11:00～21:00、金・土10:00～22:00 休 なし
CC 店による 🚉 フォーコーナーから南へ徒歩15分

✕ カジュアルなショップの多さがうれしいモール

ミラクルマイル・ショップス
Miracle Mile Shops

左／カジノホテルのモールだが、ファストファッションなど人気のテナントが入り、要チェック
右／ところどころに休憩用のコモンスペースが設けられている

ぐるりとひと回りが楽しいモール

プラネットハリウッドのカジノフロアをぐるりと囲む、実に斬新な造り。名前にあるとおり、全長1マイル(約1.6km)に達する巨大なモールだ。

店舗数は150以上。おみやげから日用品までコンビニのような品揃えのABCストア (→P.206)、スケートボードやスノーボード、サーファー向けファッションブランドのボルコムVolcomなど、カジュアルなショップが多い。なかでも、女性に大人気の下着専門店ビクトリアズ・シークレットVictoria's Secretは、ネバダ州最大級で品揃えも豊富。このほか、オリジナルの生ビールやカク

テルを気軽に味わえるブルームーン・バーBlue Moon Barなど約33のダイニングやバーのテナントがある。

アトラクションと呼ぶほどでもないが、一画でRainstorm(雷雨)が見られる(→P.58)。平日は毎正時、金～日は30分ごと。岩に近づき過ぎるとぬれてしまうので注意を。いちばん奥にはマジックやアクロバット、男女アダルトのショーなどが交替で催されるV Theaterがある。

DATA

位置 プラネットハリウッドの両端がモールの入口➡P.104
🏢 3663 Las Vegas Blvd. S. ☎ (702)866-0703
URL miraclemileshopslv.com
時間 日～木10:00～21:00、金・土10:00～22:00 休 なし
CC 店による 🚉 フォーコーナーから南へ徒歩8分

✕ 買い物をアトラクションにしたエポックメーキングな場所

フォーラムショップス
The Forum Shops

フォーコーナー **Map** P.30-A1
シーザーズパレス

左／ラスベガスで1、2を争う人気のショッピングモール。内部の天井にも注目
右／1時間おきに始まるFall of Atlantis のショー

ライバルはロデオドライブとNYの五番街
ストリップのネオンサインに照らし出されるトレビの泉。その横のドアを開ければ、古代ローマの市場が広がっている。スパイラルエスカレーターが延々と延びるその先にはゴージャスなフレスコ画。空の色が刻々と変わり、彫像が動きだす……。雰囲気を味わうだけでも訪れる価値がある。東京お台場のヴィーナスフォートにそっくりだが、本家本元はこちら。1992年の開業時にはアイデアと完成度の高さに度肝を抜かれたが、いつの間にかラスベガスでは老舗になった。古代ローマの町並みはその後も成長し続け、現在の店舗数は約160軒。

グッチGucci、ルイ・ヴィトンLouis Vuitton、ロレックスRolexなどもある高級モールだが、カジュアルブランドも少なくない。

フォーラムショップス内西側の広場で行われる無料アトラクションも人気。巨大な彫像がしゃべりだす炎と光のショーFall of Atlantisが、訪れる人をわくわくさせてくれる。

DATA

位置 シーザーズパレスのカジノの北に接続➡P.90。ストリップからの入口はトレビの泉が目印 住所 3500 Las Vegas Blvd. S. ☎ (702)893-4800 URL www.simon.com/mall/the-forum-shops-at-caesars-palace 時間 日～木10:00～21:00、金・土10:00～22:00 休 なし CC 店による 行 フォーコーナーから北へ徒歩5分

✕ ハイエンド・ブランドが連なるエレガントなショッピングモール

ヴィア・ベラッジオ
Via Bellagio

フォーコーナー **Map** P.30-A2
ベラッジオ

左／ブランドに興味がある人はぜひ寄りたいモール
右／高級ブランドが揃っているが、アットホームな雰囲気でとても入りやすい

買う側もエレガントな気分になる
シティセンターのクリスタルズ、ウィン・ラスベガスのショッピングアーケードが誕生して、世界の超一流ブランドが集結するショッピングモールも珍しくなくなったが、その先駆けとなったのが、このヴィア・ベラッジオだ。開業当時は、有名ブランドのショップが深夜まで営業していることから、大きな話題を呼んだ。

もちろん、高級感は開業時から色あせることなく、逆に年を重ねたぶん、モールにエレガント感が増した。カジノも高級感のあるベラッジオだが、こちらはまったくの別世界。天光の差し込むアーケードは、外が砂漠とは思えない穏やかな日差しで、ふかふかの絨毯が訪れる人を優雅に包んでくれる。季節ごとに変化する各ブランドのショーウインドーを見るだけでも、いい気分だ。

テナント数は28。エルメスHermès、ティファニーTiffany、プラダPrada、ヴァンクリーフ＆アーペルVan Cleef & Arpelsなど一流ブランドが並んでいる。喧騒とは無縁に、優雅にショッピングを楽しもう。

DATA

位置 ベラッジオの正面玄関から噴水側の通路を北に進むとヴィア・ベラッジオのアーケード➡P.84 住所 3600 Las Vegas Blvd. S. ☎ (702)693-7111 URL bellagio.mgmresorts.com 時間 毎日10:00～21:00(店によって異なる) 休 なし CC 店による 行 フォーコーナーから南へ徒歩2分

お役立ち情報 フォーラムショップスのFall of Atlantis ▶ 日～木11:00～22:00、金・土11:00～23:00の毎正時間に始まる。季節による変更あり。無料。

197

✕ 運河が流れ、ゴンドラが行き交う話題のスポット

フォーコーナー **Map** P.31-B4

グランド・キャナル・ショップス
The Grand Canal Shoppes

ベネチアン&パラッツォ

左／ベネチアンの2階にあるサンマルコ広場。ここがショッピングモールになっている 右／ゴンドラライドがアトラクションで、船頭さんがカンツォーネを歌ってくれる

足りないのはサンマルコ広場のハトだけ

365日曇ることのない青空。運河を結ぶ橋があり、小道の両側にはかわいらしい店が連なり、どこからともなく「サンタルチア」が聞こえてくる……。サンマルコ広場にはテラスのカフェが並び、大道芸人が人々の注目を集めている。ここは単なるモールではない。ラスベガスを代表する観光スポットなのだ。

モールは、ベネチアン2階の運河沿いやパラッツォ2階のアトリウム周辺にショップやレストランが軒を並べている。テナント数は200を超え、NY発のブランド、トリー・バーチTory Burchや、バッグや財布など小物が人気なコーチCoachやケイト・スペードKate Spade、ハイエンドな靴を扱うジミーチュウJimmy Chooなど、ファッションからコスメまで幅広いラインナップ。また、日本が誇るチョコレート専門店ロイズRoyceがあるのも珍しい。石畳の街を歩き疲れたらフードコートでひと休み。フードコートの質の高さもラスベガスでNo.1だ。

DATA

位図 ベネチアン2階(Second Level) ➡P.88。カジノからエスカレーターで上がった所 **住**3377 Las Vegas Blvd. S.
☎(702)414-4525 **URL**www.grandcanalshoppes.com
時間毎日10:00〜21:00（祝祭日によって変動あり）**休**なし
CC店による **行**フォーコーナーから北へ徒歩約15分

お役立ち情報

ラスベガスのオーガニックスーパー

アメリカを代表するオーガニックスーパーといえば、**ホールフーズ・マーケット Whole Foods Market**と**トレーダージョーズ Trader Joe's**だ。

ホールフーズは地元の有機野菜や果物、添加物を極力減らした加工品など、値段は高いが体に優しいものを扱う。デリコーナーもあるので、ここで買って部屋に持ち帰るのもいい。コスメも充実しており、スーパー好きは必見！ 一方のトレーダージョーズは、オリジナルの商品展開でコストダウンを図り、オーガニックでありながら、低価格での販売を打ち出している。デリの扱いはないので、日配品やおみやげ購入に最適なスーパーだ。

●アメリカのおもなスーパーのレジ
支払いまでのハウツー！

①列に並ぶ

店内のレジは清算システム別に並んでいる。例えば、購入点数が少ない人専用、現金払い専用、近年はセルフレジを導入しているスーパーもある。

②カートやカゴの商品を出す

会計のカウンターはベルトコンベヤーの仕様で、台の上に置かれた商品はレジ前まで動く仕組み。まず、カゴやカートの商品は一度取り出して、ベルトコンベヤーに置く。その際、前に会計する人の商品と区別するために、プラスチックバーを仕切りに置くこと。

③支払い

会計前に、レジのスタッフからよく聞かれることは会員カードの有無。"Do you have ●●● member's card?" と聞かれたら、"I am just a visitor, Thanks." 「旅行者なので。ありがとう」と答えればOK。また、支払時にクレジットカードを出すと "Credit or Debit?" と決済方法を聞かれるので答えること。クレジットカードは、自身でカードリーダーにスライドさせる、もしくはチップのあるほうをリーダーに差し込む。モニターの金額を確認し、サインをしたら終了だ。

● DATA

▶ホールフーズ・マーケット

Map P.33-A4、折込裏 B6 外 **住** 6689 Las Vegas Blvd. S. **☎**(702)589-7711 **URL** www.wholefoodsmarket.com **時間**毎日 7:00 〜 22:00 タウンスクエア内(→ P.200) **行**新フォーコーナーからデュースで南へ 20 分

▶トレーダージョーズ

Map折込裏 A2 外 **住** 7575 W. Washington Ave. **☎**(702) 242-8240 **URL** www.traderjoes.com **時間**毎日8:00〜21:00 **行**ボンネビル・トランジットセンターから RTC バス #208 で西へ 30 分

お役立ち情報

ブラックフライデイBlack Friday ▶アメリカでショッピングをするときに覚えておきたい特別な日。11月第4木曜の感謝祭（サンクスギビング）の翌日の金曜のことで、店が黒字になることから↗

ハイエンド・ブランドが集結した夢の遊歩道

ウィン・エスプラネード&アンコール・エスプラネード
Wynn Esplanade & Encore Esplanade

フォーコーナー Map P.31-B2〜3
ウィン&アンコール・
ラスベガス

左／シックな雰囲気のウィン・エスプラネード
右／バタフライがモチーフのアンコール
© Barbara Kraft

とことんエレガントな演出

質感のよい絨毯が敷かれた通りには、前衛的なアートが点在し、上品なウインドー・ディスプレイが夢心地な気分にさせてくれる。ショッピングエリアとしての規模は大きくないが、世界のトップ・ブランドが一堂に会している。

まず、ウィン・エスプラネードにはアメリカで初のブティックを出店したジバンシーGivenchyほか、レディ・ガガやリアーナなどファッション・アイコンに愛されるアレクサンダー・マックイーンAlexander McQueen、ダウンジャケットで知られるモンクレールMoncler、ルイ・ヴィ

トンLouis Vuitton、ロレックスRolexなど20のブランドが入店する。アンコール・エスプラネードはシャネルChanel、エルメスHermès、最高級ウールを扱うイタリアン・プレタポルテ・ブランドのロロ・ピアーナ Loro Piana、クリスチャン・ルブタンChristian Louboutinなどの6ブランドで構成されている。

DATA

位置 ウィン&アンコール・ラスベガス1階➡P.86。ウィンは正面玄関からカジノエリアを左手に直進。アンコールは正面玄関から直進
住所 ウィン：3131 Las Vegas Blvd. S./アンコール：3121 Las Vegas Blvd. S. ☎(702)770-7000 URL www.wynnlasvegas.com
時間 日〜木10:00〜23:00、金・土10:00〜24:00 休 なし
CC 店による 行 フォーコーナーから北へ徒歩23分

規模で群を抜く、ストリップ北部の中心的存在

ファッションショー
Fashion Show

フォーコーナー Map P.31-A3

左／近未来的な建物、ファッションショー・モール。デパートが入っているのが特徴
右／モールの名前のとおり、ときおりファッションショーが行われる

巨大な宇宙船のような"雲"が目印

ウィン・ラスベガスの真正面に、次から次へと人が吸い込まれていく銀色の"雲"がある。これがクラウドThe Cloudと呼ばれるファッションショーの玄関口で、この巨大なひさしは全長146m。その名のとおり屋内ステージで実際にファッションショーも行われる。

店舗数は243。メイシーズMacy's、サックス・フィフス・アベニューSaks Fifth Avenueなどデパートだけでも6軒入店。まずは館内案内所（1階の奥）で地図をもらうといい。ブランドハンターなら最高級デパート、ニーマン・マーカスNeiman Marcusへ。ハワイのバラエティ

ショップABCストアや、写真映えするキュートなスイーツやドリンクがそろうハローキティ・カフェHello kitty Cafeなどバラエティに富んだ店も並ぶ。1500席のフードコートは3階、ニーマン・マーカス側のサイトには鉄板焼きで有名なベニハナBenihana、人気ステーキハウスのキャピタル・グリルCapital Grilleなどのフルサービス・レストランがある。

DATA

位置 ストリップ沿い。ウィン&アンコール・ラスベガス➡P.86向かい
住所 3200 Las Vegas Blvd. S. ☎(702)784-7000
URL www.fslv.com/en.html 時間 月〜木11:00〜20:00、金・土10:00〜21:00、日10:00〜21:00 休 サンクスギビング、クリスマス CC 店による 行 フォーコーナーから北へ徒歩25分

こう呼ばれる。この日からクリスマスに向けて大バーゲンが始まる。店によっては、開店時間が特別に早く、例えばラスベガス・プレミアムアウトレットのノース、サウスとも深夜0時。激安となるため、どの店も長蛇の列ができる。

199

ショッピングモール

✕ ふたつのカジノホテルを結ぶショッピングモール

ショップス・アット・マンダレイプレイス
Shoppes at Mandalay Place

新フォーコーナー Map P.29-A3〜4
マンダレイベイ＆ルクソール

左／天光が差し込み明るく、開放的なショッピングが楽しめる
右／ライブミュージックも楽しめるリラ・アイリッシュパブ

ここにしかない店舗も

新フォーコーナーの南、マンダレイベイとルクソールのふたつのカジノホテルをつなぐ通路が、おしゃれなショッピングモールになっている。ガラスの天井からは太陽の光が優しく差し込み、天井の高さも手伝ってとても開放的。約26のショップとレストランが並んでいる。

アスレジャーブランドのビーストモードBeastmode、老舗サーフブランドのロン・ジョン・サーフショップRon Jon Surf Shop、ラスベガスに本拠地をおくNFLチーム、レイダースのオフィシャルショップThe Raider Image、ギネスビールのロゴグッズが揃うギネスストア

Guinness Storeなど、マンダレイプレイスにしかない店も多い。レストランは、数々の受賞歴をもつシェフ、ユベール・ケラーが手がけるバーガーバーBurger Barをはじめ、フィッシュ＆チップスに代表されるパブ料理が好評のリラ・アイリッシュパブRi Ra Irish Pubなど、手頃なダイニングが多い。

DATA
位置マンダレイベイ→P.112とルクソール→P.110の間の2階
住3950 Las Vegas Blvd. S. Free (1-877) 632-7700 URLwww.mandalaybay.com/en/amenities/the-shoppes-at-mandalay-bay-place.html
時間毎日10:00～23:00(店によって異なる)
休なし CC店による 行新フォーコーナーから徒歩15分

✕ 24の"タウン"が集まった広大な屋外型モール

タウンスクエア
Town Square

新フォーコーナー南 Map P.33-A4

左／散策しながら買い物が楽しめるレイアウトだ
右／映画館や子供用の公園があり、ファミリーでのんびりできる

おしゃれな街並みが荒野に出現！

ショップ100軒以上、レストランやカフェが約24軒。その顔ぶれは、アメリカのショッピングモールでよく見かけるカジュアルブランドが、すべて揃っているといった感じ。タウンの入口にはオーガニックスーパーのホールフーズがあり、おみやげ探しに便利だ。特筆すべきは、モール全体のデザインコンセプトだ。26に分かれたエリアに形も色もまったく異なる建物が並び、まるで建築デザインのショールーム！ 南ヨーロッパあたりの街に紛れ込んだような感覚でショッピングを楽しめる。さらに、一般的なアメリカのモールでは大きな駐車場

に車を置いて各店まで歩いていくが、ここでは店の前に車を停めることができる。つまり路上駐車だ（屋内駐車場も3ヵ所ある）。

タウンスクエアを訪れるのは夜がおすすめ。屋外型で日中は暑いからというだけではない。ライトアップされた街並みが美しいからだ。

DATA
位置ストリップ沿い。マンダレイベイより南へ約3km
住6605 Las Vegas Blvd. S. ☎ (702) 269-5001
URLmytownsquarelasvegas.com
時間月～木10:00～21:00、金・土10:00～22:00、日11:00～20:00 休復活祭の日曜、感謝祭、12/25 CC店による
行デュース南行きでTown Square下車

セールを狙え！ ▶11月のブラックフライデイやサイバーマンデイ、7月の独立記念日セール、クリスマスや年末など、通年を通してさまざまなセールが開催されている。

ショッピングモール

フォーコーナーのアウトドアモール

グランド・バザール・ショップス Grand Bazaar Shops

フォーコーナー
Map P.30-B2
ホースシュー

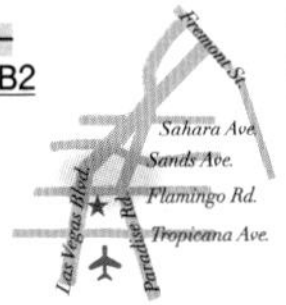

間口の小さいショップをギュッと集結させた造り。黒い4つ葉のクローバーをあしらったアパレルのブラッククローバーBlack Clover（店番903）、ラスベガス拠点のNFLチーム、レイダースのグッズをそろえるレイダー・イメージThe Raider Image、シカゴスタイルの分厚いピザを提供するジオダーノスGiordano's、SFの人気ラーメン店の姉妹店らーめん屋Ramen-ya（→P.223）など個性派揃いだ。

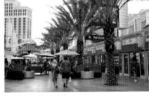

テナントは約60店

DATA
位置 ホースシュー1階外→P.124
住 3635 Las Vegas Blvd. S.
Free (1-844)837-3700
URL grandbazaarshops.com
時間 日～木10:00～22:00、金・土10:00～23:00
休 なし　CC 店による
行 フォーコーナー交差点の南東角地

昼間は公園、夜は大人の集いの場

コンテナパーク Container Park

ダウンタウン
Map P.32-A～B3

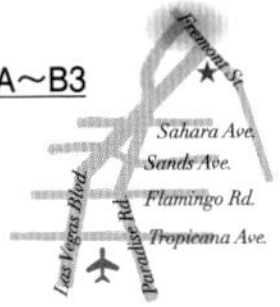

ダウンタウンのフリーモント・イーストディストリクトにある。子供向けの公園がモールの中央にあり、それを囲むように建物が配置されている。店は小規模なローカルショップを中心に約23、レストランはバーやBBQ、スイーツカフェなど11店ほど入店。週末や祝日にはエンターテインメントのステージも開催される。

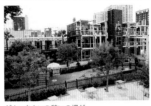

ダウンタウンの憩いの場だ

DATA
位置 フリーモントストリート・エクスペリエンス→P.74の東側のエリア　住 707 Fremont St.
☎(702)359-9982　URL downtowncontainerpark.com　時間 ショップ月～木11:30～20:00、金・土11:00～21:00、日11:00～20:00　レストラン&バー月～木11:30～23:00、金・土11:00～翌1:00、日11:00～20:00　休 なし
CC 店による　行 Fremont St. とLas Vegas Blvd.との交差点から東に徒歩3分

お役立ち情報

カリフォルニア州との州境にある町プリム

砂漠のど真ん中に開かれたインターステート15号線は、ラスベガスとロスアンゼルスを結ぶ高速道路。この道中、カリフォルニア州とネバダ州の州境にある町が**プリムPrimm**（Map P.28-B1）だ。ラスベガスからロスアンゼルス方面へ向かうドライバーには、最後のカジノプレイスポットとして親しまれている。プリムには比較的安く宿泊できるカジノホテルが３軒（ウィスキー・ピーツ、バッファロー・ビルズ、プリム・バレー）と、郊外型アウトレットの先駆けであるプリズムアウトレット（→下記）がある。ラスベガスから南に約68km、40分。ロスアンゼルスからは約360km、約３時間20分。どちらもExit1で下りる。

●プリズムアウトレット Prizm Outlets

日用品から高級ブランドまで約13のテナントが入店。敷地内には世界中のアーティストにより127の壁画が描かれておりフォトジェニックだ。日常使いしやすいバッグや腕時計、財布などをそろえるマイケル・コースMichael Korsや、品揃えも豊富なリーバイス・アウトレットLevi's Outletなどが出店している。

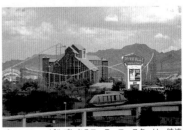

バッファロー・ビルズにあるローラーコースターは、時速145kmの高速コースター　© Las Vegas News Bureau

DATA
プリズムアウトレット Prizm Outlets
Map P.28-B1
位置 ラスベガスからI-15を車で南へ約30分
住 32100 Las Vegas Blvd. S., Primm, NV 89019　☎(702)874-1400
Free (1-888)424-6898
URL www.prizmoutlets.com
時間 毎日10:00～18:00（おもな祝日9:00～）
※閉店時間は日によって異なる
休 12/25　CC 店による

読者の声　**高品質のイタリアブランド**▶ラスベガス・ノース・プレミアムアウトレット（→P.202）のETROで、$1130のスカートを40%オフでゲット。（福岡県　macorin '16）['23]

✕ 利便性が高いアウトレットモール

ラスベガス・ノース・プレミアムアウトレット
Las Vegas North Premium Outlets

左／日中は入店するのに行列ができるショップも。夜のほうが比較的すいている

右／ほどよい広さで日陰も多く歩きやすい

ほかにない店舗が続々オープン

ストリップからダウンタウンを経由する急行バス、デュース（→P.39）とRTCバスを乗り継いでアクセスできる。タクシーを利用してもフォーコーナーから10分ほどの距離だ。

テナント数は約185。バーバリーBurberry、コーチCoach、ドルチェ＆ガッバーナDolce & Gabbana、エトロEtroなどの人気ブランドが多数出店。アルマーニ・エクスチェンジArmani Exchange、ギャップGap、コロンビア・スポーツウエアColumbia Sportswear、ノース・フェイスThe North Faceなどのカジュアルライ

ンも充実している。サックス・フィフス・アベニュー・オフ・フィフスSaks Fifth Avenue Off 5thなどのデパート系アウトレットも魅力的だ。

モール自体は屋外型のオープンエアな造り。晴天率が高いラスベガスでは、高温の時期の買い物は注意が必要。フードコートは屋内にあるのでゆっくり過ごせる。

DATA
位置ストリップの北　住875 S. Grand Central Pkwy.　☎(702)474-7500　URLpremiumoutlets.com/outlet/las-vegas-north　時間月〜土10:00〜20:00(金・土は21:00)、日11:00〜19:00　休店舗により異なる　CC店による　行デュースの北行きでBonneville Transit Centerへ。RTCバス#401に乗り換えLV North Premium Outlets下車。フォーコーナーから40分

アウトレット内の注目ブランド

✕ 人気のランジェリーをお得にゲット

ヴィクトリアズ・シークレット Victoria's Secret

多くの海外セレブが愛用する、セクシーでゴージャスなランジェリーが人気の米国発ブランド。日本には店舗が少なく手に入るアイテムが限られるため、ここを目指して訪れる人も少なくない。アウトレットでは、ショーツ$4〜やブラジャー$10〜など、サイズ別に山積みされているので掘り出し物が見つかりそう。

DATA
位置ムーンコート店番号1168　☎(702)854-4269　URLvictoriassecret.com　時間毎日10:00〜20:00(日11:00〜19:00)　休なし　CCAJMV

コスメやフレグランスもある

✕ 女性好みの配色とデザインが人気

ケイト・スペード・ニューヨーク Kate Spade New York

バッグをはじめ、靴や財布、ステーショナリーなどのアイテムを広く展開。シンプルで機能的な部分を保ちながら、鮮やかな色使いとモダンなデザインで女心をつかんだ人気のブランド。マザーバッグにも使える大きめのバッグ、カラフルなレザーバッグ、手帳など、どれも人目を引くデザインばかり。

DATA
位置アースコート店番号1380　☎(702)255-8777　URLwww.katespade.com　時間月〜木10:00〜20:00、金・土10:00〜21:00、日11:00〜19:00　休なし　CCAJMV

クリアでさわやかな色彩のバッグが多い

✕ 履き心地抜群のシープスキンブーツ

アグ・オーストラリア UGG Australia

商品展開はレディスが中心だが、キッズ、メンズシューズも扱っている。定番のシープブーツはショートタイプで$150前後、モカシンタイプなら$90前後で販売している。店の奥にお買い得コーナーがあり、サイズが合えばかなり安く入手できる。商品によって同じサイズでも若干の差があるので、必ず試着してから購入を。

DATA
位置マウンテンコート店番号2201　☎(702)979-4444　URLwww.ugg.com　時間月〜木10:00〜20:00、金・土10:00〜21:00、日11:00〜19:00　休なし　CCAJMV

新アイテムは正規価格と変わらない場合がある

読者の声　ラスベガス・ノース・プレミアムアウトレット ▶開店時間後、早ければ早いほどすいていてよりスムーズに買い物ができる。また、インフォメーションで地図（割引クーポン付き）がもらえる。AAA ⤴

アウトレットモール

日常使いのブランドが多いアウトレットモール

ラスベガス・サウス・プレミアムアウトレット
Las Vegas South Premium Outlets

新フォーコーナー南 Map P.33-A4

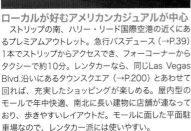

左／ホリデイシーズンは
バーゲンでさらに安くなる。
ウェブでチェックしてから
出かけよう
右／プロムナードが2ヵ所
あり、休憩や待ち合わせ
にぴったりだ

ローカルが好むアメリカンカジュアルが中心

ストリップの南、ハリー・リード国際空港の近くにあるプレミアムアウトレット。急行バスデュース（→P.39）1本でストリップからアクセスでき、フォーコーナーからタクシーで約10分。レンタカーなら、同じLas Vegas Blvd.沿いにあるタウンスクエア（→P.200）とあわせて回れば、充実したショッピングが楽しめる。屋内型のモールで年中快適、南北に長い建物に店舗が連なっており、歩きやすいレイアウトだ。モールに面した平面駐車場なので、レンタカー派には使いやすい。

テナント数は約143。アン・テイラーAnn Taylor、

ブルックス・ブラザーズBrooks Brothers、ヒューゴボスHugo Bossなどのブランドのほか、エアロポステールAeropostaleなどのヤングカジュアルが中心。アディダスAdidas、コロンビア・スポーツウエアColumbia Sportswear、ナイキNike、プーマPuma、アンダーアーマーUnder Armourなどのスポーツウエアも豊富だ。

DATA
位置ストリップの南 住7400 Las Vegas Blvd. S. ☎(702) 896-5599 URLpremiumoutlets.com/outlet/las-vegas-south 時間月〜木10:00〜20:00、金・土10:00〜21:00、日11:00〜19:00 休店舗により異なる CC店による 行デュースの南行きでLV Premium Outlets-South下車。フォーコーナーから40分

アウトレット内の注目ブランド

ファッション界の帝王が生み出す逸品を

カール・ラガーフェルド Karl Lagerfeld

現代ファッションの礎を築き、白髪のポニーテールと黒いサングラスでおなじみ、カール・ラガーフェルド。彼がディレクションを手がける同ブランドは、エッジの効いたデザインと手の届きやすい価格帯で、幅広い年齢層から人気を集めている。パリジャンからインスピレーションを受け作られたKarl Lagerfeld Parisも取り扱う。

DATA 位置建物南側。店番号なし ☎(702)897-0934 URLwww.karl.com 時間月〜木10:00〜20:00、金・土10:00〜21:00、日11:00〜19:00 休なし CCAJMV

ポップなデザインがGood

プロスポーツ好きは訪れなきゃ損！

ユニフォームスポーツ Uniform Sports

アメリカ4大スポーツのオーセンティックアイテムを取り揃えているショップ。ウエアから小物までスポーツファンなら店ごと買い占めたくなるような充実ぶりで、マニアでなくても足を踏み入れたら、何かを買わずにはいられないほどの品揃えだ。みやげにちょうどいいものも多数販売している。

DATA 位置建物中央の店番号46 ☎(702)869-1640 時間月〜木10:00〜20:00、金・土10:00〜21:00、日11:00〜19:00 休なし CCAMV

スポーツグッズがずらり

プレミアムジーンズをお手頃価格で販売する

トゥルーレリジョン・アウトレット True Religion Outlet

ハリウッドセレブから広まったデニムブランド。脚を細く、長く、美脚に見せることから、日本でも人気だ。伸縮性もあり、はき心地も抜群。正規では1本$150〜250が相場。アウトレットとはいえ種類もサイズも豊富で、レディスのスキニー・カット・デニム$200前後と信じられないような価格。Tシャツ$50前後などのアイテムとコーディネートして買い物を楽しもう。

DATA 位置建物南側の店番号314 ☎(702)263-0465 URLwww.truereligion.com 時間月〜木10:00〜20:00、金・土10:00〜21:00、日11:00〜19:00 休なし CCAMV

店員さんの
着こなしも
参考になる

（→P.312）の会員カードを提示すれば、割引クーポンの冊子ももらえる。ちなみに、車で行く場合のカーナビ設定は「プレミアム・アウトレット・ノース・ラスベガス」でないとヒットしない。 （東京都 Joe '16）['23]

✕ アパレル系ディスカウントショップの草分け

ロス・ドレス・フォー・レス
Ross Dress For Less

服、靴、アクセサリーを中心に、有名ブランドから日本人にはなじみのないブランドまで幅広く取り扱う。レディス、メンズ別のフロアになっているが、ブランドに関係なくアイテム別で商品を展開しているので、特定のブランドは探しにくい。掘り出し物が見つかればいい、というスタンスの買い物にはうってつけだ。

デパート販売価格から20～60％オフ！

DATA
位置 ストリップ沿い。パークMGM向かい、ABCストアの並び **住** 3771 Las Vegas Blvd. S. **☎** (702)895-7201 **URL** www.rossstores.com **時間** 毎日8:00～23:00（金・土～24:00） **休** クリスマス **CC** A J M V **位置** 新フォーコーナーから北へ徒歩5分

✕ オフ・プライスがうれしい！

マーシャルズ
Marshalls

売り場面積は狭く、地下1階のワンフロアと中2階のみ。取り扱う商品も上記のロス・ドレス・フォー・レスより断然少ないが、靴やサングラスなどの服飾小物が多く、帽子、靴下、ストッキングなど、旅の忘れ物アイテムを買うにはたいへん便利。アパレルほか、ホームウエアも販売している。

レディス、メンズのどちらも扱っている

DATA
位置 ストリップ沿い。MGMグランド北隣のショーケースモール内 **住** 3785 Las Vegas Blvd. S. **☎** (702)795-1051 **URL** www.marshalls.com **時間** 月～土9:30～21:30、日10:00～20:00 **休** サンクスギビング、クリスマス **CC** A J M V **位置** 新フォーコーナーから北へ徒歩4分

✕ 世界最大、高さ約30mのコークボトルがお出迎え ｜

コカ・コーラ・ストア
Coca-Cola Store

左／エントランスに設置されたコカ・コーラの巨大ボトルが目印　右／世界のコカ・コーラ製品の飲み比べもできる

新旧オフィシャルグッズが勢揃い

　コカ・コーラのロゴマークの付いた商品は星の数ほど販売されているが、オフィシャルグッズ専門店となると全米にわずか3ヵ所しかない。そのひとつがMGMグランドの近くにある同店（あとの2軒はアトランタとオーランド）。19世紀末にアトランタで生まれてから130年以上。今や世界200ヵ国以上で飲まれているコークは、人々の食習慣に多大な影響をもたらし、アメリカを象徴する存在となった。同時に、デザイン性の高い広告ポスターやテレビCMは常にアメリカンカルチャーをリードしてきた。そんな歴史を思い起こさせてくれる新旧のグッズを眺めてみよう。

　1階には衣料、キッチン用品、インテリアなど。おなじみの白クマシリーズは食器やメンズウエアなどが揃っている。白クマのキャラクターとの写真撮影スポットがあるので見逃しなく！　2階は一転してクラシックな雰囲気。1930～50年代のレトロなイラストをプリントしたブリキの貯金箱など、プレゼントにも喜ばれそうなアイテムがたくさん揃う。つい長居してしまうため、めに時間の確保を。

DATA
位置 ストリップ沿い。MGMグランド北隣のショーケースモール内 **住** 3785 Las Vegas Blvd. S. **☎** (702)270-5952 **URL** us.coca-cola.com/store/retail/las-vegas **時間** 毎日10:00～20:00　ビバレッジバー毎日12:00～18:00 **休** 12/25 **CC** A M V **位置** 新フォーコーナーから北へ徒歩4分

キャラクターショップ

✕「お口でとろけて、手にとけない」チョコのロゴショップ

新フォーコーナー Map P.29-B1

エム・アンド・エムズ・ワールド
M & M's World

左／多種類あるM&M'sは量り売りされている。1パウンド(450g) $17.99
右／入口付近や店内にはキャラクターの着ぐるみが出没する

オリジナルメッセージを刻印してみよう

　カラフルなコーティングを施したチョコレートのロゴショップ。おもちゃ、下着からインテリアまで、カラフルなグッズで店内はあふれんばかりだ。戦場で兵士が簡単に栄養補給するためのチョコレートを開発したのが始まりだという。いたずらっ子のレッド、変わり者のイエロー、クールなブルー、女流作家のグリーンという4人のマスコットは、アメリカの子供なら誰でも知っている人気者。全米ではオーランドとニューヨークを含めて3店舗。3階の奥にあるオリジナルチョコのコーナーが人気。タッチスクリーンで名前やメッセージを入力し、ラスベガスバージョンの絵柄を

チョイス。何色でも自由に組み合わせたチョコと一緒に機械に入れれば、数分でできあがり！　もうひとつおすすめなのが、立体めがねで観る8分間の3D映像＆モーションシミュレーター体験(→脚注)。なんとレッドが大切なMの文字をカジノで賭けて失ってしまい、取り戻すために画面狭しと大暴れ!!　入場無料。

DATA
位置 ストリップ沿い。MGMグランド北隣のショーケースモール内
住所 3785 Las Vegas Blvd. S.　☎ (702)740-2504
URL www.mms.com/en-us/mms-store-las-vegas
時間 毎日9:00～24:00　休なし　CC AMV
交通 新フォーコーナーから北へ徒歩4分

✕ 遊び心あふれる老舗チョコレートメーカー

新フォーコーナー Map P.29-A2

ハーシー・チョコレート・ワールド
Hershey's Chocolate World

ニューヨーク・ニューヨーク

左／新フォーコーナーの一等地にあるショップ
右／トゥイズラーTwizzlersというキャンディで造られた自由の女神も登場

オリジナルグッズがあふれている店内！

　ニューヨーク・ニューヨークのカジノフロアに2階建て仕様のショップをオープン。1階はキスチョコレートやチョコレートバー、甘いチョコレートシロップに代表されるハーシー社の製品とそのオリジナルグッズがずらり！　人目を引く壁一面に施された巨大ストレージには、多種多彩なキスチョコレートがぎっしりと詰まっている。量り売りなので好きな味を好きなだけ袋に詰めて買うことができるのがうれしい。2階にはピーナッツバターカップのリーセスReese's、キャンディのジョリー・ランチャーJolly Rancherなどのハーシーブランドを中心に展開している。

　店内でいちばんの見どころは、1階のカジノフロアに面した入口にある自由の女神。像はすべてハーシーミルクチョコレートで造られており、中身もずっしりの重さ800ポンド(約363kg)で、高さは12フィート(約3.6m)。また、ハーシーの製品を取り入れたスイーツコーナーではブラウニー、ジャイアントクッキー、トリュフチョコ、カップケーキなどの手作りスイーツを販売している。

DATA
位置 ニューヨーク・ニューヨークの北西角→P.108
住所 3790 Las Vegas Blvd. S.　☎ (702)437-7439
URL hersheyschocolateworldlasvegas.com
時間 日～木9:00～24:00、金・土9:00～翌1:00
休なし　CC AJMV　交通 フォーコーナーから北へ徒歩2分

ユニークなディスプレイの大型アウトドアショップ

バス・プロショップス
Bass Pro Shops

新フォーコーナー南
Map 折込裏 B6 外

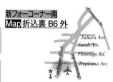

バスフィッシングが盛んなミズーリ州発祥の総合アウトドアショップ。釣り、登山、キャンプ、ハンティングなど、あらゆるアウトドア関連のアパレルやグッズを販売。とにかく広い店内で、巨大水槽やはく製などを配置し、見た目も楽しく演出している。日持ちする食料品やアウトドア用のコスメもあり、ちょっとしたおみやげ探しにも利用できる。

国立公園に出かける前に立ち寄りたい

DATA

位置 ラスベガス・サウス・プレミアムアウトレット➡P.203から車で5分 **住所** 8200 Dean Martin Dr. **☎** (702)730-5200 **URL** www.basspro.com **時間** 月～土9:00～21:00、日10:00～19:00 **休** 12/25 **CC** AJMV **行き方** 新フォーコーナーからI-15を南下。タクシーで12分

ディーラーを兼ねたハーレー・ダビッドソンのショップ

ラスベガス・ハーレー・ダビッドソン
Las Vegas Harley Davidson

ストリップ南
Map P.33-A4,
折込裏 B6 外

6040m²の広い店内には、ハーレーの巨大なショールーム、バイクパーツやアクセサリー、アパレルや雑貨などのグッズ販売のスペースのほか、レンタル部門も併設。バイクの購入は無理としても、博物館のような店内を見るだけでも立ち寄る価値はある。また、ラスベガスバージョンのオリジナルグッズが入手できるのもうれしい。レンタルはバイクの車種により、1日$199～、1週間$1218～。

バイカー御用達の
人気ショップ

DATA

位置 ウェルカム・トゥー・ファビュラス・ラスベガス・サイン➡P.65の東向かい **住所** 5191 Las Vegas Blvd. S. **Free** (1-888)218-0744 **URL** www.lasvegasharleydavidson.com **時間** 月～土9:00～18:00、日10:00～17:00 **休** 12/25 **CC** ADMV **行き方** SDX南・北行きのWelcome to LV Sign下車、徒歩2分

チープなギフトからアルコールまで何でも揃う

ABCストア
ABC Stores

新フォーコーナー **Map** P.29-B1

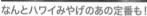

左／市内に6店舗を構えているが、圧倒的に広く、品揃え豊富で、便利なロケーションなのがここ
右／アメリカでは不動の人気のキティちゃんアイテムが多い

なんとハワイみやげのあの定番も！

ハワイへ行ったら誰もがお世話になる、あのコンビニ&ギフトショップ。ハワイ各島に50店以上あるほかグアムやサイパンにも支店があり、アメリカ本土ではなぜかラスベガスだけに進出している。右隣はデニーズ、左隣はハードロック・カフェ、2軒先には24時間営業のドラッグストアもあって何かと便利だ。

店内にところ狭しと並べられたアイテムのなかで、人気はやっぱりTシャツ。キラキラ系、メタル系、ナチュラル系などのラスベガスTシャツもキッズサイズからXXLまで棚にずらり。バラマキみやげならラスベガスサ

インのキーリングや、カジノチップのチョコはいかが？
マカダミアナッツや100%コナコーヒーが置かれているのはABCストアならでは。小腹がすいたらサンドイッチ、寿司、スナックがあるし、ビールやジュースも冷えている。洗剤、歯磨き粉、電池など日用品の品揃えも豊富で、スーパーのないストリップでは重宝する。

DATA

位置 ストリップ沿い。パークMGMの向かい側。ミラクルマイル・ショップス内、ダウンタウンのフリーモントストリート・エクスペリエンス内などにも店舗がある **住所** 3663 S. Las Vegas Blvd. **☎** (702)733-7182 **URL** abcstores.com **時間** 日～木9:00～23:00、金・土9:00～24:00 **休** なし **CC** ADJMV **行き方** 新フォーコーナーから北へ徒歩5分

ダイニング

Dining

個性あふれる フードコート

気軽に安ウマ！

安く気軽に食事ができるフードコート。たいていのホテルにはフードコートがあるが、なかでもわざわざ足を運びたい個性的なスポットを紹介しよう。

アメリカ各地の人気店が大集合

ブロック16 アーバン・フード・ホール

Block 16 Urban Food Hall　コスモポリタン・オブ・ラスベガス ➡ P.94

ひとり分サイズのメニューが豊富なのも魅力！

ニューヨークやニューオリンズ、ポートランドなどの有名店が結集し、ポークサンドやメキシコ料理、さらには手巻き寿司を提供する寿司スタンドなどもあり、ここだけの個性的な飲食店が軒を連ねる。各店舗にカウンターがあるほか、奥に共有のテーブル席もあるので、ひとりで簡単に食事を済ませたいときにも重宝する。

住3708 Las Vegas Blvd. S.　☎(702)698-7000
URL www.cosmopolitanlasvegas.com/block16
時間7:00〜22:00(金・土〜24:00)　CC AMV

味自慢の6店舗がひとつのスペースに集結

ヘビーな食事に疲れた体にうれしい

フェイマス・フード・ストリート・イート

Famous Foods Street Eats　リゾート・ワールド・ラスベガス ➡ P.117

派手に輝くネオンがアジアな雰囲気を演出

東南アジアの屋台をイメージした活気あふれるフードコート。点心やシンガポールチキンライス、ベトナムのフォーなどの専門店が17軒揃う。中央のバーカウンターでアルコールも購入できる。注文と支払いは、フードコートあちこちにあるタッチスクリーン式モニターで。支払いはカードのみで、宿泊客は部屋付けも可能だ。

住3000 Las Vegas Blvd. S.　☎(702)676-7000
URL rwlasvegas.com/dining　時間11:00〜22:00
(金・土〜23:00)　CC AMV

アジアの屋台料理は野菜がたくさん食べられるのも魅力

本格ドルチェは
至福のおいしさ♡

本格的なイタリアングルメをカジュアルに

イータリー

Eataly　パークMGM ➡ P.128

食材販売とレストランを併設したイタリア発のフードマーケット。EatとItalyを組み合わせた名前のとおり、ピザやパスタ、フォカッチャサンド、イタリアンスイーツなどの10あまりのイタリア料理専門店が軒を連ね、フロア内のテーブル席でできたてを味わえる。上質なワインやチーズ、パンなどを販売するショップも充実。

右上／イタリアの街なかのようなオープンな雰囲気　右下／パークMGMのストリップに面したスペースにあり立地もよい　左／イタリアンワインの種類も豊富だ

🏠 3770 Las Vegas Blvd. S.　☎ (702)730-7617
URL eataly.com/us_en/stores/las-vegas
時間 11:00〜23:00　CC A M V

人気店を
一度にチェック！

食べ歩きフードツアー

レストランが多過ぎてどこへ行っていいかわからないという人は、人気レストランを食べ歩くグループツアーに参加してみよう。ストリップのツアー（$199、所要3時間）は、ラスベガスで注目のレストランを4軒巡り、各店舗の代表的な料理を少しずつ味わえる。ダウンタウンのツアー（$125、所要2時間30分）もあり、いずれも街やホテル内を歩きながら名所やその歴史なども教えてもらえるのが興味深い。かなりの量の料理を食べるので、おなかをすかせて挑もう。

お店のいち押し
メニューが続々登場！

おすすめ料理が次から次へとサーブされる

ガイドによる街案内も楽しい

リップ・スマッキング・フーディー・ツアー
Lip Smacking Foodie Tours
🏠 ツアーにより異なる　☎ (702)289-4796
URL lipsmackingfoodietours.com
時間 ツアーにより異なる　予約 要予約　CC A D M V

満足度の高い日本人好みのバフェ
バッカナルバフェ
Bacchanal Buffet

シーザースパレス ➡ P.90

世界各国の料理をはじめ、シーフードやデザートなどのセクションが9つ、約500種類（うち100種類はデザート）のメニューがずらり！ 注文を受けてから目の前で調理するコーナーが多い。ローストビーフの仕上がりにも定評がある。

☎ (702) 731-7928 URLcaesars.com/caesars-palace/restaurants/bacchanal-buffet 時間15:30〜22:00（金〜日9:00〜22:00）$79.99、ブランチ 金〜日9:00〜13:00 $64.99〜 CCADJMV

手巻き寿司も種類豊富

手頃な価格がうれしい
サーカスバフェ
Circus Buffet サーカスサーカス ➡ P.118

新鮮な野菜やフルーツ、オーダーを受けてから目の前で作ってくれるオムレツなどが揃うブランチがおすすめ。ディナーではパスタや魚介のフライなども登場。いずれも手頃な価格で、カジュアルな雰囲気なのでファミリーにも人気だ。

☎ (702) 734-0410 URLcircuscircus.com/restaurants-1 時間ブランチ 7:00〜14:00 $28.99、ディナー 金〜日16:30〜22:00 $30.99、CCADJMV

グルメバフェのパイオニア
バフェ The Buffet
ベラッジオ ➡ P.84

イタリア料理、中国料理、アメリカ料理など、世界中から取り寄せた新鮮な食材で作る豪華な料理が並ぶ。メニューの幅が広く、プライムリブやグリルチキン、ラムの肉類は総じて評判がよい。刺身や寿司、天ぷらまであるのはさすが！

☎ (702) 693-8112 URLbellagio.mgmresorts.com/en/restaurants/the-buffet.html 時間ブランチ 8:00〜15:00 $44.99（金〜日$49.99）、ディナー 金〜日17:00〜21:00 $66.99 CCADJMV

高級ダイニングを思わせる雰囲気も魅力

華やかなプレゼンテーションも魅力
ウィキッドスプーン
Wicked Spoon
コスモポリタン・オブ・ラスベガス ➡ P.94

小皿料理は見た目も上品で、バフェのわりには繊細な味付け。なかでも軟らかくてジューシーなローストビーフや、オリジナルのスパイスが効いたフライドチキンが好評だ。ジェラートも種類豊富なので、デザートまでたっぷりと楽しんで。

☎ (702) 698-7870 URLwww.cosmopolitanlasvegas.com/restaurants/wicked-spoon 時間朝食 月〜金8:00〜11:00 $38、ランチ 月〜金11:00〜15:00 $45、ブランチ 土・日9:00〜16:00 $49 CCADJMV

美しいスイーツがずらりと並ぶ様子が壮観

厳選！食べたいだけ！ガイド

ラーのためのダイニングだったバフェ。
フェは見違えるような進化を遂げている。

賢いバフェの利用法も参考に！ P.213

食べたい料理が必ず見つかる

バフェ The Buffet

ルクソール ➡ P.110

巨大なサラダバーが人気の、ブランチのみ
営業するバフェ。焼きたてのピザやペスト
リーが並ぶオープンキッチンコーナーや、自
家製スイーツが並ぶデザートコーナーには、
子供から大人まで楽しめる世界中の名物料理
が並ぶ。

☎ (702) 262-4000 URL luxor.mgmresorts.com/en/
restaurants/the-buffet-at-luxor.html 時間 ブランチ 木
〜月 8:00〜15:00 $28.99（金〜日 $31.99）
CC A D J M V

地下フロアに広がるゆったりとしたバフェスペース

バフェらしからぬエレガントな雰囲気

バフェ The Buffet

ウィン・ラスベガス ➡ P.86

料金はやや高いが、質の高さとプレゼンテー
ションはトップクラス。パティスリーが手が
ける自家製スイーツも人気。ライブキッチン・
スタイルのコーナーも多く目にも楽しい。予
約なしでも利用できるが、人気なので事前の
予約が望ましい。

☎ (702) 770-3340 URL wynnlasvegas.com/dining/
casual-dining/-the-buffet 時間 ブランチ 8:00〜15:00
$46.99（金〜日 $50.99）、ディナー 15:00〜21:00
$65.99（金〜日 $70.99）　CC A D J M V

優雅なブランチを楽しめる

MGMグランドバフェ
MGM Grand Buffet

MGMグランド ➡ P.126

広々とした空間で落ち着いて食事ができる
王道バフェ。ズワイガニの脚やスモークサー
モン、シュリンプのカクテルが並ぶシーフー
ドバーは特に人気だ。ビールやワインなどの
アルコールが飲み放題のプラン（追加 $18.99
〜）もお得。

☎ (702) 891-6375 URL mgmgrand.mgmresorts.com/
en/restaurants/mgm-grand-buffet.html
時間 ブランチ 8:00〜15:00 $27.99（金〜日 $36.99）
CC A D J M V

野菜から肉、魚介などがバランスよく並ぶ

コスパのよいテイクアウトがおすすめ

バフェ The Buffet

エクスカリバー ➡ P.114

アメリカ・イタリア・アジア料理のメニュー
が中心で、ほかのバフェより種類は少なめ。
その場で食べるのではなく、バフェの料理を
お持ち帰りできるシステムが斬新で、会計を
済ませると大きなボックスとドリンクカップ
を渡されるので、好きなだけ詰め込もう。

☎ (702) 597-7777 URL excalibur.mgmresorts.com/
en/restaurants/the-buffet.html
時間 ブランチ 8:00〜15:00 $28.99（金〜日 $31.99）
CC A D J M V

詰め込み放題のテイクアウトは $17.99 〜

Orientation of Gourmet
グルメ オリエンテーション

ラスベガスでは、セレブリティシェフのレストランや彼らが監修するレストランの出店ラッシュが続いている。ほかの都市では、予約すら尻込みしてしまいそうな高級店もラスベガスなら気軽に足を運べる。ただし、ドレスコードは気にしておこう。また、クイックダイニングの代表であるバフェの基礎知識も紹介したい。

マイケル・ミーナのレストラン（→ P.215）は MGM 系のホテルに出店している

スマートに食事をするためのヒント

❶予約について

人気のレストランは必ず予約を入れたい。近年は、ウェブサイトから手軽に予約できるレストランが増えてきたので、英語が不安な人でも難なく予約をすることができるだろう。各レストランのウェブサイトのほかに、予約専用サイトの**オープンテーブル Open Table** URL www.opentable.com もポピュラーだ。予約時にアメリカの電話番号が必要だが、ホテルの番号を入力すれば OK。キャンセルの際は早急に手続きすること。

メニューをウェブサイトで公開する店もあるので事前にチェックを

❷ドレスコードについて

基本的にカジュアルでかまわないが、落ち着いたステーキハウスなどはドレスコードが求められる。ジャケットにネクタイが必要とは限らないが、最低でも襟付きのシャツを着て、短パン、ジーパン、スニーカーは避けよう。本書の 👗＝フォーマル 👔＝ビジネスカジュアル 👕＝カジュアルのマークを参考に。

❸ 飲酒年齢について

21 歳未満は飲酒できない。ラスベガスではお酒をサーブするナイトクラブ、酒屋でアルコールを購入するときも身分証明書の提示が求められる。若く見られる人に限らず、パスポートは常に携帯すること。

ラスベガスの飲食タックス

セールスタックスと同様 **8.38%**。レストランで食事をしたときは 18 〜 25% のチップを忘れずに。

ジョエル・ロブションのレストラン（→ P.214）

レストランでの How to

1. 係員の案内で席に着く
どんなレストランでも、案内係の先導で席に着く。このとき人数を聞かれるので答えること。混雑しているときは、ウエイティングリストに名前を入れてもらう。

2. 最初に飲み物をオーダーする
着席し、しばらくすると担当のウエーターが注文を取りにくる（以降、追加注文や会計を頼むのもこの担当者に声をかけること）。先に飲み物を頼み、それを運んでくる間にメインディッシュなどを考えておく。

3. 飲み物がきたら食事をオーダーする
メニューは、Appetizer（前菜）、Salad（サラダ）、Soup（スープ）、Entree や Dinner（メインディッシュ）、Dessert（デザート）などに分かれている。

4. 食事中に加減を聞きにくる
メインディッシュがきたあと、ウエーターたちが「食事はいかがですか」と尋ねてくる。おいしかったら "Good" や "Fine" と言うといい。逆に何かおかしかったら説明を。

メインを食べ終わる頃に "Have you finished?" と聞きにくるが、まだだったら "I'm still working." と答える。"Would you like dessert?" とデザートをすすめにきて、もう食べたくないときは "I'm fine." と答えるのもよい。コーヒーが欲しければ "I'd like a coffee."。

デザートはおなかと相談して！

5. 請求書をもらい、支払いをする
食事が終わったら、テーブル担当者に声をかけ請求書をもらう。このときの英語は "May I have a check, please?"。
会計は席で支払うのが基本で、現金かクレジットカードで。チップはオーダーの 18 〜 25% が目安だが、サービスが悪かったらそれ以下でもかまわない（チップについて→ P.313）。
請求書が合っていたら、現金、またはクレジットカードを請求書と一緒に渡す。すると、現金の場合はおつりを、クレジットカードの場合は総額が印刷された 2 枚つづりのレシートを持ってくる。

一口役立ち情報 **余った料理を持ち帰ろう** ▶レストランで食事をした際に、料理を多く頼みすぎてしまい食べきれなかった場合は持ち帰りが可能。担当のウエーターに "Can I get this to go please?" と言

バフェの基礎知識　賢いバフェの利用法 All You Can Eat!

バフェって何？

一定の料金を払えば食べ放題（All you can eat）となる、バイキング形式での食事のこと。「ビュッフェ」といわれることも多いが、本書ではアメリカでの発音により近い「バフェ」と表記する（元はフランス語）。カウンターに並んだ料理を見て選べるので失敗がない。

時間帯によってメニューの内容が異なるため、料金設定も異なる。なお、どんなに安いバフェでも、前菜から肉、魚料理、デザートまで揃っている。

人気のバフェは行列覚悟で

シーザースパレスやベラッジオなど人気の高いバフェは、時間帯によっては待たされる可能性もある。営業時間が長いので、できるだけ時間をずらして行くことをすすめる。ディナーなら18:00 前か21:00 以後がいい。原則として予約はできないが、カジノ側の招待客（ハイローラー→ P.233）のみ並ばずに入店できる。

バフェのシステム

まず、入口で料金を支払う。その後、座席係の案内で着席し、飲み物を注文したあと料理が並ぶカウンターへ。好みの料理をお皿に盛りつけ自席へ戻り食べる、という流れが一般的だ。なかには、自動券売機で料金を払うバフェもある。

---

6. チップの払い方

現金の場合、チップは請求書の運ばれてきたトレイに置く。細かい金額を持ち合わせていないときは、キャッシャーでくずしてから席に戻って、チップを置くか、直接ウエーターに手渡すとよい。

クレジットカードで支払うときは、先ほど渡された 2 枚つづりのレシートに、"Gratuity" の欄があるので、ここにチップを書き込み、食事代と合計した金額も書き込む。そして、レシートの"Customer's Copy"、または署名したものでないコピーのレシートのほうをもらって、席を離れれば OK。

すでにチップが含まれている場合もあるので確認を

※一部の飲み物のお代わりは無料
アメリカのレストランやファストフード店では一部の店を除き、レギュラーコーヒー、紅茶、アイスティーのお代わりは無料。レストランによってはコーラなどのソフトドリンクも。

料理は何度取りに行ってもかまわないが、取ってきたものは残さずに食べるのがマナー。ステーションなどでシェフやスタッフが取り分けてくれる場合、あらかじめ「少なめで」と注文しておくとよい。できれば、温かい物と冷たい物は一緒に盛らず、別々のお皿で。メインの食事が終わったら、デザートをいただこう。基本的に持ち帰りはできないが、一部のバフェでは持ち帰り専用メニューを設けているので上手に利用しよう。

帰り際には、チップも忘れずに。通常のレストランでは料金の 18 〜 25％ 程度がチップの目安だが、基本セルフサービスなのでひとり $3 程度をテーブルに置いておけば OK。

ドリンクについて

ソフトドリンク類は基本的に料金に含まれており、お代わり自由。ウエートレスがドリンクの注文を取りにくるバフェと、セルフサービス形式のふたとおり。アルコールは別料金。週末のブランチメニューとしてシャンパンをサービスするバフェがあるが、お代わり自由の場合と 1 杯だけの場合がある。

バフェはどうなっている？

バフェの構造

オムレツステーション Omelet Station

卵を調理してくれるコーナー。卵の個数、焼き方を指定すると目の前で作ってくれる。片面焼き半熟の目玉焼き Sunny Side Up、両面焼き半熟は Over-easy、両面焼きやや固めは Over-medium、両面固焼きは Over-hard。スクランブル Scramble でもいい。オムレツならチーズ、トマトなど中に入れる具を聞かれる。

カービングステーション Carving Station

ローストビーフやターキー、ハム、プライムリブなどの大きな肉の塊を、好みに応じて切り分けてくれるコーナー。

食べたい分だけカットしてもらおう

サンデーステーション Sundae Station

ソフトクリームにチョコスプレーやナッツなど好みのトッピングができるコーナー。

目の前で焼いてくれるクレープステーションがあるバフェも

職人技が光るフレンチの最高峰

Map P.29-B1〜2
MGMグランド

ジョエル・ロブション
Joël Robuchon

👗 $ $300〜

世界12都市でロブションブランドを展開、トータルで30以上のミシュランスターを獲得している。アラカルトもあるが、断然コース料理をおすすめしたい。厳選された旬の食材は、一品一品ていねいに仕上げられ、プレートごとに合わせたソムリエ厳選のワインでいただく。デザートワゴンも含め、ドラマチックな展開が最高。

コースの終わりに登場するデザートワゴン

DATA
位置MGMグランド1階→P.126 KÀ シアター隣 **住**3799 Las Vegas Blvd. S. **☎**(702)891-7925 **URL**mgmgrand.mgmresorts.com/en/restaurants/joel-robuchon-french-restaurant.html **時間**月・木〜日17:30〜22:00 **休**火・水 **予約**要予約 **CC**AMV
行フォーコーナーから北へ徒歩2分

ピカソの絵画に囲まれてシェフの料理に舌鼓

Map P.30-A2
ベラッジオ

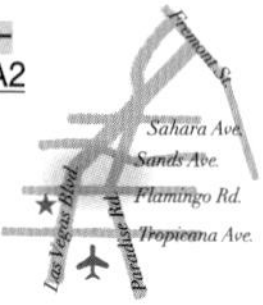

ピカソ
Picasso

👕 $ $75〜

ジュリアン・セラーノが腕を振るう一流レストラン。皿の上の"食べるアート"を楽しもう。コース料理のみで、魚介や肉をメインとした料理3品とデザートが付いたプリフィックスコース$155など。コースに追加でワインペアリング$98〜も依頼できる。2002年から2012年まで連続してAAA（→P.78脚注）から5ダイヤモンドを受賞。

スペインとフランスの郷土料理がベース

DATA
位置ヴィア・ベラッジオ→P.197噴水側の地階 **住**3600 Las Vegas Blvd. S. **☎**(702)693-8105 **URL**bellagio.mgmresorts.com/en/restaurants/picasso.html **時間**水〜日17:30〜21:30 **休**月・火 **予約**予約をすすめる **CC**ADJMV
行フォーコーナーから南へ徒歩2分

アメリカ版「料理の鉄人」から生まれたレストラン

Map P.30-A1〜2
シーザース
パレス

ゴードン・ラムゼイ・ヘルズ・キッチン
Gordon Ramsay Hell's Kitchen

👕 $ $60〜

人気セレブリティシェフのゴードン・ラムゼイの冠番組Hell's Kitchenをコンセプトとし、番組優勝者がヘッドシェフとして料理を提供。店内のオープンキッチンでは活気ある調理の様子が見られるほか、ローマ広場の噴水を望む窓側の席もおすすめ。予算は前菜$27〜30、メイン$33〜80ほどで、どれも盛りつけが美しく目にも楽しい。

エンターテインメント性はもちろん味も秀逸

DATA
位置シーザースパレス→P.90ローマ広場のストリップ側 **住**3570 Las Vegas Blvd. S. **☎**(702)731-7373 **URL**www.caesars.com/caesars-palace/restaurants/hells-kitchen **時間**毎日11:00〜23:00 **予約**予約をすすめる **CC**ADJMV
行フォーコーナーから北へ徒歩3分

名店の味をお手頃価格で

Map P.29-A4
マンダレイベイ

フルール・ステーキ
Fleur Steak

👕 $ $30〜

フレンチの巨人ユベール・ケラーHubert Keller。人気を博したサンフランシスコのレストランは惜しまれながら閉店してしまったが、ラスベガスでは健在。フレンチスタイルの繊細な味付けが評判で、$20以下のメニューや小皿料理もある。味の繊細さとプレゼンテーションは、パズルのピースのように計算され尽くされている。

セレブリティシェフ、ユベール・ケラーの店

DATA
位置マンダレイベイ→P.112正面玄関からレストラン街を通って左側 **住**3950 Las Vegas Blvd. S. **☎**(702)632-9400 **URL**mandalaybay.mgmresorts.com/en/restaurants/fleur.html **時間**火〜日16:00〜22:00 **休**月 **予約**予約をすすめる **CC**ADJMV
行新フォーコーナーから南へ徒歩18分

👗=フォーマル 👔=ビジネスカジュアル 👕=カジュアル $=1名当たりの予算の目安

セレブリティシェフ

モリモト・ラスベガス
Morimoto Las Vegas

✕ アイアンシェフの和食ダイニング

👔 $ $80〜

1990年代後半のTV番組『料理の鉄人』の和の鉄人に抜擢。その後渡米先のニューヨークでブレイクした。大胆で独創的、かつ繊細な味わいの創作和食を展開する、まさにMorimotoワールドがラスベガスにやってきた。注文に迷ったらOmakaseがいい。前菜、メインと続き、デザートにまでサプライズを組み込む技の細かさに驚かされる。日本酒も豊富に扱っている。

一品一品の盛りつけが美しい

新フォーコーナー
Map P.29-B1〜2
MGM グランド

DATA
📍MGMグランド1階 → P.126グランドタワーへのエレベーター付近
🏠3799 Las Vegas Blvd. S.
☎(702) 891-3001 URL mgmgrand.mgmresorts.com/en/restaurants/morimoto.html
⏰毎日17:00〜22:00（金・土〜24:00）予約要予約 CC A D J M V
🚶フォーコーナーから北へ徒歩2分

ゴードン・ラムゼイ・ステーキ
Gordon Ramsay Steak

✕ ご褒美ステーキなら断然ここ!

👔 $ $60〜

注文に応じてグリルで焼き上げたステーキは、軟らかくてとてもジューシー。看板メニューは極上の牛ヒレ肉をパイで包んで焼き上げたビーフウエリントン$74.95（持ち帰り$69.95）。注文してから45分の調理時間が必要だが、ミディアムレアの絶妙な焼き加減がすばらしい。肉に合うワインも豊富に取り揃えている。

極上なステーキ、ビーフウエリントン

フォーコーナー
Map P.30-B3
パリス

DATA
📍パリス → P.102カジノフロアのほぼ中央
🏠3655 Las Vegas Blvd. S.
Free (1-702) 946-4663 URL www.caesars.com/paris-las-vegas/restaurants/gordon-ramsay-steak 時間毎日16:30〜22:30
予約要予約 CC A D J M V
🚶フォーコーナーから南へ徒歩5分

ジアダ
Giada

✕ カリフォルニア風イタリアンを召し上がれ

👔 $ $30〜

若き料理研究家のジアダ・デゥ・ローレンティスが手がけるイタリアンレストラン。ハーブやレモンを使ったライトなレシピを得意としているが、サルティンボッカスタイルの仔牛チョップといった、伝統的なイタリアンも交えて提供している。グルテンフリー、ビーガンメニューあり。ランチはメイン、デザートともにライトメニューが中心。

カッチャトーレ風チキンのロースト$58

フォーコーナー
Map P.30-B2
クロムウェル

DATA
📍クロムウェル → P.972階
🏠3935 Las Vegas Blvd. S.
Free (1-855) 442-3271
URL www.caesars.com/cromwell/restaurant/giada
時間ブランチ金〜日9:00〜14:45、ディナー毎日17:00〜21:45
予約予約をすすめる CC A D J M V
🚶フォーコーナーの北東角

マイケル・ミーナ
Michael Mina

✕ 和のエッセンスを取り入れたモダンアメリカン・シーフード

👔 $ $100〜

彩り豊かなプレートで安定のおいしさ。おすすめは、プリプリのロブスターがゴロゴロ入ったロブスター・ポットパイ$145や、香ばしい香りが際立つ白身魚のリンゴチップスモーク$75〜、ハドソンバレーのフォアグラ$59などの、マイケル・ミーナのシグネチャーメニュー。新鮮なカキやエビがのった魚介プレート$165〜もぜひ。

毎日プライベートジェットで届くシーフードを提供

フォーコーナー
Map P.30-A2〜3
ベラッジオ

DATA
📍ベラッジオ → P.84花の温室そば
🏠3600 Las Vegas Blvd. S.
☎(702) 693-7223
URL www.michaelmina.net
時間水〜日17:00〜22:00
休月・火
予約予約をすすめる
CC A J M V
🚶フォーコーナーから南へ徒歩2分

 ホワイトハウスで腕を振るったシェフ ▶ フルール（→P.214）のユベール・ケラーは、クリントン大統領に請われてホワイトハウスで腕を振るったことがある。

× 人気シェフ、ステファン・ホプクラフトが手がける　👕 💲 $30～

STKステーキハウス
STK Steakhouse

スタイリッシュなインテリアの店内にノリのよいBGMが流れる、従来のクラシカルなステーキハウスのイメージとは一線を画す活気あるレストラン。ステーキやシーフードなどのメインからサイドにいたるまで、どの料理にもひと工夫が凝らされており、ここでしか味わえない新鮮な味覚に出合えるのが魅力だ。

気軽に楽しめるブランチもおすすめ

フォーコーナー
Map P.30-A3
コスモポリタン

DATA
位置コスモポリタン➡P.94プールパールタワー3階　住3708 Las Vegas Blvd. S. ☎(702)698-7990　URL www.cosmopolitanlasvegas.com/restaurants/stk　時間月～木16:00～23:00、金15:00～24:00、土・日11:00～24:00(ブランチ土・日9:00～15:00)　予約要予約　CC AMV
行フォーコーナーから東へ徒歩8分

× ユニークなスタッフのユニホームにも注目　👕 💲 $25～

ゴードン・ラムゼイ・バーガー
Gordon Ramsay Burger

スコットランド出身の人気シェフ、ゴードン・ラムゼイのカジュアルダイニング。メニューは8種類のバーガー類$17.95～21.99とサイドメニュー、デザートというシンプルな構成。ハンバーガーとしての位置づけでは高級バーガーの部類に入るが、希望の焼き加減で最高のパテに仕上げてくれる。コストパフォーマンスにおいては文句なし！

肉汁あふれるパテをご賞味あれ

フォーコーナー
Map P.30-B3
プラネットハリウッド

DATA
位置プラネットハリウッド➡P.104北側(パリス側)入口からカジノ階へ　住3667 Las Vegas Blvd. S.　☎(702)785-5462　URL caesars.com/planet-hollywood/restaurants/ramsay　時間毎日11:00～24:00(金～日10:00～)　予約不要　CC ADJMV
行フォーコーナーから南へ徒歩8分

× 噴水の優雅なダンスを見ながらフランス料理を　🧥 💲 $50～

エッフェル塔レストラン
Eiffel Tower Restaurant

ベラッジオのほぼ正面に位置する、パリスのエッフェル塔。塔の約30mの高さにあるレストランは、噴水ショーのベストビュー・スポット。できれば夜、窓際の席を予約しておこう。予算はメインで1品$38～89、ブランチ$59。コースは$120～で楽しめる。バーとラウンジのみの利用もできる。

窓際の席に座りたいなら、ぜひ予約を

フォーコーナー
Map P.30-B3
パリス

DATA
位置パリス➡P.102から専用エレベーターがある　住3655 Las Vegas Blvd. S.　☎(702)948-6937　URL www.eiffeltowerrestaurant.com　時間ブランチ土・日10:00～14:00、ディナー毎日17:00～22:00　予約要予約　CC ADJMV
行フォーコーナーから南へ徒歩5分

× ストリップ全体の夜景を見る最高のレストラン　👗 💲 $50～

ブードゥー・ステーキ
VooDoo Steak

50階にあるステーキレストランからは、宝石をちりばめたようなストリップが見渡せる。ステーキは最高級のプレミアムビーフ$46.99～69.99、シグネチャーメニューとしてアメリカ産のWAGYUのリブアイ$78.99などがあり、シェフテイスティングメニュー$139.99もおすすめ。レストラン利用者はナイトクラブ(→P.172)の入場料が免除される。

プライムビーフのステーキは$46.99～

フォーコーナー西
Map 折込裏 A5
リオ・オールスイート

DATA
位置リオ・オールスイート➡P.134マスカレードタワーの50・51階。専用のエレベーターがある　住3700 W. Flamingo Rd.　☎(702)777-7800　URL caesars.com/rio-las-vegas/restaurants/voodoo-steak　時間木～日17:00～22:00　時間月～水　予約要予約　CC AMV
行フォーコーナーから西へ徒歩20分

=フォーマル　=ビジネスカジュアル　=カジュアル　💲=1名当たりの予算の目安

最上階からのゴージャスビューをひとり占め！

 $50〜

リベア
Rivea

フレンチの巨匠、アラン・デュカスが監修するレストラン。デラーノ・ラスベガスの最上階という、最高のロケーションで展開する地中海料理は、新鮮な西海岸産の食材でシンプルに仕上げる。ミクソロジーカクテルのほか、フランスやイタリア、カリフォルニア産ワインを300種類以上取り揃えている。カクテル$14〜24、メインは$48〜78が目安。

特別な人と出かけたいゴージャスなダイニング

新フォーコーナー
Map P.29-A4

デラーノ・ラスベガス

DATA
位置デラーノ・ラスベガス➡P.96最上階 住3950 Las Vegas Blvd. S. ☎(1-877)632-5400 URL www.delanolasvegas.com/en/restaurants/rivea.html 時間毎日17:30〜22:00 予約予約をすすめる CC A D M V 行新フォーコーナーのエクスカリバーからトラムで1駅

噴水が見える特等席で至福のときを

 $30〜50

ラゴ
Lago

気取らない雰囲気で最先端のイタリアンが味わえる。真っ白なお皿をキャンバスに見立て、繊細で色彩豊かな盛りつけの料理が次々と運ばれてくる。1品ごとのボリュームが抑えられているので、いろいろチャレンジできる楽しさがある。前菜$12〜160、メイン$38〜160。金〜日曜の10:00〜14:30に提供されるウイークエンドブランチもおすすめ。

サンデイブランチのメニューの一例

フォーコーナー
Map P.30-A3

ベラッジオ

DATA
位置ベラッジオ➡P.84正面玄関右側、エルメスがある通路を進む 住3600 Las Vegas Blvd. S. ☎(702) 693-8888 URL bellagio.mgmresorts.com/en/restaurants/lago.html 時間ランチ毎日11:00〜14:30（金・日10:00〜）、ディナー毎日17:00〜22:00（金〜日〜23:00）予約予約をすすめる CC A J M V 行フォーコーナーから南へ徒歩2分

専属の漁師から直接仕入れる上質なシーフード

 $60〜

レイクサイド
Lakeside

水辺に面した気持ちのよいロケーションで、新鮮なシーフードを中心とした洗練された料理が食べられる。30分ごとに行われる、音楽とプロジェクションマッピングを駆使した噴水ショーを楽しみたいならテラス席がおすすめ。ロブスターやカキなどの魚介がたっぷりのった盛り合わせ（Shellfish Plateau）は$195。

噴水ショーは回によって内容が異なるので飽きることはない ©Wynn Las Vegas

フォーコーナー
Map P.31-B2〜3

ウィン＆アンコール・ラスベガス

DATA
位置ウィン＆アンコール➡P.86正面玄関右側の湖畔 住3131 Las Vegas Blvd. S. ☎(702)770-3310 URL www.wynnlasvegas.com/dining/fine-dining/lakeside 時間毎日17:30〜22:00（金・土〜22:30）予約要予約 CC A M V 行フォーコーナーから北へ徒歩2分

ベラッジオの噴水ショーとともに食事を楽しめる

 $60〜

スパゴ
Spago

2018年夏よりベラッジオ噴水目の前にオープンした、スターシェフのウルフギャング・パックが手がけるレストラン。ハンドメイドのパスタやピザ、シーフードやステーキなど、どれも洗練された味わいでプレゼンテーションもおしゃれ。ストリップの夜景を背景に大迫力の噴水ショーが間近で見られロマンティックな雰囲気なので、特別な日のディナーにぴったりだ。

パティオ席は人気なので予約が必須 ©MGM Resorts International ®

フォーコーナー
Map P.30-A2

ベラッジオ

DATA
位置ベラッジオ➡P.84正面玄関右側、エルメスがある通路を進む 住3600 Las Vegas Blvd. S. ☎(702) 693-8181 URL wolfgangpuck.com/dining/spago-lv 時間ブランチ金〜日11:00〜14:30、ディナー毎日17:00〜22:00 予約要予約 CC A D J M V 行フォーコーナーから南へ徒歩2分

アメリカ料理

✕ 特別な日に食事をしたいダイニング

 🍴 $70〜

トム・コリッキオ・ヘリテージステーキ
Tom Colicchio's Heritage Steak

最高の肉を薪のオーブンと炭火焼きグリルでていねいに火を入れる。人気のメニューはフィレFilet Mignon$66、プライム・ニューヨークストリップNew York Strip$65、バターが効いたロブスターの蒸し煮Braised Lobster$90など。付け合わせには素材のよさを生かした野菜のソテーがおすすめ。海の幸の前菜も多い。

メインダイニング以外にラウンジもある

フォーコーナー
Map P.31-A4
ミラージュ

DATA

[位置] ミラージュ1階➡P.106正面玄関前 [住] 3400 Las Vegas Blvd. S. [Free] (702)791-7330 [URL] mirage.mgmresorts.com/en/restaurants/ [時間] 木〜日17:00〜22:00(金・土〜23:00) [休] 月〜水 [予約] 予約をすすめる [CC] ADJMV [行] フォーコーナーから北へ13分

✕ ファーム・トゥ・テーブルのダイニング

🍴 $20〜

デラズ・キッチン
Della's Kitchen

野菜は水耕栽培の無農薬、肉はホルモン剤を投与せずに育ったものを使う。そして可能な限りローカルのものやアメリカ南西部産でまかなうのがポリシー。ハーブやトマトといった野菜はマンダレイベイの温室で栽培されており、鮮度抜群。素材を生かしたやさしい味つけのメニューが人気だ。営業時間は短いので注意。

ブルークラブ(ワタリガニ)のベネディクト

新フォーコーナー
Map P.29-A4
デラーノ・ラスベガス

DATA

[位置] デラーノ・ラスベガス➡P.96ロビー付近 [住] 3940 Las Vegas Blvd. S. ☎ (702)632-9250 [URL] delanolasvegas.mgmresorts.com/en/restaurants/dellas-kitchen.html [時間] 木〜月6:00〜13:00(金〜日〜14:00) [休] 火・水 [予約] 不要 [CC] ADJMV [行] 新フォーコーナーのエクスカリバーから無料トラムで1駅

✕ スタイリッシュな南部料理を召し上がれ

🍴 $20〜50

ヤードバード
Yardbird

南部料理を代表するフライドチキン&ワッフル、自家製ソースがたっぷりのポークやチキンBBQなどをモダンにアレンジ。サラダもシンプルなケールサラダからプルドBBQをトッピングしたものまでバラエティ豊か。100%ナチュラルのチキン、ホームメイドのビスケット、BBQプレートなど、どれもおすすめ。ランチ$15〜76、ディナーのメイン$28〜76。

ウッディな雰囲気のダイニング

フォーコーナー
Map P.31-B4
ベネチアン

DATA

[位置] ベネチアン➡P.881階レストランロ [住] 3355 Las Vegas Blvd. S. ☎ (702)297-6541 [URL] runchickenrun.com/las-vegas [時間] 毎日11:00〜23:00(ブランチ土・日9:30〜16:00) [予約] 不要 [CC] ADJMV [行] フォーコーナーから北へ徒歩20分

✕ シカゴの有名店が満を持してラスベガスに登場

 🍴 $70〜

バベッツ・ステーキハウス&バー
Bavette's Steakhouse & Bar

シカゴ発祥のステーキハウス。シカゴの店は数週間先まで予約がいっぱいという人気店だが、ここなら気軽に訪れることができる。重厚なソファ席が並ぶクラシカルなインテリアの店内の中央には大きなバーカウンターがあり、ムードは満点。ジューシーな高級肉のプライムビーフは、フィレミニヨンやリブアイなどの部位をさまざまなスタイルで提供してくれる。

ワンランク上のディナーを楽しめる
©MGM Resorts International ®

新フォーコーナー
Map P.29-A1
パークMGM

DATA

[位置] パークMGM➡P.128正面玄関からカジノエリアを奥へ進んだ右側 [住] 3770 Las Vegas Blvd. S. ☎ (702)730-6700 [URL] bavettessteakhouse.com/las-vegas [時間] 毎日17:00〜22:00 [予約] 要予約 [CC] AMV [行] フォーコーナーから北へ徒歩8分

 読者の声 ▶ **バフェのはしご** ▶バッカナルバフェ(→P.210)のランチは、カニ好きにはいいかもしれないが、肉類がよくない。正直おいしくなかった。ウィキッドスプーン(→P.210)のランチはおすすめ。

✕ フォトジェニックなシェイクが名物

👕 💲 $25～

フォーコーナー
Map P.31-B4
ベネチアン

ブラック・タップ・クラフトバーガー＆ビアー
Black Tap Craft Burgers & Beer

ポップなインテリアがアメリカらしいカジュアルな雰囲気のレストラン。人気メニューはさまざまな賞を受賞しているクラフトハンバーガー$19.50～24。アメリカンやメキシカン、チリチーズなど11種類あり、どれもボリューム満点なのでふたりでシェアしてもよさそう。カラフルにデコレーションされたクレイジーシェイクCrazy Shakeは$15.50～19。

付け合わせはフライドポテトかオニオンリングが選べる

---- **DATA** ----

位置 ベネチアン→P.88正面玄関からカジノエリアを奥へ進んだ左側
住 3355 Las Vegas Blvd. S.
☎ (702)414-2337
URL blacktapnyc.com/restaurant-menu/las-vegas/
時間 毎日11:00～23:00(金・土～24:00) 予約 不要
CC A M V
行 フォーコーナーから北へ徒歩20分

✕ スタッフのサービスと居心地のよさが◎

👕 💲 $25～

ダウンタウン
Map P.32-B2

トリプルジョージ・グリル
Triple George Grill

エントランス側にカウンター席、奥に進むとテーブル席がある。ダウンタウンではとても雰囲気のいいダイニングで、炭火焼のステーキが好評。ポークチョップ$23.95、ラムチョップ$55、NYストリップ14オンス(約414g)$37.95、リブアイ16オンス(約450g)$65～など、味もコスパもいい。ローストハーフチキン$29、スープやサラダ$14～15、ランチもリーズナブルだ。

ランチメニューのターキーと野菜のラップサンド

---- **DATA** ----

位置 Ogden Ave. St.と3rd St.の角
住 201 N. 3rd St.
☎ (702)384-2761
URL www.triplegeorgegrill.com
時間 月～金11:00～22:00(金～23:00)、土・日16:00～23:00(日～22:00)
予約 予約をすすめる CC A M V
行 Fremont St.と4th St.のデュースバス停から南西に徒歩4分

✕ ダウンタウンの名所的なレストラン

👕 💲 $50～

ダウンタウン
Map P.32-A1～B1
プラザ

オスカーズ
Oscar's

レストランの名前は前ラスベガス市長のオスカー・グッドマン氏にちなんだもの。彼自身がプロデュースした店内には、ラスベガス市長時代に活躍した彼の写真がずらり！

メニューはステーキ$51～115を中心に、前菜$14～28、サラダ$12～14などサイドの種類も豊富。カクテル類も充実している。

ステーキだけでなく前菜のクラブケーキも最高の味

---- **DATA** ----

位置 プラザ2階→P.138正面玄関から左のカジノフロアを奥へ進み、2階へ続くエスカレーターで
住 1 Main St. ☎ (702)386-7227
URL www.oscarslv.com
時間 水～日17:00～22:00(ラウンジ17:00～22:00) 休 月・火 予約 予約をすすめる CC A M V 行 メインストリート沿い、フリーモントストリートの前

✕ 野菜やフルーツがたっぷり食べられる

👕 💲 $15～40

新フォーコーナー
Map P.29-A1
パークMGM

プリムローズ
Primrose

朝食やブランチ、ランチに人気のさわやかな雰囲気のレストラン。南フランスをイメージして造られた店内は明るく広々としており、植物に囲まれたテラス席はラスベガスにいることを忘れてしまうほど開放的だ。おすすめは、野菜たっぷりの地中海プレートMediterranean Plate$19やバターミルクシーザーサラダ$14など。

彩りも鮮やかで体によさそうな料理が揃う

---- **DATA** ----

位置 パークMGM→P.128正面玄関入ってすぐ
住 3770 Las Vegas Blvd. S.
☎ (702)730-6600
URL parkmgm.mgmresorts.com/en/restaurants/primrose.html
時間 毎日7:00～14:00
予約 不要 CC A D J M V
行 フォーコーナーから北へ徒歩8分

ラスベガスのバフェのなかでも評価が高い。ベラッジオのブランチバフェ(→P.210)は、はずれなし。何を食べてもおいしかった。(東京都　T.T '16)['23]

フランス料理

✕ ヨーロッパ調のインテリアがおしゃれ

👕 $ $20〜50

ブション
Bouchon

数々の受賞歴のある有名シェフ、トーマス・ケラーによるフレンチレストラン。ディナーで本格的なフランス料理が食べられるほか、店内は日当たりが良く明るい雰囲気なので、ゆったりと朝食や昼食をとるのにも最適。人気メニューは濃厚なソースがおいしいクロックマダム$27。毎日17:00にスタートするオイスターバーも好評。

具をハムかスモークサーモンから選べるエッグベネディクト

フォーコーナー
Map P.31-B4
ベネチアン

DATA

📍 ベネチアン➡P.88ベネチアタワー1階 📮 3355 Las Vegas Blvd. S. ☎ (702) 414-6200 URL www.venetianlasvegas.com/restaurants/bouchon.html 🕐 毎日17:00〜22:00（ブランチ木8:00〜13:00、金・日8:00〜14:00） 予約要予約 CC AMV 🚶 フォーコーナーから北へ徒歩20分

✕ 上質でモダンな一品を心ゆくまで堪能したい

🧥 $ $30〜50

バルドー・ブラッセリー
Bardot Brasserie

お酒と軽い食事が楽しめるブラッセリー本来のコンセプトはそのままに、ワンランク上のモダンで品のある食事が楽しめる。例えば、生牛肉のタルタルPrime Steak Tartare$21は、アメリカではまず見られないメニュー。新鮮な食材を使っているという自信の表れだ。USDAプライムのステーキ16オンス（約450g）$69もおすすめ。スイーツもお忘れなく！

シックな雰囲気のダイニング

フォーコーナー
Map P.30-A4
アリア

DATA

📍 アリア➡P.822階のプロムナード 📮 3730 Las Vegas Blvd. S. Free (702) 590-8610 URL aria.mgmresorts.com/en/restaurants/bardot-brasserie.html 🕐 水〜日17:00〜22:00（金〜日9:00〜） 予約予約をすすめる CC ADJMV 🚶 フォーコーナーから南へ徒歩15分

イタリア料理

✕ フランク・シナトラの名曲が流れる優雅なダイニング

🧥 $ $50〜

シナトラ
Sinatra

正統派のイタリアンをベースに、モダンなアレンジを加えている。人気メニューは、レモンビネガーのソースがさわやかな牛肉のカルパッチョCarpaccio di Manzo$25、仔牛肉のカツレツVeal Parmigiana$65、エビやハマグリ、イカなど贅沢な魚介類がたくさんのシチューCioppino$85など。どの料理もボリュームがあるので、シェアしていろいろ楽しんでみたい。

ダイニングは屋内外にあり、豪華なバーもある
©Barbara Kraft

フォーコーナー
Map P.31-B2〜3
ウィン＆アンコール・ラスベガス

DATA

📍 ウィン＆アンコール➡P.86アンコール側エントランス付近 📮 3131 Las Vegas Blvd. S. ☎ (702) 770-5320 URL www.wynnlasvegas.com/dining/fine-dining/sinatra 🕐 毎日17:30〜22:00（金・土〜22:30） 予約予約をすすめる※5歳以下の子供は不可 CC AMV 🚶 フォーコーナーから北へ徒歩25分

✕ イタリアの街角、華やぎある市場をイメージした

👕 $ $30〜

メルカート・デラ・ペスチェリア
Mercato Della Pescheria

サンマルコス広場に面した場所にテラス席、奥のダイニングエリアにはオープンキッチンがあり、毎日手作りされるパスタやラビオリ、マーケットから仕入れた新鮮な魚介類が次々とケースに並べられていく。ウッドオーブンで焼かれる薄い生地のサクサクピザ$18〜22、パスタ類$24〜38、メインのステーキやシーフードは$35〜60が目安。

本場イタリアの味とあたたかさを感じる

フォーコーナー
Map P.31-B4
ベネチアン

DATA

📍 ベネチアン2階➡P.88グランドキャナル・ショップス（→P.198）のサンマルコス広場 📮 3355 Las Vegas Blvd. S. ☎ (702) 837-0309 URL www.venetianlasvegas.com/restaurants/mercato-della-pescheria.html 🕐 毎日11:00〜22:30 予約予約をすすめる CC AMV 🚶 フォーコーナーから北へ徒歩20分

👗=フォーマル　🧥=ビジネスカジュアル　👕=カジュアル　$=1名当たりの予算の目安

フランス料理／イタリア料理／中国料理

中国料理

ミスターチャウ
Mr. Chow

独創的な北京料理をサーブするモダンなダイニング $50〜

ロンドン、ビバリーヒルズなどにあるセレブ御用達のチャイニーズレストラン。定番の人気メニューは、古典的な手作り麺のMr. Chow Noodle$32。ショウガとコリアンダーが効いたスズキの蒸し物$60.50、北京ダックとクルミの炒め物$54など一品料理のほか、セミプリフィックスメニュー（2名から受付。1名$102〜）などのコースもある。

高い天井が開放的なダイニング

フォーコーナー
Map P.30-A1〜2
シーザーズパレス

DATA
位置シーザーズパレス➡P.90バッカナルバフェ北側のエレベーターで2階へ
住3570 Las Vegas Blvd. S.
☎(702)731-7888 URL www.caesars.com/caesars-palace/restaurants/mr-chow 時間木〜月17:00〜21:30 予算予約をすすめる CC AMV
交フォーコーナーから北へ徒歩3分

ヌードルズ
Noodles

カジノに疲れたとき、胃にしみわたるだしの味 $20〜40

麺の種類は20種類以上。温かいフォーやラーメン、ビーフン、焼きそばなどどれをとっても外れがなく、油分は少なめで、味つけも上品。ほかにもチャーハンやお粥、シーフード、バーベキューなどのメニューもある。金曜から日曜の11:00〜15:00はオーダー式の飲茶もやっていて、少人数で多種類食べるのにはもってこい。

麺類は$17.88〜32.88

フォーコーナー
Map P.30-A2〜3
ベラッジオ

DATA
位置ベラッジオ➡P.84正面入口から右のカジノフロア方面へ。バカラの隣
住3600 Las Vegas Blvd. S.
☎(702)693-8131
URL bellagio.mgmresorts.com/en/restaurants/noodles.html
時間木〜月11:00〜23:00（金・土・翌1:00）予算不要 CC ADJMV
交フォーコーナーから南へ徒歩2分

北京ヌードル・ナンバーナイン
Beijing Noodle No.9

手延べ麺の実演が目を引く $15〜30

オープンキッチンの向こうでは、ラーメン職人が黙々と手延べ麺を作っている。中国料理らしからぬゴールドと白を基調にした内装。中国料理ならたいていのものがあるが、おすすめは麺類やチャーハン、点心類。麺は、黄卵麺、米粉（ビーフン）、刀削麺、手拉麺から選ぶことができる。エビギョウザ$16.99、焼きそば$21.99。

手延べ麺作りの実演が見られる

フォーコーナー
Map P.30-A1〜2
シーザーズパレス

DATA
位置シーザーズ➡P.90正面正面玄関からカジノエリアを突っ切ってすぐ左側
住3570 Las Vegas Blvd. S.
Free(1-877)346-4642 URL www.caesars.com/caesars-palace/restaurants/beijing-noodle-number-9 時間毎日11:00〜23:00
予算予約をすすめる CC AMV
交フォーコーナーから北へ徒歩3分

フフ
Fuhu

趣向を凝らしたアジア料理 $15〜30

中国をはじめ日本、タイ、ベトナムなど、伝統的なアジア料理にひと手間加えたオリジナリティあふれる料理が楽しめる。寿司や刺身にもスパイスやハーブが用いられたのもあり、アメリカで進化した新しい日本食のアレンジが新鮮だ。純米から大吟醸まで日本酒の種類も豊富。北京ダック（ハーフ$60）や、飲茶$9〜なども人気だ。

華やかなエントランスが目印

フォーコーナー
Map P.31-A2
リゾート・ワールド

DATA
位置リゾート・ワールド➡P.1171階プラザ口を入ってすぐ
住3000 S Las Vegas Blvd. S.
☎(702)676-6907 URL rwlasvegas.com/dining/fuhu 時間日〜木17:00〜23:00、金・土17:00〜24:00（ブランチ土12:00〜15:00）予算予約をすすめる CC AMV 交フォーコーナーからデュースで20分

中国料理

ワゴンスタイルの飲茶

KJディムサム＆シーフード
KJ Dim Sum & Seafood

$15〜25

ラスベガスのチャイナタウンに本店KJ Kitchinをおく広東料理レストラン。本店にはないワゴンスタイルの飲茶を提供しており、アツアツの点心（1品$5前後）をその場で選べるのがいい。スープや麺類、海鮮料理、チャーハンなど（$10〜）のメニューも豊富。本格派のチャイニーズレストランなので、ひとりより大勢のほうが入りやすい。

チャイナタウンで評判の味を召し上がれ

フォーコーナー西
Map 折込裏 A5

リオ・オールスイート ★

DATA
位置 リオ・オールスイート ➡P.134内 **住** 3700 W. Flamingo Rd. **☎** (702)777-7777 **URL** www.caesars.com/rio-las-vegas/restaurants/kj-dim-sum-and-seafood **時間** 毎日10:00〜22:00 **予約** 不要 **CC** A M V **行** フォーコーナーから西へ徒歩20分

中国＆メキシコ料理

前菜はタコス、メインはタンメン

チャイナ・ポブラーノ
China Poblano

$20〜35

中華とメキシコ料理が一緒に食べられる珍しい店。飲茶、春巻き、中華の麺類、チャーハン、タパス、サルサチップス、タコス、セビーチェ（魚介類のマリネ）などのメニューが揃い、値段もひと皿$6〜20とリーズナブル。ビールも中国、メキシコ両国のものを揃え、サービスもよい。テイクアウトメニューも充実していて、タコス$6〜8、飲茶は1セット6個入りでシュウマイ、春巻きが$12.88〜18.88、麺類やスープも持ち帰りできる。

彩りが美しい野菜のチャーハン

フォーコーナー
Map P.30-A3

コスモポリタン

DATA
位置 コスモポリタン ➡P.94 2階カジノ中央のシャンデリアを囲む一角 **住** 3708 Las Vegas Blvd. S. **☎** (702)698-7900 **URL** www.chinapoblano.com **時間** 毎日11:00〜22:00（金・土〜22:30）**予約** 予約をすすめる **CC** A D J M V **行** フォーコーナーから南へ徒歩8分

ギリシア料理

巨大なシーフードバーがある

エスティアトリオ・ミロス
Estiatorio Milos

ランチ$20〜、ディナー$50〜

地中海の島をイメージさせる白を基調とした、清潔感あふれるダイニング。テーブル担当に案内される巨大なシーフードバーで、おすすめの魚や調理法を聞いたら、その場で素材をチョイスするスタイル。ズッキーニとナスのフライにチーズを重ねたMilos Special$21、タコのグリル$38、クラブケーキ$38など、どれもさっぱりとした口当たりで日本人好み。

新鮮なタコをグリルした1品

フォーコーナー
Map P.31-B4

ベネチアン

DATA
位置 ベネチアン ➡P.88 1階 **住** 3355 Las Vegas Blvd. S. **☎** (702)414-1270 **URL** www.estiatoriomilos.com **時間** 毎日11:45〜24:00（日〜23:00）**予約** 予約をすすめる **CC** A D J M V **行** フォーコーナーから北へ徒歩20分

タイ料理

ボリューム満点の絶品タイ料理

ロータス・オブ・サイアム
Lotus of Siam

$30〜

本格的なタイ料理がリーズナブルに楽しめると、観光客だけでなく地元民からも評価がよい。おすすめは、ココナッツミルク入りの濃厚なカレーヌードルのカオソーイKhao Soi$18や、甘辛い自家製ソースがクセになるガーリックシュリンプ（時価）など。ストリップから少し距離があるが足を運ぶ価値はある。

人気店なので予約をして訪れよう

新フォーコーナー
Map 折込裏 C5

DATA
位置 E. Flamingo Rd.沿い **住** 620 E Flamingo Rd. **☎** (702)735-3033 **URL** lotusofsiamlv.com **時間** 月〜金・日17:30〜22:00（ランチは金・日・月12:00〜15:30）、土12:00〜22:00 **予約** 予約をすすめる **CC** A M V **行** フォーコーナーからE. Flamingo Rd.を東に徒歩15分

222

=フォーマル =ビジネスカジュアル =カジュアル $=1名当たりの予算の目安

ベトナム料理

✕ 優しい味でほっとする、ベトナムのライスヌードル　👕 ✈ $15〜

フォー・ベトナミーズ
Pho Vietnamese

ラスベガスでは珍しい、ベトナムのフォーが食べられる店。鶏ガラから取ったスープに米の麺のコンビネーションは、とても落ち着く味。冷房がきつかった身にはとても温まる。フォー（$19〜24）は鶏や牛肉のほかに、野菜、魚介類もある。カレー、チャーハン、生春巻きやビーフン、ベトナムコーヒーもあって、さくっと食べたいときにいい。

小腹がすいたときにいいフォー

フォーコーナー
Map P.31-A3〜4
TI:トレジャーアイランド

--- DATA ---
位置 TIトレジャーアイランド➡P.131ビー側から入り左正面のコーヒーショップ内
住所 3300 Las Vegas Blvd. S.
Free (1-800)944-7444
URL treasureisland.com/restaurant/18/phovietnamese
時間 金〜火17:00〜22:00（金・土〜24:30）予約不要 CC ADJMV
行 フォーコーナーから北へ徒歩18分

日本＆南米料理

✕ コンセプトは「フレッシュでユニークで記憶に残るひと皿」　👕 $40〜

スシサンバ
Sushisamba

ヘルスコンシャスな和食に、肉と豆が主体の豪快な南米料理をミックス。例えばハラペーニョとレモングラスがさやかなハマチの刺身$20のように、香辛料など南米の味を加えた創作料理といった感じだ。カボチャピューレとA5ランクの和牛を使用した餃子Japanese A5 Wagyu Beef Gyoza $25などユニークなメニューが揃っている。寿司ネタと米はおもに日本から空輸している。

豚の味噌焼き$12や、鴨の胸肉焼き$25など炉端焼きメニューも豊富

フォーコーナー
Map P.31-B3〜4
パラッツォ

--- DATA ---
位置 パラッツォ ➡P.88 北端２階（Second Level）
住所 3327 Las Vegas Blvd. S.
☎ (702)607-0700
URL www.sushisamba.com
時間 毎日11:30〜24:00（金・土〜翌1:00）予約 予約をすすめる
CC AJMV
行 フォーコーナーから北へ徒歩17分

日本料理

✕ SFの有名ラーメン店、刀屋の妹分　👕 $10〜15

らーめん屋
Ramen-ya

📣読者の声
スパイシー・ミソ$17.44を注文。麺は細麺、スープはしっかりめの白味噌に辛味の赤スープをミックスしている。麺はボリュームがあるので、男性でも物足りない感はないはず。かき揚げやパクチー、チャーシューがトッピングされており、これが合うか否かは微妙なところだが、総合的においしかった。（東京都　武部光子 '15)['23]

ラーメンはテイクアウト可。そのほか巻き寿司、カレー、牛丼などのメニューもある

フォーコーナー
Map P.30-B2

--- DATA ---
位置 グランド・バザール・ショップス ➡P.201
住所 3615 Las Vegas Blvd. S. #109
☎ (702)586-6889
URL www.ramen-katanaya.com
時間 毎日11:00〜23:00
予約 なし 予約不可 CC AMV
行 フォーコーナーすぐの南東角

✕ モダンなインテリアのスシバー　👕 $31〜50

すし六
Sushi Roku

アメリカ西海岸を中心に5店舗を展開しており、竹や古木を使ったインテリアが重厚感を出していて落ち着ける。窓の外に広がるストリップの喧騒がうそのような別世界だ。マグロやサーモンなど6貫の握りがのったSushi Plate$36など寿司を中心とした日本料理は正統派。バラエティ豊かなロール寿司もおすすめ。カジュアル過ぎない服装で。

盛りつけも独創的だ

フォーコーナー
Map P.30-A1
フォーラムショップス

--- DATA ---
位置 フォーラムショップス➡P.197ストリップ側の3階
住所 3500 Las Vegas Blvd. S.
☎ (702)733-7373
URL www.innovativedining.com
時間 月〜木16:00〜21:00、金〜日12:00〜22:30（日〜21:00）
予約 予約をすすめる CC AJMV
行 フォーコーナーから北へ徒歩5分

日本料理

✕ 特別な日に噴水を見ながらディナーを！

 $50～

フォーコーナー
Map P.30-A2
ベラッジオ

イエローテイル
Yellowtail

メインは握り、巻き物とも寿司のメニューが豊富だが、創作料理もぜひ味わってほしい。その独創的かつ意欲的な皿の数々は、日本料理の枠を超え、各国料理のエッセンスと芸術的なマリアージュを生み出している。お任せコースはデザートを含めて7品で$149。ロブスターのカルパッチョ$39や鹿児島A5和牛$55も人気。日本酒も豊富に揃っている。

神戸牛ショートリブの角煮（手前）とツナのピザ（右）。どちらもおまかせコースのサイズなので小さめ

--- DATA ---
位置 ベラッジオ➡P.84 ヴィア・ベラッジオへ行く噴水側
住 3600 Las Vegas Blvd. S.
☎ (702) 730-3900 URL bellagio.mgm
resorts.com/en/restaurants/yellow
tail-japanese-restaurant-lounge.html
時間 毎日17:00～22:00（金・土～23:00）予約 要予約 CC AMV
行 フォーコーナーから南へ徒歩2分

✕ 創作日本料理のパイオニア松下信幸氏のレストラン

 $60～

フォーコーナー
Map P.30-A1～2
ノブホテル

ノブ
Nobu

寿司、刺身、天ぷらといったオーソドックスな日本料理のほか、ロックシュリンプをバターポン酢、またはハラペーニョソースであえたRock Shrimp Tempura Creamy Spicy$30のような南米、欧米料理と融合したメニューが多い。鉄板焼きテーブルがあるのもほかの支店と違う点。7～9品の鉄板おまかせコース$225はベジタリアン対応$100もある。

クリーミーなソースが決め手のロックシュリンプ

--- DATA ---
位置 ノブホテル➡P.99 ロビーに隣接
住 3570 Las Vegas Blvd. S.
☎ (702) 785-6628
URL www.noburestaurants.com
時間 毎日17:00～22:00
予約 要予約
CC ADJMV
行 フォーコーナーから北へ徒歩3分

ブリュワリー

✕ 造りたてのクラフトビールを味わおう

 $20～

ダウンタウン
Map P.32-B2～3

バンガー・ブリューイング
Banger Brewing

常時8～12種類のクラフトビールを製造し、うち2～3種類は季節限定の銘柄を月替わりで提供している。受賞歴のあるEL HEFFE (Jalepeno Hefeweizen)は、ローストしたハラペーニョとセラーノ・トウガラシを原料に使用。スパイシーな風味が絶妙だ。1杯90ml ほどのビールを4種類楽しめるフライトは$8、レギュラーのグラスビール$5～、カクテル$12～。

クラフトビールのみ、フードメニューはない

--- DATA ---
位置 Fremont St.沿い、4th.とLas Vegas Blvd.の間にあるネオノポリス内 住 450 Fremont St., Suite135
☎ (702) 456-2739 URL bangerbrewing.com 時間 毎日12:00～24:00（土・日11:00～）
予約 不要（グループの場合要予約）
CC AMV 行 Fremont St.と4th
St.のデュースバス停から北西に徒歩2分

✕ モダンなビアガーデンで極上クラフトビール

 $20～

新フォーコーナー
Map P.29-A1

ビアハウス
Beerhaus

20～30種類のドラフトビールと缶ビールを揃え、ライブ演奏や巨大液晶テレビでのスポーツ中継も行われている。地元NHLチームのゴールデンナイツの試合時は特に混雑する。ラスベガス周辺のローカルビールも豊富に揃えており、スタッフに好みを伝えればIPAからピルスナーまで、好みのテイストを提供してくれる。人気メニューはフライドピクルスと自家製プレッツェル。ビールとの相性も抜群。

右下のフライドピクルスは、酸味と油がマッチして美味

--- DATA ---
位置 パーク内➡P.63
住 3782 Las Vegas Blvd. S.
☎ (702) 692-2337
URL newyorknewyork.mgmresorts.
com/en/restaurants/beerhaus.html
時間 毎日11:00～23:00（金～24:00、土～翌1:00）予約 不要
CC AMV 行 新フォーコーナーから北へ徒歩4分

=フォーマル ＝ビジネスカジュアル ＝カジュアル $＝1名当たりの予算の目安

カフェ＆スイーツ

✕ プレミアムコーヒーが最高のイタリアンカフェ

👕 💲 $13〜

エスプレッサメンテ・イリー
Espressamente Illy

世界22ヵ国のコーヒー豆を常時150種以上揃え、注文に応じて香り高いコーヒー$3.75〜を淹れてくれる。朝やランチにはベーグル&クリームチーズ$5〜、フルーツサラダ$5.50〜で腹ごしらえ、休憩ならその場で焼いてくれるクレープGalato Crepeがおすすめ。35種類以上のイタリアンジェラートからお好みのフレーバーをリクエスト。甘過ぎないホイップ添えで$13.95。

焼きたてのクレープにピスタチオのジェラートを添えて。甘くないサボイクレープもある

DATA
位置 ベネチアン➡P.88のレストランロウ
🏠 3325 Las Vegas Blvd. S.
☎ (702)869-2233
URL www.grandcanalshoppes.com
時間 毎日9:00〜21:00（金・土〜22:00）
予約 不要
CC AMV
行 フォーコーナーから北へ徒歩20分

✕ スイーツもパンもおいしいカフェ

👕 💲 $10〜15

カフェ・ベル・マドレーヌ
Café Belle Madeleine

パリの街角にあるパン屋さんのような雰囲気。ショーケースには色とりどりのスイーツ$6〜13がずらり。日本のサイズよりやや大ぶりだが、甘さは控えめでフルーツをふんだんに使ったデコレーションがかわいらしい。クロワッサンやマフィン、キッシュ、サラダほか、お好みの具をカスタマイズして作るサンド類など、軽食も外れなし。

ほっとする甘さのスイーツが揃っている

DATA
位置 パリス➡P.102の正面玄関から右方向へ直進
🏠 3655 Las Vegas Blvd. S.
☎ (702)946-7000
URL www.caesars.com/paris-las-vegas/restaurants/cafe-belle-madeleine
予約 不要　CC ADJMV
行 フォーコーナーから南へ徒歩5分

✕ 天気のいい日に訪れたいカジュアルなイタリアンカフェ

👕 💲 $20〜

カッシ・ビーチハウス
Kassi Beach House

ヴァージン・ホテルズ・ラスベガスのプールサイドにあるカフェ。カウンター席やテーブル席のある店内のほか、ソファが配されたテラス席もあり、イタリアの海辺のような雰囲気。ブランチタイムは毎日11:00〜15:00なので、寝坊した遅めの朝食にも重宝する。毎週水曜の21:00〜はDJが盛り上げるハウスパーティが開催される。

さわやかな風が吹き抜ける開放的なテラス

DATA
位置 ヴァージン・ホテルズ・ラスベガス➡P.1161階
🏠 4455 Paradise Rd. Las Vegas, NV 891. ☎ (702)693-4000
URL kassibeach.com　時間 毎日11:00〜23:00（金・土〜0:00）
CC AMV　行 RTDバス#108（南行き）でParadise Rd.とHarmon Ave.の角で下車

✕ 朝食にぴったりな焼きたてパンが並ぶ

👕 💲 $10〜20

ドミニク・アンセル
Dominique Ansel

人気パティシエのドミニク・アンセルが手がける、クロワッサンとドーナツを掛け合わせたクロナッツ$8.99が大人気のベーカリーカフェ。見ためも美しいパティスリーや、キャラメルコーティングしたクロワッサンのDKA$7.99、チョコクッキーの器にミルクを入れたチョコレートチップクッキーショット$7.99もおすすめだ。

小さなイートインスペースもある

DATA
位置 シーザースパレス➡P.90内
🏠 3570 Las Vegas Blvd. S.
☎ (702)731-7865
URL caesars.com/caesars-palace/restaurants/dominique-ansel
時間 毎日7:00〜21:00
CC AMV
行 フォーコーナーから北へ徒歩3分

✕ 全米で急成長をとげるバーガー店

👕 💲 $15

シェイク・シャック
Shake Shack

NYマンハッタンのマディソンスクエア・パークで屋台から商売を始めたシェイク・シャック。こだわりは、ホルモン剤や抗生剤を一切使っていないオールナチュラルのアンガスビーフで作られたパテ。ベーシックなシャックバーガー$7.29は、チーズ、レタス、トマトをサンド。サクサクのポテトフライ$3.99、シェイク$5.99もトライしてみて！

シンプルだがうまいシャックバーガー ©Evan Sung

新フォーコーナー
Map P.29-A1
ニューヨーク・ニューヨーク

DATA
位置 ニューヨーク・ニューヨーク➡ P.108のストリップ北側
住 3790 Las Vegas Blvd. S.
☎ (725)222-6730
URL www.shakeshack.com
時間 毎日11:00～翌2:00
予約 不要
CC A M V
行 新フォーコーナーから北へ徒歩3分

✕ ファストフード界のキング

👕 💲 $15以下

イン＆アウト・バーガー
In-N-Out Burger

ロスアンゼルスを中心にカリフォルニア州で熱い人気を誇るバーガーチェーン。注文を受けてから調理するため待たされることが多いが、それでも何度も食べたくなる。ダブルダブル、チーズバーガー、ハンバーガーの3種類とシンプルなメニューだが、そこにレタスやトマト、ソースなど自分なりのトッピングやアレンジで注文するのがマニアのスタイル。

味もコスパも一級品

フォーコーナー
Map P.30-B1
リンク

DATA
位置 リンク内➡P.56
住 3545 Las Vegas Blvd. S.
Free (1-800)786-1000
URL www.in-n-out.com
時間 毎日10:30～翌1:00（金・土～翌1:30）
予約 不要
CC A M V
行 フォーコーナーから北へ徒歩10分

✕ 1921年カンザス州ウィチタで創業

👕 💲 $15以下

ホワイトキャッスル
White Castle

スライダーと呼ばれる薄いパテが特徴。バンズにスライダーとタマネギをサンドしたオリジナルスライダー$1.39。チーズを追加$1.69したり、パテをダブル$2.59にしたりすることも可能。サイドにはフレンチフライやオニオンチップス各$2.79、チキンリング$3.99などがあり、スライダーとドリンクとのコンボにしても$9前後。

正方形で小ぶりのハンバーガーが特徴

フォーコーナー
Map P.31-B4
ベストウエスタン・プラス・カジノロイヤル

DATA
位置 ベストウエスタン・プラス・カジノロイヤル➡P.133のストリップ側
住 3411 Las Vegas Blvd. S.
☎ (702)227-8531
URL www.whitecastlevegas.com
時間 24時間
予約 不要
CC A M V
行 フォーコーナーから北へ徒歩10分

✕ サンドイッチ伯爵11世が経営するサンドイッチ専門店

👕 💲 $15以下

アール・オブ・サンドイッチ
Earl of Sandwich

18世紀にサンドイッチを考案したといわれるイギリスの伯爵の直系子孫が、なんとサンドイッチ屋を始めた！　オーダーを受けてから作ってくれるホットサンドイッチは13種類あって$8.99～。「さすが本家」と絶賛されるおいしさで、今やアメリカ東海岸を中心に展開する人気店だ。こだわりの味をぜひご賞味あれ。シーザーズパレス(→P.90)にも支店あり。

中央がThe Earl's Club（ターキー、ベーコン、チーズ、トマト）$8.99。ツナサンドやベジタリアンサンドもある

フォーコーナー
Map P.30-B3
プラネットハリウッド

DATA
位置 ミラクルマイル・ショップス内➡P.196
住 3667 Las Vegas Blvd. S.
☎ (702)463-0259
URL www.earlofsandwichusa.com
時間 24時間
予約 不要
CC A J M V
行 フォーコーナーから南へ徒歩8分

LVトリビア　アール・オブ・サンドイッチ(→上記)のハワイアンメニュー▶ここのハワイアンメニューは、4世サンドイッチ伯爵が強力に支持したキャプテンクックのハワイ諸島(当時はサンドイッチ諸島)発見にちなんでいる。

ファストフード

日本人人気ナンバーワンのアメリカ・ファストフード

$15以下

パンダエクスプレス
Panda Express

フォーコーナー
Map P.30-B3
プラネット
ハリウッド

数あるアメリカのファストフードのなかで、日本人旅行者にダントツの人気を誇るのがパンダエクスプレス、通称パンエク。基本のチャーハンor焼きそばに、副菜を1品か2品付けるかで値段が変わってくる。頼むときもケースの料理を指して頼めばいいので簡単だ。ハラス、ベネチアン、ファッションショーにも支店あり。

野菜もたっぷり取れて日本人にはうれしい味

DATA
位置ミラクルマイル・ショップス➡P.196内レインストーム近く
住3663 Las Vegas Blvd. S.
☎(702)431-2268
URLwww.pandaexpress.com
時間毎日10:00〜22:30（金・土・23:00）
予約不要
交フォーコーナーから南へ徒歩8分

ニューヨークの名物ホットドッグ

$15以下

ネイサンズ・フェイマス
Nathan's Famous

フォーコーナー
Map P.30-B2〜3
ホースシュー

1916年ニューヨークのコニーアイランドで産声を上げた、歴史のあるホットドッグ店。多くの米国民に愛されてきたのは、ビーフの質の高さとジューシーでややスパイシーなソーセージ。ニューヨーク・ニューヨーク、MGMグランドにも支店あり。なお、バリーズのフードコートはイタリアンや中華のファストフードなどもあって、選べるのが楽しい。

ホットドッグ$3.99はアメリカの味

DATA
位置ホースシュー➡P.124のラスベガス・モノレール乗り場に近いフードコートの一角
住3645 Las Vegas Blvd. S.　☎(702)489-9330　URLnathansfamous.com
時間月〜水8:00〜22:00、木・金・日7:00〜22:00、土7:00〜23:00
予約不要　CCAJMV
交フォーコーナーから南へ徒歩2分

メイン州特産のロブスターを食べよう

$20

ロブスター・ミー
Lobster ME

フォーコーナー
Map P.31-B4
ベネチアン

メイン州でポピュラーなロブスターロールを中心に、クラムチャウダー（$8〜）やフィッシュ＆チップス（$12）などのニューイングランド風のメニューを展開している。主力のロブスターロール（$24）は異なるソースで風味がいろいろあり、チップスとコールスローが付く。ロブスタータコスや貝のソースがかかったチャウダーフライなど奇抜なメニューあり。

ロブスターを気軽に食べられる

DATA
位置グランド・キャナル・ショップス➡P.198フードコート付近
住3377 Las Vegas Blvd. S. #173
☎(702)912-0777
URLwww.lobsterme.com
時間毎日10:00〜23:00（金・土〜24:00）　予約不要
CCAMV
交フォーコーナーから北へ徒歩10分

早く、安く、おいしく！

$15以下

インターナショナル・イータリー
International Eatery

ダウンタウン
Map P.32-B2〜3

フリーモントストリートに隣接する巨大パーキング、ネオノポリスNeonopolisの1階にあるフードコート。ピザやハンバーガー、メキシカンや中華まで幅広い料理が手軽な値段で楽しめる。遅い時間まで営業しているので飲んだ帰りの小腹を満たしに立ち寄る人も。どの店も手軽にテイクアウトできるので部屋に持ち帰って食べるのもあり。

手軽に食事を済ませたいときに

DATA
位置Fremont St.沿い、4th St.とLas Vegas Blvd.の間にあるネオノポリス内　住450 Fremont St.
☎(702)776-8510　URLwww.neonopolislv.com/international-eatery
時間毎日11:00〜23:00
予約不要　CCAMV
交Fremont St.と4th St.のデュースバス停から北西に徒歩2分

女子のためのプチぼうけん応援ガイド
地球の歩き方 aruco 東京シリーズ

東京で海外気分を楽しむ！

東京で楽しむフランス

東京で楽しむ韓国

東京で楽しむ台湾

東京で楽しむ北欧

東京で楽しむハワイ

東京で楽しむイタリア&スペイン

東京で楽しむアジアの国々

東京で楽しむ英国

テーマで東京を深堀り！

東京

東京の手みやげ

東京おやつさんぽ

東京のパン屋さん

東京のカフェめぐり

nyaruco東京ねこさんぽ

東京ひとりさんぽ

東京パワースポットさんぽ

arucoシリーズ https://www.arukikata.co.jp/guidebook/series/aruco/

ゲーミング
Gaming

229

ゲーミング（ギャンブル）オリエンテーション

ORIENTATION OF GAMING

ルールを知って、ゲームを楽しもう！

ゲームを楽しむために覚えておきたいカジノのルールとマナー

日本で「カジノ」というと「ギャンブルのひとつ」と捉える人が多いだろう。「カジノ」とは、正確にはギャンブルが行われる施設のことをいう。では、カジノでプレイすることを何というか？ラスベガスでは「ゲーミング Gaming」という。そう、「ゲームを楽しむ」という意味合いが大きいのである。

そのゲーミングを楽しむために、いくつかのことを覚えておくと、実際にプレイするときにとてもスムーズ。ラスベガスのいい点は、世界中から観光客が集まるため、英語のわからない人もゲーミング初心者も大勢いるということ。ゲーミングに慣れていない人も、基本的なルールさえ知っていれば、すぐに楽しめる。

ルール▶基本中の基本

①カジノの中心はルーレットやクラップス

カジノの構造はどこも同じ。まず中央に、大勢の人が群がって騒いでいるクラップス（→ P.246）やルーレットのテーブル、その周りをブラックジャックなどカードゲームのテーブルが囲む。そして、ホテルの出入口やエスカレーターの近くには、スロットなどのゲームマシンがずらりと並ぶ。片隅にはリッチな人々のためのゴージャスなバカラの部屋と、シニアに人気のポーカールームがある。

②写真撮影は厳禁

カジノは客のプライバシー保護に神経をとがらせている。記念のスナップショットのつもりでも、目の前で写真のデータを消されるので気をつけよう。

③ピット内は立入禁止

ゲームテーブルが並んで円をつくっている内側のエリアをピット pit と呼び、スタッフ以外は立入禁止。「ディーラーの背後に回ってはいけない」と覚えておこう。

④ 21 歳未満はだめ!

カジノで遊べるのは 21 歳以上。この規則はどこのカジノでも厳しく守られ、21 歳未満の人は、立ち止まってゲームを見物することも禁じられている。大人同伴で歩いて通り過ぎるだけなら OK だが、21 歳以上の大人がいなければ、カジノ内を歩くことすらできない。赤ちゃんを抱いたままちょっとスロットマシンで遊ぶというのもだめ！カジノを通らないと客室やレストランへ行けない場合は、必ず通路が設けられており、絨毯の色などで区別してある。

⑤常に ID を携帯すること

カジノ内では ID（パスポートなどの身分証明書）を所持しなくてはならない。提示を求められた際に 21 歳以上であることを証明できないと、たとえゲーム中でも即刻カジノから追い出される。

また、ジャックポットなどで高額勝っても、ID がないとカジノ側は配当金を支払う必要はない。必ず持ち歩こう。

シーザースパレスのカジノフロアはとてもスタイリッシュな雰囲気

お役立ち情報 **カジノによって賭け金が異なる**▶高級カジノは高く、ダウンタウンや中心部を離れたカジノは安い。長く遊ぶなら、ダウンタウンや、ストリップを離れたカジノがおすすめ。

編集室からのアドバイス

服装について

ラスベガスのほとんどのカジノにはドレスコードがないので、Tシャツにジーンズなどのカジュアルファッションでかまわない。ただし、夏季は冷房が恐ろしいほど効いているので、上着は必携。

初心者でも安心して

ディーラーは無愛想だが、初心者に意地悪をしたり、自分の知り合いをわざと勝たせるなどということはできない。天井のカメラで常に監視されているからだ。もちろん、ディーラーの給料は、勝敗にはまったく関係ない。

プレイを始める前に

時間と予算を決めよう

カジノには時計がない。24時間、365日、カジノの明かりが消えることはない。ほとんどのカジノは外界から隔離された空間を演出し、ゲーミングに没頭するように仕掛けられている。あまりにも熱くなり過ぎて失敗しないよう、「勝っても負けても2時間で切り上げる」、「$100以上は決して使わない」など、あらかじめ時間と金額を決めて楽しもう。

カジノチップについて

ブラックジャックなどのテーブルゲームでは、それぞれのカジノ専用のチップが使われる。ゲーミングチップともいうが、単にチップと呼ばれることが多いので、心づけのチップ Tip（発音は「ティップ」に近い）と間違えないように。

カジノチップは$1からあり、$1チップがないカジノでは1枚$5から。金額によって配色が異なり、$1チップは白または青、$5チップは赤、$25は緑、$100は黒など。大きさはどれも同じで、デザインはカジノごとに趣向を凝らしている。なお、このチップはゲームマシンには使えない。ルーレットは専用のホイールチップを使う。

両替について

カジノにある**キャッシャー Casher**（両替所。ケージ Cage ともいう）は、高額紙幣を崩すとき、日本円をドルに両替するとき、ゲームを終えてカ

ブラックジャックはディーラーに尋ねやすいゲーム

ジノチップを現金化するときに利用する。現金からカジノチップへの交換はテーブルでできるが、チップを現金化するときはキャッシャーへ行かなければならない。

現金化マシンと両替機
Ticket Redemption & Bill Breaker

近年はコインレス・スロットマシンの導入で、コインがじゃらじゃら出てくることはなくなった。プレイするときは紙幣を直接マシンに挿入し、やめたいときは終了のボタンを押すと残金のバウチャー（金券）が出るようなっている。このバウチャーを現金化するための機械が Ticket Redemption。また、Bill Breaker は高額紙幣を小額紙幣に崩してもらうための両替機。たいてい ATM（現金自動支払機）と合わせてひとつの機械になっている。

上／パリスはこの1台で3役を兼ねている　下／このバウチャーを機械に入れれば現金が出てくる

お得なプレイヤーズカード

ゲーミングの前に、まずはプレイヤーズカード Players Card を作ろう。カジノの専用デスクで作ることもできるが、ホテルのウェブサイトから申し込み、現地でカードを受け取ることも可能だ。専用デスクの場合は、用紙に住所と氏名を記入してパスポートを提示するだけ。会費などは一切かからない。

スロットマシンでプレイするときには、投入口にカードを差し込む。遊んだ金額がカードに記録され、ポイントに応じてバフェの割引、宿泊無料、ショー招待券などの優待が受けられる。ポイントは勝ち負けに関係なく、賭けた金額によって決ま

る。カードによっては新規作成時に自動的に何ポイントか付いてくるものもある。テーブルゲームでも加算でき、プレイする際にディーラーに渡せばいい。

シーザース系のプレイヤーズカード。簡単に作れる

シーザースエンターテインメント系（→ P.81）は "Caesars Rewards"、MGM リゾーツ・インターナショナル系（→ P.81）は "M Life" という名の共通メンバープログラムがあり、系列ホテルのどこでもポイントがためられて、特典もどこでも使える。ただし、系列によって半年、1年以上使わないと無効になる。

まずはテーブルを見極めよう

ゲームを見物するのは失礼なことではない。チップが山積みになっている客の周りには人だかりができているし、クラップスでは見物人も一緒になって大騒ぎする。ただし、背後からのぞかれるのをうっとうしく感じる人もいるので気を配ろう。

席に着くのはゲームを始めるとき。どんなにすいていても見物人は立つのがルールだ。

テーブルで最初にチェックするのは、プレートに示されている最低賭け金（ミニマムベット Minimum Bet）。初心者がいきなり高額のテーブルに着くのは考えものだ。こうしたテーブルの客は場慣れした人ばかりで、もたもたしていると迷惑をかけることにもなる。ミニマムベットが$5程度のテーブルなら初心者も多く、わからないことがあったらディーラーにも気軽に聞ける。昼間は最低賭け金を下げるカジノが多いので、腕慣らしにいいかもしれない。

ディーラーの人柄も見極められたらなおよし。ディーラーとはカードゲームの親のこと。カジノホテルの従業員で、そのテーブルのすべてを取り仕切る。ディーラーの個性によってテーブルの雰囲気は大きく変わるのだ。

Let's Play！

テーブルに着いたら

まず、テーブルに着く際はゲームの進行を確認し、終了時を見計らって着席しよう。次に現金（アメリカドル）をカジノチップに交換する。「Change, please.」と言って紙幣をテーブルの上に置くだけ。不正やトラブル防止のため、現金はディーラーに直接手渡ししてはいけない。また、両替の紙幣はベットエリア（賭け金を置く場所）に置かないように気をつけよう。

たばこと飲み物

ラスベガスでも**公共の場所は禁煙**だが、カジノは例外。喫煙パラダイスのごとく、多くの人がたばこ片手に遊んでいる。ホテルにより、カジノフロアにも禁煙エリアを設けている場合がある。なお、ネバダ州では喫煙は18歳以上からとなっている。

カジノ内でプレイしているときは、たとえスロットマシンに25¢コイン1枚入れただけでも飲み物は無料。巨額の富を生み出すカジノにとって、ドリンク代など微々たるもの。客に、少しでも長くカジノにとどまってもらい、酒の勢いでどんどん賭けてもらうのが目的なのだ。遠慮なく飲もう。

飲み物はカクテルウエートレスにチップを渡して受け取ればよい。ただし飲み過ぎには気をつけて

カジノごとに凝ったコスチュームのカクテルウエートレスが、ビールなどをトレイに載せて歩いているので、$1のチップを渡して好きな飲み物を受け取ればいい。$1札でもカジノチップでもかまわない。おかわりも自由。ただし、プレイしていることが条件なので、席を立って飲み物を取りにいってはいけない。好みの飲み物がなければ、コーヒーでもジュースでも注文すればたいていのものは持ってきてくれる。

ゲームを終えるには

1ゲームが終わったときに「Thank you！」とディーラーにひと声かけて、自分のカジノチップを持って（残っていればの話だが）席を立つ。ブラックジャックの場合は、自分の番が終わった時点で（隣の人がまだプレイ中でも）席を立ってかまわない。ルーレットの場合、専用チップをカジノチップに再交換してもらうのを忘れずに。チップを現金に替えてもらうには、前述のキャッシャー（→ P.231）へ。

ディーラーへのチップは？

儲かったとき、迷惑をかけたとき、気分よく遊べたときなどに渡せばいい。$10～20程度の勝ちや、威張りくさったディーラーで腹が立った、などというときには渡す必要はない。

自分のカジノチップを持って席を立つ際に、相当額のチップをそのままテーブルに残し、「It's for you, thank you！」と声をかければいい。手渡ししてはいけない。勝った金額の10～20%が相場だが、あくまでも任意。

賢くゲーミングするためのコツ

誘惑に負けるな！

カジノ内にはATM（現金自動支払機）があるが、これが地獄の入口と心得るべし。クレジットカードでキャッシングし、車を売りとばし、最後に質屋の扉をたたくのが、ギャンブル中毒者がたどる道だそうだ。

すいているテーブルは不利？

大勢の客が座っていれば回転が遅いが、1～2人だと回転がとても速い。カードが配られたらさっと戦略を決めなくてはならず、勝つのも負けるのもあっという間。

飲み過ぎに注意

あまりお酒を飲み過ぎると勘も鈍るし、妙に気が大きくなったりしてロクなことはないので、ほどほどに。アルコールのサービスは、客の判断力を鈍らせるのが目的なのだ。やっぱり、ただほど高いものはない!? さらに、酔っぱらってカクテルウエートレスにからむと、即座に警備員が飛んできて外へ放り出される。

LV☆トリビア **TPOでチップは変わる** ▶庶民派のサーカスサーカスでブラックジャックをやるときと、高級なシーザースパレスでバカラをやるときでは、チップの額も違うのは当然。チップは、そのホテルのディーラー全員で均等に分配されるといわれている。

カジノ用語ミニ辞典

カジノでゲームをするときによく使われる言葉がある。一般で使われる意味と異なることも多い。以下のものを覚えておくと、いっそう楽しく遊べる。（ABC 順）

● **bet ／ベット**
賭けること。賭け金。better から派生した言葉。「賭けに勝つ」は win a bet、「賭けに負ける」は lose a bet。スロットマシンやカードゲームでおもに使われている。

● **book ／ブック**
ブックには「書籍」のほかに「注文を記入する」という意味がある。スポーツの賭けや競馬で「賭ける」という意味で使われる言葉。

● **cage ／ケージ**
「鳥カゴ」の意味だが、カジノではメインキャッシャー（両替所）のこと。

● **card ／カード**
カジノの中でカードといえばプレイングカード、つまり日本でいうトランプのこと。英語で「トランプ」というと "切り札" はカードになる。カジノ内ではクレジットカードはカードと略さずにそのまま credit card と言ったほうがいい。

● **carpet joint ／カーペットジョイント**
ディーラーがプレイ道具一式とともに "お得意様" の客室まで来てプレイさせてくれる "出前カジノ"。一般人にはまるで縁のない言葉。

● **casino ／カジノ**
カジノ、賭博場。イタリア語のカーサ（邸宅）から派生した言葉。スィにアクセントを置いて「カスィーノ」と発音する。「ジ」と濁らない。

● **cheat ／チート**
いかさま。「チート」と発音する。詐欺行為を表す言葉は fraud、deception などいろいろあるが、カードゲームの不正は cheat を使うことが多い。

● **deal ／ディール**
取引する、論ずる、など多くの意味をもつ単語だが、カードを配るという意味もある。ディーラーはカードを配る人、つまりゲームの親。

● **deck ／デック**
トランプひと組のこと。ふた組ならダブルデッカーという。

● **dice ／ダイス**
サイコロ。1個だと a die、2個ひと組で複数形の dice。細工防止のため、半透明のダイスが使われる。ちなみに dice という単語には「ギャンブルで何かを失う、負ける」という意味もある。

$6,104.72

● **draw ／ドロー**
引っ張る、引き寄せる。つまりカードを引くこと。

初めての人はスロットマシンから

● **even ／イーブン**
偶数（奇数は odd）。または等しいこと。カードゲームでディーラーと客の手が同じであることをイーブンという。

● **eye in the sky ／アイ・イン・ザ・スカイ**
カジノの天井に取り付けられた黒い半球状の目玉のこと。監視カメラになっており、不正が行われていないかどうかをモニター室で 24 時間監視している。

カジノフロアを始終監視しているアイ・イン・ザ・スカイ

● **gaming ／ゲーミング**
賭けごと。ギャンブル gamble という言葉のもつダーティーなイメージをなくすために生まれた言葉。賭博（とばく）、博打（ばくち）の代わりに "お遊び" というようなもの。

● **high roller ／ハイローラー**
高額の賭け金で遊んでくれるカジノの上客のこと。ひと晩で$5000～1万くらい使えばハイローラーの仲間入り！ 逆に$5程度ずつ遊ぶ堅実な（せこいともいう）人々は low roller と呼ばれる。

● **jackpot ／ジャックポット**
最高の当たり、大当たり。多額の配当金がもらえる。

● **odd ／オッド**
奇数（偶数は even）。ルーレットには必須の単語。

● **odds ／オッズ**
確率。賭け率。当選率。

● **pawn shop ／ポーンショップ**
質屋。ストリップやダウンタウンの中心部から1歩入った場所に多く、宝石や時計を質入れして再びカジノへ向かうギャンブラーがあとを絶たない。

● **pit ／ピット**
ゲームテーブルが円形に並べられた内側のエリアのこと。ピットの内側は従業員以外立入禁止。

● **progressive ／プログレッシブ**
進歩的な、前向きという意味もあるが、スロットマシンなどで、マシンに投入した賭け金が、ジャックポットの賞金に加算されてゆくシステムのこと。

● **tote board ／トートボード**
スロットマシンやスポーツブックで、賭け率を表示した電光掲示板のこと。

● **wager ／ウェイジャー**
賭け。賭け金。「ウェイジャー」と発音する。スポーツブックや競馬で使われる言葉。

ゲーミングは身軽に！ ▶ 現金、クレジットカード、パスポート、部屋のキーなど必要最低限の携行品で OK。手荷物が増えると足元に置いたまま忘れてしまうおそれがある。

スロットマシン
SLOT MACHINE

簡単に遊べるのがスロットマシン。
どのカジノも台数が多い

　ラスベガスで最も多くの人が楽しんでいるのがスロットマシンだ。カジノに初めて足を踏み入れた人でも、お金を入れてボタンを押しただけで億万長者になれる可能性がある一方、短時間で大金を使ってしまう可能性もある。かつては片手で引くレバー式が多かったが、現在はボタン式となっている。

　賭け金はマシンごとに決まっていて、1回1¢から$500まであり、25¢と$1が主流。リール（Reel＝回転する部分）は普通3つ。"Bet Credit"のボタンを押すとリールが回転し、自動的に止まったときに3つの絵柄が揃っていれば勝ち。どの絵柄がいくつ揃ったら、いくらもらえるのかは、マシンごとに表示されている。最高の当たりをジャックポット Jackpot という。プログレッシブスロット（→ P.235）のジャックポットなら、億万長者も夢ではない！

マシンにプール（ためる）してプレイ

　"Insert Bills"の挿入口に肖像を上にして紙幣（機械によって$1 〜 $100札）を入れ、マシンにお金を貯めてプレイするのが主流。1回ずつなら最低金額が、3倍賭けならその3倍ずつ減っていくが、当たれば配当金が自動的に加算されていく。残高はマシンに表示される。

1¢ のスロットマシン
　1¢のスロットマシンはストリップでは少ない。1¢のスロットを楽しみたいならダウンタウンへ行くことをすすめる。

1回賭け

　各マシンの最低賭け金で遊ぶ方法。25¢ コイン、紙幣のみのマシンなら最低$1札を入れ、"Bet One Credit（1回賭け）"のボタンを押せばいい。"Payline"

1回賭けか、3倍賭けかボタンを押せばよい

スロットマシンの並びは何とおり？ ▶一般的なスロットマシンは3リールに20の絵が描かれている。組み合わせの可能性は約8000とおり。

と書かれた横1列同じ柄が揃えば勝ち。ほかの列は関係ない。「大当たりしなくていいから低予算で長時間遊びたい」という人におすすめの賭け方。

3倍賭け

1度に3回分賭けると配当金も3倍になる。ジャックポットの場合は3倍ではなく、5倍、またはそれ以上に設定されているマシンが多い。大当たりを狙うなら断然こちらだ。もちろん、減るのも早い。コインまたは紙幣を投入後"Bet 3 Credits"のボタンを押す。

スロットマシンを終えたいときは"Cash Out"のボタンを押せばこのバウチャーが出てくる。ただし、金額が残っている場合に限る

ゲームを終えるとき

ゲームを終えるときには"Cash Out"というボタンを押す。レシートのような紙「バウチャー Voucher」が出てくるので、これをキャッシャー、または Ticket Redemption のマシンで現金化する。バウチャーを次のプレイするマシンに挿入すれば、バウチャーの金額でプレイを続けられるものもある。

もしも大当たりしてしまったら!

ジャックポットが出ると、マシンが停止し、ライトが点滅する。"Call Attendant"と表示されるので、Call ボタンを押して係員が来るのを待つ。少額の当たりならその場で現金に替えてくれるが、ネバダ州ではスロットマシン類の$1200以上の配当金は課税対象。アメリカ国税庁への申告のため、パスポートなどの身分証明書を提示し、当選金を受け取るときに配布される申告書に記入。帰国後に、日本の税務署に申告、課税手続きを行うが、日米租税条約により、アメリカでの天引きをせずに日本で納税することもできる。ただし、カジノによって手続きは異なる。

コインの呼び方

アメリカではコインに通称がある。1セントコインは「ペニー Penny」、5セントコインは「ニッケル Nickel」、10セントコインは「ダイム Dime」、25セントコインは「クォーター Quarter」。1セントのスロットマシンは「Penny Slot」と表示されている。

プログレッシブスロット Progressive Slots で億万長者に!

「メガバックス Megabucks」「ホイール・オブ・フォーチュン Wheel of Fortune」と表示されたスロットマシンは、ネバダ州全域のカジノをオンラインで結ぶマシン。州内数百台のマシンに投入された金額の累積によって配当金(賞金)が増えていくプログレッシブ方式だ。

現在の配当金は電光表示板にカウントされていて、見る間に数字が増えていく。めったに当たるものではないが、ジャックポットが出たときの金額はケタ違いに大きい。直近のジャックポットは、2017年8月にフリーモントホテルで約1185万ドル(当時$1 = 111円で約13億1535万円)で、2023年1月現在今年の最高額である。ちなみに、歴代の最高額は2003年3月21日、

エクスカリバーで出た3971万ドル(当時$1 = 115円で計算して約45億6000万円)。その幸運な人は、LAから休暇に来ていた25歳のエンジニアだったとか。

メガバックスは1回$3のスロットマシンだが、ホイール・オブ・フォーチュンには25¢でプレイできるマシンもある。賭け金も配当金も4分の1ということ以外はメガバックスと同じ。

スロットの上に"Megabucks"と金額が表示されているスロットがプログレッシブ

初心者がトライしやすいゲーム ▶ No.1はスロットマシン。お金を入れてボタンを押せばいいだけ。No.2はルーレット。自分の好きな数字や色に賭ければよい。

ルーレット
ROULETTE

　くるくると回る美しいルーレット盤 Roulette Wheel、象牙の玉を投げ入れる優雅な手つき。ルーレットは、ギャンブルというよりヨーロッパ貴族の遊びを思わせるカジノの華だ。ルールはとても簡単なので、初心者でもすぐにプレイできる。

　ルーレット盤には 1 から 36 までの赤&黒の数字と、緑の 0 と 00、合計 38 のスポットがある。回転するルーレット盤にディーラーが玉を投げ入れ、どのスポットに玉が入るかを当てる。ほかにも赤か黒、偶数か奇数かに賭ける、列で賭けるなど、いろいろな賭け方がある。配当は、元金も含めて 2 倍から 36 倍まで。数字ひとつだけ選ぶと当たる確率は 38 分の 1 と低いが、当たったら賭け金が一気に 36 倍になる。

ルーレットの遊び方

現金を賭ける
　1〜2 回だけプレイするなら直接賭けたい所に現金を置けばよい。

ルーレット盤を見るだけでも価値あり
　ルーレット盤は歪みがないように管理されているので手を触れないこと。高価なものはマホガニーでできていて、1 台 100 万円近くする。

ディーラーが玉の入った数字にマーカーを立てる

◆ルーレットのテーブルは大きいので、端の席に座ると反対側の数字まで手が届かない。ディーラーに頼めばいいのだが、面倒だという人は、中央の席が空くのを待とう。

◆席に着いたら（立ったままプレイする客も多い）、テーブルに紙幣（カジノチップも可）を置いて、プレイヤーごとに色分けされた専用のチップ＝ホイールチップ Wheel Chip に交換する。1 枚$1 から$500 まであるが、たいていは$1 に替えてくれる。ほかのプレイヤーと区別するため、ひとり 1 色があてがわれる。もしも儲かって$1 チップが 100 枚にもなってしまったら、$5 チップなどに再交換してもらえばいい。テーブルごとに決められた最低金額のチップを張る。ミニマム$5 のテーブルだったら$1 チップを 1 枚ずつ 5 ヵ所に張ってもいいし、どこか 1 ヵ所にどんと張ってもいい。

◆枠内なのか線上なのかがわかるように、チップはきちんと置くこと。4 つの数字の中心点に置く場合、他人のチップの上に重ねてもいい。

◆ P.237 図中の A 〜 F をインサイド Inside、G 〜 I をアウトサイド

お役立ち情報　アウトサイドベット ▶アウトサイドに賭けると当たりやすいが、0 と 00 に玉が入るとディーラーにすべて回収されてしまうので要注意。

Outsideという。どちらか一方だけに賭けてもいいが、両方に賭ける場合は、それぞれに最低賭け金を張らなければならない。

◆ルーレットの回転が遅くなり「No more bet !」と声がかかったら、チップを張ったりキャンセルしたりできない。

◆玉がスポットに入るとディーラーが数字を読み上げ、テーブルのその場所にマーカーを立てる。ほかのチップは没収され、当たった人に配当が支払われる。精算が終わり、マーカーが取り除かれ「Please your bets.」とディーラーが言ったら、次の賭け金を置く。

◆ゲームを終えるときはディーラーに「Change, please.」と言って普通のカジノチップに交換してもらうこと。ホイールチップは、ほかのテーブルでは使えない。また、ホイールチップをキャッシャーで現金化することもできない。

配当について
　本書では、賭け金を含めた払戻金を表示しているが、現地では、賭け金を含まない配当だけの表示が主流。例えば$1賭けて配当が$1なら、賭け金も含めて$2が払い戻される。

電光掲示板の数字は?
　多くのカジノのルーレット盤の横に立っている電光掲示板には、過去20回分の当たり数字が表示されている。下から順に並んでおり、いちばん上が最新の結果。左列の数字がルーレット上の黒、右列の数字が赤。0と00は真ん中に緑色などで表示される。よく見ると、同じ数字やスポットが隣り合った数字が何回も出ていることがある。単なる偶然なのか、ディーラーにクセがあるのか観察してみよう。

この数字は、どれに賭けるかの参考になる

賭け方のいろいろ

　アルファベットは右下の図に対応。以下、賭け方の名称、賭ける数字の数、配当、賭け方の順に説明しよう。

インサイド　Inside

Ⓐ ストレート Straight
1個：36倍 ➡ 1〜36、0、00のいずれかひとつの数字に賭ける。

Ⓑ スプリット Split
2個：18倍 ➡ 隣接するふたつの数字に賭ける。チップは境界線上に置く。

Ⓒ ストリート Street
3個：12倍 ➡ 横1列に賭ける。列の端の線上に置く。

Ⓓ コーナー Corner
4個：9倍 ➡ 4つの数字に賭ける。中心点に置く。

Ⓔ ファーストファイブ First Five
5個：7倍 ➡ 0、00、1、2、3の5つの数字に賭ける。

Ⓕ シックスウエイ Six Way
6個：6倍 ➡ 横2列に賭ける。列の端に2列にまたがって置く。

アウトサイド　Outside

Ⓖ コラム Column
12個：3倍 ➡ 左、中央、右それぞれの段に賭ける。

Ⓗ ダズン（ダース）Dozen
12個：3倍 ➡ 1〜12、13〜24、25〜36のいずれかのグループに賭ける。

Ⓘ アウトサイド Outside
18個：2倍 ➡ 1〜18か19〜36、偶数Evenか奇数Odd、赤Redか黒Blackに賭ける。当たる確率は約2分の1。

※切り取る前に裏面ページをチェック!

B BLACKJACK
ブラックジャック

　最もポピュラーなカードゲームで、初心者でもプレイしやすい。テーブルによって賭け金の差が大きいが、まずは最低金額から始めよう。ルールは、基本的にトランプの「21」と同じ。ジョーカーは使わない。

これだけは覚えておきたい基本ルール

◆カードの合計が21以内で、21に近いほうが勝ち。21をオーバーしてしまうと**バスト bust**（破産）といって無条件で負けになり、賭け金を没収される。

◆ディーラー（親）対プレイヤー（客）の勝負。ほかのプレイヤーは関係ない。

◆カードは最低2枚で勝負する。21を超えない限り何枚もらってもかまわない。

◆2～9のカードはそのまま2～9に数える。

◆10、J（11）、Q（12）、K（13）はすべて10と数える。10のカードが16枚もあるわけで、ほぼ3枚に1枚は10が出る確率。

※切り取る前に裏面ページをチェック！

ブラックジャック必勝チャート

H：ヒット　S：ステイ　D：ダブル　SP：スプリット

自分の手	\ ディーラーの見せ札	2	3	4	5	6	7	8	9	10	A
5		H	H	H	H	H	H	H	H	H	H
6		H	H	H	H	H	H	H	H	H	H
7		H	H	H	H	H	H	H	H	H	H
8		H	H	H	H	H	H	H	H	H	H
9		D	D	D	D	D	H	H	H	H	H
10		D	D	D	D	D	D	D	D	H	H
11		D	D	D	D	D	D	D	D	D	D
12		H	H	S	S	S	H	H	H	H	H
13		S	S	S	S	S	H	H	H	H	H
14		S	S	S	S	S	H	H	H	H	H
15		S	S	S	S	S	H	H	H	H	H
16		S	S	S	S	S	H	H	H	H	H
17		S	S	S	S	S	S	S	S	S	S
18		S	S	S	S	S	S	S	S	S	S
19		S	S	S	S	S	S	S	S	S	S
20		S	S	S	S	S	S	S	S	S	S
21		S	S	S	S	S	S	S	S	S	S
A.2		H	H	H	D	D	H	H	H	H	H
A.3		H	H	H	D	D	H	H	H	H	H
A.4		H	H	D	D	D	H	H	H	H	H
A.5		H	H	D	D	D	H	H	H	H	H
A.6		H	D	D	D	D	H	H	H	H	H
A.7		S	D	D	D	D	S	S	H	H	H
A.8		S	S	S	S	S	S	S	S	S	S
A.9		S	S	S	S	S	S	S	S	S	S
A.A		SP	SP	SP	SP	SP	SP	SP	SP	SP	SP
2.2		SP	SP	SP	SP	SP	SP	H	H	H	H
3.3		H	H	SP	SP	SP	SP	H	H	H	H
4.4		H	H	H	D	D	H	H	H	H	H
5.5		D	D	D	D	D	D	D	D	H	H
6.6		SP	SP	SP	SP	SP	H	H	H	H	H
7.7		SP	SP	SP	SP	SP	SP	H	H	H	H
8.8		SP	SP	SP	SP	SP	SP	SP	SP	SP	SP
9.9		SP	SP	SP	SP	SP	S	SP	SP	S	S
10.10		S	S	S	S	S	S	S	S	S	S

カジノチップは、$1が白か青、$5が赤、$25が緑、$100は黒などと配色が決まっている

 LV★トリビア **最強の手の呼び方** ▶最近では聞かれないが、A＋10のブラックジャックは「ナチュラルブラックジャック」または「ナチュラル」と呼ぶ。

◆ A は 1 または 11 の好きなほうに数えていい。A + 7 なら、8 でも18 でもいい。

最初の 2 枚が A + 10（10 ～ K）だったらブラックジャックBlackjack（以下 BJ）。最強の手だ。3 枚以上のカードの合計が21 になるよりも、ブラックジャックのほうが強い。ディーラーが BJ でない場合、賭け金が 2.5 倍になる。

表向きと裏向き

ブラックジャックでは、プレイヤーのカードを数字が見えるように表に配る場合と、裏向きに伏せて配る場合がある。カードを 4 組以上使っているテーブルは表向きで、2 組以下のテーブルでは裏向きで配られる。また、テーブルの右手にシューというカードケースがあるテーブルは表向きで、初心者には表向きがおすすめ。裏向きは自分で計算しなければならず、バストや BJ に気づかずに恥をかいたりするからだ。表向きなら、ディーラーがアドバイスしてくれることもある。裏向きの場合、カードは必ず片手で持つ。表向きの場合はカードに触らないこと。

表向きのカードのほうがわかりやすい

ブラックジャックはマイペースでプレイするのがコツ

真ん中に座ろう

慣れないうちは、ディーラーの正面あたりに座りたい。一般に、最後に番が回ってくる左の席がいいといわれるが、実は両端の席は上級者の定位置とされている。なぜなら、その上級者がヒットするかしないかで、ディーラーにいくカードが変わり、ディーラーがバストする、しないにかかわってくるからだ。また、自分の番になっても焦らないように。どうすればいいかわからないときは、ディーラーにアドバイスをもらおう。

シングルデックが狙い目

A や絵札がもう何枚出たか、あと何枚残っているかを数えてプレイすれば当然有利。ダブルデッカーDouble Decker（2 組）、シングルデックSingle Deck（1 組）と表示されたテーブルを見つけたらチャンスだ。ダウンタウンや郊外のカジノに多い。ストリップのカジノは 4 ～ 8 組を混ぜて使うのが普通。

ブラックジャックの遊び方

◆お金をカジノチップに替えてもらったら、自分のベットエリアに賭け金分のカジノチップを置く。
◆ディーラーがカードを 2 枚ずつ全員に配る。表向きか裏向きかはトランプの組数による。ディーラー自身のカードは、1 枚は伏せて（HoleCard）、1 枚は表を向けて見せる（Up Card）。
◆右側のプレイヤーから順に始まる。自分の番がきたら、ディーラーに 3 枚目のカードを欲しいかどうかの意思表示をする。カードをもう 1 枚もらうことをヒット Hit、これ以上もらわずに終了すること

ヒットとステイ

ヒットは人さし指でテーブルを軽くとんとんとたたく。このしぐさがさりげなくできるようになったら一人前。

ステイは手のひらを下に向けて左右に振る。1 往復させれば十分で、何度も振る必要はない。「いりません」という気分で。

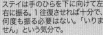

すいているときはディーラーにどんどん尋ねてみるといい

ネバダ観光サービス（→ P.42）では、毎日カジノ講座ツアーを実施中

を**ステイ Stay** という。声には出さず、指先で合図する（→ P.239図解）。ヒットなら、裏向きの場合は手に持ったカードを下に向け、カードの角でテーブルを軽くシュッシュッと2回ほどこする。表向きの場合は人さし指でテーブルを軽くとんとんとたたく。ステイは、手のひらを下に向けて左右に振る。ほかのプレイヤーを見てまねしよう。

　持ち札2枚の合計でディーラーに勝てそうだと思ったらステイ。このままでは負けそうだから、もう1枚というときにヒットするわけだが、前述のように10が出る確率が最も高く、10より大きなカードはない（Aは1にもなるので）ということをお忘れなく。

基本ポイント

◆2枚の合計が17以上ならステイ。もう1枚引くとバストする可能性が高い。

◆2枚の合計が11以下なら必ずヒット。何がきてもバストすることはない。

◆2枚の合計が12〜16のときは、ディーラーの見せ札などを考慮して決める。

◆ヒットは何回でも可能。小さな数字が続けば4回も5回もヒットすることもある。裏向きの場合、バストしてしまったらカードの表を開いてテーブルに捨てよう。そのプレイヤーがスタンドまたはバストすると、次のプレイヤーへ進む。なにも21に近づけなければいけないというゲームではない。ディーラーの見せ札がA〜7は強く、6〜2は弱いと考えるといい。相手が弱いときは無理してヒットせず、強いときはバスト覚悟でヒットしよう。

◆全員が終了すると、ディーラーは伏せてあった自分のカードを表に返す。「ディーラーは16以下はヒット、17以上はスタンドしなくてはならない」というルールがあるので、17以上になるまでディーラーはカードを引き続ける。17〜21になったらゲーム終了。ここでディーラーがバストした場合はプレイヤー全員の勝ちになる（すでにバストしてしまったプレイヤーは除く）。

◆ディーラーが一人ひとりのカードを見てどちらが21に近いかチェックする。負けると賭け金を没収され、勝つと賭け金と同額が支払われる（つまり2倍になる）。同数なら引き分け（tie）で損得なし。

知っていると得をする応用ルール
（注：カジノによって細部は異なる）

ダブルダウン Doubledown

　最初の2枚が、例えば10や11で、あと1枚しかもらわない代わりに賭け金を倍に増やせるテクニック（自分が11のときは見せ札がA以外、10のときは10とA以外、9のときは3〜6のときおすすめ）。

スプリット Split

　最初の2枚が同数（8と8など）のとき、2手に分けてプレイすること。ひとりで2ゲームを進行させることになる。自分の賭け金の横に同額を追加すればいい。ただしA2枚を2手に分けた場合のみ、ヒット

お役立ち情報　**カジノ講座**▶ネバダ観光サービス（→P.42）では、日本人ガイドによるカジノ講座をオプショナルツアーとして催行。カジノ体験をしてみたいけれど、勝手がわからないという人にぴったりだ。

は1枚ずつしかできない。ちなみに3と3のペアは、相手が8〜Aの強いときはスプリットしないこと。逆に8のペアはいつでもスプリットするといい。つまり、ペアがきたら何でもスプリットするのではなく、相手が強いか弱いかを考えてからにしよう。なお、10や5のペアは一切しないほうがいい。

インシュアランス Insurance

　ディーラーの見せ札がAのとき、BJに備えて保険をかけることができる。ディーラーが「Insurance？」と皆に聞いてくるから、賭け金の半額を"INSURANCE AREA"へ置く。ディーラーがもう1枚を除き、BJだったら元の賭け金は没収されるが、保険金は2倍になって戻ってくる（つまり損得なし）。もしBJでなかったら保険金だけ没収され、通常のゲームが始まる。10札が残り、多いと思ったとき以外は一切しなくていい。

誰もいない時間帯に、まずはテーブルがどのようになっているかをチェック

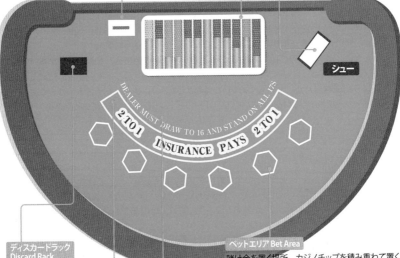

ドロップボックス Drop Box
ディーラーが現金を保管しておく箱

チップホルダー Chip Holder
カジノチップを額面ごとに分けて置いてある

シュー Shoe
カードを入れておくケースのこと。1組や2組の場合はシューは使わず手に持って配る

ディーラー

シュー

DEALER MUST DRAW TO 16 AND STAND ON ALL 17S
2 TO 1　INSURANCE PAYS　2 TO 1

ディスカードラック Discard Rack
使用済みカードを入れるケース

ベットエリア Bet Area
賭け金を置く場所。カジノチップを積み重ねて置く。ダブルダウンするときは、同額のチップを横に並べる。両替するための紙幣や、ディーラーへのチップ（心づけ）をここへ置かないよう注意

インシュランスエリア Insurance Area
保険金を置く場所。ベットエリアの賭け金の半額をここへ置く。「2 TO 1」とは、ディーラーがBJだったら保険金が2倍になって戻ってくるという意味

DEALER MUST DRAW TO 16 AND STAND ON ALL 17S
ディーラーは16以下なら必ずヒット、17以上なら必ずステイしなくてはならないというルール。もしもDEALER MUST HIT SOFT 17とあったら、ディーラーはA＋6、A＋2＋4などのAを11と数えた17のときはヒットしなくてはならない

ポーカー
POKER

ベラッジオにある最高級のポーカールーム Bobby's Room

ポーカーは、配られたカードの数字やマークを揃えてポーカーハンド Pokerhand をつくり、できた手（役）の強弱で勝負するゲーム。頭脳と精神力が求められる。ブラックジャックと大きく違うのは、プレイヤー同士が勝負すること。ひとつのテーブルで勝つのはひとりだけだ。トランプでよくプレイする人もいるだろう。

にもかかわらず、ラスベガスのカジノにはポーカーで遊べるテーブルはほとんどない。ポーカールームという別室で長時間かけて勝負する。セブンカード・スタッド・ポーカー、テキサスホールデムなどルールも微妙に異なり、初心者はちょっと入りにくい。

しかし、ポーカーのバリエーションならカジノ内にいろいろある。なかでも数が多いのは、セブンカード・スタッド・ポーカー、パイゴー・ポーカー、カリビアン・スタッド・ポーカー。ルールはちょっと複雑だが、しばらく見ていればわかるだろう。また、ビデオポーカーで遊ぶときもポーカーがわからないとできないので、ポーカーハンドだけでも覚えていると便利。

ポーカーハンドのランキング

数字やマークを揃えることをポーカーハンド（手、または役ともいう）を作るという。数字が大きいほうが強く、A が最強。ワンペアなら K + K より A + A が強い。ストレートの場合も、ひとつでも数字の大きいほうが勝ち。マークは勝負には関係なく、偶然フラッシュがかち合った場合は、数字の大きいほうをどちらが持っているかで勝負が決まる。ポーカーハンドは弱い順に右ページのとおり。ワンペアが最も作りやすいが弱く、ロイヤルフラッシュが最強だ。

ポーカーはカジノエリアから離れていることも多い
©Las Vegas News Bureau

ポーカーのバリエーション

セブンカード・スタッド・ポーカー
Seven Card Stud Poker

ポーカー入門のゲーム。「習うより慣れろ」という言葉がぴったり。ミニマム $5 のゲームだから最低持ち金 $25 からトライしよう。

セブンカード・スタッド・ポーカーの遊び方

◆ 7 〜 8 人でプレイする。
◆ 最初に、全員に表札 1 枚、裏札 2 枚が配られ、ここでベッティングラウンドが始まる。
◆ ベッティングラウンドでは、次の 3 つの選択肢のなかからひとつ選ぶ。
　手がよくないなら「チェック Check」と言って何も賭けない。もう 1 枚カードを見たいなら「コール Call」と言って、前の人と同じ金額を賭ける。これは勝てるぞというときは

「レイズ Raise」と言って、前の人の金額に上乗せして賭ける。
◆ 何人かが降り、残ったプレイヤーが同じ金額を賭けたら、次に進む。そのあとは 1 枚ごとに、表・表・裏・裏と計 7 枚配られ、そのたびごとにベッティングラウンドがある。
◆ トータル 7 枚のうち、5 枚で役を作る。
◆ 最後まで残ったプレイヤーのうち、ベストな役をもっている人が中央にたまったお金をもらえる。途中、皆が降りたら残っている人の勝ち。

ポーカールームをのぞいてみよう

ポーカー大好き！という人は、一度ポーカールームをのぞいてみよう。半数くらいのカジノにあり、たいていは 2 階などにある。ポーカートーナメントもラスベガス名物といわれるほど盛んに行われている。年輩のプレイヤーが多いが、なかにはプロもいる。ポーカーフェイスも真剣！

ポーカーハンドの弱い順

この 5 枚が揃えば「ロイヤルストレートフラッシュ」。最強の手

最も弱い

ワンペア One Pair
同じ数字のカードが 2 枚（1 組）ある。

ツーペア Two Pair
ワンペアが 2 組できること。

スリーカード Three Card
同じ数字のカードが 3 枚揃うこと。

ストレート Straight
A、2、3、4、5 のように 5 枚のカードの数字が連続していること。マークは揃わなくていい。ただし、J、Q、K、A、2 のように A を挟むことはできない。

フラッシュ Flush
同じマークのカードが 5 枚揃うこと。数字は関係ない。

フルハウス Full House
ワンペア＋スリーカードが揃うこと。

フォーカード Four Card
同じ数字のカードが 4 枚揃うこと。

ストレートフラッシュ Straight Flush
5 枚のカードの数字が連続していて（ストレート）、5 枚すべてが同じマーク（フラッシュ）になること。

ロイヤルフラッシュ Royal Flush
ロイヤルストレートフラッシュともいう。ストレートフラッシュのなかでも 10、J、Q、K、A が揃うこと。

最も強い

パイゴー・ポーカー
Pai Gow Poker

中国のゲーム、パイゴーのルールを取り入れたもので、7枚のカードで行う。応用ルールが数種あり複雑だが基本は簡単。これを覚えよう!

パイゴー・ポーカーの遊び方

◆プレイヤー対バンカー（親）の勝負。

◆親をバンカー Banker といい、ディーラーも含めて全員が順番に担当する。バンカーになると、ほかのプレイヤーとディーラーを敵となる。やりたくなければパスできる。

◆カード1組＋ジョーカー1枚、計53枚を使う。ジョーカーはAとみなしてもいいし、ストレートやフラッシュを完成させるための補助として使ってもいい。

◆テーブルは6人がけで、カードはディーラーも含めて7枚ずつ配られる。余った4枚は伏せたまま捨てる。自分の7枚のカードを見て、5枚（Five Card または High Hand という）と2枚（Two Card または Low Hand）に分けてポーカーハンドを作る。慣れないうちは、ほかのプレイヤーやディーラーに見せて、アドバイスをもらうといい。

◆ふたつ以上の役ができている場合、必ずより強い役を5カード、弱い役を2カードにすること。例えばJ＋Jのワンペアを2カードにするなら、5カードには必ずJ＋Jより強い役ができていなければならない。間違えると無条件で負けになる。

◆役の序列（ランク）はポーカーハンドと同じ（→ P.243）。5カードの最強はロイヤルフラッシュ。2カードは2枚しかないので、最強の手はAのワンペア。

◆手を決めたら、"H"と書いてある所に5カードを伏せて置き、その上の"L"の場所に2カードを伏せて置く。

◆バンカーもプレイヤーも役を作れなかった場合は、最も強いカードを持っているほうが強いとみなす。

◆5カード、2カード両方がバンカーよりも強ければ勝ち。賭け金が2倍になって戻ってくるが、5%程度の手数料を引かれる。最低賭け金は$5が一般的なので、テーブルでクオーター（25¢コイン）がやりとりされることになる。やりたくなければパスできる。

◆両方ともバンカーの手より弱いと負け。賭け金は没収される。どちらか一方だけ勝ったら引き分け Push で損得なし。バンカーとプレイヤーがまったく同じ手のことを、タイ Tie またはコピー Copy といって、バンカーのほうが強いとみなす。

カリビアン・スタッド・ポーカー
Caribbean Stud Poker

5枚のカードで行う。自動的にカードを切るシャッフルマシンを使用し、高額の配当金が期待でき、またジャックポット（ボーナス）の賞金も出るので人気がある。ホテルにもよるが、ロイヤルフラッシュでディーラーに勝てば100倍になる。

カリビアン・スタッド・ポーカーの遊び方

◆ディーラー対プレイヤーの1対1の勝負。ほかのプレイヤーは関係ない。

◆まずアンティ Ante と呼ばれる参加料を払う。$5くらい。

◆電光掲示板にカウントされているのはジャックポットの賞金。$1を払って参加する（しなくてもいい）。フラッシュ以上の役ができると、役の強さに応じた賞金が支払われる。ジャックポットの賞金は、規定の手が出ないと参加料がどんどん累積されて賞金が増えていく。金額の多いテーブルに座ったほうが得。

◆最初に開かれたカードを見て、ディーラーに勝てそうだったら、アンティの2倍額のチップを張る。

◆勝てないと思ったらゲームを降りる（Fold、Drop）。アンティは没収されるが、それ以上の損失は避けられる。

◆ディーラーが自分のカードを見て、A、Kかそれ以上の手を持っていない場合、ゲームは中止され、アンティは返金される。

◆ディーラーがA、Kかそれ以上の手を持っていればゲームが始まる。あとは通常のポーカーと同じ。5枚のカードをいっぺんに見せて、即刻勝負が決まるシステムもある。

レット・イット・ライド
Let It Ride

ディーラーと勝負するタイプのポーカーとは性質が異なる。自分の3枚のカードとディーラーの2枚（コミュニティカード）の合計でポーカーハンドができるかどうかを賭けて、のるか Let It Ride、そるか Take It Back を楽しむ。

基本ルール

◆ワンペアは10＋10以上のみ。9＋9以下は無効。

◆コミュニティカードが10以上のペアだったらプレイヤー全員の勝ち。

◆コミュニティカードが2か4か6のペアで、プレイヤーのカードと合わせてスリーカードになる場合、配当は3。

レット・イット・ライドの遊び方

◆自分の前にある3つの円（左から$②①とある）の上に、等額の賭け金（最低$5が多い）をそれぞれ張る。

◆プレイヤーに3枚のカードが配られ、中央にコミュニティカード2枚が伏せて置かれる。

◆1回目の賭けは、自分のカードを見て、勝てそうもないなと思ったら3つの賭け金のうちのふたつを取り消すことができる（ただし$に置いた賭けは取り消せない）。

◆2回目の賭けは、「のる Let it Ride」の意思決定をすると、ディーラーはコミュニティカードのうちの1枚だけを表に返す。これを見て、「やっぱり勝てない Take It Back」と思ったら、賭け金をひとつだけ取り消す。

◆3回目の賭けは、最後のコミュニティカードが開けられ、自分のカード3枚とコミュニティカード2枚、合計5枚のカードでゲームの勝負が決定する。

◆10＋10のペアがあれば賭け金が2倍。それ以上の場合は役によって配当金が高額になる。ストレートフラッシュで200倍、ロイヤルフラッシュだと1000倍!

アリアのポーカールーム

VIDEO POKER
ビデオポーカー

ビデオポーカーなら初心者にも
わかりやすい

STRAIGHT FLUSH	50	100	150	200	250
4 OF A KIND	25	50	75	100	125
FULL HOUSE	8	16	24	32	40
FLUSH	5	10	15	20	25
STRAIGHT	4	8	12	16	20
3 OF A KIND	3	6	9	12	15
TWO PAIR	2	4	6	8	10
JACKS OR BETTER	1	2	3	4	5

日本のゲームセンターにあるものとほぼ同じ。機械任せのスロットマシンと違って、何を狙うか、どのカードを捨てるか、といった選択肢がある。まずは、P.242のポーカーの基本的なルールを読んでから始めよう。普通のポーカーと異なるのは、自分だけの勝負であること。一定以上の役ができれば勝ち、できなければ負けだ。

ビデオポーカーの遊び方

◆マシンにより "Deuces Wild" といって、2 が Joker 役だったり、4 カードの配当金が通常より高かったりと10種類以上はあるので、ゲームを始める前に配当表を読み、何を狙いにいけばいいのか理解してから始めよう。配当表は画面の上に表示されている。

◆始め方などはスロットマシンとほぼ同じ。Change ボタンの代わりに "Cash Out" ボタン（左端）がある。

◆1 枚賭け（25¢ マシンなら 1 回 25¢）なら左から 2 番目の "Bet One Credit"、5 枚賭け（1 回 $1.25）なら右上の "Play 5 Credits" のボタンを押す。

◆"Deal Draw" を押すと 5 枚のカードが配られる。数字を見て戦略を決めよう。ワンペアで手堅くいくか、ストレートを狙うか……。

◆カードは 5 枚のうち何枚でも交換できる。すでに役ができていれば捨てなくてもいいし、ひどければ 5 枚全部替えてもいい。すでに役ができている場合は、One Pair などと表示されるが、無視してさらに上の手を狙ってもいい。ただし、1 度しか替えられないのでじっくり考えよう。キープしておきたいカードは、それぞれの真下にある "Hold/Cancel" ボタンを押してランプを点灯させる。やっぱり捨てるときは、もう 1 度押せばキャンセルできる。

◆これでよし！と決まったら、"Deal Draw" を押せば、ランプの消えているカードだけが配り直される。勝てば配当金が自動的に加算される。

◆ゲームを終えるときは左端の "Cash Out" を押せば残高が記されたレシートが出る。

「ジャックス・オア・ベター」って？

マシンの画面に "Jacks or Better" と表示されているマシンが多いが、これは J＝11 以上のカード（J, Q, K, A）が 2 枚揃った場合のみワンペアとするルール。10 以下のカードが 2 枚揃っても無効。

本物のギャンブラー、ハイローラーの世界

本物のギャンブラーと呼ばれる人物は世界に 3 万人以上いて、そのほとんどが男性だとか。金曜夜のロスアンゼルス発ラスベガス行きの飛行機は、1 週間の仕事を終え、ギャンブラーの顔に戻った男たちでいっぱい。1 回のプレイに $500 も賭けるハイローラーは、カジノが用意したチャーター機（もちろん無料）でラスベガスへ向かう。空港には出迎えのリムジン、ゴージャスなスイートルームにフルコースのルームサービス。さらにはカジノ自体が客室へ出前サービス。客室の中までディーラーがやってきて、その客だけのためにプレイしてくれるのだ！

LV
★トリビア
ビデオポーカーの注意すべき点▶ビデオポーカーでいちばん見逃される手はストレート。カードを並べ替えることができないだけによく注意しよう。

C RAPS
クラップス

最初はとっつきにくいが、コツをつかめばにぎやかにプレイできる。プラネットハリウッドにて

カジノの中で歓声に包まれたにぎやかな一角を見つけたら、きっとそこはクラップスのテーブル。半透明2個のダイス Dice（サイコロ）を振って、その合計数を当てるゲームで、同じ場所に賭けたプレイヤーが一緒に大騒ぎする。交替でダイスを投げるので、もし賭けた数を出したら、みんなから「よくやった!」と祝福&感謝されるだろう。賭け方は非常に複雑だが、簡単な賭け方もあるので、ぜひトライしてみよう。

ミニマムベット（最低賭け金）について

カジノにもよるが、テーブルの最低賭け金が$5だったら1ヵ所に$5賭けなくてはならないのが普通。$1ずつ5ヵ所に分けることはできない。ただし、パスラインなどに$5を賭けてあれば、中央のプロポジションエリア **J**（エニイセブン **K** など）だけは$1ずつでもOK。

スティックさばきを見るだけでも価値がある

クラップスの基礎知識

◆賭けは2個のダイスの目の合計数によって行われる。以下の説明に出てくる数も、すべて合計数で表示。

◆目の出方は $6 \times 6 = 36$ とおりある。このうち目の合計が7になる組み合わせは6とおりあり、出る確率は6分の1と最も高い。

◆白いマーカーパック Marker Puck **1** が ON か OFF かを見る。OFF になったときがゲームに参加するチャンス。紙幣をテーブルに置き「Change, please.」と言ってカジノチップをもらう。チップはブラックジャックで使われるものと同じ。

◆シューター Shooter（ダイスを投げる人）がダイスを持つまでに、チップを張る。自分で置く場所と、ディーラーに渡さなければいけない場所が決まっている。

◆スタッフは最低4人。主役はスティックを使ってダイスを上手に操る**スティックマン Stickman**。出目の数を読み上げる声にも独特の調子があり、楽しい人だとおおいに盛り上がる。**ディーラー Dealer** ふたりはチップの回収、配当や両替を担当。**ボックスマン Boxman** は台の責任者だ。

初心者におすすめの賭け方

その1▶パスライン Pass Line **A**

◆ゲームが始まったとき（マーカーパックが OFF のとき）、**A** の枠内に自分でチップを置く。

◆第1投で、ダイスの目の合計が7か11だったら勝ち。「セブンイレブン」と

覚えよう。賭け金が2倍になる（配当金1倍＋元金）。わずか1投でゲームは終わり、振り出しに戻る。

◆第1投が2、3、12だったら負け。賭け金は没収される。ゲーム終了。

◆これ以外の数字4、5、6、8、9、10が出たら、「ポイントが立つ」といって、

ゲームは新たな局面を迎える。その数字の上にマーカーパックがONにして置かれる。ここからが少々ややこしい！　プレイヤーがいっせいにあちこちに賭け金を追加するが、初心者はここではじっと待つ。パスラインに置いた賭け金はそのままだ。

◆ポイントが立ったあとは、そのポイント（マーカーパックが置かれている数）が出ると勝ち。ゲームが終わって振り出しに戻る。

◆ポイントが立ったあと、7が出たら負け（セブンアウト Sevens Out という）。賭け金は没収され、ゲームが終わって振り出しに戻る。

◆ポイントでも7でもない数が出た場合、どちらかが出るまで何回でもダイスが振られる。

その2 ▶ドント・パス・ライン Don't Pass Line

パスに賭けた場合とまったく逆。ここに賭けるとシューターになれないので、ダイスを投げたくない人におすすめ。

◆ドント・パス・ライン の枠内に自分でチップを置く。

◆第1投で7、11が出たら負け。賭け金は没収される。

◆第1投で2、3が出たら勝ち。賭け金が2倍になる。

◆第1投で12が出たら引き分けで損得なし。

◆ポイントが立ったあとは、7が出たら勝ち。ポイント数が出たら負け。

その3 ▶フィールド Field

パスやドント・パス・ラインとはまったく別の賭けなので、両方に賭けて同時進行するとおもしろい。また、パスなどの賭けに加わらず、フィールドだけに賭けてもいい。

◆マーカーパックがONでもOFFでも、いつでも賭けられる。

◆賭けはダイスが1回投げられるごとに終了。

◆フィールド と書かれたエリアに自分で賭け金を置く。

◆書かれた数（2、3、4、9、10、11、12）のどれかが出れば勝ち。当たる確率は2分の1弱。2か12が出たら賭け金が3倍になり、そのほかの数なら2倍になる。

◆5、6、7、8が出たら負け。賭け金は没収される。

その4 ▶ビッグ6 Big 6 、ビッグ8 Big 8

◆マーカーパックがONでもOFFでも、いつでも賭けられる。

◆賭けはダイスが1回投げられるごとに終了。

◆テーブルの角にあるエリア 、 に自分で賭け金を置く。

◆6に賭けたら6、8に賭けたら8が出れば勝ち。賭け金が2倍になる。

◆7が出たら負け。賭け金は没収される。

◆それ以外は勝ち負けなし。そのまま続けてもいいし、引き上げてもいい。

その5 ▶エニイセブン Any Seven 、エニイクラップス Any Craps

◆マーカーパックがONでもOFFでも、いつでも賭けられる。

◆賭けはダイスが1回投げられるごとに終了。

◆テーブル中央にあるエリア 、 に賭ける。ディーラーに「Any seven, please.」などと言ってカジノチップを渡す。自分で置いてはいけない。

◆エニイセブンに賭けて7が出たら勝ち。出る確率6分の1。賭け金が6倍になる（5倍の配当金＋元金）。

◆エニイクラップスに賭けて2、3、12が出たら勝ち。出る確率9分の1。賭け金は9倍（カジノによっては7倍）になる。

◆それ以外の数なら負け。賭け金は没収される。

マーカーパックが数字の上に置かれると、ゲームは新たな局面を迎える

クラップス・キーワード

●カム・アウト・ロール
ゲームの第1投目をカム・アウト・ロール Come Out Roll という。このときはマーカーパックがOFFになっている。ポイントが立ったあとはマーカーパックはONになり、ポイントの上に置かれる。マーカーパックを見ればゲームの状況がひと目でわかる。

●「クラップス」って何？
2、3、12のことをクラップスといい、第1投（カム・アウト・ロール）でクラップスが出て負けることをクラップアウト Crap Out という。

プレイス Place について
ポイント（パスライン参照）が立ったあとにしか賭けることができず、4から10までの数字でポイント以外を選ぶ。選んだ数字が出たら勝ち。7が出たら負けで、賭け金は没収される。

シューターの交替
シューターが交替するのはセブンアウトだけ。このため長時間交替できないこともあるが、都合が悪ければゲームをやめてもかまわない。またパスラインに賭けるのをやめればシューターは交替することになる。でも、きっと周囲のプレイヤーは「幸運なシューターだったのに残念！」とがっかりすることだろう。

テーブルレイアウト

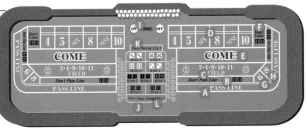

パスライン Pass Line
ドント・パス・ライン Don't Pass Line
フィールド Field
プレイス Place
カム Come
（ポイントが立ったあとで賭ける。7と11で勝ち。2、3、12で負け）
ドントカム Don't Come
（ポイントが立ったあとで賭ける。7と11で負け、2、3で勝ち、12は引き分け）
ビッグ6 Big 6
ビッグ8 Big 8
マーカーパック Marker Puck
プロポジションエリア Proposition Area
（カジノによってレイアウトが異なる）
エニイセブン Any Seven
エニイクラップス Any Craps

バカラとミニバカラ
BACCARAT & MINI BACCARAT

ヨーロッパ貴族の間で古くから盛んに行われていたカードゲームで、カードの配り方、のぞき方に独特の風習が残っており、非常に格式ばっている。どのカジノでもバカラルームは壁などで区切られた個室になっていて、ほかのゲームとは一線を画している。

お金持ちのイメージのあるバカラだが、ラスベガスではプレイしやすくなっている

バカラは3枚目はなし
バカラは2枚のみで勝負する。ブラックジャックと違って3枚目を引くか引かないかを選択する余地はない。

初心者は昼間が狙い目
格式ばったバカラルームも、昼間はお得意さまが来ないので、ストリップの一流ホテルでさえ「ちょっと遊んでかない?」などと客引きをやっている。昼間は最低賭け金を$10〜25に下げるカジノも多いので、一度試してみてはいかが?
もちろん素人が「しぼる(下記)」必要はない。

バカラミニ知識
バカラでは、プレイヤーエリアにいちばん高額を賭けた人がプレイヤーを務める。カードをのぞくという特権を与えられ、誇らしげにカードをしぼる(カードの一辺を少しだけ上げて、自分だけ見えるようにする)のだ。逆にバカラのルールを知らない初心者は、プレイヤーにならないように少額を賭ければいい。バンカーは、やりたくなければパスできる。なお、バカラはヨーロッパなどではシュマン・ド・フェールChemin de Fer(鉄道)と呼ばれている。ラスベガスでは、ミニバカラは8デッキ(8組のカード)で行われている。

手数料について
バンカーに賭けて勝った場合のみ、払戻金の5%程度を手数料として差し引かれる。

バカラとミニバカラの基礎知識

最低賭け金は$100が一般的。ギャンブラーのプライドをおおいに満足させてくれる。とはいえバカラは、バンカー(カードを配る人)が勝つか、プレイヤー(プレイヤーエリアに最も高額を賭けた人)が勝つかの**二者択一ゲーム**で、頭脳も経験もまったく関係ない。周囲の人々はゲームには加わらず、ただどちらが勝つかに賭けて、結果を見守るだけだ。2枚のカードの合計が9に近いほうの勝ち。カードの数え方にはいろいろルールがあるが、はっきりいって何ひとつ知らなくていい。

一方、もっと気軽に楽しめるのが**ミニバカラ**。バカラを半分にしたようなテーブルで、最低賭け金は$5〜25。バカラよりさらに単純で、プレイヤーの役もバンカーの役もすべてディーラーが進行してくれるので、自分で計算する必要がなく、カードに触れることすらない。プレイヤーが勝つと思うか、バンカーか、引き分けか。選択肢はこの3つだけ。

ミニバカラの遊び方

◆プレイヤー PlayersまたはバンカーBankerと書かれた場所にチップを張る。引き分けTieに賭けてもいい。

◆Aから9までは、数字のまま数える。10と絵札はゼロ。

◆3+7、4+6など2枚の合計が10の場合はゼロと数える。

◆合計が10を超えると1の位だけ数える。3+8=1、6+9=5。

◆したがって、合計の最高は9になる。より9に近いほうが勝ち。

◆ゲームはディーラーが勝手に進める。カードに触れないこと。

◆自分が賭けた側が勝ったら、賭け金が2倍になる。

◆「引き分け」に賭けて当たったら、賭け金が8倍程度になる。

ハイリミット(賭け金の下限が高い)エリアはお金持ちのための専用エリア。隠れたようにある

WATCHING SUPER BOWL

ラスベガスで観戦するスーパーボウル

スリリングな試合観戦

アメリカのスポーツイベントの最高峰、NFL（アメリカンフットボール）の優勝決定戦であるスーパーボウル。毎年2月上旬の日曜に行われ、開催日はスーパーボウル・サンデイと呼ばれる。ファンなら一度は行ってみたい夢のゲームだが、大人気ゆえにチケット入手は困難。大多数のNFLファンは、友人や家族など親しい仲間で集まり、ビールを飲みつつ、テレビで観戦することになり、視聴率は40%を超える。

もちろん、開催地や地元チームが進出したそれぞれの都市では、特に盛り上がるが、もう1ヵ所、アメリカ人の間で有名なデスティネーションがラスベガス。なぜなら、アメリカで唯一、合法的にスポーツにお金を賭けることができるからだ。州外から賭けることは禁じられているので、皆この日に、大挙してラスベガスを訪れる。その数は毎年20万人を超える。

カジノによっては、大画面TVを宴会場に持ち込んで、入場料を払えば誰でも入れるスーパーボウル・パーティを開催することもある。試合の合間にくじ引きで記念品を渡したり、食事付きのところも。見どころは何といっても、会場にあふれるNFLファンそのもの。皆おとなしく観戦するわけもなく、声を張り上げ、こぶしを振り上げ大声援。その力の入った応援ぶりには、ただ圧倒されるのみ。両チームのファンが入り乱れ、ときにはえげつない応援合戦が繰り広げられる。お互い牽制しながら、罵倒したり、からかい合う場面もあったりして、会場は興奮の渦と化す。

ひいきのチームが負けても大儲け!?

観戦をさらにおもしろくするのが、ブッキング（＝ゲームにお金を賭けること）。まずは、カジノのスポーツブック（→P.250）を訪れてみよう。当日はかなり混み合うので、早めに行って場所を確保しなくてはならない。開始前からファンたちが勝手に盛り上がるので、待っている間も飽きることはない。

賭け方にはさまざまなものがあるが、やはり一番人気なのが、チームの強弱に合わせて調整されるポイントPointまたはスプレッドSpreadと呼ばれるハンディキャップ付きの賭け。いかに優勢な

チームも、このスプレッドによって、試合には勝っても、賭けごとの世界では「負け」となってしまうこともあり、この微妙さが応援態勢にも影を落とし、ときには自分が好きでないチームを応援してしまう人も。

同様に人気があるのがトータルTotalという賭け方。これは2チームの合計得点数が、設定された数字以下か、以上かを賭けるもの。また、どの選手が試合最後のタッチダウンをするかなど、プレイそのものにも賭けたりするので、例えば、片方のチームが一方的に得点をあげて早々と勝負が決まってしまい、全米のTV視聴者があくびをしている頃、ラスベガスでは、トータルの数字やどの選手に賭けているかによって、「もっと得点しろ!」、「そこでタッチダウンだ!」、「タッチダウンするな!」と、最後の最後まで歓声が飛び、手に汗を握ることになる。ラスベガスでのスーパーボウル観戦は、ほかの都市には見られないユニークさがあるのだ。

アメフトシーズン中も楽しめる

スーパーボウルは年に1回しか行われないが、9～12月のNFLシーズン中なら、月曜の夜にスポーツブックを訪れれば、マンデイ・ナイト・フットボールを観戦する人が集まっている。スーパーボウルほどではないが、かなりの興奮が期待できる。知らない人でも、同じチームのファンならば、チームが健闘するたび、ハイファイブが飛び交う。ハイファイブとは、ふたりの人間が、指を上に向けた状態で、肩より上の部分で手のひらを合わせるようにパンとたたき合うこと。ファイブというのは指が5本あるから。「やったぜ!」、「Good job!」という意味だ。腰より下の部分で指を下に向けた状態でたたき合うのは、ローファイブ。続けざまに相手の上向き手のひらを上から下へ、お互い手のひらを返して下から上へ、ローファイブ、ハイファイブと4回たたき合うことが多く、こうすると、ただのハイファイブだけよりすごいという意味で、「メッチャ最高!」ということ。「Give me a five.」と言われたら、のりよく手のひらをたたき合おう。

スポーツのビッグイベント時はたいへんにぎわうのがスポーツブックのセクション
© Las Vegas News Bureau

249

All About Sports Betting

ラスベガスならではのゲーム
スポーツブックのすべて

MGM グランドのスポーツブックエリア

わずかの州で行われている独特のギャンブルがある。スポーツベッティング Sports Betting と呼ばれるもので、その名のとおりスポーツゲームの結果にお金を賭けるものだ。ラスベガスはこれが盛んで、NFL（アメリカンフットボール）から始まって、NBA（プロバスケットボールリーグ）、MLB（メジャーリーグベースボール）、ボクシングやオートレースと、スポーツだったら何でもござれといった感じだ。

オッズを見て賭けるチームを決める

スポーツベッティングを扱っているのが、スポーツブック Sports Book と呼ばれるセクションで、ストリップのカジノのほとんどにある。

スポーツ種目の多さもさることながら、賭け方も多種多彩。シンプルに勝敗に賭けるものから、「どの選手が最初にシュートを決めるか」などというものまである。何に賭けるかを決めるには、まずはスポーツブックに出かけ、オッズシート Odds Sheet を手に入れよう。どんな競技に賭けられるのかと、その賭け率がプリントされており、窓口などに置かれている。カジノによって最低賭け金が多少違うので、このときに聞くといい。

賭けたい競技が見つかったら、次は勝率（Odds ＝オッズ）を見ながらどの試合に賭けるかを決める。オッズの見方は簡単で、8/1（Eight to One と発音）と表記されているのは、勝てば賭け金の8倍が配当金となり元金と合わせると9倍で戻ってくるということで、5/2（Five to Two）なら、$10 賭けたら 2.5 倍の$25 が配当金となり、元金の $10 と合わせて $35 で戻ってくるということだ。

初心者はやはり NBA や NFL の単一試合の勝敗を賭けるものから始めるといい（オフシーズンは休み）。どのチームに賭けるか決めたら窓口に行き、チーム名と賭ける金額を告げると、チケットを発行してくれる。

「スプレッド」って何？

ここで気をつけなくてはいけないのが、ゲームごとにスプレッド Spread と呼ばれる、いわゆるハンディキャップがあることだ。特に、強豪チームと弱小チームの対戦となれば、みんな強いチームに賭けてしまうから、これを調整するのがスプレッド、というわけだ。

スプレッドはオッズシートに載っているほか、スポーツブックの掲示板にも表示してある。スプレッドは数字にプラスかマイナスで表示され、例えば NFL の試合で、シカゴ・ベアーズが−5（マイナスファイブ）と表示されていた場合、ベアーズは「フェイバリット

＝ Favorite」と呼ばれ、たとえベアーズが試合に勝っても、6点差以上で勝たないと配当金はもらえない。反対に相手チーム（この場合「アンダードッグ＝ Underdog」と呼ばれる）に賭けた場合、ベアーズが試合に勝っても、得点差が5点以内だと、対戦チームが試合に負けても賭けには勝ったことになり、めでたく配当金がもらえる仕組みだ。

このスプレッドはチームの強弱だけでなく、集まった賭け金の比率によっても多少変動する。客集めのために多少お客に有利な数字を示すカジノもある。スプレッド付きで賭ける場合のオッズは一般的に 11/10 で、勝つと $10 賭けるたびに $11 の配当が付く仕組みで、つまり $10 賭けた場合、元金を含めて戻ってくるのは $21 となる。

また、スプレッドなしで、ただ単に勝敗に賭けることができるカジノもあって、配当率が多少低くなることが多い。その場合、係の人に「ストレートウィン」と明確に伝えないと、自動的にスプレッド付きになってしまうので要注意だ。

細かなプレイにまで賭けられる

勝ち負けだけでは飽き足りない人、スポーツに詳しい人は、試合内容への賭けに挑戦しよう。これは、例えばダルビッシュ有投手が、ある試合でいくつ三振を取るか、サンフランシスコ・フォーティナイナーズがある試合で何ポイント以上取るか、最初のタッチダウンをするのはどの選手か、などなど……。スポーツブックに行けば、近々行われる試合のライン（どの試合やプレイにどんなオッズが付いているかということ）が書かれたプロポジションシート（略してプロップシート）が手に入る。チケットを購入するときは、このプロップシートを持って窓口に行き、好きなプレイを選択してお金を差し出せば、英語ができなくても大丈夫。ここまでくれば、スポーツベッティングの上級者だといえる。

賭ける手続きを済ませたら、あとは試合を観るのみ。どうせなら、テレビのモニターが主要な試合を放映していてみんなで盛り上がれるスポーツブックか、スポーツバーで観戦したい。ただでさえ盛り上がるスポーツ観戦（たとえテレビでも）なのに、お金がかかっているのだから、周りの人たちの興奮度はすごい！何といっても、スポーツブックが合法な州は全米でもネバダを含めわずかしかないのだ。

エクスカーション

Excursion

Orientation of Excursion

エクスカーション オリエンテーション

『トランスフォーマー／ロストエイジ』などの近年の映画にも登場するモニュメントバレー

砂漠の街ラスベガスは、アメリカ西部の大自然に囲まれている。ほんの少し足を延ばせば、グランドキャニオンをはじめとして、アメリカの原風景や、日本では見られない奇観、先住民が敬ってきた神々しい景色に出合うことができる。人工的なラスベガスとはまったく正反対の、地球が造り上げた造形美が、ラスベガスを囲んでいるのだ。少しでも時間をつくって、これらの大自然を自分の目で見てほしい。写真や映像では伝わってこない、地球の呼吸が感じられるはずだ。

郊外のスポットへの行き方とアドバイス

レンタカーにするか、現地発のツアーにするか

ラスベガスの東側には、グランドキャニオンをはじめとする 8 ヵ所の国立公園 National Park と 16 の国立モニュメント National Monument が集中する**グランドサークル Grand Circle** と呼ばれる地域が広がっている。公共の交通機関が整っているのはグランドキャニオンくらい。あとは車がないと極めて不便だ。車なら時間の制約を受けず、天候や体調を考えながら自由に動ける。仲間がいれば、運転の交代や費用面でもメリットがある。車を運転する際の注意点は→ P.253、ドライブのモデルコースは→ P.254 を参照。また、ラスベガスからは数多くの会社がさまざまなツアーを催行している。

運転に自信がなければ、ツアーに参加するといい。限られた時間内にできるだけ見て回りたいなら、断然ツアーをおすすめする。

ラスベガスで車を借りるなら、空港から簡単にアクセスできるレンタカーセンター（→ P.37）が便利だ

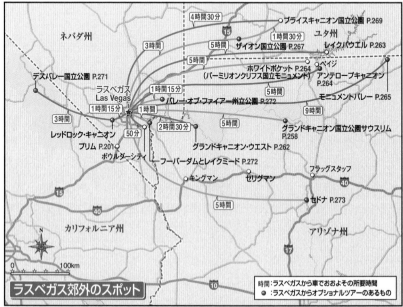

ブライスキャニオン国立公園 P.269
ネバダ州
ユタ州
4時間30分
1時間30分
レイクパウエル P.263
3時間
ザイオン国立公園 P.267
5時間
5時間
デスバレー国立公園 P.271
ホワイトポケット P.264
ペイジ
（バーミリオンクリフス国立モニュメント）
アンテロープキャニオン P.264
ラスベガス
Las Vegas
1時間15分
5時間
モニュメントバレー P.265
1時間15分
バレー・オブ・ファイアー州立公園 P.272
1時間15分
1時間
3時間
50分
2時間30分
5時間
グランドキャニオン国立公園サウスリム P.258
レッドロック・キャニオン
プリム P.201
グランドキャニオン・ウエスト P.262
9時間
ボウルダーシティ
フーバーダムとレイクミード P.272
フラッグスタッフ
キングマン
セリグマン
カリフォルニア州
5時間
セドナ P.273
アリゾナ州
N
0   100km
ラスベガス郊外のスポット
時間：ラスベガスから車でおおよその所要時間
●：ラスベガスからオプショナルツアーのあるもの

※地図中の「ラスベガス～レイクパウエル」、「ラスベガス～アンテロープキャニオン」の所要時間は、ラスベガスからペイジまでのおおよその時間が記されています。

車を運転する際の注意

◆郊外への長距離運転で注意したいのが給油の
タイミング。街なかではよく見かけるガスス
テーションが極端に少なくなるので注意を。
なお、アメリカでは街灯がない道路も多く、
土地勘のない場所での夜間走行はできるだけ
避けたい。

◆山道では動物の飛び出し（多発地域には黄色
の標識あり）が発生する可能性があるため、
常に注意が必要。また、気候の条件が街なか
と異なるため、凍結などの道路状況や霧の発
生にも冷静に対応できるようにしたい。

◆時差に注意を。冬はフーバーダムを越えると
1時間時計を進めなければならないが、夏は
同時刻（→ P.258 脚注参照）。ナバホ族居留地
やユタ州を回るとさらに複雑だ。常に現地時
刻を確かめよう。

◆アメリカの国立公園は、1日で歩いて回れる
ような規模の公園はひとつもない。すぐそこ
に見えるビューポイント（展望台）でも車で
15分もかかるなど、見学には思いのほか時間
を取られる。スケジュールには余裕をもたせ
ておこう。なお、時期によっては車の走行が
制限されるエリア（区間移動は園内バスを利
用する）があるため、駐車場が非常に混雑す
る。特に観光シーズンは注意しよう。

冬季は積雪もあるブライスキャニオン（→P.269）。早朝や夜間は路面の凍結に注意。場合はすぐに除雪車が出動する。大雪の

国立公園を訪れる前に

　アメリカの国立公園は世界でもトップレベル
の自然保護システムを誇っており、その姿勢は
徹底している。州立公園や国定公園でも同様で、
"自然と人とのかかわり方のモデルケースを見せ
てもらう"という気持ちで訪れてほしい。

※国立公園への車での入場は、乗車人数にかか
わらず1台単位で徴収される。連続する7日間
有効で、ゲートでレシートを見せれば出入りは
自由。

レイクパウエル郊外にあるホースシューベンド。柵はない

◆自然保護のため建造物は最低限で、フェンス
やガードレールもごくわずか。断崖からの転
落、落雷、鉄砲水などに気をつけよう。

◆パークレンジャーは名誉職で、子供たちの憧
れ。高い知識と技術をもち、逮捕権もある。
彼らの指示には必ず従うこと。

◆草花をつんだり、トレイル（遊歩道）を外れ
たり、野鳥や動物に食べ物を与えたりしては
いけない。罰則も厳しい。エコフレンドリー
な旅人になろう。

◆アメリカには狂犬病などの感染症がある。グ
ランドキャニオンでペストによる犠牲者が出
たこともある。人間から食べ物をもらうこと
を覚えてしまったリスなどが近寄ってくるこ
とがあるが、指などを噛まれないように注意。

トレッキング初心者向け情報

　自然のなかを歩くことで、普段は体験できな
いことに遭遇でき、たとえ、短時間で歩けるよ
うなトレイルでも、自分で歩ききる達成感は本
人にしか味わえない。トレイルにはそれぞれ難
易度が設定されている場合が多く、経験に応じ
て選択することをすすめる。難易度の低いトレ
イルを歩くにしても、最低限、準備しておきた
い持ち物や装備は次のとおり。

◆帽子、手袋（または軍手）、懐中電灯（またはヘッ
ドライト）、水、レインウエア、防寒具、補助
食品（あめ、チョコ、バナナなど）、薬・救急
用品（常備薬、絆創膏、消毒液、ガーゼなど）、
時計

◆運動靴よりトレッキングシューズのほうが歩
きやすい。荷物はザックに入れて背負い、両
手を空けるスタイルで歩こう。レインウエア
は、ゴアテックス®のような完全防水素材の
ものがおすすめ。トレッキングポールの使用
も不安定な場所を歩いたり登ったりする際、
歩行の負担を軽減してくれる。

◆セドナ（→ P.273）では、トレッキングのほか、
ボルテックス（→ P.274）と呼ばれる場所では、
瞑想をする訪問者もいるため、おしゃべりし
ながら騒がしく歩くのは控えよう。

地球の歩き方編集室おすすめ
ラスベガスからのエクスカーション・モデルプラン

ここでは、自分たちでレンタカーを運転するセルフツアープラン（→ P.254 ～ 255）と、
旅行会社が主催するツアープラン（→ P.256 ～ 257）をご紹介。
大地の癒やしを全身で感じ、絵になる風景を写真に収めて、心に残る旅を楽しみたい。

▶ セルフツアー（レンタカープラン）

日帰り アンテロープキャニオンと ホースシューベンド

アンテロープキャニオン（→ P.264）のアッパーを訪問するプラン。
キャニオン内部へは、ナバホ族が運営するガイドツアーでしか入場で
きないため、非常に混雑している。午前 9:00 までにツアー受付があ
る駐車場に到着していることが理想。※スケジュールは夏時間で案内

🚗 レンタカー行程

4：00	ラスベガス発
↓ 124 マイル（198km）	I-15 North でユタ州セントジョージ St. George へ。所要 2 時間（※時差で＋1 時間）
7：00 着 /7：20 発※	セントジョージにて 20 分休憩後、アッパー・アンテロープキャニオンへ
↓ 160 マイル（256km）	再び I-15 North ⇒ UT-9 East ⇒ UT-59 South ⇒ AZ-389 East でユタ州カナブ Kanab へ。カナブからアリゾナ州ペイジ Page まで US-89 South を進む。所要 3 時間（※時差で−1 時間）
9：30 着 /14：30 発※	アッパー・アンテロープキャニオン見学後、ホースシューベンド（→ P.264）へ
↓ 6.5 マイル（10km）	AZ-98 West ⇒ US-89 South で所要 10 分
14：40 着 /16：40 発	ホースシューベンドで 1 時間見学、または食事をするならペイジへ
↓ 276 マイル（440km）	US-89 North でカナブに向かう。I-15 South まで AZ-389 West ⇒ UT-59 North を進む。セントジョージなどで休憩し、I-15 South でラスベガスへ。所要 5 時間
22：00	ラスベガス着

日帰り デスバレー国立公園

デスバレー（→ P.271）は、カリフォルニア州とネバダ州にまた
がる砂漠の国立公園。公園の中央を南北に貫いて道路が通っており、
これに沿って見どころがある。オンシーズンは冬。2 ～ 4 月は野草
の開花で、普段では見られない華やいだ風景が楽しめる。ラスベガ
スに戻る途中で、セブンマジック・マウンテン（→脚注）にも立ち
寄るプラン。

🚗 レンタカー行程

6：00	ラスベガス発
↓ 118 マイル（190km）	I -15 South ⇒ NV-160 West でパランプ Pahrump の Bell Vista Ave. まで進む。Bell Vista Ave. ⇒ CA-190 West で、デスバレー国立公園のファニースクリーク・ビジターセンター Furnace Creek Visitor Center へ。所要 3 時間 30 分
9：30 着 /15：00 発	ファニースクリーク・ビジターセンターで情報収集し、デスバレー国立公園内を見学。その後セブンマジック・マウンテンへ
↓ 127 マイル（203km）	CA-190 East ⇒ NV-160 East をエンタープライズ Enterprise まで進み、I-15 South へ。Exit 25 で下り、Las Vegas Blvd. を南下。左側に駐車場あり。所要 3 時間
18：00 着 /19：00 発	セブンマジック・マウンテンで 1 時間見学（終了時期は未定）後、ラスベガスへ
↓ 21 マイル（33km）	Las Vegas Blvd. を北へ⇒I-15 North で所要 30 分
19：30	ラスベガス着

🌿 お役立ち情報 **セブンマジック・マウンテン** ▶ モハーベ砂漠に忽然と姿を表す、大きな岩を積み上げて作った 7 つのカラフルなモニュメント。スイス人アーティスト、ウーゴ・ロンディノーネによる作品だ。↗

1泊2日〜2泊3日

グランドキャニオン国立公園

　世界遺産のグランドキャニオン（→ P.258）は、東西460kmにわたる長大な峡谷のうち、一般の観光で訪れることができるのはごく一部。入園者の90％以上が、サウスリムビレッジ（→ P.260）と呼ばれる地域を訪れる。園内、もしくは園内周辺のホテルで1泊し、夕日と朝日観賞を楽しもう。

　延泊できれば翌日はモニュメントバレー（→ P.265）、またはセドナ（→ P.273）への観光がポピュラーだ。

※スケジュールは夏時間で案内

🚗 **レンタカー行程**

（1日目）

グランドキャニオン国立公園　セドナ

8：00	ラスベガス発
↓ 36 マイル（58km）	I-215 East ⇒ I-515 South ⇒ US-93 South でフーバーダム Hoover Dam へ。所要1時間
9：00着 /10：30発※	フーバーダム（→ P.272）見学後、アリゾナ州セリグマン Seligman へ
↓ 148 マイル（237km）	US-93 South ⇒ キングマン Kingman で I-40 East に入り、Exit 121 で Historic Rte.66 へ。所要2時間30分
13：00着 /14：00発	セリグマンにて休憩（昼食）後、グランドキャニオン国立公園サウスリムビレッジへ
↓ 102 マイル（163km）	I-40 East ⇒ AZ-64 North で所要2時間
16：00	グランドキャニオン・ビジターセンター（→ P.260）で情報収集。車を駐車し、園内のシャトルバスで各ポイントを見学
17：00〜19：00	夕日観賞
21：00	グランドキャニオン国立公園（泊）

（2日目） Ａ**グランドキャニオン⇒モニュメントバレー**　Ｂ**グランドキャニオン⇒セドナ**

5：00〜7：00		朝日観賞後、朝食。出発まで園内散策
A	11：00	ユタ州モニュメントバレーへ。国立公園内を通る AZ-64 East でキャメロン Cameron に向かう
	↓ 180 マイル（290km）	AZ-89 North ⇒ US-160 East ⇒ US-163 North で所要4時間（※時差で＋1時間）
	16：00 以降 ※	モニュメントバレー見学。バレードライブツアー（→ P.266）や夕日観賞。宿泊はビューホテルやグールディングス・ロッジ（→ P.266）、または US-160 と US-163 の交差点にあるカイエンタ Kayenta で
B	11：00	アリゾナ州セドナへ。国立公園内を通る AZ-64 South でウイリアムズ Williams に向かう
	↓ 114 マイル（182km）	AZ-89 North ⇒ US-160 East ⇒ US-163 North で所要4時間（※時差で＋1時間）
	14：00 以降	フラッグスタッフ Flagstaff で I-17 South ⇒ AZ-89A South で所要3時間。セドナ観光、宿泊

（3日目） Ａ**モニュメントバレー⇒ラスベガス**　Ｂ**セドナ⇒ラスベガス**

A	10：00	ユタ州モニュメントバレー出発
	↓ 125 マイル（200km）	US-163 South ⇒ US-160 West ⇒ AZ-98 West でアリゾナ州ペイジ Page へ。所要2時間30分（※時差で−1時間）
	11：30着 /18：00発※	ペイジ到着後休憩（昼食）。その後、ホースシューベンドやアンテロープキャニオンを観光
	↓ 273 マイル（437km）	ペイジから US-89 North でカナブに向かう。I-15 South まで AZ-389 West ⇒ UT-59 North を進む。セントジョージなどで休憩し、I-15 South でラスベガスへ。所要5時間
	23：00	ラスベガス着
B	午前中〜16：00	セドナ観光
	↓ 276 マイル（442km）	セドナからラスベガスへ。途中、セリグマンやキングマンで休憩を取る。AZ-89A North ⇒ I-40 West ⇒ US-93 North ⇒ I-515 North で所要5時間
	23：00	ラスベガス着

＼期間限定の展示（終了時期は未定）。行くなら今！ URL sevenmagicmountains.com

短期滞在の場合、旅行会社が主催するオプショナルツアーを利用するのがいちばんだ。日帰りから宿泊をともなう周遊型など、さまざまなスタイルのツアーを催行している。

◆ツアーに参加する際の注意

ほとんどのツアーは、滞在のホテルまで送迎がついている。ラスベガスの場合、ホテルによってツアー利用者の乗降場所が異なるため、集合時間と送迎場所は必ず確認しておこう。

また、緊急事態に備え、ツアー会社の緊急連絡先の控えとパスポートは必ず携帯しておくように。

そのほか、ツアー参加中、観光でバスを離れるときは必ず貴重品は携行すること。服装は夏の冷房対策や標高差による気候の変化に備え、重ね着対応できるものをすすめる。なお、ツアー終了時にはガイドチップを忘れずに。ツアー料金の 20 ～ 23%が目安だ。日系のツアーはチップを不要としているところがほとんどだが、念のため会社に確認するといい。

空からアクセスするツアー

グランドキャニオン・ウエストリム観光
グランド・セレブレーション
Grand Celebration

▶催行日：12/25 を除く毎日　▶所要時間：4 ～ 4.5 時間
▶料金：$479 ～
▶申込み・問い合わせ先：パピヨンヘリコプターズ

ラスベガス、フーバーダム、レイクミード、グランドキャニオン・ウエストリムなどを上空から楽しむ。ワラパイ居留区のウエストリムでは、約 970m を降下してグランドキャニオンの谷底へ。コロラド川を目の前に軽食と散策を楽しんだら、ラスベガスに戻る。ヘリ飛行中のみ日本語のナレーション付き。

行程表（乗り物：ヘリコプター）

9:00 ～ 11:30	ラスベガスのホテル出発（リムジン送迎）
⬇飛行時間 35 分	ラスベガスのターミナルを出発
グランドキャニオン・ウエストリム	谷底に到着（キャニオン滞在 30 分・シャンパンピクニック付き）
⬇飛行時間 35 分	ラスベガスのターミナルへ出発
ターミナル到着	ラスベガスのホテルまで送迎あり

グランドキャニオン国立公園
サウスリム観光
グランドキャニオン・デラックス 1 日観光
Grand Canyon Delux

▶催行日：12/25 を除く毎日　▶所要時間：9.5 時間
▶料金：$729（別途燃油サーチャージ、税）
▶申込み・問い合わせ先：シーニック航空

フーバーダムやレイクミードなどのすばらしい風景を望む約 1 時間のフライトは、セスナを利用するので揺れも少なく快適だ。グランドキャニオン空港からはコロナを考慮した SUV のハマーで、ヤバパイポイント、グランドビューポイントなど 2 ～ 3 ヵ所に立ち寄る。フライト中は日本語のナレーションが聞ける。

行程表（乗り物：飛行機 & SUV）

7:30	ラスベガスのホテル出発
⬇飛行時間 70 分	ラスベガス郊外ボウルダー空港出発
グランドキャニオン空港	SUV 移動でグランドキャニオン国立公園サウスリムへ（キャニオン滞在 3 時間・昼食付き）
⬇飛行時間 70 分	グランドキャニオン空港出発
ボウルダー空港到着	ラスベガスのホテルまで送迎あり

アンテロープキャニオン▶ ロウアーはツアー開始まで30 ～ 40分並ぶことに。水はもちろん、日陰がないため日傘はあったほうがいい。キャニオン内部はかなり狭い所もあり、急な階段を後ろ向き↗

グランドサークル周遊ツアー

 **アンテロープキャニオン、ホースシューベンド、グランドキャニオン
日帰り3大絶景めぐりツアー**（日本語ガイド）

▶催行日：毎日（時期により不定期催行。4名から）
▶所要時間：約16時間 ▶料金 $449〜（4名で参加した場合のひとりあたりの料金）
▶申込み・問い合わせ先：ネバダ観光サービス

フォトジェニックな3大絶景スポットを1日で巡りきる、走行距離約1200kmの
弾丸ツアー。アンテロープはアッパー、ロウアー、キャニオンXのいずれか1ヵ所
を訪れる。

行程表

〜2:30	ラスベガスのホテル出発
7:30頃	ホースシューベンドでハイキングと観光（45分）
9:15頃	アンテロープキャニオン観光
12:45頃	グランドキャニオン国立公園観光（マーザーポイントなど1ヵ所を観光）
16:00頃	ヒストリック・ルート66観光
19:30〜	ラスベガスのホテル到着

 **アンテロープキャニオン、モニュメントバレー、グランドキャニオン
欲張り、いいとこ取りの2日間**（日本語ガイド）

▶催行日：毎日（4/15〜10/15とそれ以外の期間では出発時間が異なる）
▶所要時間：2日間
▶料金：$1019（2名で参加した場合のひとりあたりの料金）
▶申込み・問い合わせ先：ネバダ観光サービス

アンテロープキャニオン、モニュメントバレー、グランドキャニオンの3ヵ
所を2日間で豪華に回るツアー。宿泊は、モニュメントバレー内のビューホテ
ルを確約。フルサイズバンを使用。

行程表（4/15〜10/15）

1日目		2日目	
〜5:00	ホテル出発	早朝	ホテルから朝日観賞
9:00	グランドステイケース・エスカランテ国立モニュメントを車窓見物	8:30	モニュメントバレー・ツアー（ビュートやメサを間近に観賞）
9:45	レイクパウエルとグレンキャニオンダム車窓観光	10:15	フォレスト・ガンプ・ポイント観光
11:00	アンテロープキャニオン観光	12:30	各自昼食
12:30	ホースシューベンド観光（45分）	13:00	グランドキャニオン観光
13:30	各自昼食	15:00	グランドキャニオン発
17:30	モニュメントバレー到着。ビューホテルにチェックイン後夕日観賞とホテルから星空観賞（各自夕食）	16:45	ルート66の町セリグマン観光
		20:30〜	ラスベガスのホテル到着

現地発ツアー催行会社リスト

ツアー会社	電話番号	ウェブサイト
アメリカ・トラベル・ファクトリー America Travel Factory, LLC.	☎(928)282-0840（セドナ）	URL www.america-travel-factory.com
ネバダ観光サービス Nevada Kanko Service, INC.	☎(702)731-5403	URL www.lasvegas2grandcanyon.com
パピヨンヘリコプターズ Papillon Helicopters	☎(702)736-7243	URL www.papillon.com
シーニック航空 Scenic Airlines	☎(702)638-3300 日本 無料 0120-288-747	URL www.scenic.co.jp
グレイライン（英語のみ） Gray Line	☎(702)739-7777 Free(1-877)333-6556	URL graylinelasvegas.com
ピンクジープツアーズ（英語のみ） Pink Jeep Tours	Free(1-800)873-3662	URL www.pinkjeeptourslasvegas.com

↘で下りるなど、両手がフリーになることは絶対条件。荷物は極力小さめに。アッパーはザック、大きなリュックの
持ち込み不可。肩掛けバッグは可だったが、ツアー参加者は皆手ぶらだった。（東京都　Joe　'16）['23]

地球上で最も壮大な景観のひとつ

グランドキャニオン国立公園サウスリム

Grand Canyon National Park South Rim

カリフォルニアコンドル
絶滅の危機に瀕している希
少な鳥。成鳥は頭が赤い。
サウスリムでよく見られる。

グランドキャニオン国立公園についてのさらに詳しい情報は、「地球の歩き方 B13 アメリカの国立公園」編をご覧ください。

営業時間と入園料
時間 毎日24時間
料 車1台＄35、バイク1台＄30、車以外の入園は1人＄20（15歳以下無料）。7日間有効。現金不可。クレジット、デビッドカードのみ。

園内を循環するシャトル

絶景が楽しめるマリコパポイントからの眺め

　世界に218ヵ所ある（2023年1月現在）ユネスコの世界自然遺産のなかでも屈指の絶景が、ラスベガスから気軽にアクセスできる所にある。コロラド川が600万年という時をかけて台地を削り、18億年前の地層を露出させた大峡谷、グランドキャニオンだ。色彩に満ち、複雑に入り組んだ峡谷の姿は、地球の歴史そのもの。大自然が穿った究極の造形美がここにある。時間ごとに表情を変えてゆく光景は、特に太陽が低い朝夕がすばらしい。光と影が織りなす絶景を眺め、大きく深呼吸しよう。遺伝子の奥に刻まれた何かが、きっとよみがえってくるだろう。

グランドキャニオン国立公園
サウスリム&ウエストリム

アリゾナ州の時間帯 ▶ グランドキャニオンがあるアリゾナ州は山岳部標準時（MST）に属し、夏時間は不採用。3月第2日曜から11月第1日曜までは、ラスベガス［太平洋標準時（PST）］と同時刻。↗

サウスリムへの行き方   Access

東西約443kmという長大な峡谷のなかで、ほとんどの観光客が訪れるのは**サウスリムSouth Rim**。ビレッジに宿泊施設が6軒、園外にも6軒、さらに小さな空港もある。

飛行機

シーニック航空が、ラスベガスの郊外にあるボウルダーシティの空港から定期便を飛ばしている。毎日1日1便（夏季2便）、所要75～90分。ストリップのおもなホテルから送迎してくれるが、グランドキャニオン空港からビレッジまではタクシー利用（☎ (928)638-2631で呼ぶ）となる。

レンタカー&鉄道

アリゾナ州ウィリアムズWilliamsからサウスリムまで観光用の鉄道Grand Canyon Railwayが走っている。ラスベガスのストリップ南から車でI-215 East→I-11/US-93 Southと進む。フーバーダム（→P.272）のバイパスでコロラド川を渡り、キングマンKingmanでI-40 Eastに入る。I-40 EastをウィリアムズWilliamsまで進み、Exit163で下りてから0.6マイルほど走る。所要約4時間。グレイハウンドバスはフラッグスタッフFlagstaffまで1日1便運行しており、水～日曜はラスベガス6:10発フラッグスタッフ12:30着の便で、フラッグスタッフのアムトラック駅から15:45発のGroome Transportationのシャトル（要予約）でマズウィックロッジ(17:45着)へ行くことができる。

ツアー

ラスベガスから日帰り、またはサウスリムに1泊するツアーが人気。ぜひ1泊して夕日や日の出の美しい峡谷を見よう。なお、グランドキャニオン・ウエスト（→P.262）へのツアーと混同しないように。

レンタカー

上記"レンタカー&鉄道"を参照。I-40 Eastをウィリアムズまで進み、Exit 165でAZ-64 Northへ。ラスベガスから所要5時間。

シーニック航空
Scenic Airlines
☎ (702)638-3300(予約)
Free (1-866)235-9422
日本 Free (0120)288-747
URL www.scenic.co.jp
料 片道＄320、往復＄640（別途税金、燃油サーチャージ、子供は大人と同額）。ツアーを優先するため、航空券のみの予約は取りにくい場合がある。

グランドキャニオン鉄道
Grand Canyon Railway
住 235 N. Grand Canyon Blvd., Williams, AZ 86046
Free (1-800)843-8724
URL www.thetrain.com
料 往復＄67～189 (2～15歳は＄32～153)
ウィリアムズ9:30 (8:30) 発→サウスリム11:45 (10:45) 着、サウスリム15:30 (14:30) 発→ウィリアムズ17:45(16:45)着(カッコ内は11～12月)

Groome Transportation
URL groometransportation. com/grand-canyon/
※フラッグスタッフのグレイハウンドからアムトラックの駅までは徒歩18分（1.4km）。駅舎は鉄道運営会社が所有するGrand Canyon Railway Hotel Williamsの前。

ただし、ナバホ族居留地Navajo Nationはアリゾナ州でも夏時間を採用。居留地内にあるモニュメントバレー（→P.265）は、夏時間中は同じアリゾナ州にあるグランドキャニオンやレイクパウエル（ベイジ→P.263）より1時間早い。

259

最初に寄りたいビジターセンター

**グランドキャニオン・
ビジターセンター**
Map P.259
☎ (928)638-7888
URL www.nps.gov/grca
時間 毎日10:00～16:00（夏季
延長）
マーザーポイントのそばに
ある。また、ビレッジのリム
沿いにもVerkamp's Visitor
Centerがある。

無料シャトル
（ビレッジルートVillage Route）
ビジターセンター、すべて
のロッジ、キャンプ場などを
1周50分で循環している。
6:00～20:30に10～30分ご
との運行（夏季延長）。

**ビレッジ周辺の展望台へ
の行き方**
無料シャトルの**カイバブ・
リム・ルートKaibab Rim
Route**が、ビジターセンター、
マーザーポイント、ヤバパイ
ポイント、ヤキポイントを1周
50分で循環している。6:00～
日没30分後に15～30分ごと
の運行（季節により異なる）。

ウエストリムへの行き方
3～11月は無料シャトルの
**ハーミッツ・ルートHermits
Route**を利用する。ハーミッ
ツレストまで片道40分。行
きは9ヵ所に停車するが、帰
りは4ヵ所しか停まらない。
5:00～日没30分後に、10～
30分ごとの運行（季節により
異なる）。
それ以外の時期はツアーバ
スが出ている。約2時間。
$46。Free (1-888) 297-
2757、またはウェブ、各ロッ
ジのツアーデスクで申し込む。
URL www.grandcanyon
lodges.com

イーストリム行きツアーバス
デザートビューなど2～3
ヵ所の展望台を4時間で巡る。
$80。申し込みは上記と同
様。

サウスリムの歩き方 ＋ *Getting Around*

サウスリムにはビジターセンター、レストラン、スーパーマー
ケット、郵便局、診療所などの施設が揃っている（ガスステ
ーションはない）。駐車場不足と大気汚染対策として、これら
の施設（診療所を除く）と、リム（峡谷の崖っぷち）沿いにある
展望台を循環する無料シャトルが走っていて、とても便利だ。

サウスリムの見どころ ＋ *Sightseeing*

＋ 世界中の言葉が飛び交う ・・・・・・・・・・・・・・・ Map P.259
サウスリムビレッジ周辺の展望台
Viewpoints around South Rim Village

グランドキャニオンを代表する展望台は、ビジターセンター
のすぐそばにある**マーザーポイントMather Point**。峡谷に突き

出した自然の岩棚を利用したもので、夜明け前から大勢の観
光客が日の出を見るために集
まってくる。ビレッジに近い
展望台**ヤバパイポイント
Yavapai Point**も人気だ。ブラ
イトエンジェル・ロッジから
崖沿いの歩道を40分ほど歩い
て行くのもいい。博物館を兼
ねたビジターセンターがある。

フェンスやガードレールは一部にしかないの
で、転落には十分に注意しよう

＋ コロラド川もよく見える ・・・・・・・・・・・・・・・ Map P.258
ウエストリム
West Rim

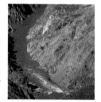

サウスリムビレッジから西へ崖に沿っ
て道路が敷かれている。夏季はシャトル
バスで、冬季は車かツアーバスで、終点
の**ハーミッツレストHermits Rest**まで走っ
てみよう。途中7ヵ所に展望台があるが、
特に**ホピポイントHopi Point**、**モハーベポ
イントMohave Point**が雄大でおすすめ。
足元にコロラド川がはっきりと見える。

ホピポイントから見たコロラ
ド川

＋ 大きく蛇行するコロラド川と、印象的な岩峰との共演 Map P.259
イーストリム
East Rim

サウスリムビレッジから東へ延びる道路沿いに5つの展望台
がある。終点の**デザートビューDesert View**まで車で約30分。
コロラド川が大きくカーブしている地点にあるため、ほかの展
望台とはまったく異なる景観が望める。近くには800年ほど前
に先住民が宗教儀式を行ったとされる遺跡も残されている。

お役立ち情報 グランドキャニオン国立公園内のホテルロビー以外でWi-Fiが通っている場所▶キャニオン・ビレッ
ジ・マーケット＆デリ、コミュニティライブラリー、公園本部。

高級ホテル

✕ 西部開拓時代をしのばせるリゾートホテル

エルトバ・ホテル
El Tover Hotel

1905年にオープンした歴史的なホテル。1987年に国の歴史的建造物に指定され、歴代大統領や著名人も泊まる。ロビーやレストランは、古きよき時代のアメリカの雰囲気たっぷりなので、泊まらなくてものぞいてみたい。半年以上も前に、ほぼすべての客室が予約済みとなる。

隣に立つカチーナロッジKachina Lodgeはエルトバ・ホテルを少しカジュアルにした宿。

グランドキャニオンらしいホテル

●予約窓口
Xanterra Park & Resort
☎ (928)638-2631（代表、当日予約）　☎ (303)297-2757
Free (1-888)297-2757
URL www.grandcanyonlodges.com
エルトバ・ホテル
🏠 1 El Tovar Rd., Grand Canyon, AZ 86023　☎ (928)638-2631
🛏 Ⓢ Ⓓ$195〜559、Ⓝ$428〜899
CC Ⓐ Ⓓ Ⓙ Ⓜ Ⓥ
🛏 78室

中級ホテル

✕ ビレッジの中心のリム沿いにあって、何かと便利

ブライトエンジェル・ロッジ＆キャビンズ
Bright Angel Lodge & Cabins

ビレッジで最も人気がある素朴なロッジ。1935年にオープンし、その後何度も増築を重ねてきた。そのため、バス・トイレ共同の格安の部屋から、独立したコテージまで、さまざまなタイプがある。全室禁煙。

東隣のサンダーバードロッジThunderbird Lodgeは、モダンなモーテルタイプの宿で、ブライトエンジェル・ロッジの別館というべき施設だ。全室禁煙、1泊$253〜。

ほとんどのツアーがここから出発する

●予約窓口
Xanterra Park & Resort
→上記エルトバ・ホテル参照
ブライトエンジェル・ロッジ＆キャビンズ
🏠 9 N. Village Loop Dr., Grand Canyon, AZ 86023
☎ (928)638-2631
🛏 Ⓢ Ⓓ$71〜155（シャワー共同$62〜130）、キャビン$110〜359
CC Ⓐ Ⓓ Ⓙ Ⓜ Ⓥ
🛏 90室

✕ 森の中に点在するコテージ

マズウィックロッジ
Maswik Lodge

リムから歩いて5分ほどの森の中に立つロッジ。団体ツアーによく利用されている。客室棟とコテージなど部屋の種類が多く、部屋の目の前に車を停められるので、レンタカー派におすすめ。ロビーの奥に大きなカフェテリアがあり、気軽に食べられるので人気だ。Wi-Fiはロビーのみアクセス可能。全室禁煙。

シンプルなコテージだ

●予約窓口
Xanterra Park & Resort
→上記エルトバ・ホテル参照
マズウィックロッジ
🏠 202 S. Village Loop Dr., Grand Canyon, AZ 86023
☎ (928)638-2631
🛏 北側 Ⓢ Ⓓ Ⓣ$99〜319
南側 Ⓢ Ⓓ Ⓣ$139〜464
（いずれも5人まで可）
CC Ⓐ Ⓓ Ⓙ Ⓜ Ⓥ
🛏 280室

✕ グランドキャニオン最大の宿泊施設

ヤバパイロッジ
Yavapai Lodge

すべてコテージタイプになっていて、場所によってはレセプションからかなり離れている。リムからもビレッジからも遠いので、車がないと不便。そのため、サウスリムの宿泊施設のなかで、最も予約が取りやすいロッジだ。レンタカー派の人や、静かに滞在したい人におすすめ。ロビーにカフェテリアがあり、隣にはスーパーマーケットと郵便局もある。Wi-Fiはロビーのみアクセス可能。全室禁煙。

大きなギフトショップを併設している

●予約窓口
DNC Parks & Resorts
Free (1-877)404-4611
URL www.visitgrandcanyon.com/yavapai-lodge
ヤバパイロッジ
🏠 11 Yavapai Lodge Rd., Grand Canyon, AZ 86023
☎ (928)638-4001
🛏 $160〜320（全室クイーンサイズベッド2台）
CC Ⓐ Ⓜ Ⓥ　🛏 358室
※改装中。2023年春から再開予定。

お役立ち情報　**国立公園内の宿泊施設**▶園内には8ヵ所ある。サウスリムの6軒と谷底の1軒、ノースリムに1軒ある。通年混雑しており、半年以上前からの予約でないと難しい。上記で紹介のホテルはその一部。

観光地化された先住民居留地

グランドキャニオン・ウエスト

Grand Canyon West

アリゾナ州 Map P.28-C1

行き方

ラスベガスから車でUS-93を南へ32マイル。フーバーダムを経由してさらに42マイル走り、Pierce Ferry Rd.を左折（北）して28マイル。Diamond Bar Rd.を右折（東）して20マイルで到着。約2時間30分。

グランドキャニオン・ウエスト

📮 5001 Diamond Bar., AZ
☎ (928)769-2636
Free (1-888)868-9378
URL www.grandcanyonwest.com
時間 8:00〜18:00（11〜3月はチケット販売17:00まで）
料 $64〜66（スカイウオーク入場料を含むパッケージ）

シーニック航空のツアー

無料 0120-288-747
URL www.scenic.co.jp
ラスベガスのホテル、またはマッカラン国際空港の送迎付き。レイクミード、フーバーダムの上空を飛行し、グランドキャニオン・ウエストへ。スカイウオークを訪れ、グアノポイントで眺望を楽しむ。
料 $389
上記の内容にコロラド川が流れる谷底へのヘリコプターツアーを加えたコースは
料 $619
（上記はすべて諸費用・税金込み）

人気の観光ポイントだ

グアノポイントでも目前に迫る岩壁のパノラマを楽しむことができる

峡谷にせり出したガラスの橋。深さを実感できる

グランドキャニオン・ウエストはラスベガスとサウスリム（→P.258）の間にあり、国立公園ではなくワラパイ族先住民居留地にある。そのため、国立公園では規制されている谷底へのヘリコプター遊覧や川下りなど特色のあるツアーが多く催行され、先住民の文化に触れる機会もある。ラスベガスからは車で3時間ほどの距離だが、未舗装路を延々と走らなければならないので、小型機ツアーの利用をすすめる。

グランドキャニオン・ウエストの見どころ ✦ *Sightseeing*

✦ 絶壁から突き出た全長20mのガラスの橋

スカイウオーク
Skywalk

先住民の間で古くから聖地とされていた**イーグルポイントEagle Point**に、U字形のガラスの橋**スカイウオークSkywalk**がある。コロラド川からの高さは1200mだが、支谷へ入った所にあるので、足元に川が見下ろせるわけではない。振り向けば、ワシが羽を広げたように見える岩壁がある。同敷地内に、ワラパイ、ナバホなどの各部族の住居が再現されたビレッジがあり、伝統的なダンスも披露される。

✦ 雄大なパノラマが広がる展望ポイント

グアノポイント
Guano Point

スカイウオークの北西にある展望台で、ここには食堂がある。トレイルを5分ほど歩くと、高級肥料などに利用されていたコウモリの糞guanoを採掘していた跡地があり、コロラド川を足元に見下ろせる。

お役立ち情報 **ザ・ウエーブ（→P.264）とは？** ▶バーミリオンクリフス国立モニュメントは、ペイジの西に広がる公園で、舗装道路が一本もないという未開の地。ここはナバホ砂岩が造り出した奇岩の宝庫で、波 ✎

レイクパウエル

水に浮かんだもうひとつのグランドキャニオン

アリゾナ州 & ユタ州 Map P.28-D1

Lake Powell

アメリカ第2の大きさを誇る湖レイクパウエル。近年、湖水が枯れてきている

時差に注意！
　ペイジの町はアリゾナ州（山岳部標準時MST）にあり、ボートツアーなどはアリゾナ時間（夏時間不採用）で運航される。しかし、ナバホ族居留地にあるモニュメントバレーなどは夏時間が採用されている。つまりペイジの町は、3月第2日曜〜11月第1日曜の夏時間の間はラスベガス（太平洋標準時PST）と同時刻で、ユタ州（MST）やモニュメントバレーより1時間遅れている。夏時間以外の時期は、ラスベガス（PST）より1時間進んでいて、ユタ州（MST）やモニュメントバレーと同時刻となる。

　1963年、グランドキャニオンの上流にグレンキャニオン・ダムが完成し、長さ約300kmという巨大な人造湖が生まれた。もとは96もの峡谷が複雑に入り組んだグランドキャニオンのような場所だったが、ダムによって水没し、迷路のような湖岸線が現れた。水面に浮かんだ岩肌はまるでチョコレートケーキのよう。独特の風景は映画などのロケ地としても人気だ。

　湖の周囲は、アンテロープキャニオンをはじめとして驚異的な岩の芸術の宝庫。ラスベガスから車で5時間と遠いが、スケジュールの1日か2日を割いて訪れる価値のある場所だ。

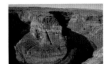

ホースシューベンド（→P.264）では足元に要注意。思いがけない突風も怖い

レイクパウエルへの行き方　　Access

　湖の周囲に点在する見どころはたいへん人気があり、ラスベガスからアンテロープキャニオンやホワイトポケットへの日帰りツアー（→P.256）がたくさん出ている。しかし、片道5時間もかかるため、現地で過ごす時間はごくわずか。かなりの強行軍になるので、ツアーの内容と会社選びは慎重にしたい。

どこかの惑星に迷い込んだような不思議な風景が広がるホワイトポケット（→P.264）

　車で行くなら、ザイオンなどと合わせて3〜7日程度のドライブがおすすめ。ゲートとなる町は、ダムのすぐ近くの**ペイジPage**。快適で安いモーテルが25軒くらいある。ラスベガスからはI-15を北へ走り、ユタ州St. Georgeへ。ここからUT-59経由が近道だが、UT-9を走ってザイオン経由で訪れるといい。ザイオンやグランドキャニオンからペイジまでは、約3時間のドライブだ。

ダムの下からコロラド川下りのラフティングツアーも出ている

紋がそのまま固まったような砂岩が幾重にも重なるノース・コヨーテビュートNorth Coyote Butte（ザ・ウエーブ）が有名。見学には入場許可証が必要で、抽選によって決定する。**URL** www.thewave.info

左コラム

アンテロープキャニオン
● **Upper Antelope Canyon**
☎ (928)691-0244
🌐 navajotours.com
時間 ガイドツアーは9:35、11:40、13:45の3回。約1時間30分
料 $100～120（入場料とガイドツアー）
● **Lower Antelope Canyon**
☎ (928)645-6997
🌐 lowerantelope.com
時間 7:30～17:00（冬季8:30～15:00）
料 13歳以上$50、4～12歳$30、約1時間（入場料とガイドツアー）
車 ページの町からAZ-98を東へ7分ほど走った所にあり、州道の右側にアッパー、その正面の道を左へ曲がった所にロウアーがある。

ホースシューベンド
料 無料。フェンスも何もない断崖なので、転落と落雷には十分に注意を。
車 ページの町からUS-89を南へ約10分。US-89を右折してすぐの駐車場から砂地を15分ほど歩く。

レインボーブリッジ・ツアー
● **Lake Powell Resorts & Marinas**
住 Wahweap Marina, 100 Lake Shore Dr., Page, AZ 86040
Free (1-888)896-3829
🌐 www.lakepowell.com
時間 4～10月 7:30発（時期によって12:30）。2022年のツアーは中止。運行は2019年のもの。所要約8時間
料 $126.23、3～12歳$79.48。グレンキャニオン国立レクリエーションエリア入園料（$30）別途。

ホワイトポケットへ行くには
必ず公園認定のガイド（下記参照）をともなっていくこと。個人で行くのは危険。
● **Grand Circle Tours**
☎ (928)691-0166
🌐 www.vermillioncliffs.net
料 $229。昼食付き。所要約7時間。

人が少なく見学しやすい

右コラム

✦ 幻想的で繊細な美しさで大人気！　Map P.28-D1

アンテロープキャニオン
Antelope Canyon

アッパー・アンテロープキャニオンは、あまりに空間が狭いため、わずかに差し込む光の反射だけで幻想的な世界が生み出される

　人ひとりがやっと通れるほどの狭い空間で、長さもアッパー・アンテロープキャニオンは150mしかない。それにもかかわらず世界各国から観光客が押し寄せる人気スポット。レイクパウエルへ流れ込む支流が軟らかい砂岩を浸食し、鉄砲水が渦を巻いてらせん状の小さな峡谷を刻んだ。**アッパー・アンテロープキャニオンUpper Antelope Canyon**と**ロウアー・アンテロープキャニオンLower Antelope Canyon**に分かれているが、どちらもナバホ族のガイドがグループごとに案内する。

✦ アメリカ西部ならではのダイナミックな景観　Map P.28-D1

ホースシューベンド
Horseshoe Bend

　ダムの下流にあり、コロラド川が馬蹄形の急カーブを描くダイナミックな風景が見られる。垂直に浸食された高さ約300mの断崖の上からのぞくと、はるか足元に豆粒のようなラフティングボートが見えるだろう。

✦ 世界最大のナチュラルブリッジ　Map P.28-D1

レインボーブリッジ国立モニュメント
Rainbow Bridge National Monument

　川に浸食されてできた岩穴をナチュラルブリッジと呼ぶ。その世界最大の岩が湖畔にそびえ立っている。アクセス方法はダムの西にある**マリーナLake Powell Resorts & Marinas**から出航するクルーズツアーしかない。

アーチは高さ75.6m、幅84.7m

✦ 秘境中の秘境で見る不可思議な風景　Map P.28-D1

ホワイトポケット（バーミリオンクリフス国立モニュメント）
White Pocket / Vermillion Cliffs National Monument

　TVなどで話題になった**ザ・ウエーブThe Wave**（→P.262脚注）と同じ公園内にあり、入場許可証の入手が困難なザ・ウエーブの代わりに注目を集めている。ここは許可証は不要だが、ザ・ウエーブよりはるかに奥にあり、道なき道を行くので遭難や鉄砲水の危険度が高い。現地の地形や気象条件を熟知したガイドが必要だ。**ツアーを選ぶ際は、園内での営業許可があるか、公園から認可されたガイドが同行するかなどを確かめよう。**

大荒野に現れる神々しい巨岩群

モニュメントバレー

Monument Valley

ジョン・フォード・ポイント。モニュメントバレーはアメリカの原風景ともいわれている

"アメリカの原風景"ともいわれるモニュメントバレーは、グランドキャニオンの北東、ユタ州とアリゾナ州の州境付近にある。ここは、ナバホ族居留地内で、"Monument Valley Navajo Tribal Park"が正式名称。ナバホの人々が管理、運営するナバホの人々のための公園だ。抜けるような青空と赤茶けた広漠たる荒れ野に立つビュートbutte（残丘）のコントラストが印象的。

モニュメントバレーへの行き方　Access

ラスベガスから車で訪れると片道7〜8時間かかるので、ツアーに参加するのがベスト。日帰り、もしくはグランドキャニオンやアンテロープキャニオンと合わせた1〜2泊のツアーなど、さまざまなものがあるが、できれば現地で1泊したい。日の出と日没は特にすばらしく、一生の思い出になるはずだ。

モニュメントバレーの歩き方　Getting Around

園内にあるビジターセンターが観光の拠点。3つのビュートが並ぶおなじみの風景はここからのもの。なお、バレー内は未舗装で路面の状況が不安定だ。ラスベガスからツアーで訪れる場合は、バレードライブ（→P.266）を走るツアーが含まれているコースを選ぼう。

開放的なジープだが、走行中の砂塵に悩まされる

ナバホ・トライバルパークス
☎(928)871-6647
URL navajonationparks.org

入園料
1人$8（17マイルループのドライブのみ）。バックカントリーは1人$15。支払いはクレジットカードで。現金不可。

バレードライブ
時間 4〜9月毎日7:00〜18:00、10〜3月毎日8:00〜16:00
休 感謝祭、12/25、1/1
車 US-163から園内に入り、約4マイル走った突き当たりにビジターセンターがある。

アルコール禁止！
ナバホ族居留地内では飲酒はもちろん、アルコールの持ち込みも禁止なので注意を。

ラスベガス発のツアー
（→P.256）

ナバホ族の文化に触れられる

ナバホ族の文化を体験
現地の ツアー催行会社 Simpson's Trailhandlerでは、ホーガンHoganと呼ばれるナバホ族の伝統式住居に泊まるプランを販売。半球形の木組みを赤土で覆った住居に宿泊する。モニュメントバレー発着のジープツアー（サンセットとサンライズ）、ホーガン宿泊、キャンプファイアーと伝統ダンス観賞、夕・朝食付きで$250〜。
E-mail mvsttres@gmail.com
（日本語の問い合わせ可）
Free (1-888)723-6236

　さまざまなツアー会社があ
るが、内容や料金に大差はな
い。バレードライブをバンで
走り、数ヵ所のビューポイン
トでストップする。目安は1
時間30分$70〜85、2時間
30分$60〜90、サンライズ
$80〜100やサンセットツア
ー$70〜90など。目安車が
立ち入れないミステリーバレ
ーへのツアー（$75〜110）も
人気。

**グールディングス交易博
物館**
Free(1-866)313-9769
URLgouldings.com
時間毎日8:00〜17:00（季節
によって変動あり。事前に確
認を）**料**無料

映画撮影の様子を知ることが
できる

モニュメントバレーの見どころ　✦ *Sightseeing*

✦　ビュートの間をぬって走る迫力満点のドライブ
バレードライブ
Valley Drive

　バレー内にある全長17マイルの未舗装道路。荒野へと続く
道の先には、ジョン・フォード監督が西部劇を撮った地点、
ジョン・フォード・ポイントJohn Ford's Pointや、ラクダが休
んでいるように見える**キャメルビュートCamel Butte**、3人の修
道女を連想させる**スリーシスターズThree Sisters**のほか、いく
つもの岩のアーチなどが点在する。

　普通車でも走ることができるが凹凸が激しく、乾いていると
きには砂ぼこりがひどいし、雨が降るとぬかるんでタイヤがス
タックしてしまう。園内の駐車場にジープツアーのカウンター
が出ているので、あたってみるといい。

✦　ハイライトは映画に関する展示物
グールディングス交易博物館
Goulding's Trading Post Museum

　園内ではなく、US-163の反対側にあるグールディングス・ロ
ッジの横にある博物館。1920年代の交易所を復元した部屋やナ
バホの暮らしを記録した写真の展示、モニュメントバレーで撮
影されたジョン・フォードの映画に関する展示を行っている。

✖ ナバホ族居留地にある唯一のホテル　　　　　**Map** P.28-D1
ビューホテル
The View Hotel

　モニュメントバレー（ナバホ族居留地）内に
あり、客室から壮大なビュートの姿が見られ
る（一部の客室は不可）ことで人気がある。日
の出、夕日も部屋から観賞できる最高のロ
ケーション。冬季は比較的予約が取りやすい
が、夏季などのピーク時は早めの予約が望ま
しい。ロビーの中央に石造りの暖炉があり、
ゆったりとくつろげる空間だ。眺望抜群のレ
ストランやギフトショップが併設されている。

景観を損なわない工夫がされている建物

DATA
住Indian Rt.42,Oljato-Monument
Valley, UT 84536
☎(435)727-5555
FAX(435)727-4545
URLmonumentvalleyview.com
料ⓈⓄⓉ$119〜349
バレービューではない客室Ⓢ**Ⓓ**
$79〜159
CCＡＭＶ（現金払い不可）
料96室（キャビン28棟、キャン
プサイトあり）
ネットWi-Fi無料

✖ 古くからあるモニュメントバレーのホテル　　　**Map** P.28-D1
グールディングス・ロッジ
Goulding's Lodge

　US-163からモニュメントバレー入口と反
対側へ入り、北へ約3.2km、車で10分ほど
の所にある。モーテル、ロッジ、アパート形
式の部屋があり、どの部屋からも大平原とモ
ニュメントバレーの遠景が望める。ホテルの
近くにスーパーやコンビニ、ガスステーショ
ンがあり、何かと便利だ。レストラン、ギフ
トショップ、グールディングス交易博物館を
併設し、独自のツアーも催行している。

客室からモニュメントバレーが見える

DATA
住1000 Main St., Monument
Valley, UT 84536
Free(1-866)313-9769
URLgouldings.com
料ⓈⒹ**Ⓣ**$119〜229、ヴィラ
$209〜399、2ベッドアパートメ
ント$259〜239、3ベッドホーム
$599〜799
CCＡＭＶ
料152室（RVパーク、キャンプグ
ラウンドあり）
ネットWi-Fi無料

 お役立ち情報　**野犬に注意** ▶バレードライブ内の景観ポイントやビューホテルの敷地内でよく犬が出没する。むやみ
に手を出すことはしないようにしたい。

岩と緑と水のシンフォニー
ザイオン国立公園

Zion National Park

博物館裏の大岩壁を総称してタワーズ・オブ・ザ・バージンという

カステラソウ
春から夏にかけて、砂漠から高山まで広範囲に自生する。エフデグサともいう。

岩壁のバリエーションが豊か

ユタ州には5つの国立公園があるが、なかでも最も人気が高いのがザイオンだ。全米に423ヵ所ある国立公園局の保護区域のなかでも、年間入場者数は常にトップ10に入る。バージン川に浸食された峡谷と、両岸にそびえる巨大な岩峰が魅力。その迫力に圧倒されながら歩くハイキングトレイルや、川の中をジャブジャブ歩いて遡る体験も新鮮だ。川沿いには豊かな緑が広がり、春には新緑と野の花々、秋には目の覚めるような黄葉と、グランドサークル（→P.252）では珍しい渓谷美も楽しめる。ダイナミックさと繊細さを併せもつ大自然を堪能しよう。

ザイオンへの行き方　　　　　*Access*

ザイオンの観光の中心となるザイオンキャニオンへは、ラスベガスから3時間弱のドライブでアクセスできる。I-15を北上し、約125マイル走ってユタ州へ入り、St. Georgeを過ぎたらExit 16でUT-9へ下りる。これを東に約35マイル走れば**スプリングデールSpringdale**の町。おしゃれなロッジやB&Bが20軒以上ある、こぢんまりしたリゾートタウンだ。ザイオン国立公園の南口ゲートは、町を過ぎてすぐの所にある。

また、ラスベガス発着の日帰りツアーも各社から出ている。ブライスキャニオンやグランドキャニオンと組み合わせたものが多く、日本語ガイド付きのツアーもある（→P.257）。移動に多くの時間を費やすが、できるだけゆとりのあるスケジュールで、安全性に気を配ったツアー会社かどうか、よく確認してから参加したい。

公園南口のランドマーク、ウォッチマン

営業時間と入園料
時間 毎日24時間
料金 車1台＄35（7日間有効）、バイク1台＄30（7日間有効）、車以外の入園は1人＄20（15歳以下無料。7日間有効）。現金不可。クレジットカードのみ。
CC A D J M V

ガスステーション
園内にはない。南口から入るときにはスプリングデールで、東口から入るときにはMount Carmel Junctionで必ずガソリンを入れておこう。

お役立ち情報 **Zion Lodge▶** 園内唯一の宿泊施設。82室と40キャビン。キャビン、ホテルルーム＄169〜245（スイート含む）。☎(303)297-2757　☎(435)772-7100(当日予約) URL www.zionlodge.com

ビジターセンター

☎ (435)772-3256

URL www.nps.gov/zion

時間 毎日8:00〜17:00、夏季〜18:00

休 12/25

車 公園南口を入ってすぐ南側にある。

情報はビジターセンターで入手しよう

無料シャトル

時間 2022年は3月上旬〜11月下旬の運行。7:00〜18:15頃（季節により異なる）に、5〜30分ごと。2023年は未発表。

バージン川を遡って歩くナローズ

天候の急変に注意

ナローズは水かさが増えても逃げ場がないため、たびたび犠牲者が出ている。ビジターセンターで雨のおそれがないことを確認してから歩きだそう。また秋〜早春は水が冷たいので、歩くのは無理。

蛇行するバージン川を見下ろすように立つエンジェルスランディング

ザイオンの歩き方 — *Getting Around*

年間約500万人が訪れるザイオンでは、駐車場不足や大気汚染が問題となり、ピークシーズンにはマイカー規制が行われている。毎年3月中旬〜11月下旬は、環境保護のためザイオンキャニオンには一般車は立ち入りできない（ザイオンロッジZion Lodgeに宿泊予約がある場合を除く）。南口ゲートを入ってすぐ右側にあるビジターセンターに車を停め、園内は無料シャトルバスを利用して回る。公園南のスプリングデールの町からビジターセンターへも無料シャトルバスが走っている。

シャトルバスはエコカー仕様だ

ザイオンの見どころ — *Sightseeing*

✦ 四季折々の美しさに酔いしれる

ザイオンキャニオン
Zion Canyon

バージン川の流れに沿って、ザイオン国立公園の中心を南北に貫く峡谷。巨岩の大伽藍**ウエストテンプルWest Temple**、天使が舞い降りる所**エンジェルスランディングAngels Landing**（要予約。欄外）、世界最大級の一枚岩**グレート・ホワイト・スローン Great White Throne**などが谷の両側に並ぶ。途中、シャトルバスのバスストップが8ヵ所あるので、気に入った所で降りて展望台から眺めたり、時間があればハイキングコースを歩くのもおすすめ。雪解けの季節や雨のあとに訪れたら、ぜひ**エメラルドプールEmerald Pool**や**ウイーピングロックWeeping Rock**へ行ってみるといい。赤い岩肌から落ちる滝と、シダなどの植物の緑の鮮やかなコントラストが堪能できる。

観光のハイライトは峡谷の奥にある**ナローズNarrows**。夏に訪れたら、垂直の岩壁に挟まれた川の中を歩いてみよう。300mもの高さの岩壁が、狭い所では幅わずか6mまで接近していて、圧巻！

高さ732mのグレート・ホワイト・スローン

エンジェルスランディングは許可証が必要▶四半期ごとの抽選と前日の抽選の2回。公園局のサイトで申請料は$6。希望の日を7つまで指定し、第1優先日も入力。許可証発行は$3の手数料。

無数の亡霊のような尖塔群が圧巻

ブライスキャニオン国立公園

Bryce Canyon National Park

ユタ州 Map P.28-C1

サンセットポイント。雪景色はさらに幻想的になる

ミュールジカ
大きな耳が特徴で、尻尾は先端だけ白い。

グランドサークル（→P.252）はユニークな形をした岩のオンパレードだが、なかでも特に古い地層がグランドキャニオン、新しい地層がここ、ブライスキャニオンだ。アーチ形をした断崖を埋め尽くす無数の尖塔群、フードゥーhoodoo。ピンク色やオレンジ色をした非常にもろい岩が、風化作用によってこのような絶景となった。断崖の展望台に立ち、足元にフードゥーを見下ろしたときの感動は、きっと一生忘れられないものになるだろう。

ブライスキャニオンはまた、夜空が暗く、星の観察に適していることで知られる。新月の頃にはパークレンジャーや専門家がリードしてくれる観望会も行われている。

ブライスキャニオンへの行き方　　→ *Access*

ブライスキャニオンはザイオン国立公園（→P.267）の先にあり、ラスベガスからザイオンと組み合わせたバスツアーがたくさん出ている。レンタカーで訪れるなら、ザイオンからUT-9を東に走って園内を横切り、US-89を北上。さらにUT-12を右折する。ザイオンから90分ほどのドライブだ。

ブライスキャニオンの歩き方　　→ *Getting Around*

ザイオンは谷底から岩を見上げたが、ブライスでは断崖の上の展望台から谷を見下ろす。アーチ形に浸食された崖沿いに車道と展望台が整備されている。時間があれば谷底へ歩いて下りてみるといい。フードゥーの大きさが感じられ見事だ。

営業時間と入園料
時間 毎日24時間
料 車1台＄35、バイク1台＄30、車以外の入園は1人＄20（15歳以下無料。7日間有効）。入園前にサイトから入園料を支払い、書面の印刷を持参するように。
CC A M V

ビジターセンター
☎ (435)834-5322
URL www.nps.gov/brca
時間 毎日8:00～16:30（夏季～20:00、春・秋季～18:00）
休 12/25
車 料金ゲートを入ってしばらく行った右側。

ガスステーション
園内にはないが、ゲートシティのブライスにある。ブライスの町のUT-63沿いには駐車場があり、国立公園内へ走る無料シャトルバス（→P.270）も停車する。

最も有名な岩、雷神のハンマー
Thor's Hammer

お役立ち情報　**天体観測** ▶ 全米で最も空気が澄んだ場所のひとつとして有名。毎年6月に行われる天文フェスティバルのほか、期間限定で天体観測のプログラムも実施される。詳細は **URL** www.nps.gov/brcaで確認を。

269

✦ 奇跡の断崖を心ゆくまで眺めよう

サンセットポイント
Sunset Point

上部は白い地層が露出している

ブライスキャニオンで最も人気のある展望台。夕日を見るのにいいとされているが、(太陽ではなく)峡谷そのものを見るなら早朝もおすすめ。ビジターセンターの近くにあり、断崖の縁から180度に広がるフードゥーを見渡すことができる。よく見ると尖塔それぞれに表情があり、チェスの駒や宇宙人に見えたりして楽しい。**雷神のハンマーThor's Hammer**と名づけられた奇岩もお見逃しなく。

シャトルバス

4月初旬～10月下旬のみ、園内の展望ポイントを結ぶ無料シャトルが運行。車で回ることもできるが、各ポイントの駐車場はいつもいっぱいなので、なるべくシャトルを利用しよう。運行は夏季8:00～20:00、春・秋季は18:00、15分ごと。1周約50分。

乗り場はUT-12からUT-63へ入り、町を少し行った左にある駐車場。ここから、ビジターセンター、ロッジ、サンセットポイント、ブライスポイントなどを結んで走る。

シーズンについて

ブライスキャニオンは標高が2000m以上あり、真夏でもザイオンよりずっと涼しい。黄葉は9月下旬～10月中旬。冬は積雪が多い。白い帽子をかぶった尖塔群はとても美しく、クロスカントリースキーのツアーなども行われるが、雪道走行を覚悟しよう。

雷に注意

夏(7～8月)は死亡事故につながる強い雷が発生する。稲光と雷鳴の間が30秒をきったら、とにかく安全な場所に避難すること。安全度の高い場所は、ビジターセンターのような建物や車の中。逆に避難に適さないのは、高い所や木の下、水を使う場所など。天候の急激な変化を察知して安全に努めよう。

✦ マンハッタンの金融街よりはるかに狭くて美しい

ウオール街
Wall Street

サンセットポイント(上記)の足元にジグザグに延びる小道が見える。**ナバホ・ループ・トレイルNavajo Loop Trail**というポピュラーなハイキングコースで、道が谷底に吸い込まれた所がウオール街だ。ニューヨークの摩

ナバホ・ループ・トレイルを歩けばさまざまな角度からフードゥーが楽しめる

天楼の代わりにピンク色の砂岩が頭上にそびえる。もろく崩れやすいので、ちょっとスリリングでもある。極端に狭い谷底まで往復約1時間。ぐるりと1周して2時間のハイキングだ。

✦ ぜひ早起きして訪れたい

ブライスポイント
Bryce Point

アーチ形をしたキャニオンの端にあり、全体を大きく見晴らすことができる。特に朝焼けの頃、オレンジ色に燃え上がるフードゥーは感動的。時間のない人でも、ぜひここまでは来てほしい。

ブライスポイントの足元にはワニが寝そべっている

お役立ち情報

Bryce Canyon Lodge ▶園内唯一の宿泊施設。全114室。冬季は休み。ホテルタイプ$232～309。Free(1-877)386-4383 URL www.brycecanyonforever.com

特異な気候が造り出す、北米最低地点の景観

デスバレー国立公園

Death Valley National Park

海抜0mの標識。ここからマイナス地帯が広がる

営業時間と入園料
時間 毎日24時間
料 車1台$30（7日間有効）、バイク1台$25（7日間有効）、車以外の入園は1人$15（7日間有効）。入園ゲートはないので、ビジターセンターに立ち寄って支払うか、自動支払い機で。
※2022年8月と9月の大雨による被害が大きく、多くの道路が閉鎖された。2023年1月現在、復旧作業が進むが、道路によっては工事中であることも。事前にサイトのAlerts & ConditionからRoad Statusを確認しておきたい。

ビジターセンター
Furnace Creek Visitor Center
☎ (760)786-3200
URL www.nps.gov/deva
時間 毎日8:00～17:00
広大な公園の中心にあり、周囲にはロッジやレストラン、ガスステーションも集まっている。特に気温と降雨の情報は必ず入手しておこう。

　アラスカを除くと全米最大、福島県とほぼ同じ広さがある国立公園。最低地点の標高は海抜マイナス86mで北米大陸最低の地とされ、世界でも屈指の低さだ。この標高ゆえに夏は異常なほどの高温になり、1913年に記録した気温56.7℃は現在も世界記録。ところが、谷を囲む山は標高3368mもあり、雪化粧していることもある。一度は見ておきたい、驚異の景観だ。

デスバレーへの行き方　*Access*

　ラスベガスから日帰りツアー（秋～春、夏季運休）を利用するか、レンタカーで3時間弱。ポピュラーなルートは、US-95を北上し、Amaragosa ValleyでNV-373→CA-127→ CA-190と進む。

デスバレーの見どころ　*Sightseeing*

　上記のルートで園内へ入ると、まず**ザブリスキーポイントZabriskie Point**がある。黄金色をした地層が浸食され、太陽の光を浴びるとゴールドに輝いて見事。少し手前から山道を上った所にある**ダンテスビューDantes View**もおすすめ。デスバレーを一望のもとに見渡せる標高1669mの展望台だ。眼下に見える真っ白な平原は、園内でも特に標高が低い**バッドウオーターBadwater**。大塩原が果てしなく続いている。近くには、塩の結晶が固まって激しい凹凸を造っている**悪魔のゴルフコースDevil's Golf Course**もある。

夏は本当に"死の谷"
　真夏の平均最高気温は、なんと46℃、5月中旬から10月初旬にかけて38℃を超すのが普通だ。身を隠す物などひとつない砂漠で、炎天下に行動するなんて自殺行為だし、デスバレーに入る道はどこも山越えなので、車がオーバーヒートしやすい。真夏はバスツアーも催行されないほどなので、行くのは控えよう。

標高が低いバッドウオーター。塩の結晶が不気味

夕暮れ時に大地が燃え上がる
バレー・オブ・ファイアー州立公園
Valley of Fire State Park

ネバダ州 Map P.28-B1

突如現れる赤い岩の群れ

行き方
　ラスベガスから車でI-15を北に走り、Exit 75でValley of Fire Hwy.に入る。ここまで約40分。うねうねした道を走ること約30分で公園の西口にいたる。

営業時間と入園料
[時間]毎日日の出〜日没
[料]車、バイクいずれも1台$10

ビジターセンター
☎(702)397-2088
[URL]parks.nv.gov/parks/valley-of-fire
[時間]毎日9:00〜16:00
　園内には食事、宿泊などの施設はない(キャンプ場のみ)。

　モハーベ砂漠の一角に、赤い砂岩が浸食された不思議な谷がある。公園を横切る車道沿いに、ユニークな形をした奇岩や赤い尾根の連なり、無数の穴が開いた滑らかな岩などが次々に現れる。先住民が残した遺跡も興味深い。夕暮れ時になると、大地は真っ赤に染まる。レンタカーがあればラスベガスから半日で往復できるし、ザイオン(→P.267)へ行く途中で立ち寄るのもいい。

奇岩が生み出す不思議な世界
ビーハイブとエレファントロック
Beehive & Elephant Rock

　公園へ入ってしばらくすると、右手にハチの巣の形をした**ビーハイブBeehive**という奇岩が見えてくる。そのまま奥へ進み、東口の手前にあるのが**エレファントロックElephant Rock**。公園を代表する岩だ。少し戻ってビジターセンターの横の道路を北上した所が**レインボービスタ Rainbow Vista**。真っ赤な岩と背後の黒々とした山とのコントラストが見事なので、お見逃しなく。

ハチの巣に似たビーハイブ

西部の電力と水の源となる巨大ダム
フーバーダム
Hoover Dam

ネバダ州 Map P.28-B1

行き方
　フーバーダムは、ラスベガスから車でUS-93/95を南東へ約34マイル(54km)。途中ネバダ州のボウルダーシティを通り、US-93を50分ほど。
[URL]www.usbr.gov/lc/hooverdam

フーバーダムのツアー
☎(702)494-2517
●発電所ツアー
[時間]9:00〜15:45。所要30分
[料]$15、シニア・4〜16歳$12
●ダムツアー(発電所とダム)
[時間]9:00〜11:00、14:30〜15:45。所要1時間
[料]$30、8歳以下は参加不可
[休]感謝祭、12/25
　駐車場は8:00〜17:15オープン、$10。

レイクミードのクルーズ
→脚注

　1929年の大恐慌のあと、ニューディール政策の一環として建設された高さ221m、幅379mのアーチ式ダム。富山の黒部ダムの約6倍という発電能力を有するダムを、1936年(1931年着工)に造ったアメリカの技術力には驚嘆する。

　フーバーダムによって生まれたレイクミードは、全米最大の人造湖で、面積は琵琶湖より少々小さい。湖畔は一大レクリエーション地域。クルージング、釣りなどを楽しむ人でにぎわう。

スケールの大きさに驚くばかり
フーバーダムとレイクミード
Hoover Dam & Lake Mead

　フーバーダムは、年間700万人が訪れる人気の観光スポットで、週末は特に混雑する。ツアーでダム底部まで下りるのなら、朝一番で訪れたい。申込みはビジターセンターで行う。
　レイクミードのレジャーの中心は、US-93/95のフーバーダムの手前でLake Shore Dr.へ左折した所にある**マリーナLake Mead Beaches Marina**。湖畔のビーチやクルーズ船の波止場、レンタルボートやギフトショップ、レストランなどがある。

フーバーダム

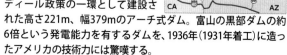
お役立ち情報　**クルーズ** [URL]www.lakemeadcruises.com　Mid-Day Sightseeing Cruise　[時間]水〜日 12:00出航。所要約90分 [料]$35、2〜11歳$17。冬季は運休。

ボルテックスで身も心もリフレッシュ

セドナ

Sedona

アップタウンの街からレッドロックを間近に望むことができる

全米一美しい町と称されるセドナは、日本では「パワースポット」として知られ、近年訪れる人が急増している。もともとネイティブアメリカンの人々はセドナを「神が住む土地」と信じ、特別な儀式を除いて、セドナに足を踏み入れることはなかった。1900年代当初、西部開拓者の一行がこの地にやってきてから、セドナは新しい道を歩み始める。セドナのすばらしさは、万人を包み込む宇宙的な懐の深さにある。自分を見つめ直し、新しい明日に出合うきっかけになるはず。

セドナへの行き方　　　　　*Access*

セドナ空港は、一般の民間旅客サービスはない。定期便のある最も近い町は**フラッグスタッフFlagstaff**。フェニックス国際空港へは、フェニックスとダラスからアメリカン航空が直行便を就航している。ラスベガスからはツアーに参加するかレンタカーがよい。

ラスベガスから車で

US-93→I-40→US-89Aで、約450km、4時間～4時間45分のドライブだ。ラスベガス発のツアーは（→P.257）を参照。

フェニックスから空港シャトルで

セドナへは**グルームトランスポーテーションGroome Transportation**が毎日運行。始発6:15、最終翌0:15で90分ごとにターミナル3から発車し、3、4の順に停車する。出発の15分前には申し込みを済ませること。なお、ターミナル3では、ターミナル外のカーブサイドから直接シャトルに乗車する。

セドナの土が赤いわけ

コロラドプラトーの南端に接するセドナの土壌はミネラルが豊富で、火山と地層プレートが共存している。何よりも鉄分を多く含むため、セドナの土は赤いといわれている。

聖地だけでない特別な場所

セドナは、数千年の昔、南北からのネイティブたちが出会い、Yavapaiヤバ・パイ（山の人）、Hop (a) ホピ（平和の人）などの種族が誕生した場所でもある。

運転に注意

北側（フラッグスタッフ）からアクセスする場合、セドナに近くなればなるほど街灯の少ない急カーブの坂道を運転することになる。できるだけ明るいうちにアクセスしたい。

セドナの白眉

富士登山よろしく、セドナでは昇ってくる朝日を拝むのがおすすめ。地球のパワーを直接感じられるという人も。

フラッグスタッフ
Map P.28-D2

ラスベガスからはレンタカーが便利

グルームトランスポーテーション
☎ (928)350-8466
☎ (928)282-2066(セドナ)
URL groometransportation.com
🚌 片道$65、10歳以下$32（チップ別途）
時間 所要約2時間45分

お役立ち情報　**セドナのタックス**▶買い物をする場所、滞在する場所によって微妙に異なる。セールスタックス6.35～10.4%、ホテルタックス6.33～13.9%。

273

町の中心、ザ・ワイからの距離
●ウエストセドナの西端まで約8km（車で10分）。
●ビレッジ・オブ・オーククリークまでは約12km（同15分）。
●アップタウンまでは約400m（徒歩6分）の距離。

セドナでの服装
どの季節も日中と朝晩の気温差が大きいので重ね着できるように衣類の準備をするとよい。

セドナの混雑期
3～5月、9・10月が繁忙期。

ホテルのシャトル
ホテルによっては3～5マイル以内まで無料のシャトルを運行。ボルテックスやアップタウンへ利用するのもいい。

セドナではトレッキングがポピュラー

持っていくと便利なもの
セドナは星空を楽しんでもらうための条例があり、街灯が少ない。アップタウンは夜でも歩けるが、ちょっと離れた所では懐中電灯があると便利。

ボルテックス（→下記コラム）がもたらすパワーで、スピリチュアルな町として知られるセドナ。パワーを感じるベストな方法は、まずハイキングをして、気に入った場所があればそこに座って落ち着いてみること。

セドナの町は大きく**ウエストセドナWest Sedona**、**アップタウンUptown**、**ビレッジ・オブ・オーククリークVillage of Oak Creek**の3つのエリアに分かれる。3つのエリアの合流点であり、町の中心が**ザ・ワイThe Y**と呼ばれる89A号線と179号線の三差路。観光の中心はザ・ワイの北東のアップタウンで、

ボルテックスのパワーを体感したいなら、ハイキングがベスト

ショップやレストランが連なっている。ここだけは歩ける範囲だが、ほかは離れているので車での移動が望ましい。しかし、シャトルやトロリーをうまく利用すればいくつかのボルテックスへは行くことができる。

4大ボルテックス（→P.277～278）の回り方
4大ボルテックスを目指してやってくる人も多いだろうが、セドナ全体がボルテックスともいわれている。霊感のない人も、セドナに来ればすがすがしい気持ちになれることは間違いない。4大ボルテックスのエアポートメサは、ウエストセドナの東から歩ける距離。

比較的気軽にアクセスできるエアポートメサの展望台

ボイントンキャニオンはセドナトロリー（→P.276）、カセドラルロックはセドナシャトル（→P.276）で。ベルロックはタクシー（→P.274脚注）や配車サービスを利用するかツアー参加が得策だ。

LV トリビア　　　ボルテックスって何？

「セドナ」と聞いて、ボルテックスVortexを思い浮かべる人も多いだろう。

ボルテックスとは、直訳すれば「渦」を意味するが、実はとても抽象的な言葉。一般的にいわれるのが、地球は磁力をもっていて、その磁力、あるいは地球のパワーの渦巻く出入り口がボルテックスとされている。「大きくいえばセドナ全体がボルテックスだが、なかでも4大ボルテックスはパワーが強い」とよく表現される。だが、正直なところ、地球のパワーが渦巻いている所はここだ！と言いきれる人は少ない。セドナの住人は「ここが私のボルテックス」と、自分の気に入った場所をボルテックスと指すことが多い。

これまでにも、科学者が研究を重ねたが、はっきりとした答えは出ていない。しかし、セドナの強烈なパワーが生物や人に大きな変化や癒やしをもたらすといわれていて、それを大きく受ける人もいるし、まったく感じない人もいるなど、個人差が激しい。何かよくわからないからこそ、神秘のパワースポットといえるのかもしれない。

早朝の気球ツアーで朝日とともにボルテックスも拝む

お役立ち情報　**セドナのタクシー** ▶タクシーは数が非常に少ないので電話をかけて呼ぶ必要がある。Sedona Taxi☎ (928) 204-9111　料金の目安はアップタウン～ウエストセドナ約$12+チップ、アッ↗

観光案内所 ✛ Information

セドナ商工会議所観光案内所　*Visitors Information Center (Sedona Chamber of Commerce)*

　町の中心であるザ・ワイに近い所にある便利な案内所。日本語情報を含めた各種資料やパンフレット、地図があり、ちょっとしたセドナみやげも販売している。また、ホテルやレストラン、ツアーやアトラクションのディスカウントが受けられるお得なクーポンを発行している。セドナ商工会議所公式ウェブサイト（→側注）の"Deals & Coupons"のページ（→側注）を参照。

アップタウンの便利な場所にある

観光案内所
Map P.276-2
住331 Forest Rd., Sedona, AZ 86336
☎(928)282-7722
Free(1-800)288-7336
URLvisitsedona.com（日本語あり）
時間毎日8:30～17:00
休感謝祭、12/25
行アップタウンの最初の信号のある州道89A号線とフォレストロードの角にある。

クーポン
URLvisitsedona.com/deals

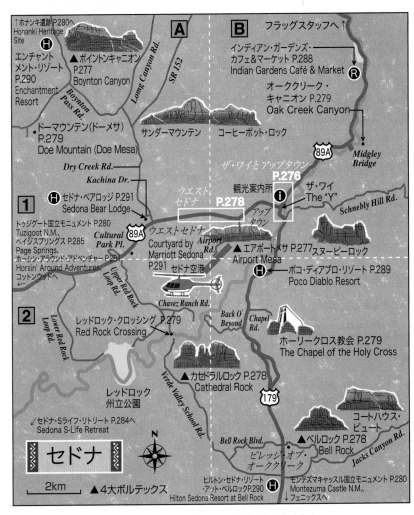

↑ホナンキ遺跡 P.280へ
Honanki Heritage Site Ⓗ

エンチャントメント・リゾート P.290
Enchantment Resort

▲ ポイントンキャニオン P.277
Boynton Canyon

Boynton Pass Rd.

Long Canyon Rd.

SR 152

A

B

フラッグスタッフへ↑

インディアン・ガーデンズ・カフェ＆マーケット P.288
Indian Gardens Café & Market Ⓡ

オーククリーク・キャニオン P.279
Oak Creek Canyon

ドーマウンテン（ドーメサ） P.279
Doe Mountain (Doe Mesa)

サンダーマウンテン

コーヒーポット・ロック

89A

Midgley Bridge

Dry Creek Rd.

Kachina Dr.

ウエストセドナ **P.278**

ザ・ワイとアップタウン **P.276**

観光案内所 ⓘ

ザ・ワイ
The "Y"

1

Ⓗ セドナ・ベアロッジ P.291
Sedona Bear Lodge

トゥジグート国立モニュメント P.280
Tuzigoot N.M.、ページスプリングス P.285
Page Springs、ホーシン・アラウンド・アドベンチャー P.291
Horsin' Around Adventures、コットンウッドへ

89A

Cultural Park Pl.

ウエストセドナ

アップタウン

Schnebly Hill Rd.

Courtyard by Marriott Sedona P.291
セドナ空港

Airport Rd.

Upper Red Rock Loop Rd.

▲ エアポートメサ P.277 スヌーピーロック
Airport Mesa

Ⓗ ポコ・ディアブロ・リゾート P.289
Poco Diablo Resort

Chavez Ranch Rd.

2

Lower Red Rock Loop Rd.

レッドロック・クロッシング P.279
Red Rock Crossing

Back O' Beyond

Chapel Rd.

ホーリークロス教会 P.279
The Chapel of the Holy Cross

レッドロック州立公園

Verde Valley School Rd.

179

▲ カセドラルロック P.278
Cathedral Rock

コートハウス・ビュート
Courthouse Butte

↙セドナ・Sライフ・リトリート P.284へ
Sedona S-Life Retreat

N

Bell Rock Blvd.

ビレッジ・オブ・オーククリーク

▲ ベルロック P.278
Bell Rock

Jacks Canyon Rd.

セドナ

2km

▲4大ボルテックス

ヒルトン・セドナ・リゾート・アット・ベルロック P.290
Hilton Sedona Resort at Bell Rock Ⓗ

モンテズマキャッスル国立モニュメント P.280
Montezuma Castle N.M.、
↙フェニックスへ

↘ プタウン～ビレッジ・オブ・オーククリーク約$25＋チップ、ウエストセドナ～ビレッジ・オブ・オーククリーク約$30＋チップ。

275

セドナトロリー乗り場

Map P.276-1

住Sedona Trolley Depot, 276 N. Hwy. 89A

☎(928)282-4211

URL www.sedonatrolley.com

運 行：A11:00、14:00
B10:00、12:30、15:30、17:00

料大人$23.99、12歳以下$15.99、2路線大人$37.99、12歳以下$21.99

休感謝祭、12/25

赤い車体が目印のセドナトロリー

セドナシャトル

運行：木〜日のみ
●カセドラルロック#15行きの出発場所はHillside Shopping Centerから南へ約1.2kmのN. SR-179 Park & Ride（住1294 SR-179）。7:00〜16:30の15分おきに出発。
●ドライクリークビスタ#12行きの出発場所はウエストセドナAZ-89A沿いWhole Foods Marketから北へ約1.1kmのPosse Ground Park and Ride（住20 Carruth Dr.）。7:16〜16:26の50分おきに出発。ドライクリークビスタのトレイルヘッドまで18分。

ベルデシャトル（市バス）

☎(928)282-0938

URL VerdeShuttle.com

運行：コットンウッド発（Northbound）毎日6:00〜21:00の1時間おき。
セドナ市駐車場発（Southbound）毎日7:00〜22:00の1時間おき。

料$2。1日券$6

交通機関 + Transportation

セドナトロリー　*Sedona Trolley*

　AとBの2路線あり、Aがホーリークロス教会、Bが4大ボルテックスのひとつボイントンキャニオンまで行く。アップタウン発で1日2〜4本の運行。解説付き。どちらも55分のツアー。

セドナシャトル　*Sedona Shuttle*

　カセドラルロック、ドライクリークビスタへの無料シャトル。

ベルデシャトル　*Verde Shuttle*

　セドナと西隣のコットンウッドCottonwoodを往復する市バス。ウエストセドナからアップタウンを経由する。

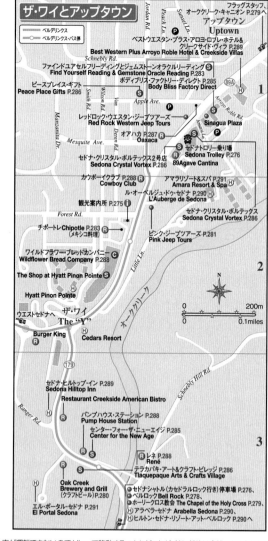

ザ・ワイとアップタウン

フラッグスタッフ、オーククリーク・キャニオン P.279へ
アップタウン
Uptown

ベストウエスタン・プラス・アロヨ・ロブレ・ホテル&クリークサイド・ヴィラ P.289
Best Western Plus Arroyo Roble Hotel & Creekside Villas

ファインドユアセルフリーディングとジェムストーンオラクルリーディング
Find Yourself Reading & Gemstone Oracle Reading P.283

ボディブリス・ファクトリー・ディレクト P.285
Body Bliss Factory Direct

ピースプレイス・ギフト
Peace Place Gifts P.286

レッドロック・ウエスタン・ジープツアーズ
Red Rock Western Jeep Tours

Sinagua Plaza

オアハカ P.287
Oaxaca

セドナトロリー乗り場
Sedona Trolley P.276

セドナ・クリスタル・ボルテックス2号店
Sedona Crystal Vortex P.286

89Agave Cantina

カウボーイクラブ P.288
Cowboy Club

アマラリゾート&スパ P.291
Amara Resort & Spa

ル・オーベルジュ・ド・セドナ P.290
L'Auberge de Sedona

観光案内所 P.275

セドナ・クリスタル・ボルテックス P.286
Sedona Crystal Vortex

チポートレ Chipotle P.283
（メキシコ料理）

ピンク・ジープツアーズ P.281
Pink Jeep Tours

ワイルドフラワー・ブレッドカンパニー P.288
Wildflower Bread Company

The Shop at Hyatt Pinon Pointe

Hyatt Pinon Pointe

ウエストセドナへ
ザ・ワイ
The "Y"

N

0 200m
0 0.1miles

Burger King

Cedars Resort

セドナ・ヒルトップ・イン P.289
Sedona Hilltop Inn

Restaurant Creekside American Bistro

ポンプハウス・ステーション P.288
Pump House Station

センター・フォー・ザ・ニューエイジ P.285
Center for the New Age

レネ P.288
René

テラカパキ・アート&クラフト・ビレッジ P.286
Tlaquepaque Arts & Crafts Village

Oak Creek
Brewery and Grill P.280
（クラフトビール）

エル・ポルタル・セドナ P.291
El Portal Sedona

ベルデリンクス
ベルデリンクス・バス停

●セドナシャトル（カセドラルロック行き）停車場 P.276、
●ベルロック・Bell Rock P.278、
●ホーリークロス教会 The Chapel of the Holy Cross P.279、
Hアラベラ・セドナ Arabella Sedona P.290、
Hヒルトン・セドナ・リゾート・アット・ベルロック P.290へ

現地発ツアー ✦ Optional Tours

アメリカ・トラベル・ファクトリー　*America Travel Factory,LLC.*

ロスアンゼルスに本社をおくアメリカ（ハワイを除く）の手配専門会社。セドナ支店では、4大ボルテックス、スピリチュアルだけではない、ヘルシーでアクティブなセドナを案内する。特にハイキングツアーは、ローカルガイドと日本語ガイドのコンビネーションで安全で楽しいツアーを提供してくれる。

アトラスアメリカ・インターナショナル　*Atlas America Int'l, INC.*

セドナにある日系の旅行会社。ボルテックスからグランドキャニオン、空港送迎などさまざまなツアーを催行する。

セドナの見どころ ✦ Sightseeing

4大ボルテックス

✦ 歩いて行けるボルテックス　Map P.275-B1

エアポートメサ
Airport Mesa

町の中心にある小高く広い台地がエアポートメサだ。州道から歩いて15分ほどで駐車場とトレイルの入口に着く。そこから頂上を目指して10分ほど登ると、景観のいい所に出る。そこがボルテックスだ。不思議

メサからベルロックが見える

なほどに曲がったジュニパーの木があり、地球のパワーの強さを感じられる。ここからはサンダーマウンテンも見渡せ、朝日を見るにも夕日を見るにもいいポイント。ぜひどちらかを体験しよう。

✦ 4大ボルテックスでいちばんパワーの強い　Map P.275-A1

ボイントンキャニオン
Boynton Canyon

ウエストセドナの北西、ネイティブアメリカンに言い伝えられてきたパワースポット。女性性と男性性を併せもち、バランスを整えてくれるという。このボルテックスを象徴する**カチーナウーマンkachina Woman**と呼ばれる岩には、子宝に恵まれるパワーがあるといわれている。ちなみにカチーナとは精霊のこと。ボイントンキャ

ニオンとの間のウエストバレーあたりで儀式が行われることが多い。トレイルは約4km、往復2時間〜2時間30分が目安。初心者でも問題なく歩ける。

右がカチーナウーマン。ここまで下から15分くらい

アメリカ・トラベル・ファクトリー
セドナ支店
🏠265 Stardust Lane,
Sedona, AZ 86336
☎(928)282-0840
URLwww.america-travel-factory.com
URLatfsedona.blogspot.com
時間月〜金9:30〜18:00
CCAJMV

アトラスアメリカ・インターナショナル
☎(415)412-0998
URLwww.atlas-america.com
※2023年1月現在休業中

エアポートメサ
🚐ウエストセドナの東、89A号線とAirport Rd.の交差点を南に歩いて15分ほどの所にレッドロック・カントリーの駐車場と駐車場のチケット販売機がある。そこから登る。

駐車場の自動券売機

セドナでの駐車料金
セドナを含めたレッドロック・カントリーでは、ボルテックスなどNational Forestに車で入るときにバス（**Red Rock Pass**：1日$5、7日間$15、年間バス$20）が必要。駐車場の自動販売機で購入できる。ダッシュボードなど見える所に置くこと。

ボイントンキャニオン
🚐セドナトロリーBがボイントンキャニオンのトレイルヘッドまで走っている。ドライバーに「ボイントンキャニオン、プリーズ」と言って、トレイルヘッドで降ろしてもらおう。帰りのトロリーの時間も確認したい。車の場合、89A号線を西に走り、Dry Creek Rd.で右折後、T字路をBoynton Pass Rd.へ左折。次のT字路を右折すると駐車場がある。
※駐車料金→上記

お役立ち情報　**アップタウンの駐車場** ▶89A号線上に駐車スペースを設置してあるが、なかなか空きが見つからない。「Public Parking」の案内板に従って探せば、奥まった所にある駐車場が見つかる。

カセドラルロック

🚗 セドナシャトルのカセドラルロック#15行き、またはタクシーなどで。車の場合はザ・ワイより179号線を南下し、Back O'Beyondで右折、しばらく走ると左にカセドラルロックトレイルのトレイルヘッドがある。または179号線を南下し、ビレッジ・オブ・オーククリークのVerde Valley School Rd.で右折後約8.5km走行。左手にある駐車場の向かいからボールドウィントレイル、テンプルトントレイルを経由してカセドラルロックトレイルに出る。また、この駐車場から約500m歩くとレッドロック・クロッシング(→P.279)へ出る。
※駐車場料金→P.277側注

ベルロック

🚗 タクシーかライドシェア、車のみが足。車の場合、ザ・ワイから179号線を南へ約10分。左正面にベルロックが見える。駐車場へは左折して入る。
※駐車場料金→P.277側注

ベルロックの左側がコートハウスビュート

✦ ハイキングに最適なボルテックス　　　Map P.275-A〜B2

カセドラルロック
Cathedral Rock

ここも強いボルテックスのある場所とされ、特に母性を表す女性性が顕著といわれる。2〜3時間の余裕があれば、岩山へ登るハイキングがおすすめ。トレイルは多少急勾配や足元が滑る箇所は

ハイキングに適しているボルテックスだ

あるものの、片道約1.1kmなので、1時間程度でボルテックスの頂上に到達できる。春から秋がベストシーズンだが、夏場の日中は暑くなるので、早朝か日没2〜3時間前くらいに登り、日没までに帰ってくることをすすめる。何の施設もないただの岩山なので、1リットル程度の水を持っていくこと。

✦ 179号線沿いに現れる美しいレッドロック　Map P.275-B2

ベルロック
Bell Rock

ベルロックは、セドナのアップタウンから179号線を南下した、ビレッジ・オブ・オーククリークという町にあるボルテックス。呼び鈴に似た形から"ベルロック"と呼ばれ、男性性が強い岩山だ。トレイルに沿ってのハイキングは約6km、往復約2時間30分が目安。トレイルの

ベルの形をした姿が美しい

難易度は初心者レベルだが、やや急なアップダウンあり。頂上へは岩壁をよじ登らなければならず、ロッククライミングの技術がなければ無理。なお、ここは登りは楽だが下りるのが難しい。途中で引き返す勇気を。

ベルロックと隣にある**コートハウスビュートCourthouse Butte**の周りを周回するハイキングコースもある。

お役立ち情報 **トレイルの駐車場**各トレイルの入口に駐車場があるが、特に春や秋の週末はすぐ満車になり、駐車に時間がかかる。人気トレイルへはトロリーやシャトル(→P.276)の利用がおすすめだ。

そのほかの人気スポット

レッドロック・クロッシング
Red Rock Crossing

誰もが目にするあの風景　　Map P.275-A2

レッドロック州立公園に隣接する人気のレジャースポット。カセドラルロックを眺めながらのハイキングや、川で水遊びをするのに最適だ。セドナの象徴的な風景として登場するカセドラルロックを正面から捉えられる写真は、ここのオーククリーク沿いで撮られたもの。カセドラルロックから強いボルテックスのエネルギーが流れ込む場所として、瞑想する人もいる。

カセドラルロックからのボルテックスのパワーが流れ、ここもボルテックスといわれる

ホーリークロス教会
The Chapel of the Holy Cross

神々しいレッドロックに囲まれた神秘的な教会　　Map P.275-B2

1955年に建てられたカトリック教会。神々しいレッドロックに囲まれた眺めのよい教会で、静かに時を過ごしたい。アップタウンの東に見える岩山の反対側に当たる山腹にある。教会の南側にはThe Nunsと呼ばれる尼僧のような岩と、キリストを抱えたマドンナの岩Madonna & Childがそびえている。

この教会もボルテックスという人もいる

オーククリーク・キャニオン
Oak Creek Canyon

クリークで心静かに過ごしたい　　Map P.275-B1

アップタウンからフラッグスタッフに抜ける途中にある。マイナスイオンたっぷりのヒーリング効果を期待できるクリーク（小川）地帯。ボルテックスのひとつともいわれるインディアン・ガーデンズ（→P.288。ネイティブアメリカンのジュエリーや工芸品の出店もある）や隠れ家的な一軒宿が点在する。

ドーマウンテン（ドーメサ）
Doe Mountain (Doe Mesa)

4大ボルテックスを眺められるお得なメサ　　Map P.275-A1

ボイントンキャニオンのやや南西に位置するメサ。いちばんのメリットはここから4大ボルテックスが眺められること。一度に見えるわけではないが、ここに登れば4つのボルテックスの御利益が受けられるかも。朝日を見るポイントとしてもおすすめ。

できれば慣れた人と訪れたいドーメサ

レッドロック・クロッシング
🚕タクシーか、ライドシェア、車のみが足。ジープツアー（→P.281）に含まれているものもある。車の場合、89A号線を西に走ってウエストセドナを過ぎ、Red Rock Loop Rd.を右折。Red Rock Crossing/Crescent Moon Ranchの標識に従い、Chavez Ranch Rd.を左折後、Red Rock Crossing Rd.を右折。少し走ると左側に公園の入口がある。
※入場（駐車）料金は$11（1台5人まで）。P.277側注のRed Rock Passは使えない。

ホーリークロス教会
🏠780 Chapel Rd.
☎(928)282-4069
URL www.chapeloftheholycross.com
時間毎日9:00～17:00
料無料
🚗セドナトロリーAで。車はザ・ワイから179号線を南下、左側のChapel Rd.を入る。

オーククリーク・キャニオン
🚕タクシーか、ライドシェア、車のみが足。車はザ・ワイから89A号線を北へ3kmほど走るとミジリー橋Midgley Bridgeが見えてくる。この橋を渡ったら、すぐ左側に駐車場があるのでここで景色を堪能したり、ハイキングしたりするといい。
※駐車料金は→P.277側注

水はやはり癒やされる

ドーマウンテン（ドーメサ）
🚗ジープツアーや、アメリカ・トラベル・ファクトリー（→P.277）などが提供するハイキングツアーで行くこともできる。89A号線を西に走り、Dry Creek Rd.で右折後、T字路をBoynton Pass Rd.へ左折。5分くらい走ると左側に駐車場が見えてくる。そこがトレイルヘッド。頂上まで約1.7km、30分くらいの登りだが上は平らな台地になっている。
※駐車料金→P.277側注

ホナンキ遺跡の一部

モンテズマキャッスル国立モニュメント & モンテズマウェル
☎ (928)567-3322
URL www.nps.gov/moca
時間 毎日8:00～16:45
休 感謝祭、12/25、1/1
料 16歳以上$10(トゥジグート国立モニュメントと共通、7日間有効)
車 モンテズマキャッスル国立モニュメントは、I-17の出口289より東に800m走行後、点滅信号でMontezuma Castle Rd.へ左折し約3.3kmで到着。モンテズマウェルへは、I-17に戻り、北へ6.5km走行後出口293からMcGuirevilleやRimrockの町をサインに沿って通り抜け、約6.5km。

水が湧き出るモンテズマウェル

トゥジグート国立モニュメント
☎ (928)634-5564
URL www.nps.gov/tuzi
時間 毎日8:00～16:45 (モニュメント見学は16:00まで)
休 感謝祭、12/25、1/1
料 16歳以上$10(モンテズマキャッスル国立モニュメントと共通、7日間有効)
車 セドナから89A号線を南に約27km走行し、E. Mingus Ave.へ右折。N. Main St.で右折後約5km走行し、Tuzigoot Rd.を右折して約2kmで到着。

セドナ周辺の見どころ

セドナ、ベルデバレー地域は、シカモア・キャニオンを中心に先住民たちの移動経路だったことから、1万以上の遺跡や遺物が発見されており、今でも多くの遺跡を訪れることができる。この地はかつて、水資源が豊富で動植物も多かったため、多くの人が居住する場所であった。

悪路のため、人間が立ち入らなかったホナンキ遺跡(下記コラム)など、古代人のメッセージが数多く残るセドナ。ネイティブの歴史や文化に触れ、時代を超えた空間を感じてみよう。

✦ 岩壁に残る見事な遺跡　　　　　　Map P.28-D2

モンテズマキャッスル国立モニュメント
Montezuma Castle National Monument

1100～1425年頃にシナワ族が居住した5階建ての遺跡で、保存状態が最良の岩壁住居跡。ビーバークリーク沿いの遊歩道から、木々が美しい眺めを堪能しよう。

モニュメント内には、静かでやすらぎが感じられる砂漠のオアシス、**モンテズマウェル Montezuma Well**もある。約5700万リットルの水をたたえ、ホホカム族はこの湧水を利用して農作業をしたとされている。1100年頃にはシナワ族が岩壁に約30室の住居を築いた。

先住民の住居跡が残るモンテズマキャッスル国立モニュメント

✦ 1000年以上前に建てられたシナワ族の遺跡　Map P.28-D2

トゥジグート国立モニュメント
Tuzigoot National Monument

丘の上にあるシナワ族のプエブロ式住居跡。1000年頃の建造で1930年代に発掘、修復された。ヴェルデ川と豊かな植生が美しい景色のなか、110室あったという3階建ての住居跡を見学する。ビジターセンターは博物館も兼ねており、現在も続く修復作業の様子をはじめ、当時の人々の生活や道具などの展示が見ものだ。

タヴァスキ湿地帯に位置する遺跡だ

LV★トリビア

ホナンキ遺跡　Honanki Heritage Site

ホピ族の祖先とされるシナワ族の1150～1350年頃の住居跡。土壁を固めた泥には、造った人々の手や指紋まで残っている。また、6000年にわたって描かれた2300の壁画から、黒い壁画が最古のもの、白がヤバパイ族のもの。渦巻き、蛇状の図、動物、白い盾の絵などが多い。ホピには新生児を生後19日間は太陽の光に当てない慣習があるが、その描写と思わ

れる壁画もあり、そこで新生児をかくまったと推測される。荒れた未舗装道の先なので、豊富な知識をもつガイドのいるツアーで行くのがベスト。

●ピンク・ジープツアーズ(→P.281)
Ancient Ruins Tour(所要約3時間)
料 $109(12歳以下$98)
ホナンキ遺跡 Map P.275-A1外

セドナの人気アクティビティ

✦ 朝焼けの上空からセドナのパワーをもらう　Map地図外
ノーザンライト・セドナ気球ツアー
Northern Light Sedona Balloons

朝日を浴びたセドナの町やボルテックスを拝むと何だかご利益があるような気がしてくる。風の向くまま上空散歩を楽しむので、すべてのボルテックスが眺められるとは限らないが、到着後はシャンパンで乾杯して朝食となる。ホテルピックアップが早朝で、全行程を終了してホテルに帰っても8:00〜9:00（季節による）くらいなので、1日を有効に使える。

陸からとは異なる壮大な景色が待っている

✦ セドナ観光の定番
ジープツアー
Jeep Tour

セドナでは数社がジープツアーを行っている。会社により、内容が若干異なるので、ウェブサイトや窓口などで確認を。

アースウィズダム・ジープツアーズのアウトロー・トレイルOutlow Trailは、ジープに乗ってオフロードを走行し、サンダーマウンテン、ドームサなどの美しい景色を堪能する。そのほか、ボルテックスやハイキングツアーもある。また、**ピンク・ジープツアーズのブロークンアローBroken Arrow**は岩場を駆け抜ける人気のツアー。まさかこんな急な岩を登り下りしないだろうという所を走行する、スリリングでエキサイティングなコースだ。

✦ セドナの風を体に感じて疾走
ハーモサツアー
Hermosa Tours

自転車で赤土の大地に漕ぎ出し、ひと汗かきたい人におすすめのツアー。初心者から上級者まで、レベルに合わせたプライベートツアーで、「満足するまで乗ってください」がウリ。半日コース（2〜2時間30分）と1日コース（3時間以上）があり、基本のマウンテンバイクからフルサスペンションまで自転車の種類が豊富。ホテルへの送迎も可。

✦ 乗馬をしながら優雅にセドナの自然に触れる
ホーシン・アラウンド・アドベンチャー
Horsin' Around Adventures

小さな山々や丘を馬に乗りながら巡るツアー。カウボーイ先導のもとグループで進むので、しっかり手綱を握っているだけでOK。初心者でも心配はない。老若男女問わず、和気あいあいと馬上のひとときを楽しむことができる。

ノーザンライト・セドナ気球ツアー
☎ (928)282-2274
Free (1-800)230-6222
URL www.northernlightballoons.com
料 $300
CC A M V
　ホテルへ送迎あり。時間は日の出の30分前。季節によって異なるので、確認すること。

アースウィズダム・ジープツアーズ
Map P.278-A外
住 2900 W. Hwy. 89A
☎ (928)282-4714
URL www.earthwisdomtours.com
料 $139.95（所要2時間）
　乗り場とオフィスはウエストセドナにある。集合はツアー出発の15分前まで。

ピンク・ジープツアーズ
Map P.276-2
住 204 N. Hwy. 89A
☎ (928)282-5000
Free (1-800)873-3662
URL www.pinkadventuretours.com
料 ブロークンアローツアー$137、1歳6ヵ月〜12歳$124（所要2時間）
　乗り場とオフィスはアップタウンにある。

ハーモサツアー
Map P.278-B
住 1695 W. Hwy. 89A
Free (1-877)765-56820
URL hermosatours.net/Sedona-mountain-biking.html
料 半日コース$75〜180、1日コース$90〜275。要予約
　乗り場とオフィスはウエストセドナにある。

ホーシン・アラウンド・アドベンチャー
Map P.275-A2外
住 2650 N. Dancing Apache Rd., Cornville
Free (1-800)403-1690
URL www.horsinaroundsedona.com
料 1.5時間トレッキングツアー$119〜

馬上から見る景色はひと味違う

読者の声　**アートにふれる** ▶セドナには世界中から多くのアーティストが集まっており、ギャラリーもたくさん。絵画や焼き物、ジュエリーなどさまざまなので、ビビッときたらぜひ手に取ってみて。（東京都　daisuke　'23）

SEDONA'S SECRET 7

ディープなセドナ滞在を提案する
シークレット7

近年のセドナ人気の高まりに合わせて多くの観光客が集まっているが、それにともない、観光地の混雑や駐車場不足、交通渋滞などの問題も出てきている。この緩和対策として観光局は、4大ボルテックスだけじゃない、セドナの多彩な魅力を知ってもらうための「シークレット7」というキャンペーンをスタートした。7つのカテゴリーにそれぞれ7つのおすすめ情報を紹介。地元の人たちのアドバイスをもとに、混雑を気にせず楽しめるとっておきのスポットや過ごし方を発信している。
URL sedonasecret7.com

とっておきのスポットを見つけよう

Secret 1：ハイキング

セドナには初心者向けのハイキングコースから、本格的なトレッキングコースまで、300以上のコースがある。そのなかでも最も古いトレイルのひとつであるシュアーマン・マウンテン・トレイル Schuerman Mountain Trail は、休火山に囲まれたワイルドな景観が魅力。

Secret 2：サイクリング

行動範囲がぐっと広がるうえ小回りも利き、何より、さわやかな風を感じながらセドナの自然のなかを走り抜けるのが最高に気持ちいいサイクリング。シークレット7では、各コースのレベルや距離がひとめでわかるようになっているので、自分の自転車スキルに合わせて選ぼう。

セドナではサイクリングも人気のアクティビティ

Secret 3：眺望

地元の人しか行かないような知る人ぞ知る絶景スポットを紹介している。朝日や夕日などのおすすめの時間帯や、ベンチやトイレの有無なども教えてくれるのがうれしい。眺望のよいポイントながら簡単なハイキングで行ける所が多いので、気軽に訪れてみよう。

Secret 4：星空観測

セドナは星空の美しさでも有名な場所。街では、星を見る妨げにならぬよう不要な明かりは消し、外灯も照度を落としている。そのため街なかでも十分美しい星空を見られるが、少し郊外に足を延ばせば星のきらめきは倍増。カセドラルロックのシルエットと満天の星が見られる Baldwin Trailhead が特におすすめだ。

Secret 5：ピクニック

ランチボックスやワインを持ってピクニックに出かけてもいい。トレイルコース上の休憩ポイントのほか、ジョーダン・ヒストリカルパーク Jordan Historical Park やレッドロック・ステイトパーク Red Rock State Park など設備の整った公園も複数ある。

Secret 6：アート＆カルチャー

制作活動に最適な地であるセドナには多くのアーティストが集まっており、彼らのギャラリーが街中に点在している。太古の先住民の生活が垣間見られるホナンキ遺跡（→ P.280）も、この地の歴史や文化を学ぶためには重要な見どころだ。

アートに触れて感性を磨こう

Secret 7：スピリチュアル

自然の中にたたずむ教会や仏塔、先住民の聖地などのほか、ヨガや瞑想に最適なスポットを紹介している。ヨガマットを広げるスペースがあるかも記されているので、観光客の少ない場所でヨガや瞑想に没頭したい人はチェックしてみて。

スピリチュアルセッション

　日本から来る人の大半が、セドナに癒しを求めたり、そのパワーを借りて新しい自分に生まれ変わりたいという人ではないだろうか。仮にスピリチュアルなことに興味がなくても、セドナは自分を見つめ直す、いい機会を与えてくれる場所。ぜひ、一度はスピリチュアル体験にトライしてほしい。

　セドナには多くのヒーラーやリーダーがいるので、誰を選んでいいのかわからないかもしれないが、そんなときは直感で。本書の紹介を参考にしたり、現地での評判を聞いて選ぶのもいい。事前に質問事項を優先順に書き出し、通訳者に質問を見せて自分の現状を理解してもらうのがベストだ。

日本語通訳について
　ほとんどのところで日本語の通訳手配を行っている。最低でも1日前までに予約を入れよう。ヒーラーやリーダーたちに「アイ・ニード・ア・ジャパニーズ・トランスレーター・プリーズ「I need a Japanese translator」please.」とお願いするといい。

ヒーリング、リーディング

✕ その人のステップアップを助けてくれる

ハイアー・セルフ・ディスカバリー
Higher Self Discovery

　訪日回数も豊富で、日本人の本質を知り尽くしているクレッグさんのセッションは、一般的なヒーラーとはちょっと異なる。その人の過去に遡って、時間の経過とともに忘れていた、子供の頃の純粋な感情をよみがえらせていく。そして、過去を学びながら、その人をより高い次元に高めてくれるセッションだ。セッションの最中はあたたかい空気に包まれ、不思議な体験をする人が多いそうだ。細かい質問にもひとつずつ答えてくれるのがうれしい。通訳の手配も可能。

クレッグさんのセッションは自分をステップアップさせたい人向け

Map 予約時に確認
DATA
☎ (928)282-8981
URL higherselfdiscovery.com（英語）
URL higherselfdiscovery.com/japanese/（日本語）
圏 $200（1時間30分）
※日本に来日してセッションを行う時期があるので、事前にスケジュールを確認することをすすめる。

✕ あつこさんが行う、ふたつのリーディング

ファインドユアセルフリーディングとジェムストーンオラクルリーディング
Find Yourself Reading & Gemstone Oracle Reading

　ファインドユアセルフリーディングは、おもに自己探求、ブロックの解除やエンパワーメントが目的で、そのときに必要なメッセージや情報を伝え、より自分を知ることで自らの意思で人生を切り開くパワーと自信がもてるように導くセッション。ヒーリングに興味のある人向けに能力開発やトレーニングセッションも行っている。ジェムストーンオラクルカードを使用したものは、引いたカードのそれぞれの石の意味やメッセージなど必要な情報を伝えてくれる。質問のある人向け。

ボディブリスにいることもあるが、できれば予約を

Map P.276-1
DATA
⬛ ボディブリス（→P.285）
URL atsuzation.wixsite.com/sedona
E-mail readings@bodyblissfactory.com
圏 15分$45、30分$75、1時間$135
CC AMV

お役立ち情報
セドナのエネルギーを全身で感じるヨガ体験

　セドナは、ヨガや瞑想で自分と向き合うのに最適な場所。アメリカ・トラベル・ファクトリー（→ P.277）では、レッドロックの絶景ヨガレッスン（所要2～2.5時間、1人$100）を催行している。日本人ヨガインストラクターがガイドしてくれるので安心だ。ヨガのあとは、体を温めデトックスを促すハーブティーを用意している。神聖な空気をたっぷりと吸い込み、大自然との調和を体感しよう。

大地の鼓動に耳を澄まそう

読者の声　**オーガニックメキシカン Chipotle** ▶ボウルブリトーは野菜がメインでヘルシー。豆やサルサなどのトッピングで味の調節が可能♪ドリンクセットで$14前後。Map P.276-2　☎(928)282-5800（東京都　まる '16）['23]

283

ネイティブアメリカンの旋律が心に響く

ミスティックツアーズ・ウィズ・ラヘーリオ
Mystic Tours with Rahelio

DATA
☎ (928)593-9178(携帯)
URL rahelio.homestead.com
料 2時間$90、3時間$120
1人でも既存のツアーに参加できる場合が多いので要問い合わせ。
※ツアーのほかにシャーマニックアストロジー(シャーマン占星術)によるプライベートセッションも行う。

ネイティブアメリカンのラヘーリオさんが主宰。ボルテックスサイトなどで行う太鼓やフルートを使ったヒーリングが体験できる。また、ネイティブアメリカンに伝わる7つの儀式のひとつ、スウェットロッジ・セレモニー体験の場も提供している。

ラヘーリオさんの奏でる音楽は、まさに癒やされる

自然や宇宙からの波動を取り込むヒーリングツアー

アルケミー・ヒーリング・アーツ
Alchemy Healing Arts

DATA
☎ (928) 592-3489(携帯・日本語)
URL barbaramatsuura.com
E-mail matsuuraakio@me.com(日本語も可)
※場所はホーリークロス教会地区。詳細は予約してから知らせてくれる。
料 ジェムストーンヒーリング120分$250、サンセット・セレモニー・ハイキング120分1名$130、サンライズ・ボルテックス・ハイキング120分1名$190
※支払いは現金のみ

長年にわたるヒーリング経験に基づき、セドナならではのセッションやスピリチュアルハイキングを日本語で実施。ジェムストーンヒーリングは、個々のハイヤーセルフとチャネリングしながらパワーストーンを各チャクラに配置し、その石特有の波動効果を用いたヒーリングを行う。サンセット・セレモニー・ハイキングでは美しい日没に合わせお祓いを含む感謝の儀式を行い、サンライズ・ボルテックス・ハイキングでは、ボルテックスでお祓いや気功エクササイズ、瞑想をすることで、心身のバランスを整える。タイミングが合えば満月、新月セレモニーを受けることもできる。

バーバラ松浦さんの温和な語りが心に響く

あなたの助けとなるパワーアニマルを呼び戻してみませんか

セドナ・Sライフ・リトリート
Sedona S-Life Retreat

DATA
住 1275 S. Western Dr., Cornville
☎ (928)592-8723
URL www.shiasedona.com
料 パワーアニマル・リーディング60分$150、シャーマニック・リーディング&ヒーリング40分$100
交 ザ・ワイから89A号線を西へ約18km、N. Page Springs Rd.を南へ約12km、車で30分

本来、人が生まれた時から寄り添っているはずの守護動物、パワーアニマル。しかし、年齢を重ねるにつれ、人々は彼らを見失ってしまう。パワーアニマル・リーディングはそんな動物たちを呼び戻すセッションだ。獣医の経験をもち、ネイティブアメリカンに師事したシャイア田中さんがあなたのパワーアニマルを呼び戻す。ペットたちの魂に寄り添い、疾患やストレスから解放するアニマル・コミュニケーションも好評だ。滞在先ホテルでの訪問セッションもOK。

動物病院に15年以上勤務していたシャイアさん

トゥリーディング、レインドロップ・エネルギーワークなど

セラピールーム陽だまり in Sedona　下野絵里
Therapy Room HIDAMARI in Sedona Eri Shimono

DATA
URL erilovesedona.com
E-mail erilovesedona@gmail.com
※場所はウエストセドナの住宅地。詳細は予約してから知らせてくれる。
料 トゥリーディング　90分$180、レインドロップ・テクニック&エネルギーワーク　90分$200、前世療法(過去世ヒーリング)　2時間$250
※予約はeメールで。

足指が語る人生や性格を驚くほど的確に分析してくれるトゥリーディングToe Readingは、気づきとエネルギー解放の連続でコーチング的要素が強い。依頼者の歴史が刻まれているという足指を通してその人の魂と対話する。リーディング中にエネルギーとともにマインドも変化していき、それまでの思考パターンから脱却できるという。足湯でリラックスを図り、オーガニックのエッセンシャルアロマオイルでリーディングする。

前世療法も実施

✕ カウンセラーが多くさまざまな角度からアプローチ

Map P.276-3

センター・フォー・ザ・ニューエイジ
Center for the New Age

タロット、霊気、オーラソーマ、スピリチュアルカウンセリング、前世リーディング、マッサージなど、さまざまな方法で精神世界を引き出してくれる。オーラ写真もその場でOK。スピリチュアルグッズも豊富。UFO目撃を謳うツアーも催行している。

テラカパキ（→P.286）の向かいにあるのでわかりやすい

DATA
🏠 341 Hwy. 179
☎ (928) 282-2085
URL www.sedonanewagestore.com
時間 毎日10:00～19:00
CC A M V
🚶 ザ・ワイから179号線を南へ徒歩8分

✕ セッションのあとはセドナ産のスキンケア製品で美しく

Map P.276-1

ボディブリス・ファクトリー・ディレクト
Body Bliss Factory Direct

リーディングのほか、アロマテラピー・マッサージやフットトリートメント（要予約）も行う。セドナ産のマッドやセージを使ったフェイシャルからバス＆ボディまでトータルにケアする商品が人気で、おみやげにもいい。クリスタルのアイテムも豊富。

一度使うと手離せなくなるスキンケア製品が揃っている

DATA
🏠 320 N. Hwy. 89A, Suite Q (Sinagua Plaza内)
☎ (928) 282-1599
URL bodyblissfactorydirect.com
時間 毎日10:00～19:00
CC A J M V
🚶 ザ・ワイから89A号線を北へ徒歩10分

お役立ち情報

セドナをより楽しく過ごすためのヒント

癒やしとスピリチュアルな町としてフィーチャーされているセドナだが、アメリカ屈指のリゾート地でもある。有名ホテルに泊まらなくても、レストランをビジター利用すれば、気軽にリゾート気分を満喫できるはずだ。

例えば、エンチャントメント・リゾート（→P.290）がその代表で、4大ボルテックスのひとつであるボイントンキャニオン（→P.277）に隣接するリゾート。ホテル内にある4つのカフェやレストランは、眺望を重視したデザインで、すばらしい景色とともにおいしい料理を堪能できる。

満月の日は星空が見えにくい
©Sedona Chamber of Commerce

また、セドナでは町の景観を守るため、夜間照明を制限している。夜は美しい星空を見ることができる場所でもあるのだ。ホテルの中庭を歩くだけで、星空観賞ができる。温水のアウトドアプールやジャクージがあるホテルも多いので、星空観賞をしながら静かな夜を過ごしてみよう。

レンタカー派におすすめなのが、セドナの隣町、**ペイジスプリングス Page Springs**（Map P.28-D2）へのドライブ。ペイジ

スプリングスは良質なワインの生産地で、小さいながらも実力派のワイナリーが点在している（→下記 DATA）。週末ともなると、地元住民のほか、近隣の町からやってくる訪問者でたいへんなにぎわいだ。部屋飲み用のボトルを1本選んで、太陽と大地の恵みをじっくり味わってみよう。

● DATA
▶ **Javelina Leap Vineyard & Winery**
🏠 1565 Page Springs Rd., Cornville, AZ 86325
☎ (928) 649-2681
URL www.javelinaleapwinery.com
時間 毎日11:00～18:00　休 感謝祭、12/25、1/1
▶ **Oak Creek Vineyards & Winery**
🏠 1555 Page Springs Rd., Cornville, AZ 86325
☎ (928) 660-6935　URL oakcreekvineyards.net　時間 月～金11:00～18:00、土・日10:00～18:00
▶ **Page Springs Cellars**
🏠 1500 Page Springs Rd., Cornville, AZ 86325
☎ (928) 639-3004
URL pagespringscellars.com
時間 日～水11:00～19:00、木～土11:00～21:00

赤ワインがおすすめ

お役立ち情報

ドラッグストアとコンビニ ▶ Walgreens（Map P.278-A　時間 毎日7:00～22:00）とCVS（Map P.278-B　時間 毎日8:00～22:00）はウエストセドナにある。

スピリチュアル系ショップ

✕ スピリチュアルグッズの豊富さが人気

セドナ・クリスタル・ボルテックス
Sedona Crystal Vortex

クリスタルなどの原石やアクセサリー、ペンジュラム（お守りやヒーリングに使う）、サンキャッチャー、ソルトクリスタルなど品揃えが豊富。約300種類のパワーストーンも販売し、各種リーディングやマッサージも行う。2号店あり（→下記脚注）。

原石などパワーの強いものも置いている

DATA
🏠 300 N. Hwy. 89A
☎ (928) 282-3388
URL sedonacrystalvortex.com
時間 毎日9:00〜20:30
CC AMV
行 ザ・ワイから89A号線を北へ徒歩9分

✕ ペンジュラム（お守りやヒーリングに使う）のクオリティがすばらしい

ピースプレイス・ギフト
Peace Place Gifts

アップタウンにあり、ヒーリングや霊気のセッションに加え、教室やセミナー、リトリートやイベントも行っているショップ。クリスタルをはじめとしてパワーストーンも豊富に揃い、特に原石が多い。手作りのエッセンシャルオイルも人気の商品。

パワーストーンも豊富で驚く

DATA
🏠 355 Jordan Rd.
☎ (928) 203-7755
URL www.reikiclasses.com
時間 毎日9:00〜17:00（土・日〜18:00）
CC AMV　行 ザ・ワイから89A号線を北へ徒歩6分、ふた手に分かれたJordan Rd.を北へ4分

✕ オーラ写真は日本語解説付き、ウエストセドナの人気店

ミスティカルバザール
Mystical Bazaar

パワーストーンが豊富で、ローカルアーティストが一つひとつ手作りしたチャクラジュエリーが人気。1日あれば、オリジナルのブレスレットを作ってくれる。常にリーダーたちが待機し、いつでもヒーリングセッションOKだ。

自分のオーラの色がわかるオーラフォトも人気

DATA
🏠 3058 W. Hwy. 89A
☎ (928) 204-5615
URL mysticalbazaar.com
時間 毎日9:00〜20:00（金〜日〜20:30）　行 ザ・ワイから89A号線を西へ約4km、車で8分

モール

✕ セドナを代表するショッピングモール

テラカパキ・アート＆クラフト・ビレッジ
Tlaquepaque Arts & Crafts Village

ブティックやレストラン、カフェ、ギャラリーなどが軒を連ねるショッピングモール。メキシコ情緒あふれる造りで、写真を撮りたくなるオブジェやアート作品も多く、散歩するだけでも楽しいはずだ。駐車場を利用するなら北側の駐車場が広くておすすめ。

50近いテナントが入る

DATA
🏠 336 Hwy. 179
☎ (928) 282-4838
URL www.tlaq.com
時間 毎日10:00〜17:00（金〜日〜18:00。店により異なる）
CC 店により異なる
行 ザ・ワイから徒歩3分

お役立ち情報

スパで心身ともにデトックス

癒やしを求めてくる人が多いセドナは、スパのレベルが高いことでも有名。世界的に評判の高いエンチャントメント・リゾート（→ P.290）のミ・アーモ・スパをはじめ、ホテル併設のスパも多いが、気軽に体験したいなら**ニュー・デイ・スパ New Day Spa** へ。おすすめは、ネイティブアメリカンの儀式からヒントを得たメニュー "Sweat Lodge" A Steamy Spa Experience（90分 $205）。薬草やアロマを使ったスチームサウナやマッサージで、身も心もすっかり軽くなるはずだ。

● DATA
▶ ニュー・デイ・スパ　New Day Spa
Map P.278-A 外　🏠 3004 W. Hwy. 89A
☎ (928) 282-7502
URL www.sedonanewdayspa.com（日本語あり）
時間 月〜土9:00〜19:00、日11:00〜18:00　CC A MV　行 ザ・ワイから89A号線を西へ車で7分

セドナらしいメニューが豊富に揃う

Excursion

オーガニック料理

✕ 大自然のパワーを食べ物から　　👕 💲$20~

ショコラツリー
ChocolaTree

季節感のあるローカル食材を使用し、調理の水にもこだわっている

100％オーガニック、グルテンフリーを謳うベジタリアン料理の店。ほとんどを低温で調理し、ビーガン（乳製品など動物性のものを取らない）にも対応するという徹底ぶり。スープやサラダ（$7〜14）や同具材のラップ（$12〜14）、チョコレートケーキ（$9）もしつこくなくヘルシー。食品やお茶類、サプリメントも販売している。日本語メニューもある。

Map P.278-B

━━ DATA ━━
🏠 1595 W. Hwy. 89A
☎ (928)282-2997
URL chocolatree.com
時間 毎日11:00〜16:00
予約 不要
CC A M V
🚗 ウエストセドナの東、ザ・ワイから89A号線を西へ約2.4km、車で5分

イタリア料理

✕ アリゾナの有名店で特別なディナーを　　🧥 💲$45~

ダール＆ディルーカ・リストランテ・イタリアーノ
Dahl & DiLuca Ristorante Italiano

2018年のジェームズ・ビアード賞にノミネートされたリサ・ダールとアンドレア・ディルーカがオーナーシェフを務める。重厚感が漂う店内からは、オーナーの気配りと「食」に対する情熱が伝わる。地元の食材を多用する努力も。プロシュートやチーズの盛り合わせ（$18）、パスタ類（$28〜）なら手作り麺のフィットチーネやリングイネがおすすめ。

コスパに優れたイタリアンレストラン

Map P.278-A

━━ DATA ━━
🏠 2321 W. Hwy. 89A
☎ (928)282-5219
URL www.dahlanddiluca.com
時間 日〜木17:00〜20:45、金・土〜21:45
予約 早めに予約を
CC A J M V
🚗 ウエストセドナの西、ザ・ワイから89A号線を西へ約3.6km、車で7分

日本料理

✕ アットホームなカフェスタイルのスシバー　　👕 💲$25~

ヒローズスシ＆ジャパニーズキッチン
Hiro's Sushi & Japanese Kitchen

ホテルの多いウエストセドナの中心地にある。メニューは天ぷら、握り寿司、刺身の盛り合わせ、ウナギ丼、焼きそば、牛丼、なべ焼きうどんなどあらゆる日本食メニューをラインアップ。枝豆、から揚げ、餃子、カキフライ、ハマチのカマなどのおつまみ類も登場する。家族経営であたたかな雰囲気。セドナで唯一、日本語の通じる店だ。

スペシャリティロール各種がおすすめ

Map P.278-B

━━ DATA ━━
🏠 1730 W. Hwy. 89A, #6
☎ (928)282-8906
URL www.hirosedona.com
時間 火〜土11:30〜13:30、17:00〜20:00
休 日・月
CC A J M V
🚗 ウエストセドナの東、ザ・ワイから89A号線を西へ約2.7km、車で5分

メキシコ料理

✕ ボリュームたっぷりの陽気なメキシコ料理店　　👕 💲$25~

オアハカ
Oaxaca

入っただけで陽気な気分になってしまうメキシコ料理店だ。アップタウンのメインストリートと、わかりやすい場所にある。サービスのサルサチップスはパリパリで、ついつい手が出てしまうから食べすぎないように。ラップのように食べるファヒータは醤油の味を思わせて、日本人好みだ。ボリュームを追求する人におすすめ。

スパイスたっぷりの料理はビールにもよく合う

Map P.276-1

━━ DATA ━━
🏠 321 N. Hwy. 89A
Free (928)282-4179
URL oaxacarestaurant.com
時間 毎日11:00〜21:00
予約 不要
CC A M V
🚗 アップタウンのやや北、ザ・ワイから89A号線を北へ約1km

＝フォーマル　＝ビジネスカジュアル　＝カジュアル　＝1名当たりの予算の目安

フランス料理

ローカルが集う人気のフレンチ

$45~

レネ
René

スパニッシュ・コロニアル風のたたずまいがすてきなアウトドアモール、テラカパキ（→P.286）内にあるレストラン。昼間はパティオでのランチがおすすめ。バーガーやサンドイッチは$13～15。ディナーのメインは$27～46、デザートも評判が高い。夜はちょっとだけおしゃれしてディナーを堪能しよう。

カモ肉のロースト（$38）はドライチェリーのソースが決め手

Map P.276-3

DATA
住 336 Hwy. 179(Tlaquepaque内)
☎ (928)282-9225
URL renerestaurantsedona.com
時間 ランチ 毎日11:30～15:00、ディナー毎日16:30～21:00
予約 予約をすすめる
行 ザ・ワイから179A号線を南へ約600m、徒歩8分

アメリカ料理

口コミサイトでの評価が非常に高い

$20~

インディアン・ガーデンズ・カフェ&マーケット
Indian Gardens Cafe & Market

ペーパードリップで一杯ずつ淹れるオーガニックコーヒーとサンドイッチが秀逸だ。ピクニックシートと呼ばれるバックヤードの席は、ランチどきは空きを見つけるのが困難なほど混雑している。ベジタリアンメニューも豊富。地元産のワインを楽しむ人も多い。セドナから足を延ばす価値はある店だ。

サンドイッチは$10.50～

Map P.275-B1

DATA
住 3951 N. Hwy. 89A
☎ (928) 282-7702
URL www.indiangardens.com
時間 木～月8:00～16:00（朝食～11:00）
CC AMV
行 ザ・ワイから89A号線を北へ約6km、車で10分

60年以上続くセドナの老舗

$20~

カウボーイクラブ
Cowboy Club

古きよき西部の雰囲気とフレンドリーな接客で定評がある。バッファローバーガー（$23.95）やバッファローフランクステーキ（$39.95）がこの店の看板メニューだ。サボテンのフライ（$13.95）やガラガラヘビのソーセージ（Rattelsnake）など、変わり種にも挑戦したい。ワインも豊富に揃っている。

オールドウエストのタバーン(酒場)を再現

Map P.276-1～2

DATA
住 241 N. Hwy. 89A
☎ (928)282-4200
URL cowboyclub.com
時間 毎日11:00～21:00
予約 不要
CC AMV
行 ザ・ワイから89A号線を北へ約450m、徒歩6分

カフェ

ザ・ワイにある休憩するのにちょうどいいカフェ

$10~

パンプハウス・ステーション
Pump House Station

ローカルにも人気が高いカフェ。イタリアンのメニューを中心に展開し、なかでも焼きたてパンの評判が高く、午前中は朝食目当ての客でにぎわっている。おすすめの朝食メニューは、ハムやサーモンなどから具が選べるベネディクト（$16～19）。朝食は13:00まで。

おしゃれな雰囲気のカフェ

Map P.276-3

DATA
住 313 Hwy. 179, #D10
☎ (928)862-4141
URL pumphousestation.com
時間 毎日8:00～14:30（金・土～20:00）
CC ADMV
行 ザ・ワイから徒歩3分

セドナ最高のカフェ ▶ ワイルドフラワー・ブレッドカンパニーでコスパのよいメニューがコンビネーション。ツナサンドとスープで約$13.50。テント泊の貧乏旅行でいちばんの食事だった。 ↗

中級ホテル

サンダーマウンテンの雄姿を仰ぎ見る

アンダンテ・イン・オブ・セドナ
The Andante Inn of Sedona

ベルデシャトル（→P.276）の停留所から近く、レストランやコンビニが徒歩圏内にあるのもうれしい。客室棟は3階建てで東西に広がっており、近年全室にバルコニーが設置された。ロビーと無料の朝食が提供されるスペースは別棟。屋外に温水プールがあり、コインランドリーの施設も整っている。ハイシーズンでもほかのホテルよりは比較的リーズナブルだ。全室禁煙。

シンプルで手入れの行き届いた客室

Map P.278-A

DATA
[住]2545 W. Hwy. 89A, Sedona, AZ 86336
☎(928)282-1533
[FAX](928)282-2033
[URL]www.andanteinn.com
[CC][A][M][V]
[料]ⓈⒹⓉ$145～380
[数]66室
[ネット]Wi-Fi無料
[行]ザ・ワイから89A号線を西へ約4km、車で6分

コスパに優れた家族経営のモーテル

セドナ・ヒルトップ・イン
Sedona Hilltop Inn

ザ・ワイから南に300m行った所にあるモーテル。すべての客室が1階にあり目の前が駐車場になっているので、大きな荷物がある車利用者にとってはありがたい。近年改装され、客室の雰囲気がとてもモダンになった。アップタウンまで歩いて7分ほどなので、モーテルに車を置いて観光してもいい。パティオから眺める日没もすばらしい。全室禁煙。

安く泊まりたい人におすすめ。場所もいい

Map P.276-3

DATA
[住]218 Hwy. 179, Sedona, AZ 86336
☎(928)282-7187
[URL]www.thesedonamotel.com
[CC][A][M][V]
[料]ⓈⒹⓉ$130～275
[数]16室
[ネット]Wi-Fi無料
[行]ザ・ワイから179号線を南へ約320m、車で1分

レッドロックスに囲まれたリゾート

ポコ・ディアブロ・リゾート
Poco Diablo Resort

中庭に広がるゴルフコースの緑と、ホテルを囲むレッドロックスのコントラストが美しく、ホテル内のアメニティも充実。立地、施設ともに優れた人気のホテルだ。スパがあり、ストーンマッサージ$270（2時間）などのコースがある。中庭には「ボルテックスが流れ込む」といわれており、朝夕には中庭を散策する人が多い。併設されるプールとスパは、多くの宿泊者が利用する人気施設だ。

不自由しないバランスのとれたホテル

Map P.275-B2

DATA
[住]1752 Hwy. 179, Sedona, AZ 86336
☎(928)282-7333
[URL]www.pocodiablo.com
[CC][A][M][V]
[料]ⓈⒹⓉ$199～524
[数]137室
[ネット]Wi-Fi無料
[行]ザ・ワイから１７９号線を南へ約3.5km、車で5分

アップタウンにあってひとりでも快適

ベストウエスタン・プラス・アロヨ・ロブレ・ホテル&クリークサイド・ヴィラ
Best Western Plus Arroyo Roble Hotel & Creekside Villa

セドナの繁華街、アップタウンにあり、ショップやレストランはもちろん、トロリーやジープツアー乗り場も徒歩圏内。オーククリークも歩いてすぐの所なので、ちょっとしたハイキングも楽しめる。客室はこぢんまりとしているが清潔で、設備も整い、使いやすい。ロビーには宿泊客が自由に使えるパソコンを設置。種類の豊富なバフェの朝食付きで、コインランドリーあり。

客室からの眺めは絶景！

Map P.276-1

DATA
[住]400 N. Hwy. 89A, Sedona, AZ 86336
☎(928)282-4001
[Free](1-800)780-7234
[URL]www.bestwesternsedona.com
[CC][A][D][J][M][V]
[料]ⓈⒹⓉ$205～624、ヴィラ$359～774
[数]65室
[ネット]Wi-Fi 無料
[その他]ビジネスセンター
[行]ザ・ワイから89A号線を北へ約800m、車で2分

↘ Wildflower Bread Company ▶Map P.276-2　[住]101 N. Hwy. 89A　☎(928)204-2223　[URL]www.wildflowerbread.com　[時間]毎日8:00～20:00　[CC][A][M][V]　（大分県　匿名　'15）['23]

中級ホテル

✕ バランスのよい快適なホテル

アラベラ・セドナ
Arabella Sedona

アップタウンから南下しオーククリークを過ぎて少し行った場所にある。プールを囲むように造られた客室は、リノベーションを済ませてきれい。アースカラーの家具やファブリックが落ち着いた雰囲気で、敷地のすぐ裏手にある小高い見晴らし台からは夕日や星空が眺められる。中心から少し離れた静かな場所だがコンビニが隣にあるので便利だ。無料の朝食付き。

宿泊料にはバフェの朝食が付く

DATA
🏠 725 Hwy, 179, Sedona, AZ 86336
☎ (928)282-7151
Free (1-855)649-1200
FAX (928)203-9432
URL www.arabellahotelsedona.com
CC A M V
料 S D T $175〜520、Su $275〜595
客 144室
ネット Wi-Fi無料
行 ザ・ワイから179号線を南へ約1km、車で3分

高級ホテル

✕ セドナ有数の豪華設備を誇る

ヒルトン・セドナ・リゾート・アット・ベルロック
Hilton Sedona Resort at Bell Rock

アップタウンから車で15分ほど南にあるビレッジ・オブ・オーククリークの町にあり、セドナで最高級のリゾートホテル。フルサービスのスパやサロンをはじめ、フィットネスセンター、プール、テニスコート、ゴルフ場までをも併設する。すべての客室に暖炉がありあたたかみがある。南西部料理が楽しめるレストラン、グリル・アット・シャドウロックもおすすめ。全館禁煙。

ビレッジ・オブ・オーククリークにあり、設備も整う。スパの評判がいい

DATA
🏠 90 Ridge Trail Dr., Sedona, AZ 86351
☎ (928)284-4040
Free (1-800)445-8667
URL www.hiltonsedonaresort.com
CC A D J M V
料 S D T $231〜799、Su $279〜1029(リゾート料金$35別途)
客 221室
ネット Wi-Fiリゾート料金に含む
行 ザ・ワイから179号線を南へ約12km、車で15分

✕ 世界のトップ100ホテルにも選ばれた

エンチャントメント・リゾート
Enchantment Resort

4大ボルテックスのひとつ、ボイントンキャニオンに抱かれるようにたたずむ高級リゾート。ボルテックスのパワーをいながらにして受けることができ、有名人もお忍びで訪れる。さまざまなアクティビティやスパのメニュー、スピリチュアル系のプログラムも充実している。なかでもおすすめは、世界的に有名なミ・アーモ・スパ。ヨガ教室などもあり、宿泊客のみ利用可能だ。全館禁煙。

セドナリピーターにぜひおすすめのホテル。ボルテックスの中にあるといっていい

DATA
🏠 525 Boynton Canyon Rd., Sedona, AZ 86336
☎ (928)282-2900
Free (1-888)250-1699
FAX (928)282-9249
URL www.enchantmentresort.com
CC A M V
料 D T $521〜1503、Su $621〜4524(リゾート料金$50別途)
客 218室
ネット Wi-Fi リゾート料金に含む
行 ザ・ワイから89Aを西へ。Dry Creek Rd.を右折し、そのままBoynton Canyon Rd.を車で約18分

✕ 大自然に囲まれたなかでの休暇を満喫

ル・オーベルジュ・ドゥ・セドナ
L'Auberge de Sedona

アップタウンに入ってすぐ右側のL'Auberge Laneを入った所にある、最高級リゾートのひとつ。ホテルの前をオーククリークが流れ、小川のせせらぎと緑を楽しむことができる。客室は、フロントと同じ建物のロッジと、オーククリークに沿って並ぶコテージがあり、いずれもプライベートな時間を過ごせると評判がいい。ワインを豊富に揃えるレストランも人気がある。全館禁煙。

にぎやかなアップタウンに隠れ家のようにたたずむ

DATA
🏠 301 L'Auberge Ln., Sedona, AZ 86336
☎ (928)282-1661
Free (1-855)905-5745
FAX (928)282-1064
URL www.lauberge.com
CC A M V
料 ロッジ&コテージ$504〜2449、Su $554〜1049 (リゾート料金室料の10%別途、最大$25)
客 88室
ネット Wi-Fi無料
行 ザ・ワイから北へ約500m、車で1分。89Aを北に50m、分岐点を右に進みL'Auberge Ln.を北上する

290

Skyrock ▶改装を終えたばかりで、エアポートメサが徒歩圏内。30分ごとに走る無料シャトルも利用可。料 S D T $149〜669 Map P.278-B URL skyrocksedona.com

高級ホテル

✕ トリプルAの4ダイヤモンドを受賞した宿

[Map] P.276-3

エル・ポータル・セドナ
El Portal Sedona

隠れ家的な雰囲気が漂うホテル。客室ごとに異なるデザインで、1900年から1930年代のアンティーク家具を中心にした趣のあるインテリアが特徴だ。スタッフは、セドナのボルテックスやハイキングコースだけでなく、グランドキャニオン国立公園についての知識も豊富で、親身になって相談にのってくれる。全室DVDプレーヤー完備。全館禁煙。週末、祝日は最低2泊以上からの場合あり。

アットホームなおもてなしが受けられるザ・ワイに近いホテル

DATA
[住]95 Portal Ln., Sedona, AZ 86336
☎(928)203-9405
[Free](1-800)313-0017
[FAX](928)203-9401
[URL]www.elportalsedona.com
[CC][A][M][V]
[料][Su]$299～699（リゾート料金$28別途）
[数]12室
[ネット]Wi-Fi無料
[行]ザ・ワイから南へ約550m、車で2分。179号線を南に520m進み右折、Portal Ln.の40m先

✕ 洗練されたサービスに定評がある

[Map] P.278-A

ワイルドリゾート&スパ
The Wilde Resort & Spa

ウエストセドナにある、スパで有名なホテル。スペイン風地中海様式と先住民のセドナへの畏敬を感じさせるデザインで、セドナのパワーを感じながら瞑想するのに最適。ベッドや毛布などの寝具にも気を配り、安らぎへのこだわりが感じられる。ホテルではスパのほかに地元産の素材にこだわるレストランRascalにも寄ってほしい。パワーが感じられる料理は、癒やされると評判だ。

ウエストセドナのほぼ中心にある。こちらもスパの評判がいい

DATA
[住]2250 W. Hwy. 89A, Sedona, AZ 86336
☎(928)203-4111
[FAX](928)203-9094
[URL]www.thewilderesort.com
[CC][A][M][V]
[料]ⓈⒹⓉ$248～845（リゾート料金$40別途）
[数]111室
[ネット]Wi-Fi無料
[行]ザ・ワイから89A号線を西へ約4km、車で5分

✕ アップタウンの隠れ家

[Map] P.276-2

アマラリゾート&スパ
Amara Resort & Spa

受賞歴のあるフルサービスのスパを備えたリゾートホテル。メインストリートの州道89Aから奥まった位置にあり、敷地内を流れるオーククリークのせせらぎが心地よい。全面改装を終え、スタイリッシュでモダンな雰囲気に仕上げられている。リゾート料金にはバレーパーキング、スパ施設の利用料、ヨガマット、レンタルバイク、ホテルより半径1マイル以内の送迎などのサービスが含まれている。

モダンなデザインの客室

DATA
[住]100 Amara Ln., Sedona, AZ 86336
☎(928)282-4828
[Free](1-844)489-9662
[URL]www.amararesort.com
[CC][A][D][J][M][V]
[料]ⓈⒹⓉ$229～699、[Su]$449～1149(リゾート料金$35別途)
[数]100室
[ネット]Wi-Fi無料
[行]ザ・ワイから89A号線を北へ約1km、Amara Ln.を右折。車で2分

B&B

✕ 日本人経営のチャーミングなロッジ

[Map] P.275-A1

セドナ・ベアロッジ
Sedona Bear Lodge

大自然に抱かれたウエストセドナの閑静な住宅地にあるB&B。共有の広いリビングに大きなソファ、オーナー手作りの温かい朝食がサーブされるダイニングには、広いテーブルと冷蔵庫がある。客室は大小異なるスペースの部屋が4つ。どの部屋もかわいらしいインテリアで、自分だけの時間を過ごすのにぴったり。広い庭もくつろぎの空間で、デッキチェアに寝そべっての星空観賞は格別。

すてきなオーナーご夫妻がお出迎え

DATA
[住]65 Piki Dr., Sedona, AZ 86336
☎(928)204-2230
[Free](1-800)801-2737
[URL]www.sedonabearlodge.com
[E-mail]masumi@sedonabearlodge.com　[CC][J][M][V]
[料]ⓈⒹⓉ$130～219、[Su]$235～285（2ベッドルーム、3人目から$25追加料金が必要）
[数]4室　[ネット]Wi-Fi無料
[行]ザ・ワイから89A号線を西へ約5km、Dry Creek Rd.を右折、2番目の角を左折しKachina Dr.に入る。640m先、斜め左に折れてPiki Rd.へ。車で約10分

お役立ち情報
Courtyard by Marriott Sedona ▶[Map]P.275-A1　[住]4105 W. Hwy. 89A, Sedona, AZ 86336
☎(928)325-0055　[URL]marriott.com/en-us/hotels/travel/flgcs-courtyard-sedona　[料]ⓈⒹⓉ$165～539

✦ 旅の情報収集

インターネットの普及で、アメリカの情報を得ることが容易になった。特に、観光局のホームページでは観光やイベント、さまざまなケースを想定したモデルプランなど情報が満載だ。現地では観光案内所に寄るのもひとつの情報収集。

ウェブサイトの情報鮮度
ウェブサイトの更新状況は運営側の管理によりまちまちなので、最新の情報ではない場合もある。

観光案内所では
入手しておきたいおもな資料は、地図、バスなどの公共交通機関の時刻表や路線図、観光ガイドのパンフレット類。ウェブサイトでホテルリストの配布や予約を行っているところもある。

観光案内所
▶ラスベガス郊外
●グランドキャニオン・ウエスト
URL www.grandcanyonwest.com
●モニュメントバレー
URL navajonationparks.org
●バレー・オブ・ファイアー州立公園
URL parks.nv.gov/parks/valley-of-fire
●フーバーダム
URL www.usbr.gov/lc/hooverdam/

ラスベガスの情報誌
ホテルの客室に置いてある「Las Vegas Magazine」や「Where」は、ショーやアトラクション、ショッピング、ダイニング、ナイトライフの情報が詰まったフリーペーパー。カフェやショッピングセンターに置いてある「Las Vegas Weekly」は、ストリップの情報だけでなくローカルな話題も取り上げるフリーペーパー。
●Las Vegas Magazine
URL lasvegasmagazine.com
●Where
URL www.wheretraveler.com/las-vegas
●Las Vegas Weekly
URL lasvegasweekly.com

AI通訳機「ポケトーク」
ラスベガス旅行に+αの感動や刺激を与えてくれるポケトーク。SIMが内蔵されているため、Wi-Fiにアクセスせずに翻訳できるので便利だ。また、翻訳する精度が高いので緊急時も安心。ポケトークがあれば言葉の壁を越えて、現地の人と触れ合える。
URL https://pocketalk.jp/

日本での情報収集

旅を総合プロデュースする旅行会社では、パンフレットの商品以外にも航空券、レンタカー、宿の手配なども行っている。細かなリクエストにも対応できるので、まずは旅行会社で相談してみよう。このほか、インターネットを利用して、観光局などの公式ウェブサイトにアクセスすれば、最新の情報を入手することができる。

▶観光局
●ラスベガス観光局　**URL** www.visitlasvegas.com/ja
▶ラスベガス総合情報
●ラスベガス大全　**URL** www.lvtaizen.com
▶旅の総合情報
●外務省　渡航関連情報　**URL** www.mofa.go.jp/mofaj/toko/
●地球の歩き方　**URL** www.arukikata.co.jp
●アメリカの国立公園　**URL** www.nps.gov

現地での情報収集

街の概略をつかむための資料を入手するには、観光案内所を利用しよう。通常、人が多く集まる場所や空港、幹線道路沿いなどにも車で立ち寄れる案内所が設けられている。おおむねスタッフが常駐しており、直接質問ができる。なかには、美術館や博物館の入場券をセットにしたパスやアトラクションのチケットを販売しているところもあるので、ぜひ立ち寄ってみよう。現地情報誌（→側注）も役に立つ。

便利なウェブサイト

▶観光局など
●ラスベガス観光局　**URL** www.visitlasvegas.com
●ネバダ州観光局　**URL** travelnevada.com
●セドナ商工会議所観光局　**URL** visitsedona.com
●アリゾナ州観光局　**URL** www.visitarizona.com
▶空港・交通など
●ハリー・リード国際空港　**URL** www.harryreidairport.com
●グレイハウンドバス　**URL** www.greyhound.com
●RTC（路線バス）　**URL** www.rtcsnv.com
●ネバダ州のタクシーに関して　**URL** taxi.nv.gov
▶コンサート・観劇チケットなど
●Ticketmaster　**URL** www.ticketmaster.com
●Tix 4 Tonight（格安チケット販売）　**URL** tix4tonight.com
▶海外安全情報
●外務省 海外安全ホームページ　**URL** www.anzen.mofa.go.jp

お役立ち情報　コンシェルジュ ▶現地で頼りになるのがホテルのコンシェルジュ。コンシェルジュとは、宿泊客のあらゆる要望に対応するホテルスタッフの一員で、ベテランホテルマンが務めている場合が多い。サー↗

旅の準備

旅のモデルルート

　ラスベガスの魅力は街だけにとどまらず、ダイナミックな大自然に囲まれていることも挙げられる。ラスベガスを拠点にツアーで、または思いきってアリゾナ州、ユタ州の国立公園やセドナ、モニュメントバレーまでドライブの旅を楽しむのもいい。

工夫次第で多様なアレンジが可能

　ラスベガスへのツアーは、到着日以外は自由行動という滞在型が主流。個人で航空券やホテルの手配をするより安い場合もあるので、個人手配を考えている人も概算で比べてみるといい。ツアーで利用のホテルはおおむねストリップ沿いで、「●●ホテルに宿泊する」と謳っているものもあれば、ホテル名を伏せてエコノミー、中級などクラス別で募集している場合もある。好みのツアーがなければ、航空券やホテルを個人で手配するのもひとつ。手段はインターネットが便利で早い。ただし、トラブルが起きたときは自分で対処しなければならない。

旅のシーズン
気候→P.10、22
イベント&フェスティバル→P.26

ルートを計画する
市内のオプショナルツアー
→P.42
市内モデルプラン→P.44
郊外モデルプラン→P.254
ラスベガス発郊外へのオプショナルツアー
→P.256

旅のモデルプラン

●ココロもカラダもピュアになる。自分へのご褒美の旅
LV&グランドキャニオン&セドナ8日間

❶日本発➡ラスベガス着。旅の疲れをカジノリゾートのスパで癒やす。夜はアダルトショー（女性向けもあり）で時差ぼけを吹き飛ばそう

❷ちょっと遅めに起きてアウトレットでショッピング。ストリップで無料のショーを楽しんだあと、シルク・ドゥ・ソレイユのショーを観賞して気分を高めよう

❸レンタカーで、フーバーダム経由でグランドキャニオン・サウスリムへ。サンセットを見学

❹サンライズを見学。ビレッジ周辺やシャトルを使ってウエスト&イーストリムの展望台から景色を堪能

❺フラッグスタッフ経由でセドナへ。着後は予約をしておいたスピリチュアルセッションを体験

❻ツアーに参加してボルテックスでデトックス。終了後、ウエストセドナやアップタウンで自分だけのヒーリンググッズを見つける

❼セドナ発。フェニックス経由で日本へ➡❽日本着

▶MEMO ラスベガスからセドナへの公共交通機関はない。できればレンタカーで、途中でグランドキャニオンの大自然に触れてみたい。車がない場合は、ラスベガスからツアーも出ているが、日帰りではなく最低でも1泊するものを選ぼう。日帰りではセドナの滞在時間が短く、よさを実感するのは難しい。

●アメリカ西部の大自然を満喫
LV&南グランドサークル・ドライブ9日間

❶日本発➡ラスベガス着。ダウンタウンでフリーモントストリート・エクスペリエンスを楽しむ

❷ストリップをそぞろ歩き。食事はカジノのバフェで。夜は有料、無料のショーを観賞

❸レンタカーでドライブに出発。フーバーダムに寄りながらグランドキャニオン・サウスリムへ。サンセットを見学

❹サンライズを見学。ビレッジ周辺やシャトルを使ってウエスト&イーストリムの展望台から景色を堪能

❺グランドキャニオン・サウスリムからモニュメントバレーへ。バレードライブのジープツアーに参加

❻モニュメントバレーでサンライズを見学後、アンテロープキャニオンへ。光と岩の芸術を観賞後、午後ザイオン国立公園へ

❼ザイオンでは無料シャトルを利用して景観を堪能。15:00頃ラスベガスへ

❽ラスベガス発➡❾日本着

▶MEMO ラスベガスは大自然に囲まれた街。これらの大自然を楽しむには、マイペースで行ける車がいちばん。最も近いザイオンへは3時間弱、グランドキャニオンへも約5時間の距離。時間に余裕があれば、こぶの奇観で有名なブライスキャニオンへも寄りたい。

ビスの内容は幅広く、劇場のチケットや飛行機、列車の切符の手配、レストラン紹介や予約、ビジネスサポートなどを行う。なお、コンシェルジュに要望したサービスの提供を受けた場合は、難易度に応じた額のチップを手渡そう。

旅の予算とお金

計画する旅の内容に応じて支出する費用もさまざまだ。ここでは、基本的な費用を項目別に説明する。外貨の持ち出しは現金だけでなく、クレジットカード、デビットカードなどをうまく組み合わせよう。もちろん円安も頭に入れて。

航空券の手配
→P.303
航空券/日本発着の直行便・往復運賃の目安
（2022年12月現在）
成田〜ラスベガス間9万5000〜55万円
※エコノミークラス、燃油サーチャージは別途。2023年1月から2023年6月までの目安。航空会社、シーズンにより異なる。

グレイハウンドバス
→P.37

レンタカー料金の目安
ラスベガスでエコノミー2/4ドアクラスを借りる場合、諸税金、保険を含み1日1万2000円前後。

ガソリンの価格
（2022年12月現在）
1ガロン（約3.8ℓ）当たり$4.15
※地域によって異なる。

駐車場代
無料の施設やホテルもあるが、ストリップのホテルでは1日当たり$15〜40ほどかかる場合も

宿泊費の目安
ラスベガスは週末と平日で大きく変わるが、平日ならストリップの高級ホテルは$200〜、中級$120〜、エコノミー$80前後、ダウンタウンなら$50前後で泊まれる。

ラスベガスで賢く泊まるには
特に、週末（金・土曜泊）、大きなコンベンション（会議、展示会）、スポーツイベント（カーレース、ボクシングなど）のある日はホテルの確保が難しくなるうえ、料金も高くなる。希望する日の料金がずいぶん高いなと感じたら、別の日ずらしてみるといい。同じホテルの同じ部屋でも、1日ずれただけで半額以下で泊まれるのがラスベガスだ。
どうしても混雑している時期に旅行をするなら、思いきってパッケージツアーにするか、ビジネスマンが泊まらないような小規模なモーテルにするという手がある。

旅の予算

▶飛行機

2022年12月現在、日本からラスベガスへは直行便（ノンストップ便）の運航はない。日本とラスベガスとの間を単純に往復するだけなら、同一の航空会社でアメリカ西海岸の都市を経由してラスベガスに行く方法が一般的だ（→P.303）。もうひとつは、日本に乗り入れている航空会社で西海岸の都市の往復便を手配し、その都市からラスベガスの往復を格安航空会社（LCC：ローコストキャリア）などの別の航空会社で手配する方法がある。

米国内で定期便を運航する会社はユナイテッド航空、デルタ航空、アメリカン航空の大手航空会社のほか、サウスウエスト航空、ジェットブルーなどのアメリカ国内線格安航空会社まで、さまざま。以前はサービスや運賃などに差があったが、近年は大手航空会社も国内線預け荷物の有料化、機内食や機内映画の有料化などに着手する傾向にあるので、サービスや運賃などをトータルで比較して選ぶようにしよう。

▶長距離バス（グレイハウンドバスなど）

全米を網の目のように走っている長距離バス。少しでも安く移動したい旅行者にとっては、たいへん重宝する移動手段だ。

近年、ラスベガスとグランドサークルだけではなく、ロスアンゼルスもあわせて観光するスタイルが一般化してきた。時間が許すなら、ラスベガスからロスアンゼルスまで、のんびりバスの旅をするのもいい。ラスベガス〜ロスアンゼルス間は1日6便の運行、所要時間は約5時間30分、料金は時期により異なるが約$45（グレイハウンド）。

長距離バス会社はグレイハウンド以外もある。グレイハウンドのロスアンゼルスでの乗り場はユニオン駅に移転し、便利に安全になった。他社の場合、発着場所がどこか確認しておくこと。

▶レンタカー

おもにかかる費用は車のレンタル代、保険料、ガソリン代。

▶宿泊費

ラスベガスは宿泊料金の変動が激しい街。基本的には日〜木曜が安く、金・土曜は宿泊料金がグンと上がる。イベント時はさらに上がるが、逆に平日でお客の入りが悪いと、直前に驚くような安い料金を出してくることも。ホテルのグレードによっても大きな差があり、安いホテルは$30〜、高級ホテルでも$150以下で泊まれることもある。イベント（→P.26）やコンベンションのスケジュールは、観光局のウェブサイト（→P.294）などであらかじめ調べておこう。また、ホテルによってはウェブサイトの予約ページに、向こう数ヵ月間の宿泊料金カレンダーを掲載している。これを見れば、何月何日が混雑しているか、いつなら安く泊まれるか、一目瞭然だ。

▶食費

食事もまた個人の旅のスタイルによって大きく異なる。どこで、ど

高額の支払いは ▶一般に買い物や旅行中の支払いの際、ニセ札の被害を防ぐため、高額商品を扱っていないお店で、$50や$100の高額紙幣を使おうとすると、身分証明書などの提示を要 ↗

旅の予算とお金

んな料理を食べるか、お店のランクなどで違ってくる。

安くあげるには、サンドイッチ、ハンバーガーやホットドッグなどで済ませる。デリ、ファストフードでは1食$8～15。ラスベガスなら、料金均一で食べ放題のバフェやカリスマシェフの有名レストランも多く、いろいろな料理が味わえる。予算を切り詰めるばかりでなく、メリハリのある食事を楽しもう。予算は、最低でも朝食に$8～30、昼食に$15～45、夕食に$40～で組んでおきたい。

▶観光に要する費用
現地で参加するツアーやアトラクションなどの入場料、ショーやコンサート、ゴルフ、スパなどにかかる費用など。何をしたいかによって、金額もさまざまだ。カジノに行く人はあらかじめ予算を決めておくとよい。

▶交通費
ラスベガスのバスの運賃（デュース、SDX）は2時間有効券$6、24時間パス$8、3日パス$20。飛行機での移動には、空港から市内までの交通費がシャトルバンの利用で1回$15前後かかる。

▶そのほかの費用
大きい買い物やおみやげ、ショーのチケットなどは、予算を別立てしておこう。サービスに対して支払うチップ（→P.313）、飲み物やおやつなどの副食費、日用品の雑費なども計上しておきたい。

また、パスポートの取得費用、旅行保険代、海外用モバイルWi-Fiルーターのレンタル代など、アメリカへ行く前にかかる費用も忘れずに。

外貨の両替
外貨両替は大手銀行、国際空港内の銀行などで扱っている。金種が決まっているパックが基本。$1、$5、$10、$20などの小額紙幣は利便性が高く、$50、$100の高額紙幣は店によって使用できない場合がある（→P.296脚注）。そのため、小額紙幣をメインに両替することをすすめる。**日本円からアメリカドルへの両替は、日本国内のほうが概してレートはよい**が、日本出国前に準備できなくても、国際空港には到着ロビーに必ず両替所がある。最悪ここで外貨両替をすればよい。

アメリカの通貨単位はドル（$）とセント（¢）で、$1.00=100¢

紙幣は$1、$5、$10、$20、$50、$100の6種類、硬貨は1¢、5¢、10¢、25¢、50¢、100¢（＝$1）の6種類。紙幣と硬貨の写真、為替レートはジェネラルインフォメーション（→P.8）または側注を参照。

デビットカード
使用方法はクレジットカードと同様だが、代金の支払いは後払いではなく発行銀行の預金口座から原則即時引き落としとなる。口座の残高以上は使えないので、予算管理にも便利。JCBデビットやVISAデビットがあり、それぞれの加盟店で使用でき、ATMで現地通貨も引き出せる。

トラベルプリペイドカード
トラベルプリペイドカードは、外貨両替の手間や不安を解消してくれる便利なカード。多くの通貨で国内での外貨両替よりレートがよく、カード作成時に審査がない。

出発前にコンビニATMなどで円をチャージ（入金）し、その範囲内で渡航先のATMで現地通貨を引き出せる。各種手数料が別途かかるが、使い過ぎや多額の現金を持ち歩く不安がない。

ショーの休演日に注意
ショーを楽しみにしているなら、ダーク（休演日）にも注意。すいている時期（特に11～12月）に長期休演するショーもあるので、お目当てのショーがあるなら必ずチェックしておこう。

2023年2月28日現在の為替レート
$1=136.32円
最新の為替レートは「地球の歩き方」ウェブサイトで確認することができる。
URL www.arukikata.co.jp/rate

デビットカードの発行銀行
（2022年12月現在）
JCBデビット：みずほ銀行など37行にて発行。
URL www.jcb.jp/products/jcbdebit
VISAデビット：三井住友銀行など31行にて発行。
URL www.visa.co.jp→個人のお客様→Visaデビット
※発行銀行によっては、利用限度額の設定が可能。

トラベルプリペイドカード
2022年12月現在、発行されているおもなカードは下記のとおり。
●アプラス発行
「マネーティーグローバルMoneyT Global」
「GAICA」
●マスターカードプリペイドマネージメントサービスシーズジャパン発行
「キャッシュパスポートCASH PASSPORT」

↘求され、慎重にチェックされる。場合によっては受け取りを拒否されることもあるので、高額の支払いにはクレジットカードがベター。

クレジットカード

クレジットカードはアメリカ社会において、所有者の経済的信用を保証するものとして欠かせない存在。

クレジットカードの利便性は❶多額の現金を持ち歩かなくてもよい❷現金が必要なとき、手続きをしておけばキャッシングサービスを受けられる　❸経済的信用の証明として、レンタカー、ホテルの予約とチェックイン時に必ず提示を求められる、といったケースに対応できる点。日本で加入できる国際カードはアメリカン・エキスプレスAmerican Express、ダイナースクラブDiners Club、ジェーシービーJCB、マスターカードMasterCard、ビザVisaなどがあり、銀行や信販会社でも提携しているところがある。各社に特徴があるが、緊急時のことも考えると複数のクレジットカードを持つことが望ましい。新規にクレジットカードを作る場合は、余裕をみて申し込んでおくとよい。

クレジットカードの使い方

日本と同様ほとんどの店やレストランで利用できるが、店によっては最低の利用金額を定めているところもある。会計時にカードを渡すと、利用内容が記された伝票が提示されるので、金額などを確認のうえ、暗証番号PINを入力する。PINが不明ならなるべく早くカード会社へ確認を。利用控え（Customer's Copy）の受領を忘れずに。

使用時の注意

基本は、伝票の内容をよく確認してから暗証番号を入力すること。アメリカではほとんどないが、店独自のレート（不利なケースが多い）で日本円に換算して、日本円で請求される場合があるので、不満があればサインをせずにUSドルでの請求に改めてもらおう。また、カードの悪用を避けるため、会計時も絶対にカードから目を離さないこと。盗難時はすぐにカード不正使用停止の手続きをすること（→左側注）。

クレジットカードでキャッシングする

手持ちの現金が少なくなったときに便利なのが、クレジットカードのキャッシングサービス。空港や街なかのATM（操作方法は側注参照）、提携の金融機関の窓口（カードとパスポートが必要）で、いつでも現地通貨で引き出せる。キャッシングには、ATM利用料や利息がかかり、カード代金の支払口座から引き落とされる。

チップもクレジットカードで

レストランやバーなどでクレジットカードで支払いをする場合、チップも同様にカードで支払うことができる。カードにサインをする際、飲食料金の下にTip、またはGratuityという欄があるので自分でそこに金額を書き込み、チップを加えた合計金額も一緒に書く。チップについては（→P.313を参照）。

カードをなくしたら!?
国際カードの場合、現地にカード会社の事務所や提携の銀行があるので、警察より先に、まずそこに連絡して不正使用されないようにしてもらう。カード会社では、緊急時の連絡先（→P.326）を用意しているので、即、連絡を。手続きにはカードナンバー、有効期限が必要なので、カード裏面の発行会社名、緊急連絡先と一緒にメモしておき、財布と別に保管を。

ATMでのキャッシング操作手順
※機種により手順は異なる
①クレジットカード、デビットカード、トラベルプリペイドカードの磁気部分をスライドさせて、機械に読み取らせる。機械によっては日本のATMと同様に、カードの裏面を上向きに挿入するタイプや、カードの表面を上向きに挿入口に入れてすぐ抜き取るタイプもある
↓
②ENTER YOUR PIN=「暗証番号」を入力して、ENTER キーを押す
↓
③希望する取引の種類を選択する。WITHDRAWAL、またはGET CASH=「引き出し」を指定する
↓
④取引の口座を選択する。クレジットカードの場合、CREDIT、もしくはCREDIT CARD=「クレジットカード」を指定
※デビットカード、トラベルプリペイドカードの場合はSAVING=「普通預金」を指定する
↓
⑤引き出す金額を入力するか、画面に表示された金額のなかから、希望額に近い金額を指定して、ENTERを押す
↓
⑥現金とRECEIPT「利用明細」を受け取る
※初期画面に戻っているかを確認し、利用明細はその場で捨てないように
※途中で手順がわからなくなったら、CANCEL=「訂正」を選択し、初めからやり直そう

●海外でも安心、便利なJCBカード
JCBカードを持っていれば、安心でおトクなサービスを受けられる。JCBプラザでは、レストランの予約はもちろん、無料Wi-Fiの利用ができる。カードの紛失や盗難時のサポート体制も整っていて、海外専用緊急再発行カードの受け取りも可能。
詳細はJCBホームページで。
[URL] www.jcb.jp

お役立ち情報　**パスポートの保管**▶ICチップのデータに影響する恐れがあるため、かばんや財布のマグネットなど磁気のあるものに近づけないように。また、パスポートのなかで所持人が記載できるのは「所持人記入欄」のみ。メモや落書きは厳禁。

旅の準備

出発までの手続き

パスポート（旅券）は、あなたが日本国民であることを証明する国際的な身分証明書。これがなければ日本を出国することもできない。そして旅行中は常に携帯しなければならない大切なものだ。

パスポートの取得

一般旅券と呼ばれるパスポートの種類は、有効期間が5年（紺）のものと10年（赤）のものとがある。発行手数料は5年用が1万1000円（12歳以上）または6000円（12歳未満）、10年用が1万6000円で、期間内なら何回でも渡航可能。なお、20歳未満は5年用しか申請できない。すでにパスポートを持っている人は有効期間の確認を。アメリカの場合、パスポートの残存有効期間は入国する日から90日以上あることが望ましい。旅行中に期限が切れる人も、新しく作り直しておくこと。

パスポートの申請から受領まで

申請手続きは、住民登録をしている居住地の都道府県の旅券課やパスポートセンターで行う。必要書類を提出し、指定された受領日以降に、申請時に渡された受領証を持って受け取りに行く。必ず本人が出向かなければならない。申請から受領まで約1週間。都道府県庁所在地以外の支庁などで申請した場合は2～3週間かかることもある。

現在の居住地に住民票がない人の申請方法

1. 住民票がある都道府県庁旅券課で申請（代理可）。受領は本人のみ。
2. 住民票を現在の居住地に移して申請。
3. 居所申請（住民票を移さずに、現住の居住地で申請）をする場合、学生、単身赴任など一定の条件を満たしていれば可能。代理申請不可。なお、居所申請については各都道府県庁の旅券課に確認すること。

パスポート申請に必要な書類

①一般旅券発給申請書（1通）
用紙はパスポートセンターや区市町村の役所にもあり、申請時にその場で記入すればよい。2023年3月よりオンライン申請も始まる。20歳未満の未婚者は親権者のサインが必要になる。

②戸籍謄本（1通） ※6ヵ月以内に発行されたもの。

③住民票の写し（1通） ※住基ネットの利用を希望しない人など。

④顔写真（1枚） 6ヵ月以内に撮影されたもの。サイズは縦4.5cm×横3.5cm（あごから頭まで34±2mm）、背景無地、無帽、正面向き。スナップ写真不可。白黒でもカラーでも可。また、パスポート紛失時などの予備用に2～3枚焼き増しをして持っていくといい。

⑤申請者の身元を確認する書類
運転免許証、マイナンバーカードなど、官公庁発行の写真付き身分証明書ならひとつ。健康保険証、年金手帳、社員証や学生証（これらの証明書類は写真が貼ってあるもののみ有効）などならふたつ必要。窓口で提示する。

⑥有効旅券 返納のうえ、失効手続きを行う。

外務省パスポート案内
[URL]www.mofa.go.jp/mofaj/toko/passport/index.html

居所申請申出書
「居所申請申出書」を提出する際、住民票のほか学生は学生証や在学証明書、6ヵ月以上の単身赴任者の場合、居所証明書や居所の賃貸契約書が必要。

パスポートのサインについて
パスポート申請書の顔写真の下にある「所持人自署」の欄にしたサインが、そのままパスポートに転写される。このサインは、日本語でも英語でもどちらでもかまわないが、自分がいつも書き慣れている文字で書くこと。

機械読取式でない旅券と訂正旅券の取扱いに注意！
国際民間航空機関では、機械読取式でない旅券の流通期限が2015年内で終了したため、国によって入国拒否やビザ免除の対象外とされる場合が考えられる。一部の在外公館で交付された一般旅券には、機械読取式でない旅券があるため確認を。また、2014年3月20日より前に「記載事項の訂正」方式（同日より廃止）で身分事項の変更を行った旅券（訂正旅券）は、訂正事項が機械読取部分またはICチップに反映されておらず、国際基準外とみなされる恐れがある。出入国時や渡航先で支障が生じる場合もあるため、どちらの旅券も新規に取得し直すほうが無難。詳細は外務省のウェブサイトで。
[URL]www.mofa.go.jp/mofaj/ca/pss/page3_001066.html

パスポートの切替発給
パスポートの残存有効期間が1年未満となったときから、切替発給が可能。申請には左記の申請に必要な書類のうち①④⑥を提出する（③が必要な場合もある）。
氏名、本籍の都道府県名に変更があった場合は新規旅券または記載事項変更旅券（→脚注）の申請をする。申請には左記の「パスポート申請に必要な書類」のうち①②④⑥を提出する（③が必要な場合もある）。

パスポートの紛失については→P.320

お役立ち情報 **記載事項変更旅券** ▶氏名や本籍地などの変更情報をICチップにも記録させたもの。発行手数料は6000円だが、有効期限はもとのパスポートの期限までとなる。

ビザ（査証）の取得

　ビザとは、国が発行するその国への入国許可証。観光、留学、就労など渡航目的に応じてビザも異なるが、日本人のアメリカ合衆国入国にあたっては、90日以内の観光、商用が目的の渡航であれば、ほとんどの場合ビザの必要はない（ビザ免除プログラム）。ビザなしで渡米する場合、ESTAによる渡航認証を取得しなければならない（→P.301）。

滞在が90日以内でもビザが必要なケース

　日本から第三国へ渡航したあと、アメリカに入国する場合、国によってはビザが必要な場合もある。そのような予定の人は必ず、航空会社、旅行会社、アメリカ大使館・領事館に問い合わせること。ただし、直接アメリカに入国したあとにカナダ、メキシコなどに出国、再びアメリカに戻ってくる場合、そのアメリカ滞在の総合計日数が90日以内ならビザは不要。

ビザの申請

　非移民ビザを申請する場合は、ほとんどの人は面接（予約制）が必要となる。面接の予約は米国ビザ申請専用のウェブサイト（URL www.ustraveldocs.com/jp_jp/）から行う。面接後、7～14日間でビザが発給される。再度面接が必要と判断された場合などでは4～6週間かかるケースもあるので余裕をもつこと。

　ビザに関する質問などは、ビザ情報サービスの電話、eメール、チャット、Skypeで受け付けている。これらの情報サービスは無料で、通話料のみ利用者負担となる。

取得しておくと便利な証書類

国外（国際）運転免許証

　レンタカーを借りる予定の人には必要不可欠。自分の運転免許証を発行した都道府県の免許センターや指定の警察署などに出向いて申請する。免許センターでは即日で発給されるが、国内免許の残存有効期間が短い、免停中、違反の罰金が未払いなどの場合には、発給されないこともある。申請に必要なものは国内の運転免許証、パスポート、顔写真1枚（縦4.5cm×横3.5cm）、古い国外運転免許証、発給手数料の2350円。1年間有効。

国際学生証（ISICカード）

　世界共通の学生身分証明書。提示すると博物館の入場料や乗り物金などが割引になる場合がある。また、簡単な身分証明書としても利用できる。取得できるのはバーチャルカードのみで、取得はオンライン、支払いはPayPalのみ。学生証（有効期限内、写真入り）、顔写真（パスポートスタイル）が必要。代金は2200円、注文確定後に英語、続いて日本語のメールが届く。手順に沿ってダウンロードを。

ユースホステル会員証

　ユースホステルは、原則として会員制。手続きは全国各地にある窓口かオンラインで。年会費は2500円（19歳以上、継続の年会費は2000円）。必要書類は氏名と住所が確認できるもの。

　国外運転免許証の代わりに ▶ 大手レンタカー会社では運転免許証の翻訳サービスを行っている。この翻訳フォームがあれば、一部の州を除き、国外運転免許証の代わりとして認められている。

ESTA（エスタ）の取得

　ビザ免除プログラム（→P.300）を利用し、ビザなしで飛行機や船でアメリカへ渡航・通過（経由）する場合、インターネットで（携帯電話は不可）ESTAによる渡航認証を取得する必要がある。事前にESTAの認証を取得していない場合、航空機への搭乗やアメリカへの入国を拒否されることがあるので注意が必要。一度ESTAの認証を受けると2年間有効で、アメリカへの渡航は何度でも可能（日程や訪問地は渡航のたびに更新する必要はない）。なお、最終的な入国許可は、初めの入国地において入国審査官が行う。

　アメリカへの渡航が決まったら、早めにESTAによる渡航認証を申請・取得しよう（出国の72時間前までの取得を推奨）。ESTA申請は親族、旅行会社（要代行手数料）など本人以外の第三者でも可能。

ESTAの有効期間
　原則2年間。ただし、認証期間内でも、パスポートの有効期限が切れるとESTAも無効になる。また、氏名やパスポート番号の変更があった場合は、再度申請を行うこと。

ESTAの登録料
🛂$21
※支払いはクレジットカードのみ 💳 A D J M V

ESTA手続きの仕方
　『地球の歩き方』のサイトとアメリカ大使館ESTA申請ページにも手続きの仕方が紹介されている。
URL www.arukikata.co.jp/esta/
URL jp.usembassy.gov/ja/visas-ja/esta-information-ja/（動画）
　申請する前に次を用意したい
・パスポート
・クレジットカード
・アメリカ滞在先の住所と電話番号

●ESTAの申請手引き〈新規の申請〉

❶URL esta.cbp.dhs.gov にアクセス
英語の画面の右上にある「Change Language」で「**日本語**」を**クリック**。
トップページの日本語画面で「**新規に申請書を作成する**」を**クリック**し、「個人による申請」または「グループによる申請」であるかを選択する。なお、申請の状況確認を行う場合は「既存の申請を続行する」を選択。

❷免責事項
免責事項の画面が表示される。内容をよく読み、同意なら「**はい**」を選択し「**次へ**」を**クリック**。
2009年旅行促進法に基づき、申請にかかる手数料、支払いに関しての内容を記載。同意なら「はい」を選択し、「**次へ**」を**クリック**。

❸申請書の入力
「旅券をアップロード」の画面が出てくる。「旅券をアップロード」を**クリック**。パスポートの顔写真があるページの写真をアップロード。パスポートの情報が自動的にESTAの申請情報に入力される。
「＊」の印がある項目は回答必須。質問事項は日本語で書かれているが、すべて英語（ローマ字）で入力、またはプルダウンメニューから該当項目を選択する。疑問がある場合は「？」のアイコンをクリックする。
●申請者／パスポート情報、別の市民権・国籍、電子メールアドレスを入力。
●登録した電子メールアドレスに4ケタの確認コードが送られてくるので、それを入力。
●個人情報／連絡先情報、ソーシャルメディア、GEメンバーシップ、両親、勤務先の情報を入力。
●渡航情報／アメリカ国内での連絡先、アメリカ滞在中の住所、アメリカ内外の緊急連絡先情報を入力。
●1）〜9）の適格性に関する質問事項に「はい」、「いいえ」で回答。
●「権利の放棄」と「申請内容に関する証明」の内容を読み、☑チェックを入れる。
●本人以外が代行して入力した場合は、「第三者による代理申請の場合に限定」の内容を読み☑チェックを忘れずに。入力内容をよく確認して、間違いがなければ「**次へ**」を**クリック**。

❹ 申請内容の確認
③で入力した内容が、申請者情報、個人情報、渡航情報、

適格性に関する質問と大きく4つの項にわたって表示される。「**確認して続行**」を順次クリック。間違っているところがあれば、右上の「申請内容の内容を変更する」をクリックして修正する。
申請内容をすべて確認したら、最後にパスポート番号、発行した国、姓、生年月日を入力して「**次へ**」を**クリック**。

❺申請番号が発行される
申請番号は必ず書き留めるか印刷すること。申請番号は、今後「既存の申請を続行する」をするときに必要だ。
次に支払いとなるが、まず「免責事項」の☑チェックを入れ、「**今すぐ支払う**」を**クリック**。

❻支払い
オンライン支払いフォームに進む。支払い情報ではクレジットカードを選択し「**続行**」を**クリック**。次にカード名義人、請求書送付先の住所、国、クレジットカードの番号、有効期限、セキュリティコードを正確に入力し、「**続行**」を**クリック**。
入力の情報を再度確認し、「私はカード発行会社との契約に従い、上記金額を私のクレジットカード口座に課金することを許可します。」にチェックを入れ、「**続行**」を**クリック**。

❼承認の確認
従来は支払いが終わると即時回答されていたが、現在は即時回答ではなく3日以内に判明できるようになった。画面の申請状況のところに「承認は保留です」と表示されるから、**この画面を印刷**。そして「**終了**」を**クリック**する。

数時間、あるいは1日後、承認されたか確認するために、①のURL esta.cbp.dhs.govに再度アクセスする。最初の画面の「**既存の申請を続行する**」を**クリック**する。
個人申請の検索画面が出たら、パスポート番号と生年月日、申請番号を入力「**申請の検索**」を**クリック**。
氏名、生年月日、パスポート番号、有効期限、申請した内容などと「認証は承認されました」が表示されれば、ビザ免除プログラムでの渡航が許可されたことになる。**このページを印刷**し、渡航時に携帯するように。

承認されず「**渡航認証拒否**」となった場合、アメリカ大使館・領事館でビザの申請（→P.300）が必要。

海外旅行保険の加入

海外旅行保険とは、旅行中の病気やけがの医療費、盗難に遭った際の補償、あるいは自分のミスで他人のものを破損した際の補償などをカバーするもの。万一のことを考えると、保険なしで旅行するのはかなり危ない。アメリカの医療費は非常に高く、犯罪の発生率も決して低いとはいえない。また、金銭的な補償が得られるということだけでなく、緊急時に保険会社のもつ支援体制が使えることはたいへん心強いもの。しかも、アメリカでもコロナは終わっていないことを考えると保険への加入は、本人の意思によるものの、保険料は旅行全体の費用からみれば、ごくわずかな出費にすぎない。他人に起こるトラブルは、自分にも起こり得ると考えて、海外旅行保険には必ず加入しよう。

保険の種類

海外旅行保険は必ず加入しなければならない基本補償と、加入者が自由に選べる特約に分かれている。保険の体系や名称は会社により異なるが、基本補償の一例として「治療費用」という項目がある。これは旅行中の傷害（けが）や病気の治療費に対して保険金が支払われるものだ。

そのほかに特約の例として、①傷害死亡・後遺障害　②疾病死亡　③賠償責任（旅先で他人にけがをさせたり、ホテルや店で物品を破損した場合の補償）　④携行品損害（自分の持ち物を紛失・破損した場合の補償）⑤航空機遅延費用（航空機が遅れたため、予定外の宿泊費や食事代がかかった場合の補償）　⑥航空機寄託手荷物遅延等費用（航空機に預けた荷物の到着が遅れ、身の回りのものを購入する費用など）　⑦救援者費用、といったものがある。

一般的には、これらの項目をセットにしたパッケージプランが便利。旅行日数に応じて保険金のランクだけを選べばいいので手続きは簡単だ。自分に必要な補償、手厚くしたい補償のみ追加したい場合は、オーダーメイドプランで補償を選択して加入しておけば安心。

保険を扱っているところ

海外旅行保険は損保ジャパン、東京海上日動、AIG損保など10社以上の損害保険会社が取り扱っている。大手の場合、現地連絡事務所、日本語救急サービスなど付帯サービスも充実している。旅行会社では、ツアー商品などと一緒に保険も扱っているので、申し込みの際に加入することができる。空港にも保険会社のカウンターがあるので、出国直前でも加入できるが、保険は日本国内の空港と自宅の往復時の事故にも適用されるので、早めの加入が望ましい。

保険金請求について

保険の約款は非常に細かく決められている。自分の持ち物を紛失・破損した場合、購入時期などから判断した時価が支払われる。ただし、現金、クレジットカード、コンタクトレンズなどは適用外。支払いには、地元警察などへの届け出と被害報告書の作成、保険会社の現地や日本国内のオフィスへの連絡など、諸条件がある。契約時に受け取る証書としおりの約款には、保険が適用にならない場合や、補償金の請求の際必要な証明書などの注意が書いてあるので、必ず目を通しておくこと。

クレジットカード付帯保険

各クレジットカード会社の発行するカードには、取得すると自動的に海外旅行保険が付帯されるサービスがあるが、「疾病死亡」が補償されない、補償金額が不足していたため実際には自己負担金が多かったなどのケースがあるので、十分注意したい。

空港内の保険取り扱いカウンター

空港では機械での申し込みもできる

コロナワクチン接種証明書について

アメリカ入国にあたり、COVID-19ワクチン接種完了の証明の提示が義務付けられている。ワクチン接種証明はマイナンバーカードを持っていればスマートフォンの専用アプリから証明書が発行される。紙面の証明書は各市区町村の申請窓口に申請書とパスポートのコピー、予防接種済み証のコピー、返信用封筒などを添えて提出する。出発前には宣誓書の提出も必要（→P.305欄外）。

アメリカでコロナに感染すると

アメリカでもコロナは終息していない。マスメディアでの報道は少なくなったが、旅行中にコロナに罹患し、帰国できないこともある。発熱などコロナの症状が見られたら、医師の治療を受け指示に従うこと。できれば最初に旅行保険会社に連絡を入れたい。医師の指示でホテル待機となった場合は、保険に加入していれば宿泊費は補償される場合が多い。2021年の非営利団体「フェア・ヘルス」の調査では、アメリカでコロナに感染して入院した場合、平均7万5000ドル（約975万円）かかっている。（CNN.co.jpより）

読者の声　**フライト乗り継ぎ**▶サンフランシスコ（SFO）は、国際線と国内線の乗り換えが同じ建物内で近く、短時間で移動できた。ロスアンゼルス（LAX）は、国際線と国内線のターミナルが違うため、↗

旅の準備
✳ 航空券の手配

航空運賃は、シーズンや航空会社、直行便や経由便、乗り継ぎ便など、利用条件により大きな差が出る。ここでは、旅の予算の多くを占める航空券についての基礎的な知識を紹介する。

日本からの就航便

2022年12月現在、日本からラスベガスへの直行便（ノンストップ便）はない。成田や羽田から、直行便が運航しているロスアンゼルス（LAX）、サンフランシスコ（SFO）、シアトル（SEA）といった西海岸の都市で乗り換えてラスベガスに入るのが一般的。ロスアンゼルスまでの往復だけなら、シンガポール航空などのアジア系航空会社が安い。

アメリカ国内線航空会社

ロスアンゼルス、サンフランシスコといった西海岸のゲートシティから、サウスウエスト航空などの格安航空会社（LCC：ローコストキャリア）を利用するのもいい。LCCは運賃が安いうえ、乗り継ぎがうまくいけば直行便と変わらない早さでラスベガスに到着する。

航空券の種類
▶普通（ノーマル）運賃

定価（ノーマル）で販売されている航空券で、利用においての制約が最も少ないが、運賃はいちばん高い。種類はファーストクラス、ビジネスクラス、エコノミークラスの大きく3つに分かれる。

▶正規割引運賃（ペックスPEX運賃）

ペックス運賃とは、日本に乗り入れている各航空会社がそれぞれに定めた正規割引運賃のこと。他社便へ振り替えることができない、予約後72時間以内に購入すること、購入後の予約変更には手数料がかかるなどの制約があるが、混雑期の席の確保が容易といったメリットもある。早い段階で旅行計画が進められる人は、普通運賃よりかなり安いペックス運賃を利用できる。各社、特色や規定が異なるので確認を。

日本―ラスベガス間のフライトスケジュール

日本→ラスベガス
（2022年12月現在）

航空会社	運航日	便名	日本時間		現地時間
デルタ（羽田）	毎日	DL166/2040	羽田発 17:35（SEA経由）	ラスベガス着	同日 14:42
アメリカン（羽田）	毎日	AA170/2530	羽田発 13:05（LAX経由）	ラスベガス着	同日 11:50
ユナイテッド（成田）	毎日	UA838/1388	成田発 16:45（SFO経由）	ラスベガス着	同日 12:42
ユナイテッド（羽田）	毎日	UA876/1388	羽田発 16:50（SFO経由）	ラスベガス着	同日 12:42
全日空（成田）	毎日	NH8/7308	成田発 17:00（SFO経由）	ラスベガス着	同日 12:42
日本航空（成田）	毎日	JL68/6318	成田発 18:30（SEA経由）	ラスベガス着	同日 18:13
日本航空（羽田）	毎日	JL2/5452	羽田発 19:55（SFO経由）	ラスベガス着	同日 19:04

ラスベガス→日本

航空会社	運航日	便名	現地時間		日本時間
デルタ（羽田）	毎日	DL1406/167	ラスベガス発 7:15（SEA経由）	羽田着	翌 15:10
アメリカン（羽田）	毎日	AA2785/169	ラスベガス発 19:45（LAX経由）	羽田着	翌 5:05
ユナイテッド（成田）	毎日	UA753/837	ラスベガス発 8:00（SFO経由）	成田着	翌 15:00
ユナイテッド（羽田）	毎日	UA753/875	ラスベガス発 8:00（SFO経由）	羽田着	翌 14:50
全日空（成田）	毎日	NH7309/6	ラスベガス発 8:00（SFO経由）	成田着	翌 15:20
日本航空（成田）	毎日	JL6319/67	ラスベガス発 7:05（SEA経由）	成田着	翌 16:00
日本航空（羽田）	毎日	JL5453/1	ラスベガス発 9:25（SFO経由）	羽田着	翌 18:45

※全日空と日本航空の米国内線区間は他社運航便

● 航空会社（日本国内の連絡先）
● アメリカン航空
☎ (03) 4333-7675
URL www.americanairlines.jp
● デルタ航空
☎ 0570-077733
URL ja.delta.com
● ユナイテッド航空
☎ (03) 6732-5011
URL www.united.com/ja/jp/
● 日本航空
☎ 0570-025-031
URL www.jal.co.jp
● 全日空
☎ 0570-029-333
URL www.ana.co.jp
● シンガポール航空
☎ (03) 4578-4088
URL www.singaporeair.com/jp

サウスウエスト航空（WN）

日本に支社はないがサウスウエスト航空は南西部に比較的強く、アメリカでは人気が高い。
URL www.southwest.com

国際観光旅客税について

2019年1月7日以降、日本を出国する方を対象に、出国1回につき1000円の国際観光旅客税が導入されている。原則として、航空券代に上乗せして支払う方式となる。

燃油サーチャージ

石油価格の高騰や変動により、航空運賃のほかに“燃油サーチャージ”といって燃料費が加算される。時期や航空会社、為替レートによって状況が異なるので、航空券購入時に確認を。

LAから車で

レンタカーを借りる予定の人は、ロスアンゼルスで車を借り、ラスベガスまで4～5時間かけてドライブしていくという手もある。多くのレンタカー会社ではカリフォルニア州とネバダ州では乗り捨て料金がかからない。

eチケット

各航空会社で導入の航空券管理システム。利用者は、予約完了後にメールや郵送で届くeチケット控えを携帯することで、航空券紛失の心配はなくなった。控えは紛失しても再発行可能。

↘シャトルバスで移動する。ピストン運行しているが、混雑時は渋滞してなかなか来ないし、係員もいないため迷った。海外ではフライトは遅れることが多いので、乗り継ぎには時間の余裕を。　　　（東京都　Joe　'16）['23]

旅の持ち物

旅の荷物は軽いに越したことはない。特に国際線・国内線ともに機内預けや機内持ち込みの荷物（かばん）のサイズや重量に対して厳しい規制がある。たいていのものは現地調達できるので、悩むようなものは思いきって持っていかないほうがいい。

荷物について

荷物で大きく占める衣類は、着回しが利くアイテムを選ぼう。洗濯は、小物類なら浴室での洗濯が可能だが、スーツやワンピース、ワイシャツなどはホテルのクリーニングサービス（有料）に頼むとよい。なお、医薬分業のアメリカでは、頭痛薬などを除き医師の処方箋がなければ薬が買えない。薬だけは常備薬を携行していこう。

機内に預ける荷物について（受託手荷物）

アメリカ同時多発テロ以降、出入国者の荷物検査が強化され、アメリカ運輸保安局（TSA）がスーツケースなどの受託手荷物のチェックを行っている。機内に預ける荷物に施錠をしないよう求められているのはそのため、検査の際に鍵がかかっているものに関しては、ロックを破壊して調べを進めてもよいとされている。したがって、機内預けの荷物には高価なものや貴重品は入れないこと。また、預託荷物は利用するクラスによって、無料手荷物許容量（→側注）が異なる。かばんのサイズや重量も各航空会社別に規定があるので、利用前に確認を。なお、機内持ち込み手荷物についてもかばんのサイズや個数、重量などが定められており、アメリカの国内線・国際線ともに液体物の持ち込み規制（→P.306）があるので必ず確認をしておくこと。

TPOに合わせた服選びを

服装は、ラスベガスの気候（→P.10、22）に合わせてカジュアルなスタイルで出かけよう。ただし、冷暖房の効きが極端なのが難。重ね着で対処できるようにしたい。日差しが強烈なので帽子とサングラスは必須だ。また、日常生活以上に歩くため、基本は歩きやすさを重視した靴選びをし、ドレスアップ用にもう1足準備しておくとよい。男性はネクタイとジャケット、女性はワンピースなどを持っていけば、ハイクラスのショーやディナー、ナイトクラブなどへの服装に対応できる。

側注

TSA公認グッズ
スーツケースに施錠できないことに不安を感じる人は、TSA公認の施錠スーツケースやスーツケースベルト、南京錠などを使用すれば安心だ。これらTSA公認グッズは、施錠してもTSAの職員が特殊なツールでロックの解除を行うため、かばんに損傷の恐れが少なくなる。

機内預け荷物について
2022年12月現在、北米線エコノミークラスの場合、無料で預けられる荷物は2個まで（アメリカン航空、日本航空、ユナイテッド航空、全日空、デルタ航空）、1個の荷物につき23kg（50ポンド）以内、3辺の和の合計が157cm以内で決まっている場合が多い。また、多くのアメリカの国内線において、エコノミークラスの場合は2個まで預けられるが、1個目から有料（$30前後）としている。※2023年4月より、アメリカの各航空会社は無料での荷物の預け入れが変更となる予定。詳しくは各社サイトで確認を。

電池類の持ち込みに注意！
→P.306脚注

荷造りのコツ
旅行中に増えるおみやげなどを考慮して、出発時は容量の70～80%程度に抑えたい。基本的に貴重品や割れ物は機内預けの荷物（受託手荷物）には入れないこと。荷物を要領よく詰めるには、服、下着、洗面用具などに分類し、ひとめで内容物がわかるようにメッシュ素材の収納袋（洗濯ネットの代用もよい）を使うと便利に。おしゃれ着はかばんの大きさに合わせて大きくたたみ、しわになりやすいワイシャツはたたむか、ロール状にして詰める。セーターなどかさばる冬服は圧縮袋などを利用しよう。

重い荷物は宅配サービスを利用しよう
事前の電話で自宅まで集荷に来てくれる。帰国時は空港内のカウンターで手続きを。
ABC空港宅配
無料0120-919-120
ヤマト運輸空港宅急便
無料0120-01-9625（固定電話）、☎0570-200-000

持ち物チェックリスト

品目	チェック	品目	チェック	品目	チェック
パスポート（旅券）		ワクチン接種証明など証書類		筆記用具、メモ帳	
現金（日本円とUSドル）		辞書や会話集		スリッパ、サンダル	
eチケット控え		ガイドブック		カメラ、携帯電話、充電器、メモリーカード	
ESTA渡航認証のコピー		シャツ類		ビニール袋	
海外旅行保険証		下着・靴下（2～3組）		タオル類、エコバッグ	
クレジットカード		上着（防寒・日焼け防止）		ティッシュ、ウエットティッシュ	
トラベルプリペイドカード		帽子、サングラス		顔写真（2～3枚）	
国内運転免許証と国外運転免許証		医薬品類、化粧品、眼鏡、日焼け止め、リップスティック		おしゃれ着	

お役立ち情報 コインランドリー ▶ラスベガスのホテルにはランドリー施設があるホテルは少ない。長期滞在仕様のホテルやストリップから離れたモーテルなどには、備わっている場合が多い。

旅の技術

✦ 出入国の手続き

　国際空港へはチェックイン手続きに時間を要するのと、急なフライトスケジュールの変更に対応するため、出発時刻の3時間前までに着くようにしたい。

日本を出国する

▶国際空港へ向かう

　日本国内の国際空港でアメリカ本土への路線が就航しているのは、成田、東京（羽田）、関西、中部の4つ。

空港到着から搭乗まで

❶搭乗手続き（チェックイン）

　空港での搭乗手続きをチェックイン（Check-in）といい、通常手続きは、航空会社のカウンター、または自動チェックイン機で行う。ファーストクラスやビジネスクラスは専用レーンやカウンターでチェックイン手続きを行うことが多い。ここではeチケットとパスポート、アメリカ疾病予防センター（CDC）の宣誓書とワクチン接種証明、機内預け荷物を係員に渡せばよい。個人手配やパッケージなどでeチケットを持っている場合は、自動チェックイン機で、各自がチェックイン手続きを行う（→下記）。タッチパネルの操作をガイダンスに従って行い、すべての手続きが完了したら搭乗券が発券される。その後、機内預け荷物を各航空会社のカウンターに預け前述の宣誓書を提出し、接種証明を提示する。

成田国際空港
空港の略号コード　"NRT"
☎ (0476) 34-8000
🌐 www.narita-airport.jp

東京国際空港（羽田空港）
空港の略号コード　"HND"
☎ (03) 5757-8111
🌐 tokyo-haneda.com

関西国際空港
空港の略号コード　"KIX"
☎ (072) 455-2500
🌐 www.kansai-airport.or.jp

中部国際空港
空港の略号コード　"NGO"
☎ (0569) 38-1195
🌐 www.centrair.jp

機内預けの荷物には施錠しない
　現在、アメリカ線は機内に預ける荷物には施錠をしないように求められている。心配な人はスーツケースにベルトを装着するか、TSA公認のロック機能の付いたスーツケースを使用しよう。

●セルフチェックインの仕方

　航空便の予約・購入後に発行されるeチケットには、従来の紙の航空券の代わりに、利用する航空便の情報が電子的に保管されている。eチケットの控えはプリントして携行すること。国際線やアメリカの国内線のチェックインは、セルフチェックイン機を利用して手続きを行う。近年米国の国内線はモバイル搭乗券を空港へ行く前に自分で手配する人が多い。（協力：アメリカン航空）

❶空港の出発フロアには、各航空会社のチェックインカウンターが並び、セルフチェックイン機が設置されている。eチケットを持っている場合はセルフチェックイン機での手続きになる。
※コードシェア便（共同運航便）を利用する、入国にビザが必要な場合やパスポートと予約の名前が一致しないなど、状況によりセルフチェックイン機での手続きが進まない場合がある。その際は、迷わず係員に声をかけるか、チェックインカウンターまで申し出ること。

❷アメリカの空港なら画面の表示は当然英語になる。しかし、日本に乗り入れている航空会社なら、日本語対応の機能が備わっている。まず、画面上に表示された言語のなかから「日本語」をタッチする。次の案内でチェックインのスタイルを選択。

❸チェックインには本人確認のため、航空会社のメ

ンバーズカード、パスポートを読み込ませるなどの方法がある。日本人ならパスポートが便利。顔写真があるページの数字が並ぶ部分を機械のリーダーに読み込ませる。

❹自動的に予約の旅程が表示されるので、内容を確認のうえ"続行"をタッチ。滞在先や緊急連絡先などいくつか質問があるので、回答を入力する。座席を指定していない場合はここで座席を選ぶ。

❺次に預け入れ荷物の個数を入力し、座席の変更などを行う場合は、オプションから該当のメニューを選択し手続きする。

❻画面上に搭乗時刻とゲートの案内が表示されるので確認をする。機械下部より搭乗券のプリントと荷物のタグが出てくるので忘れずに受け取り、荷物のタグは自分で荷物に付け、控え（クレームタグ）は保管すること。
預ける荷物は、チェックインカウンターにて。

お役立ち情報　アメリカ疾病予防センター（CDC）の宣誓書🌐 www.cdc.gov/quarantine/order-safe-travel.html→Attestationからダウンロードできる。接種証明書を書面で持っている人もスマートフォンに読み込ませておくと便利。

305

ESTAを忘れずに！

ビザなしで渡航する場合は、出発の72時間前までにインターネットを通じて渡航認証を受けよう（→P.301）。必ず事前に認証を取得しておくこと。取得番号を確認されることはほとんどないが、念のため、取得番号の表示された画面をプリントアウトしておくことをすすめる。

「地球の歩き方」ホームページにも申告の手順が詳しく解説されている。

URL www.arukikata.co.jp/esta

出国スタンプが欲しい

出国スタンプが欲しい人は顔認証ゲートを通過した後、窓口に並ぶこと。

モバイルバッテリーについて

スマートフォンやタブレット端末の普及により、携行する人が多くなったモバイルバッテリー。ほとんどの場合、リチウムイオン電池に該当するので、受託手荷物に入れることは禁止。手荷物として機内に持ち込むように（→脚注参照）。100Wh～160Wh（モバイルバッテリーに記載されている"mAh"とは異なる）のものは2個までの制限はあるが、市販されている多くが100Wh以下。持ち込める個数に制限はないが、品質の確かなものを選ぶこと（「PSE」マークが付いたもの）。

乗継便利用時の手荷物の注意

日本出国手続き後に免税店などで購入した液体物は、アメリカ国内の乗り継ぎ空港でスーツケースなどに入れて預け直そう。手荷物として乗り継ぎ搭乗しようとすると没収される恐れがある。成田や羽田、関西、中部空港などの免税店では、STEBs（不正開封防止袋）の使用による対応策が取られているが、万が一の没収の可能性も頭に入れておこう。

❷セキュリティチェック

保安検査場に入る前に搭乗券のバーコードスキャン、または係員による確認が行われる。次に上着を脱いでトレイに、パソコンやタブレット端末、そして液体類（→下記参照）もかばんから出してトレイに置く。かばんは金属探知機のベルトに置いてトレイと一緒にX線検査を受け、人はボディスキャナーのゲートを通る。

❸税関手続き

高価な外国製品を持って出国する場合、外国製品持ち出し届に記入して申告する。これを怠ると、帰国時に国外で購入したものとみなされ、課税対象になることもある（使い込まれたものなら心配無用）。

❹出国審査

現在、出国審査は顔認証ゲートで各自行う。パスポートをスキャンさせ、正面のハーフミラーに顔を向けるだけ。

❺搭乗

フライトが出るゲートへ向かう。飛行機への搭乗案内は出発時間の約30分前から始まる。搭乗ゲートでは搭乗券とパスポートを提示する。

アメリカに入国する

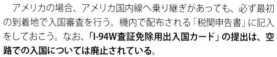

アメリカの場合、アメリカ国内線へ乗り継ぎがあっても、必ず最初の到着地で入国審査を行う。機内で配布される「税関申告書」に記入をしておこう。なお、「I-94W査証免除用出入国カード」の提出は、空路での入国については廃止されている。

入国審査から税関申告まで

❶入国審査

飛行機から降りたら、"Immigration"の案内に沿って入国審査場へ向かう。審査場の窓口は、アメリカ国籍者（U.S. Citizen）、それ以外の国の国籍者（Visitor）の2種類に分かれている。自分の順番が来たら審査官のいる窓口へ進み、パスポートと税関申告書を提出する。場合によってはeチケットの控えやESTAの控え、ホテルの住所など宿泊先の詳しい情報を求められることもある。なお、US-VISITプログラム実施により、米国に入国する全員を対象に、インクを使わないスキャン装置による両手の指の指紋採取（一部空港）とデジタルカメラによる顔写真の撮影が行われている。渡航目的や滞在日数や場所などを質問され、入国が認められれば、パスポートと税関申告書を返してくれる。

機内持ち込み手荷物について

機内に持ち込める手荷物は、航空会社により1～2個まで。貴重品やフィルム、パソコン、携帯電話、壊れやすいものは機内持ち込みにすること。

カミソリやはさみは機内預けの荷物へ、ライターはひとりにつき1個まで身に付けて機内へ持ち込むことができるが、航空会社によって異なるため確認を。電池類の持ち込みについても規制あり（→脚注参照）。

また、国際線、アメリカでは国内線も、航空機内への液体物の持ち込みは、出国手続き後の免税店などで購入したものを除き、制限されている（直行便利用時。乗継便は要注意→側注）。化粧品や歯磨き粉など液体類およびジェル状のもの、ヘアスプレーなどのエアゾール類はそれぞれ100mℓ以下の容器に入れ、容量1ℓ以下の無色透明ジッパー付きの袋に入れること。手荷物とは別に検査を受ければ持ち込み可能だ。

 電池類の持ち込みについて▶電池類については、種類によって制限が異なる。パソコンや携帯電話などの製品内部にあるリチウムイオン電池は問題ないが、予備用の大型リチウムイオン電池（100Wh～↗

審査に必要なパスポート、関申告書など一式を手渡す

税関申告書時に顔写真を撮る

パスポートの検査、質問
（滞在目的、日数など）

指紋
スキャン

デジタルカメラに
よる顔写真の撮影

WELCOME
TO THE U.S.

バゲージクレームへ

©Department of Homeland Security, US-VISIT

❷荷物をピックアップする

入国審査のあと、バゲージクレームBaggage Claimへ。自分のフライトをモニターで確認して、荷物の出てくるターンテーブルCarouselへ行き、ここで機内預け荷物を受け取る。クレームタグ（手荷物引換証）を照合する空港もあるので、クレームタグはなくさないように。また、預けた荷物が出てこない、スーツケースが破損していたなどのクレームは、その場で航空会社のスタッフに申し出ること。

❸税関検査

アメリカ入国には持ち込み制限があり、通貨は現金1万ドル以上は申告が必要。酒類は21歳以上で個人消費の場合は1ℓ、おみやげは$100相当まで無税。たばこは200本（または葉巻50本、そのほかのたばこなら250g）まで無税。野菜、果物、肉類や肉のエキスを含んだすべての食品は持ち込み禁止になっている。

アメリカの最初の到着地（空港）からラスベガスへ

アメリカ国内線を乗り継ぐ

ラスベガスへは日本からの直行便がないため、ゲートウエイになる国際空港で乗り継ぐことになる。例えば、ロスアンゼルス国際空港経由でラスベガスに向かうとしよう。日本の空港でチェックインのとき、日本からロスアンゼルス行きとロスアンゼルスからラスベガス・ハリー・リード国際空港行きの2枚の搭乗券が発券され、荷物にはラスベガス行きのタグが付けられる。ここでひとつ注意。最終目的地がラスベガスでも、初めの入国地で必ず入国審査と税関検査を受けなければならない。荷物も一度ロスアンゼルスでピックアップをする必要がある。

税関検査を終了後、機内預け荷物は再預託カウンター（Baggage Drop Off）で、ラスベガス行きのタグを確認してもらい預け直すこと。

次に、出発便Departuresのコンピューターディスプレイを探そう。そして、ディスプレイから自分の次の目的地ラスベガス行きのフライト番号、ゲートと出発時刻を確認して、ゲートに向かう。通常、同じ航空会社での乗り継ぎは同一ターミナル、または隣り合ったターミナルからの出発となる。最悪、別のターミナルへの移動となると、空港によってはバスやモノレールで移動しなければならないこともある。乗り継ぎ時間は余裕をもつように。

まずはあいさつから

慣れない英語での入国審査は緊張するものだが、審査官の前に進んだら、"Hello."、"Hi."、"Good morning."と、まずはあいさつをしよう。審査終了後も"Thank you."のひと言を忘れずに。

質問の答え方

● 渡米目的は、観光なら"Sightseeing."、仕事ならば"Business."。

●滞在日数は、5日なら"Five days"、1週間ならば"One week."。

●宿泊先は到着日に泊まるホテル名を答えればよい。

●訪問先を尋ねられる場合がある。旅程表などを提示して、説明するといい。

●所持金については、長期旅行や周遊する都市が多い場合に尋ねられることもある。現金、クレジットカードなどの所有の有無を正直に答えておこう。

入国審査は簡単な英語だが、どうしてもわからないときは通訳Interpreter（インタープリター）を頼もう。

18歳未満のアメリカ入国時の注意→P.300側注

ガイドブック発行後もこちらで最新情報を更新中！
●海外再出発！　ガイドブック更新&最新情報サイト
URL www.arukikata.co.jp/travel-support/

空港で荷物が出てこなかったら→P.321

ラスベガスのハリー・リード国際空港から中心部へ→P.36

市内へのアクセスには、タクシー、配車サービス（Uberなど）空港シャトルバン、レンタカーなどがある。レンタカー営業所やホテルへの送迎バスは、ターミナル1・3の空港到着階のバゲージクレームを出た所（→P.34）、路線バスは、ルートにより発着のターミナルが異なる（→P.36）ので確認を。通常、ターミナル外の"Ground Transportation"と示されたエリアから運行している。

↘160Wh）はひとり2個までなら機内持ち込み手荷物として持ち込むことができる。ただし、預け入れる荷物に入れることは禁止。そのほか、アルカリ電池については機内持ち込み手荷物、および機内預けの荷物に入れることは可能。

アメリカ入国に必要な書類

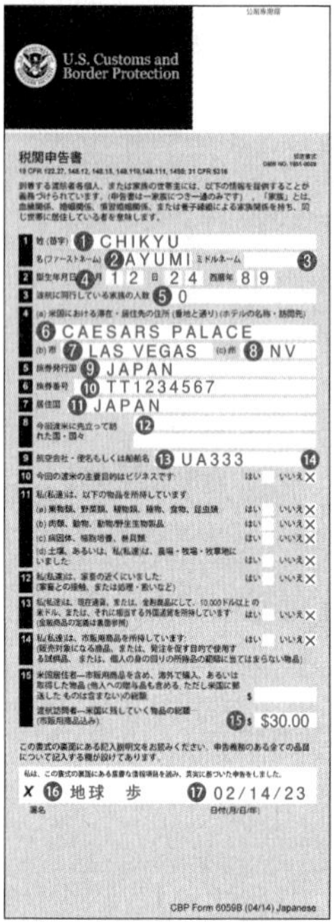

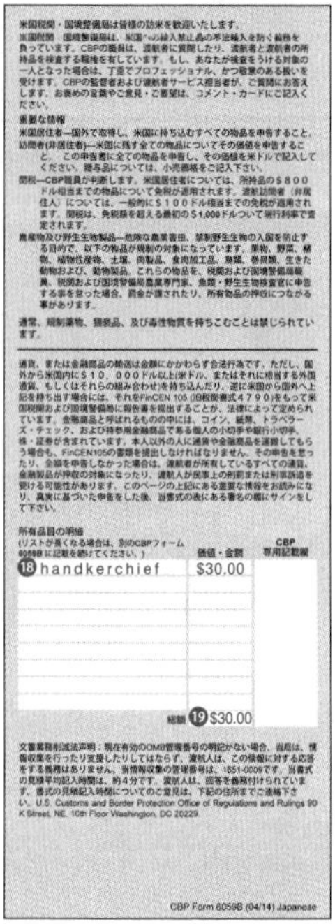

税関申告書

❶ 姓
❷ 名
❸ ミドルネーム
❹ 生年月日（月／日／年：西暦の下２桁）
❺ 同行している家族の人数
❻ 滞在先（ホテル）の名称
❼ 滞在先（ホテル）の市
❽ 滞在先（ホテル）の州
❾ パスポート発行国
❿ パスポート番号
⓫ 居住国
⓬ アメリカ到着前に訪問した国。なければ無記入
⓭ アメリカに乗り入れた便名
⓮ 該当するものがない場合は「いいえ」をチェック
⓯ アメリカ居住者へのおみやげなど米国に残すものの金額（私物は含まない）
⓰ パスポートと同じサイン
⓱ アメリカ到着日（月／日／年：西暦の下２桁）
⓲ 課税対象がある場合は、品目と金額を書き込む
⓳ その合計金額

アメリカ出国前に

Visit Japan Webに登録

「Visit Japan Web」は、日本帰国時の「検疫」、「入国審査」、「税関申告（携帯品・別送品申告書）」の手続きをスムーズに行うことのできるアプリ。ウェブサイト、またはQRコードから「Visit Japan Web」のアプリをスマートフォンにダウンロードし、できる限り帰国前日までに登録を済ませたい。登録は2週間前から可能だ。

登録に必要なものはパスポートとワクチン接種証明（ワクチンメーカー名が必要）。①アカウントを作成（メールアドレス、パスワード）し、②本人情報（氏名、生年月日、旅券番号などのパスポート情報、日本での連絡先）、③入国・帰国の予定（日本到着日、搭乗機名など）、④税関申告の準備（職業、出発地、同伴家族の人数〈同伴者がいなければ「0」〉、持ち込み禁止物や肉類、別送品など1〜8までの質問に正しく答える）などを入力、またはプルダウンメニューから登録する。④の前に検疫の画面が出るが後日登録することも可能。

検疫手続きの事前登録は少し手間がかかるので、時間に余裕をもって。最初の画面は赤くなっているがこれは登録前の意味。①パスポートの登録（スマホで撮影しアップロード）。読み取りが完了すると「読み取り完了のメール」が送られてくる。②アプリから登録手続きの質問票WEBを登録（個人や帰国便の情報、過去14日以内に滞在した国、州、発熱やせきなどの症状のある人又は患者と接触、体調の異状、異常がある場合の症状など）、回答確認が終わるとQRコードが表示される。次は「ワクチン接種証明書」の登録を。ワクチン接種の有無、ワ

Visit Japan Web
[URL] www.vjw.digital.go.jp
　Visit Japan Webを終えれば、日本入国時の「携帯品・別送品申告書」の記入は不要。

クチンメーカーや3回目の接種日を入力し、ワクチン接種証明書のアップロード（すでにスマホに入っている場合はBrowseを選択、なければスマフォで撮影、アップロード）。入力項目の確認後登録すると審査結果がメールで通知される。審査が通ると「検疫手続き事前登録」の画面が青となり、QRコードが表示される。これで検疫の準備はOK。（2022年11月現在）

アメリカを出国する

❶空港へ向かう

　ホテルから空港への交通手段で、最も一般的なのはタクシーやUberなどの配車サービス。タクシーは、ストリップのホテルならだいたい正面玄関（メインエントランス）の車寄せのタクシー乗り場から乗車できる。Uberは乗り場がわかりづらいからホテルで確認を。またホテルによっては車寄せがない場合や時間帯によって待機するタクシーがいないこともある。フロントで早めの手配を頼んでおこう。

　乗り合いの空港シャトルの場合、往復でチケットを購入した人は決められた予約可能時間帯までに電話予約を済ませ、ホテルのどこで待機すればいいか確認のうえ、指定の場所で迎えを待つように。

　また、ダウンタウンから路線バス（#108とCX→P.37）で空港へ行く場合は、始発から終バスまで約1時間に1本の割合の運行しかない。注意したい。

　ハリー・リード国際空港は、航空会社によってターミナルが違う。タクシーやUber、空港シャトルならドライバーに乗客の利用する航空会社を尋ねられ、そのターミナルで降ろしてもらえる。なお、路線バス（→P.37）はバスによって停車するターミナルが異なるので要確認。場合により、トラムやターミナル間の連絡バスで移動することとなる。

❷チェックイン（搭乗手続き）

　2023年1月現在、アメリカでは出国審査官がいるゲートで出国スタンプを押してもらうプロセスがない（手荷物検査前に搭乗券とパスポートチェックはある）。eチケットでチェックイン後、利用航空会社のカウンターでパスポートを提示して荷物を預ける。機内預け入れ荷物のクレームタグと搭乗券、パスポートを持って手荷物検査とX線検査を通って搭乗ゲートに向かおう。

離発着モニターを見て、自分のフライトを確認しよう

日本に入国する

　飛行機が到着後、Visit Japan Webで青色の人は検疫カウンターでQRコードを提示すればいいので、QRコードの表示を準備しておこう。次の入国も、日本人であれば顔認証ゲートでパスポートのスキャン、ハーフミラーに顔を向ければよい。次に、海外から動植物を持ち込む人は、検疫を受ける必要がある。

　バゲージクレーム・エリアのターンテーブルで機内預けの荷物を受け取ったら、税関のカウンターへ進む。Visit Japan Webの税関申告のQRコードを提示し、通過すればよい。忘れた人はここで「税関申告書（携帯品・別送品申告書）」を記入し、カウンターで提出する。

タクシー、配車サービス、空港シャトル
→P.36

セールスタックスの免税について
　本誌掲載の州（ネバダ、アリゾナ、ユタ、カリフォルニア）では、外国人旅行者への税金還付制度はない。

ラスベガス・ハリー・リード国際空港→P.34
　現在、アメリカ国内の空港のセキュリティが非常に厳しく、時間がかかる。ラスベガスの場合、時間帯によってはとても混雑するので国内線でも最低2時間前までには空港に着くようにしよう。

アメリカン、デルタ、ユナイテッド、ハワイアンはDゲートへ

ターミナル間の移動は無料のトラムで

検疫について
　ほとんどの植物や動物は、日本への持ち込みにあたり検疫を受ける必要がある。2017年11月からは、バターやチーズなどの乳製品も対象となっている。
URL www.maff.go.jp/aqs

携帯品・別送品申告書記入例

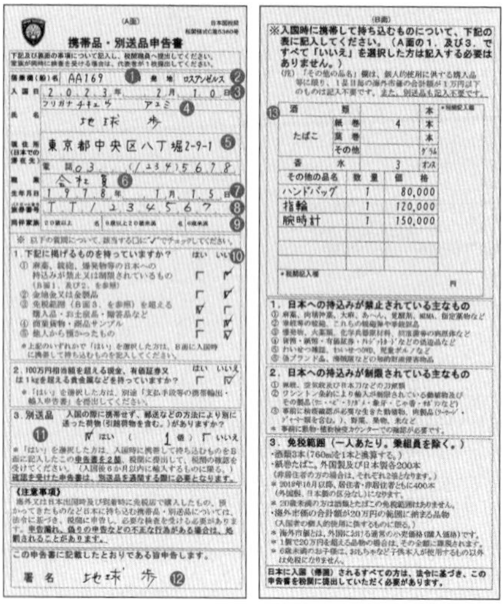

(A面)

❶航空会社(アルファベット2字の略号)と便名
❷出発地
❸入国日
❹氏名
❺住所と電話番号
❻職業
❼生年月日
❽パスポート番号
❾同伴の家族がある場合の内訳
❿質問の回答欄にチェック
⓫別送品がある場合は「はい」にチェック、個数を記入
⓬署名

(B面)

⓭日本入国時に携帯して持ち込むものを記入(A面の1と3のいずれかに「はい」とチェックした場合のみ)

携帯品・別送品申告書について

2022年12月現在、日本に入国(帰国)するすべての人は、Visit Japan Webの「税関申告」での登録を済ませるか、「携帯品・別送品申告書」を1通提出することになっている。海外から別送品を送った場合は2通提出し、このうちの1通に税関が確認印を押して返してくれる。なお、この申告書は、別送品を受け取る際の税関手続きで必要になる。帰国後に別送品の申告はできないので注意を。申請用紙は機内で配られるが、バゲージクレーム·エリアなど税関を通過する前に用意されている。もし、別送品の申請をしなかったり、確認印入りの申請書をなくした場合は、一般の貿易貨物と同様の輸入手続きが必要になるので要注意。

海外から日本への持ち込み規制と免税範囲

日本への持ち込みが規制されているものは下記のとおり。海外で購入する際に問題ないと言われても、税関で規制対象品と判明した時点で所有を放棄する、自己負担で現地に送り返す、輸入許可が下りるまで有料で保管されるなどの処置がなされる。

日本へ持ち込んではいけないもの

- 麻薬、覚せい剤、大麻、MDMAなどの不正薬物
- けん銃などの銃砲、これらの銃砲弾、けん銃部品
- わいせつ雑誌、わいせつDVD、児童ポルノなど
- 偽ブランド品、海賊版などの知的財産を侵害するもの
- ワシントン条約に基づき、規制の対象になっている動植物、それらを加工した製品も規制の対象
- ソーセージ、ビーフジャーキーなどの牛肉加工品。免税店で販売されているもの、検疫済みシールが添付されているものでも不可

▶輸出入禁止・規制品について

詳細は税関のホームページを参照。[URL]www.customs.go.jp

日本入国時の免税範囲(成年者ひとり当たり)

2022年12月現在

	品目		数量または価格	備考
1	酒類		3本	1本760mℓ程度のもの
2	たばこ	葉巻たばこ	50本(ただし、ほかのたばこがない場合)	加熱式たばこのみの場合は、個装など10個 ※1箱当たりの数量は、紙巻きタバコ20本に相当する量
		紙巻きたばこ	200本(ただし、ほかのたばこがない場合)	
		その他のたばこ	250g(ただし、ほかのたばこがない場合)	
3	香水		2オンス	1オンスは約28mℓ
4	品名が上記1~3以外であるもの		20万円(海外市場の合計額)	合計額が20万円を超える場合は、超えた額に課税。ただし、1個20万円を超える品物は、全額に課税される

未成年者の酒類、たばこの持ち込みは範囲内でも免税にならない。
6歳未満の子供は、おもちゃなど明らかに子供本人の使用と認められるもの以外は免税にならない。
※免税範囲についての詳細は税関[URL]www.customs.go.jp

読者の声 **車の運転はスピード超過に注意**▶アメリカは速度規制が厳しい。連続カーブ、市街地など、場所に応じて事細かく速度が指示されているので、うっかり標識を見落としてしまいがち。信号もない ↗

旅の技術

★ レンタカー

　街が車での移動を基本に造られているので、どこに行くにも車の有用性を実感するはず。交通法規やルールの違う日本からの旅行者は不安に思うかもしれないが、車で移動することによって生じるメリットは数えきれないほどある。

走り出す前に

国外（国際）運転免許証の取得

　アメリカでドライブをするために、日本から用意していかなければならないもののひとつが国外（国際）運転免許証だ。各レンタカー会社では、国外（国際）運転免許証と同じ効力がある日本の免許証の翻訳サービスを有料で行っている。なお、アメリカでは国外運転免許証や免許の翻訳書だけでは運転免許証としての効力がないので、必ず日本国内の運転免許証も持っていくこと。

ドライブの心構え

　運転の基本はどこでも同じ「安全」。しかし、その安全を実現するための交通法規は、アメリカと日本では少し異なる。日本とは異なる交通法規を覚えておきたい。

　アメリカは日本とは反対の右側通行。最初は不安で戸惑うかもしれないが、意外にすぐ慣れてしまう。速度がマイル表示なので、慣れないうちはキロメートルと錯覚し、スピードを出し過ぎてしまう場合があるので要注意。

　また、アメリカならではの交通法規が、赤信号での右折。いったん停止し、他の車や歩行者などの動きを見て、安全が確認できたときのみ赤信号でも右折できる。しかし、"NO TURN ON RED" の標識がある場合、信号が青になるまで右折はできない。

レンタカー会社と日本からの予約

　大手にはハーツHertz、アラモAlamo、エイビスAvis、バジェットBudget、ダラーDollar、スリフティThriftyなどがある。全米各地に営業所があり、所有台数も多く車種も豊富。整備の面でも信頼がおける。いずれも日本に支社や代理店があり、日本で予約できる。

▶年齢制限

　大手レンタカー会社では貸し出しに年齢制限を設け、25歳以上としているところが多い。予約の際には必ず確認が必要。

日本で予約する特別プラン

　日本に支社や代理店をもつ大手レンタカー会社は、日本から予約することによって通常料金よりも割安になる特別料金や、保険もセットにした日本払いのクーポンを発売したりしている。取り扱いのプランは、各社特徴が異なるので、条件を比較したうえで決めるとよい。

予約の際に決めておく項目

　借り出し（ピックアップ）、返却（リターン）の日時、場所と車種、追加オプション、運転者を決めておこう。

レンタカーセンター

　ハリー・リード国際空港では、空港外にレンタカーセンター（→P.37）がある。ターミナル1はバゲージクレームを出てドア10と11付近のRental Car Shuttle乗り場、ターミナル3はバゲージクレームからWestドア51〜54、Eastドア55〜58付近のRental Car Shuttle乗り場から、レンタカーセンター行きのシャトルバスに乗ること。

返却もラクラク

日本に支社、代理店のあるレンタカー会社

ハーツ　Hertz
ハーツレンタカー予約センター
無料 0800-1406
URL www.hertz.com
アメリカ Free (1-800)654-4174

アラモ　Alamo
アラモレンタカー
無料 0120-088-980
URL www.alamo.jp
アメリカ Free (1-844)354-6962

エイビス　Avis
エイビスレンタカー日本総代理店
（株）ジェイバ
無料 0120-31-1911
URL one.avisworld.com

バジェット　Budget
バジェットレンタカー
URL www.budgetjapan.jp
※問い合わせはサイトから

ダラー　Dollar
ダラーレンタカー予約センター
無料 0800-999-2008
URL www.dollar.co.jp

その他のレンタカー会社
エンタープライズEnterprise
URL www.enterprise.com
アメリカ Free (1-800)266-9289

スリフティ Thrifty
URL www.thrifty.jp
アメリカ Free (1-800)847-4389

╲一本道で前後に車がいないと飛ばしたくなるが、日本の感覚で20キロオーバーなどしていると、あっという間に捕まってしまう。自分を追い越した車がその先で捕まっているのを何度も見た。　（東京都　Joe　'16）['23]

311

任意保険の種類

LDW（またはCDW）は車両損害補償制度のこと。借り手はレンタル中の車自体の盗難、衝突、破損などで生じた損害のすべてを支払わなければならない。これがすべて免除される保険。

PAIは搭乗者傷害保険のこと。運転者も含め、車に搭乗している者全員を対象としレンタカーの事故により負傷したときに適用される損害保険。

PAE/PEPは携行品の損害にかかる保険。レンタカー利用中に携行品（現金などは含まない）に発生した事故（盗難、破損）についての補償。

SLI（またはLIS）はレンタル契約時に、自動的に加入となる対人対物保険の補償をアップする追加自動車損害賠償保険のこと。

借り出し、返却の日時は、「7月23日の午前10時頃」という決め方。場所については、「ラスベガス・ハリー・リード国際空港の営業所」など、営業所を特定する。

車種はおもに大きさを基準にして、いくつかのクラスに分類されている。クラスの名称は各社異なるが、一般的には小型車、中型車、大型車があり、それに4WD、コンバーチブル、バンなどの車が加わる。

レンタカーを借りる手続きと返却手続き

現地の営業所で車をピックアップ

レンタカーを借りることをピックアップ、返却することをリターンという。営業所のカウンターで予約確認証、国外（国際）運転免許証、日本の運転免許証、クレジットカード、クーポン（eチケット）で支払う場合はクーポンを差し出す。クーポンで支払う場合でも、任意保険や保証金のためにクレジットカードの提示が必要になる。ここで係員により任意保険（→側注）、ガソリンの前払いオプション、車両のアップグレードなどをすすめてくる。任意保険は必要なものだけ、オプションやアップグレードについても追加料金の額が発生するので、同意のうえで契約する際は必ず車種と追加料金を確認すること。必要ない場合は「NO」とはっきり伝える。最後に契約書にサインをする。契約書の条件を守る義務を生じさせるものなので、**保険、オプション、車種などの契約内容を書面上で十分に確認したうえでサインをするように**。契約書にサインしたら手続きは終了。キーと一緒に、車の停めてあるスペースの番号が告げられる。

車をリターン

各レンタカー会社の営業所が "Car Return" のサインを出している。営業所内でも "Car Return" のサインが出ているので、これに従って進む。車を停めたら、カウンターに向かうか、チェックイン専門の係員が近くにいるので、契約書の控えと記入済みの契約書ホルダーを出して精算する。支払いが終わったら、契約書の控えと領収書を受け取って手続き終了。

なお、車のキーは、多くの営業所では "Leave keys in car" というサインがあるので、ドアはロックせず、キーはイグニッションに差したままにする。小さな営業所の場合、ドアをロックして、キーは書類とともにカウンターまで持っていくところもある。

空港へはレンタカー会社の送迎バスで向かう。ラスベガスの場合、レンタカーセンター（→P.37）から無料バスが運行している。

給油について

セルフサービスのガスステーションが主流。支払い方法はふたとおりあり、ポンプに "Please Pay First" と記してある場合は先払い。特に記されていない場合は後払いになる。いちばんスタンダードな給油は、併設の売店にあるキャッシャーで先払いする方法。"何番のポンプを使って、いくら分のガソリン（レギュラー、ハイオクなどの種類を伝える）を給油する" ことを店員に伝え、現金、またはクレジットカードで支払う。後払いの場合は、給油後にキャッシャーで支払う。

お役立ち情報 **ガソリンの種類**▶日本でいうレギュラーは、アメリカでも「Regular」だが、ハイオクは「Premium」「Plus」「Super」などさまざま。ちなみに軽油は「Diesel」。

旅の技術

チップとマナー

アメリカは、異なる慣習をもつ人々が暮らす多民族国家。これさえ守れば大丈夫！といった絶対的な決まりごとはないが、最低限守りたい慣習やマナーだけはおさえておきたい。「郷に入れば郷に従え」、気持ちよいマナーを心がけて楽しい旅を！

チップについて

アメリカではサービスを受けたらチップを渡す習慣がある。一般的に、どのレストランでも請求書の売上金額の18〜25％をチップとしてテーブルに置いておく。グループだと合計金額も高くなるが、人数や時間に関係なく、合計額の18〜25％が基本だ。なお、小額の消費をしたときでも$1以上のチップを手渡したい。

▶レストランでのチップの支払い方

ウエーター、ウエートレスへのチップは支払い後、会計伝票を載せてきたトレイに置く。クレジットカードでの支払いでもチップを含めて決済できる（記入例は下記を参照）。チップは売上合計金額に対しての18〜25％程度とし、タックス分は対象にしなくていい。

会計伝票記入例

─ 税金（8.25％の場合）
─ 売上料金（飲食代）

Services		
	40	00
Taxes		
	3	30
Tip/Gratuity		
	8	00
Total		
	51	30

─ 合計売上
─ チップ（売上料金に対して15％、端数は切り上げる）

チップ換算早見表

料金($)	18%		20%	
	チップ	合計額	チップ	合計額
5	0.90	5.90	1.00	6.00
10	1.80	11.80	2.00	12.00
15	2.70	17.70	3.00	18.00
20	3.60	23.60	4.00	24.00
25	4.50	29.50	5.00	30.00
30	5.40	35.40	6.00	36.00
35	6.30	41.30	7.00	42.00
40	7.20	47.20	8.00	48.00
45	8.10	53.10	9.00	54.00
50	9.00	59.00	10.00	60.00

チップの計算法
①料金の端数を切り下げる（または切り上げ）
例）$35.21 → $35.00
②チップが18％なら、× 0.18
$35.00 × 0.18 = $6.30
③20％なら10分の1にして2倍に
$3.50 × 2 = $7
④チップの相当額は18〜25％（$6.30〜8.75）の範囲。通常チップの目安は18％なので中間の数字が相場だ。それぞれのサービスに見合った額を決めればよい

マナーについて

▶飲酒と喫煙

ネバダ、アリゾナ、ユタ州では21歳未満の飲酒と、屋外での飲酒は法律で禁じられている。リカーストア（酒屋）、ライブハウス、クラブなどでは、入場時やアルコール購入の際にID（身分証明書）の提示を求められることもある。特に注意してほしいのが、公園やビーチ、公道での飲酒。野外でアルコールが飲めるのは、レストランやアリーナなど決まった場所だけだ。ただし、ラスベガスのストリップやダウンタウンのフリーモントストリート・エクスペリエンスでの飲酒は許可されている。

たばこを取り巻く環境となると、さらに厳しい。食事を出さないバー、カジノフロア、喫煙可能なホテルの客室以外の喫煙は禁止されている。日本にいるときと同じ感覚で、場所をわきまえず吸ったり、歩きながら吸ったりすることは慎むように。

チップの目安

●ポーターへ
ホテルの玄関からロビーまで荷物を運ぶドアマンと、ロビーから部屋まで荷物を運ぶポーターにそれぞれ渡す。荷物ひとつにつき$2〜3が目安。

●ホテルメイドへ
ベッド1台につき$2〜3。

●タクシーで
タクシーなどの場合はチップを単体で手渡すのではなく、メーターの表示額に自分でチップを加えて支払うことになる。メーター料金の15〜20％とされるが、気持ちよくドライブできたら多めにチップを弾んでもいい。細かい端数は切り上げて支払うのが一般的だ。

●ルームサービスで
ルームサービスを頼んだ場合、まず伝票を見る。サービス料金が記入されていればチップは不要。サービス料金が加算されていなければ伝票にチップの金額を書き、さらに合計金額を書く。現金でもOK。メッセージや届け物などは$1〜2。

●ツアーで
ガイドチップはツアー代金の15〜20％が目安。

心がけたいマナー

●あいさつ
道を歩いていて人に触れたら"Excuse me."。もし、ひどくぶつかってしまったり、足を踏んでしまったら"I'm sorry."。人混みのなかで先に進みたいときも"Excuse me."だ。無言はたいへん失礼になる。お店に入って、店員に"Hi!"と声をかけられたら、"Hi."または"Hello."などと言葉を返そう。

歩行喫煙はNG
日本ではいまだに目にする歩行喫煙。絶対にやめてほしい行為だ。

子供連れの場合
レストランや公共の場などで子供が騒いだら、落ち着くまで外に出ていること。また、ホテル室内や車の中に子供だけを置き去りにしたり、子供をしつけのつもりでたたいたりすると、警察に通報されるので要注意。

お役立ち情報 **列の並び方**▶キャッシャーやATM、トイレなどで並ぶときは、1列に並んで空いたら先頭の人から入っていくという、フォーク形の並び方が定着している。

電 話

　旅先から日本へ国際電話で連絡を取らなければならない状況は誰でも起こりうる。ここでは、アメリカ国内外への電話のかけ方をケース別に説明している。近年は、SIMフリーや海外専用Wi-Fiモバイルルーターなどの普及により、日本で使用している携帯電話を、そのまま海外で使用するケースも増えてきている。設定方法などは事前に確認しておこう。

アメリカ国内の公衆電話のかけ方

アルファベットの電話番号
　アメリカの電話機には、数字とともにアルファベットが書き込まれている。これによって数字の代わりに単語で電話番号を記憶できる。
ABC→2　　　DEF→3
GHI→4　　　JKL→5
MNO→6　　　PQRS→7
TUV→8　　　WXYZ→9

トールフリーとは
　トールフリーはアメリカ国内通話料無料の電話番号。(1-800)、(1-888)、(1-877)、(1-866)、(1-855)、(1-844)、(1-833)で始まる。なお、日本からかける場合は有料となるので要注意。
　アメリカ国内で携帯電話から利用する場合も、通話料がかかる。

市内通話 Local Call
　同じ市外局番（エリアコード）内の市内通話の場合、最低通話料金は50¢が一般的だ。受話器を持ち上げ、コインを入れ番号を押す。投入した金額では不足の場合、オペレーターの声で "50 cents, please." などと指示があるので、その額のコインを投入する。
※ラスベガスでは市内通話でも、市外局番、相手先電話番号の10ケタをダイヤルする。ラスベガスの市外局番は「702」「725」がある。

市外通話 Long Distance Call
　最初に1をダイヤルしてから、市外局番、相手先番号と続ける。オペレーターが "Please deposit one dollar and 80 cents for the first one minute." などと料金を言うので、それに従いコインを入れる。指定額が入ると回線がつながる。公衆電話からかける長距離通話は意外に高いので、プリペイドカード（→下記）を使うのが一般的。

プリペイドカード
　日本のテレホンカードのように直接電話機に挿入して使うシステムではなく、カードに記された各カード固有の番号をダイヤル入力することによって、通話ができるというもの。利用方法は、まず専用のアクセス番号（カードに表記されている）をプッシュ。操作案内があるので、それに従って自分のカード番号、相手先電話番号をプッシュしていけばよい。プリペイドカードは日本やアメリカの空港、ドラッグストアのレジなどで販売されている。アメリカ国内でも日本へも、購入金額に達するまで通話できる。

アメリカから日本へ電話をかける場合　　例：(03)1234-5678 へかける場合※1

011 国際電話識別番号	+	**81** 日本の国番号	+	**3** 市外局番の最初の0を取る※2	+	**1234-5678** 相手先の電話番号

※1：公衆電話から日本にかける場合は上記のとおり。ホテルの部屋からは、外線につながる番号を頭に付ける。
※2：携帯電話などへかける場合も、[090][080][070] などの最初の0を除く。

日本からアメリカへ電話をかける場合　　例：(702)444-5555 へかける場合

0033(NTTコミュニケーションズ) **0061**(ソフトバンク) 事業者識別番号（携帯電話の場合は不要）	+	**010** 国際電話識別番号 ※	+	**1** アメリカの国番号	+	**702** 市外局番（エリアコード）	+	**444-5555** 相手先の番号

※携帯電話の場合は010のかわりに「0」を長押しして「+」を表示させると、国番号からかけられる
※NTTドコモ（携帯電話）は事前にWORLD CALLの登録が必要

ホテルの部屋から電話をかける

まず外線発信番号（多くの場合8または9）を最初に押す。あとは通常のかけ方と同じだ。ただし、ホテルの部屋からの通話にはサービスチャージが加算される。トールフリー（無料電話 Free）の番号でも、チャージするところが多い。また、市外通話や国際通話をかける際、たとえ相手が電話に出なくても、一定時間（あるいは回数）以上呼び出し続けていると、それだけで手数料がかかるケースもあるので注意。

アメリカから日本への国際電話のかけ方

ダイヤル直通

自分で料金を払う最も基本的なもの。オペレーターを通さずに直接、日本の相手先の電話番号とつながる。国際通話の場合はプリペイドカード（→P.314）を使うのが一般的。

日本語オペレーターによるサービス（コレクトコール）

オペレーターを介して通話するもので、料金は日本払いコレクトコールのみ。料金は高いが、すべて日本語で事足りるので安心。

国際クレジットカード通話

側注のアクセス番号を入力し、日本語アナウンスに従ってクレジットカード番号、暗証番号、日本の電話番号をダイヤルする。支払いは自分のクレジットカードからの引き落としになる。

**日本語オペレーターによる
サービス（コレクトコール）
サービスアクセス番号**
●KDDI
（ジャパンダイレクト）
Free（1-877）533-0051

日本での国際電話に関する問い合わせ先

▶**日本での国際電話に関する問い合わせ先**

KDDI	無料	局番なしの0057
	URL	www.kddi.com
NTTコミュニケーションズ	無料	0120-506506
	URL	www.ntt.com
ソフトバンク（国際電話サービス）	無料	0120-0088-82
	URL	tm.softbank.jp/consumer/0061_intphone
au	無料	0077-7-111
	URL	www.au.com
NTTドコモ	無料	0120-800-000
	URL	www.docomo.ne.jp/service/world/worldcall/
ソフトバンク（モバイルサービス）	無料	0800-919-0157
	URL	www.softbank.jp/mobile/service/global

▶**携帯電話を紛失した際の、アメリカからの連絡先（利用停止の手続き。全社24時間対応）**

au	☎	（011）+81+3+6670-6944　※1
NTTドコモ	☎	（011）+81+3+6832-6600　※2
ソフトバンク	☎	（011）+81+92+687-0025　※3

※1　auの携帯から無料、一般電話からは有料
※2　NTTドコモの携帯から無料、一般電話からは有料
※3　ソフトバンクの携帯から無料、一般電話からは有料

郵 便

世界中がデジタル化し、送信ボタンひとつで用件を伝えられる世の中になった。最後に直筆で手紙を書いたのはいつだっただろうかと思う人も多いはず。日記の代わりに自分宛のはがきを書くのもいい。家族や友達に、旅行中の感動を伝えよう。

アメリカの郵便ポスト
街なかに設置されている郵便ポストは青色(→P.11「郵便」の画像を参照)。普通郵便は「First Class Mail」と書かれたポストに投函する。

切手の購入
切手は郵便局の窓口かUS Mailのマークのある販売機であれば、額面どおりの額で買えるが、おみやげ店やホテルなどにある小さな販売機は割高だ。もし、どうしても見当たらなかったらホテルで尋ねてみるのもいい。

別送品の配送サービスを行っている宅配業者
●ヤマト運輸(国際宅急便)
YAMATO TRANSPORT U.S.A., INC.
URL www.yamatoamerica.com
●日本通運(ドアツードア国際輸送サービス)
URL www.nittsu.co.jp/sky/express

旅の便り、重い荷物は郵便を活用

アメリカから日本への所要日数は、エアメールでだいたい1週間前後。料金は普通サイズのはがき、封書とも$1.45が基本となっている。かさばる書籍類やおみやげなどの荷物は、郵便で日本に送ってしまえばあとが楽。大きな郵便局ならクッション入りの大型封筒、郵送用の箱なども売っている。

送る方法は航空便Air Mailのみ。配達にかかる日数によって数種類あり、いちばん安いFirst-Class International Mailで4〜14日。宛先住所は日本語で書いてかまわないが(ただし、都道府県名と国名、例えば"TOKYO, JAPAN"は英語で)、差出人の住所氏名は自分のものを英語で書く。印刷物を送る場合はそれを示すPrinted Matter、書籍の場合はBookの表示も書き加える(この場合、中に手紙は入れないこと)。

国際小包の税関申告書の記入の一例

まず、"From"の欄。"差出人"だから自分の名前を記入する。住所は、アメリカ在住者ならばアメリカの住所を、日本から旅行中であれば日本の住所を英語で記入すればいい。"To"は受取人を英語で記入。自分宛なら上の"From"欄と同じことを書けばいい。

右側の欄は、記載の宛先へ配達できない場合、荷物をどうするかを記入する欄。差出人に送り戻すなら"Return to sender"、別の宛先に送るなら"Redirect to Address Below :"にチェックし、宛先を記入。廃棄は"Treat as Abandon"にチェックする。

下段は内容物について記入。"QTY"は数量、"VALUE"はその価値(おおよそでよい)をアメリカドルで記入。

上記のほかにも申告書は数種類あり、記入事項も多少異なる。

日本への郵便料金

(2023年2月現在)

Air Mail (First-Class International Mail) 航空便	
封書 Letter	1オンス(28g)$1.45、0.5〜1オンスごとに$1.25〜1.26を加算。 最大重量3.5オンス(約99g)$5.22
はがき Post Card	$1.45
書籍・印刷物 (Printed Matter) エム・バッグ M-bags	11ポンド(約5kg)まで$87.89、1ポンドごとに$7.99加算。 最大重量66ポンド(約30kg)
定額封書 Flat-Rate Envelope	24 x 31.8cmの封筒に入るだけ$44.80。 最大重量4ポンド(約1.8kg)
定額小包 Flat-Rate Box : Large	30.5×30.5×14cmの箱に入るだけ$121.30。 最大重量20ポンド(約9kg)
小包 Parcel	1ポンド(453.6g)まで$61.25〜66ポンドまで1ポンドごとに$4.25〜4.30を加算。 最大重量66ポンド(約30kg)$338.95

M-bagsという郵送方法は、大きな袋に無造作に荷物を入れられ、紛失や破損に対して何の補償もされない方法。
※小包、定額封書、定額小包はPriority Mail(配達に6〜10日要する)を利用した場合。

旅の技術

✦ インターネット

インターネットの便利さは、容易に情報が入手でき、情報発信できること。自分のパソコンやスマートフォンさえあれば、移動中のバスや列車内、ホテルの部屋、カフェなどでいつでも接続できる。メールの送受信をはじめ、ウェブサイトでの事前搭乗手続きなど、旅先での行動範囲が確実に広がる。

ホテルのインターネット環境

現在、アメリカのホテルやモーテルなどの宿泊施設は、ほとんどWi-Fiが通っている。近年のアメリカのホテルの傾向として、設備料金Facility Feeやアメニティ料金Amenity Fee、旅行先料金Destination Feeと称し、宿泊料金とは別の追加料金を徴収し、そのなかにWi-Fiの料金が含まれることが多い。特に、高級ホテルはその傾向が顕著で、ラスベガスの場合はリゾート料金Resort Feeがその役割を果たしている。予約の際には確認しておこう。

ラスベガスでは必ずしも当てはまらないが、一般的なホテルでは客室のWi-Fiが有料でも、ロビーやレストランなどのパブリックエリアはたいてい無料。節約のためか、ロビーやレストランでネットサーフィンする宿泊客を見受けることもしばしばだ。ホテルによっては宿泊客用に、ロビーにパソコンとプリンターを設置して、ビジネスセンターとしているところもある。もちろん、使用料は無料。

料金の支払いは、ホテルのチェックアウト時に請求されるので、明細をしっかりチェックしておくこと。ラスベガスのカジノホテルやリゾートホテルでは、「リゾート料金Resort Fee」に宿泊料金とは別に駐車場代やフィットネスセンターの使用料も含まれている。1泊当たり$20～50くらいかかるので、予約時にも注意したい。

インターネットができる場所

アメリカ人が、街なかでスマートフォンやタブレット端末を使うときは、個人で契約した4Gや5G回線で接続していることが多い。街なかでじっくりインターネットを使用したい場合は、フェデックスFedExが便利。有料でパソコンの時間貸しをしており、日本語でウェブサイトやメールを見られる（ただし、日本語のメールは送信不可）。また、多くの空港ターミナル内は無料Wi-Fiが整備されている。

無料のWi-Fi（ワイファイ）スポット

ラスベガスで無料のWi-Fiの場所はハリー・リード国際空港。ホテルによってはロビーで利用できる。このほか、一部のショッピングモール、リンク・プロムナード（→P.56）、ダウンタウン一帯（→P.72）、マクドナルドなどのファストフード店、スターバックス・コーヒーなどのカフェでも利用できる場合が多い。無料Wi-Fiスポットは、店の出入口などに「Free Wi-Fi」のステッカーが貼ってあるのが目印。アメリカの主要都市の無料Wi-Fiスポットを検索できるウェブサイト（→脚注）もある。なお、海外用のモバイルWi-Fiルーターのレンタルサービス（有料）を利用すると、場所を問わずインターネットに接続できて便利だ。

パソコンの保管

パソコンは、客室備え付けのセーフティボックス（暗証番号式のキーロック）に必ず保管しよう。ない場合はフロントに預けるか、スーツケースに入れて施錠し、さらにクローゼットに収納するなど、できるだけ目立たないように工夫をすること。

スマートフォンのインターネット利用に注意

アメリカで、スマートフォンをインターネットの海外ローミングで利用した場合、高額となるケースがある。通話料が安いとされているIP電話も、インターネット回線を使うので、同様の注意が必要だ。日本を出発する前に、どのような設定にするのかを必ず確認しておくこと!!

インターネットを使うには

「地球の歩き方」ホームページでは、アメリカでのスマートフォンなどの利用にあたって、各携帯電話会社の「パケット定額」や海外用モバイルWi-Fiルーターのレンタルなどの情報をまとめた特集ページを公開中。
URL www.arukikata.co.jp/web/article/item/3000211

FedEx

Map P.30-A3
住 3708 Las Vegas Blvd. S.（コスモポリタン・オブ・ラスベガス内）
URL local.fedex.com/en-us/nv/las-vegas/office-5526
時間 月～金7:00～18:00、土・日8:00～16:00

SIMカードも利用価値大

持っている携帯電話の端末がSIMフリーなら、日本で購入できるグローバルSIMカードや現地のプリペイドSIMカードを使うのもおすすめ。決められた容量までならインターネットがどこでも使えるうえ、現地で使える電話番号が与えられるので、UberやLyftなどのライドシェアリングサービスを使う際にも便利。ただし、SIMカードを購入する時間がない、SIMカードを交換しても設定がわからないという人は、日本の空港などで海外用モバイルWi-Fiルーターをレンタルしていくとよい。

日本とアメリカのサイズ比較表

●身長
※小数点第1位未満四捨五入

フィート／インチ(ft,in)	4'8"	4'10"	5'0"	5'2"	5'4"	5'6"	5'8"	5'10"	6'0"	6'2"	6'4"	6'6"
センチメートル(cm)	142.2	147.3	152.4	157.5	162.6	167.6	172.7	177.8	182.9	188.0	193.0	198.1

●体重
※小数点第1位未満四捨五入

ポンド(lbs)	80	90	100	110	120	130	140	150	160	170	180	190	200
キログラム(kg)	36.3	40.9	45.4	50.0	54.5	59.0	63.6	68.1	72.6	77.2	81.7	86.3	90.8

●メンズサイズ

サイズ	Small		Medium		Large		X-Large	
首回り(inches)	14	14½	15	15½	16	16½	17	17½
首回り(cm)	35.5	37	38	39	40.5	42	43	44.5
胸囲(inches)	34	36	38	40	42	44	46	48
胸囲(cm)	86.5	91.5	96.5	101.5	106.5	112	117	122
胴回り(inches)	28	30	32	34	36	38	40	42
胴回り(cm)	71	76	81	86.5	91.5	96.5	101.5	106.5
袖丈(inches)	31½	33	33½	34	34½	35	35½	36
袖丈(cm)	82.5	84	85	86.5	87.5	89	90	91.5

●レディスサイズ

	X-Small	Small	Medium	Large	X-Large
アメリカサイズ	2	4	6	8	10	12	14
日本サイズ	7	9	11	13	15	17	19

●靴サイズ

レディス	アメリカサイズ	4½	5	5½	6	6½	7	7½
	日本サイズ(cm)	22	22.5	23	23.5	24	24.5	25
メンズ	アメリカサイズ	6½	7	7½	8	8½	9	10
	日本サイズ(cm)	24.5	25	25.5	26	26.5	27	28
キッズ	アメリカサイズ	1	4½	6½	8	9	10	12
	日本サイズ(cm)	9	10	12.5	14	15	16	18

※靴の幅

AAA	AA	A	B	C	D	E	EE	EEE
狭い			標準			広い		

●身の回りのサイズ
●乾電池
単1=D　単2=C　単3=AA　単4=AAA　単5=N
●用紙サイズ
アメリカの規格は日本と異なる国際判(レターサイズ)
・Letter Size=8.5in×11in=215.9mm×279.4mm
・Legal Size=8.5in×14in=215.9mm×355.6mm
　(日本のA4は210×297mm)
●写真サイズ
・3×5=76.2mm×127mm
・4×6=101.6mm×152.4mm
・8×10=203.2mm×254mm
　(日本のL版は89mm×127mm)
●液体の容量
・1ティースプーン(日本でいう小さじ)=約4.92㎖
・1テーブルスプーン(日本でいう大さじ)=約14.78㎖
・1カップ=約236.58㎖(日本は200㎖)

●ジーンズなどのウエストサイズ

レディス	サイズ(inches)	26	27	28	29	30	31	32
	サイズ(cm)	56	58	61	63	66	68	71
メンズ	サイズ(inches)	29	30	31	32	33	34	36
	サイズ(cm)	73.5	76	78.5	81	84	86	91.5

●ガールズサイズ

サイズ	6X	7	8	10	12	14	16
身長(cm)	122～130	130～137	137～145	145～152	152～157	157～162	

●ボーイズサイズ

サイズ	7	8	10	12	14	16
身長(cm)	122～130	130～137	137～145	145～152	152～157	157～162

●キッズサイズ

サイズ	2T	3T	4T	5	6	7
身長(cm)	80～90	90～100	100～110		110～120	

●ヨーロッパ・サイズ比較表

	洋服					靴					
日本	7	9	11	13	15	22.5	23.0	23.5	24.0	24.5	25.0
イギリス	8	10	12	14	16	2½	3	3½	4	4½	5
フランス	36	38	40	42	44	35½	36	36½	37	37½	38

●度量衡
●長さ
・1インチ(inch)=2.54cm
・1フット(foot)=12インチ=30.48cm
　(複数形はフィートfeet)
・1ヤード(yard)=3フィート=91.44cm
・1マイル(mile)=1.6km
●重さ
・1オンス(ounce)=28.3g
・1ポンド(pound)=16オンス≒454g
●体積
・1パイント(pint)=0.473ℓ
・1クォート(quart)=2パイント≒0.95ℓ
・1ガロン(gallon)=4クォート≒3.78ℓ

旅の技術

旅のトラブルと安全対策

旅の安全対策とは、あらゆるトラブルを未然に防ぐことだけではなく、事故や盗難に遭うことを前提に、いかに被害を最小限にくい止められるかの対応力も大事である。日本人が海外で遭遇しやすいトラブル事例を挙げながら、対処方法を紹介しよう。

アメリカの治安

2017年10月、58人もの死者を出したラスベガスの銃乱射事件。日本でも報道されたこの悲劇は、誰も予測することができなかった。銃社会が招いた事件だったといえるだろう。

日常のラスベガスはというと、巨額のカジノマネーが動く街であるため常に治安維持に努めている。ストリップやダウンタウンなど、おもな観光エリアならば夜間でも問題なく歩けるほどだ。それでも、ここはアメリカ。注意しておきたいエリアを把握し、不用意に立ち入らないように気をつけて行動しよう。

スリ、置き引きの多い場所とは

空港、ホテルのロビー、観光名所、カジノフロア、ファストフード店、ショッピング街や店内などでは、ほかのことに気を取られがち。「全然気づかぬすきに」被害に遭うことが多い。特に、かばんを置いたままスロットマシンなどに興じているときは注意するように。ツアーバスに乗ったときもバスに貴重品を置いたまま外へ出ないこと。貴重品は肌身離さず、慎重に管理するように。

▶スリや泥棒のターゲットにならないために

スリや置き引きの被害に遭うのはすきのある人。ぼんやりしていたり、落ち着きのない人はすぐカモにされる。一度手から離したものは戻ってこないと思ってよい。

夜ひとりで暗い道は歩かない、ラスベガスでは裏道に足を踏み入れない、異臭のする場所は避ける、人通りの少ない道や落書きの多い場所は引き返す、周囲の窓に鉄格子が入っている場所には立ち入らないなど、危機管理は怠らないように。

こんなふうにお金は盗まれる

犯罪者たちの多くは単独行動ではなく、グループで犯行に及ぶ。例えば、ひとりがスロットマシンで夢中になっているあなたに話しかけたとき、もうひとりがかばんを奪って逃げていくという具合に、ひとりがターゲットになる人の気を引いているのだ。彼らは、いかにも犯罪者という風貌はしておらず、きちんとした身なりで感じもよかったりする。人を疑うのも嫌なことだが、用心するに越したことはない。

▶親しげな人に注意

親しげに話しかけてくる人、日本語で話しかけてくる人には注意。たいていはターゲットになる人を探している。「お金を落としてしまって困っている」などと話しながら、同情をあおりお金を巻き上げていく輩も多い。

荷物は少なくまとめること

両手がふさがるほど荷物を持って歩いているときは注意力も散漫になりがちだ。スリに狙われやすく、落とし物もしやすくなる。大きな荷物は行動範囲を狭める原因でもある。

ラスベガスの治安について
→P.23

よいとされる荷物の持ち方
●ショルダーバッグ
常にバッグを身に着けたまま用が足せる。斜めにかけてファスナーや留め具にいつも手を置くようにする。
●デイパック
背負わずに片方の肩だけにかけ、前で抱え込むようにすればなおよい。
●ウエストバッグ
バッグ部をおなかの前に。背中部分の留め具が外されることが心配なので、上着を着てその下に着けておく。
●上着の内側ポケット
バッグを持たず、服のポケット2～3ヵ所に分散させて入れる。

本当に大切なものは肌身離さず
パスポート、現金、クレジットカードなどは常に携帯し、パスポート番号などの備忘録は貴重品とは別にしまっておこう。中級以上のホテルに泊まっているなら、ホテルのセーフティボックスに預けるのもよい。

ラスベガスで注意したいエリア
ストリップとダウンタウンの間、ラスベガスブルバードを中心に位置するストラトスフィア（Map折込裏C3）からボンネビル・トランジットセンター周辺（Map折込裏C1）にかけての一帯。質屋Pawn Shopや保釈保証業者Bail Bonds（留置所を出るための保証金を融通する業者）などの看板が集中して見られ、空き地も多い。ウエディングチャペルもあるのもこのエリアなのだが、昼間に歩くぶんには問題ない。しかし、人通りも少ないのでむやみに歩き回らないようにしたい。

お役立ち情報　ウーバー Uberについて▶すぐに来て、安くて、アプリで簡単に呼べることから、一度使うとリピーターになる日本人も多い。ただし、事故が起きたり、レイプが発生するというのも事実。これを頭に入れて使いたい。

街の歩き方

海外の街を歩くと、いかに日本はきれいで安全な国であるかに気づかされるはず。昼間は安全な雰囲気でも、夜間では様子がガラリと変わるということはざらにある。夜間や昼間でも人通りの少ない道でのひとり歩きは避ける、細い路地には入らない。死角の多い駐車場も注意が必要だ。また、人前でお金を見せない、妙に親切な人には注意するなど、これらのことも徹底して守ろう。治安の善し悪しを判断する目安は、やたらとゴミが散乱している、落書きが多いなど。目つきの悪い人がうろついている所は立ち入りを避けたい。また、きちんとした身なりの女性が少なくなったら引き返したほうがいい。夜間の外出はタクシーや配車サービスを使い、車をもっていたとしてもさびしい道は走らないように。

そのほか、気をつけたい事項は次のとおり。

●服装で注意したいのが、ストリートギャング風（ダボッとしたパンツに、パーカーのフードやキャップを目深にかぶる）のスタイル。

●路線バスの夜間利用はおすすめできない。夜間の移動は、タクシーや配車サービスを利用すること。

●ドライブ時の注意として、これはアメリカのどの地域に関してもいえることだが、車を離れるとき、荷物は後ろのトランクなどに入れ、窓から見える所に物を置かないようにする。特に年末のショッピングシーズンなどは、買い物の荷物を狙った車上荒らしが多発するので要注意。車と金品を狙ったカージャックは、駐車場だけでなく、走行中や信号待ちの際にわざと車をぶつけ、車内から人が降りた隙を狙う場合もある。ドライブ中に何かのアクシデントに巻き込まれたら、できるだけ安全と思われる場所（ガソリンスタンドや警察）まで移動して助けを求めよう。

トラブルに遭ってしまったら

安全な旅を目指して（事後対応編）

▶盗難に遭ったら

すぐ警察に届ける。所定の事故報告書があるので記入しサインする。暴行をともなわない置き引きやスリの被害では、被害額がよほど高額でない限り捜索はしてくれない。報告書は、自分がかけている保険の請求に必要な手続きと考えたほうがよい。報告書が作成されると、控えか報告書の処理番号（Complaint Number）をくれる。それを保険請求の際に添えること。

▶パスポートをなくしたら

万一、パスポートをなくしたら、すぐ在外公館（総領事館→側注）へ行き、新規発給の手続きを。申請に必要なものは、①顔写真（2枚、6ヵ月以内に撮影）、②パスポート紛失届出証明書（現地の警察に発行してもらう）、③戸籍謄本または抄本（6ヵ月以内に発行）、④一般旅券申請書、⑤紛失一般旅券届出書、⑥本人確認書類（日本の運転免許証など）。

発給までには、約1週間かかる。発給の費用は、10年用は$148、5年用は$102（12歳未満$56）。なお、帰国便の搭乗地国ないし、その国へ向かう途中でなくした場合は、「帰国のための渡航書」（$23）を発行してもらい帰ることはできる。申請当日か翌日に発行。やはり写真と申請書、日本国籍が確認できる文書（戸籍謄本など）が必要。

ネバダ州管轄の日本国総領事館
●在サンフランシスコ日本国総領事館
Consulate General of Japan in San Francisco
[住]275 Battery St., Suite 2100, San Francisco, CA 94111
☎(415)780-6000
[URL]www.sf.us.emb-japan.go.jp
[時間]窓口受付：月～金10:00～15:00(11:30～13:00は昼休み)
[休]土・日、祝日、休館日

アリゾナ州管轄の日本国総領事館
●在ロスアンゼルス日本国総領事館
Consulate General of Japan in Los Angeles
[住]350 S. Grant Ave., Suite 1700, Los Angeles, CA 90071
☎(213)617-6700
[URL]www.la.us.emb-japan.go.jp
[時間]窓口受付：月～金9:30～16:30(12:00～13:00は昼休み)
[休]土・日、祝日、休館日

ユタ州管轄の日本国総領事館
●在デンバー日本国総領事館
Consulate General of Japan in Denver
[住]1225 17th St., Suite3000, Denver, CO 80202
☎(303)534-1151
[URL]www.denver.us.emb-japan.go.jp
[時間]月～金9:00～16:30(12:00～13:30は昼休み)
[休]土・日、祝日、休館日

※日本国総領事館への入館には、写真付き身分証明書の提示が求められるため、必ず所持して訪問すること。なお、パスポートをなくしたなど、写真付きIDがない場合は、その旨を伝えて入館の許可をもらおう。予約が必要なところもある。

クレジットカードの連絡先がわからない！
万一、連絡先がわからない場合は、自分の持っているカードの国際カードの提携会社（ほとんどVisaかMasterCardのどちらかのはず）に連絡を。その連絡先はホテルや警察、電話帳や番号案内で簡単に調べられる。こんなときのためにも、パスポート番号、クレジットカードなどの番号をメモしたものや、そのコピーを取っておきたい。

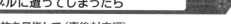

お役立ち情報 **外務省海外旅行登録サービス「たびレジ」** ▶外務省では、旅行や出張、留学などで海外渡航する人向けのメールサービスを提供している。最新の渡航情報や緊急事態発生時には、在外公館からの ↗

旅のトラブルと安全対策

▶クレジットカードをなくしたら

大至急クレジットカード会社の緊急連絡センター（→P.326）に電話し、カードを無効にしてもらう。警察に届けるより前にこの連絡をすること。

▶現金をすべてなくしたら

盗難、紛失、使い切りなど、万一に備えて、現金の保管は分散することをおすすめする。例えば、財布を落としても、別の場所（衣類のポケットやホテルのセーフティボックス）に保管してある現金があれば急場しのぎになる。それでも、現金をなくしてしまったときのために、キャッシングサービスのあるクレジットカードはぜひとも持っておきたい。また、日本で入金をして外国で引き出せるキャッシュカードやデビットカード（→P.297）、トラベルプリペイドカード（→P.297）も出回っているので、これらのサービスを利用するのもいい。

▶病気になったら

旅先での風邪や下痢の原因は、気候や生活の変化やストレスで起こることが多い。とにかく休息すること。海外旅行保険に加入していれば対処してもらえる。

▶空港で荷物が出てこないとき

最後まで自分の荷物が出てこない場合、バゲージクレーム内の航空会社のカウンターで、諸手続きを行うことになる。クレームタグ（手荷物引換証）の半券を示しながら、事情説明と書類記入をする。聞かれることは、側注のとおり。荷物発見後の配送先は、この先数日の滞在ホテルだが、宿泊先が決まってない人はいっそ荷物を日本に送り返してもらい、必要最低限の品を現地で買い揃えて旅を続けるという手段もある。荷物紛失のため生じた費用の負担については、あらかじめ航空会社に確認すること。

▶ドライブ中のトラブル

旅行者の犯しやすい交通違反が、駐車違反とスピード違反。アメリカでは駐車違反の取り締まりはかなり厳しい。スピード違反のとき、パトカーは違反車の後ろにつけると、赤と青のフラッシャーの点滅で停止を指示する。車は右に寄せて停車。警官が降りて近づいてくる間、ハンドルに手を置いて、同乗者とともにじっと待つ。警官が声をかけてきたら、日本の運転免許証、国外（国際）運転免許証とレンタル契約書を見せ、聞かれた質問に答えればいい。

事故や故障の場合は、ひとまずレンタカー会社へ連絡をしよう。事故の場合の対処としてまずは警察とレンタカー会社への連絡。また、相手の免許証番号、車のナンバー、保険の契約番号、連絡先を控えておく。あとは警察やレンタカー会社の指示に従う。また、車を返却するときに必ず申し出て事故報告書を提出すること。

▶大麻（マリファナ、ウィード）について

嗜好用大麻が合法となったネバダ州。ラスベガスでも2017年7月から、店舗での販売が行われるようになっている。しかし、日本では違法で、日本人は国外でも日本の法律が適用される。ラスベガスで所持したことが証明されれば刑罰の対象となるのだ。トラブルのもとでもあるので、手は出さないこと。また、合法となっているとしても、公共の場やホテル、バーなどでの使用は禁止されている。

お金をなくして、なすすべのない人は

どうにもならない場合、日本国総領事館（→P.320側注）に飛び込んで相談に乗ってもらうしかない。

携帯電話をなくしたら
→P.315

アメリカの医療システム

ホテルなどの緊急医や救急病院のほかは、基本的に医者は予約制。薬を買うには医者の処方箋が必要だが、痛み止め、風邪薬などは処方箋なしで買える。

海外旅行保険のサービスを利用する

日本語を話せる医者を紹介し、病院の予約を取ってくれる。おもな旅行保険会社の連絡先はP.326を参照。

空港で荷物が出てこなかったときに聞かれるおもな事柄
- ●便名の確認
- ●預けた空港の確認
- ●名札が付いているか
- ●フライト何分前のチェックインか
- ●かばんの形と色
- ●外ポケットやいちばん上の内容物
- ●発見されたときの配送先

交通違反の罰金を支払う

駐車違反などの罰金の支払い方法は、マネーオーダー（郵便為替）を作って送るか、電話やウェブサイトでのクレジットカード引き落としなどがある。

なお、帰国後でも罰金の処理を怠ると、レンタカー会社を通じて追跡調査が行われる。またアメリカの有料道路（トールロードToll Road）で未払いの場合も同様。

車が故障したときは

故障の場合、自走できるときは、レンタカー会社に連絡したうえで自己手配で修理する。自走できないなら、けん引サービスを呼んで対処しよう。

↘緊急一斉連絡メールなどが登録者に発信される。詳細は**URL** www.ezairyu.mofa.go.jp

旅の英会話

ショッピング

ジャス ルッキング センキュー Just looking, thank you. 見ているだけです	キャナイ スィー ディス ワン? Can I see this one? これを見せてください	キャナイ トライ ディス オン? Can I try this on? これを試着できますか?
ディス フィッツ フォー ミー This fits for me. ちょうどいいです	ディス イズ トゥー ラージ(トゥー スモール) This is too large (too small). 大き過ぎます (小さ過ぎます)	イティズ トゥー イクスペンスィヴ It is too expensive. それは高過ぎます
アイル テイク ディス I'll take this. これをもらいます	キャナイ ハ ヴァ ショッピング バッグ? Can I have a shopping bag? 紙袋をいただけますか?	イン キャッシュ プリーズ In cash, please. 現金でお願いします
バイ クレディット カード プリーズ By credit card, please. クレジットカードでお願いします		

レストラン

アイ ウォントゥ メ イ カ リザヴェイション アットセヴンサーティ フォー ファイヴ ピーポゥ トゥナイト I want to make a reservation at 7:30 for five people tonight. 今晩7時30分に5人分の予約をしたいのですが		
ウィ ウォントゥ ハ ヴァ テイボゥ ニ ア ザ ウィンドウ We want to have a table near the window. 窓際の席をお願いします		ワット ドゥ ユー リコメンド What do you recommend? おすすめは何ですか?
ウィル ユー テイク アワ オーダー? Will you take our order? 注文をお願いします	イットワズ ヴェリィ グッド It was very good. おいしかったです	アイ ディドゥント オーダー ディス I didn't order this. これは注文していません
キャナイ ハヴ サム ウォーター? Can I have some water? 水をください	チェック プリーズ Check, please. お勘定をお願いします	フォー ヒ ア プリーズ/トゥ ゴウ プリーズ For here, please./ To go, please. ここで食べます/持ち帰ります

ホテル

アイル ステイ フォー スリー ナイツ I'll stay for three nights. 3泊します	チェック イン (アウト) プリーズ Check in (out), please. チェックイン (アウト) をお願いします	クッデューー キープ マイ ラギッジ? Could you keep my luggage? 荷物を預かってもらえますか?
ドゥー ユー キープ エニィ メッセージ フォー ミー? Do you keep any message for me? 私あてのメッセージがありますか?	クッデューー エクスチェンジ エン イントゥ ダラーズ? Could you exchange yen into dollars? 円からドルに両替はできますか?	

アメリカでは通じないカタカナ読みの英語

1ダース ……… ワン ダ ズン one-dozen	サイン ……… スィグニチュア signature	(有名人の)サイン …オートグラフ autograph
ド ル ……… ダ ラー dollar	コップ ……… グ ラ ス glass	パ ン ……… ブ レッ ド bread
たばこ ……… スィガレッツ cigarettes	ワンピース ……… ド レ ス dress	ズボン ……… パ ン ツ pants
ビール ……… ビ ア beer	(コーヒーの)ミルク ……… ク リ ー ム cream	コーラ ……… コ ウ ク coke
ビュッフェ ……… バ フェ buffet	コインランドリー … ロ ーンドロマット laundromat	レ ジ ……… キャッシャー cashier
ナイター ……… ナ イ トゲ ー ム night game	コンセント ……… プ ラ グ plug	トイレ ……… レ スト ル ー ム rest room バ ス ル ー ム bath room メンズ ル ー ム レイディーズ ル ー ム men's room, lady's room

お役立ち情報　**Google翻訳アプリ**▶レストランのメニューにかざすと画面上で翻訳してくれる、日本語で話しかけると現地語の音声で返してくれるなどの機能があり便利。

旅の準備と技術

旅の英会話

交通 & 観光

ワッタイム ダズ ザ トレイン (バス) リーヴ?
What time does the train (bus) leave?
列車 (バス) は、何時に出発しますか？

ブリーズ テル ミー ウェン ウィー ゲットゥ ファッション ショー
Please tell me when we get to Fashion Show.
ファッションショー (モール) に着いたら教えてください

ワッツ ザ ネクスト ストップ?
What's the next stop?
次はどこに停まりますか？

ハウ ロング ダズイット テイク?
How long does it take?
どのくらいかかりますか？

ワッタイム イズ ザ ネクスト トゥアー?
What time is the next tour?
次のツアーは何時の出発ですか？

ダズ ディス ゴー トゥー パリス ホテル?
Does this go to Paris Hotel?
パリスホテルへ行きますか？

キャニュー テイク アワ ピクチャー?
Can you take our picture?
私たちの写真を撮ってもらえますか？

ハウ キャナイ ゲットゥ エアポート?
How can I get to airport?
空港へはどう行けばいいのですか？

アイム ゲティング オフ !
I'm getting off !
降ります！

病 気　病院で見せるチェックシート→P.325

アイフィール ディズィ
I feel dizzy.
めまいがします

アイハヴ ア ヘダック (コールド)
I have a headache (cold).
頭痛がします (風邪をひきました)

アイドント フィール ウェル
I don't feel well.
気分が悪いんです

コール ミー ア ドクター ブリーズ
Call me a doctor, please.
医者を呼んでください

緊急時

ヘルプ ミー !
Help me !
助けて！

コール ザ ポリース ブリーズ !
Call the police, please!
警察に電話してください！

ア ラバー ! ストップ ヒム !
A robber! Stop him!
どろぼう！つかまえて！

マイ マニー ワズ ストールン
My money was stolen.
お金を盗まれました

キャナイ トークトゥ サムワン フー スピークス ジャパニーズ?
Can I talk to someone who speaks Japanese?
誰か日本語の話せる人をお願いします

コール ア ナンビュランス ブリーズ !
Call an ambulance, please!
救急車を呼んでください！

カジノ　カジノ用語→P.233

ワット カインド オブ ゲームズ キャン ウィ プレイ ヒア?
What kind of games can we play here?
ここではどんなゲームができますか？

アイド ライクトゥ メイク ア メンバーズ カード
I'd like to make a members card.
メンバーズカードを作りたいです

ウェア キャナイ ゲット チップス?
Where can I get chips?
チップはどこで替えることができますか？

メイ アイジョイン ディス テイボゥ?
May I join this table?
このテーブルに参加してもいいですか？

アイム ジャスタ ビギナー
I'm just a beginner.
私は初心者です

クッデュー キャッシュ ディス?
Could you cash this?
これを現金にしてもらえますか？
(スロット終了時に出てきたレシートやカジノチップを換金する)

イズ エニワン スィティング ヒア? アー ユー スィティング ヒア?
Is anyone sitting here?/Are you sitting here?
ここにどなたか座っていますか？／ここに座っていますか？
(スロットマシンやテーブルに人が座っているかを確認するとき)

チェンジ ブリーズ
Change, please.
両替お願いします
(現金をカジノチップに替えるとき)

ダラー ニクル ブリーズ
Dollar/Nickel, please.
$1 ／ $5 チップでお願いします (札をテーブルに置くと Dollar or Nickel? というように、どのように両替してほしいかディーラーが聞いてくる)

クッデューテル ミー ハウトゥ プレイ?
Could you tell me how to play?
やり方を教えてもらえますか？

エクスキューズミー ビア コウク オレンジ ジュース ブリーズ
Excuse me. Beer/Coke/Orange juice, please.
すみません。ビール／コーラ／オレンジジュースをお願いします
(カクテルウエートレスに飲み物を頼むとき)

アイム リービング アイム アウト アイ フィニッシュ
I'm leaving. /I'm out. / I finish.
やめます

グッド ラック !
Good luck !
幸運を！ (残ったプレイヤーに対して)

ディーラーから言われる可能性のあるフレーズ

プレイス ユア ベット ブリーズ
Place your bet, please.
賭けてください

ノウ モア ベット !
No more bet !
賭けはここまで！ (ルーレットで、今後キャンセルしたり賭けられないという合図だ)

ショー

アダルト
adult
大人

チャイルド　チルドレン
child /children
子供

アヴェイラブル
available
入手可能／利用可能

ボックス　オフィス
Box Office
チケット売り場

ウィル　コール
Will Call
チケット引き取り窓口

ダーク
dark
休演日

エクスペンスィヴ　チープ
expensive ⇔ cheap
高い ⇔ 安い

コミッション
commission
手数料

スタンバイ
standby
キャンセル待ち

アドバンス　ティケット
advance ticket
前売券

トゥデイズ　ティケッツ　ティケッツ　フォー　トゥデイ
todays tickets / tickets for today
当日券

ノン　リザーヴドゥ　スィート
non-reserved seat
自由席

リザーヴドゥ　スィート
reserved seat
指定席

フロント　ロー　スィート
front-row seat
前の席

バック　ロー　スィート
back-row seat
後方列の席

ドアーズ　オープン
doors open
開場 (時間)

チケット購入時

アイドライクトゥ　ハ　ヴ　ァ　ティケットフォー
I'd like to have a ticket for ○○○.
○○○のチケットを購入したいです

オン　ジュライ　トゥエルフス　アットゥ　テン　エーエム　(ピーエム)　フォー　ワン　プリーズ
On July 12th at 10 am (pm) for one, please
7月12日の午前 (午後) 10時の回を1枚お願いします

トゥ　アダルツ　アンド　ワンチャイルド／スリー　チルドレン　プリーズ
Two adults and one child/three children, please.
大人2枚、子供1枚／3枚お願いします

キャナイスィー　ザ　スィーティングマップ？
Can I see the seating map?
座席表を見せてもらえますか？

アー　ゼ　ア　エニー　スィーツ　フォー　トゥナイト？
Are there any seats for tonight?
今晩のチケットを取れるでしょうか？

フィッチ　スィーツ　アー　アヴェイラブル？
Which seats are available?
どこの席が空いていますか？（座席表を見ながら）

フィッチ　イズ　ザ　ロー・コスト　スィート？
Which is the low-cost seat?
（座席表を見ながら）安い席はどこですか？

イズ　ザ　ティケット　ニア　ザ　ステージ　アヴェイラブル？
Is the ticket near the stage available?
ステージに近い席は空いていますか？

エニー　チーパー　スィーツ？
Any cheaper seats?
もっと安い席はありますか？

アイル　テイク　イット
I'll take it.
それにします

イズ　ゼ　ア　エニー　エイジ　リミット？
Is there any age limit?
年齢制限はありますか？

イズディス　ショー　フォーオール　エイジズ？
Is this show for all ages?
このショーは全年齢対象ですか？

クッデュー　ブック　アスィート　フォー　ミー？
Could you book a seat for me?
予約をお願いします（ホテルのコンシェルジュにチケットを手配してもらうとき）

フィッチ　ショー　イズ　ポピュラー？
Which show is popular?
人気があるショーはどれですか？

ウェア　イズ　ザ　シアター？
Where is the theater?
劇場の場所はどこですか？

アー　ゼ　ア　エニー　ショーズアイキャン　スィー　トゥデイ？
Are there any shows I can see today?
今日観られるショーはありますか？

ウェン　イズ　ザ　ネクスト　アヴェイラブル　ブッキング？
When is the next available booking?
いつの分ならありますか？

アー　ドリンクスインクルーデッドイン　ザ　ティケット？
Are drinks included in the ticket?
飲み物代はチケットに含まれていますか？

イズ　ザ　コミッション　インクルーデッド　イン　ディス　プライス？
Is the commission included in this price?
手数料はこの値段に含まれていますか？

劇場で

アイドライクトゥ　ピック　マイ　ティケットアップ
I'd like to pick my ticket up.
チケットを引き取りにきました（インターネットで予約したチケットを受け取るとき）

ウェア　イズディススィート？
Where is this seat?
この席はどこですか？

アイドライクトゥ　ハ　ヴ　ァ　ティケット　フォー　トゥナイト
I'd like to have a ticket for tonight.
今夜の分のチケットを購入したいです

アー　スタンバイ　スィーツ　アヴェイラブル？
Are standby seats available?
キャンセル待ちの席はありますか？

イズ　ディス　ジ　エンド　オブ　ザ　ライン？
Is this the end of the line?
最後尾はここですか？

ウェア　イズ　ザ　クロークルーム？
Where is the cloakroom?
クロークはどこですか？

ウッジュー　チェック　マイ　コート？
Would you check my coat?
コートを預かってもらえますか？

アイドライクトゥ　ピック　マイ　コートアップ
I'd like to pick my coat up.
コートを引き取りたいです

ウェア　キャナイ　ゲット　アドリンク？
Where can I get a drink?
どこで飲み物を買えばいいですか？

ソーリー　アイム　レイト　メイ　アイエンター　ナウ？
Sorry, I'm late. May I enter now?
すみません、遅れました。今から中に入れますか？

324

病院で見せるチェックシート

※該当する症状があれば、チェックをしてお医者さんに見せよう

☐ 吐き気 nausea	☐ 悪寒 chill	☐ 食欲不振 poor appetite
☐ めまい dizziness	☐ 動悸 palpitation	
☐ 熱 fever	☐ 脇の下で測った armpit ＿＿＿ ℃／℉	
	☐ 口中で測った oral ＿＿＿ ℃／℉	
☐ 下痢 diarrhea	☐ 便秘 constipation	
☐ 水様便 watery stool	☐ 軟便 loose stool	1日に（ ）回（ ）times a day
☐ ときどき sometimes	☐ 頻繁に frequently	絶え間なく continually
☐ 風邪 common cold	☐ 花粉症 pollinosis（allergy to pollen）	
☐ 鼻詰まり stuffy nose	☐ 鼻水 running nose	☐ くしゃみ sneeze
☐ 咳 cough	☐ 痰 sputum	☐ 血痰 bloody phlegm
☐ 耳鳴り tinnitus	☐ 難聴 loss of hearing	☐ 耳だれ ear discharge
☐ 目やに eye discharge	☐ 目の充血 red eye	☐ 見えにくい visual disturbance

※下記の単語を指さしてお医者さんに必要なことを伝えよう

●どんな状態のものを	落ちた fell	毒蛇 viper
生の raw	やけどした burnt	リス squirrel
野生の wild	●痛み	（野）犬 （stray）dog
油っこい greasy	ヒリヒリする tingling	●何をしているときに
よく火が通っていない	刺すように sharp	砂漠に行った
uncooked	鋭い keenly	went to the desert
調理後時間がたった	ひどい severely	ダイビングをした
a long time after it was cooked	●原因	went diving
●けがをした	蚊 mosquito	キャンプをした
刺された・噛まれた bitten	ハチ wasp	went camping
切った cut	アブ gadfly	登山をした
転んだ fell down	毒虫 poisonous insect	went hiking (climbling)
打った hit	サソリ scorpion	川で水浴びをした
ひねった twisted	クラゲ jellyfish	went swimming in the river

INFORMATION

アメリカでスマホ、ネットを使うには

　スマホ利用やインターネットアクセスをするための方法はいろいろあるが、一番手軽なのはホテルなどのネットサービス（有料または無料）、Wi-Fiスポット（インターネットアクセスポイント。無料）を活用することだろう。主要ホテルや町なかにWi-Fiスポットがあるので、宿泊ホテルでの利用可否やどこにWi-Fiスポットがあるかなどの情報を事前にネットなどで調べておくとよい。ただしWi-Fiスポットでは、通信速度が不安定だったり、繋がらない場合があったり、利用できる場所が限定されたりするというデメリットもある。そのほか契約している携帯電話会社の「パケット定額」を利用したり、現地キャリアに対応したSIMカードを使用したりと選択肢は豊富だが、ストレスなく安心してスマホやネットを使うなら、以下の方法も検討したい。

☆ 海外用モバイルWi-Fiルーターをレンタル

　アメリカで利用できる「Wi-Fiルーター」をレンタルする方法がある。定額料金で利用できるもので、「グローバルWiFi（【URL】https://townwifi.com/）」など各社が提供している。Wi-Fiルーターとは、現地でもスマホやタブレット、PCなどでネットを利用するための機器のことをいい、事前に予約しておいて、空港などで受け取る。利用料金が安く、ルーター1台で複数の機器と接続できる（同行者とシェアできる）ほか、いつでもどこでも、移動しながらでも快適にネットを利用できるとして、利用者が増えている。

▼グローバルWiFi

　海外旅行先のスマホ接続、ネット利用の詳しい情報は「地球の歩き方」ホームページで確認してほしい。
【URL】http://www.arukikata.co.jp/net/

旅のイエローページ

緊急時
- ●警察、消防署、救急車　☎ 911
- ●警察（緊急でない場合）☎ (702)828-3111
- ●在サンフランシスコ日本国総領事館
　　　　　☎ (1-415)780-6000（領事部）
- ●在ロスアンゼルス日本国総領事館
　　　　　☎ (213)617-6700（領事部）
- ●在デンバー日本国総領事館
　　　　　☎ (303)534-1151（領事部）

航空会社（アメリカ国内）
- ●全日空　　　Free (1-800)235-9262*
- ●日本航空　　Free (1-800)525-3663*
- ●アメリカン航空 Free (1-800)237-0027*
- ●デルタ航空　Free (1-800)327-2850*
- ●ユナイテッド航空 Free (1-800)537-3366*
- ●シンガポール航空 Free (1-833)727-0118
- ●大韓航空　　Free (1-800)438-5000*
- ●ハワイアン航空 Free (1-800)367-5320
- ●サウスウエスト航空
　　　　　Free (1-800)435-9792
- ●シーニック航空　☎ (702)638-3300*
- ＊は日本語対応のオペレーター

空港・交通
- ●ハリー・リード国際空港
　　　　　☎ (702)261-5211
- ●ロスアンゼルス国際空港
　　　　　Free (1-855)463-5252
- ●サンフランシスコ国際空港
　　　　　☎ (1-650)821-8211
- ●フェニックス・スカイ・ハーバー国際空港
　　　　　☎ (602)273-3300
- ●フラッグスタッフ・パリアム空港
　　　　　☎ (928)213-2930
- ●グレイハウンドバス
　　　　　Free (1-800)231-2222
- ●アムトラック　Free (1-800)872-7245
- ●RTC（路線バス）☎ (702)228-7433

クレジットカード会社（カード紛失・盗難時）
- ●アメリカン・エキスプレス
　　　　　Free (1-800)766-0106
- ●ダイナースクラブ ☎ +81-3-6770-2796（日本）
　　　　　（コレクトコールを利用）
- ●JCB　　　　Free (1-800)606-8871
- ●マスターカード Free (1-800)627-8372
- ●ビザカード　Free (1-800)847-2911

旅行保険会社（アメリカ国内）
- ●損保ジャパン日本興亜
Free (1-800)233-2203（けが・病気の場合）
Free (1-877) 826-6108（盗難・賠償事故などのトラブル）
- ●東京海上日動 Free (1-800)446-5571
- ●AIG　　　　Free (1-800)8740-119

医療機関
- ●Desert Springs Hospital Medical Center（総合病院）☎ (702)733-8800
住 2075 E. Flamingo Rd., Las Vegas
Map 折込裏D5外 時間 緊急時は24時間対応可能
- ●University Medical Center（総合病院）
住 1800 W. Charleston Blvd., Las Vegas
☎ (702) 383-2000
Map 折込裏B2　時間 緊急時は24時間対応
※アージェント・ケアUrgent Careという、予約なしで診療を受け付けてくれる病院のリストを掲載。URL www.umcsn.comにアクセスし、ウェブ画面の上部にある"Medical Service"内の"Quick Cares"をクリックする
- ●Walgreens（ドラッグストア）
風邪などの軽い症状に対応（予約不要）する「Healthcare Clinic」を設けている店舗もある。住 1445 W. Craig Rd., N. Las Vegas Map P.31-B4　時間 ファーマシー24時間(1:30〜2:00食事休憩)

帰国後の旅行相談窓口（日本国内）
- ●日本旅行業協会　JATA
旅行会社で購入した旅行サービスについての相談は「消費者相談室」まで。
☎ (03)3592-1266 URL www.jata-net.or.jp

あなたの**旅の体験談**をお送りください

「地球の歩き方」は、たくさんの旅行者からご協力をいただいて、
改訂版や新刊を制作しています。
あなたの旅の体験や貴重な情報を、これから旅に出る人たちへ分けてあげてください。
なお、お送りいただいたご投稿がガイドブックに掲載された場合は、
初回掲載本を1冊プレゼントします！

ご投稿はインターネットから！

URL www.arukikata.co.jp/guidebook/toukou.html
画像も送れるカンタン「投稿フォーム」
※左記のQRコードをスマートフォンなどで読み取ってアクセス！

または「地球の歩き方　投稿」で検索してもすぐに見つかります

地球の歩き方　投稿　🔍　　検索

▶投稿にあたってのお願い

★ご投稿は、次のような《テーマ》に分けてお書きください。

《新発見》────ガイドブック未掲載のレストラン、ホテル、ショップなどの情報
《旅の提案》────未掲載の町や見どころ、新しいルートや楽しみ方などの情報
《アドバイス》────旅先で工夫したこと、注意したこと、トラブル体験など
《訂正・反論》────掲載されている記事・データの追加修正や更新、異論、反論など

> ※記入例「○○編20XX年度版△△ページ掲載の□□ホテルが移転していました……」

★データはできるだけ正確に。
　ホテルやレストランなどの情報は、名称、住所、電話番号、アクセスなどを正確にお書きください。
　ウェブサイトのURLや地図などは画像でご投稿いただくのもおすすめです。

★ご自身の体験をお寄せください。
　雑誌やインターネット上の情報などの丸写しはせず、実際の体験に基づいた具体的な情報をお
　待ちしています。

▶ご確認ください

※採用されたご投稿は、必ずしも該当タイトルに掲載されるわけではありません。関連他タイトルへの掲載もありえます。
※例えば「新しい市内交通バスが発売されている」など、すでに編集部で取材・調査を終えているものと同内容のご投稿をい
　ただいた場合は、ご投稿を採用したとはみなされず掲載本をプレゼントできないケースがあります。
※当社は個人情報を第三者へ提供いたしません。また、ご記入いただきましたご自身の情報については、ご投稿内容の確認
　や掲載本の送付などの用途以外には使用いたしません。
※ご投稿の採用の可否についてのお問い合わせはご遠慮ください。
※原稿は原文を尊重しますが、スペースなどの関係で編集部でリライトする場合があります。

さくいん　Index

地球の歩き方 シリーズ一覧 2023年2月現在

*地球の歩き方ガイドブックは、改訂時に価格が変わることがあります。 *表示価格は定価（税込）です。 *最新情報は、ホームページをご覧ください。 www.arukikata.co.jp/guidebook/

地球の歩き方 ガイドブック

A ヨーロッパ

A01	ヨーロッパ	¥1870
A02	イギリス	¥1870
A03	ロンドン	¥1980
A04	湖水地方&スコットランド	¥1870
A05	アイルランド	¥1980
A06	フランス	¥1870
A07	パリ&近郊の町	¥1980
A08	南仏プロヴァンス コート・ダジュール&モナコ	¥1760
A09	イタリア	¥1870
A10	ローマ	¥1760
A11	ミラノ ヴェネツィアと湖水地方	¥1870
A12	フィレンツェとトスカーナ	¥1870
A13	南イタリアとシチリア	¥1870
A14	ドイツ	¥1980
A15	南ドイツ フランクフルト ミュンヘン ロマンチック街道 古城街道	¥1760
A16	ベルリンと北ドイツ ハンブルク ドレスデン ライプツィヒ	¥1870
A17	ウィーンとオーストリア	¥2090
A18	スイス	¥1870
A19	オランダ ベルギー ルクセンブルク	¥1870
A20	スペイン	¥1870
A21	マドリードとアンダルシア	¥1760
A22	バルセロナ&近郊の町 イビサ島/マヨルカ島	¥1760
A23	ポルトガル	¥1815
A24	ギリシアとエーゲ海の島々&キプロス	¥1870
A25	中欧	¥1980
A26	チェコ ポーランド スロヴァキア	¥1870
A27	ハンガリー	¥1870
A28	ブルガリア ルーマニア	¥1980
A29	北欧 デンマーク ノルウェー スウェーデン フィンランド	¥1870
A30	バルトの国々 エストニア ラトヴィア リトアニア	¥1870
A31	ロシア ベラルーシ ウクライナ モルドヴァ コーカサスの国々	¥2090
A32	極東ロシア シベリア サハリン	¥1980
A34	クロアチア スロヴェニア	¥1760

B 南北アメリカ

B01	アメリカ	¥2090
B02	アメリカ西海岸	¥1870
B03	ロスアンゼルス	¥2090
B04	サンフランシスコとシリコンバレー	¥1870
B05	シアトル ポートランド	¥1870
B06	ニューヨーク マンハッタン&ブルックリン	¥1980
B07	ボストン	¥1980
B08	ワシントンDC	¥1870

B09	ラスベガス セドナ&グランドキャニオンと大西部	¥2090
B10	フロリダ	¥1870
B11	シカゴ	¥1870
B12	アメリカ南部	¥1980
B13	アメリカの国立公園	¥2090
B14	ダラス ヒューストン デンバー グランドサークル フェニックス サンタフェ	¥1980
B15	アラスカ	¥1980
B16	カナダ	¥1870
B17	カナダ西部 カナディアン・ロッキーとバンクーバー	¥1760
B18	カナダ東部 ナイアガラ・フォールズ メープル街道 プリンス・エドワード島 トロント オタワ モントリオール ケベック・シティ	¥2090
B19	メキシコ	¥1980
B20	中米	¥2090
B21	ブラジル ベネズエラ	¥2200
B22	アルゼンチン チリ パラグアイ ウルグアイ	¥2200
B23	ペルー ボリビア エクアドル コロンビア	¥2200
B24	キューバ バハマ ジャマイカ カリブの島々	¥2035
B25	アメリカ・ドライブ	¥1980

C 太平洋/インド洋島々

C01	ハワイ1 オアフ島&ホノルル	¥1980
C02	ハワイ2 ハワイ島 マウイ島 カウアイ島 モロカイ島 ラナイ島	¥1760
C03	サイパン ロタ&テニアン	¥1540
C04	グアム	¥1980
C05	タヒチ イースター島	¥1870
C06	フィジー	¥1650
C07	ニューカレドニア	¥1650
C08	モルディブ	¥1870
C10	ニュージーランド	¥1870
C11	オーストラリア	¥2200
C12	ゴールドコースト&ケアンズ	¥1870
C13	シドニー&メルボルン	¥1760

D アジア

D01	中国	¥2090
D02	上海 杭州 蘇州	¥1870
D03	北京	¥1760
D04	大連 瀋陽 ハルビン 中国東北部の自然と文化	¥1980
D05	広州 アモイ 桂林 珠江デルタと華南地方	¥1980
D06	成都 重慶 九寨溝 麗江 四川 雲南	¥1980
D07	西安 敦煌 ウルムチ シルクロードと中国北西部	¥1980
D08	チベット	¥2090
D09	香港 マカオ 深セン	¥1870
D10	台湾	¥1870

D11	台北	¥16
D13	台南 高雄 屏東&南台湾の町	¥16
D14	モンゴル	¥20
D15	中央アジア サマルカンドとシルクロードの国々	¥20
D16	東南アジア	¥18
D17	タイ	¥18
D18	バンコク	¥18
D19	マレーシア ブルネイ	¥20
D20	シンガポール	¥19
D21	ベトナム	¥20
D22	アンコール・ワットとカンボジア	¥18
D23	ラオス	¥20
D24	ミャンマー（ビルマ）	¥20
D25	インドネシア	¥18
D26	バリ島	¥18
D27	フィリピン マニラ セブ ボラカイ ボホール エルニド	¥18
D28	インド	¥20
D29	ネパールとヒマラヤトレッキング	¥22
D30	スリランカ	¥18
D31	ブータン	¥19
D32	マカオ	¥17
D34	釜山 慶州	¥15
D35	バングラデシュ	¥20
D37	韓国	¥20
D38	ソウル	¥16

E 中近東 アフリカ

E01	ドバイとアラビア半島の国々	¥20
E02	エジプト	¥19
E03	イスタンブールとトルコの大地	¥20
E04	ペトラ遺跡とヨルダン レバノン	¥20
E05	イスラエル	¥20
E06	イラン ペルシアの旅	¥22
E07	モロッコ	¥19
E08	チュニジア	¥20
E09	東アフリカ ウガンダ エチオピア ケニア タンザニア ルワンダ	¥20
E10	南アフリカ	¥22
E11	リビア	¥22
E12	マダガスカル	¥19

J 国内版

J00	日本	¥33
J01	東京	¥20
J02	東京 多摩地域	¥20
J03	京都	¥22
J04	沖縄	¥22
J05	北海道	¥22
J07	埼玉	¥22
J08	千葉	¥22

地球の歩き方 aruco

●海外

1	パリ	¥1320
2	ソウル	¥1650
3	台北	¥1320
4	トルコ	¥1430
5	インド	¥1540
6	ロンドン	¥1320
7	香港	¥1320
9	ニューヨーク	¥1320
10	ホーチミン ダナン ホイアン	¥1430
11	ホノルル	¥1320
12	バリ島	¥1320
13	上海	¥1320
14	モロッコ	¥1540
15	チェコ	¥1320
16	ベルギー	¥1430
17	ウィーン ブダペスト	¥1320
18	イタリア	¥1320
19	スリランカ	¥1540
20	クロアチア スロヴェニア	¥1430
21	スペイン	¥1320
22	シンガポール	¥1320
23	バンコク	¥1430

24	グアム	¥1320
25	オーストラリア	¥1430
26	フィンランド エストニア	¥1430
27	アンコール・ワット	¥1430
28	ドイツ	¥1430
29	ハノイ	¥1430
30	台湾	¥1320
31	カナダ	¥1320
33	サイパン テニアン ロタ	¥1320
34	セブ ボホール エルニド	¥1320
35	ロスアンゼルス	¥1320
36	フランス	¥1430
37	ポルトガル	¥1650
●	ダナン ホイアン フエ	¥1430

●国内

東京	¥1540
東京で楽しむフランス	¥1430
東京で楽しむ韓国	¥1430
東京で楽しむ台湾	¥1430
東京の手みやげ	¥1430
東京おやつさんぽ	¥1430
東京のパン屋さん	¥1430
東京で楽しむ北欧	¥1430
東京のカフェめぐり	¥1480

東京で楽しむハワイ	¥1480
nyaruco 東京ねこさんぽ	¥1480
東京で楽しむイタリア&スペイン	¥1480
東京で楽しむアジアの国々	¥1480
東京ひとりさんぽ	¥1480
東京パワースポットさんぽ	¥1599
東京で楽しむ英国	¥1599

地球の歩き方 Plat

1	パリ	¥1320
2	ニューヨーク	¥1320
3	台北	¥1100
5	ロンドン	¥1320
6	ドイツ	¥1320
7	ホーチミン/ハノイ/ダナン/ホイアン	¥1320
8	スペイン	¥1320
10	シンガポール	¥1100
11	アイスランド	¥1540
14	マルタ	¥1540
15	フィンランド	¥1320
16	クアラルンプール/マラッカ	¥1100
17	ウラジオストク/ハバロフスク	¥1430
18	サンクトペテルブルク/モスクワ	¥1540
19	エジプト	¥1320

20	香港	¥110
22	ブルネイ	¥143
23	ウズベキスタン/サマルカンド/ブハラ/ヒヴァ/タシケント	¥138
24	ドバイ	¥132
25	サンフランシスコ	¥132
26	パース/西オーストラリア	¥132
27	ジョージア	¥154

地球の歩き方 リゾートスタイル

R02	ハワイ島	¥165
R03	マウイ島	¥165
R04	カウアイ島	¥187
R05	こどもと行くハワイ	¥154
R06	ハワイ ドライブ・マップ	¥198
R07	ハワイ バスの旅	¥132
R08	グアム	¥143
R09	こどもと行くグアム	¥165
R10	パラオ	¥165
R12	ブーケット サムイ島 ピピ島	¥165
R13	ペナン ランカウイ クアラルンプール	¥165
R14	バリ島	¥143
R15	セブ&ボラカイ ボホール シキホール	¥165
R16	テーマパーク in オーランド	¥187
R17	カンクン コスメル イスラ・ムヘーレス	¥165
R20	ダナン ホイアン ホーチミン ハノイ	¥165

地球の歩き方 関連書籍のご案内

アメリカ各地への旅を「地球の歩き方」が応援します!

地球の歩き方　ガイドブック

地球の歩き方　aruco

地球の歩き方　Plat

地球の歩き方　リゾートスタイル

地球の歩き方　旅と健康

地球の歩き方　BOOKS

※表示価格は定価(税込)です。改訂時に価格が変更になる場合があります。

地球の歩き方 旅の図鑑シリーズ

見て読んで海外のことを学ぶことができ、旅気分を楽しめる新シリーズ。
1979年の創刊以来、長年蓄積してきた世界各国の情報と取材経験を生かし、
従来の「地球の歩き方」には載せきれなかった、
旅にぐっと深みが増すような雑学や豆知識が盛り込まれています。

W01
世界244の国と地域
¥1760

W07
世界のグルメ図鑑
¥1760

W02
世界の指導者図鑑
¥1650

W03
世界の魅力的な
奇岩と巨石139選
¥1760

W04
世界246の首都と
主要都市
¥1760

W05
世界のすごい島300
¥1760

W06
世界なんでも
ランキング
¥1760

W08
世界のすごい巨像
¥1760

W09
世界のすごい城と
宮殿333
¥1760

W11
世界の祝祭
¥1760

W10 世界197ヵ国のふしぎな聖地＆パワースポット ¥1870	**W12** 世界のカレー図鑑 ¥1980
W13 世界遺産 絶景でめぐる自然遺産 完全版 ¥1980	**W15** 地球の果ての歩き方 ¥1980
W16 世界の中華料理図鑑 ¥1980	**W17** 世界の地元メシ図鑑 ¥1980
W18 世界遺産の歩き方 ¥1980	**W19** 世界の魅力的なビーチと湖 ¥1980
W20 世界のすごい駅 ¥1980	**W21** 世界のおみやげ図鑑 ¥1980
W22 いつか旅してみたい世界の美しい古都 ¥1980	**W23** 世界のすごいホテル ¥1980
W24 日本の凄い神木 ¥2200	**W25** 世界のお菓子図鑑 ¥1980
W26 世界の麺図鑑 ¥1980	**W27** 世界のお酒図鑑 ¥1980
W28 世界の魅力的な道 178 選 ¥1980	**W30** すごい地球！ ¥2200
W31 世界のすごい墓 ¥1980	

※表示価格は定価（税込）です。改訂時に価格が変更になる場合があります。

あとがき

　本書の制作にあたり、Las Vegas Convention and Visitors Authority には取材のご協力をいただきました。また、セドナ商工会議所の佐渡祥子さんには現地最新情報ほか、アドバイスをいただきました。そして、現地でお会いした数多くの皆さま、投稿をお寄せいただいた読者の皆さまからも貴重な情報をいただきました。それらを基に本書はできあがっています。

STAFF

制　作：森本久嗣		Producer：Hisatsugu Morimoto	
編　集：土屋朋代		Editor：Tomoyo Tsuchiya	
(有)地球堂		：Chikyu-Do, Inc.	
デザイン：(有)エメ龍夢		Design：EMERYUMU, Inc.	
表　紙：日出嶋昭男		Cover Design：Akio Hidejima	
執　筆：ふじもとたかね		Writer：Takane Fujimoto	
田中智		Satoshi Tanaka	
(有)地球堂		Chikyu-Do, Inc.	
撮　影：森田耕司		Photographer：Koji Morita	
田中智　三浦憲之		Satoshi Tanaka　Noriyuki Miura	
地　図：TOM 冨田富士男		Map：TOM-Fujio Tonda	
辻野良晃		Yoshiaki Tsujino	
校　正：鎌倉オフィス		Proofreading：Kamakura Office	
イラストマップ：カモシタハヤト		Illustration Map：Hayato Kamoshita	
バス路線図：アルト・ディークラフト		Bus Routes：Alto Dcraft	

Special Thanks

ネバダ観光サービス東京支社 / Las Vegas Convention and Visitors Authority / Las Vegas News Bureau / Sedona Chamber of Commerce / Caesars Entertainment / Las Vegas Sands Corp / MGM Resorts International / Bellagio / Wynn Las Vegas / Nevada Kanko Service Inc. / Cirque du Soleil / Las Vegas Golden Knights / Scenic Airlines / Downtown Lip Smacking Foodie Tours / 中村佳子さん / ©iStock　　　　　　　　　　　　　　　　　　(順不同)

本書についてのご意見・ご感想はこちらまで
読者投稿　〒141-8425　東京都品川区西五反田 2-11-8
　　　　　株式会社地球の歩き方
　　　　　地球の歩き方サービスデスク「ラスベガス編」投稿係
　　　　　https://www.arukikata.co.jp/guidebook/toukou.html
地球の歩き方ホームページ（海外・国内旅行の総合情報）https://www.arukikata.co.jp/
ガイドブック「地球の歩き方」公式サイト　https://www.arukikata.co.jp/guidebook/

地球の歩き方 B09
ラスベガス セドナ&グランドキャニオンと大西部 2023〜2024年版

2023年4月11日　初版第1刷発行

Published by Arukikata. Co., Ltd.
2-11-8 Nishigotanda, Shinagawa-ku, Tokyo, 141-8425, Japan

著作編集	地球の歩き方編集室
発 行 人	新井邦弘
編 集 人	宮田崇
発 行 所	株式会社地球の歩き方　〒141-8425　東京都品川区西五反田2-11-8
発 売 元	株式会社Gakken　〒141-8416　東京都品川区西五反田2-11-8
印刷製本	開成堂印刷株式会社

※本書は基本的に 2022年10月〜 2023年2月の取材データに基づいて作られています。発行後に料金、営業時間、定休日などが変更になる場合がありますのでご了承ください。更新・訂正情報：https://www.arukikata.co.jp/travel-support/

●この本に関する各種お問い合わせ先
・本の内容については、下記サイトのお問い合わせフォームよりお願いします。
　URL ▶ https://www.arukikata.co.jp/guidebook/contact.html
・広告については、下記サイトのお問い合わせフォームよりお願いします。
　URL ▶ https://www.arukikata.co.jp/ad_contact/
・在庫については　Tel 03-6431-1250（販売部）
・不良品（乱丁、落丁）については　Tel 0570-000577
　学研業務センター　〒354-0045　埼玉県入間郡三芳町上富 279-1
・上記以外のお問い合わせは　Tel 0570-056-710（学研グループ総合案内）

※本書は株式会社ダイヤモンド・ビッグ社より 2012年2月に初版発行したもの（2019年2月に改訂第8版）の最新・改訂版です。
学研グループの書籍・雑誌についての新刊情報・詳細情報は、下記をご覧ください。
学研出版サイト　https://hon.gakken.jp/